U0924100

北京汉阅传播
Beijing Han-read Culture

THE

FRENCH

REVOLUTION

法国大革命

一部历史

上

[英] 托马斯 · 卡莱尔 著

刘 毅 译

吉林出版集团股份有限公司

前　言

托马斯·卡莱尔(1795年12月4日—1881年2月5日)是英国著名哲学家、讽刺作家、评论家、历史学家,被视为维多利亚时代最伟大的社会评论家之一。他一生发表了许多重要的演讲,并收进他的名著《论英雄、英雄崇拜和历史上的英雄事迹》一书。在该书中,他对“伟人”在历史上的角色做了诠释:“历史只是伟人的传记而已。”

托马斯·卡莱尔出生于一个笃信加尔文教的家庭。他的父亲希望他成为牧师,但他在爱丁堡大学求学期间抛弃了这个理想。尽管如此,他仍毕生保持了父母向他灌输的宗教价值理念。作为理想主义者,卡莱尔深受同时代德国理想主义的代表人物费希特、谢林和黑格尔的影响,并对歌德的文学作品推崇备至。不过,早年颠沛流离的贫困生活和一生如影随形的胃病,造成了他反复无常、难以相处的性格和诗人气质。

从1834年开始,卡莱尔全身心投入三卷本《法国大革命:一部历史》的写作,并在1837年出版。他在评价这部书的时候说:“这是一部狂野、疯狂、完全依照自身角度写出的法国大革命史,如果天意使然,也许最好为世界所不容。这部书随心灵深处的硝烟而出,酝酿于黑暗、风暴和痛苦之中。苍穹下,还从未有人在孤寂中如此倾诉。”

卡莱尔在第一卷开篇,就以辛辣的笔调谴责了路易十五与贵族弄臣和情妇们狼狈为奸、祸国殃民的丑行,对生活在底层的民众给予了深切的同情,并预言路易十五种下的腐败之因,必然会结出路易十六的悲剧之果,法国注定将经历一场前所未有的浩劫和人性中邪恶的疯狂大释放。他细致、诙谐地描绘了三级会议产生的前因后果、第三等级如何由备受屈辱到逐渐成为主导力量、圣安托万郊区的无套裤汉的崛起，以及米拉波如何成为代言人的过程。整个法国大革命的进程同时也是他寻找“伟人”的过程，第一个入他法眼的就是米拉波，尽管不尽如人意，但一直都是他的最佳人选。著名的罗伯斯庇尔反而是他心中恶魔的代表。接下来的网球厅宣言、第三等级为制定宪法而成立的国民议会、攻克巴士底狱等眼花缭乱的事件，使他感到用“普通人的天赋”难以描述。

在第二卷中，卡莱尔描述了在战神广场举办的攻克巴士底狱一周年的壮观庆典（他称之为“长矛节”），以及后来国王与议会之间无法调和的矛盾。而米拉波的猝然离世，让法国失去了双方唯一的居间调停人，令人扼腕，否则法国可能走上另一条康庄大道。保王党的反扑造成制宪议会无法履行职责，让爱国者失去耐心，从而将王室逼上逃亡之路。但国王的优柔寡断和愚蠢，使逃亡功亏一篑。虽然诸多偶然事件中有其必然性，但结局依然让卡莱尔不胜唏嘘。经过议会无休止的辩论，宪法终于出炉，这标志着君主专制在法律层面寿终正寝，爱国者载歌载舞、放烟花表示欢迎。但随之而来的食品短缺、南方各省的暴动，以及贵族移民挟德国皇帝之威在北部的疯狂入侵，使大革命的成果面临考验。

第三卷的标题是“断头台”。断头台被从卡鲁塞尔广场移到杜伊勒里宫附近的革命广场（今协和广场），标志着大恐怖的开始。为保住革命果实，激进的雅各宾派不惜实施恐怖统治。“长矛节”再一次席卷巴黎，王室一家首当其冲。对可疑分子进行的无差别屠杀，使九月成为腥风血雨的代名词。王室、吉伦特派、漏网的贵族、甚至作为军队顶梁柱的指挥官都未能幸免。卡莱尔虽然对王室不以为然，却不吝溢美之词，对国王、凄美的王后，特别是王弟奥尔良公爵在断头台上面对死神的表现给予肯定，对于藐视死亡的夏绿蒂·科黛、罗兰夫人、具有贵族气节的吉伦特派，以及视死如归的怒吼雄狮丹东，给予了英雄般的赞美。在最后的“热月”和“葡月”两章，卡莱尔描述了热月党人先下手剿灭雅各宾派的过程，并高瞻远瞩地展望了以拿破仑为代表的青年一代的崛起。

纵观全书，文学家的浪漫气质，并没有妨碍历史学家卡莱尔形而上学的政治判断。他不偏不倚，没有选择站在保王党、雅各宾派、神职人员或爱国者任何一边，捍卫其事业和意识形态，而只是作为道德评判者抽丝剥茧，将大革命的进程、滥用权力、可笑的一面和暴行，以区别于拉伯雷爆笑式的、英国人特有的严肃和诙谐宣泄于众。他对卢梭及其理论在大革命中的作用不屑一顾。他认为，卢梭的福音书带来的只有“死亡天使、枪决、溺毙、炮击、人皮制革”，而对国家的进步毫无建树。无论如何，他始终认为，法国不应放弃希望。

在他的笔下，长鸣的警钟、隆隆的战鼓、圣安托万郊区无套裤汉黑压压的人潮，贯穿了激荡的大革命整个进程；平庸憨厚的国王、“国王身边唯一的男人”王后、两面派米拉波、邋遢的马拉、雄狮丹东、海绿脸罗伯斯庇尔、女神罗兰夫人等人物栩栩如生；希腊神话英雄和圣经人物层出不穷。他像一个歌手，在演绎大革命这部史诗的过程中，时而慷慨激昂，时而诙谐幽默，时而沮丧痛苦，恰当地掌控了抑扬顿挫的节奏。

虽然这是一部散文风格的著述，大段的议论也许会让读者感到困惑不解，但仍不失为一部别开生面的史学名著、一部引人入胜的莎士比亚式的文学作品。

刘　毅

2017 年 6 月 8 日于沈阳

目　录

第一卷　巴士底狱

第一章　路易十五之死

第一节　可爱者路易　003

第二节　成就的理想　007

第三节　临终圣餐　016

第四节　难忘者路易　018

第二章　纸张的时代

第一节　伸张正义　027

第二节　用象形文字写成的请愿书　033

第三节　疑惑　035

第四节　莫尔帕　038

第五节　草根阶层伸张正义　041
第六节　肥皂泡　045
第七节　社会契约论　049
第八节　出版物　051

第三章　巴黎高等法院

第一节　备受争议的法案　057
第二节　财政总监卡洛纳　061
第三节　贵族　064
第四节　洛梅尼法令　072
第五节　洛梅尼的雷电弹　076
第六节　洛梅尼的阴谋　079
第七节　两败俱伤　083
第八节　洛梅尼大势已去　088
第九节　篝火葬礼　098

第四章　三级会议

第一节　贵族卷土重来　103
第二节　选举　108
第三节　狂轰滥炸　113

第四节　游行队伍　117

第五章　第三等级

第一节　惯性　133

第二节　布雷泽的使者　141

第三节　战神布罗利　147

第四节　拿起武器　152

第五节　给我们武器　156

第六节　进攻和胜利　162

第七节　不是造反　169

第八节　征服你们的国王　173

第九节　路灯杆　176

第六章　全力以赴

第一节　制定宪法　183

第二节　制宪议会　188

第三节　危机四伏　192

第四节　排队抢购　200

第五节　第四等级　202

第七章　妇女暴动

第一节　扫荡　207
第二节　哦,理查,哦,我的国王　211
第三节　黑色的帽徽　215
第四节　疯女人　216
第五节　执达员马亚尔　220
第六节　到凡尔赛去　224
第七节　在凡尔赛　228
第八节　吃饭平等　231
第九节　拉法耶特　236
第十节　从大门觐见　239
第十一节　从凡尔赛返回　243

第二卷　宪法

第八章　长矛的节日

第一节　在杜伊勒里宫　253
第二节　在骑术院大厅　257
第三节　阅兵　267
第四节　新闻界　273

第五节　政治俱乐部　277
第六节　我发誓　280
第七节　奇才　283
第八节　庄严的契约联盟　286
第九节　符号　291
第十节　人类　292
第十一节　像黄金年代一样　297
第十二节　喧嚣和烟雾　302

第九章　南锡
第一节　布耶　309
第二节　拖欠军饷和贵族阶层　311
第三节　布耶在梅兹　316
第四节　南锡拖欠军饷　319
第五节　马尔塞涅督察　323
第六节　布耶在南锡　326

第十章　杜伊勒里宫
第一节　埃庇米尼得斯　335
第二节　警觉　339

第三节　手持宝剑　344
第四节　逃走还是留下　349
第五节　身藏匕首的日子　356
第六节　米拉波　362
第七节　米拉波之死　365

第十一章　瓦莱纳

第一节　圣克鲁的复活节庆典　373
第二节　巴黎的复活节庆典　377
第三节　佛森伯爵　379
第四节　态度　385
第五节　崭新的轿式马车　389
第六节　老龙骑兵德鲁埃　392
第七节　午夜狂奔　395
第八节　返回　403
第九节　沉重一击　405

第十二章　第一个议会

第一节　全体通过　411
第二节　法律之书　418

第三节　阿维尼翁　424
第四节　食糖短缺　431
第五节　国王与移民　434
第六节　匪徒和亚莱斯　442
第七节　宪法将举步维艰　445
第八节　雅各宾派　449
第九节　大臣罗兰　452
第十节　佩蒂翁–国家–长矛　456
第十一节　世袭代表　458
第十二节　黑套裤汉的游行　461

第十三章　《马赛曲》

第一节　不作为的执行委员会　467
第二节　让我们前进　473
第三节　对人类的些许安慰　475
第四节　地下暗流涌动　479
第五节　吃晚餐　481
第六节　午夜钟声　485
第七节　瑞士人　492
第八节　宪法支离破碎　498

第三卷 断头台

第十四章 9月

第一节 即兴成立的市镇 505
第二节 丹东 515
第三节 杜穆里埃 519
第四节 巴黎的 9 月 522
第五节 三部曲 530
第六节 通告 536
第七节 阿尔戈纳的 9 月 543
第八节 谢幕 551

第十五章 弑君者

第一节 协商会议 559
第二节 执行委员会 567
第三节 废黜国王 570
第四节 失败者必须付出代价 573
第五节 延伸的公式 575
第六节 被告席 580
第七节 三轮投票 587

第八节　革命广场 592

第十六章　吉伦特派

第一节　前因后果 599
第二节　套裤汉和无套裤汉 605
第三节　刺耳的尖叫 609
第四节　祖国处于危急关头 612
第五节　穿上裤子的无套裤汉 620
第六节　叛徒 623
第七节　短兵相接 627
第八节　殊死搏斗 629
第九节　亡国灭种 634

第十七章　大恐怖

第一节　夏绿蒂·科黛 641
第二节　内战 648
第三节　撤退的十一人 651
第四节　哦，自然女神 655
第五节　锋利的剑 660
第六节　奋起反抗暴君 662

第七节　玛丽·安托瓦内特　666
第八节　二十二人　668

第十八章　恐怖盛行

第一节　形势危殆　673
第二节　玉石俱焚　677
第三节　万劫不复　683
第四节　卡马尼奥拉套服　690
第五节　恰似电闪雷鸣　696
第六节　履行你的职责　699
第七节　燎原烈火　705

第十九章　热月

第一节　诸神渴了　709
第二节　丹东不是孬种　714
第三节　双轮运货马车　719
第四节　怪诞的偶像　724
第五节　监狱　727
第六节　结束大恐怖　730
第七节　乾坤颠倒　734

第二十章　葡月

第一节　衰落　741

第二节　卡巴鲁斯　745

第三节　基伯隆　748

第四节　雄狮没有死　751

第五节　雄狮最后的叹息　754

第六节　烤鲱鱼　760

第七节　排炮齐射　763

第一卷　巴士底狱

第一章

路易十五之死

第一节 可爱者路易

确定王室的荣誉尊号究竟是为什么甚或是何时被授予的，往往非常困难。然而，高等法院院长艾诺却不失时机，以其老于世故的做派，对此进行了哲学思考。“享有‘可爱者’尊号的路易十五，”他说，“不会为后代子孙留下同样百思莫解的谜团。”1744年，这位君主快马加鞭，从其王国的一端风尘仆仆奔袭到另一端，以完成对弗兰德斯的征服，却在驰援阿尔萨斯的途中，在梅兹一病不起，命悬一线。消息传到巴黎，全城似乎被暴风雨所吞没，陡然陷入惴惴不安的气氛中：“教堂里回荡着祈愿和叹息声，神甫和民众的祈祷无时不被连绵不绝的呜咽所打断。

‘可爱者’尊号由于民众心悦诚服的拥戴应运而生，这是这位伟大的君主赢得的任何称号都无法企及的最高头衔。”①

这是1744年沧桑岁月的真实写照。斗转星移，三十多年之后，这位“伟大的君主”再次缠绵病榻，但时过境迁，今非昔比！教堂不再回荡着绵绵叹息，巴黎依然恬然自若，没有出现打断祈祷的抽泣声，除了神父因按时固定收费而诵读和吟唱连祷文无法中断外，事实上，无人愿意曲意逢迎。牧羊人*怀着满腹心事从小特里亚农被送回了家，躺在自己那凡尔赛宫的床上。羊群对此洞若观火，却置若罔闻。充其量他们在白天引而不发、夜里短短的几小时里却一吐为快的滔滔碎语中，才偶尔提到龙体欠安的话题。为此押注的大有人在，也有人“在街头大呼小叫”②。但是，对于其他人来说，无论是在郁郁葱葱的田野，还是在钟楼林立的城市，五月的太阳照常升起，五月的夜晚照常流逝。人们依然继续趋名逐利或从事百无一用的营生，对病入膏肓的路易充耳不闻。

杜巴丽夫人**的确会祈祷，如果她有这方面的天赋的话。德·艾吉永公爵同样如此，还有莫普及其高等法院。这些身居高位、让闭关锁国的法国匍匐于自己脚下的贵族，对于靠什么才能将玉食锦衣维持下去心知肚明。德·艾吉永公爵该留神自己的所作所为了，比如，在圣卡斯特磨坊、在基伯隆以及英国入侵时你是如何督战的？“不是名垂青史，就是一败涂地。”正所谓富贵无常，人生多舛。

几年之前，被弃用而穷途末路的德·艾吉永公爵，正像我们所说的那样一败涂地，甚至境遇每况愈下。原因是，布列塔尼的议员拉夏洛代指控他贪生怕死、任意妄为，甚至贪污（盗用公款）。这样的指控可以通过幕后手段轻而易举地予以“化解”，而无须驳斥。但人们的想法甚至言论不可能完全受操控。因此，

---

① 《简明法国编年史》，巴黎，1775年，第701页。

* 牧羊人在基督教义中尤指耶稣基督，羊群指基督徒。本书星号注均为译者注。

② 《贝森瓦尔男爵先生回忆录》，巴黎，1805年，第2卷，第59-90页。

** 杜巴丽夫人（1743—1793），即让娜·贝库，路易十五的情妇，1793年于协和广场断头台被处死刑。

这位时乖命蹇的黎塞留的大侄子从此一蹶不振，为世人所鄙夷不屑。连做事果断、傲世轻物的舒瓦瑟尔也弃之如敝履，甚至把他遗忘。无奈之下，他只好隐退加斯科涅，准备重建当地的城堡，靠打猎打发日子，像籍籍无名之辈那样终老田园。[1]然而，在1770年，一个名叫杜穆里埃的从科西嘉返回的年轻军官，却"在贡比涅伤心地看到年迈的法国国王手里拿着帽子，站在华丽的四轮马车旁，竟在士兵的眼皮底下对杜巴丽大献殷勤"[2]。

这里面大有玄机！首先，德·艾吉永公爵为了先搜刮钱财推迟了城堡的重建。而率性的舒瓦瑟尔则认为，杜巴丽只是衣着华丽的交际花而已，对其完全视而不见。令人无法忍受的是，她时而郁郁寡欢、噘嘴赌气，时而如胶似漆、泪眼婆娑，直到"法兰西"（她对自己的宫廷侍从亦如此称谓）同仇敌忾对付舒瓦瑟尔才破涕为笑。结果可想而知，喋喋不休的枕边风摧生出一纸免职令：国王的最后一个正直大臣被免职，但他的交际花得到了安抚。[3]于是，艾吉永公爵得以东山再起，大获全胜。与他一起异军突起的是废除高等法院的莫普，他把桀骜不驯的院长职位设在"肯布拉耶难以攀登、高耸陡峭的克罗山顶的岩石上"，除了他自己，别人无法高攀。同样出人头地的还有放荡的财政总监泰雷神父，他给人们的收入打了六折，结果，有个头脑灵活的家伙就在戏院门口的人群中嚷嚷道："让我们缩水三分之二的泰雷神父在哪儿？"于是这些人（变魔术似的）为他们建造了一个神殿或杜巴丽魔法神殿，也称阿米达宫。他们在里面可以怡然自得，如鱼得水。首相莫普和淫荡的狐狸精"大玩盲人摸象的游戏"，或讨巧地向她献上黑人侏儒。无论外面发生什么事情，只要关上门，基督教国王陛下就会享受难以言喻的安静和祥和。"我的首相是个坏蛋，但我不能没有他。"[4]

---

① 亚瑟·扬著：《1787-88-89年的旅行》（简称《旅行记》），伯里·圣·埃德蒙，1792年，第1卷，第44页。
② 《杜穆里埃将军的生平和回忆录》，巴黎，1822年，第1卷，第141页。
③ 《贝森瓦尔回忆录》，第2卷，第21页。
④ 杜洛尔著：《巴黎的历史》，巴黎，1824年，第7卷，第328页。

在美丽的阿米达宫养尊处优，过着纸醉金迷、声色犬马的生活的人，在富丽堂皇的世界逍遥自在时，却不知道一切正处于千钧一发的危机时刻。如果基督教国王陛下驾崩，抑或性命危在旦夕该如何是好！美丽而自大的沙托鲁夫人不是哭哭啼啼、心急如焚地在气急败坏的剃发僧侣驱赶下，匆匆离开了情况十万火急的梅兹吗？即使龙体康复、剃发僧侣离去之后，她也无法返回宫内。蓬巴杜同样如此*，在达米安**“轻微刺伤国王的第五节肋骨”、特里亚农的行程在尖叫和摇曳的火把中被取消时，蓬巴杜正在收拾行李，准备离开。之所以最终取消行程，是因为有证据显示伤情不是中毒。毕竟国王陛下有自己的信仰，他至少还相信魔鬼。而现在的第三个危机，无人知晓会带来什么后果！因为医生神色凝重，私下问起陛下是否曾经出过天花，并对陛下是否真正感染天花举棋不定。是的，贼眉鼠眼的莫普阴沉着脸，皱起了眉头：这种情况的确值得商榷。但唯一可以肯定的是，这个人要死了。随着这个人撒手尘寰，强大的护身符也将不可避免地随之破碎，整个杜巴丽王国将在骚动中灰飞烟灭，永远消失。而其他人，正像灵光乍现的地下幽灵一样，也将完全销声匿迹，只留下一缕刺鼻的青烟！

这些人，以及与其有千丝万缕联系的人，会向魔鬼或愿意听的人祈祷。但是，在法国的其他地方，可以说没有人会为之祈祷，或只有“在街上公开表达的”意思相反的祈祷。启蒙哲学家们高谈阔论的城堡和酒店，不会自甘流于祈祷的场所，无论是罗斯巴赫的胜利、泰雷的财政措施，还是六万份（由莫普一人签发的）密札都于事无补。艾诺会祈祷吗？面对这样千疮百孔、在耻辱和痛苦中呻吟、被一个妓女用脚扼住咽喉的法国，有什么可祈祷的呢？那些徘徊在所有大街小巷、饥肠辘辘的法国人会祈祷吗？数以百万计神色黯然、在作坊或

---

* 蓬巴杜夫人（1721—1764），最初嫁给埃蒂奥尔，很快成为巴黎名媛。1744年路易十五的第一情妇沙托鲁夫人去世后，成为路易十五的情妇。

** 1757年1月5日下午路易十五返回特里亚农宫时，达米安突然冲开警戒圈，将刀刺入国王右肋。当时国王流血甚多，认为自己命在旦夕，指派王储总摄政事。但其伤势并不重，于14日重新执掌朝政。这算是作者所说的第二个危机；1744年国王在梅兹重病为第一个危机。

田间地头当牛做马、含辛茹苦的劳苦大众，会若无其事地对这一切视而不见吗？或者那些在比塞特尔医院里垂头丧气、心灰意懒、八个人挤一张病床等待康复的病人又该如何呢？对他们来说，伟大的君主不过是囤积居奇的二道贩子。如果听到他生病了，他们会木然地回答，他活该，或者问，他会死吗？

是的，他会死吗？这是整个法国当前最大的问题和期待，单从这个角度看，国王的病还算不无裨益。

第二节　成就的理想

法国的形势变幻莫测，路易的命运吉凶未卜。其中的风云变幻深不可测，无法一窥究竟。以历史的眼光来看，发生在路易病房里的许多事情现在都显而易见，但守候在侧的朝臣却两眼一抹黑。事实上，有句话说得好："万事皆有征兆，眼睛只看到目力所及之处。"牛顿与其名为"钻石"的狗，有着完全不同的两个世界，但各自眼里的画面大概是相同的。这里也让读者用心揣摩一下路易病房里的玄机吧。

可以这么说，用适当的方式将一个特定的人哺育和粉饰到一定程度就可以立其为王，这与蜜蜂的做法别无二致；不仅如此，待水到渠成之后更要对其忠心耿耿、俯首帖耳。受到如此哺育和粉饰的人随后被称为"君主"，不过，他也只是个被统治者而已。比如，当有人谈到或想起"他曾征服过弗兰德斯"时，他实际上只是让别人把自己像行李一样千里迢迢地抬到那里而已。行李并不轻松，因为随行人员中有厚颜无耻的沙托鲁，她随身携带着圆筒帽盒和脂粉罐。每到一站，在他们的住所之间都必须搭建一个木制的走廊。他不仅有自己的厨房和络绎不绝的仆人，而且有专门演员组成的大队人马，他们随身携带着纸板布景、舞台雷鸣效果用的滚筒、各种鼓、小提琴、舞台衣柜、便携式食品柜（还不算他们之间没完没了的争吵和纠纷），都装在四轮货车、双轮货车或陈旧的轻便马车上，所有这一切，不仅用来征服弗兰德斯绰绰有余，而且征服全世界的耐心也足够了。他就是用这样声势浩大、拖泥带水的队伍来征服弗兰德斯的，场面令人叹为观止。然而，毕竟事实如此。对某些特立独行的思想家来说，这似乎令人匪夷所思，但对他来说，这是天经地义，理所当然的。

我们这个世界具有可塑性，而在所有生物中，人的可塑性最强。这是一个无法确定、高深莫测的世界！虽然我们不具备这种特质，但可以与之相安无事，在其中自得其乐，按照我们神奇的生命模式，奇迹般地塑造我们所称谓的世界。但是，如果岩石和河流（一如形而上学的教诲）严格说来是由我们的外在感官所塑造，那么，所有的精神现象，包括尊严、权威、神圣和邪恶，有多少是由内在感官塑造的呢？内在感官并非像外在感官那样一成不变，而是处于日新月异、蓬勃发展之中。非洲黑人收集也许是从伦敦进口的木棒和旧衣服，并将其巧妙地组合在一起，制成艾多隆（偶像，或看到的东西），并将其命名为“满伯强波”（怪诞的偶像），作为自己的崇拜对象，怀着期待的心情，眼含景仰和敬畏对其顶礼膜拜。欧洲白人与其对此冷嘲热讽，不如也考虑一下，自己在家里能否鼓捣出更高明的把戏。

三十年前对弗兰德斯的征服过程不期而然，但好景不长。可以说，比可怜的路易更加不可救药的不仅是法国的王位，还有法国的君主政体：经过长期的内外交困之后大厦将倾。世界已经发生了深刻的变化，有多少过去看似生气勃勃的东西现在已是日薄西山，有多少看似不堪一击的东西后来变得无坚不摧！有哪些传闻越过大西洋，向充耳不闻、受到神眷顾的国王路易迎头浇了一盆冷水呢？这些传闻在这个世纪里不更像是一种不祥的预感和新生事物吗？波士顿港口运送的是令人意想不到的红茶，宾夕法尼亚国会正在召开代表大会。不久前，在邦克山*，在弥漫着死亡气息的排枪、扬基·杜德尔的歌声和飘扬的星条旗下，民主宣布诞生，并将像旋风一样席卷整个世界！

---

* 邦克山，美国马萨诸塞州波士顿港北边的小山，美国独立战争时期的古战场。

君主即将撒手人寰,君主专制气数已尽:一切尘埃落定。但这只是一段时间,一个“虚幻的时代,一个自欺欺人的现实”。长发飘逸的墨洛温国王们赶着牛车缓缓驶过巴黎的街道,同时也缓缓迈入永恒。查理曼大帝倚着腐朽的权杖长眠在萨尔茨堡,只有在寓言中他才会一觉醒来。铁锤查理和矮子丕平炯炯目光中的恫吓早已不见踪影,咄咄逼人的命令何处寻觅?罗洛*和他的毛茸茸的北方野蛮人在塞纳河中不再千帆竞发,而是扬帆远航。一头乱麻似的枯黄头发无须梳理,因为利刃也无法奈何蛛网。残暴的福莱德龚达和高傲的布鲁内希尔德**争吵不休、斤斤计较的生活变得鸦雀无声,沸沸扬扬的场面变得静若止水。黑黝黝的内斯尔塔不再见证命途多舛的多情骑士被装进麻袋扔入塞纳河***,永远消失在茫茫夜色中,因为内尔斯圣母已经不在乎这个世界气吞山河的壮举,不再关注这个世界的丑恶。内尔斯圣母自己堕入了黑夜。他们全都消失得无影无踪,与自己掀起的喧嚣一起沉寂下来,任由一代又一代的新人碾压和践踏,而他们已经对此杳不可闻了。

难道除此之外,路易就没有别的丰功伟绩吗?毋庸讳言,看看这些美丽的石头建筑和里面富丽堂皇的装潢就够了。边界居民们曾经道路泥泞的城市(巴黎西人的土地)铺上了石子路面,并延伸到塞纳河的各个岛屿和广阔的河岸,成为巴黎市,有时自诩是欧洲的雅典,甚至“世界之都”。由石块砌成的尖塔巍然耸立,经久不衰,千年不朽。大教堂威严伫立,展现着对信仰(或昔日信仰的记忆)的执着。还有宫殿、国家和法律。缕缕炊烟,那是人类亘古不灭的勃勃生机。砧板上叮当作响的铁锤声,那是体力劳动的成果。而另一种更神奇的劳动在悄无声息地进行,不是用手,而是用思想。形形色色的能工巧匠运用聪慧的

---

* 公元9—10世纪是维京海盗肆虐的时期,法国是当时的重灾区,这些维京人因此被称为野蛮人。罗洛是其中的杰出人物。911年法兰克国王查理三世与罗洛签订条约,割让塞纳河口一带给罗洛,并封其为诺曼底公爵。

** 福莱德龚达和布鲁内希尔德均为法国墨洛温时期不同法兰克王国的王后,为妯娌关系,彼此为争夺继承权而打得不可开交。

*** 内斯尔塔于1214年建于巴黎左岸,用来保护巴黎。当时有两位骑士兄弟分别与国王美男子菲利普的两个儿媳妇有私情而被五马分尸,然后被装入麻袋扔入塞纳河,史称内斯尔塔事件。

头脑和灵巧的双手，使四要素*成为自己的主宰，使海上战船乘风破浪，使浩瀚星空成为航海时钟，为国王的图书馆写作和收集图书，其中“希伯来之书”赫然在列！真是奇妙的物种！这些就是他的丰功伟绩。即使前路未卜，愁云惨淡，也不要称其为旧时代，而称为“迷失的时代”会更恰当。

然而，我们注意到，在人类的全部财富和成就中，最高贵的无疑是符号、神祇或似是而非的神圣精神。人们在这些旗帜下前进，怀着必胜的信念为生存而战：这就是我们所谓的人类成就的理想。忽略其他，我们只考虑其中的两个方面：人类的教会或精神向导，即王权或世俗权力。教会，这个词让人叹为观止，比戈尔康达（藏宝山）和世界的珍宝还要多姿多彩！小巧的圣殿矗立在遥远的群山之中，死者在白色的墓碑下围绕着圣殿长眠于斯，“希冀幸福地复活”。如果你不以为然的话，亲爱的读者，一旦在几个小时内（假设在一个阴森的午夜，当圣殿像幽灵挂在天空、人类被黑暗所吞噬时）它说出的怪异话语沁入你的灵魂深处，该如何是好！我们所称谓的教会的人位尊势重，他昂然站在芸芸众生的中心和永恒的交汇点，面对神和苍生傲然屹立：模糊无边的宇宙已成为他的坚固城池和熟悉住所。这种美德包含在信仰和谆谆话语中：我相信神。芸芸众生会尽心竭力地颂扬自己的信条，为其修筑宏伟的圣殿，对等级制度奉若神明，为其安身立命征收什一税：信仰值得为之舍生忘死。

当穿着叮当作响的盔甲、手持利刃的野蛮人，将由盾牌保护的宝座上的最强者高高举起，郑重而真诚地说：让汝做我们公认的最强者吧！这个时刻并非小题大做。对于这种公认的最强者（又可称为国王、康宁或凯宁，或能人）来说，现在，这是一个对于他们这些野蛮人来说多么举足轻重、与世界命运多么息息相关的符号！一个真正回归仁爱、顺从原则的符号。如果他知道那是人的首要需求就好了。这个符号可以用神圣来形容，因为在尊重比我们更加高尚的价值的同时，难道不存在坚不可摧的神圣吗？在这方面，也有人说，公认的最强者

* 为自然哲学描述和分析世界的传统方法，即水、气、土、火。

有神圣的权利，因为无论其是否是公认的，人们肯定也在考虑是谁使他成了最强者。所以，在困惑和难言的矛盾之中（因为任何成长都是令人困惑的）产生了王权，以及围绕着王权的忠诚。王权的成长神秘莫测，既咄咄逼人又兼收并蓄（因为这是生命的法则），最后也变得和这个世界一样伟大，并成为我们现实生活的关键事实。这样的事实千真万确，以路易十四为例，他在回答好争辩的法官时说“朕即国家”，听者面面相觑，只得以沉默作为回应。王权由此而来，有时出于神助，有时得益于手腕，有时是路易十一的帽带上铅制的处女像、轮刑和脚下（吃人的）锥形地牢，有时是亨利四世关于社会千年的预言，即每个农民的锅里都有鸡。总之，是靠其（善恶交织的）肥沃大地的繁殖力。这种现象令人惊诧！尽管巨大的邪恶势力也在步步紧逼、变本加厉，难道冥冥之中就没有上帝力挽狂澜，进而大获全胜、济世安邦吗？

这些理想是如何实现，又是如何巧妙地游走于混乱无序的现实之外的呢？如果说世界历史对我们有所教诲的话，那就是世界历史要教给我们的：这些理想如何经过长期暴风骤雨般的酝酿、成长，结出举世无双的成熟果实，然后迅速（因为花期是短暂的）惨然地凋零、萎谢，最后纷纷飘落，哗然或悄然地失去踪影。花期苦短如是，如一些百年生的仙人掌花，经过一个世纪的等待，只璀璨闪耀几个小时而已！因此，从粗鲁的克洛维斯在战神广场的整个军队面前，一斧斩下鲁莽的法兰克勇士的头颅，发出豪言“在苏瓦松你就是这样打碎那只花瓶的”（让圣·雷米和我颜面无存）那天起，直到路易大帝说“朕即国家”为止，一千二百年过去了。现在继任的路易也命在旦夕，与他一同成为过眼云烟的不知还有多少纷繁世事！而且，如果说天主教无论反对封建主义（但不反对自然及其馈赠）与否，都为我们带来了英语、莎士比亚和莎士比亚时代，因而发扬光大的话，那么，天主教本身如果不是被法律废除，后来也正是为此而自掘了坟墓。

但是，在那些腐化堕落的时代，难道就没有什么理想在酝酿或发扬光大吗？当信仰与忠诚已经荡然无存时，剩下的只有隐语和虚假的随声附和。庄严变成了炫耀。难道权威的信条已经变得愚不可及或变成马基雅维利主义了吗？唉，这样一文不值的时代，历史无须加以关注；应该将这段历史压缩得越短越好，最终以其虚假（而事实上也的确虚假）为由从人类编年史中删去。不幸生在这个令人绝望的年代，真是生不逢时。即使出生，也只是为了通过传统和范例，了解神的世界是如何充满邪恶和谎言，以及最高级的江湖骗子就是芸芸众生的教主！然而，难道我们没有看到一代又一代人（两代有时甚至是连续三代人）生活（他们所谓的生活）在这种可悲的信仰中，然后销声匿迹，永无翻身之日吗？

我们可怜的路易正是在这样一个腐化堕落，或快速接近腐化堕落的时代出世的。也必须承认，按照自然法则，如果说法国王权没有万世永驻，那么他就是所有人中加速自然法则进程的最佳人选。法国王室的花朵，像仙人掌花一样，开得有些令人惊奇，在梅兹的那些日子里，虽然由于奥尔良的摄政以及大臣和红衣主教的狡诈手腕而显得黯然无光，但依旧傲然挺立，花蕊绽放。而在如今的1774年，我们看到的法国王权已被剥去所有的外衣，全部美德几乎无影无踪。

法国王权与伴随而来的“成就的理想”看起来同样是灾难性的！七百年前达到巅峰、能让一个皇帝穿着苦行衣赤脚在雪地里等上三天的教会，几个世纪以来已经腐化变质，甚至忘记了既定的目标和嫉恶如仇的特质，沦落到与王权利益共享的地步。年轻一代的力量需要支撑年老的一辈，两代人因此必须休戚与共、生死相依。唉，索邦大学的老旧府邸依然故我，坐落于斯，只会嘟囔几句陈腐的行话，而不再指引人们的心灵。索邦大学已经不可救药，取而代之的是百科全书学派和哲学。就连神也知道，现在无数活跃的写手、世俗歌手、小说家、喜剧演员、政论家和小册子作者成了世界的精神向导。世界上最实用的指引也失落无踪，或者已经分散到各色人等手里。现在国王（或称为能人、雷克斯或领袖）指引的追随者在哪里？还跟着他的只有自己的猎人和驯犬师：当他不打猎的时候，人们就会说，“今天陛下无事可做”[①]。他生活在自己家里，虽然无精打采，但只要他住在那儿，就没人能奈何于他。

贵族也几乎以同样的方式不再做引导或误导的事情，现在也像其主人一样，只不过是虚有其表的人物。很久以前，他们就停止彼此攻击或袭击国王了。受国王陛下保护和鼓励的工匠们，多年前就建造了城邑并在里面经营手工作坊。他们不仅不会允许强盗男爵以“马鞍为生”，而且还保留着绞刑架以防止发生这样的事。自出现投石党运动以来，贵族已经将战斗之剑换成了宫廷长剑，现在像仆人一样忠实地追随国王、分享猎物，不再涉足暴力和谋杀，而专事于收受贿赂和投机钻营的勾当。这些人自称是王位的支柱，是这座奇特大厦里怪异的镀金纸板女神像的支柱！其他人的特权现在大部分被剥夺。法律曾授权一个领主打猎归来可以杀死不超过两名农奴，用他们温暖的血液和内脏为脚放松，现在完全被废除，甚至受到质疑。

因为，如果拉布尔议员可以质疑，并呼吁废除这个法条，我们也应该质疑。[②]在过去五十年里，无论对打猎的兴趣如何，一直都没有一个夏洛尔人习惯于用枪射击铺石板和水管的工人，看着他们从屋顶滚落下来，而只是满足于打打鹧鸪和松鸡而已。[③]具体来说，他们的天赋和秉性只是穿穿优雅的衣服，尝尝珍馐美味。至于他们放荡和堕落的生活，这方面也许自提比略和康茂德之后无人能出其右。然而，人们仍然可以感受到对元帅夫人[*]的偏心：“放心吧，先生，上帝在送这种烂人下地狱之前会想两次的。”[④]这些旧时代的人的确具有美德和公益之心，否则，他们本来就不该出现在那里。实际上，他们仍然需要有一种美德（因为将死之人没有良心是活不下去的）：蓄势待发、准备决斗的美德。

---

① 康庞夫人著：《玛丽·安托瓦内特的私人生活》，巴黎，1826年，第1卷，第12页。
② 两个自由的朋友著：《法国革命史》，巴黎，1793年，第2卷，第212页。
③ 拉克莱代尔著：《18世纪法国史》，巴黎，1819年，第1卷，第271页。
* 出自狄德罗《一位哲学家与元帅夫人的对话》。
④ 《杜洛尔回忆录》，第6卷，第261页。

这就是牧羊人的状况。羊群现在又过得如何呢？羊群过得很糟，而且越来越糟，这是不可避免的。他们没有得到良好的照料，只是定期被剪羊毛而已。他们被摊派去做法定徭役，支付法定税收，为与己无关的事情以身赴死填补战场兵员（称为"战场荣誉"）。他们的双手和劳动受领主的支配，但自己能支配的东西少得可怜。他们目不识丁、含辛茹苦、缺衣少食，被迫在一成不变和深重的蒙昧主义、肮脏不堪和穷困潦倒的境遇中备受煎熬。百万民众任人宰割，被徭役压得喘不过气，处于水深火热之中。在布列塔尼，首次引进公共时钟时，他们曾奋起反抗：认为这一举动与盐税有关。巴黎需要警察定期进行清理，成群结队饥肠辘辘的流浪汉一再被暂时遣送他处游荡。"在1750年5月其中一次这样的清理中，"拉克莱代尔说，"警察竟然绑架了一些名门望族的孩子，希望勒索到赎金。绝望的母亲们哭喊着走上街头。人群越聚越多，情绪激动。一些怒不可遏的女人横冲直撞，尖声咆哮，另一些女人在旁边推波助澜，人群中流传着一个荒谬可怕的说法：据说医生给某个大人物开的药方是用童子血沐浴，以使自己恢复由于荒淫无度而透支的体力。""一些闹事者，"拉克莱代尔冷冷地接着说，"在接下来的几天里被吊死了，而警察故技重施。"[①]你们这些可怜的穷光蛋！你们就是这样像受折磨却忍气吞声的动物一样，从痛苦和堕落的深渊语无伦次地向苍天哭诉吗？难道只能向死气沉沉的水晶拱顶一样的湛蓝天空，转达你们的回声吗？难道只能用"在接下来的几天里被吊死"来做出回应吗？不，不是这样：不会永远是这样！你们的声音上天已经听到，回应也即将到来，那将是黑暗可怕的深渊，世界将为之震撼，是一杯所有国家都必须饮下的恐怖的苦酒。

同时，必须看一看新权力如何在这种普遍江河日下的烂摊子中应运而生，并在新的时代及其命运中左右逢源、游刃有余。除了原来是军人的老贵族之外，现在公认的新贵族是律师。现在到了他们快乐、自豪和战斗的时候了。还有

① 《拉克莱代尔回忆录》，第3卷，第175页。

未得到公认的商业贵族，他们实力强大，口袋里有钱。最后，最有实力却未得到认可的是文学贵族，虽然他们身上没挎剑，钱包里也没有黄金，但在他们的头脑中有“伟大的思想魔术大师的能力”。法国哲学已经兴起。在这个小小的单词中蕴含了无限的内容！但事实上，所有广泛传播的疾病的主要症状就在这里：信仰消失了，怀疑论出现了。邪恶滋生并积聚：没有人有信心承受和修正邪恶，或开始修正自己，只能任其泛滥。当伟大与空虚成为崇高的总和、需求与停滞成为卑微的总和、普遍的苦难成为现实的时候，还有其他什么东西是确凿无疑的呢？谎言肯定无法令人信服！哲学只了解一点：其他信仰主要是承认在精神上的超感体验中不可能存在信仰。非常不幸！由于谎言本身的矛盾也是某种信仰，一旦谎言与其矛盾一起消失，还能剩下什么呢？五个贪婪的感官和第六个同样贪婪的感官：虚荣心。还剩下整个人类无法无天、盲目发泄的恶魔本性。这是野蛮的力量，却是通过文明的所有工具和武器来实现的新的历史奇观。

路易十五就是在这样一个法国坐以待毙，就像一个处于积薪候燎的火场上的火药库一样。由于蓬巴杜和杜巴丽的缘故，法国的百合花枯萎凋零，在陆地和海洋上的形象都令人不齿，甚至王室的财政也开始捉襟见肘，包税制已经榨不出多少油水，与法院的争吵已经持续了二十五年，到处充斥着贪欲、欺骗、怀疑和头脑发热的半吊子国师：这些都是不祥的征兆。

历史的眼睛在国王路易的病房里对这一切洞若观火，在侧的朝臣则视而不见。二十年后的圣诞节，切斯特菲尔德勋爵对同一个法国做了总结，并把这些令人难忘的论述通过信件形式发表：“总之，我在历史上遇到的、在发生巨变和产生革命政府之前的所有症状，法国现在都有了，而且与日剧增。”[1]

① 切斯特菲尔德写于1753年12月25日的信。

第三节　临终圣餐

然而，眼下法国统治者最大的问题是：是否应当给予（路易的，而不是法国）极端涂油礼*或其他可怕的临终圣餐？

这是一个很深奥的问题。因为，如果给予，甚至引发七嘴八舌的议论，女巫杜巴丽岂不是在仪式开始前就得销声匿迹，甚至在路易康复之前都无法回来？和她一起消失的可能还有艾吉永公爵、其他宠臣以及整个阿米达宫。乌烟瘴气的朝政将再次吞噬整个社会，剩下的将只是一缕青烟。但是，另一方面，王太子和舒瓦瑟尔的拥趸会怎么说呢？作为烈士，感觉万念俱灰但并未神志不清的君主本人会怎么说呢？现在，我们从前厅看到的场景是：他还在亲吻杜巴丽的手，但以后呢？医生的报告可以根据命令撰写，但那可是“天花”。人们私下议论说，门房那水灵灵的女儿得的也是同样的病。路易十五可不会允许别人嘲笑他的临终圣餐。他不是也常常在鹿苑问候他的女儿们，和她们一起祈祷，为她们祈祷，要她们保持正统的信仰吗？[①]虽然奇怪，但也不是没有先例，像人这么奇怪的动物毕竟绝无仅有。

到目前为止，暂且平安无事，要是大主教博蒙能使个眼色就更好了！他自己也想这样做。说来也怪，教堂也愿意这样做，耶稣会教义中死后的全部希望都寄托在这个名不见经传的女人的围裙上了。但怎么对付公共舆论的力量呢？态度强硬的大主教克里斯多夫·德·博蒙穷其一生，都在迫害歇斯底里的冉森派教徒和持怀疑态度的非忏悔者，甚至连他们的尸体也不放过。现在他怎么会打开天堂之门，在自己鼻子底下对犯罪事实确凿的人予以赦免呢？我们伟大的施舍者罗什·埃蒙**，是不会和有罪的君主对关键的转折点讨价还价

---

* 涂油礼是一种临终时的宗教仪式，在基督教中极为神圣。此处指国王可能得了“天花”，所以要决定是否举行临终的涂油礼。

① 《杜洛尔回忆录》，第8卷，第217页；《贝森瓦尔回忆录》。

** 罗什·埃蒙，宫廷大神甫枢机主教。

的。但是，还有其他的教士、国王的忏悔者、愚蠢的穆东神父，因而狂热和体面都尚未绝迹。归根结底，究竟该怎么办呢？大门加派了警卫，医学公告进行了调整，像往常一样，人们希望时间更加从容，不与机会失之交臂。

大门警卫森严，任何可疑人等皆不得入内。其实，很少有人希望入内，因为引发溃烂的感染已成弥漫之势，致使“五十多人病倒，十人死亡”。只有公主殿下出于孝心，在令人作呕的病榻前服侍。三位公主——格拉耶、西弗、科什（意为小乌鸦、小乖乖、小猪，他习惯这样称呼她们），在所有人都逃之夭夭后，仍然无怨无悔地尽心服侍。第四位公主洛克（无用的人）早已遁入修女院，唯一能做的就是祈祷。可怜的格拉耶和她的姐妹们对父亲一无所知：这是伟大人物必须接受的苛刻条件。一到内宫脱靴室，她们就会拾掇好巨大的裙撑，沿腰身收拢拖地的裙摆，赶紧把黑色塔夫绸斗篷披在身上并在下巴处系紧。“每天晚上六点”，她们都穿着这样体面的华服，一本正经地进宫，在前额接受国王一吻后，再一本正经地出宫，重新拿起刺绣的活计，聊起轻佻的话题，祈祷，生活一切照旧。如果某天早上国王带着自己喜爱的咖啡过来，在猎犬被放去狩猎的当口匆忙地与她们大口喝咖啡的话，这不啻为上天的恩赐。[①]人老珠黄的女人真是可怜！在羸弱的人生被摧残和破碎之前，还要经受惊涛骇浪的考验，包括穿越敌方的国土，冒着被土耳其人俘获的风险渡过汹涌的大海，抑或是在无套裤汉的暴动中晕头转向、连左右手都分辨不清的时候。让这些轶事留在你们的记忆中吧，因为这些行为体现了善良和爱心！对我们来说，这也是一个透过暗淡凄惨的空间可以领略一丝阳光的地方，除此之外，我们几乎找不到第二个这样的地方。

此时此刻，谨慎无私的朝臣还有什么可以做的吗？在不仅是生死存亡，而且涉及有无临终圣体礼的微妙情况下，即使是最足智多谋的朝臣也可能犹豫不决。很少有人像奥尔良公爵和孔代亲王那样兴高采烈，他们可以带着嗅盐留

① 《康庞夫人回忆录》，第1卷，第11-36页。

在国王的前厅，同时壮着胆子送自己的儿子（后来绰号为平等的沙特尔公爵，以及孔代家族鹤立鸡群的波旁公爵）去侍候王太子。决策权落入他们以及其他寥寥数人手中，木已成舟。当大主教博蒙迫于舆论压力最终决定进入病房时，老黎塞留拽着他的白色法衣，把他拉到房间的隐秘处，板起他那由于荒淫过度而不堪入目的脸，郑重其事地嘱咐他，不得“以神的名义杀死国王”。通过博蒙脸色的变化可以判断，他的话奏效了。黎塞留的儿子弗隆萨克公爵和父亲一个鼻孔出气。凡尔赛的神父刚刚嘀咕两句圣礼的话，他就厉声威胁神父，如果再胆敢对这件事说三道四，“就把他从窗户扔出去”。

我们可以说，这些人是幸福的；但对于正在权衡两种观点利弊的其他人来说，岂不令人进退两难吗？如果谁想要了解当时天主教的处境和其他状况，以及神圣的符号如何成为邪恶的筹码的话，只需读一读贝森瓦尔、苏拉维和当时其他法院记者对事件的记述就够了。他会看到凡尔赛星系被撕成碎片，组合成了新的移动星座：一部分星座是颔首致意、目光意味深长、窃窃私语、脸上挂着神秘微笑、玉步款款的贵妇人；另一部分星座是叹息，一些人因大喜过望而浑身颤抖，另一些人却大失所望；还有与诡异、一本正经的繁文缛节的阴影相随的同样诡异、苍白的死亡阴影，从教堂不时传来的管风琴低沉的琴声，像机器在祈祷，宛如发出可怕笑声的恶魔在宣告：这完全是好大喜功，哗众取宠！

第四节　难忘者路易

可怜的路易！对于那些像喜剧演员一样浑身颤抖的人来说，这是一个空洞的幻象，耍花枪是为了混口饭吃；但对于你来说，这不啻是可怕的梦魇。

死亡对于任何人来说都是可怕的，自古以来就被称为恐怖之王。我们尽管心怀不满但仍然称之为家的狭小的人生之家，正在暗无天日的痛苦中不知不觉地分崩离析，成为陌生之地，并且存在无限的可能性。笃信异教的皇帝问自己的灵魂:你现在要去什么地方？天主教国王一定回答:去接受至高无上的神的审判！是的,这是对人生的总结,是对身体所实施的行为之和算总账:现在已经盖棺论定,无法改变,同时也永远承担其后果。

路易十五一直对死亡有着帝王式的深恶痛绝。这与奥尔良平等的祖父、虔诚的奥尔良公爵(路易·菲利普一世)大相径庭,他真诚地相信死亡并不存在!因为他们当中的几个人已经走火入魔。如果法院记者的话可信,我们就会了解,当可怜的秘书无意中提到“西班牙的已故国王”时,他就会用鄙视和愤怒的眼神瞪着他吼道:“先生,是已故国王吗？”“不,陛下,”机灵的仆人会哆哆嗦嗦地马上改口,“这只是他们的一种说法而已。”[①]我们可以这样说,尽管路易对此心存芥蒂,但他尽力而为,不让自己为此郁郁寡欢。他不能忍受别人谈论死亡,避免看到坟墓和墓碑,以及任何令人联想到死亡的东西和话题。这是鸵鸟的本领。鸵鸟被追杀时会把自己愚蠢的头埋在土里,以为自己看不见愚蠢的身体,别人也看不见。然而,路易有时在对同一件事或很多事发神经的时候,会虚张声势地叫停宫廷车队,叫人去墓地问:“今天又添了多少新坟？”尽管这会让可怜的蓬巴杜怏怏不乐。我们也许可以想象到,某天路易盛装打扮准备去打猎时,在色纳尔森林的某个急转弯处遇见一个扛着棺材的衣衫褴褛的农民:“这是给谁准备的棺材？”“这是给一个可怜的奴隶兄弟准备的,陛下也许见过他在那边干活。”“他是怎么死的？”“饿死的。”国王用马刺扎了马一下,一溜烟飞奔而去。[②]

现在,当死神将他的五脏六腑抓在手里时,他的想法可想而知。多么出乎意料,多么无情！是的,可怜的路易,死神已经找到了你。无论是宫殿的高墙或全副武装的卫兵,还是华丽的挂毯或庆典上金光闪闪的笔挺织物,都无法将其拒之门外:它就在这里,时刻准备扼住你的咽喉,让你无法呼吸。你的整

---

① 《贝森瓦尔回忆录》,第1卷,第199页。
② 《康庞夫人回忆录》,第3卷,第39页

个人生迄今为止都是镜花水月、如画的风景，结局终将是：华丽的凡尔赛宫土崩瓦解，变成浮生一梦、虚无缥缈的空中楼阁。时间已经停滞，时间的整个脚手架在你的灵魂深处轰然倒塌，发出震耳欲聋的巨响。惨淡的王国敞开大门，你赤裸身体，卸下王冠，在此等待命定的结局！不幸的人，当你忍受着病痛，疲惫不堪地回到床上，你在想什么？炼狱和地狱现在极有可能就在你的身前、身后，在你的过去。唉，你做了多少不该做的事？你是否慷慨救助过垂死的人？对痛苦的人可曾有过一丝怜悯？那些可悲的、在罗斯巴赫和魁北克的各个战场上倒下、被你那睚眦必报的妓女冷嘲热讽的五十万幽灵，现在是否把你围在中间？还有你那丑恶的后宫、母亲的诅咒、女儿的眼泪和耻辱！可鄙的人！你简直"恶贯满盈"！你的整个人生似乎是拜一次拙劣的流产所赐，是大自然的错误。你的价值和存在的意义还不为人所知。难道你是传说中的神兽格里芬吗，吞噬人类成果、每天拖着处女去你的洞穴、长着投枪都穿不透的鳞甲、只有死神可以消灭？格里芬并非虚构，而是真实存在！哦，路易，这个时刻对你来说简直太可怕了。我们不想对一个在病床上等死的罪人的恐惧做进一步探究了。

然而，不应该让最卑贱的人对他的灵魂施涂油礼。路易是统治者，但你不也可以为自己当家做主吗？从（本身并不是无尽的）恒星上眺望，他那幅员辽阔的法国不会比你真心实意或吊儿郎当干活的狭窄砖窑更宽敞。人，作为"被困在时间里的永恒符号"，并非你亲手做出来的产品。人平凡渺小，总是要死的。即使最伟大的人，也不比最卑微的人更伟大。所展现的精神才是无价之宝，才会流芳百世。

不过，无论如何都应该思考一下：当可怜的路易作为可爱者从梅兹的病床上爬起来时，到底遇到了什么样的人生难题？哪个亚当之子有能力将这样的一盘散沙，转变成内在的凝聚力？他能做到吗？命运鬼使神差地将他置于帝国之巅：他可以在上面游泳，但可以支配的范围如此之小，就像漂浮的木头支配月球压力下的风搅起的大西洋洋流那样。“我做了什么而受到如此爱戴？”当时他这样问。现在他可能会问：“我做了什么孽让别人这样恨我？”你没有做什么，可怜的路易！你的错恰好是没做什么。可怜的路易又能做什么呢？退位，然后金盆洗手，让位于第一个愿意接受大位的人？对他来说，没有其他更高明的选择。事实上，作为现有的将死之人中最荒谬之辈（真正谬误的化身），他执意站在那里，疑惑地看着混乱的世界中最荒谬的部分，终于清晰地领悟出：作为谬误的化身，他有五种感官，有（从地板上消失、后来又重新布置的）移动餐桌和鹿苑。

由此，我们至少又一次被这段历史勾起了好奇心：一个人以别出心裁的泳姿，消极地在没有尽头的下水道里游泳，他只是隐约能看到出口。由于路易毕竟自身具备一种洞察力，于是，当新的海军大臣或是别的高官来履新时，交际花会听到正在吃晚餐的陛下说：“他又像别的家伙一样来兜售自己的货色了，夸夸其谈而已，没有一件能兑现。他对这个地方一无所知，他会明白的。”或者说：“这话我已经听了不下二十遍，我想，法国永远也不会有海军了。”这些话多么感人：“如果我是警察局长，就会禁止双轮马车在巴黎行驶。”①

难逃一死是命中注定的，因为，成为谬误的化身难道不就是命中注定的吗？新的国王无所事事，但有新的怪诞不经的宫廷总管：对他来说，现在不再是矮子丕平的天下，而是腾云驾雾的喷火幽灵，席卷全球、影响难以估量的民主幽灵！然而，路易并不比其他尸位素餐和饕餮之徒更加罪无可赦，我们经常可以遇到这些及时行乐之人不时妨碍造物主的勤奋创作，但路易是最倒霉的。他的人生谬误在这个堕落的世界面前一目了然，呼之欲出。对他来说，不会有被遗忘的坟墓将其吞噬于无尽的深渊。这还需要一两代人的时间。

无论如何，我们仍然饶有兴趣地注意到，在第四天晚上，杜巴丽夫人从病

① 《德·奥赛夫人的日记》，第293页。

房里出来，脸上露出“大事不妙”的表情，这是公元1774年5月4日的晚上。人们都在窃窃私语，议论纷纷！难道他要死了吗？有传言说，杜巴丽夫人似乎在收拾行装。她在金碧辉煌的闺房里不住地哭泣，好像准备离开。德·艾吉永和幕僚们几乎打出了最后一张牌，但他们仍然不肯认输。对于圣礼的争议，已经处理妥当，不必再进行讨论。路易在当天晚上派人去找穆东神父，据说是要求他主持“十七分钟”的忏悔，并施行圣礼。

不过，就在当天下午，看，那不就是你的女巫杜巴丽吗？她用手帕擦着眼睛，登上马车，温柔的臂弯搂着德·艾吉永，驱车离去。她走了，她的府邸再也不认识她了。装模作样的女巫消失得无影无踪。再在吕埃彷徨四顾也是枉然，因为你的时代已经过去了。皇宫对你永远关上了大门。在未来的几年里，假如你穿着黑色斗篷，乘着夜色，像黑色的鸟一样扰乱美丽的安托瓦内特在公园举办的音乐派对的话，所有天堂鸟都会远远地躲开你，乐器也会停止演奏。①你虽然龌龊不堪，但也并非蛇蝎心肠，人们不应该对你如此冷酷无情！自从你妈妈在（圣女贞德故乡的）矮床上为不知名的父亲含泪生下你以后，你先是经过落魄潦倒的底层生活，然后是通过卖身进入权力中枢，过上耀武扬威、花天酒地的生活，一直到走上断头台。这是多么命运多舛的一生。无论多么娇声嗲气都无法打动刽子手放你一马。安息吧，再不会有人诅咒你了，但也不会有人为你树碑立传。夫复何求？

而同时，路易正在相当不耐烦地等待他的圣礼。他不止一次叫人到窗口查看施行圣礼的神父是否到达。放轻松点，路易，尽可能放轻松点：那些神父正在路上。大约早上六时，他们终于到了。宫廷大神甫枢机主教罗什·埃蒙来了，他穿着教皇的礼服，带着圣体盒和其他圣具。他凑近国王的枕头，把圣体饼放进他的嘴里，低声或者似乎低声说了几句话。路易就这样——按照乔吉尔教士的话说，这是以永生不忘的词语所做的表达——根据耶稣会会士的意思求得了

① 《康庞夫人回忆录》，第197页。

神的光荣赦免。“哦，”粗鲁的克罗泰尔颤抖着表示，当生命将他抛弃时，“是哪个伟大的上帝打败了最强大的国王？”①

假设德·艾吉永公爵可以帮忙的话，这种光荣赦免能向神而不是向人做出什么样的法定道歉呢？杜巴丽仍然在吕埃的府邸里彷徨四顾：只要活着，就有希望。宫廷大神甫罗什·埃蒙（因为似乎了解内情的缘故），一看到圣体盒和其他圣具收拾妥当，就马上准备从容地抽身而出，好像圣礼已经结束了！但国王的忏悔神父穆东露出焦虑和尖酸刻薄的表情，他走上前拽住罗什·埃蒙的袖子，在他耳边低声说了几句话。于是，可怜的枢机主教转过身来，高声宣布："陛下对造成的所有丑闻感到后悔，并保证将来在苍天保佑下避免发生类似事情……”听到这话，黎塞留那丑陋的脸变得更难看了，他用了一句连贝森瓦尔都不愿重复的修饰语作为回答。老黎塞留，作为梅诺卡岛的征服者、离不开美酒佳肴的饕餮之徒、卧室墙壁的钻孔高手，你的大限之日也到了！②

唉，小教堂的管风琴依然余音缭绕，圣吉纳维夫*的神龛被放下，又被再次拉起，但没有任何效果。晚上，整个宫廷与王太子和王太子妃一起参加小教堂的祈福会。神甫用嘶哑的嗓音吟唱了“四十小时的悼文”，此时外面却狂风大作，电闪雷鸣。天气大变，令人胆战心惊。白天骤然变黑，倾盆大雨接踵而至，雷声几乎盖过了风琴声，划过天际的闪电使祭坛上的烛台变得一片惨白。据说，吓得祈祷参加者在仪式结束后，都在冥想的状态中加快脚步退场，三缄其口，不发一言。③

这样的状况持续了一个多星期的时间，杜巴丽也走了将近一个星期。贝森瓦尔说，人人都等得不耐烦了，希望国之大计早日尘埃落定，可怜的路易尽快寿终正寝。现在是 1774 年 5 月 10 日。他的确命不久矣。

---

① 格里高里·德·图尔著：《历史》，第4卷，第21章。
② 《贝森瓦尔回忆录》，第1卷，第159-172页。让利斯夫人著：《莱维斯公爵》。
* 1744年，路易十五在梅兹身染重疾，曾表示如能够痊愈，一定建一座新教堂，以感谢上帝和巴黎的保护神——圣吉纳维夫（Saint Geneviève）。
③ 韦伯著：《回忆玛丽·安托瓦内特》，伦敦，1809年，第1卷，第22页。

5 月 10 日终于降临在令人作呕的病床，令人悲伤，却波澜不惊，因为从外面看不清窗户里面的情形。人生的车轮艰难地在车轴上转动，生命像一匹向终点艰难前进的气喘吁吁、筋疲力尽的战马。在相隔较远的套房里，王太子和王太子妃正准备出发。所有的马夫和副官都穿好长靴，安好了马刺，等待逃离瘟疫病房的信号。（大家并不愿妨碍康庞夫人 * 在这个节骨眼上点亮、又在死亡之时吹灭富有戏剧性的美丽蜡烛，在像凡尔赛宫这么巨大的建筑里得点亮或吹灭多少蜡烛呢？这么远的距离也没有人想确认。王室马厩离国王的病房有五六百码。此时是 5 月 10 日下午两点，无论我们怎么想，风中之烛都即将熄灭。尽管在她的幻想中，蜡烛的确依然在燃烧，但那只是在她的艳阳普照的回忆录里。[①]）听！有什么声音透过宫廷内阁的圆窗大厅传了出来，这声音“惊心动魄，如雷贯耳”，原来是整个宫廷的大臣像赢了赌注一样蜂拥向新君主欢呼：向陛下致敬！王太子和王太子妃是国王和王后了！他们两人百感交集，双双跪在地上，抱头痛哭，惊叫：“哦，上帝，指引我们，保护我们；我们还太年轻，无法统治国家！”的确如此，他们太年轻了。

不管怎样，丧钟就是这样以“雷鸣般的轰鸣声敲响的”，一个旧时代结束了。被遗弃的路易变成了一堆令人憎恶的黏土，被丢给了穷人和追思礼拜堂的神父，他们立即将其殓入两个里面洒满烈性酒的铅质棺材。新的路易和整个宫廷在一个夏日的下午迁往舒瓦西。王室成员仍然泪水涟涟，但阿图瓦大人读错了一个字，大家被逗乐了，就止住了哭声。不谙世事的凡人，你们是如何在一纸之隔的无底深渊上，跳轻松的小步舞曲的呢？

在其他方面，有关当局觉得葬礼的仪式无须太过铺张。贝森瓦尔个人认为，这是目无尊长的做法。两辆华丽的四轮马车里坐着两名执达员级别的贵族和一名凡尔赛教士，还有二十名骑马的年轻侍从、五十名马夫，所有这些人都

---

* 王后安托瓦内特的首席女侍。其父为外交部文官，舒瓦瑟尔的心腹。

① 《康庞夫人回忆录》，第1卷，第79页。

手持火把，但没有着黑色制服。他们将在第二天晚上带着铅质棺材从凡尔赛出发。他们会一路小跑，并保持这种步调，因为那些分两排站在圣·丹尼斯路边的巴黎人，会充分发挥插科打诨的民族天性，不会让他们轻松通过的。接近午夜时分，一行人到达圣·丹尼斯的拱门。除了那个住在附近修女院里，可怜的、被忽视的女儿洛克以外，在场的人没有一个掉眼泪的。

他们匆忙地把棺材从马车上卸下来，不耐烦地把他连同他的罪恶时代、暴政和耻辱一起埋在了地下，因为人们看到，一个新的时代即将到来，更加光明的未来反衬出过去有多么黑暗。

第二章

纸张的时代

第一节 伸张正义

一个研究悖论的哲学家把孟德斯鸠的格言“快乐人民的编年史是无聊的”,引申为“快乐人民的编年史是空谈”。无论听起来多么疯狂,这句格言不是也可能有几分道理吗?因为,实际上,正如格言所说的,“沉默是神圣的”,是上天赐予的,所以在尘世的万物中,有一种沉默好于任何言语。请思考一下:一个事件,也就是人们谈论和记录的事情,在任何情况下,不都是某种裂变、某种连续性的解决办法吗?即使是令人高兴的事件,其所包含的内容也是某种变化、某种(主动力量的)损失。因此,无论发生在过去还是现在,都是一种离经叛道、一种病态。

静止中的毅力对我们来说将是一种祝福。如果这些可以避免的话,就不会发生裂变和质变。

橡树默默地在森林中生长了一千年。只是在第一千年之后,在樵夫带着斧子到来时,寂静中才开始响彻伐木的回声。橡树在轰然倒下发出悠远的回音时,才宣告自身的存在。橡子在种下时随风四下飘落是多么安静啊!而在橡树开花或者枝头长满叶子(令人高兴的事件)时,地面上有什么周知的公告吗?几乎没有观察者注意到,也没有一个字的感谢。这些事情并非一蹴而就,而是慢慢形成的,不是在一个小时以内,而是经过连续几天做到的。这有什么大惊小怪的呢?过去的一小时似乎与即将到来的一小时没有什么区别。

于是,到处开始流传愚蠢的谣言,不是针对已经发生的事情,而是针对坏事或失败的事情;而愚蠢的历史(始终或多或少地着眼于书写谣言的简要概括),对人所共知的事情却知之甚少。阿提拉入侵、穷汉沃尔特的十字军东征、西西里晚祷、三十年战争:只有罪恶和痛苦,而不是劳动,却是对劳动的掣肘!因为,在这段时期,世间春来秋去,时运亨通,岁稔年丰;工匠的双手和思想家的头脑也没有丝毫懈怠。纵然时乖运蹇,我们依然创造了苍穹之下如此辉煌的璀璨盛世。而可怜的历史对此只会惊讶地问:这个世界从何而来?历史对此是多么孤陋寡闻,而对美好世界的障碍和绊脚石却洞察秋毫。然而,从必要性或愚蠢的选择方面来看,这就是历史的规则和实践,从而也使"快乐人民的编年史是空谈"这个悖论顺理成章,并非荒谬不经。

然而,似乎更值得注意的是,有一种平静,与水到渠成的进步无关,而是与被动的惰性和迫在眉睫的没落症状相关。与胜利一样,失败也悄然无声。在力量对比中,最脆弱的将甘拜下风,最强大的将继续前进。虽然现在悄然无声,但迅疾如风而势在必行:崩溃和颠覆注定声势浩大。像田野的茵茵绿草一样,万物都有自身的生长周期,以年、百年或者千年计!万物的成长和死亡都按照自身的奇妙法则、属于自身的奇妙方式和与众不同的奇妙的精神内涵来进行。即使是对最睿智的人来说，这种精神内涵由于无法预言和理解的特性，而变得更加不可思议。看到橡树枝繁叶茂，傲然挺立，就知道其机体是健康的。而对于人来说却并非如此，对于社会和国家而言更无从谈起！有些即使表面上看起来非常健康，也可以肯定，其内心依然有不踏实的预感。实际上，可以说中风和身体多血症的懒惰习惯，才是教会、王权和社会机构垮台的主要原因。听到罹患多血症的机构自言自语："放轻松点，你还有不少家产呢。" 真令人难过。对这样的福音书呆子的回答是："傻瓜，今天夜里有人会向你索命！"

在未来的十年里，是这种健康的平静或者说不祥的预兆，即将笼罩法国大地吗？历史学家对此可以轻而易举地一笔带过，而没有任何理由大书特书，因为尚未有任何事件发生，更无成就可言。这是阳光和闲适的时代！如何称呼呢？像所有人想的那样，姑且称其为神的时代？我们至少还可以称其为纸张的时代吧。在许多方面，纸张都是黄金的替代品。像银行票据，如果没有黄金，还能用什么购物呢？像闪耀着理论、哲学、情感和美丽艺术光辉的书籍纸张，不仅揭示，而且蕴藏着我们所缺乏和钦佩的思想！纸张是由人们穿过的那些旧衣服制造而成的，具有无尽的优点。在这没有事件发生的平静期，有哪位聪明的哲学家能预言正在接近黑暗和混乱、事件迭出的时代呢？希望居然会带来革命，而地震前也会有好天气。在十五年之后的 5 月 5 日，不再是老路易请人施行圣礼，而是他的孙子新路易宣布三级会议开幕，整个盛况让法国为之惊讶和陶醉。

杜巴丽和德·艾吉永一伙人的统治一去不复返了。取而代之的是一个年轻、温顺、善良的国王和一个美丽、宽厚、仁慈的王后。有了他们，可以说整个法国都变得年轻了。莫普和他的高等法院已经消失在朦胧的夜色中。那些牵挂国家尊严的法官过去只是反对宫廷而已，现在可以从"肯布拉耶高耸陡峭的克罗山顶的岩石"，或者其他地方如释重负地回来歌功颂德。古老的巴黎高等法院恢复了功能。因挥霍无度而破产的泰雷神父已被罢黜，现在的财政总监是德高望重的哲学家杜尔哥，他为法国设计了一整套改革方案，有了他，财政和其他方面的瑕疵都将尽可能得到纠正。在国王的议会中，智慧是不是拥有了一席之地，并发出了自己的声音？杜尔哥兢兢业业，以高尚质朴的话语赢得了王室的信任。的确如此，根据路易国王的说法，“据说他从来不去做弥撒”。但是，自由法国并不因此而讨厌他。自由法国的回答是：“泰雷神父可总是去做弥撒。”哲学家首先看到的执政者是哲学家（甚至是思想家），并准备全方位为其喝彩助威，即使是反复无常的老莫尔帕*也休想阻挠。

接下来，“温文儒雅”成为时尚；“消除自身所有瑕疵”的偏好更合乎礼仪标准（像为其使用方法制定规则的所有既定事物一样），并成为一种可以容忍的美德！在才华和妙语备受推崇的风尚推波助澜下，旷世奇才不断脱颖而出。哲学家堂而皇之地成为金碧辉煌的沙龙的座上客，腰缠万贯的客人变得朴实无华，贵族以坐在哲学家身边而引以为傲。他们着眼于未来的千年，对巴士底狱不屑一顾。元老伏尔泰从遥远的费尔尼发出了警示：老资格的狄德罗和达朗贝尔活着就是为了看到这一天。他们与初出茅庐的年轻人，如马蒙泰尔、莫尔莱、尚福尔、雷纳尔一起，使食利阶层富有的贵妇人和哲学包税人的晚餐更加引人入胜！哦，这是神赐予的夜晚和晚餐！长久论证的真理就要成为现实，正如让·雅克·卢梭所写的那样：“革命时代已经迫近。”但那是神保佑的、幸福的革命。人们需要从沉沉的梦境醒来，驱散包围和蛊惑他们的幻象。看，新的黎明之火在东方的山岭熊熊燃烧。虚假的幻象，去除闪烁的光芒，让荒谬完全远去，永远放弃这块土地。这是真理，这是未来以哲学形式支配一切的正义的回归。如果不是为了“幸福”，可以想象人活着的目的是什么？通过胜利分析法和物种的进步，幸福正在等待我们。国王可以成为哲学家，或者哲学家可以成为国王。通过胜利分析法，建立一个正确的社会吧，让饱受饥饿折磨的肚子填

* 莫尔帕伯爵（comte de Maurepas，1701—1781），路易十五时代的大臣，路易十六在位头七年的国王首席顾问。

满食物，让甘醇的葡萄酒滋润干涩的喉咙。劳动本身应该是一种休息，不是痛苦，而是快乐。人们不是认为，不经过人的翻耕、辛勤劳动，麦田就无法耕种，除非用机器代劳吗？在合适的时间可以开办无偿的裁缝店和餐馆，虽然看不出来怎样经营，但如果每个人愿意根据仁爱的原则关心别人，那么，每个人肯定都会受到保护。也许不会，但通过充分的胜利分析法，人的生命可以无限延长并摆脱死亡，就像他们曾经对魔鬼做的那样。不过，谁知道呢？尽管有死亡和魔鬼，我们依然很快乐。哲学就是这样重点传播"土星女王也回来了"[①]。

巴黎及其哲学家的预言诗歌，也一直传进了凡尔赛的圆窗大厅。代表未来天恩浩荡的圆窗大厅，充其量会礼貌地回答："为什么不呢？"好心肠的老莫尔帕心满意足，不会让这个世界扫兴。让他自己去每天作孽吧，乐天的老人！他所到之处都谈笑风生，漫不经心地把一潭静水搅得骚动不安，穿在身上的斗篷随风飘荡，以便更好地取悦所有人。虽然偶尔发发脾气，但国王年轻朴实、沉默寡言、优柔寡断，已经移驾内宫，莫尔帕不想用纷繁的政务麻烦他。最后，国王决定做点手工活，于是就当了一位叫戈姆安师傅的学徒（对于这个人，有一天他将有理由予以祝福），跟他学习造锁。[②]他似乎了解地理学，还可以阅读英语书籍。年轻的国王非常不幸，他孩子般地信任那个愚蠢的老莫尔帕，理应再一次得到回报。但是，无论朋友，还是敌人，包括命运和他自己，都联合起来与他为敌。

而像女神一样穿梭于宫廷奢华大厅的年轻美丽的王后，也成为万众瞩目的焦点：她还没有插手政务和放眼未来，更谈不上对未来疑惑不解。韦伯和康庞为她画了大幅画像，挂在王宫大厅的壁毯之间、明亮的闺房、浴室、盥洗室和大小化妆室。[③]一副谄媚嘴脸的达官显贵们翘首以待，争相一睹王后的芳容。年轻美丽的姑娘，时代造就了你，上天眷顾你。当她在贵妇们簇拥下优雅地款

---

① Redeunt Saturnia regna，拉丁语驱魔咒文。
② 《康庞夫人回忆录》，第1卷，第125页。
③ 《康庞夫人回忆录》，第1卷，第100—151页；《韦伯回忆录》，第1卷，第11—50页。

款走来时，简直是世上最光鲜耀眼的景象：既千真万确，又像魔幻梦境，因为幻影终将被黑暗的深渊所吞噬！心慈面善的王后收养孤儿，为良家妇女置办嫁妆，乐于帮助在路上看到的任何穷人，并以此作为时尚推广，因为，有传言说现在开始施行仁政了。她在波利尼亚克公爵夫人和朗巴尔公主那里，受到了可以称为友好的款待。现在，经过七年漫长的等待，她终于有了自己的孩子，甚至这个孩子很快就会成为王太子。她认为自己是得到了丈夫垂青的幸福皇后。

此时，最大的事件莫过于慈善道德庆典了，包括颁奖和演说，以及为王子送摇篮祝福的女商贩游行。首先上演的戏份有打情骂俏、得势、失宠和郁郁寡欢，有穷人在寒冷的冬天为给他们送柴禾的王后堆的雪人，有化装舞会、戏剧表演、小特里亚农美轮美奂的装饰、为圣克鲁宫进行的采购和维修，有王室在冬夏之交往返于爱丽舍宫的旅行，有撒丁妯娌之间的赌气和吵架（因为亲王们也都结婚了），以及争风吃醋等，按宫廷礼仪这些都可以摆平。虚荣浮躁、趋炎附势的人生泡沫暴露无遗。然而，如果不是像代价高昂却转瞬即逝的香槟酒泡沫的话，那么，这确实是令人赏心悦目的精致泡沫。

国王的弟弟阿图瓦亲王，被公认才智过人、思想倾向哲学家，此时撕下了谦谦君子的面具，参与了后果严重的决斗，几乎送了性命。[①]他有世界上新潮考究的马裤。"四名高大的仆人，"仿佛在旁观看的莫尔西埃说，"把他举在空中，以便他的衣服不产生一丝褶皱；这四名仆人在夜里必须再用这种一丝不苟的包装方法，以同样的方式，花费更大的力气，把他送回来。"[②]就是这个人作为一个备受岁月摧残的老人，经过与命运搏斗的三天*，现在就孤苦伶仃地坐在格拉茨（1834 年）。这行将就木的可怜人的一生，就是这样在大喜大悲中度过的。

---

① 《贝森瓦尔回忆录》，第2卷，第182–330页。

② 莫尔西埃著：《新巴黎》，第3卷，第147页。

* 阿图瓦亲王于1824年继位，即查理十世。1830年七月革命爆发，起义者只用了三天时间就推翻了他的统治，查理十世被迫逃亡英国。

第二节 用象形文字写成的请愿书

对于普罗大众来说，情况也好不了多少。很不幸！因为他们有两千到两千五百万。这些人集中在一个狭小可怖、暗淡遥远的单元里。我们称他们为“下等人”，或者更人性化地称他们为“民众”。的确是民众；然而，说来也怪，如果你发挥想象力，穿越辽阔的法国大地，跟随他们来到他们用土坯搭建的茅舍、阁楼和窝棚，你就会发现，所有民众都是由各式单元组成的。每个单元都有自己的情感和忧愁，都有自己的皮肤，如果你刺他，他会流血。哦，尊贵的君主，教皇陛下，阁下，例如你吧，穿着长毛绒礼服的宫廷大神甫枢机主教，双手掌控尊严和金钱，在神的注视下庄严地坐在那里观察这个世界，请你想想这个：每个单元的民众和你一样，都是神奇的人，为了他的无限王国在光明和黑暗中挣扎（这辈子他所拥有的生命，在永恒中只有一次），他的身上有灵光乍现的神性，你称之为不朽的灵魂！

在遥远黑暗中的挣扎令他们心力交瘁，疲惫不堪，生活清苦，粗茶淡饭。对于他们来说，这个世界和这个时代没有希望。如果在死后凄惨的长眠中也没有希望的话，那么在另一个世界也是没有希望的，因为他们的信仰也随之破碎了。他们没有受过教育，没过上舒适的生活，没有吃的。这是沉默的一代，他们所发出的声音只是含混不清的哭喊声。在国王的议会里，在世界的论坛上，他们没有任何代言人。让满腹经纶的人大跌眼镜的是，他们罕有地像现在（1775年）这样，扔下锄头和锤子，以一副咄咄逼人的模样，三五成群地聚集起来，虽然漫无目的，却长驱直入奔凡尔赛而来。[①]此时的杜尔哥却正专注于修改玉米贸易法令，废除荒谬的《谷物法》。的确发生了饥荒，即使消息是编造的，面包短缺依然是不争的事实。所以，在 1775 年 5 月 2 日，这些成群结队、衣着破烂、面露菜色的下等人，来到凡尔赛宫门口诉苦，并递上陈情请愿书。凡尔赛宫虽

① 拉克莱代尔著：《十八世纪的法国》，第2卷，第455页。

然大门紧闭，但国王同意在阳台上露面，和他们说话。国王读了或者至少看了他们的陈情请愿书。作为回应，他们有两个人被送上了四十尺高的新绞刑架绞死，其他人都被遣送回老家，秩序重新恢复。

显然，对政府来说，对付这些民众是个难点。事实上，如果这不是唯一的难点和政府的问题所在，那么所有其他难点就只是偶尔的心血来潮、望风捕影和小打小闹了！因为，宪章、习俗、普通法和特别法毕竟可以表达自身的主张，而群众的数量则数以千万计，他们的外表都是由主宰地球的上帝所塑造的。此外，民众并非善类；他们精力充沛、喜怒无常。只要看看同年人民之友、脾气暴躁的老侯爵米拉波，从他多尔山温泉的住处所观察到的情景就可以略知一二："这些野蛮人从山上蜂拥而至。我们的人接到命令不许外出。身披白色法衣和圣带、头戴假发、代表正义的神甫与骑警队员们握剑在手，在风笛吹响之前守卫在各处。一刻钟后，舞蹈被战斗所打断。孩子的哭闹声、老弱病残的求救声让他们草木皆兵，就像斗狗时旁边起哄的人一样。这些面目狰狞的家伙，或者不如说生猛的畜生，身穿粗毛宽袖的衣服，腰系镶嵌铜钉的宽皮带，在高筒木靴的衬托下更显得身材高大，他们踮起脚尖观看战况，跺着脚步步逼近，用胳膊肘摩擦肋部，油腻的长发披散在面黄肌瘦的脸上，脸的上部像打蜡一样苍白，下部扭曲，露出狞笑和跃跃欲试的冲动。这些人缴纳人头税，你还想从他们那里把盐夺走！你不知道夺走的是什么，或者你所统治的是什么人，以你傲慢冷漠的笔触幻想让他们永远挨饿而不受惩罚，直到灾难降临吗？""啊，夫人，这样蒙着眼睛跑得太远的政府会跌跟头的。"①

毫无疑问，这至少是纸张和希望的黄金时代的一幅暗淡图景！同时，不要用你的预言扰乱视听。哦，可悲的人民之友：这样的声音我们已经听得很久了，然而，这个古老的世界依然会以其古老的方式继续运转。

---

① 《米拉波回忆录》，由其本人、父亲、叔叔和养子共同完成。巴黎，第2卷，第186页。

第三节　疑惑

或者希望的时代本身只是一种幻影？因为希望不就常常如此吗？盘桓在尼亚加拉大瀑布的云朵在彩虹的妆点下美轮美奂，扬帆驶过，怎不令人心旷神怡？在这种情况下，胜利分析法就不那么应付裕如了。

唉，是的！整个世界都需要重新改造，如果她有机会看到的话。但这项工作将由别人，而不是由她来完成，因为所有这一切，无论是内在精神还是外在经济方面，都漏洞百出、杂乱无章，头脑或心脏均了无生气。事实上，各种各样的邪恶彼此关联，通常形影相随，尤其是无论庞大身体的邪恶出现在何处，从根源上看都有同样规模的道德的邪恶紧紧相随，这是自古以来的真理。例如，在一个自称为基督徒的、彼此以兄弟相称的国家里，在这两千五百万劳动大军都具有老米拉波描绘的那副面黄肌瘦的面孔前，形形色色的统治者及其任命的官员（表面或实质）行为中，是多么不该出现难以启齿、伤风败俗的丑事！这些精神或肉体上的丑事已经积累了几个世纪，而且，日积月累的结果到达了临界点。然而，所有福音书开宗明义第一条就是：谎言绝非长久之计。

事实上，如果透过温情主义、慈善活动和道德庆典的迷蒙彩云，就可以观察到这一切背后令人心酸的景象。你可能会问，在这种力量之中，是什么样的纽带曾经使人类社会完全或幸福地联系在一起？这些人没有信仰，他们依靠猜测、假设和胜利分析法的浅薄方式生活。他们唯一的信仰是：快乐令人愉悦。这是饥饿法则，即一切美好的东西都令其垂涎三尺。但在他们内心或内心之外还有别的法则吗？绝对没有！

他们的国王已经成为一个摆设，跟随莫尔帕内阁的指挥棒转。他们在自己头上看不到神，或者除了看天文望远镜外，他们也不屑仰视。教会确实仍然存在，但由于受到哲学家的压制而一直忍气吞声。很快，反戈一击的时刻到了。大约二十年前，您的大主教博蒙甚至不允许贫穷的冉森派教徒土葬。您的洛梅尼·德·布里安（一个官运亨通的人，我们以后还会提到他）以神职人员的名义，坚决要求实施反对新教的法律。这一法律规定，对布道者判处死刑。[①]唉，现在已经无法一把火烧掉霍尔巴赫男爵的无神论书籍了——用其充当火柴点烟斗的人除外。我们的教会被束缚住了手脚，像牛一样一声不吭，只是在喂食（什一税）的时候才会吭气，只要有吃的就心满意足了；否则，就呆头呆脑地默默等待未来的命运。作为路牌和指令提供给在黑暗中挣扎的两千万面黄肌瘦的面孔的，却是四十尺高的绞刑架！这真是一个奇特的黄金时代。道德庆典、优雅的举止、温情脉脉的慈善机构，在人民的心中预示着和平的主旨，别无其他！和平？哦，哲学家的感伤，当你母亲名叫杰泽贝尔*时，你会如何对待和平呢？产品粗制滥造的背后是更恶劣的腐败，而你注定与腐败形影相随！

然而，令人诧异的是，如果没有人进行大刀阔斧的改革，腐败就会一成不变。在整整几代人的时间里，在生命和真理舍其而去之后，它依旧保持着苍白和虚伪的生命力。所以说，人是不愿意放弃旧的生活方式、克服好逸恶劳并尝试新事物的。也许，眼下才是最重要的，这是从理论和可能性的无尽深渊中拯救出来的，以明确的不争事实呈现出来，人得以借此工作和生活，或至少曾经这样做过。只要事实依据充分，就应该矢志不渝；如果事实经不起推敲，也只能抱恨放弃。小心点，轻言变革的朋友，你是否考虑过我们的生活习惯为这个世界打下的烙印？所有的知识和实践是如何在未知和行不通的无底深渊上保持奇妙平衡的？而我们的整个生命不就是在习惯的天空下，由一层稀薄的地壳所覆盖、经过苦心塑造的无底深渊吗？

但是，如果像历史记载的那样，每个人都把自己疯狂的内心隐藏起来，那么对于每个（在其最普通的状态下被称为这个世界的永恒奇迹的）社会来说意味着什么呢？“如果没有这层习惯的地壳（总之，可以称其为习惯系统、

---

① 布瓦西德安格拉著：《马勒塞布的生平》，第1卷，第15-22页。
* 《圣经》中的人物，指无耻恶毒的女人。

行动和信仰的固定方式),"我们的作者接着说,"社会根本无法存在。有了它的存在,多少会好一些。"在这种与生俱来或后天产生的习惯系统中,存在一个社会真正的法典和宪法,这是唯一的法典,尽管是不成文的法典,但并不意味着可以违背。我们所称谓的"成文法典、宪法、政府形式"诸如此类的东西,只是该不成文法典的缩小版,一个根据其郑重其事撰写的目录而已。是这样,更确切地说,或许不是这样,但应该是这样,并且总是倾向于这样,正是由于后者的这种趋势而产生了无休止的斗争。现在,我们可以用同样的方法描述:假设在这种无休止的斗争中,这层"地壳"即将不幸崩塌。深渊中的泉水喷涌而出,火之泉将一切吞噬殆尽。"地壳"也将被打碎和吞没,取而代之的不是绿色的花园,而是赤地千里、满目疮痍:这一切又将在劫后的世界等待浴火重生。

另一方面,应该认识到:必须制止遇到的任何压迫自己的谎言。谎言不可滋生蔓延,只能制止,时不我待。但同时,必须拿捏好制止谎言时的心态:没有仇恨、轻率和任意妄为,却有内心的宁静、虔诚的热情、近乎温柔的怜悯。你也许不会用新的谎言代替被制止的谎言,但新的谎言依然对你有失公允,这难道是许多其他谎言的始作俑者吗?因为,如此一来,了结这件事远比开始这件事更加难以收拾。

这就是为什么,在我们这个既对未来满怀憧憬又对过去难以割舍的世界上,革新与守旧永远注定势如水火的原因。其中,潜藏在人类所有行为中的"恶魔"元素,无疑可以千年不遇地发泄一次!但是,这种司空见惯、与痴男怨女们床头打架床尾和的经典戏码别无二致的冲突,如果时常发作的话,我们难道不该对此感到遗憾吗?因为,守旧由于我们内心的强大力量和懒惰而强化,在长达几个世纪的时间里挥之不去,不仅实至名归地大获全胜,而且嚣张跋扈、傲睨一切。它以为对手已经万劫不复,像被埋葬的恩克拉多斯那样匍匐在自己的脚下,而后者为了获得微不足道的自由,就必须在埃特纳火山下托起特里纳克里亚。*

总之,这就是为什么我们也尊重纸张和希望时代的原因,因为在恩克拉多斯反抗的可怕过程中,当凡人敬而远之的任务成为当务之急和不可避免时,它难道不是出于善良的天性,用迷人、欺骗或真诚的承诺引诱我们,使整整一代人都坠入由希望时代所照亮的厄瑞玻斯**的黑暗地府吗?有人说得好:"希望是人赖以为生的根基;他唯一拥有的财富只有希望;他的居所被称为希望之地。"

第四节　莫尔帕

眼下,法国的希望不也正是老莫尔帕求之不得的吗?他希望通过神机妙算设法继续担任首相。他是个精明的老头,在出现任何危险时,都能展现出聪明才智,在出现任何惊涛骇浪时,都能像软木塞那样趁浪逐波,永不沉没!他并不在意是否面面俱到、物种是否进步、正义是否得到伸张。对他来说,一个年近八旬的睿智老人,能够权倾朝野,在芸芸众生中高人一等就足够了。他可以同高傲、驻颜有术的沙托鲁平分秋色,我们可以姑且称他为法基内先生(小无赖)吗?现在,朝臣们用小圈子的术语称其为"法国的内斯特"***。就是这样一个内斯特正在法国执政。

然而,无论如何,要确切地说出法国政府这时候究竟在何处绝非易事。在凡尔赛城堡,我们有内斯特、国王、王后、大臣和办事员,成捆的文件堆积如山。但是,政府在哪儿?作为执政、领导机构,政府必要时可以动用强制力。可在法国,与此相关的一切都是雾里看花。虽然表面上无法一窥究竟,但在哲学家的沙龙里,在宫廷政府里,在不绝于耳的谈话中,在小册子作者的生花妙笔下,这

---

* 恩克拉多斯(Enceladus),古希腊神话中的一位巨人,因为反对宙斯,战败后被雅典娜埋葬在埃特纳火山下。埃特纳火山是意大利西西里岛东岸的一座活火山,特里纳克里亚是古希腊人对西西里岛的称呼。

** 厄瑞玻斯(Erebus)是希腊神话中的五大原始神之一,黑暗的化身。在希腊神话里人死后,先要穿越厄瑞玻斯的黑暗地府才来到冥土。

*** 特洛伊战争中希腊的贤明长老。

一切却一目了然。在歌剧院甫一现身即赢得掌声的国王陛下，在返回的路上不禁喜形于色。随着时间的推移，掌声日渐稀疏，似有停止的迹象。他心情沉重，挂在脸上的喜悦早已无影无踪。难道君权只是有风就会膨胀上升、没风就会松软跌落的可怜的热气球吗？法国长久以来一直是"被讽刺诗唱衰的君主专制"，而现在，似乎是讽刺诗占了上风。

年轻的渴望者路易很愿意使法国国泰民安，只要不那么劳心费神，只要他知道该怎么做就好。但他身边的人却一直在争吵不休，争权夺利，纷纷攘攘，莫衷一是。必须有精明强干之人协调、掌控或压制这些人，但是，朝廷只有妄言轻动、反复无常、和这些人沆瀣一气的德·莫尔帕先生。哲学在呼唤自身的新时代，其内涵包罗万象。这可不是轻声细语的呼唤，因为迄今一直保持缄默的整个法国现在也开始发出声音，这是同心一致、高亢洪亮的声音。音调厚重，语调繁复，虽然遥远，却并非平淡无奇。同时，人们也真切地听到了近在咫尺的圆窗里的人发出的声音。他们针锋相对，强烈要求君主专制继续作为忠诚的朝臣们取之不尽的丰饶宝库，以换取对王室的支持。那就让自由主义和新时代登场亮相吧，如果这是其愿望的话，只不过不得削减王室的开支！这是最后的条件，不过，这却是不可能实现的条件。

正如我们所看到的，在哲学思想的影响下，杜尔哥被任命为财政总监，由此开始了无休止的改革。不幸的是，由这位先生所领导的改革仅持续了二十个月。如果利用其财政部神奇的福尔图纳图斯钱袋*，这场改革本该持续更长的时间。实际上，如今法国任何想财运亨通的财政总监，都应该从拥有这样的钱袋做起。但在这里，我们必须再次强调，这是关乎希望的大自然的恩赐。由于对涤荡积弊信心满满，人们前仆后继，只需以抱诚守真的态度自得其乐地略施小计就能马到成功。杜尔哥具备优秀的品质：正直、有远见、意志坚定，但他没有福尔图纳图斯钱袋。哦，意气风发的财政总监！思想家的头脑中可以勾勒出法

* 指取之不尽的财富，出自德国古代民间故事。

国各种平和的革命，但所需的难以估量的代价由谁来付呢？但他过为已甚：针对公共部门，他甚至要求神职人员、贵族、高等法院都必须像老百姓一样纳税！这种要求不啻为一声惊雷响彻在城堡大厅，引发了公愤。德·莫尔帕先生开始六神无主。就在几个星期前，可怜的国王还写道："只有您和我爱民如子。"现在，则不得不为他签下一纸免职令（1776 年 5 月）。但愿法国可以独自完成革命，至于通过和平还是暴力方式，就看自己的造化了。

这么说希望被延后了吗？是延后了，但没有被毁掉，更没有被削弱。比如说，我们的伏尔泰主教，在销声匿迹多年之后，不是又重游巴黎了吗？虽然满脸皱纹，穷困潦倒，路易十四式的"巨大假发下只露出两只炯炯有神的眼睛"，但老人毕竟回来了（1778 年 2 月）。不屑一顾的巴黎突然变得群情振奋，像迎接凯旋英雄般对其推崇备至。贵族们假扮旅店伙计，希望能见其一面。法国的名媛们争相匍匐在他的脚下。"他的马车是一颗彗星的核，彗尾在街上延绵不绝。在剧院，他如众星拱月般受到追捧，最后在玫瑰花丛中窒息了。"由于主教总是过于兴奋，于是服用老黎塞留推荐用来压惊的鸦片过量了。国王陛下本人也曾想过让人把他请进宫里，但被劝阻了。他们希望陛下考虑：这个人存在的意义在于削弱和动摇陛下的江山社稷和威望，人们以此为出发点将其视为先知和代言人，根据神明的启示发表金玉良言。再说，由于这位在玫瑰中窒息的主教接受过宣福礼，他的遗体只能偷偷下葬，兹事体大。而法国无疑（像德国人说的那样）喜欢憧憬美好的希望。因此，我们希望法国能快乐地酝酿出神佑的果实。

博马舍也于 1773 年 6 月写完了他的法律诉状（回忆录）。他的著作无论对本人还是这个世界都意义重大（在《博马舍文集》中可以找到回忆录和介绍）。卡隆·博马舍（或德·博马舍，因为他已被册封为贵族）虽然出身贫寒，但志向远大、勤奋好学、多才多艺、胆大心细，天生长于玩弄阴谋。他虽然身材瘦削，但精力充沛、不屈不挠。积累的财富和娴熟的技艺使他有机会被召进宫，教授心地善良的罗克和格拉耶公主竖琴。更幸运的是，他得到了宫廷银行家帕里斯·杜维尼埃的信任，甚至参与了其资本投机生意。然而，这种信任在杜维尼埃的风流继承人那里不仅没能持续，反而使他卷入一场诉讼：让强悍的博马舍在法院记者戈兹曼、高等法院的莫普和无数冷漠的旁观者的议论中，受到无情的鞭挞而倾家荡产、身败名裂。在所有人的口诛笔伐中，他孤身一人进行绝地反击！愤怒激发了他的灵感，让他写出针砭时弊的诗歌和备忘录，而成为犀利的音乐大师。他以霸气的英雄主义气概、细腻的嬉笑怒骂和清晰的逻辑，在众叛亲离中重振旗鼓，为了自己的事业挑战记者、高等法院和权贵阶层。他像技艺高超的击剑手那般，对取之不尽和无法辩驳的信息资源运用得巧妙自如，使整个世界对他刮目相看。在漫长的三年时间里，财产的归属峰回路转，一波三折。最后，经过堪比大力神的十二项考验般的折腾，我们不可征服的卡隆*在被诉和起诉他人的官司中都大获全胜，把记者戈兹曼扒了一层皮，又给他穿上了一生蒙羞的外衣。针对（他曾帮助解散的）莫普的高等法院、各种其他类型的法院和法国一般的司法机构，他在人们头脑里留下了无尽的思考。博马舍就是这样像一个瘦削的法国大力神，在命运的驱使下，冒险进入幽冥王国，成功地驯服了地狱犬。他成为之后那一代人中的翘楚。

第五节　草根阶层伸张正义

然而，看看大西洋彼岸：那不就是真正的新时代的黎明吗？正如我们所说的，民主已经诞生，正在为生存和胜利而斗争，雷电已经被缚住。感同身受的法国为人权鼓掌叫好，这也是所有沙龙最受人注目的焦点，多么壮观的场面！现在，我们再来看看美国全权代表迪恩、富兰克林（迪恩于1777年、富兰克林于1785年出使法国）本人在这里的外交活动。他们是撒克逊清教徒的子孙，具有

* 卡隆（Charon，又译卡戎），希腊神话中的冥河渡神。他不仅在冥河上摆渡，还肩负着分辨来到冥河边的死者的任务，因此他也是分辨之神。

古代撒克逊人的秉性、古代希伯来人的文化。圆滑的赛拉斯、口齿伶俐的本杰明，在这些崇拜偶像的肤浅的孩子，君主制，水性杨花、多愁善感的女人的氛围中圆满完成了使命。场面可谓叹为观止，引发了沙龙的热议。约瑟夫皇帝在被问到这件事时，出人意料地这样回答一位哲学家："夫人，我赖以为生的职业是保皇党。"

肤浅的莫尔帕也抱同样的想法。但哲学的春风和舆论的力量主宰了风向标。目前，只送去了美好的祝福和秘密的武装民船。保罗·琼斯将为"好人理查"*提供装备，武器、军事物资可以通过走私运送（如果不被英国人抓住的话）。**其中，博马舍作为走私巨擘再次参与了这桩吉凶难卜的生意，为自己羞涩的口袋装进大把金钱。当然，无论如何，法国都必须有一支海军力量。在不可一世的海上霸主们分身乏术的当口，这不正是实现这个伟大目标的最好时机吗？诚然，匮乏的财政无法为船只的建造输血，但有了暗示（博马舍答应提供资金），忠心耿耿的海港和商会将会建造并提供船只。下水的大型船只中，"巴黎城号"是其中的巨无霸。

现在，当这唾手可得的三艘船在飘扬的彩旗中扬帆待发、过于醉心自由的哲学家们越来越锋芒毕露之际，莫尔帕除了顺势而为之外，还有什么地方可以大显身手呢？舰队越过大洋：戴着有羊毛衬里帽子的盖茨将军、李将军和其他粗鲁的扬基将领们，展示了法国骑兵耀眼的武器。让人不无诧异的是，异军突起的民主是在与"被讽刺诗唱衰的君主专制"并肩战斗。无论怎样，事实如此。国王的军队和英勇的志愿者们：罗尚博、布耶、拉梅特、拉法耶特，在这场人类神圣的争吵中都拔出了剑，并在其他地方也以奇特的方式拔剑出鞘。

从韦桑岛传来海军的隆隆炮声。在炮战中，我们的亲王沙特尔公爵***，是

* 指当时美国大陆海军的三桅旗舰。

** 约翰·保罗·琼斯（1747—1792），苏格兰裔美国海军军官，军事家。因获得路易十六的赏识，得以指挥两艘法国军舰，开展私掠船的活动。

*** 路易·菲利普·约瑟夫（1747—1793），路易十六的堂兄弟，1752年得到沙特尔公爵的头衔，1785年继承其父爵位成为奥尔良公爵。他于1791年加入雅各宾俱乐部，后来放弃贵族头衔，使用"菲利普平等"的名字，1793年被他自己支持并参加的国民公会处死。1830年七月革命后，他的儿子路易·菲利普继承王位。

躲在了舱底还是以大无畏的英雄气概为战斗的胜利助了一臂之力？唉，我们通过另外的版本得知，战斗并未取胜，或者说是英国的凯佩尔取得了胜利（1778年7月27日）。我们可怜的年轻亲王在歌剧院，眼睁睁地看着对他的喝彩声变成了冷嘲热讽。他再也当不成海军元帅了，对他而言，可以说是祸不单行。

巨无霸“巴黎城号”也遭到厄运！英国人罗德尼俘获了这艘船，并将其与其他战利品一道带回了英国，他的“突破敌人战线的策略”大获全胜（1782年4月9日至12日）。根据路易十五的说法，似乎“法国命中注定没有海军”。勇敢的叙弗朗在从海德·阿里苏丹国和印度洋水域撤回后，虽然起色不大，但赢得了六场战役不败的伟大荣耀。毕竟与他获得的支持相比，这可以被视为气吞山河的壮举。现在，还是让备受法国尊敬的海军元老们回赛文山的家乡养老吧，让炊烟，而不是硝烟从吉尔斯城堡的旧烟囱里冒出来吧。总有一天，还会有其他人从这里声名鹊起。强悍的拉伯鲁兹也起锚远航，开启了发现探险之旅（1785年8月1日），因为国王通晓地理。但是，唉，这个壮举也注定搁浅，无畏的领航员出发后一去不复返。探险家的远洋探险之旅一无所获。他消失在浩瀚的蓝色大海，杳无踪影，只留下悲伤和神秘的阴影，投射在人们的头脑和心灵中。

只要战争还在持续，直布罗陀就不会投降，尽管那是克里翁、拿骚-西根的所在地，还有心灵手巧的工程师，因为孔代亲王和阿图瓦亲王都会驰援相助。根据法国和西班牙家族继承公约而布置的装有皮制甲板的强大海上炮台，发出了咄咄逼人的信号。然而，直布罗陀表现得像卡尔佩火山口奔腾的红彤彤的岩浆，发出果断而响亮的拒绝之声。[①]

于是，在这场猛烈的爆炸之后，战争的喧嚣沉寂下来，福星高照的时代因而永远可期。我们那位为自由而战的高贵的志愿者回来了。拉法耶特成为他那个时代闪耀在凡尔赛圆窗大厅的无与伦比的人物，巴黎市政厅还树起了他的半身像。民主在新大陆难以撼动，不可限量，甚至提前将一只脚伸进了旧大陆。

① 《多兹利年鉴》，第25卷，第258-267页，1782年9月、10月。

然而，法国的财政状况并未因此打开局面，并步入健康的轨道。

如何使财政状况好转确实是个棘手的问题。虽然症候微弱，但即使普世的希望之光也无法掩盖。我们看到，杜尔哥由于没有福尔图纳图斯钱袋，而被高调解除了财政总监的职务。德·克吕尼先生也没有尽忠职守，甚至一事无成，让政务放任自流，成为只对得起自己的工资、在历史上百无一用的匆匆过客。那么，日内瓦人内克尔有这样的钱袋吗？他有的是银行家的本领、银行家的诚实、言而有信的特质，因为他写过获奖学术论文，曾在印度公司拼搏，宴请过哲学家，在二十年间积累了巨额财富。此外，他生性有一种深沉或麻木的沉默与庄重。对于一再被证明是情种的瑟拉东·吉本来说，这是多么奇特的命运。* 他那驾驶两轮马车的父亲，"本不愿听到有这样的姻缘，现在却发现他被离弃的女儿屈尔绍小姐，作为部长夫人而煊赫一时，而内克尔并未醋意大发"①。

如今在《罗马帝国衰亡史》的作者膝上嬉戏玩耍的小姑娘，未来将是以"斯塔尔夫人"的名字闻名遐迩的新锐年轻小姐。内克尔夫人出资创立医院，为庄重的哲学家准备丰盛的晚宴，为她筋疲力尽的财政总监丈夫提振士气。这时候发生了奇怪的事情：在哲学家的鼓噪和博塞侯爵的严格管理下，甚至国王的用度也开始捉襟见肘。于是，内克尔不得不像阿特拉斯一样，在五年内（直到 1781 年 5 月）独力为财政殚精竭虑。他拒绝王室的俸禄，只换来公众舆论的喝彩和他的贵族妻子的资助。也许在他的头脑中有很多伟大的构想，但是，他羞于将其付诸实施。他那本经过王室允许、作为新时代的新气象而出版的笔录，描绘的是宏伟的愿景，现在需要做的是，阿特拉斯·内克尔的天赋可以防止这些宏伟的愿景变成灾难。内克尔的头脑中还有一整套自己构想的法国革命图景。在这种麻木深深或深深麻木的沉默中，蕴含着足够的野心。

* 1763年，内克尔爱上寡妇维尔梅努夫人，后者遇上与吉本（《罗马帝国衰亡史》的作者）有婚约的瑞士姑娘苏姗·屈尔绍，并带其回巴黎。内克尔移情于苏姗并与其结婚，后生下一女，即斯塔尔夫人。吉本终生未娶。

① 《吉本书信集》：1777年6月16日，等等。

然而,他的福尔图纳图斯钱袋只剩下精打细算的老式税收而已。其实,他也不得不制订了自己的税收方案:向神职人员、贵族、省议会和其他机构征税,活脱脱另一个杜尔哥!即将到期离任的德·莫尔帕先生又一次做了墙头草。如果让内克尔也离开,未免令人惋惜。

内克尔处于有利地位,他冷眼旁观,伺机而动。他的八万本新著《论法国的财政管理》,在几天内即告售罄。他离开之后,又不止一次地在全国的千呼万唤下无奈回归。这位特立独行的财政总监,以前不过是德吕松银行的职员而已!

第六节 肥皂泡

这个世界在纸张的时代或希望的时代就是这样运作的。过程并非一帆风顺,虽然远处战场的隆隆炮声时有传来,但不过是助兴的进行曲而已。但愿在这晦暗不明的混乱现实中,两千五百万饥寒交迫的无知生灵不会闻声起舞!

然而,眼下请先把目光投向隆尚,根据年度惯例,斋月即将结束,展现巴黎和法国荣耀的排场将拉开帷幕,这不是去参加黑弥撒,而是去沐浴阳光,迎接早春。[①]熙熙攘攘的人群身着流光溢彩、五光十色的服饰,排着长队,花团锦簇般自布洛涅森林鱼贯穿过,宛如游动的花海长龙,郁金香、大丽花、野百合花,所有的花盆都摆放在崭新的镀金四轮马车上:令人赏心悦目,引以为豪!载歌载舞的庆典按部就班,人们从容自若,仿佛是站在钻石和世界坚如磐石的根基上,而不是在印着纹章、下面就是火海的羊皮纸上起舞。继续跳吧,你们这些蠢人,既然你们没有去追求智慧,当然也不会找到智慧。既然你们和你们的父辈撒下的是风的种子,那么,收获的注定是疾风骤雨。难道不是很早就有人写道:罪恶的报偿就是死亡?

但是,与其他地方一样,我们在隆尚注意到一件事:女人和骑士的家里都

① 麦尔西埃著:《巴黎的画卷》,第2卷,第51页。鲁维著:《弗布拉斯的罗曼史》等等。

热衷于使唤名叫约奇的仆人，也称为“侏儒”或“小魔头”。他们虽然年纪不大，却由于过早流于不端行为、作奸犯科、诡计多端而未老先衰，不过仍为贵族老爷起到了缓急相济的作用。“约奇”这个名字来自英语（jockey，赛马），“小魔头”一说也如出一辙。实际上，这些亲英派往往料事如神，从而让人刮目相看。如果法国注定成为自由的国度，既然狂热的战争已经结束，那为什么不能喜欢邻国的自由呢？像你们罗什福柯的德·利扬库尔公爵那样的博学之士，对英语宪法和国民性推崇备至，并愿意尽力引进适时应务的东西。

如果什么东西轻如微风，那么运送起来就会易如反掌！海军准将沙特尔公爵（此时尚未成为奥尔良公爵或菲利普平等）穿梭往返于海峡两岸，引进英国的时尚。作为英国威尔士亲王的心腹密友，他做起来自然得心应手：马车、马鞍、长筒靴和我们称之为骑马服的大礼服一应俱全。这些时尚都与骑马相关，因为眼下在路上驰骋的他的那些同龄人都是英国范儿，在马镫上挺直腰板，对莎士比亚笔下那些坐车去市场卖“黄油和鸡蛋”的老把式嗤之以鼻。此外，我们无畏的沙特尔还可以夸耀自己风驰电掣的马车，在巴黎没有哪位外行显贵的鞭子，比他的更为所向披靡和犀利了。

我们已经见过侏儒约奇了，但现在还是来看看约克郡真正的骑师，以及他们是怎样骑马和训练的吧，他们是参加法国赛马的英国骑师。有这些人我们同样首先要归功于（在魔鬼眷顾下的）贵族老爷。阿图瓦亲王不仅有赛马专用的种马，还有一个从瑞士诺弗沙特尔来的名叫让·保罗·马拉的怪异兽医，一个狂放不羁、难缠的家伙。另外一个无事生非的骑师来自狄昂，他不是穿裙子，就是穿马裤，无论在伦敦还是在巴黎都烂赌成性、招惹是非。真是美好的国际交流日！骗子和无赖穿越海峡伸出了手，互致问候。在万塞纳和萨布隆的赛马场上，英式四马轻便马车折射出独立王国和犯罪团伙沆瀣一气、狼狈为奸。但绞刑架早就搭好，只等英国人多德博士*了。[1]

* 即英国牧师威廉·多德，因伪造债券而于1771年被判处绞刑。

① 阿德隆著：《人类蠢事大全·多德》。

通常，与其他的年轻亲王一样，沙特尔公爵前途无量。不幸的是，命运辜负了他。不过，以奥尔良家族的巨额财产和岳父潘迪耶夫公爵的权势（当时其妹夫朗巴勒已被残忍杀害），他总有一天会成为法国首富。此时，他的头发都掉光了，由于生活放荡、荒淫无度，未老先衰。他的脸上长满了脓包，古铜色油光铮亮的脸上布满暗疮。这个信号表明，这位年轻亲王已经失势！他形容枯槁，过早虚耗了璀璨年华，只留下一团黑烟和转瞬即逝的纵欲狂欢后的尘埃。而思想、见解甚至行为被迷离的眩光所撕碎，都已化为泡影，或正在坠入晦暗不明的黑暗、喧嚣的奇思怪想之中，你可以称之为半疯癫或甚至半惊厥的深渊！巴黎故意对他的车马行头冷嘲热讽，但他一笑置之。

从另一个角度看，如果他没有一笑置之，反而出于贪欲，威胁把亵渎神明的黑手伸向皇宫的花园，那将是怎样的一天！①花坛将会支离破碎，栗树大街将与日月同辉的满园春色一起陷落，让歌剧里通常仰仗人类、喜欢在花坛下游荡的树精情何以堪。巴黎在痛苦地呻吟。菲利道尔将再也无法从他的摄政咖啡馆，欣赏游手好闲之辈恬然自得的草地。即使呻吟也无济于事。斧头发出了瘆人的寒光，神圣的树木轰然倒塌。事实上，这主要源于贵族老爷眼下囊中羞涩。歌剧里的树精在尖叫声中逃之夭夭。哦，你们这些树精，不要因为缺乏抚慰而哭泣。他还会在你的花园周围建起新的建筑和广场。虽然花园规模缩小了，但还会有重新栽种的树木、装饰水景喷泉、正午骄阳引爆的大炮，以及人类无法想象的身体和精神上的东西。而与以往不同的是，皇宫又将成为我们这个星球上巫师和撒旦的乐园。

有什么是凡人不会尝试的吗？在遥远的维瓦莱的阿诺奈，孟格菲兄弟向天空放飞了充满烧焦的羊毛烟雾的纸质圆顶包（1783 年 6 月 5 日）。*维瓦莱省议会同一天休会，议员们聚在一起鼓掌欢呼。那么，胜利分析法会一步登天吗？

---

① 杜洛尔著：《巴黎的历史》，第8卷，第423页。

* 孟格菲兄弟，即约瑟夫–米歇尔·孟格菲和雅克–艾蒂安·孟格菲，法国的造纸商、发明家，热气球的发明者。1783年6月5日，他们在里昂安诺内广场放飞了世界第一个模拟气球。

巴黎听到这个消息一定吃惊不小。但巴黎不久就看到，孟格菲的新型飞行气球从位于圣·安托万郊区著名的雷维雍造纸厂缓缓升空。搭载上天的是鸭子和家禽。现在（1783年10月和11月）有人敢登上气球一起升空吗？化学家查尔斯想到了氢气和玻璃丝，他本人将从杜伊勒里花园升空，孟格菲会郑重其事地切断绳索。他和另外一个人一起升空！在场的数以十万计的观众看得心惊肉跳，吓得目瞪口呆。他们发出大海浪涛般的呼喊，一直伴随着他踏上疯狂的冒险之旅。他一直向上飞，直到变成一个发光的小圆点，宛如白昼的一轮新月，像我们所说的"平庸的杜尔哥鼻烟盒"。降落到地面时，人们倾巢而出迎接他。波利尼亚克公爵夫人与闺中密友在布洛涅森林翘首以盼，尽管1783年12月1日是寒风刺骨的冬季。沙特尔公爵也率领整个法国骑士团前来迎接他。[①]

无须任何引导就可以飞向天空，真是绝妙的发明！这件事意义重大，是我们这个希望时代的里程碑。这个时代以同样庄严而飘逸的方式飞翔，在天空左右摇摆，最后归于天命。幸运的是，他没有像皮拉特尔那样下降时发生悲惨的爆炸！可以说，人是坐在肥皂泡上登上苍穹的。

或者还可以看看麦斯默医生在他宽敞的磁性大厅里如何教授催眠术。他穿着长袍，像新时代神秘行业的古埃及祭司般迈着庄严的步伐，放眼天空。空气中掠过的轻柔音乐，不时打断神秘磁性周围神圣的寂静，这种磁性看起来不过是几桶水而已。时尚圈的潮人和上流社会的佳丽活像西番莲，平心静气地围坐一圈，手持测棒，期待从磁性中获得灵感并进入地球上新创造的天堂。哦，你们这些女人、男人，你们的异教信仰真是伟大！他们当中有议员杜波尔、贝尔加斯、德·埃斯普雷梅尼尔。德·沙特尔大人方面还有化学家贝托莱。

如果没有科学院的贝利、富兰克林、拉瓦锡们的介入（科学院的确介入了），麦斯默可能早就赚得盆满钵满，全身而退了。不如就让他安静地在康斯坦斯古镇沿着博登湖散步、多多思考问题吧，因为，在新奇事物怪异的表象之下，

① 拉克莱代尔：《十八世纪》，第3卷，第258页。

旧式的（任何表象都无法掩盖的）伟大真理又重新开始显露出来：人就是如此神奇的生物，拥有超凡的力量。总之，人就是世界的中心，具有勃勃生机。即使运用生理学、神经系统、物理学和形而上学辅助的胜利分析法，也永远无法对此完全界定，更不用说解释了。这就是为什么在任何时代，江湖骗术都长盛不衰的原因。

第七节　社会契约论

希望的时代就是在这一系列五光十色、光怪陆离的背景下水到渠成的。但是，这也正是问题之所在，因为，希望的时代事实上仅仅以普世仁爱、胜利分析法、经过矫正的恶习为基石。而从长远来看，还要依靠那些眼巴巴望着四十英尺高的看启示的两千五百万蒙昧的野蛮人，他们饥肠辘辘、疲惫不堪，怎么会不出现问题呢？

如果我们不吸取教训，那么，无论过去、现在还是未来，罪恶都永远是痛苦的源泉。这是一片自称最基督化的土地，有十字架和教堂。但是，主教却是什么罗什·埃蒙，什么项链枢机主教路易·德·罗昂。在漫长的岁月里，穷人的声音在扎克雷起义和面粉骚乱中变得含混不清，只剩下一片哀怨和呻吟的回声。地上对这一切充耳不闻，但上天并没有装聋作哑。此外，当数以百万计的人处于饥寒交迫的窘境时，也会有数千人潦倒失意，一筹莫展，只有少数人衣食丰足，或者说是最后破产的人。凋敝惨淡的工业似乎也成了某种猎物，为世界强大的猎人奉献狩猎的乐趣和口腹之享，各行业纷纷恳求享受高薪厚禄的监管者和导师：放我们一马吧，不要再保护我们了！有哪些行业在法国的市场有容身之地呢？有两种产品可能有市场和需求：日用农产品，因为数百万人以此为生；种类繁多、品味各异的高档奢侈品和香料，从旋律优美的歌剧到赛马和交际花，因为少数肉食者需要娱乐。说到底，整件事有些疯狂。

要修补和重塑我们所拥有的一切,的确可以采用胜利分析法。应该向胜利分析法致敬!尽管如此,在作坊和实验室之外,什么东西可以借助于胜利分析法呢?发现杂乱无章的秩序并予以消除。一直以来,怀疑只能算半个巫师。他召来了妖魔鬼怪,却不能驱魔降妖。我们有无穷无尽泡沫逻辑的深渊,话语和事物先后被卷入深渊,吞没殆尽。因此,请注意,公认的希望的理由,实际上只不过是绝望的先兆,伴随着关于人的永恒理论、人的思想、政府的哲学、物种的进化、每个人头脑中的主要思考方式等。那个时代及其无数的代言人,如孟德斯鸠、马布里,都有了不计其数的发现。现在,让·雅克·卢梭不是也该公布他的社会契约新福音书,揭示政府的全部秘密,以及如何为了让人人满意而签订契约和讨价还价了吗?关于政府的理论,在颓废的时代不言而喻,将来依然如此。应将其作为绝非徒劳无益的自然进程和伟大进程的一个步骤而承认其价值。然而,没有哪种理论比这个更加确定:所有的理论,无论是否经过真诚和痛苦的思考,都是或一定(根据其自身的条件)是不完整的、有问题的,甚至是虚假的。你要知道,依据自身定义,这个宇宙是无限的。不要为了逻辑上自圆其说而尝试将其一口吞下。如果你能在混乱中通过巧妙地搭建各种坚固的支柱而阻止其吞掉你,要心存感恩之心。年轻的新一代已经根据让·雅克·卢梭的理论,将怀疑论者的信条换成了对该福音书的盲目信仰。这是事态发展的关键一步,启示良多。那么,我到底该相信什么?

保佑希望吧!从混沌之初就一直有千年预言:神圣的千年。但(值得注意的是),直到进入如今的新时代,也没有哪个千年人们过上舒适安逸和丰衣足食的生活。我的朋友,不要相信预言中说的有幸福、仁爱和连畸形都可以治愈的乐土!人不是所谓幸福的动物,其对美味食物的欲求是无止境的。在这风暴弥漫、充满莫名威胁、浩瀚无垠的宇宙中,如果不是通过同心协力、锲而不舍的努力,可怜的人类如何能找到(暂且不说幸福)起码的生存环境和落脚点?假若在人类的心中没有虔诚的信仰,如果义务这个词对其已经失去了意义,那才是不幸！因为，适合在爱情和悲伤的场合洒下一掬之泪、对不幸的伤感，在其他场合却毫无裨益，完全是隔靴搔痒。对自己说："我是多么健康啊！"这样的健康之心，实际已经病入膏肓。感伤难道不是伪善行话的孪生姐妹、唯一或合二为一的东西吗？这种行话难道不是构成魔鬼的原材料吗？除了真理之外的所有谎言、蠢事、可恶行为本身，不都是来源于此吗？因为，这种行话本身就是经过两次蒸馏的二次方谎言。

而现在，如果整个国家跌入这样的深渊该如何是好？在这种情况下，我的回答是：它一定会迷途知返！因为，生命并不是巧妙设计的骗局或自我欺骗：它是一个伟大的真理，证明你是活生生的人，你有欲望和需求。而依靠幻觉是无法生存和满足自身所需的，只能依靠事实。因此，依靠这一点，我们就可以根据智慧的引导回归到事实：幸福或不幸的事实。众所周知的、基于普通人认知的最低级和最不幸的事实，似乎是原始的食人习俗这个事实：我把你一口吞掉。倘若这个原始事实恰好是我们（借助于日臻完善的方法）必须回归的那个事实，并将其视为新的出发点，那么，结果将如何演绎？

第八节　出版物

在这样一个务实的法国，无论理论多么十全十美，心怀不满依然普遍存在：承诺的改革不可或缺。然而，改革迟迟不来，谁来启动呢？难道会不请自来吗？我们周围无所不在的不满积重难返，有增无已，正在寻找新的发泄渠道。

我们用不着谈论街头歌谣、抨击专制主义的老式格言，更用不着说那些手抄报。由于没有新闻自由和许可证制度，巴斯蒙和他的伙计与追随者们可能会停止出版三十卷本的滑稽故事，并退出这个行业。小册子如果带有"在北京印刷"的字样，就可以在巴黎偷偷摸摸地贩卖和阅读。当时，有一份报纸叫《欧洲信使报》，由一位叫德·莫兰德的人定期在伦敦出版，后来他上了断头台。还有一个不守规矩的人叫林盖，在自己的国家对其肆无忌惮、律师公会的同仁将其驱逐的时候，将满腹怨气一吐为快，矛头直指巴士底狱（曝光巴士底狱），后来也被送上了断头台。口若悬河的修道院长雷纳尔最终实现了自己的愿望，看到了《哲学史》的出版，他油腔滑调，谬误百出，不惜为了自由而大声鼓噪（尽管以修道院长的名义出版，但据说这是一部借用其名声的在逃哲学家的著作），终究免不了让刽子手付之一炬。他顺势以烈士的姿态出国旅行。这是1781年的版本，也许是最后一部受火焰祝福的名著，刽子手却觉得毫无用处。

只要法庭审理家务事，总会有金钱纠纷、离婚案的争吵，家长里短暴露无遗！贝桑松和艾克斯的最高法院，把年轻的米拉波的爱情和命运在整个法国搞得沸沸扬扬。他自谓“人类之友”，用了二十年的时间，在国家监狱、边境军区的步兵团、荷兰作家的阁楼和其他地方学习对抗专制：人，唉，还有神的专制。在这普世仁爱和正义回归的粉红色面纱下，家庭的圣殿怎么总是成为死气沉沉、百无聊赖、同室操戈的黑暗地狱！由于离婚案的缘故，有时人类的老朋友全家（除一人之外）被严密看管：他写了大量关于改革和解放世界的文章，而光是为了这些私怨，他就收到了六十封国王封印的密札。他也是一个有远见卓识、洞察力甚至有一丝血性的人，但这些长处与内外因素混杂在一起，使他不那么安分守己，甚至意气用事。他贪婪成性、利欲熏心，与人性的美好情感相距甚远！在你们这些翘首期待璀璨千年的傻瓜们眼里，除了爱情和物质享受之外别无他物，但涓涓河水将顺流冲走醇酒，风声将吞噬低沉的音乐，你们存在的根基和理由将越来越深地陷入感官享受的泥潭，很快就会跌入无底深渊！

或者，来看看让人难以启齿的钻石项链事件*吧。参与的人有带红帽子的枢机大主教路易·德·罗昂，西西里的惯犯巴尔扎莫·卡里欧斯特罗，“颇具姿色的”女帽商德·拉莫特夫人。教会最高领袖与江湖先知、扒手和妓女沆瀣一

* “钻石项链事件”是1785年发生于路易十六宫闱中的丑闻，肇始于女骗子让娜·拉莫特的一桩骗局。事涉王后玛丽–安托瓦内特、枢机主教罗昂。此事发生在法国大革命前夕，对君主制及皇室声誉造成严重打击，并让公众对王后产生了极坏的印象。

气、狼狈为奸。朗朗乾坤下公然作恶的撒旦的隐秘世界，被暴露在光天化日之下，招致的伤痛将化作青烟绵绵不绝！王室由于丑闻名誉扫地、一败涂地。这一神秘事件轰动了欧洲。在十个月的时间里，当事人欲盖弥彰、谎话连篇，从高官到平民，贪腐成风，贪得无厌、盲从、愚蠢。但它也让人看到了来自于饥饿的力量。哭泣吧，美丽的王后，这是为单纯而洒下的第一滴痛苦的泪水！你的美丽名字已被污浊的气息所玷污，只要你还活着就无可挽回。新的一代出生之前，不会再有人爱戴你、怜悯你，你将心如死灰，在痛苦中煎熬。从此以后，格言不再尖锐苦涩，但会残酷恶毒，无以名状。1786 年 5 月 31 日，当可怜的宫廷枢机大主教罗昂从巴士底狱出来时，受到护送人群的鼓掌欢迎：并非人们爱戴他，他也不配这种爱戴。他的重要性在于，他是高等法院和王后的敌人。①

我们这个璀璨的希望的时代，怎么会变得如此暗淡无光！整个天空都由于飓风和地震的不祥之兆，变得愁云惨淡！这是一个在劫难逃的世界：使人获得自由的服从原则已经无影无踪，奴役人民（至少是彼此奴役）的服从原则也很快烟消云散。无论现在，还是将来，他们都只是私欲的奴隶、罪恶的奴隶，不可避免的也是痛苦的奴隶。看看这些感官腐化、谎话连篇的芸芸众生，活跃在他们周围的是某种愚蠢的伤感，其本身只是闪烁的腐败磷光，那上面，像供奉的约柜一样，是四十英尺高、快腐烂的阴森绞架。在此基础上，只需再加上以冲动性格区别于其他民族的法兰西民族就够了。随之而来的是好坏参半的甜头和邪恶的风险，叛乱、爆炸，以及程度未知的不测之祸。还有，正如作家切斯特菲尔德写下的话："我在历史上所能见到的所有症状！"

因此，我们必须说：这是哲学的不幸，它摧毁了宗教，这就是所谓的"粉碎邪恶"吗？还不如说是那些使神圣变成邪恶的人、那些实施者的不幸。是生活在这样一个邪恶和毁灭世界的时代的所有人的不幸！不对，朝臣们的回答是，是杜尔哥、是内克尔他们的疯狂创新造成的，是王后的铺张排场造成的，是他、

① 《米拉波回忆录》，第2卷，第325页。

是她、是这个、是那个造成的恶果。朋友，这正是每个恶人的一贯行径，他们像江湖骗子那样吹嘘自己有本事，实则不过是酒囊饭袋。无论在哪个生活领域，无论是擦鞋匠还是领主，这是基本规律，从查理曼大帝和更早的时代起即是如此。这一切（请相信，谎言不会凭空消失，却如播下的种子一样一定会生根发芽）已经存续了数千年，现在清算的日子终于来临。这个日子将会地动山摇：因为这是愤怒之日经年积累的总爆发。哦，我的兄弟，听我的劝告，宁可死也不要做江湖医生！只不过死一次，你就永不相欠。这种卑劣的投机本身所包含的诅咒，即使你离开后，花光工资，也还不知道会持续多久。不仅如此，正如古代圣贤穿越永恒留下的话，已经牢牢铭刻在上帝的末日之书中！

被推迟的希望会让心脏生病。然而，正如我们所说的那样，希望只是被推迟，没有被摧毁，也不可能被摧毁。看到同样的希望仍然透过各种劫难，照亮法兰西民族的必由之路，令人鼓舞和感动，因为我们仍然要将希望的光辉作为好客的邀请、愤怒和威胁的话语去寻找，它穿越最恐怖的黑暗地区，送来的是温和的天堂之光、一团红色的火球、燃烧的蓝色火焰，生生不息，因为绝望本身就是一种希望。我们这个时代就是因此才被称为希望的时代，尽管在只剩下希望时意思有些伤感。

但是，如果有人只想知道即将打开的潘多拉盒子是什么样的，那他就得观察在所有症状中到底是哪种性质的症状，那个时代幸存下来的是哪种文学。油腔滑调、谬误百出、不惜为了自由而大声鼓噪的修道院长雷纳尔发表了见解，而早熟的一代已经另有回应。看看博马舍的《费加罗的婚礼》就够了。这部剧克服重重困难，现在（1784 年）终于被搬上舞台，演出过百场，为所有观众所称道。如此巨大的成功靠的是什么亮点或内在活力呢？今天的读者也许会感到奇怪，而且一定会知道，这出剧触及了那个时代的痛处，说出了所有人的感受和想说的话。《费》剧故事简单，情节平淡，情感和讽刺波澜不惊，对话琐碎、苍白。然而，故事似乎透过一个完全疯狂的世界，以某种不屑的姿态，巧妙地展开并深入。话语中的每个暗示都隐藏玄机,每个人都可以从中看到自己的影子、处境和行为方式。正因为如此,该剧上演了过百场,轰动了整个法国,剧场洋溢着欢声笑语和如雷掌声。如果理发师自言自语地发问:“你们贵族老爷的这一切是怎么挣来的?”回答必定是:“不辞辛苦生一回呗。”众人一定会哈哈大笑,醉心于赛马的亲英国的贵族们,会笑得比所有人都起劲儿。几本小小的图书怎么会对他们有如此大的杀伤力呢?“卡隆先生”这样问道。他猜想,他那简明扼要的格言也许可以解释其中的原委。偷运金羊毛的征服者,就是莫普那高等法院的地狱犬的训犬师。最后在法兰西剧院加冕“俄耳甫斯”的博马舍,现在已经达到个人声望的顶峰,成了半神半人的英雄。我们还将在他落魄江湖时再次见到他。

在有史以来最令人难忘的震撼事件爆发的前夜,还有两部书更引人注目,并受到所有人如饥似渴的追捧:博纳丁·德·圣皮埃尔的《保罗和维吉妮》;鲁维的《福布拉斯骑士》。这两部书可以视为描绘旧式封建法国的挽歌,值得一读。第一部书呈现的是一个悲戚世界的哀号:处处是与言而无信的病态艺术发生冲突的健康天性,被禁锢在陋室或最偏远的海岛无法逃脱,毁灭和死亡打击所爱的人。而更重要的一点是,即使在这里,死亡也并非必然,而是出于礼法。透过无上的崇高和质朴,看到的却是荒淫和腐败,这是怎样的一个世界!然而,虽然有些病态,我们的好人圣皮埃尔依然奉献了音乐、诗歌:我们将把他的书称为“旧法国的天鹅哀歌”。

至于鲁维,就没有人视其为儒雅名流了。实际上,如果可怜的福布拉斯是一首挽歌的话,那也是一个不思悔改的罪犯在绞架下的挽歌。这本书与垃圾无异,甚至不及垃圾的深度!书中展现的是怎样的一幅“法国社会的图景”?如果不是精神力量将这幅图景作为一幅画展示出来的话,它就空无一物。然而,这正是很多事情的症结所在,特别是这个可以自给自足的世界的症结所在。

第三章

巴黎高等法院

第一节　备受争议的法案

当难以言说的混乱在内部酝酿，布满表面的大量裂缝释放出浓烟时，就会出现这样的问题：大爆炸通过哪个裂缝释放出来？通过旧的火山口或烟囱，还是通过本身立即形成的新火山口？在任何一个社会都存在这样的释放渠道和可以利用的机关，甚至君士坦丁堡都有这样的安全阀，可以通过防火材料将不满释放出去。执政当局可以通过夜间火灾或被绞死的面包师的数量，把握时代的脉搏，作为依据改变施政方针。

我们可以说，法国的这场爆炸无疑将首先尝试所有旧式的释放机构，因为，其中的每个机构现在，至少在过去，都与内部的裂缝有某种联系，这是它们成为国家机构的前提。虽然淫威之下少不了被公器私用而偏离初衷，但相比其他地方，阻力相对较小。那么，哪个释放出口最为适合呢？观察家可能已经猜到了：那就是高等法院，首先是巴黎高等法院。

一个人无论尊贵与否，都不会对所处时代的影响无动于衷，特别是公职人员。尽管是躲在审判席的后面，但他们的一举一动都与这个世界的实际运作息息相关。高等法院的法官们，以及砸下重金买下职位、期待同时也买来同胞尊重的院长，在哲学家出席的晚会和高雅的文学沙龙里，怎么能让自己看起来像与蒙昧主义为伍的人呢？在巴黎的穿袍贵族中，可能不止一个像马勒塞布那样以良知和公共利益为行为准则的爱国者。显然也不止一个像德·埃斯普雷梅尼尔那样性急的人。在五花八门的思想泛滥不止的情况下，有布鲁图斯那种享誉天下的名声似乎十分荣耀。像勒贝尔齐埃和拉姆瓦尼翁这样，既头衔显赫又富甲一方的家族不乏其人。但在宫廷里，他们只被承认为穿袍贵族。有背景深厚的杜邦家族，有口无遮拦的弗莱托家族和萨巴齐埃家族：这些家族或多或少都受惠于社会契约论。此外，对于整个阶层来说，爱国的反对派不也在为自己而战吗？醒醒吧，巴黎高等法院，该重新开战了！莫普的高等法院不是被羞辱性地废除了吗？现在你害怕的既不是手持鞭子、神色威严的路易十四，也不是黎塞留和巴士底狱。不，整个国家都支持你。上天啊！这个国家也一样可以成为政治强国，像朱庇特的精美头发所具有的威力一样，只要动一下马尾假发，就会让那些公国和王朝胆战心惊！

自 1781 年年底以来，浮夸的老莫尔帕就已经被笼罩在死亡的阴影之中："我再也听不见他在楼上的脚步声了"，好人路易说。他的滑稽相和八面玲珑也随之烟消云散。让人郁闷的现实既无法用花言巧语，也无法用被从今天巧妙推迟到明天的邪恶所掩盖。明天已经到来。现在只剩下坚定冷静的德·韦尔热纳坐在那里，像个钻牛角尖的乏味办事员（他原本的职业）那样，认可这些不容否认的事实,任凭变革随时到来。变革并非寄希望于他,因为他只知道按部就班、例行公事。可怜的国王羽翼渐丰,但少不更事。他必须以庸碌之才开始亲政,王后也会助他一臂之力。光彩照人的王后目光清澈、胸无城府、玉洁高贵,但对于左辅右弼之责,她显得浅薄,不够专注。治理法国尚且困难,现在甚至管制好宫廷内阁差不多都是个难题了。因为,如果不幸的人民沦于走投无路的境地,那么,一个弱势的宫廷同样会内外交困,且有过之而无不及。对于圆窗大厅里的宫廷内阁来说,在如此物华天宝、人杰地灵的法国,丰饶角*却濒于枯竭是不可思议的:难道财富不是在流动吗?然而,在躬行克俭的财政制度下,内克尔一下子就取消了六百多个公职,因而被朝臣赶下台。他的确是个吝啬的书呆子当家人!接着,军队当家人圣·日耳曼施行普鲁士的军事思想和策略,军功和盾形纹章似乎成了晋升的不二法门,从而引发了军人的不满。火枪手等一大批编制遭到裁减。于是,圆窗大厅里的宫廷内阁受到无情地折腾、掣肘和削弱。到处叫苦连天,笼罩在山穷水尽、焦虑不安的气氛之中:圆窗大厅里的宫廷内阁已今非昔比。贝森瓦尔说,与昔日相比,这些年(1781年)来宫廷黯然失色,惨不忍睹。

那么多公职被裁减,也难怪圆窗大厅里的宫廷内阁会感到郁闷!一个职位都不能裁减,那会导致钱包缩水,人人心情沉重。但工人阶级、制造商、红男绿女、贵族显要、交际花们不是都被呵护有加吗?一塌糊涂的经济对两千五百万人从未雪中送炭!然而,前路依然步履维艰,远未结束。还有几年的光景,狼猎犬、熊猎犬将和猎鹰一道荡然无存,各种职位如秋日的枯枝败叶凋零殆尽。波利尼亚克公爵对完全保持沉默的内阁表示,他的职位不可裁减,随后却殷勤地向王后递交了辞呈,因为王后陛下希望如此。克瓦尼公爵就不那么具有骑士风度。“克瓦尼公爵和我大吵了一架,”路易国王说,“即使他把我

---

* 丰饶角,又名丰饶羊角,源于希腊和罗马神话。其形象为装满鲜花和果物的羊角(或羊角状物),象征着和平与幸运。

打了，我也不会怪他。”[1]对于这样的事情，他也别无他法。贝森瓦尔男爵具有独立人士的坦率，他明确无误地告诉王后陛下，“在不能肯定第二天一觉醒来是否会一贫如洗地生活在土耳其之前去睡觉，是一件多么窝火的事情。”这和狗的生活没什么两样。

王室财政的永恒难题的确怪异！却是一个容易理解、难以否认的事实，也是一件真实而令人难过的事情：是把所有大臣先后卡住并绊倒的绊脚石。无论是否需要财政或其他方面的天才，收入与支出之间都存在巨大的差距，这是收入赤字，必须加以弥补，否则会被其吞噬！这是个几乎无望、化圆为方的难题。接替内克尔的财政总监约利·德·弗勒里，对此无能为力，只能举借延迟偿还的新债，开征新的税收，结果是没有征收到税款，却引发了普遍的抗议和不满。新任财政总监德·奥莫松无所作为，甚至更差，因为，如果约利的任期超过一年，德·奥莫松估计只能挺过几个月而已，在国王未向他咨询就购买了朗布依埃城堡时，他就借机引退了，以致在 1783 年年底，政务险些停摆。人光凭权宜之计是难以成事的。无论新机构“财政委员会”、财务主管、财政总监如何发奋图强，都是徒劳，因为不幸的是没有什么财政需要监控。致命的麻痹症让社会运作瘫痪了，致盲的乌云或黑暗包围了我们：我们将陷入国家破产的黑色恐怖中吗？

破产是国家大事：这是巨大的无底深渊，埋藏着所有从一开始就注定了结于此的大众和个人的谎言。因为，自然是事实，而并非谎言。你制造的谎言经过或长或短时间的传播，就会像开给真实大自然的汇票一样，兑付结果是透支。可惜的是，谎言经过这么长时间的传播，始作俑者却很少成为最后的受害者！谎言和因此所产生的邪恶的重负口口相传，手手相传，从一个阶层传到另一个阶层，最终停留在沉默的最底层。他们是每天拿着铲子和锄头、带着心灵的伤痛、接触现实的阶层，不会让谎言和欺骗走得更远。

然而，请注意，如果谎言及其负担总是通过公正的补偿法（在这个混乱迷

[1] 《贝森瓦尔回忆录》，第3卷，第255–258页。

茫的社会）向底层移动，那么，其带来的痛苦会反过来不断向上层反弹。结果，在两千万生灵经过漫长的痛苦和半饥饿的折磨之后，克瓦尼公爵和他的国王陛下之间发生了“真正的争吵”。这正体现了正义的法则，同时将一切带回到原点，尽管只是由于破产偶尔发生。

但是，如果口袋里有福尔图纳斯钱袋的话，随便一个谎言还可以持续多久呢？尽管你的社会、你的家庭、物质或精神的安排，所有这些在神和人的眼里都是不真实、不公正、不雅观的，不过，却有热气腾腾的炉台、充盈的食品柜：无数从天而降的瑞士人，以天然的忠诚云集而来，用小册子和火枪证明，这一切都是真理，即使不是绝对真理（无稽之谈），至少也是相对真理（如和风之于被剪毛的羊），而且无往不利。然而，如果钱袋和食品柜空无一物的话，一切就会截然不同！既然你的安排如此真实，如此符合自然法则，那么，以上天的名义，无限慷慨的大自然怎么会让饥荒横行肆虐呢？毋庸置疑，对于所有男人、女人和孩子来说，你的安排是错误的。光荣的破产在规模上是正义的，尽管细节上是如此残忍！依靠谎言，通过孜孜不倦的努力可以行得通。没有什么谎言可以一飞冲天，蒙蔽全世界。但总有一天，破产将把谎言扫除干净，让我们摆脱谎言。

第二节　财政总监卡洛纳

对于如此忧郁、封闭和沉疴难起的情况，在愤怒的高等法院看来，似乎财政天才已经离开人间，还有谁会比德·卡洛纳先生的出现更受欢迎呢？他是无可争议的天才，甚至是财政天才，在财务管理和高等法院多少都有历练，因为他曾经在梅兹、里尔做过总督，在杜埃当过检察官。作为重量级的人物，他与富豪阶层有千丝万缕的联系，出身清白，只是在艾吉永-夏洛岱已被遗忘的陈年旧事上有一些小过失（出示过客户的信件）。他的父母家底殷实，在证券交易所的地位举足轻重。我们的富隆家族、贝尔齐埃家族一直在图谋算计他。老富隆富可敌国，曾做过警察局长，是出了名的恶棍，一肚子坏水，有人认为，如果他的把戏得逞，有朝一日能当上大臣。

这就是德·卡洛纳先生拥有的支持和后盾，其他靠的是内在素质！他的脸闪耀的是希望之光，以理服人是他的口头禅。无论任何难题，他都成竹在胸，可以让眼前的局面重上正轨。1783 年 11 月 3 日，王室祝贺新的财政总监上任。卡洛纳也面临新的考验。像杜尔哥和内克尔一样，他以自己的方式放出绝招，为我们这个如今变得暗淡的希望时代，留下另一抹璀璨的光芒，最终成就丰功伟业。

无论如何，这都是圆窗大厅的莫大幸福。省吃俭用被抛到九霄云外，公职也不再削减。这下你们的贝森瓦尔可以高枕无忧，不用再担心一觉醒来两手空空了。欢声笑语如魔法师的戏法又回来了，是精美的牛角撒下的幸福。看得出来，我们的财政总监举止温文尔雅，笑容可掬，与众不同。他饶有兴趣，甚至关切地倾听每个人讲的话，有求必应，或者至少有条件地做出承诺。“我担心这是个难题。”王后陛下说。“夫人，”财政总监回答，“如果只是难题，就好办了。如果不可能，就一定要做。”他随机应变的能力堪称一流。看到他在这个人欲横流的社会旋涡中保持如此罕有的饱满热情，你可能会问：“他什么时候开始工作？”然而，正如我们看到的，他的工作永远不会落后于进度。更重要的是，他的工作成果是：现款。他的随机应变能力体现在行动、言谈和思想上，令人难以置信。他话语柔和、理据充分，闪耀着深刻哲理的火花，带有些许智慧和快乐的活力。参加王后陛下的晚会时，在肩负世界重担的情况下，他仍然让在场的男男女女心花怒放！他用什么魔法创造了奇迹呢？唯一真正的魔法就是天赋。人们称他为“部长”。事实上，何尝有人见过这样的人？他可以将弯曲的东西变直，将坑洼的地方变成坦途。圆窗大厅里洒满难以言喻的阳光。

不，严肃地说，没有人会说卡洛纳没有天赋：他有说服别人的天赋，更绝的是，他有借钱的天赋。他用私下搞来的钱，以明智和熟练的手法使证券交易所的利率飙升，一经启动，贷款很快就被抢贷一空。了解内情的有心人估计，他每天的特定花销为一百万（约五万英镑）。[①]但是，他难道没有得到相应的回报吗？比如，暂时的和平与繁荣？哲学家们仍然在抱怨和发泄不满。正如我们所说的，内克尔的八千本新书销售一空。但是，在王后陛下的套房，在公爵、公爵夫人和表情快乐的仰慕者们簇拥下的无敌的卡洛纳，足可以让内克尔和哲学家们相形见绌。

不幸的是，好景不长！挥霍无度和靠借贷度日并不是弥补赤字的灵丹妙药。火上浇油并非一劳永逸，而只是权宜之计！即使洞察力过人、偶尔清醒而一贯糊涂的卓越之辈也明白，他的生意本质上是暂时的，往后会变得愈加困难，无法预期的变数迫在眉睫。除了财政赤字，世界完全处在一种全新的精神状态。一切事物都在摆脱旧有的桎梏，寻求新的出路和组合。没有了约奇侏儒、布鲁图斯的短发形象或站在马镫上的亲英骑士，这并不是变化的征兆。那么，变化的征兆是什么呢？不管怎么说，愉快地度过今天。明天呢？等明天来了再说。一旦（以其慷慨大方、说服技巧和天赋的魔力）爬上高位，受到圆窗大厅、国王、王后、证券交易所和尽可能所有人的青睐，无敌的财政总监就希望以意想不到的方式，同样巧妙地闯过另一个不可避免的难关。

不管怎样，在这神奇的三年里，权宜之计经过不断叠加，现在已经累积到岌岌可危的高度。而堪称世界奇葩的“钻石项链”成为压垮骆驼的最后一根稻草。即使天才在此也无能为力。无论职位多高，都必须义无反顾向前看。可怜的项链枢机主教罗昂安全引退到奥弗涅山区，处境危险的德·拉莫特夫人被羁押在萨尔贝特里埃尔医院。这一悲哀的事件被掩盖之后，大胆的财政总监又有惊人之举，再次震惊世界。通过他的说服技巧（他的大胆、豁达和口才令人无法抗拒），一项一百六十年来闻所未闻的权宜之计被提出并采纳：召集贵族开

① 《贝森瓦尔回忆录》，第3卷，第216页。

会。

法国各地的贵族、实际或虚拟的统治者均被召集与会，目的是有说服力地向他们如实陈述国王陛下的爱国主义宗旨和糟糕的财政困境，然后提出问题：我们该怎么做？当然需要采取补救措施，比如，天才魔法师的戏法一旦被贵族批准，所有高等法院和所有人无论是否愿意都必须遵守。

第三节　贵族

对整个世界来说，这是个真实信号、奇观、形势走向的晴雨表。圆窗大厅发出悲戚的抱怨：我们这样不是挺好吗？为什么非得火上浇油？宪政哲学家们则惊喜不已，翘首以待最终如何收场。在公共债权人、公共债务人、博学之士和群氓中，有些惊喜有加，有些五味杂陈。米拉波伯爵的婚姻和其他官司无论结局如何均告一段落，现在正在柏林幽暗的格子间里，编写关于普鲁士君主制和卡里奥斯特罗的小册子。虽然是有偿写作，但绝非迎合官方立场。他向自己的政府寄回大量快件，以从千里之外嗅出或发现更多的猎物。他像一只猎鹰或秃鹫，或两者兼而有之，拍动翅膀，准备飞回祖国了。①

德·卡洛纳先生在法国奇迹般地施展了亚伦神杖*，唤起了很多意想不到的事情。他既有疑虑，又充满无畏和期待，尽管乐观和勇敢的一面始终占据上风。有时，他对一位亲密朋友写道，“我为自己感到可怜”；有时，他邀请诗人或蹩脚的祝圣诗人歌颂“这次贵族会议和酝酿中的革命”。②革命的确在酝酿之中，值得歌唱，只是不该在革命已经发动、其结果已经显现时再歌唱。在晦暗不明的动荡中，一切都长期摇摆不定，德·卡洛纳先生能用他的贵族炼金术，将

① 《米拉波回忆录》，第4卷，第4章和第5章。

* 根据《圣经》，亚伦是摩西的哥哥和代言人，传说他创立了犹太教祭司制。他的神杖顶端长满花朵，预示复活，与摩西手杖一样具有神奇的能力。

② 基佐著：《世界传记·卡洛纳》。

所有人凝聚在一起并找到新的财源吗？或者是加剧分裂，使动荡变成争斗和伤害？

尽管如此，我们看到，在这寒气逼人、幽暗短促的冬日，这些重量级和有影响力的人士踏上鞍马劳顿的艰难旅程，从法国各地赶赴国王召见他们的凡尔赛宫。1787 年 2 月 22 日，按列出的名字计算，共有一百三十七名贵族在那里齐聚一堂。[①]外加七名王室血统亲王，正好可以使编组人数凑成整数。大主教和法院院长均被编入七个小组，分属七名王室血统亲王管辖，包括德·阿图瓦先生、旁第埃弗尔先生等。其中，我们不要忘了新的奥尔良公爵（因为从 1785 年开始他就不再是沙特尔了），此时还没有被册封为海军上将。他刚刚年逾不惑，因血统而恃宠而骄、恣行无忌，对这个世界有些心灰意懒，而这个世界对他也大失所望，亲王大人前途堪忧。他并非生活在闪烁着智慧光彩，甚至也不是烽火四起的环境中，而正是在如我们所说的“在阴霾笼罩和荒淫无度化成的灰烬”中体味人生的。奢华、卑鄙、锱铢必较、悲观厌世、野心勃勃、阴暗腐败，外加一年三十万英镑的收入，这位可怜的亲王就是这样生活的。如果有朝一日挣脱了宫廷锁链，他将扬帆远航到什么地方，会有什么意外从天而降呢？好在至此他只是热衷于每日打猎，坐在那儿，因为他必须坐在那里板着面孔主持议事。他目光呆滞，似乎这是一份郁闷的差事。

我们终于发现，米拉波伯爵实际上已经回国。他是从柏林回到会议现场的。他目光如炬，扫视现场，发现自己帮不上什么忙。他本来觉得这些显贵们可能需要一个秘书。他们确实需要一个，但已经选定了杜邦·德·内穆尔。这个人虽然默默无闻，但名声不错。他经常煞有介事地对朋友抱怨，由于不得不“与五位国王通信”而不堪重负。[②]米拉波的笔不可能成为官方的笔，但仍然是一支笔。在当秘书不成的情况下，他转而抨击证券投机（《谴责投机》），习惯性地高调宣布

---

① 《拉克莱代尔回忆录》，第3卷，第281页。《蒙加亚尔回忆录》，第1卷，第347页。

② 杜蒙著：《回忆米拉波》，巴黎，1832年，第20页。

自己的存在和关注的话题。在得到朋友塔列朗，甚至卡洛纳的私下警告，并收到第十七封准备逮捕他的国王封印的密札后，他及时越过边界逃之夭夭。

现在，庄严的王宫大厅里，正如当时的油画为我们描述的那样，一百四十四名贵族已经就座，准备好听取和审议报告。财政总监卡洛纳的演讲和准备工作推迟了很久。然而，他的“工作技巧”大家都了解。他的鲜明风格、清晰思路、别出心裁、开阔视野和高谈阔论都无人能出其右，只是内容让大家吓了一跳。不仅五花八门的账户都面临赤字，甚至连财政总监的账户也受到质疑，而且所有账户都呈现“巨额”赤字。这就是我们财政总监面临的困难之所在：那么，他有解决之道吗？或者仅仅是杜尔哥主义的再版而已，因为，似乎不使出杀手锏不行了：那就是省议会、新的税收。最令人诧异的是，他把新的土地税称为土地税补贴，无论是否特权阶层，包括贵族、神职人员和高等法院都不得免征！

这太愚蠢了！这些特权阶层早已习惯于征税，设卡征税、贡金和海关税，无所不用其极，直到只剩下一个便士。但要自己纳税？要知道，除了极小一部分，这些贵族都是由特权阶层组成的。轻率的卡洛纳却没有留意到这个组成部分并进行筛选，而选择了这些贵族作为真正高尚的人，为了达到目的他过于相信自己屡试不爽的手腕、财富和口才。轻率的财政总监！口才是管用，但并非无所不能。俄耳甫斯口才超群，可以变出娓娓动听的韵律和音乐（我们称之为诗歌），使冥王普鲁托眼里的铁化成泪水。但你用什么样的韵律或散文魔法，把财神普鲁图斯口袋里的东西变成金子呢？

因此，现在风暴已酝酿而成，向卡洛纳席卷而来。首先是这七个小组，然后是受其鼓动的外围地区，最后逐渐蔓延至整个法国，颇有无法平息之势。如此巨额赤字凸显了管理不善、浪费惊人。有人甚至暗示有盗用公款之嫌。拉法耶特就与其他人一起大声疾呼进行调查。无所畏惧的卡洛纳很自然地想把赤字的罪过，转嫁到自己的前任身上，甚至包括内克尔在内。但是现在，内克尔矢口否认，并且将一部充满敌意的《书信集》设法交付印刷。

在圆窗大厅的王后内宫里，口齿伶俐的财政总监在用他的“夫人，如果这只是难题”来进行说服工作。但是，唉，理据现在已经站不住脚了。在某个备受煎熬的日子，你看他，就在国王办公室面对其他小组派来的代表的质问。他孤立无援地面对一百三十七门逻辑大炮，我们字面意思称为炮口的轮番诘问、质询、斥责。这些人，贝森瓦尔说，根本或几乎没有表现出智慧、技巧、冷静和有说服力的口才。在这些炮火怒不可遏的责难下，卡洛纳并不生气，而是不动声色、从容不迫、微笑应对。在长达五个小时的时间里，他以清晰、柔和与坚定的语气回答了连珠炮似的刁钻问题和语带责备的质询。他的回应疾如闪电，静若阳光。不，即使交叉火力也无法让他低首俯心，无论是旁敲侧击的问题，还是故意找茬的质询，虽然他只有一张嘴，也有权予以忽略，但他都以最饱满的热情，主动地一一解答。如果柔和的话语和有说服力的口才可以拯救法国，那么法国就真的得救了。

压在他肩上的好似千钧重担！在他看来，这七个小组似乎只是在设置障碍。在亲王办公室，来自图卢兹的大主教洛梅尼·德·布里安，对他的财政总监职位垂涎三尺。他煽动神职人员，而自己充当调停人，暗中施展阴谋。看不到任何来自外部的帮助或希望的迹象。对于国家（米拉波现在正高调谴责投机）来说，财政总监无所作为，甚至一事无成。在哲学家们看来，他也是一事无成，只是派出了一支由拉贝鲁兹率领的科学探险队，以及诸如此类的事情。此外，他不是还在与内克尔进行“唇枪舌剑的通信”吗？圆窗大厅似乎也满腹疑团：财政总监没有朋友。坚毅的德·维尔热纳先生具有一丝不苟的冷静和明智头脑，是最有可能平息这场纷争的人，可惜在倒霉的贵族会议前一周死了。据说掌玺大臣米洛梅尼尔现在充当了叛徒，为洛梅尼·德·布里安策划阴谋！王后的朗读者、令人厌恶的德·维尔蒙神父，是布里安一手提拔的心腹，对他心存感激：恐怕隐秘的通道已经开启，我们脚下的地面被布设雷区了。至少，奸诈的掌玺大臣米洛梅尼尔应该被撤职。而谈吐不俗、立场坚定的贵族拉穆瓦尼翁，人缘好、多谋善虑，是希望改革高等法院的法官，难道不是掌玺大臣的最佳人选吗？这至少是忙碌的贝森瓦尔的想法。于是，他在餐桌上将这个想法传到了财政总监的耳朵里。后者却始终以家长的姿态自居，听得津津有味，但没有正面回答。[1]

唉，怎么回答呢？个人阴谋的力量，还有舆论的力量变得如此险恶、是非不分！哲学家们对此冷嘲热讽，仿佛他们的内克尔已经胜利在望。看看民众喜闻乐见的木刻或铜版画。比如，画一个农民召集自家农场的家禽开会，开场白是："亲爱的动物们，我召集你们开会是为了要你们告诉我，吃你们的时候我应该蘸什么酱。"一个公鸡回答说："我们不想被吃掉。"他的话马上被打断："你离题了。"[2]笑料和逻辑、民谣和小册子、格言和漫画：公众舆论煽风点火，好像打开了风口的闸门！入夜，拉穆瓦尼翁法官偷偷来见财政总监，发现他大步在室内来回踱步，似乎魂不守舍。[3]财政总监语无伦次地直接恳求德·拉穆瓦尼翁先生给他出个主意。拉穆瓦尼翁天真地回答说，除了他自己考虑担任掌玺大臣作为补救办法，他真的没有更好的主意。[4]

1787 年 4 月 9 日，这是个人们喜欢验证的日子，因为历史和回忆录关于这一天所编造的漫不经心的谎言，达到了登峰造极的程度。"在复活节后的星期一，"贝森瓦尔说，"我骑着马去位于罗曼维尔的德·塞古尔元帅的家。在林荫大道上，我遇到了一个朋友。他告诉我，德·卡洛纳先生已被罢免。不远处过来的是以英式风格骑马的奥尔良公爵，他一路小跑迎面而来，并证实了这一消息。"[5]这个消息真实可靠。奸诈的掌玺大臣米洛梅尼尔，已经被拉穆瓦尼翁取而代之。但这个任命只对其个人有利，而对财政总监不利。第二天财政总监也

① 《贝森瓦尔回忆录》，第3卷，第203页。
② 刊登在《漫画博物馆》，巴黎，1834年。
③ 《贝森瓦尔回忆录》，第3卷，第209页。
④ 同上，第3卷，第225页。
⑤ 同上，第3卷，第211页。

必须离职。在这之后,他仍然逗留了一段时间,有人在货币兑换商中见过他。他甚至还在财政总监的办公室上过班,因为还有一些工作没有完成,但这并未持续很久。公众舆论掀起的风暴来势迅猛,个人的阴谋破坏力惊人,使他仿佛暴露在打开的暴风眼的中心,最后在上层的授意下他被扫地出门,轰出了巴黎和法国,消失在外面黑暗的地平线上。

多么残酷的命运,即使天才的魔力也无法逆转。忘恩负义的圆窗大厅!难道不是他为你们洒下黄金雨露的奇迹,以至于正像一个侍臣说的那样,“人人伸出的是手,我伸出的是帽子”?虽然他已年过五旬,但如果不是洛林的一位金融家的遗孀用自己的财产慷慨相助,他会依旧穷困潦倒、身无分文。虽然不知疲倦地奔波,但他的活动从此以后转入低调:给国王写信、上诉、预言、编小册子(发自伦敦),所有这些都用了惯有的说服技巧,然而现在这些已经没有说服力了。幸好他的寡妇的钱包可以用之不竭。在那一两年之后,有一次,有人看见他在北部边界现身,寻求选举国民议会议员,但被严厉劝退了。他从此变得更加低调,躲在欧洲最遥远偏僻的地方,晚年更是铤而走险进行外交斡旋,帮助流亡的亲王。为抢救手稿,他曾跳进莱茵河的急流,差点淹死。虽然坚忍不拔,但终究一无所获!在法国,他无法再创造奇迹,甚至无法返回故土找到埋骨之所。永别了,随和自信的财政总监,你有一双轻盈、大胆的手和雄辩的金口:是非自有公论,但毕竟你的本分——筹措资金、更多的资金,这个任务你已经圆满完成。

但现在,当前任财政总监卡洛纳在暴风骤雨中,以这种怪异方式消失在地平线之后,财政总监的职位怎么样了?仍然虚位以待、空缺、消失了,就像隐身在洞穴里的月亮一样。预期有两个人有望在幻影中很快继承这个职位:可怜的富尔克先生和可怜的维尔德耶先生,因为新月有时也会抱着开始暗淡的满月一起散发光芒。要有耐心,显贵们!新的财政总监实际已经确定,甚至准备就绪,只等完成必要的程序。精明的拉穆瓦尼翁、内政大臣布雷泰尔、外交大臣蒙莫兰已经交换意见。让这三个人见面讨论吧。在王后和维尔蒙神父面前最得宠的是谁？会是最有能力的人吗？或者至少五十年来拼命工作而被视为最有能力的人？还是有时以神职人员的名义，要求对新教徒执行死刑，有时以得到圆窗大厅里男男女女的青睐而得意忘形，甚至借用哲学家伏尔泰和达朗贝尔的时髦辞藻的人？贵族中谁准备好开庆祝会了？洛梅尼·德·布里安，图卢兹大主教！这就是三个人当时给出的一致清晰的答案，并且立即跑去向国王提出建议。“去得如此匆忙，”贝森瓦尔说，“以至于德·拉穆瓦尼翁先生不得不临时借了一件长袍。”这是觐见仪式必须穿的服饰。[①]

洛梅尼·德·布里安一生都有“官运亨通的预感”，现在终于有所收获。他主持财政，有着第一大臣的称号，一生漫长的努力终于没有白费。美中不足的只是，赢得这个位置、管理国家需要卓越的才干和技巧，而这正是他少得可怜的东西！如果现在拷问他的内心，他到底有什么资格，不出意外，除了空虚和随意，他一无所有。至于内外兼修的原则和韬略（他的身体由于过度损耗而心疲力竭）更是无从谈起，没有既定计划，甚至糟糕的计划也没有。所幸的是，在这种情况下，卡洛纳倒是有个计划。卡洛纳的计划是从杜尔哥、内克尔抄袭而来，现在将为洛梅尼所采用。洛梅尼对英国宪法的研究并没有白费功夫，因为他自称有某种亲英情结。为什么在这个自由的国家，最高法院可以随便赶走一位大臣，让他在国王眼皮底下悄然消失，然后派另一个人取而代之？[②]当然，这不仅仅是单纯的改变（但毕竟是损失），而是为了利益均沾。因此，为了自由而进行的斗争才永无止境，而且不会造成伤害。

经过复活节庆典和卡洛纳的牺牲的抚慰，贵族们的心情还算不错，在国王陛下作为“隐身月亮”不在时，就自己举行了贵族会议，以国王的名义做出了雄辩的和解承诺。“王后站在窗前等待御驾归来，国王从远处向她挥手，示意

① 《贝森瓦尔回忆录》，第3卷，第224页。
② 蒙加亚尔著：《法国史》，第1卷，第410-417页。

一切顺利”。[1]如果能持续下去，这就是最佳效果。与此同时，贵族中的头面人物可以了无牵挂了，布里安的虚假、拉穆瓦尼翁的远见都将从中受益，当然也少不了雄辩的和解。然而，总体上来说，不可否认的是，罢免卡洛纳而采用卡洛纳的计划，是为了产生最佳效果的措施，应该从大局着眼，粗略而不是细致地考察。总之，贵族们现在能以优雅的方式帮忙的地方就是全身而退！他们关于临时议会、取消徭役等的“六个建议”可以被接受，而不会招致批评。土地税补贴和其他很多名目只是轻描淡写、一带而过，并没有变成雄辩的和解文本。终于在 1787 年 5 月 25 日，在庄严的闭幕会上，爆发了我们所谓的“雄辩的争吵”：国王、洛梅尼、拉穆瓦尼翁及其随从轮番发表了冗长的讲话，除了国王陛下，讲话的人数达十人之多，持续了一整天。于是，贵族们以洪亮的国歌大合唱形式表达谢恩、赞美和承诺，最后经过反复劝说才从各自的住所被打发走。在长达九个星期的时间里，他们就坐在那里聊天：这是自黎塞留在 1626 年之后的第一次贵族会议。

一些历史学家不分青红皂白地指责洛梅尼打发走了这些贵族。不过，这正是恰到好处的时机。正如我们所说的，有些事情只能粗略而不是细致地考察：你不能在烧红的煤上滑得太快。在这七个除了空谈被视为工作而别无他事可做的小组中，最尖锐的问题被提了出来。比如，拉法耶特就在阿图瓦大人的小组，针对国王封印的密札、个人自由、债券投机等议题，发表了不止一次的谴责演说。亲王大人对此曾试图加以阻止，他则回答说，既然贵族们被召集来提出自己的看法，他认为必须把话讲完。[2]

于是，艾克斯的大主教阁下在讲坛上用哀怨的语气说：“什一税是基督徒虔诚的、自由意志的奉献。”“什一税，”拉什福柯公爵用从英国学来的公事公办的冷漠语气打断他的话，“是基督徒虔诚的、自由意志的奉献？现在有四万

① 《贝森瓦尔回忆录》，第220页。
② 蒙加亚尔著：《法国史》，第1卷，第360页。

件诉讼都和它有关。”[①]不仅如此，拉法耶特也附议，并提出有朝一日召开“国民议会”。“您要求召开三级会议吗？”亲王大人用惊讶并带威胁的语气问。“是的，大人，没有比这更好的了。”“写下来，亲王大人对秘书说。”[②]这句话随即被记录，并且很快付诸实施。

第四节　洛梅尼法令

随后，贵族们返回各自的家，同时将赤字、腐朽、混乱这样的观念，以及三级会议是治病良方、不治病就要命的说法带回到法国各地。我们可以想象，每个贵族都像葬礼中的火炬一样，把需要掩盖的丑恶深渊暴露在光天化日之下！愤怒和不安攫取了每个人的心，由此而发酵的情绪通过小册子、讽刺漫画、展览、演说寻找发泄的渠道，让浮夸的思想、言论和行为相形见绌。

这是经过长期忍耐之后的精神破产，现在正趋于经济破产而变得让人无法忍受，因为，正如预言的那样，不可避免的痛苦已经从沉默的最底层向上层蔓延。无论是压迫者还是被压迫者，每个人都模糊地感觉到自己的位置是错误的。所有人都注定以各自不同的辛辣话语，以攻击者或防御者的姿态，把内心中的躁动发泄出来。国家的福祉和统治者的荣耀并不是用同样的材料制造的。哦，洛梅尼，你拼尽一生的努力才得到的职位，要面对的是怎样一个颠倒、残破、饥馑和愤懑的世界！

洛梅尼最初的法令仅仅是起缓解的作用。在取消徭役或劳动法规、减轻赋税的情况下，成立省议会来“分摊捐税”。缓解的措施是由贵族建议采取的，长期以来备受所有自由派人士的推崇。油浮在水面上才被认为是好油。在冒险推出重大措施之前，洛梅尼希望看到公众心中已生的动荡有所平复。

---

① 杜蒙著：《回忆米拉波》，第21页。

② 图隆永著：《1789年革命以来的法国史》，巴黎，1803年，第1卷，第4页。

这样当然最好。但如果这不是那种可以平复的动荡呢？有些动荡来自上面刮起的风暴和和阵风。但有人说，也有些来自地下被压抑的风，甚至经过自身的分解、腐烂，最终变成了燃料。正如海王星、冥王星的火成岩地质一样，这个世界由于腐烂而分崩离析变成碎屑，现在将爆炸，然后获得新生！这种动荡不会因为浇上油而平复。愚人在心里嘀咕，为什么明天不是昨天，就像每天都曾是第二天那样呢？而面对当前法国的道德、精神、经济，智者会概括为，所有的症状在历史上前所未见，缓解的法令无法平复动荡。

与此同时，无论缓解与否都需要钱。为此需要制定另一种法令，即财政法令。如果人们知道巴黎的高等法院要将他们所谓的财政法令进行“登记”，那么其成功的概率有多大！这种登记或仅仅是抄录的权利，是高等法院的古老习俗，尽管仅仅是法院的司法程序，但仍然可以反对，并进行长时间的讨价还价。这导致了许多争吵，包括莫普成功或失败的权宜之计，其中有的到现在持续了近四十年。因此，本来容易的财政法令如今将成为大问题。例如，卡洛纳的土地税补贴、通用土地税无一例外，不都是财政的靠山吗？或者，为了尽可能显示具备原创金融家的才干，洛梅尼自己也制定了一种印花税法令，当然是抄袭自美国的。这能够证明法国比美国更幸运吗？！

法国资源丰富。然而，不可否认的是，高等法院碍手碍脚。在贵族最后的免职交响乐中，巴黎的大法官已经发出了不祥之音。在这个躁动的世界，阿德里安·迪波尔*就毅然抛弃了磁性睡眠，让自己幡然警醒。还有迷人的埃斯普雷梅尼尔，虽然没那么强悍，却更加高调。他生性带有热带的热情（他出生在马德拉斯），内心同时混杂着放纵的暴力、光明派教义、动物本能、公共舆论、亚当·维斯豪普特、哈尔摩狄奥斯和阿里斯托革顿**及各种各样混乱的暴力思想。他将招致无妄之灾。贵族阶级都受到了潜移默化的影响。贵族们大多放下

* 阿德里安·迪波尔，任司法部长，是催眠术的信奉者。

** 亚当·维斯豪普特，1774年加入共济会，后创立共济会的精英团体光明会，主张分开教会和国家并消灭它们，建立新秩序。哈尔摩狄奥斯和阿里斯托革顿，是古希腊的两位“弑僭者”（即弑杀僭主的人），刺杀了当时的雅典僭主喜帕恰斯。

了青蛙、花边、大人物的架子,穿起了英国服饰招摇过市,或者以英国风格挺直身子骑马。他们满脑子是反抗、自由的狂热、混乱和无限反对的想法。问题是:如果我们有福尔图纳斯钱袋就不必去冒险!但洛梅尼在6月已经整整等了一个月,把所有的油都浇在水上了。现在,无论怎样,都只能等那两个财政法令的结果。7月6日,他向巴黎高等法院提出了拟议中的印花税和土地税。作为用自己的腿、而不是借卡洛纳的腿迈出的第一步,他把印花税排在了第一位。

唉,高等法院不仅不愿登记,反而要求提供开支报表、预计开支削减报表等一大堆国王陛下肯定拒绝提供的报表!于是,纠纷再起,有人唱起爱国论调,贵族们被召集开会。尼米亚猛狮*开始发怒了吗?这肯定是一场决斗,旁观的法国和全世界都在祈祷,至少参杂了赌博的好奇心。巴黎又有新的热闹好看了。法院外面的院子里不寻常地聚集着来来往往的人群,外面巨大的嘈杂声与里面雄辩的爱国演说交相辉映,显得活力满满。可怜的洛梅尼从远处凝望这一景象,心中掠过一丝不安,派出去的信使都淹没在人海中,没有带回任何消息。

盛夏的日子就这样电光火石般的过去了,然后就是整个7月份。在法院里,只能听见哈尔摩狄奥斯和阿里斯托革顿式的唇枪舌剑,伴随着巴黎人声鼎沸的争吵声。登记没有完成,报表也没有提供。“报表吗?”一个活泼的议员嚷嚷道:“先生们,应该给我们提供的报表,在我看来,就是三级会议。”**恰到好处的文字游戏,引来了笑声和赞同的附和声。在法院里说出的这个词非同小可!老德·奥莫松(前财政总监的叔叔)却笑不出来,他明智地摇了摇头。但外面院子里的人、巴黎和法国,都把这个词奉为至宝,反复念叨,它久久回荡在人们的脑海里,直到变成震耳欲聋的巨响。很显然,已经没有人再考虑登记的事儿了。

虔诚的谚语说:“除了死亡,药包治百病。”当最高法院拒绝登记的时候,

* 尼米亚猛狮是希腊神话中的巨狮,据说皮坚逾铁,刀枪不入,性格尤其凶暴,食人无数。

** 在法文中,报表和级别为同一个词。

包治百病的药经过长期的实践，就变成了最简单和熟悉的东西：国王主持的高等法院会议。高等法院就是在这样不知所云的喧哗与骚动中，白白浪费了整整一个月的时间。印花税法令没有登记，或者说还相差甚远，补助根本没有提及。8 月 6 日，全体不服软的议员都被马车运到了国王的凡尔赛宫。国王在此主持了高等法院会议，并以国王的口吻，命令他们进行登记。他们可以低声表示反对，但是必须服从，以免祸从天降。

终于大功告成：高等法院在国王的召集下被运走，听从国王的明确命令进行登记，然后被运回巴黎，又回到静静等待的人群中。又过了一天，现在，议员们又一次坐在自己的法院里，在外面院子人潮的嘈杂声中，不仅拒绝登记，而且（哦，一个不祥之兆！）宣布前一天所做的一切全部无效，国王主持的高等法院会议不算数！在法国历史上，这还真是头一遭。更有甚者，勇气可嘉的高等法院再接再厉，同时宣布，法院本身无权对任何税收法令进行登记，最近几个世纪以来的做法都是错误的；对于这样的文件，唯一有权批准的机构是：王国的三级会议！

这就是一个民族的普遍精神能够进入最孤立的立法机构的深度，或者不如说，是立法机构在愤怒的政治决斗中以此为武器杀人和自杀！但是，无论如何，这难道不是人们怀着难以言表的心情或根本就没兴趣观看的战争、自相残杀的决斗、希腊人之间真正的殊死搏斗吗？正如我们所说的，拥挤在外面院子里的人都是狂热推崇自由的年轻贵族。他们穿着英国的服饰，发表大胆的演讲，有检察官、此时不在岗的法院书记员、游手好闲者、小说家和其他无法描述的阶层的人士。议员们就是在这股人潮中走出了法院，来到急切等待宣读决议的这三四千人中间。他们热烈鼓掌，欢声雷动，挥舞着六到八千只手！当德·埃斯普雷梅尼尔、弗雷多或萨巴齐埃发表了雄辩的演讲，从奥林匹斯讲坛出来时，受到外面院子里四千个喉咙的齐声欢呼，盖过了暴风雨；他们被送上了衷心的祝福，被强壮的肩膀扛回了家，仿佛中了头彩一样。这是何等的奖赏！

第五节　洛梅尼的雷电弹

站起来，洛梅尼·布里安，现在不是谈论敕令书、动摇或妥协的时候。你已经看见整个巴黎人心浮动，（工作不稳定或不固定的人）像破坏力强大的汹涌洪水，淹没了外面的院子。甚至法院的书记员说的话都极富煽动性。在这场权贵对决权贵、希腊人对阵希腊人的决斗中，下层阶级已不再尊重城市守望者：警察的打手背上被用粉笔标上了 M 字母 *，他们像被猎杀的野兽一样被推搡、追逐。下级法院派来了特使表示祝贺和拥护。他们的正义喷泉变成了反抗喷泉。在巴黎老大哥高等法院投身战斗之时，各省的高等法院正在屏息静气地密切关注。所有十二个机构血脉相连，一个机构的胜利就是所有机构的胜利。

形势越发严峻。8 月 10 日，有人针对“卡洛纳的挥霍”提出“指控”，要求对其提起诉讼。虽然没有登记，但是，指控的罪名是：挥霍浪费、侵吞公款。召开三级会议的呼声也一直没有消停。哦，洛梅尼，难道王家军械库没有什么雷电弹，让你可以用布满血丝的右手扔到火药桶上，炸掉这些口若悬河的家伙，而只用松香和吵吵嚷嚷来让他们闭嘴吗？在 8 月 14 日夜里，洛梅尼发起了他的雷电弹攻势。当天夜里，大约发出了一百二十封国王封印的密札。于是，第二天早上，高等法院的全体议员再次被装上车，运到香槟省的特鲁瓦，史书上说是“在所有人的祝福声中护送的”。甚至客栈老板和驿站的车夫都不吝表示尊敬之情。①这件事发生在 1787 年 8 月 15 日。

人民即使在他们最需要的时候也不会给予什么祝福！巴黎高等法院很少得到这样的祝福，也不配。像其他任何希望满足整体的模糊要求和许多个体的具体要求的机构一样，这是由脱胎于过去社会秩序混乱（刀剑为王、糊里糊涂地拼命成为笔墨称霸的）时代的孤立机构拼凑起来的统一机构，经过几个世

---

* M是Mouchard的第一个字母，密探的意思。

① A.拉梅特著：《制宪会议史》，序言，第73页。

纪的巧取豪夺，逐渐发展成我们今天所看到的模样，一个兴旺的社会怪胎、制订法律、批准或否决法律，并且高价现款倒卖头衔和权力的机构。院长艾诺经过深思熟虑之后说，这是最好的办法。[①]

在这样一个靠卖官鬻爵生存的机构里，不可能有多余的公共精神，只会有多余的搜刮民脂民膏的贪婪。头戴盔甲的人靠的是手里的剑，戴假发的人靠的是手里的笔墨，后者比前者更平和，但更可恨，因为，假发的方式更加不可抗拒，也更加卑劣。长期的经验证明，贝森瓦尔说，依法起诉一名议员无济于事，法院没有一名司法人员愿意为此出庭。议员的假发和长袍是火神的盔甲与暗黑魔法的斗篷。

巴黎高等法院可能自认是不讨人喜欢的机构，在政治方面平庸，不那么大义凛然。当国王软弱的时候，比如现在既是如此，高等法院总是像狗一样跟在后面大喊流行口号；当国王强势的时候，高等法院就会像猎犬一样，鞍前马后效犬马之劳。这是一个不公正的机构，其邪恶的影响已经不止一次地造成了可耻的司法堕落。就在这几天，被谋杀的拉利不是在血泊中大喊报仇吗？而价值观则像濒临绝境、被操纵、被牢笼逼疯的狮子一样，深陷报复的泥潭而消失。看看倒霉的拉利，从他黝黑的脸可以看出他狂野的黑暗灵魂，他被放进破筐里在街上拖曳，嘴里被放进木塞不得说话。这个野火般的灵魂历经危险和辛劳，像怯懦、不诚实和平庸中超凡脱俗的天才与勇士，在六十年的生命历程中，与不公平的命运和人的背信弃义进行了顽强的搏斗，面对一切，毫不退缩。哦，巴黎高等法院，你对他的奖赏就是绞刑架和木塞吗？[②]奄奄一息的拉利把记忆留给了他的孩子。年轻的拉里横空出世，以神和人的名义要求拨乱反正。而巴黎高等法院却竭力为漏洞百出、令人发指的罪行辩护。蹊跷的是，脸色阴沉的阿里斯托革顿德·埃斯普雷梅尼尔被选中做代言人。

---

① 《简明编年史》，第975页。

② 1766年5月9日：《世界传记·拉里》。

这就是法国现在祝福的社会怪胎。虽然是肮脏的社会怪胎，却在与另一个更肮脏的怪胎斗争！遭驱逐的高等法院被认为“蒙上了荣耀的光环”。如果发生争吵，即使撒旦来帮忙，也是会受欢迎的。甚至拼命战斗的撒旦可能也会暂时蒙上荣耀的光环。

当巴黎得知自己的法院被流放到了香槟省的特鲁瓦、只剩下几个抄写员时，外面院子里的人开始群情激愤。口若悬河的雷电弹熄火了，自由的烈士离开了！四千多检察官、书记员、闲散人员和亲英贵族们一齐发出了怒吼。有其他闲散人员加入进来凑热闹，不法分子的人数和力量成倍增加，并开始追踪密探。整个街区陷入风雨飘摇的境地，城市其他工作稳定的地区尚未受到波及。墙上开始出现言辞大胆的标语，宫殿内外的演讲富有煽动性。显然，巴黎的脾气改变了很多。到了事件发生的第三天（8 月 18 日），德·阿图瓦亲王和其他大人们按照惯例，乘坐官方马车来到高等法院，目的是让人把那些讨厌的法令和抗议从记录中“删除”。他们受到的接待迥然不同。被认为站在反对派一边的亲王受到欢呼和鲜花的迎接。而大人们则被沉默以对，然后是低声细语，最后变成了嘘声和抱怨声。不好，寻衅滋事的地痞洪水般朝他们压了过来，嚣张的气势让卫兵队长不得不大喊：“举枪！”听到这雷霆万钧般真切的命令并看到金属清晰的闪光，被地痞推波助澜的人群开始后退，并很快从各个路口撤了下来。[①]这些都是新生事物。的确，正如德·马勒塞布的中肯评论所说的：“这是与高等法院进行的一场新式对抗”，不像坚硬物体间碰撞发出的轰然巨响，而更像是“可能变成无法扑灭的熊熊大火的第一束火花”。[②]

这位好人马勒塞布在阔别十年后，现在又回到了国王的议会，洛梅尼即使不通过其才干也会凭借其名字从中渔利。至于此人的意见，还是不听为好。于是，他又再次引退，重回他的书斋，到山林隐居。在国王这样的议会，一个好人

① 蒙加亚尔著：《法国史》，第1卷，第369页。《贝森瓦尔回忆录》等。
② 蒙加亚尔著：《法国史》，第1卷，第373页。

可以做些什么吗？杜尔哥不会重蹈覆辙：他已经离开法国和这片土地很多年，现在已经不在乎这些东西了。奇怪的是：杜尔哥、同一个洛梅尼和莫尔莱神父，曾经三个年轻的朋友，都是索邦大学的学者。四十年的时光，让他们在彼此的生活轨迹中分道扬镳。

在这段时间里，高等法院天天在特鲁瓦束手坐视，对当事人点点名，然后休会，没有检察官露面陈述案情。特鲁瓦和人们想象的一样好客，不过生活比较乏味单调。没有拥挤的人群把你扛到肩上，奉为不朽的神，只有一两个爱国者跋涉至此，叫你鼓起勇气。你在这里吃住不愁，远离家乡和家庭的舒适，无所事事，只能徜徉于香槟省没什么特色的田野，观赏日臻成熟的葡萄，询问那些已经问了千百次的问题，闷得要死，甚至有被巴黎遗忘的危险。信使来来去去。平和的洛梅尼并不吝惜谈判许诺。德·奥尔梅松和谨慎的老议员认为，冲突无法带来好处。

这样枯燥乏味地过了一个月，屈服但有所保留的高等法院宣布休战，所有高等法院均必须如此。印花税收回，土地税补贴也撤回。但是，取而代之的是他们所谓的“第二个二十分之一税的延期”敕令。这本身就是一种土地税，但对受影响的阶层并不那么沉重，负担主要落在沉默的阶层。此外，（老议员之间）还有些秘密承诺，让人觉得可以通过借贷重建财政。至于“三级会议”这个丑陋的词汇，已经没有人再提了。

于是，在 9 月 20 日，被放逐的高等法院踏上了归途。德·埃斯普雷梅尼尔嚷道：“它出去时满身荣耀，回来时满身泥浆。”不，阿里斯托革顿，并非如此。即使如此，你也一定是那个最干净的人。

第六节　洛梅尼的阴谋

还有比洛梅尼·布里安更倒霉的首相吗？他执掌国家的缰绳六个月，却没有丝毫（财政）权力以这样或那样的方式扭转乾坤！他把鞭子甩得震天响，却毫无进展。除了钱，剩下的只有顽固和煽动性的辩论。

公众的情绪不仅远未平复，反而更加义愤填膺、火冒三丈。随着每年赤字的加剧，王室金库几乎分文不剩。不祥的预兆！马勒塞布说，他看到疲惫、愤怒的法国变得越来越水深火热，将燃起熊熊大火。和我们想的一样，米拉波二话不说，紧随高等法院之后再次回到巴黎，再也不会离开故乡了。[①]

在边界之外，荷兰被普鲁士入侵。[②]法国因此受到挤压，英国和总督大获全胜，让战争大臣蒙莫兰和所有法国人蒙羞。与工作和生存本身一样，金钱是战争的基础，没有钱，一个首相能有什么作为呢？税收贡献有限，第二个二十分之一税到明年才能征收。严格说来，其产生的争议大于金钱。对特权阶层征税连登记都做不到，甚至支持者都无法容忍。对非特权阶层征税没什么油水，因为从干涸的井里汲水行不通。不在老式保险的贷款上下功夫，是看不到希望的。

有先见之明的拉穆瓦尼翁辅佐的洛梅尼，在对这个难题百思莫解时，突然灵机一动：为什么不能采取连续贷款？即根据需要年复一年地连续贷款，比如可以一直持续到1792年嘛？反正登记任何贷款同样有困难，这样就有时间缓口气，找到运作的资本，至少可以生存下来。必须颁布连续贷款的法令。为了取得哲学家的支持，同时发布解放新教徒的自由法令，并以承诺自由殿后。就是说，在1792年贷款期结束时，召开三级会议。

发布这种解放新教徒的自由法令的时间已经到了。对于洛梅尼来说，所付出的代价和执行死刑的代价一样小。召开三级会议的自由承诺是否兑现还不一定。履行期限是五年，这中间会发生许多事情。但登记怎么办？哦，真的，这才是困难所在！不过，我们有老议员在特鲁瓦偷偷答应的承诺。合理分配的报

① 《米拉波回忆录》，第4卷，第5章。
② 1787年10月。蒙加亚尔著：《法国史》，第1卷，第374页。《贝森瓦尔回忆录》，第3卷，第283页。

酬、弄虚作假、高等法院里被称为“可恶的灵魂”的老富隆的地下阴谋，也许可以摆平其他问题。在最不济和最坏的情况下，王室权威不是还可以利用吗？如果筹不到钱，王室权威与死亡无异，而且是那种最确定和最惨的死亡方式：饿死。不入虎穴，焉得虎子。没有风险早就意味着失去一切了！其余的事情，如同所有头等大事一样，用点计谋总是有用的。国王陛下宣布，11月19日进行王室狩猎。所有相关人员都快乐地准备打猎用具去了。

这的确是王室狩猎，但猎物只有两条腿、没有羽毛！在1787年11月19日，王室狩猎日的早上11点，意想不到的喇叭嘟嘟声、车队的嘈杂声，扰乱了高等法院所在地：国王陛下在掌玺大臣拉穆瓦尼翁、贵族和大队随从的陪驾下，前来举行盛大的王家法令登记仪式。自路易十四板着无人敢反对的威严面孔，穿着马靴，手持马鞭来到这里，下达登记的命令，无须玩弄诡计而搞定一切，以同样理直气壮的做派进行狩猎和登记以来，变化如此巨大！[①]假如路易十六有一天也有这个面子的话，他只要登记就知足了。

然而，搭配得体的礼仪和言辞之后，王室的如意算盘昭然若揭：两个法令，一个是解放新教徒，一个是连续贷款。我们信赖的掌玺大臣拉穆瓦尼翁对其意义做了解释，而忠实的高等法院则被要求提出意见。每个议员都有自由发言的特权。于是，拉穆瓦尼翁经过一番故弄玄虚之后，承诺召集三级会议，议员们口若悬河的辩论随即展开。伶牙俐齿的诘问，言辞犀利的反驳，环环相扣，场面跌宕起伏，有愈演愈烈之势。贵族们全神贯注地坐在那里，心里五味杂陈，有人反对财政总监，有人反对不能惩恶扬善而且削减职位的专制主义。然而，是什么让奥尔良殿下感到不安呢？他那红彤彤满月般的脑袋摇得像拨浪鼓一样，古铜色的脸像从未洗过，琉璃般的眼睛露出不安的神情。他在自己的位置上坐立不安，欲言又止。在饱食终日后难言的腻烦中，他会有什么偷尝禁果的突发奇想吗？厌恶和贪婪、无法遏制的懒惰、浅薄的野心、报复心、海军准将职位。啊，

① 《杜洛尔回忆录》，第4卷，第306页。

在这满是粉刺的皮肤下真是混乱的大杂烩！

在整整一天中，八个信使策马从凡尔赛出发飞奔回来，但并不总能为忐忑不安等待的洛梅尼带来好消息。法院外面的院子笼罩着一片期待的低语声：据说首相在一夜之间丢了六票。从法院里传来唇枪舌剑的辩论，中间夹杂着悲怆和愤怒的情绪，人们悲痛欲绝地呼吁和恳求国王陛下慈悲为怀，召开三级会议，拯救法国。其中最急躁的人中有脸色阴沉的德·埃斯普雷梅尼尔，叫得更响的是萨巴齐埃·德·卡布雷和弗雷多，后者从此被称为“长舌妇弗雷多”。难以忍受的六个小时就这样过去了，沸沸扬扬的喧哗也没有平息的迹象。

直到落日的余晖洒进窗户，也没有尘埃落定。在掌玺大臣拉穆瓦尼翁的示意下，国王陛下再开金口：他的贷款法令无论如何都必须登记。一瞬间时间仿佛停止！看！奥尔良大人站了起来；月亮般胖胖的脸转向王室席位，他以一种藐视一切的彬彬有礼的优雅问道：“那么，这是国王主持的高等法院会议还是王家高等法院会议？”国王及其侍从们的如炬的目光一齐射向他。国王厉声回答：“这是王家高等法院会议。”“这样的话，臣下请求陛下注意，根据会议规程，法令不能登记，异议完全出自个人卑微的抗议。”“如你所愿。”国王回答，然后威仪大方地在宫廷侍从的尾随下退出会场。奥尔良根据职责陪同国王离开，但只是到大门为止。完成职责后，他从大门返回重新就座，在高等法院和整个法国的一片掌声中草拟抗议书。我们可以说，他就是这样切断了同王室的联系，扬帆向混沌无边的大海疾驶而去了吗？

愚蠢的奥尔良，你应该成为“平等”！难道王室只是稻草人，你却变成了桀骜不驯、肮脏的乌鸦随意在那里栖身，并用喙去啄它吗？

次日，国王封印的密札送达奥尔良，要他在柯特里兹城堡反省。唉，城堡已经不再有巴黎快乐生活的必需设施了，也不再有迷人、不可或缺的布封夫人，她是伟大的博物学家布封轻佻的妻子，但布士封对她来说太老了。据说，亲王大人无所事事，只是心烦意乱地在维莱·柯特里兹城堡散步，不时咒骂自己的星座。甚至连凡尔赛都可以听见他痛悔的哭声，命运对他过于残酷了。根据同时发出的第二封国王封印的密札，“长舌妇弗雷多”被扔进了诺曼底沼泽中的哈姆城堡。根据第三封密札，萨巴齐埃·德·卡布雷被关进了诺曼底流沙中的圣·米歇尔山。至于高等法院，根据命令，必须携带登记簿前往凡尔赛，删除抗议书，接受训诫甚至斥责。他们希望权力的严厉介入可以平息事态。

不幸的是，事态没有平息，反而像用鞭子抽打犟驴，越打越犟。当一辆套有两千五百万牲口的车开始耍犟脾气的时候，一把洛梅尼的鞭子又有什么用呢？高等法院根本不会逆来顺受地默认，也不会登记新教徒敕令或在国王封印的密札恐吓下做任何事情。不仅如此，高等法院开始从整体上质疑国王封印的密札、其合法性和时效；发出悲愤的谴责声明，接二连三地发表释放三位烈士的请愿书，不满足他们的要求，就不考虑审议新教徒敕令，并继续推迟一周。①

在谴责声明中，高等法院把巴黎和法国都纳入自己的阵营，或者说让其紧随自己的节拍，形成声势浩大的合唱。现在，其他高等法院也都最终开口，加入进来。其中一些，比如格勒诺布尔和雷恩的高等法院，威胁说要利用禁止征税的手段进行报复。②“在所有以前的对抗中，”马勒塞布评论道，“是高等法院激发了公众，但现在是公众激发了高等法院。”

第七节 两败俱伤

1787 年冬天的那几个月，对法国来说可真是多事之秋！圆窗大厅显得落寂而不安：被裁减人员都感觉还不如待在土耳其更好些。狼猎犬、熊猎犬、科瓦尼公爵、波利尼亚克公爵都在裁减范围内。在特里亚农的小教堂里，一天晚上，王后挽着贝森瓦尔的胳膊，要他坦率发表意见。勇敢的贝森瓦尔生性刚正不

① 《贝森瓦尔回忆录》，第309页。
② 韦伯著：《回忆玛丽·安托瓦内特》，第1卷，第266页。

阿，直白地对她说，在高等法院桀骜不驯、圆窗大厅权力被削弱的情况下，国王的王冠危险了。奇怪的是，听到这话，王后像被什么东西击中了一样，赶紧换了个话题，然后再也不跟他说话了。①

其实，可怜的王后还能和谁说话呢？她从未像现在这样需要明智的忠告。然而，她的周围只有纷乱的喧哗！她那如此辉煌耀眼的居所，由于动荡纷扰和心神不宁而黯然失色。君主的忧虑、女人的忧愁、各种胡思乱想让她心力交瘁。项链伯爵夫人*在最近几个月从萨尔佩特里埃尔医院逃走了，也许这是有人纵容的结果。希望巴黎能借此忘记她是徒劳的，这种放任自流的做法使针对她的谎言更加大行其道，混淆视听。这个拉莫特伯爵夫人双肩带着V（voleuse，小偷）的印记逃到英国，在那里继续散布毫无根据的连篇谎话，玷污至高无上的王后的名誉。但以目前的民情看，法国却对其深信不疑。②

至于其他方面，很明显，连续贷款无法满足要求。事实上，在这种情况下，以撤销抗议书换取贷款登记根本不可能如愿。对国王封印的密札和整个专制主义的谴责，也无法平息事态。十二个高等法院、每个法院上百人热火朝天地忙着张贴布告，制作歌谣和小册子。巴黎被比喻成被“小册子淹没”，再次受困于洪流和漩涡。无数爱国即兴作者的激情或达到沸点的豪情，如同冰岛的喷泉喷涌而出！即使是明智的朋友莫尔莱，对此又能做什么呢？一个里瓦罗尔，一个放浪不羁、拿着高薪来泼冷水的兰盖都无济于事！

现在，终于开始讨论新教徒敕令了：却产生了新的争执，各种针锋相对的小册子令人目不暇接，加剧了人们的疯狂程度。似乎病入膏肓的东正教也投入到这场混战当中。这次又是朗方神父在讲坛上侃侃而谈，“主教们驱车拜访并表示祝贺”。③而这边颠三倒四的德·埃斯普雷梅尼尔在高等法院，一边长篇

① 《贝森瓦尔回忆录》，第3卷，第264页。

* 即前文所述“钻石项链事件”中的女骗子让娜·拉莫特，事情败露后她被送入监狱关押，后来逃到英国继续诋毁王后。

② 《拉莫特伯爵夫人证明回忆录》，伦敦，1788年。拉莫特伯爵夫人著：《让娜·德·圣雷米的生平》。

③ 《拉克莱代尔回忆录》，第3卷，第343页。《蒙加亚尔回忆录》。

大论，一边拿出一个袖珍十字架，粗暴地喊道："你们想再把他钉死在十字架上吗？"德·埃斯普雷梅尼尔这个人无所顾忌，以为自己是特殊材料制成的，是象牙和没用的饰物！除此之外，还有就是可怜的布里安一病不起。放纵的年轻时代寻欢作乐透支了他的身体，愚蠢的老年时代无休止的动荡生活毁了他的健康。主教大人成了一头被无情追杀、陷入绝境激怒的猎犬，患了肺病和脱皮性皮疹，饮食只限牛奶，病情不断加重，几乎已经绝望。医生给他的处方是静养，而这药方恰恰是他做不到的事情。[①]

总之，可怜的政府还能有什么作为吗？或只是再次软弱地退缩？国王的国库已经捉襟见肘，巴黎被小册子淹没。不管怎样，只能放任自流了！德·奥尔良回到了兰斯，离巴黎和美丽轻佻的布封夫人更近了，最后索性住进了巴黎。弗雷多和萨巴齐埃也没有被终身放逐。新教徒敕令已经登记，让布瓦西的安格拉和好人马勒塞布非常高兴。连续贷款在删除或撤回抗议书后依然悬而未决，因为前来签署的人很少或者根本没有人来。开始是高等法院，现在是整个国家吵着要召集的三级会议，最迟在"五年"后召开。巴黎高等法院啊，这闹的什么劲儿呢！"先生们，"老德·奥尔莫松说，"你们会得到三级会议，但你们会后悔的。"就像寓言里想报复敌人而求助于人类的马一样，人立即骑上马向敌人冲去。但不幸的是，人再也不下马了！应该是三年，而不是五年。争吵不休的高等法院会同时看到敌人被摔倒在地，自己也伤筋动骨，或更确切的说，为了安身立命而被割喉，尸体扔在路边的阴沟里。

然而，我们就是在这些征兆下进入了 1788 年的春天。国王的政府不仅无法为自己找到出路，反而丢脸地四处碰壁。十二个桀骜不驯的高等法院已然捆住了政府的手脚，而自己俨然成了一个愤怒的国家机关，使政府无法前进一步、一事无成、一无所获甚至没钱生存，似乎只能由于赤字而坐以待毙。

那么，综合在漫长的几个世纪中积累的这些罪孽和谎言，差不多这就是全

① 《贝森瓦尔回忆录》，第3卷，第317页。

部吗？至少对于苦难，这就是全部！苦难从两千五百万人的陋室开始，按照其法则向上、向前传播深远，一直波及凡尔赛的圆窗大厅。由于受到莫名的痛苦折磨，人们自相残杀。不仅下层阶级对抗上层阶级，而且上层阶级也相互对抗。各省的贵族敌视宫廷的贵族，穿袍贵族对抗佩剑贵族，白袍主教对抗作家。但反对并非那么严苛的国王政府？甚至那时候的贝森瓦尔也做不到。所有的人和团体都成了这个政府的敌人，这是所有不满汇聚和对抗的中心。这是什么新的令人头疼的运动吗？是制度、社会团体、个人思想的运动吗？所有这些，过去曾一起运行和合作，而现在怎么却在纷乱的碰撞中相互冲突和争吵呢？这是不可避免的，因为世界的谬误就是这样被打破、消耗直到最后破产的！所以，可怜的凡尔赛宫廷，作为主要的中心谬误，发现所有其他的谬误竟然会群起反对自己。这再自然不过了！因为，人的谬误，无论是属于个人还是团体，按照自然规律，总是处于不稳定的状态。如果濒临破产，就会更加悲惨。在同时还有另一个谬误需要改正时，最小的谬误会自我反省或自我改正吗？

这些隐忧并没有把洛梅尼吓倒，更没有让他得到教训。尽管他生性肤浅，但并非缺乏某种勇气。我们不是也听说过有轻盈的动物，像受过训练的金丝雀鸟，能欢快地衔着燃烧的火柴飞去点燃大炮和火药桶吗？由于赤字而坐以待毙的不是洛梅尼的计划。虽然邪恶势力强大，但难道他不能摆脱并发起攻击吗？至少，他可以攻击其症候：攻击或者也许摆脱桀骜不驯的高等法院。对洛梅尼来说，许多事情是晦暗不明的，但有两点是明确的：首先，高等法院与王室的决斗日益危险，可能会两败俱伤；其次，必须有钱。好好想想吧，勇敢的洛梅尼。而你，掌玺大臣拉穆瓦尼翁，出出主意吧！当金苹果似乎唾手可得的时候，却总是功亏一篑。团结起来做最后的斗争吧。驯服高等法院，填补国王的金库。这是现在关乎生死存亡的问题。

高等法院已经不止一次被驯服，在成为众矢之的后变得更加理性了。哦，莫普，胆大包天的恶人，你的工作我们已经弃之如履！但除了放逐或其他暴力的方法，还有另外一种方法来驯服一切，甚至狮子吗？饥饿法！切断法院的食粮，即诉讼案件！

为了审判无数小型案件，可以建立一些中小法院：我们称之为司法执行官法庭。而看到自己的猎物被削减，高等法院会大失所望。但公众喜欢廉价的正义，会赞同和希望实施这一举措。至于财政敕令的登记，还有什么可以阻止圆窗大厅的达官贵人、亲王、公爵、元帅们组成我们所说的合议庭，随心所欲地为法令登记呢？圣·路易有自己行之有效的大男爵合议庭，我们的大男爵仍然在此（至少名义上如此），我们的必要性比他的更为迫切。[①]

这就是洛梅尼和拉穆瓦尼翁的计划，它也受到国王顾问的欢迎，仿佛是投在黑暗中的一线光明。计划似乎可行，也非常必要，一旦实施顺利，可谓妙手回春。安静，稳住，要不现在做，否则永远别做！世界将看到另一个历史场景，怪人洛梅尼·德·布里安将是舞台的主宰。

随后，内政大臣布勒泰尔在1788年春天，以最和平的方式"美化了巴黎"，破烂的商店和房子从桥上消失了：似乎国家的春天也回来了，美化一下是唯一可以做的事情。高等法院似乎坐定了公认的胜利者的位置。布里安根本不提财政问题，甚至宣布一切畅行无碍。究竟发生了什么事？虽然连续贷款没有通过，但局面怎么仍然如此平静？在胜利的高等法院，议员戈斯拉尔·德·蒙萨贝尔甚至谴责"根据严格评估征收第二个二十分之一税"，并通过不对特权阶级严格评估的法令。然而，布里安容忍了这一切，没有发出国王封印的密札。这是怎么回事呢？

微笑代表春天来了，但那是假的！首先，有传言说："各省后勤总监都接到命令，要在某一天留在自己的岗位上。"然后，更离奇的是，国王的城堡里锁上了门不停地在印刷什么东西。哨兵把守所有的大门和窗户，印刷工人出不去，

① 蒙加亚尔著：《法国史》，第1卷，第405页。

只得睡在车间里，依靠别人向里面运送食品。[1]胜利的高等法院嗅出了新的危险气味。德·埃斯普雷梅尼尔召集人马去凡尔赛，在严密把守的印刷厂周围巡视、打探消息，以便凭借聪明和智慧打破封锁。

只要来一场黄金雨就什么墙都透风了。德·埃斯普雷梅尼尔花费五百金路易，找到一个印刷工人的达娜厄*，她的丈夫私下交给她一个黏土包。她把这个包转交给了这位高等法院的议员金主。黏土包里面是印刷校样。天呐！这是准备通过司法执行官法庭登记的合议庭的国王敕令，正是这个法庭中断了我们的案子！这个敕令将在同一天在全法国颁布。

这就是为什么后勤总监必须留在各自岗位上的原因，这就是法庭正在孵化的可恶的毒蛇蛋，虽然被激怒也引而不发，直到孵化出来！德·埃斯普雷梅尼尔赶紧返回巴黎，立即召集会议，让法院和天下皆知。

第八节　洛梅尼大势已去

第二天，即 1788 年 5 月 3 日，错愕的高等法院被召集起来开会。议员们一言不发地听着德·埃斯普雷梅尼尔揭露累累罪行的演讲。背信弃义、亵渎神明，都是专制主义的最爱！哦，巴黎高等法院，谴责他们，唤醒法国和世界。让雄辩的口才爆发出雷霆万钧的力量吧！也该轮到你说：现在或永远也不了！

高等法院在这种形势下不能退缩。在极端危险的时刻，狮子发怒了，拍打两肋，开始咆哮。巴黎高等法院也是如此。根据德·埃斯普雷梅尼尔的动议，全体议员统一进行了爱国主义，即共同团结的宣誓，这是一个很好的新思路，在未来的几年里不止一次地被模仿；然后发表了关于人的权利、至少是法院的权利的抗议宣言，呼吁所有朋友现在和将来支持法国的自由。所有这一切，或这

① 韦伯著：《回忆玛丽·安托瓦内特》，第1卷，第276页。

* 达娜厄是希腊神话中的公主，因其父相信神谕，认为将来公主的儿子会杀死自己，而把她关在密闭的铜屋里。但天神宙斯爱上了达娜厄，化作金雨进入她的卧室，与她结为情侣。

一切的精华部分都已印刷成册，语气上掺杂了责问、不满的宣泄和英雄主义气概。因此，在敲响了巴黎和整个法国都能听到的暴雨之钟，并当面向洛梅尼和专制主义下了挑战书之后，高等法院像圆满完成了第一天的工作一样功成身退了。

读者可以很容易地想象到，洛梅尼看到他拯救法国必不可少的毒蛇蛋，就这样被过早地打碎了会有多抓狂！他怒不可遏地求助于雷电弹（国王封印的密札）：一枚给德·埃斯普雷梅尼尔，一枚给忙碌的戈斯拉尔。当然他们在第二个二十分之一税和严格评估方面的作用也不会被忘记。夜里立即启动并在一早发出的雷电弹，将打击纷乱的巴黎，即使不为那里带去理智，也会带去有益的震撼。

大臣的雷电弹也准备发出，但如果打不中目标呢？德·埃斯普雷梅尼尔和戈斯拉尔两个人据说事先都得到好朋友的警告，躲过了洛梅尼的警察，化装后经屋顶的天窗进入法院大楼。雷电弹打空了。巴黎（因为消息早已纷纷扬扬、尽人皆知）受到了并非正面的震撼。两位自由烈士脱下伪装，披上了长袍。在一小时内，在执达员和麻利的信使的协助下，高等法院的议员、法官甚至贵族们再次共聚一堂、同仇敌忾。高等法院开会宣布，这两位烈士不会交给任何尘世的权力机构，而且，会期为永久性质，不会被迫休会，直到撤销对他们的追究。

因此，在口若悬河的谴责与抗议声和信使的来往穿梭中，在这种日夜不停、连续不断的爆发状态下高等法院焦急地等待着转机。觉醒的巴黎人再次涌进法院外面的院子，人群从各个大街小巷蜂拥而来，人数比以往任何时候都多。由于人群在散去之前一语不合时而引发摩擦，也造成了像巴贝尔的行话所说的那种不和谐的场面。

巴黎市现在正经历第二次夜里同时工作和睡觉的时期，而大多数欧洲人和非洲人都在睡觉。但在这里，在滔滔不绝的演讲中，是没法睡觉的。夜幕把黑暗笼罩在巴黎是徒劳的。里面是烈士那无敌的声音，只有在大吐苦水时，语气才有所缓和。在外面是七嘴八舌的嗡嗡声，由于过于期待，才不那么喧哗。这种状态已持续了三十六小时。

但是，听：这三更半夜的，怎么会有脚步声？是军队的脚步声，有步兵和骑兵。法国近卫军、瑞士近卫军在火把的照耀下，正悄然无声地挺进到此，其中还有携带斧子和撬棍的工兵：显然，如果门打不开，他们会强行开门。这是从凡尔赛派来的队长德·阿古斯特。德·阿古斯特以意志坚定著称，曾一眼不眨地瞪着孔代亲王本人，让他非常满意从而加入军队。[①]现在，他携带斧子和火把向法律的圣殿挺进。这是对法律的亵渎！但有什么法子呢？他是一个军人，服从命令是天职，只能像一台没有生命的引擎，冷漠地向前推进。

随着第一声叫门，门就一个接一个地开了，无须使用斧子。里面的门也打开了，穿长袍的法国议员们出现了：一百六十七名议员，其中有十七名贵族，威风凛凛地坐在那里，在开永久性的会议。如果不是军人和铁石心肠的人，这个景象，这种与靴子的回响形成反差的沉默，可能会让他颤栗！因为一百六十七个人鸦雀无声地在那里接待他。

有人把这比作布伦努斯突然出现在罗马元老院时的景象，就像一群假币制造者面对突然出现的警察一样惊讶。[②]“先生们，”德·阿古斯特说，“奉国王之命！特别赋予德·阿古斯特之痛心职责，逮捕两个人：杜瓦尔·德·埃斯普雷梅尼尔先生和戈斯拉尔·德·蒙萨贝尔先生。由于卑职无缘认识这两位受人尊敬的人，因此，以国王的名义，请他们出来自首。”刹那间一片寂静！接着低语的嗡嗡声突然变成喧闹声！“我们都是德·埃斯普雷梅尼尔！”随着一声呐喊，其他声音也都在重复这句话。院长问他是否会使用武力，肩负国王陛下委托的职责的德·阿古斯特队长说，他必须执行国王陛下的命令，不使用武力他会很高兴，但迫不得已他也会使用。他给予庄严的议会时间，商议他们愿意

① 韦伯著：《回忆玛丽·安托瓦内特》，第1卷，第283页。
② 《贝森瓦尔回忆录》，第3卷，第355页。

接受的方式。说完，德·阿古斯特敬以庄重的军礼，暂时退了出去。

那么，庄严的议员们，你们喜欢什么方式呢？所有的道路都有上了刺刀的士兵把守。你们的信使星夜赶往凡尔赛，马不停蹄地回来报告，命令属实，不可撤销。法院外面的人群百无聊赖，但德·阿古斯特的掷弹兵则列队站在那里，像木桩般一动不动。不会有什么暴动拯救你们的。“先生们！”德·埃斯普雷梅尼尔说，“胜利的高卢人在进入罗马之前，对城市进行了攻击。罗马元老院的议员们穿着紫色的长袍，骄傲而平静地坐在他们的象牙椅子上，等待奴役或死亡。这样崇高的景象，与你们在刚刚这一个小时里为世界慷慨奉献的如出一辙。”类似的话语还有很多，可以在参考文献中读到。[①]

哦，德·埃斯普雷梅尼尔，这是徒劳的！这不，铁面无情的队长带着他那铁面无情的表情回来了。他心中似乎在权衡专制主义、铁腕、破坏孰轻孰重。德·埃斯普雷梅尼尔应该在沉默中保护自己，但为了避免最坏的结果，他毅然英勇地挺身而出。戈斯拉尔也英勇地模仿他站了出来。他们满怀激情、无言地与议会的同仁兄弟最后一次拥抱告别。然后，在一百六十五名议员的掌声和愤愤不平中，在告别声、啜泣和夸张的哀怨叹息声中，他们穿过蜿蜒的通道来到后门，登上两辆等在那里由骑兵把守的马车，这时已是灰蒙蒙的清晨了。牺牲者登上前面的马车，后面是明晃晃的刺刀。德·埃斯普雷梅尼尔给民众提出的严峻问题是：“他们是否有勇气？”得到的回答是沉默。车轮滚滚向前，无论是5月的日出（这是6日早晨）还是日落都不能让他们处之泰然，因为马车一刻不停地疾驰。德·埃斯普雷梅尼尔被送到了圣·玛格丽特群岛中最大的岛或易埃尔岛（如果是自我安慰的话，据说是卡吕普索岛），戈斯拉尔被送到当时在里昂附近的皮埃尔昂西兹的城堡。

德·阿古斯特队长现在可以因此而憧憬少校军衔，担任杜伊勒里宫警卫队

① 图隆永著：《1789年革命以来的法国史》，第1卷，第20页。

的指挥官了。[1]此人随后在历史上消失。其实他只不过做了一件注定要做的事情而已。因为，不仅德·埃斯普雷梅尼尔和戈斯拉尔被不声不响地送到了南方，而且高等法院本身也立刻离开大楼，该命令也无情地出自阿古斯特队长之口。议员们收拾好长袍，整整一百六十五人，在两列面无表情的掷弹兵的目送下鱼贯而出，场面壮观，神和人都会惊叹不已。人民并没有起来造反，他们只是不明就里，满腹牢骚。我们还注意到，这些面无表情的掷弹兵，就是以后良心发现的法国近卫军。总之，高等法院大楼已经人去楼空，大门已经锁好。德·阿古斯特带着钥匙回到了凡尔赛。正如我们所说的，他有资格获得升迁了。

关于现在已被扫地出门的巴黎高等法院，我们只能在此打住。未来两周还必须得忍受国王在凡尔赛主持的高等法院会议。对新出炉的敕令是登记还是拒绝，议员们不得不聚集在酒馆和饭店里草拟抗议书，或披着长袍惆怅地徜徉在街上，由于找不到地方开会而沦落到在一个公证人家里提交抗议书[2]；最后，干脆（以强制休假状态）静坐，什么也不做了。这一切在情理之中，因为打完了仗之后，打扫战场与己无关。巴黎高等法院实际上已经履行了职责，到目前为止，事情做得好坏参半，如果走得更远就会震撼世界。

那么，洛梅尼扫除邪恶了吗？根本没有：甚至邪恶的症状都一点没少。如果说有十二种症状的话，有十一个更加恶化了。5月8日，各省的后勤总监、军队指挥官都被指定留在岗位上。但除了杜埃以外，这些敕令没有在任何法院获得登记。用笔墨和平签署难以进行，只能是唇枪舌剑、流血斗争、呼吁原始暴力管制、反对司法执政官法庭、反对全民法庭。恼羞成怒的忒弥斯*到处显示出好斗的嘴脸。各省的贵族和所有憎恨洛梅尼及其邪恶时代的人同舟共济。贵族们通过律师和执达员招募民众，甚至操控民意。历史学家贝特朗·德·莫尔维尔曾在军队和资产阶级殊死搏斗之后，在布列塔尼的雷恩担任后勤总监。人们走

① 蒙加亚尔著：《法国史》，第1卷，第404页。
② 韦伯著：《回忆玛丽·安托瓦内特》，第1卷，第299-303页。
* 古希腊神话中的法律与正义之神。

上街头进行巷战，街上到处是横飞的石头和火枪子弹，但敕令仍未登记。悲痛的布列塔尼人派了有十二名成员的代表团，给洛梅尼送去了抗议书。然而，洛梅尼听完他们的陈述后，把他们关进了巴士底狱。人数更多的第二个代表团上路时，他事先派出骑兵，以半说服、半恐吓的方式让他们半路折回去了。但是，第三个更加声势浩大的代表团，由各条道路怒气冲冲地陆续而来。由于到达的时候被拒绝召见，他们转而举行集会，并邀请拉法耶特和所有在巴黎的布列塔尼爱国者，帮助他们进行协商。经过鼓动，成立了布列塔尼俱乐部，这就是雅各宾社团的雏形。[①]

结果是八个高等法院被解散。[②]其他的法院可能需要用同样的手段对付，但是，实施这种手段并不总是那么容易。比如在穆尼埃和巴纳夫非常活跃的格勒诺布尔，高等法院收到了解散的明确命令（国王封印的密札）。但在第二天，马车不仅没有备好，反而警钟大作，不祥的钟声响了整整一天。无数山民携带斧头，一些人甚至手持火枪蜂拥而来。最不祥的征兆是，军人似乎不想与这些人发生冲突。可怜的将军头顶斧头被迫签下一纸投降书，并宣布不会执行国王封印的密札命令，受民众爱戴的高等法院原封不动。贝桑松、第戎、鲁昂、波尔多也不会坐以待毙！在贝恩的波城，老指挥官已经让步，新指挥官（一个爱国的格拉蒙人）与扛着护城圣物亨利四世的摇篮游行的市民见了面。人们恳求他尊崇伟大的亨利躺过的这只老乌龟壳，不要践踏贝恩人的自由。人们还告诉他，国王陛下的大炮都完好无损，由波城忠于国王陛下的市民看管，现在被放在城墙里面，随时可以使用！[③]

在这种情况下，各大司法执政官法庭开始受到暴风雨般的冲击。而合议庭早已胎死腹中。甚至朝臣都对其嗤之以鼻。老元帅布罗利对与之为伍的荣誉弃

---

① 《贝特朗德·莫尔维尔回忆录》，巴黎，1816年，第1卷，第1章。《马蒙泰尔回忆录》，第4卷，第27页。

② 蒙加亚尔著：《法国史》，第1卷，第308页。

③ 《贝森瓦尔回忆录》，第3卷，第348页。

如敝履。由于受到举国上下的一致嘲笑和唾骂，可怜的合议庭只开了一次会就草草收场。[1]真是误入歧途的国家！无论洛梅尼踏足何处，都会嘘声四起，被啐骂得无地自容。“让国王的指挥官或警察局长进来，”韦伯在一个最高法院登记敕令的时候说，“然后，法院的所有议员全部退出，只留下指挥官、书记员和第一院长。等敕令登记、指挥官离开后，议员们立即全部返回，宣布该敕令无效。公路上挤满了各大高等法院的代表团，去凡尔赛的希望国王亲手撤销登记的敕令，从那里回来的希望采用新的更大胆的决议。”[2]

这就是1788年的法国。黄金时代或纸张和希望的时代一去不复返了，不再有赛马、飞翔的气球、更加精致的敏感之心：啊，这一切烟消云散，金色的光芒以这种特有的方式变得苍白暗淡，并酝酿超乎寻常的风暴！因为，与保罗和维吉妮以及圣·皮埃尔造成的破坏性风暴一样，（即悲伤和愤怒的）巨大的云团一动不动地笼罩在整个地平线上，滚滚蒸腾，铜褐色映衬着铅灰色的天空。虽然云团一动不动，但“小朵云彩（如放逐的高等法院之类）却以飞鸟般的速度与之分离”，直到最后随着一声咆哮，四方风云一起猛烈发作，让全世界不禁惊叹：“这是龙卷风！”

其他议题方面，在这种情况下，连续贷款很自然地被搁置起来，甚至第二个二十分之一税至少需要严格评估，无法以美好的目的征收了，“贷款人”韦伯以其歇斯底里的激烈语气说：“人们害怕破产，收税人害怕被吊死。”甚至神职人员也没有好脸色：召集特别大会的时候，他们也不提供免费礼物，只有免费的建议，不仅一毛不拔，而且不依不饶地要求召开三级会议。[3]

哦，洛梅尼·布里安，你可怜的心灵虚弱而昏聩，在你的过度透支的身体上，现在有“三个烧灼点”，你很快会死于炎症、刺激、仅牛奶的饮食、敏感的脱

① 三幕英雄悲喜剧和散文诗《合议庭》于1788年7月14日在凡尔赛附近的一个城堡，由一个业余剧团上演，由王后的朗读者维尔蒙神父创作于拉姆瓦尼翁在巴维尔农村的家，1788年由巴黎自由寡妇出版社以革命旗帜文库出版。《人民的激情、死亡和复活》刊印与耶路撒冷，等等（参见蒙加亚尔著：《法国史》，第1卷，第407页）。

② 韦伯著：《回忆玛丽·安托瓦内特》，第1卷，第275页。

③ A.拉梅特著：《制宪议会史》序言，第87页。

皮性皮疹和难以启齿的疾病。[1]你管治的是一个同样千疮百孔、即将死于绝症的法国。为了这一切而离开你那绿树茵茵的丛林、雕梁画栋的新城堡和里面的一切，轻婉的小径和草坪，诗人甜蜜的赞美，朱唇皓齿、仪态万千的优雅女人的曲意逢迎，是明智之举吗？还有其他哲学家，和你一样的（从不认为自己是徒有虚名的神父）莫尔莱，在自己快乐的时候也愿意让别人快乐。与此同时（也许你不知道），有个脸色阴沉、沉默寡言的学生正坐在军校里学习数学，他的名字叫拿破仑·波拿巴！经过五十年的努力和最后一次殊死搏斗，你做了一次交换！你得到了大臣的长袍，就像大力神得到涅索斯的长袍一样*。

1788 年 7 月 13 日，接近收获时节，下了一场可怕的冰雹，农田本已饱受旱灾折磨，如今颗粒无收。特别是巴黎周边六十里范围内，更是遭到毁灭性的打击。[2]也许，在这么多邪恶中还缺的就只剩饥荒。

在下冰雹的前几天——7 月 5 日，更具决定意义的是那之后的几天里，8 月 8 日，洛梅尼宣布，三级会议将在第二年的 5 月召开。此后不久，全民法庭以及其他事项将继续推迟。此外，由于洛梅尼对大家翘首以盼的三级会议的形成或举办没有任何计划，“思想家们受邀”通过舆论的公开讨论，向他提供了一个计划！

一个可怜的神父能有什么好办法呢？他还有十个月的喘息时间。遇险的领航员会先扔掉船上的所有东西，饼干袋、压舱物、日志、指南针和四分仪，然后自己再跳下去。正是根据这一海难原则和绝望的幻觉产生前的状况，我们就能解释这种对思想家近乎奇迹般的邀请了。邀请只是浑水摸鱼的障眼法，可以乘机用起伏漂动的木头为自己建逃生的方舟！在这种情况下，通常来说命令比邀请更有用。那天晚上，王后若有所思地走到窗前，凝视着花园。御膳总管跟

---

① 蒙加亚尔著：《法国史》，第1卷，第308页。

* 古希腊神话中，大力神赫拉克勒斯的妻子听信涅索斯的谎言，将染有涅索斯血的衣服给丈夫穿，赫拉克勒斯因此而死。

② 《马蒙泰尔回忆录》，第4卷，第30页。

着她，讨好地奉上一杯咖啡，在王后喝下后就退下了。王后陛下示意康庞夫人过去，“伟大的上帝啊！”她手里端着杯子喃喃地说，“公众今天会得知什么消息！国王要召开三级会议！”然后她抬起眼睛望着星空（如果康庞夫人没记错的话），接着说：“这是法国不祥之兆的第一个鼓点。这些贵族会毁了我们。”①

在整个全民法庭的酝酿过程中，在拉穆瓦尼翁看上去神秘兮兮的时候，贝森瓦尔就一直在问他一个问题：他们是否有钱。（对洛梅尼深信不疑的）拉穆瓦尼翁总是回答，他们不缺钱。明智的贝森瓦尔反驳说，那就万事大吉了。尽管如此，惨淡的现实是，王室金库几乎是空的。事实上，除了所有其他事情以外，对“思想家的邀请”和正在酝酿的巨变，就足以阻止资金流动并加快小册子的流动了。现在，王室金库只剩下几千金路易而已。另一个令人绝望的举措是，洛梅尼邀请内克尔来担任财政总监！但内克尔有比洛梅尼的财政总监更重要的其他工作。他断然拒绝了邀请，因为他在蛰伏，等待自己的出头之日。

一个绝望的首相能有什么办法呢？他掌握着国王剧院的保险箱：他们正在组织发行一种救济冰雹受害者的彩票。无所不用其极的洛梅尼甚至在这件事上也要插一手。②但无论怎样，当天的日常开销很快就难以为继。8 月 16 日，可怜的韦伯听到，巴黎和凡尔赛街道上的小贩们，用嘶哑呜咽的声音对支付敕令（这是里瓦罗尔想出来的轻描淡写的说法）奔走相告：今后王室财政部支付款项五分之三为现金，其余五分之二为带息债券！可怜的韦伯听到这些只言片语的不详传闻几乎昏倒在地，永远无法忘记这消息给他带来的影响。③

但这对巴黎和一般人有什么影响呢？从股票经纪所、内克尔主义和哲学界的政治经济高度、所有思想表达清晰或不清晰的人士那里，都能听到以前从

① 《康庞夫人回忆录》，第3卷，第104、111页。
② 《贝森瓦尔回忆录》，第3卷，第360页。
③ 韦伯著：《回忆玛丽·安托瓦内特》，第1卷，第339页。

未听到过的呐喊和吼声。骚乱可能迫在眉睫！德·阿图瓦大人在波利尼亚克公爵夫人的唆使下，觉得有必要去见王后陛下，向她详细说明目前的危机状况。王后哭了，布里安也哭了。显而易见，他必须走开。

现在只剩下对他总是随声附和的那个法庭，能让他不至于跌得太重。贪婪的老头已经让人把他的图卢兹总主教教区，换到了更有利可图的桑斯教区。在如今这让人同情的时刻，他需要为他侄子（仍未到规定年龄）弄到主教助理的职位，为他侄女弄到宫廷侍女的位置，为其丈夫弄个团长职务，给自己弄一个枢机主教的红帽子，在王家森林弄一个木材采伐区以及五六十万利弗尔的收入。[①]最后，让他哥哥布里安伯爵继续担任战争部长。有了这种裙带关系作为保险，他现在可以尽量软着陆了！

洛梅尼就这样走了。如果法院的头衔和带息债券可以让他富裕的话，他会有钱有势。如果不能，他也许是所有人中最穷的。在凡尔赛人的一片嘘声中，他径直前往雅尔第，后来由于健康问题去了南方的布里恩纳，又从那里去了尼斯和意大利，但很快返回，漫无目的地在各地徜徉。不料祸从天降，他最后在断头台上结束了脆弱的人生？唉，更糟糕的是：他是在去断头台的路上不幸被灌了酒，被残忍地呛死的！在他的桑斯城堡里，粗暴的雅各宾法警让他同他们一起喝自己酒窖里的酒，参加他们的宴会。第二天早上，可怜的老人就死了。这就是首相洛梅尼·德·布里安枢机主教的最后下场。即使比他更脆弱的普通人，也很少注定这么作恶多端，有这么令人羡慕的生活，却死得如此可怕。有人说得好，他的野心像火一样在燃烧，像一块随风飘动的燃烧的布，不是以这种方式或那种方式，而是整个直接被裹挟到一个火药场，这是他亲手点的火！让我们同情可怜不幸的洛梅尼，原谅他，尽快忘了他吧。

① 韦伯著：《回忆玛丽·安托瓦内特》，第1卷，第341页。

第九节　篝火葬礼

在五分之二带息债权和更换首相这些风云变幻的过程中，贝森瓦尔正在自己的辖区旅行。事实上，在最后几个月，他都在平静地喝着康特赛维尔的水。在 8 月底他返回穆兰时，并不知道发生了什么事。一天晚上，他来到朗格勒，发现全城处于巨大的骚动之中。这毫无疑问是某种骚乱，这在当时稀松平常。他下了车，询问一个衣着得体的男人出了什么事，“怎么，”那人回答，“您还没听到这个消息吗？大主教被罢黜，内克尔先生被召回，一切都会好起来的！”①

自从内克尔先生被提名大臣、离开王后的套房之后，这些传言和赞誉就开始甚嚣尘上。那是 8 月 24 日，在城堡的长廊、院子、凡尔赛的街道，在几个小时内，随着消息的传播，首都、整个法国都回荡着“国王万岁！”“内克尔先生万岁！”的口号声。②在巴黎甚至造成了小规模的骚乱。人们忘情地在太子广场燃放爆竹和礼花。一个用柳条编成的模型，套上的服饰代表大主教、锦缎象征五分之三、纸糊的象征五分之二，在呼喊声中被送上了人民法庭的被告席审判，向假的维尔蒙神父忏悔；然后，郑重其事地在新桥上的亨利四世雕像下被烧掉。鞭炮和口号声震耳欲聋，杜布瓦骑士和他的王家近卫军，甚至觉得有必要进行干预（但不一定有效果）。后来，岗亭被点燃，警卫室被推倒，“多具尸体在晚上被扔进塞纳河”才避免了事态恶化③。

有鉴于此，高等法院也应当结束流亡了。全民法庭、五分之二带息债券，已经在亨利雕像脚下化作一缕青烟消失了。（具有政治千年意味的）三级会议现在肯定召开。不，应当急不可耐地宣布，明年 1 月召开。正如朗格勒的那个人

① 《贝森瓦尔回忆录》，第3卷，第366页。

② 韦伯著：《回忆玛丽·安托瓦内特》，第1卷，第342页。

③ 《法国革命的议会史，或1789年以来的国民议会记录》，巴黎，1833年，以及第1卷，第253页。A.拉梅特著：《制宪议会史》，序言，第1卷，第89页。

所说，“一切都会好起来的”。

对于有先见之明的贝森瓦尔来说，另一件事情也再明显不过了，那就是，朋友拉穆瓦尼翁不能继续担任掌玺大臣了，他和战争大臣布里安伯爵都无以为继！老富隆一只眼睛已经为自己瞄准了战争大臣的位子，并私下里发起了攻势。就是这同一个富隆，曾被称为高等法院里该下地狱的人，一个浸淫在背叛、暗算、离间、阴谋和不法活动的泥淖中的人，有人在对他的财政计划提出反对意见时问：“人民会怎么做？”在讨论最激烈的时候，他回答：“人民可以吃草。”如此刻薄的话让他声名远扬，铸成大错！

富隆在这个当口却失败了，让人们松了一口气，今后他也将一败涂地。然而，这个结果也不能让拉穆瓦尼翁受益，也无法让他利用与国王见面的机会出奇制胜。高等法院讨厌拉穆瓦尼翁。布里安伯爵是枢机主教的弟弟。8 月 24 日过去了，而 9 月 14 日还没有到来，这一天是他们俩像他们的上司一样垮台的日子，像洛梅尼一样，他们也安然无恙地软着陆了。

现在，似乎压在胸口的最后负担已经消失，有充分完美的保证让巴黎洋溢在欢天喜地的快乐之中。司法界对高等法院敌人的垮台拍手称快。贵族、资产阶级和民众同样拍手称快。但同时，沉渣泛起，流氓无赖们忽然从阴沟里浮现，准备一展身手，因为，新的政治福音已经以某种粗鲁或其他什么形式渗透到那里。今天是 1788 年 9 月 14 日星期一。歹徒在太子广场再次张扬聚会，他们燃放爆竹、开枪射击，肆无忌惮地闹了十八个小时。当然少不了焚烧柳条模型和无尽无休的嚎叫，还把从印刷厂买的或抢去的内克尔的画像，用木杆高高挑起来，大呼小叫地游行：这是一个需要记住的范例。

但人群主要聚集在伟大的亨利青铜像下的新桥上。所有行人都必须停下向人民的国王行礼，并大声说：“亨利四世万岁！让拉穆瓦尼翁见鬼去吧！”任何马车想通过必须停下，甚至奥尔良殿下也不例外。请打开您的车门：请先生伸出头行礼，如果执意不肯，那就请下车跪下。夫人可以坐在座位上摇一摇羽毛饰品，美丽的脸上微笑一下就够了。如果是热爱自由的上层阶级，给一两个硬币（买礼花用）不也是合乎情理的吗？这种勾当持续了好几天，其间也有愣头青不吃这套。警察都自顾不暇，对此无能为力，因为在过去的十二个月里，正如我们时常看到的，搜捕警察的密探已经成为民众的一种消遣。贝森瓦尔手上的确有一队士兵，但他们接到的命令是避免发生摩擦，所以士兵们并不准备介入。

爆竹声是星期一上午开始响起来的，现在是星期三午夜。根据古代习俗，应该埋葬柳条模型。人们拿着火把，排着长长的队伍，跟在模型的后面，向拉穆瓦尼翁的住处进发。但“我的仆人”（贝森瓦尔的）跑来通知，有士兵们开过来了。表情阴郁的拉穆瓦尼翁不该今晚被烧死，而是一年之后死于子弹（自杀或意外，无人知晓）。[①]失望的流氓无赖们在他的窗口焚烧了柳条模型，毁坏了岗亭，然后转去对付布里安和近卫军队长杜布瓦了。然而，另一方面，一切也都处于紧锣密鼓的准备之中：法国近卫军、荣军院、骑兵巡逻队，火炬游行受到了排枪、锋利的刺刀和军刀利刃的伺候。杜布瓦甚至使用特别骑兵队，以最残忍的手法进行了突击，“造成了许多伤亡”，哀鸿遍野。随后进行了刑事审判，官方人士为此痛心疾首！[②]然而，经过铁腕整肃，流氓无赖们被扫荡回阴沟里，街上得到净化。

一个半世纪以来，流氓无赖们从未如此胆敢以身试法；这么长时间以来，他们从未在光天化日之下如此胆大妄为。真是一大奇观和新生事物。不过，到目前为止，这还只是一出不乏亮点却几乎天怒人怨的闹剧。但是，这似笑非笑的巨大面具下，隐藏着一个咄咄逼人的巨大阴影，有朝一日，将会蔓延滋生！

然而，洛梅尼邀请的思想家们都在忙于自己的小册子。计划中的三级会议，可能像人们希望的那样，不在 1 月份，至少在 5 月份召开。奄奄一息的老公

---

① 两个自由的朋友著：《法国革命史》，第1卷，第50页。
② 两个自由的朋友著：《法国革命史》，第1卷，第58页。

爵黎塞留，在秋日的一天再一次睁开眼睛，喃喃地说："路易十四（他仍然记得）会怎么说？" 然后，在不祥的日子到来之前，永远闭上了眼睛。

第四章

三级会议

第一节　贵族卷土重来

因此，普遍的祈祷即将实现！无论是在马勒塞布，还是在费纳隆的呼吁下，三级会议这剂药，却总是在国家混乱、邪恶充斥、救赎姗姗来迟时才使用。[①]甚至在高等法院呼吁时，也只是“满载着祝福”。现在看，我们是实实在在地有三级会议了！

要说召开三级会议很容易，要说以什么方式召开却并非易事。自从1614年以来，法国就没有再召开三级会议，其所有痕迹已经从人们现有的生活习惯中消失了，包括从未形成任何固定模式的结构、权力、程序方法，现在

① 蒙加亚尔著：《法国史》，第1卷，第461页。

都完全变成一种模糊的可能性。如果说陶器匠可以用黏土塑造任意形状，那么现在有两千五百万陶器匠，因为他们当中很多人有投票权！如何塑造三级会议呢？这就是问题之所在。每个团体、每种特权、每个有组织的阶级，对其都抱有隐密的期望，都有自己在这件事中的秘密希望和秘密担忧。因为，看这两千万人的巨兽般的阶级，尽管迄今为止仍然是沉默的羊群，但现在也带着希望崛起了，而其他人则不得不对其剪羊毛的方式表示同意。他们已经或不再想保持沉默，他们通过小册子发出声音，或者至少在小册子背后齐声发出怒吼和咆哮，来奇妙地提高音量。

巴黎高等法院立刻宣布采用"1614年的旧形式"。这种形式的好处在于，第三等级只是为了装点门面，这样可以避免贵族和神职人员彼此争吵，更容易做出他们认为最好的决定。这是巴黎高等法院明确表达的意见，不料却遭到所有人一边倒的狂风骤雨般的反对，这种言论一出立刻随风消散，随之而去的还有高等法院的声誉，从此再未恢复。正如我们上面所说，高等法院的作用已经土崩瓦解。然而，对此值得注意的是：开会的日期越来越近。高等法院是在9月22日从"度假"或"流放地"返回，并在巴黎的狂欢中被重新安置的。"明确表达的意见"正是同一个高等法院在次日发布的。仅仅在第二天，你就可以看到其"出尔反尔的嘴脸"。法院外面的院子又成了闹哄哄的舞台，过去的荣耀早已无影无踪。[①]在那段时间里，名望只持续二十四小时再寻常不过了。

另一方面，洛梅尼的邀请显得多么多余：邀请思想家！数以百万计的思想家和非思想家，都在自主地做分内之事。俱乐部风生水起，有公众社团、布列塔尼俱乐部、愤怒者俱乐部。同时，在王宫的晚宴上，在尚富尔、莫尔莱的陪同下，米拉波、塔列朗都赫然在座，还有杜邦以及各怀心事、炙手可热的议员！因为这是某个内克尔这头狮子的提供者（我们可以这样说）把他们聚在一起的——否则除非是他们自己组织的私人活动——只是吃晚饭而已。至于修辞丰富的

① 韦伯著：《回忆玛丽·安托瓦内特》，第1卷，第347页。

小册子，“像一场鹅毛大雪一样纷至沓来，完全可以堵住政府大路”！现在，理智甚至疯狂地热爱自由的朋友们大显身手的时候到了。

昂特莱戈伯爵，或自称阴谋伯爵，是“年轻的朗格多克绅士”，也许有浪荡公子尚福尔的辅助，作为名士当中的精英，他几乎像皮提克人*那样怒不可遏。[①]可怜的朗格多克年轻绅士！这么快就成了“最早的移居者”。他口袋里装着《社会契约论》，带着徒劳的阴谋、挥之不去的鬼火，越过边境，奔向外面的黑暗世界，最后却死于短剑！西哀耶斯神甫已经离开沙特尔大教堂，放弃了那里的教职和书架，留起了头发。他带着最坚挺的世俗发式来到巴黎，自问自答了三个问题：“第三等级是什么？是一切。”“它迄今为止在我们的政府形式中有什么？什么都没有。”“它想要什么？某种东西。”

德·奥尔良（可以肯定，他在通往混乱的道路上是最厚道的）发表了评议书（在司法执政官法庭会议发表的评议书）。该评议书由他授意，《危险关系》作者拉克罗执笔。结论非常简单：第三等级就是国家。另一方面，阿图瓦大人与其他有王室血统的亲王一起，在给国王的庄严备忘录里表示，如果听凭这样的事情滋生发展，那么特权阶层、贵族、君主政体、教会、国家和金库都将岌岌可危。[②]也许是这样，但不听就没有危险了吗？这是整个法国发出的声音，这个声音越来越高，无法估量，像满溢的洪水汹涌澎湃。知道如何应对的才是聪明人，除非他躲到山里藏起来！

在这样的环境下，一个理想化、有远见、坚持原则、人才济济的凡尔赛政府，怎么会决心把自己贬损到如此地步呢？这是一个不好回答的问题。这样的政府自我感觉太好，以至于其长期任务现在还无法告一段落。在不可避免的三级会议的幌子下，一个新的、万能的、陌生的民主还无法形成；在这种形势下，

---

* 皮提克是希腊远古宗教中心德尔斐的名字。

① 蒙加亚尔著：《三级会议回忆录》，第1卷，第457-459页。

② 联名向国王递交备忘录的人有：德·阿图瓦伯爵、德·孔代亲王、德·波旁公爵、德·恩吉安公爵和德·孔蒂亲王（根据《议会史》第1卷，第256页）。

凡尔赛政府不能或者不应该继续存在，临时政府除外。为维持这种极其重要的临时特性，只要发挥其全部能力就够了。所以，和平、渐进、有序地放弃和移交权力是当务之急！

倘若是一个理想化、有远见的凡尔赛政府，一切理当如此。但眼下一个非理性的凡尔赛政府，该当如何呢？唉，这是一个唯利是图的政府：视权利为无物，只有占有欲，而现在连起码的霸气都没了。它没有远见，坐井观天，做事无的放矢，却执迷不悟。这是一种本能，现存的一切都通过这种本能竭力死里求生。这是个无底深渊，那些徒劳的建议、幻觉、谎言、阴谋和蠢事，像随风飞舞的陈腐垃圾在里面盘旋！圆窗大厅仍然心存侥幸，但也不无恐惧，因为，迄今为止，整个三级会议仍然没有眉目，为什么还不知足呢？事实上，第三等级貌似危险，但总体上看并非大逆不道，难道经历了五代人之后，已变得如此陌生、深不可测了吗？只要稍加操弄，三个等级之间就会互相为敌，而第三等级将破天荒地加入国王阵营。无论是出于怨恨，还是利益，第三等级巴不得让另外两个等级没好日子过。这样，其他两个等级就成了自己的手中玩物，可以随心所欲地剪羊毛。于是，钱已经到手，三个等级吵得不可开交。接下来，再把他们全部解散，让一切顺其自然！大主教洛梅尼说得好："偶然何其多，只需一个就可以拯救我们。"但有多少可以毁灭我们呢？

在这样的混乱局面中，可怜的内克尔只能尽力而为。他执意乐观面对形势，赞扬这种众所周知的正直和高尚精神，真心倾听人们关于王后和朝臣倒行逆施的议论，发表适当的公告或规定。这种做法有利于第三等级，但不解决任何问题。他宁愿在远处徘徊四顾，建议静等大幕落下。目前的大问题归结为两点：双重代表制和按人头投票。市镇是双重代表，也就是说，其成员数量与贵族和神职人员加起来一样多吗？三级会议一旦召开，应该以一个团体，还是以三个团体分开投票和审议，以人头投票还是如他们所说的以阶级、等级投票？这些悬而未决的法律问题，现在使整个法国充斥在术语、逻辑和自由狂热之中。

为了结束这些纷争，内克尔反复思考，召开第二次贵族会议是否合适。召开第二次贵族会议就这样被决定了。

1788 年 11 月 6 日，在间隔了十八个月后，贵族再次被召集开会。他们是卡洛纳时代的老贵族，人数同样为一百四十四人，以表明公正无私并节省时间。他们冒着严寒，分成七个小组，又一次坐在那里开会。这个冬天是自 1709 年以来最冷的，温度在华氏零度以下，塞纳河结了厚厚的一层冰。①寒冷、饥荒与自由狂热的喧嚣交织起来：自去年 5 月贵族会议解散以来，世界发生了深刻变化。现在，他们将看到，在七个王室血统亲王的领导下，在七个执行局里，能否解决悬而未决的法律问题。

让爱国者们始料不及的是，这些曾经那么爱国的贵族，似乎更倾向于错误的道路，走向了爱国者的反面。他们对双重代表制和按人头投票踌躇不决，没有做出肯定的决定，只进行了辩论。他们的动机令人生疑：难道大多数贵族不是特权阶层吗？他们曾经大声疾呼，现在却顾虑重重，对双重代表制疑窦丛生。那么，就让这些废物消失吧，永远不要回来！在 1788 年 12 月 12 日，在一个月的会期后，他们各自散去。地球上最后的贵族在世界历史上就此永远消失了。

然而，舆论战仍在持续，小册子依旧纷至沓来。唯有爱国主义的声音越来越大，从法国的各个角落席卷而来。内克尔本人在年关将近的两周前不得不提交了报告，自担风险建议采用双重代表制，而且是在几乎一片术语和自由狂热的喧嚣声中强制实施的。多么难以决断，走了多少弯路！在这纷纷攘攘的六个月②里（布里安从 7 月份开始），不是发布了一个报告又一个报告、一个公告连着另一个公告吗？③

不过，正如我们所看到的，第一个悬而未决的问题已经解决。但不幸的是，

---

① 《马蒙泰尔回忆录》，伦敦，1805年，第4卷，第33页。《议会史》及其他。
② 1788年12月27日提交给国王的内阁报告。
③ 7月5日，8月8日，9月23日等。

第二个按照人头还是等级投票的问题仍然悬而未决。或者可以说，这个问题是在特权阶层与弱势群体之间依然悬而未决，从一开始就成了一场必要战争的战利品。谁能抓住它，谁就能在吉兆下使其成为一面战旗！

但至少，根据 1 月 24 日的国王敕令（国王关于在凡尔赛召开三级会议的规定），烦躁不安、满怀期待的法国终于确知，国民会议议员将开会，并有可能进行选举（到目前为止，国王的规定仍然在期限内）。[①]

第二节　选举

冲吧，干吧！国王的指令已经如劲吹的疾风穿过了广袤的林海，传遍了法国大地。在教区的教堂、市政府、议事厅、司法执政官法庭、司法总管辖区法院，人们以各种形式聚集在一起，不无困惑地组成了预备会议。先按照规定选出代表，然后填写个人"陈情书"，"陈情书"的内容可谓包罗万象。

国王的 1 月敕令让各地闻风而动。皮制包装的邮件，沿着冰封的公路运往四面八方，像极了某种命令或神奇的咒语，因为它们是如此一致！一般来说，敕令总是由喇叭伴奏，在武装卫兵护卫下的司法执政官、司法总管或某些其他小官的主持下，在市场的十字架前发布；在乡村教堂，则有浓重鼻音的声音朗读，在布道之后，是"教区弥撒的主日布道"。最后是登记、邮寄并发往各地。你可以看到，这么多满怀热切期待的法国人是怎样经过长期酝酿和议论，聚集并成为有组织的团体的。这些团体下又分成更多较小的团体：笨嘴拙舌的议论，被锻炼成了伶牙俐齿的演讲和行动。通过预备会议，然后是辅助会议和连续选举，无休止的详尽阐述和严格审查，遵循规定程序，最终才能将真正的"陈情书"付印，形成真正的国家代表制。

全体人民大梦初醒，似乎意识到机不可失，开始闻风而动，众说纷纭。这说

① 《议会史》重印本有日期错误，第1卷，第262页。

明，他们突然从梦中醒来，从此不再昏睡！望眼欲穿的日子终于到了。关于胜利、拯救、选举权的神奇消息，像魔音浸入每个人的心田。傲慢的强人听到这些消息，锁链无法再束缚他的手，一个广阔无边的天地呈现在他的面前。疲惫的劳工听到这些消息，纵有千般疲惫也一扫而光，乞丐的泪水也会打湿发霉的面包。什么？希望竟然也能降临到我们头上？饥饿和苦难不会永远存在吗？我们从贫瘠的土地抢来的面包，是通过辛苦劳作、经过收获、碾磨的面团制成的。因此，这并非完全为了别人，我们不是也要吃饭来填饱肚子吗？消息令人鼓舞（谨慎的长者回答道），却是无稽之谈！因此，无论如何，不纳税也没有选举权的底层民众，应努力团结在代表周围，而大部分选举大厅，无论内外，已经显得热闹非凡了。[1]

在所有城镇中，只有巴黎拥有自己的代表，人数为二十。巴黎分为六十个选区，每个选区（以教堂或其他地方为中心）可以选出两名代表。官方的代表逐区选派，他们毫无经验，所以一直在不断地咨询。奇怪的是，街头聚集了拥挤的人群，这些人很平和，但忙乱、嘈杂。不时可以看到军用火枪的金属闪光，尤其是在仍旧吵翻天的高等法院附近区域。

在法国的版图内是一片忙碌的世界！在那些伟大的日子里，最贫穷但有头脑的工匠也会离开作坊，即使不是去投票，也是去协助投票。所有的路上都是繁忙的车流和人群。那年春天，在法国广阔的田野，当播种者不时把种子大把撒到田里时，聚拢和分散的人们审议、选举和投票的声音却响彻云霄，形成一道不协调的风景。如果把经济现象放入政治现象里，就可以看到：商业停滞不前，面包奇贵无比，因为，在严寒的冬季到来之前，正如我们所说，经历了一个干旱的夏季和 7 月 13 日的破坏性冰雹。那是多么可怕的一天！人人都心有余悸。唉，明年的周年纪念日只会更糟。[2]法国就是在这样的征兆下选举国家

① 国王的规定，《议会史》，第1卷，第267-307页。
② 《巴伊回忆录》，第1卷，第336页。

代表的。

选举事件和特别之处不属于通史，而属于地方史或教区史。因此，我们不能一一叙述格勒诺布尔或贝桑松新出现的麻烦、雷恩街头的流血冲突，继而引发的“布列塔尼年轻人游行示威及其母亲、姐妹和情侣宣言”或类似事件了。[①]这些悲伤的历史事件无处不在，看似不同，实则大同小异。重新恢复的高等法院（如贝桑松），对自己召集的三级会议这头贝希摩斯巨兽感到手足无措，开始多少有些肆无忌惮地设置障碍，因而它很快被推翻、驱逐，因为新生的民众力量不仅会使用言论，而且会抛射炸弹！或者，也许是为了与此相呼应，（如布列塔尼）贵族下命令，想事先捆住第三等级的手脚，以防止危害自身古老的特权。无论这些限制措施设置得多么巧妙，都不可能获得成功，因为，贝希摩斯巨兽-布里亚柔斯百手巨人折断你的锁链，就像折断绿色的芦苇那样轻松。捆绑起来？唉，先生们！至于你们的骑士之剑、勇猛和决斗断讼法，好好想一想再回答好吗？平民的心中也有激荡的生活，不会因为你们的侧目而变得苍白。“雷恩的科尔德利埃俱乐部内院里聚集七十二小时的六百布列塔尼绅士”不得不撤出来，这比他们留在那里更聪明，因为，南特、昂热和所有布列塔尼的年轻人，都与他们的母亲、姐妹和情侣一起站了起来，向他们大喊：“前进！”布列塔尼的贵族甚至应该让这个疯狂的世界回归自己的轨道。[②]

在其他省份，带着同样善意的贵族发现，投入到抗议、编写优秀的“陈情书”、讽刺文章和演讲这边是更好的选择。他们在普罗旺斯的部分行动就是如此，加布里埃尔·奥诺雷·里戈蒂、米拉波伯爵就匆匆从巴黎赶来做过演讲。在普罗旺斯，由艾克斯高等法院支持的某些特权人物发现，这些新生事物，虽然都是根据国王敕令而执行，国家却得不偿失。更加无可争辩的事实是，这将“损

① 1789年2月28日南特市年轻人向雷恩进发前的抗议和决议。1789年2月4日昂热市年轻人的决议。1789年2月6日昂热市年轻公民的母亲、姐妹、配偶和情侣的决议。（《议会史》重印本，第1卷，第290-293页。）

② 《议会史》，第1卷，第287页。两个自由的朋友著：《法国革命史》第1卷，第105-128页。

害贵族的尊严”。于是，米拉波表示强烈抗议。而同样的这些贵族，在内外一片鼓噪声中，断然决定将他从会议中驱逐出去。没有其他方法（甚至连续跟他决斗都不行）能应付这么难以驯服、神情傲慢的人。所以只能驱逐他。

“在任何国家，在任何时代，”米拉波在离开的时候说，“贵族都固执地争取人民中的每一个朋友，如果一个人生来就是贵族的话，他们就会付出十倍的固执。最后一个格拉基*就是这样死在贵族手中的。但是，在被致命的匕首刺中时，他仍把尘土抛向天空，召唤复仇之神。马略**就出生于这些尘土，虽然他没有那么伟大，可以像推翻罗马贵族的暴政那样消灭辛布里人。”[①]米拉波也把手里新奇（文件形式）的尘土抛向空中，不去管从中会诞生什么，就骄傲地径直走向第三等级。

现在，为了迎合第三等级，他在马赛开了一家布料商店，并一度做了成衣商人，或者这只是当时的传闻，但对我们来说，这总是那个时代令人愉快的记忆。从未有如此怪异的布商用尺子为别人或少部分人扯布。《养子》对这种轻蔑的传说义愤填膺。[②]不过，这种说法在当时却被广泛采信。[③]但事实上，如果在英雄时代阿喀琉斯可以杀羊，那么，为什么在平凡时代米拉波不能为别人量布呢？

更真实的情况是，他在大批高举燃烧火把的民众的支持下，在那个动荡区域的成功经历。他曾用两个金路易租下临街的窗户，有过百人的自愿护卫队，同时是艾克斯和马赛两地的代表，但他更喜欢艾克斯。他放开铿锵的嗓音、敞开发出深远回声的灵魂，平息（这是口语含义的特色）富人傲慢的鼓噪、穷人饥饿的喧嚣。野蛮的民众像月亮压力下的潮汐跪在他的脚下，他俨然成了一个

---

* 格拉基是公元前2世纪的罗马护民官，曾倡导通过土地改革的法律，把贵族的土地分给穷人，在取得初步成功后被暗杀。

** 马略（公元前157—前86），古罗马执政官，曾对罗马进行军事改革，对后来罗马的强大产生深远的影响。

① 《养子》，第5卷，第256页。

② 《米拉波回忆录》，第1卷，第307页。

③ 马拉的《人民之友》，《议会史》，第2卷，第103页。

世界可以呼风唤雨的领路人。

我们特别注意到另外一个不那么受人关注的事件。那就是巴黎高等法院开始像其他人一样（只是不那么放肆罢了，因为其对形势的判断更准），企图牵着第三等级这头巨兽的鼻子走。可敬的医生吉罗丁是巴黎受人尊敬的执业医生，也根据规定的自由和自己的想法，写好了他的小"陈情书计划"，并邀请人民签署。但粗暴的高等法院却传唤他去做出说明。他去的时候是整个巴黎跟在后面给他撑腰。当医生在里面说明的时候，人群洪水般涌进法院的外院，大家争先恐后地签署"陈情书"！高等法院还不能这么快就把他客客气气地打发走，以免群众把他当作英雄扛在肩上送回家。[①]我们希望再一次见到这位受人尊敬的吉罗丁，也许还有一次机会。而高等法院我们一次也见不到了，还是让深渊将其吞没，从而离开我们的视野吧。

然而，这种事情尽管受到欢呼，往往也让国家债权人或实际上任何类型的债权人高兴不起来。在普遍的怀疑之中，哪种确定性看起来比钱在钱包里和智慧在头脑中更确定呢？各种投机交易、商业一片萧条。工匠们空有一双勤劳的手却无事可做。更可怕的是，当最严酷的季节到来时，工作短缺将和食物短缺叠加在一起。在春暖花开时，突然传来专卖、国王敕令、面包店抗议磨坊主的请愿的谣言。最后在 4 月份，又传来出现衣衫褴褛的饥饿大军和饥寒交迫的哭喊声的谣言！这些人就是当时家喻户晓的土匪：他们实际上原本寥寥无几，经过无数人的头脑长期反射、回响和凹面倍增镜的放大，就完全变成了一个强盗世界，如超自然的机器让革命的抒情诗闻风而动。土匪在这里，土匪在那里，有土匪来了！于是，福玻斯－阿波罗的银弓发出的声音远远传来，散播出瘟疫和苍白的恐怖，因为，这种超自然的声音也存在于想象当中，无影无形，将"自己隐身于黑夜之中"！

但是，可以注意到，至少这是第一次，怀疑当时在这个国家有多么奇特的

① 两个自由的朋友著：《法国革命史》第1卷，第141页。

威力。如果这些可怜人在饿死之前都成群结队地抱团而行，如同在严寒季节里的田鸫和啄木鸟那样，即使只是为了能在一起愁苦地说说话，让苦难的眼睛彼此相印；如果饥饿的人们（连田鸫也饿不到那种程度）在聚集起来后发现，只要这个国家有粮食，他们就不需要去死，因为他们人多，钱包空空，却双手有力，那么，有了这一切，还需要超自然的机器干什么？对大多数人来说，显然并不需要。在革命时期，法国人民就更不需要了。这些土匪（十四年前，杜尔哥的人也是一样）尽管没有鼓和喇叭，也全部应征入伍，并被贵族、民主党人、德·奥尔良、德·阿图瓦和公众福祉的敌人推上前线。但现在，有历史学家用一个论据就可以证明：这些假装没有食物的土匪却有酒喝，甚至已经喝醉了。[①]这是绝无仅有的事实！但总的来说，我们无法预测，一个如此深陷盲从和怀疑的民族（其联盟导致怀疑和普遍的非理性），能看出队伍里有多种形式的不死之神在战斗，而根本不需要史诗机器。

无论如何，土匪显然是成群结队来到巴黎的。他们有着蜡黄的脸、披肩的长发（真正的狂热分子特征），穿着褴褛的黑色衣服，手里拿着大棒愤怒地敲打地面！[②]他们参与了选举的喧嚣。如果会写字的话，他们愿意签署吉罗丁的"陈情书"或其他陈情书、请愿信。他们的狂热分子特征、大棒的敲打声，预示着某种不祥之兆，特别是对圣安托万郊区富有的工厂主来说更是如此，因为工人们与他们关系密切。

第三节　狂轰滥炸

但是现在，来自法国各地的国家代表，口袋里装着所谓的职务权限来到了巴黎。他们一路打听消息、咨询解疑，在凡尔赛寻找住处。三级会议不是 5 月 1

① 拉克莱代尔：《十八世纪》，第2卷，第155页。
② 《贝森瓦尔回忆录》，第3卷，第385页。

日，就是5月4日，将在这里以盛大的游行和庆典开幕。游戏厅被用木料和地毯，为他们华丽而俗气地装饰一新，他们的服装已经选定。另外一个巨大争议，第三等级代表“用下垂阔边帽还是折叠阔边帽”的问题，也终于圆满解决。各地陌生的新面孔陆续到来，游手好闲者、闲杂人等、休假的军官，其中就有我们希望认识的、可敬的当普马丁队长。这些人也从四面八方来到这里，希望看看发生了什么事。我们六十个选区的巴黎委员会，比以往任何时候都要忙碌。很明显，巴黎的选举将要延迟。

4月27日星期一，天文学家贝利发现雷维雍先生不在自己的岗位上。雷维雍先生是圣安托万郊区的大造纸商，平常很守时的他今天却缺席选举委员会，甚至再也没有现身。难道在那些“巨大的纸浆车间”里，发生了什么事？唉，是的！唉，今天不是热气球升空的日子，而是无产者、流氓和郊区人民起义的日子！过去曾打过零工的雷维雍先生，真说过“一个工人一天十五个苏就可以体面过日子”？只有七个半便士：这实在是太少了！或许只是有人听过或相信他这样说过？人们经过长期的摩擦变得激动和易怒，国家的秉性变得暴戾。

在那些阴暗的陋室里，在那些黑暗的头脑和饥饿的内心，谁知道新的政治福音会变成什么形式？会形成什么神奇的无产阶级团体？看看吧：衣衫褴褛的个人很快成了衣衫褴褛的群体，其他拥挤的人群包围了纸张仓库。他们语无伦次地（情绪激动使然）大声证明，每天七个半便士是不够的。城里的近卫军也无法将他们解散，结果发生了争吵，并且越来越激烈。无计可施的雷维雍先生忙不迭地苦苦哀求民众和当局保持冷静。贝森瓦尔现在正好是巴黎当值指挥官，在接到雷维雍先生的求援后，立即派了三十名近卫军士兵清理现场，幸好没有开火。他们占据有利地形并在那里过夜，希望可以平息事态。[1]

但天不遂人愿：第二天，情况变得更糟了。圣安托万又有人闹事，这次比以

① 《贝森瓦尔回忆录》，第3卷，第385-388页。

往闹得更凶，且有陌生面孔的团伙加入，他们有狂热分子的特征并携带大棒。全城大街小巷都在流传一条消息："碰巧经过的两车铺路石"作为天赐礼物被没收了。必须派遣另一队近卫军，贝森瓦尔和上校在认真商议后，又派了一支队伍。虽然配备了刺刀和子弹，但他们几乎无法到达指定地点。这情景简直让人难以相信！街上堆满了木头和杂物、被乱哄哄的人群挤得水泄不通。一个纸张仓库的大门被斧子砸开并纵火，暴乱和疯狂甚嚣尘上。一阵排枪过后是一片惨叫声。接着，各种各样的石头、瓦片如雨点般从屋顶和窗户落下，街上到处是瓦砾、咒骂声和横七竖八的尸体！

法国近卫军不喜欢这样，但必须始终如一地坚守。经过一整天一波三折的战斗，太阳都落山了，圣安托万也没有屈服。整座城市像悬在空中，人们飞来飞去。唉，排枪的射击声连远在昂单马路那边的餐厅都听得见，让人们的餐桌话题也随之改变。当普马丁队长放下酒杯，与一两个朋友到外面观察战况。那些衣衫褴褛的人看到他们过来，就冲他们一顿咆哮，嘟囔着："打倒贵族！"还侮辱圣路易十字架。他们用胳膊肘撞他，推他，但不碰他的口袋。事实上，即使在雷维雍先生家，也没发生偷窃事件。[①]

夜幕降临，鉴于事态无法平息，贝森瓦尔决定调来配备两门火炮的瑞士近卫军。他们将根据国王的命令部署到位，勒令暴民离开。如果命令被拒绝，瑞士近卫军将在众目睽睽之下，为火炮装载霰弹。再下命令，再被拒绝的话就开火，轰到街上干净得剩下"最后一人"为止。正如人们希望的那样，命令以坚定的决心得到执行。看到穿红衣的瑞士外国士兵点燃火绳后，人群立即消失在圣安托万的夜幕之中。在一个人数最多的街道就死了四五百人。倒霉的雷维雍在巴士底狱找到了庇护所。虽然在高墙深处安全无虞，但他在接下来的一个月里，大吐苦水，没少做解释和抗议。大胆的贝森瓦尔得到来自整个巴黎体面阶层的

① A.H.当普马丁著：《我在法国大革命期间亲历的事件》（简称《事件》），柏林，1799年，第1卷，第25–27页。

感谢，但发现凡尔赛对他没有任何特别的表示，而在过去，真正的功臣常常会得到那样的荣誉。[1]

但是，为什么会发生这样的大屠杀和狂轰滥炸呢？肇因于德·奥尔良！法院方面说：他用黄金招募了这些土匪。他使出了某种神秘的花招，悄然无声地搜遍了街头巷尾，将他们全部聚集在这里，唆使他们闹事，然后向他们开火。邪恶就是他的利益。肇因于法院！启蒙爱国者们说：是贵族用令人诅咒的黄金和阴谋诡计招募了他们，让他们毁掉无辜的雷维雍先生，恐吓神经脆弱的人，让自由斗士令人反感。

贝森瓦尔很不情愿地得出结论，认为罪恶来自于“我们的天敌英国人”。或者，唉，不能把罪恶归咎于象征饥荒的戴安娜，或经常在战场上见到的压迫和复仇之神双胞胎狄俄斯库里吗？这些衣衫褴褛的可怜人，被重负和耻辱压得喘不过气，被卑贱的苦难扭曲了面容，然而，万能的神却在他们身上注入了活生生的灵魂！显然，对他们来说，崇尚自由的哲学家还没有做好面包，委员会的爱国者想把等级降到与他们一样，但不能再低。而土匪则不管他们是什么人，与他们同病相怜。他们以崇高事业的烈士、“祖国的捍卫者”名义，把死者埋葬。

或者我们应该说：起义已经进入学徒期，我们刚刚看到的只是一次预演，并不具有决定性意义。下一场才是神来之笔，并向大惊失色的世界宣告，谁才是无可争辩的主人。让他们称之为巴士底狱或建筑（似乎没有其他建筑）的石头堡垒、暴政的大本营看好自己的枪！

但是，动荡的法国就是以这样的智慧、初期和次要议会、陈情书、动议、各种集会、唇枪舌剑的口才，最后还有雷电般的排枪，才完成了选举。经过这种混乱的方式和不断的艰难筛选和变更，现在（除了巴黎略有延迟外）终于遴选出一千二百一十四名国家代表，并将立即召开三级会议。

① 《贝森瓦尔回忆录》，第3卷，第389页。

第四节　游行队伍

5月的第一个星期六，凡尔赛举行了庆典。5月4日星期一则更是大日子。大部分代表陆续到达，并在住处安顿下来。现在，他们在凡尔赛宫排着井然有序的长队，依次亲吻国王陛下的手。最高掌门德·布雷泽并没有让所有人满意：因为我们注意到，在引导贵族和神职人员朝见时，他大方地打开两扇对开的门；而对于第三等级的代表，却只打开一扇门！然而，毕竟还有进入的空间：国王陛下倒是对所有人报以微笑。

好人路易带着希望的微笑，欢迎他尊贵的代表。他为他们准备了附近最大的梅尼大会堂，并且经常去查看工程进展情况。这是一个宽敞的大厅：加高的平台上是国王、王室和王室血统成员，六百名第三等级代表在前面，三百名神职人员在一边，另外三百名贵族在另一边。在宏大的长廊里就座旁观的有两千名光彩夺目、眼眸璀璨的贵妇人与国外的外交官，以及其他衣着光鲜、衣摆洁白的高官显贵。中间有宽敞的通道，四周内墙还有一条通道。有会议室、警卫室、更衣室。这是真正的尊贵大厅。由主题美术烘托的装潢发挥到了极致，红色流苏和有象征性的百合花也一应俱全。

大厅已准备完毕。正如我们所说，会议服装已经解决。第三等级不戴令人厌恶的下垂阔边帽，而是戴折叠阔边帽。打扮停当之后，也许是时候确定工作方式，按人头、等级还是其他方式投票了，再过几个小时就来不及了。这个仍然悬而未决的问题，一直让一千两百名代表牵肠挂肚。

5月4日星期一，现在，太阳终于照常破云而出，似乎并不是什么特别的日子。然而，如果第一缕阳光能让尼罗河上的曼农巨像唱歌的话，那么在凡尔赛的每个人心中，唤醒的将是怎样动人、悸动的不详之音？巨大的巴黎车水马龙，各种车辆川流不息，穿梭汇聚于各个城市和乡村。凡尔赛则是人山人海。而特别是从圣路易教堂到圣母教堂，半空中流动的海洋饰物喷出的水花有屋顶那么高！烟囱顶端、屋顶、路灯支架、标语牌、摇摇欲坠的路标柱子上，都装饰着爱国主义的鼓励标语，每扇窗户都装点着美丽的爱国主义标志：因为代表们聚集在圣路易教堂，列队游行到圣母院去听布道。

是的，朋友们，你们可以坐好旁观。整个法国、整个欧洲都可以安安稳稳地坐下观看，因为这是千载难逢的一天。哦，有人可能会哭得像薛西斯*：他们像下凡的天神，排列紧凑，高高在上，趁这天的记忆还没有消退，所有人还有其他更多的人将跟随他们，再次展开双翅，消失在无垠的碧空。这是民主的洗礼日，是病态的时代经过数月煎熬让其呱呱坠地。这也是为封建时代送终的日子！这是一个过时的社会制度，由于劳顿而腐朽（因为它的贡献甚微，你和你所知道的一切都不是它造就的！），争吵和偷窃被说成是光荣的胜利，挥霍浪费、骄奢淫逸使其日薄西山，不可救药，现在就应该寿终正寝。因此，对死亡和分娩的恐惧，催生出新人的诞生。哦，多么伟大的杰作！大地和上天，多么伟大的杰作！浴血战斗、九月大屠杀、洛迪桥、莫斯科撤退、滑铁卢、彼得卢、十镑选举权、焦油桶和断头台，如果可以预言的话，那么，从今天起，还需要奋斗两个世纪！民主在经过多灾多难、招摇撞骗的阶段，直到瘟疫流行的世界被烧毁，至少需要两个世纪，才能春回大地，焕发神采。

不过，哦，凡尔赛的民众们，还是庆祝一下吧！尽管你们无法看见这些兴衰变迁，但可以看见其辉煌的结局。值此之际，死刑根据伪证而判决，复活根据现实而判决，尽管仍然遥不可及。值此之际，判决如号角般宣布，谎言不足为信。如果别无他法，那就相信这一点，捍卫这一点，让未来的一切独善其身吧。“别无他途，让上帝指引！”在打开世界历史的新篇章时，一个比你们中的任何人都伟大的人是这样说的。

然而，现在需要注意！圣路易教堂的大门打开了，游行队伍向圣母院进发！震耳欲聋的呼喊声，能把飞翔的希腊鸟震到地上。实际上，这是庄严宏伟

* 根据希腊史学家希罗多德的记载，薛西斯在看到城下的人海和船只时放声大哭，为百年后人都会死去而悲伤。

的仪式。首先是法国各个等级的代表，然后是法国王室成员，他们在指定的地点，穿着指定的服饰，依照引领行进。我们的第三等级代表穿着“纯黑色的斗篷和白色领结”。贵族穿着金光闪闪的天鹅绒斗篷，耀眼夺目，下摆镶嵌花边，羽毛上下飞舞，沙沙作响。神职人员穿着长长的白色法衣或其他最好的制服。最后是国王本人和王室家庭成员，他们也都身穿最华丽耀眼的服饰。大约有来自各地的一千四百人参加了这天的隆重仪式。

是的，光明的未来就在这无声的游行队伍中。这些人并没有像古老的希伯来人那样，扛着有象征含义的方舟，然而，他们承担的是一个盟约和人类历史的新纪元。整个未来就在那里，但笼罩其上的是多舛的命运。在这些人心中和朦胧的思想中，这个命运尽管难以辨认，却必然存在。奇怪的是，虽然难逃这一命运的摆布，但他们或凡人却难以对此一目了然。随着它在包围和进攻的炮火和雷鸣中、在飘扬的战旗中、在行军的脚步声中、在燃烧的城市的火光中、在被扼杀的国家的尖叫声中逐渐显露，只有高高在上的人才可以读懂！所有这些事情都隐藏或被严密包裹在 5 月 4 日这天，更确切的说，是包裹在未知的每一天，只不过这一天是公众收获和开花结果的日子而已。事实上，如果我们有能力（幸亏我们没有）破译这其中的奥秘，每天会发生多少奇迹！因为，即使最普通的一天不也是“两个永恒的交汇点”吗？

同时，读者朋友，假设无须克里欧女神*的奇迹附身，我们是不是也应该在某个墙角找到有利的祈祷位置，随时以另一种非普通人的、先知的视角，来观察游行队伍和流动的海洋呢？我们可以登上那个位置，不必害怕掉下来。

遗憾的是，充当流动的海洋装饰的或无数旁观的民众太默默无闻了。然而，当我们定睛细看，不是也有不少无名面孔不该总是籍籍无名，而应该表现自己、崭露头角吗？年轻的男爵夫人德·斯塔尔，显然与一些年长的贵妇一起坐在窗口。[①]她那身为教士的父亲参加了庆典。在她眼里，他是庆典的主要人

* 希腊神话中司职历史的女神。

① 德·斯塔尔夫人著：《关于法国大革命的思考》，伦敦，1818年，第1卷，第114-191页。

物。作为年轻的精神领袖，那里不是你和你亲爱的父亲待的地方："正如马勒伯朗士看见了上帝的一切一样，内克尔先生也看到了内克尔的一切。"这个定理无法成立。

但是，那个头发棕色、婀娜多姿、丹心似火的戴洛瓦涅*在哪儿呢？口齿伶俐的棕发美女用激昂的话语和锐利的眼神，打动冷酷的心和一营全副武装的军人，甚至说服奥地利皇帝，标枪和头盔是你随时使用的武器。唉，当然也少不了穿紧身囚服在妇女救济院里长期蹲监！真不如留在你的故乡卢森堡，抚养几个了不起的孩子。但这不是你的任务，也不是你的命运。

对于男人，就需要更硬气或更多的词来列举这些名流了！瓦拉蒂侯爵没有放弃他那贵格教派的大帽子、沃平和格拉斯哥的希腊毕达哥拉斯学说吗？① 创办《欧洲信使》的德·莫兰德和创建《年鉴》的兰盖，都离开了雾都伦敦，成为前任编辑。也许是他们鼓吹的断头台，并得到了应有的报偿。卢韦（德·福布拉斯）也踮着脚尖在人群中吗？自称是瓦尔维尔的布里索是黑人的朋友吗？他与孔多塞侯爵和日内瓦人克拉维埃创建了或正在创建《箴言报》。优秀的编辑才能详细描述如此重要的一天。

在低矮而不是显贵云集的地方，你能远远看见夏特莱最狡诈的骑马执达员斯坦尼斯拉斯·马亚尔吗？日内瓦的乌林上尉、塞纳营的埃利上尉，为什么都是一副闷闷不乐的样子？喜欢灰胡子的儒尔当胡子还没蓄好，现在还只是虚伪的马贩子吗？几个月后，他将有另一份工作：他将成为刽子手儒尔当。

当然，在一些并非显贵云集的地方，有个踮起脚看热闹的矮个子也站在那儿发牢骚，这是个蓬头垢面、污浊不堪、浑身散发着烟草和马药味的普通人：诺沙特尔的让·保罗·马拉！哦，马拉！人类科学的革新者、光学讲师、曾在德·阿图瓦马厩工作的最杰出的兽医，你那黯然的灵魂，透过命运铭刻的黯然粗糙的

---

* 安妮-约瑟夫·戴洛瓦涅·德·梅丽古尔（1762—1817），生于卢森堡，交际花和歌手。参加了攻占巴士底狱的战斗和妇女大游行，被保皇党称为"妓女爱国者"。

① 瓦拉蒂著：《法兰西共和国的创建》，伦敦，1798年。

脸在此看到了什么？像新地岛 * 夜后的黎明那种微弱的希望之光吗？或只是哀伤、猜疑、没完没了的复仇的幽灵般的磷光？

关于布料商勒古安特尔如何关闭商店、挺身而出的事，没什么值得大书特书。关于圣安托万郊区响当当的啤酒商桑泰尔，也没什么可说的。但另外两个人物必须提及。一个是身材魁梧、长着黑眉毛和粗糙的扁脸，看起来像有使不完的劲儿、一脸怒气引而不发的大力神，这是一个顾客寥寥的不得志律师，他的名字叫丹东。让我们记住这个人。另外一个人是他身材瘦弱的同事和同行，他把长长的卷发用发夹扎住，肮脏粗鄙的脸上却闪耀着天才的光芒，宛如油灯在里面烧过：这个人叫卡米耶·德穆兰。他头脑精明机智，没有幽默感，是万里挑一的才思敏捷干练之人。可怜的卡米耶！自己的为人被随意评说，传说你这样一个闪耀着智慧魅力的头脑不受人待见并不真实。但是，我们所说的体格强健粗壮、一脸怒气引而不发的人物是雅克·丹东。这个名字在大革命中可谓家喻户晓。他已是或即将担任巴黎科尔德利埃选区的主席，并开始高歌猛进。

我们就不在这里过多谈论大声疾呼的人群了，因为，现在，第三等级的代表过来了！

在这六百个戴纯白色领结、为了让法国重生而来的人中，能猜出来谁会成为国王吗？因为，像任何人类的团体一样，他们也需要一个国王或领导者。无论他们做什么工作，都有一个人在性格、智力和地位上比其他所有人更胜任，作为尚未选出的未来国王，这个人就在走过来的这些人中间。会不会是有着浓密黑发的那个人呢？正如他自己所说的那样，黑色的野猪头适合作为参议员的标志“摇动”？透过浓密粗大的眉毛，这张粗糙、布满伤疤、粉刺的脸，使天然的丑陋展现无遗：天花、淫乱、破产和神灵的熊熊之火，像冲出阴暗混沌散发出耀眼云烟的彗星之火？这就是艾克斯的代表、推动世界的巨人：加布里埃尔·奥诺雷·里克蒂·米拉波！根据男爵夫人德·斯塔尔的说法，众目睽睽之下，

* 新地岛，位于北极圈内，介于巴伦支海与喀拉海之间，终年积雪，气候寒冷。

他豪迈地昂首阔步，甩动着一头雄狮般的黑色长发，似乎在预言伟大的成就。

是的，读者，这是这个时代法国人的风格，而伏尔泰是最后一个。他就是理想、知识、美德与恶习造就的法国人，也许比其他人更具法国特质，并且带有一身男子汉大丈夫气概。记住他。没有他，国民议会将有天壤之别。他可能会引用古时暴君的话："国民议会吗？就是我。"

里克蒂或阿里克蒂祖祖辈辈住在气候温暖的南方，具有豪放的南方血统，几个世纪前不得不逃离佛罗伦萨和盖尔夫，定居在普罗旺斯。在这里，他们一代又一代一直表现出特有的血统特质：暴躁、不屈不挠、直率，就像戴在身上的利刃，有时在不法活动中可以走火入魔，但终究没有一发不可收拾。古老的里克蒂家族疯狂地履行古老的誓言，将两座山束缚在一起，其"五线铁星"锁链依然可见。现代的里克蒂家族难道不能同样解开锁链，来一番作为吗？让我们拭目以待。

命运一直在眷顾这个身材魁梧、面色阴沉的米拉波。命运一直注视着他，远远地为他秣马厉兵。他的祖父仅在一场战斗中就落下二十七处骨折和撕裂伤，被称为强壮的"银脖子"，鲜血淋漓地躺在卡萨诺桥上，而欧仁亲王的骑兵就在他身上疾驰而过，只有一名中士在逃走时将一口锅扣在敬爱的长官头上。旺多姆放下望远镜，悲叹道："米拉波死了！"然而，他没有死，还有意识和呼吸，是外科手术创造了奇迹，因为加布里埃尔仍未出世。使他重返人间的"银脖子"仍然将他伤痕累累的脑袋支撑了多年。他结了婚，生下了"人类的朋友"维克多侯爵。在命运攸关的1749年，终于盼到了不假雕琢的加布里埃尔·奥诺雷的出生：粗野的血脉中最粗野的小狮子。老狮子（因为我们的老侯爵也像狮子一样不可征服，有国王的天赋，桀骜不驯）惊讶地看着自己的后代，打定主意让他接受以前狮子从未有过的训练！但这是徒劳的，哦，侯爵！无论你怎么打他、折磨他，这只幼崽也不会学习如何拉动政治经济的双轮马车并成为人类的朋友。他不会成为你，但必定会成为他自己，是另一个人，而不是你。米拉波，你的离婚诉讼、一人之外全家坐牢、给你一个人的六十封国王密札，都震惊了世界。

我们不幸的加布里埃尔，成了自己同时也是别人罪恶的牺牲品。他曾待在雷岛，透过灯塔聆听大西洋彼岸的风声，蹲过伊夫堡，倾听马赛的地中海涛声，还在汝拉堡坐过监。在万赛纳地牢待了四十二个月，几乎没有衣服穿。所有这些都拜他的狮子父亲和国王密札所赐。他曾在蓬塔利埃监狱坐牢（自愿囚犯），曾被人发现在出海口（低水面）的浅滩涉水，以躲避熟人。他（为了夺回自己的妻子）在艾克斯高等法院出庭，人们都爬上了屋顶看热闹，因为他们听不到怪异的老米拉波所说的“咬牙切齿声”。他在这场广受推崇的司法辩论中看到的，只是空空的头脑下颌骨发出的响亮如鼓的声音。

在这些不可思议的冒险生涯里，还有什么是加布里埃尔没有见过和尝试过的吗？从征兵中士到首席部长、国内外的书店店主，他阅人无数，说到底，他是一个友善、充满爱心、永不妥协的野蛮人：赢得过所有人的心，尤其是各种各样的女人，从桑特弓箭手的女儿到冒着模拟被砍头风险也要“绑架”的年轻美丽的索菲·莫尼埃夫人！因为，自从被阿里顶礼膜拜的阿拉伯先知去世后，就再也没有出现过这样能敌三十人的爱情英雄。在战争中，他为征服科西嘉岛提供了帮助，不是参加决斗和斗殴，就是鞭打毁谤的贵族。在文学方面，他写了主题涵盖专制主义、国王密札、色情、同性恋、淫秽、亵渎神圣，以及关于普鲁士君主制、鲁邦三世、卡洛纳、巴黎自来水公司等方面的书。可以说，每本书都堪比突然用沥青点燃了熊熊大火，冒出滚滚浓烟。炉子、火绳、沥青是自己的，但木材、破布、劈柴和无名的可燃垃圾（对他来说都是燃料），是从各种小贩和拾荒者那里收集来的。因此，可以听到不少小贩惊呼：都放手，火是我的！

不，普遍来看，很少有人天生有这样的才干。如果他能占有另一个人的想法和能力，他就可以占有这个人本身。“全是反射和回声。”老米拉波咆哮道。他可以看得更清楚，但他不愿意这样做。暴躁的人类朋友！这是他为人处事的天性。对他来说，这是他人生的亮点。在他反对专制主义的四十年里，在获得光荣的自助能力的同时，他并没有失去友爱和接受帮助的光荣禀赋。这是罕见的结合！这个人可以自给自足地生活，但也依赖别人的生活，并让别人爱他，和他一起工作：一个人类天生的王者！

但是，不妨进一步看看这个问题。既然老侯爵仍然不断叫嚣，他已经把"所有条条框框都吞到肚子里了"，那么，如果我们认真思考就会发现，这一事实在这些日子里含义多多。这个人不是体制内的人物，他只靠本能和内在洞察力，却是胆识过人、一针见血、战而胜之的大男人：因为他智慧超群、意志坚定、力大无穷，是一个不用戴逻辑的眼镜，而用眼睛思考的男人。不幸的是，他心中没有十诫、道德规范或任何固定理念，但不乏强烈鲜活的灵魂和真诚：现实，不做作，不虚假！所以，他四十年反对专制主义，并把所有的条条框框都吞到肚子里了。而现在，他应该成为国家同样认可的一个代言人。既然看到这一切一无是处、破败不堪、远离现实，那么，摆脱专制主义的斗争、把旧的条条框框都吞到肚子里，不也正是法国的意志吗？这个意志将与这些条条框框一了百了，如果需要，即使一无所有也在所不惜，直到找到一个新天地。

这个非凡的里克蒂·米拉波就是怀着这种信念、以这种方式走在队伍里的。他留着参孙般的黑发，戴着宽边折叠帽，表情激昂严肃。民众的情绪如冒烟的干柴，无法压制和扼杀，只会让法国坐在火山口上。现在民众有了空气，可以点燃任何东西，当然可以点燃冒烟的干柴，让法国变成熊熊大火。真是命运多舛！四十年五内如焚、窝火憋气的坎坷生活，转瞬间修成正果，大获全胜。他点燃的火焰像燃烧的高山直冲云霄，在二十三个月的时间里，他在烈焰中灼烤，内心流淌着岩浆，成为欧洲的灯塔和奇观，然后却精疲力竭、心灰意冷地永远引退了！过来吧，永远质疑的加布里埃尔·奥诺雷，全国最伟大的代表，无人和你比肩，无人和你相提并论。

但是，如果说米拉波是最伟大的，那么这六百人中最渺小的是谁？我们必须提到一个神色紧张、冷漠、长相平庸的男人：他年纪不满三十岁，身材瘦削，戴着眼镜，眼神暗淡而谨慎，上仰的脸仿佛隐约能嗅出未来的危险，脸色阴沉多变，最后的阴影可能定格为大海的浅绿色。[①]这个有着海绿脸色的人是阿拉斯的律师，名叫马克西米利安·罗伯斯庇尔，一个律师的儿子。他父亲曾在英王或王位继承人查尔斯·爱德华的庇护下创办共济会之家。马克西米利安是长子，经过简单教育后，获得一笔奖学金，得以在巴黎的路易大帝学校求学，并在那里认识了活泼的同学卡米耶·德穆兰。但他恳求他的靠山、当时著名的项链枢机主教罗昂，让他离开学校，以便把奖学金让给他的弟弟。严于律己的马克西米利安离开学校，回到了家乡阿拉斯，甚至为避雷针发明者富兰克林辩护成功。他生性不安于现状，虽然目光短浅，但清晰敏捷，因而很快受到官员的青睐。他们预见到他身上存在并非完全出于天赋的潜质。因此，经过商议，主教任命他为教区的法官。他忠实地为人民伸张正义。直到有一天，审判罪当绞死的被告时，严于律己的马克西米利安却辞去了职位，因为，他的良心不允许把任何一个亚当之子处死。这是一个严于律己、狭隘、与革命格格不入的人！他那暗淡透明如啤酒般弱小的灵魂，都无法让麦芽醋发酵，最后却变成醋精让整个法国沸腾。我们将拭目以待。

在这伟大和平庸的两个极端之间，有多少伟人和小人也在游行队伍中，走向各自不同的命运！这是卡扎莱斯，一个博学的年轻军官，他后来成了为君主制辩护的雄辩演说家，并获得一个名号的庇荫。经验丰富的穆尼耶和马鲁哀，其高等法院院长的经验在泥沙俱下的大浪中很快搁浅。佩蒂翁把礼服和文件留在了沙特尔，为的是使辩护更加有力。当然，他也没有忘记他的小提琴，因为他喜欢音乐。尽管他仍然年轻，但头发已经灰白。在他平静的心中，信念和信仰矢志不渝，但在所有的信念中，对自己的信心是最坚定的。新教牧师拉波·圣·艾蒂安，还有苗条年轻、情绪激烈的雄辩家巴纳夫，都有助于法国涅槃

① 德·斯塔尔夫人著：《关于法国大革命的思考》，第2卷，第142页。巴尔巴卢德《回忆录》等。

重生。他们中有这么多的年轻人。斯巴达人不允许男人三十岁之前结婚。但这里有多少人在三十以前就不仅仅造就了一个公民，而是一个公民的国家和公民的世界！老人要重整财政，年轻人要清除垃圾。事实上，后者的任务不是更迫在眉睫吗？

你注意到了吗？来自南特的代表是那么默默无闻、隐于无形，却真实存在。这些代表只是穿着斗篷，戴着卷边帽子的配角，但他们的口袋里有一份陈情书，上面有一条奇特或类似的条款："愿南特戴假发的老爷们不再受到新报到的同僚的干扰，九十二名实际数目已经绰绰有余。"[①]雷恩人选了农民热拉尔做代表，这是一个生性善良和正直的人，但没受过什么教育。他步履矫健，打心眼里藐视斗篷和制服，而是穿着自己质朴的乡村衣服。热拉尔的名字，或大家所称谓的"热拉尔老爹"名声在外，遍布于满地的讽刺短诗、保王党人的讽刺漫画、共和党的启蒙历书说教中。[②]至于热拉尔本人，在履行了代表的最初工作之后，有人问他的真实感受，他回答说："在我们中间有很多坏蛋。"热拉尔老爹就是这样穿着厚底鞋，坚定地在队伍中跟着大家前进。

可敬的医生吉约丹是我们希望再次看到的人吗？如果他不在这里，也不应该在别处，我们可以用预言家的眼光肯定。事实上，巴黎的代表都迟到了。特立独行、受人尊敬的吉约丹医生，在带有讽刺意味的命运的推动下，致力于最奇特、最荣耀的不朽事业。这是一个让默默无闻的凡人离别故土、载入史册的事业！吉约丹能够改善大厅的通风质量，为所有警察和卫生医疗案件提供援助。但是，他更为出色的工作是，提交了一份《刑法报告》。在报告里，他提出了设计精巧、风靡全球的斩首机。这是吉约丹经过努力思考和阅读的结晶，出于迎合大众趣味的考虑，在产品命名的时候把自己的名字衍生成了女性的名字，寓意是他的女儿。这就是"断头台"的由来。"先生们，用我的机器，我瞬间就

① 《议会史》，第1卷，第335页。

② 贝尔齐埃等著：《使徒行传》，科洛·德·埃尔布瓦著：《热拉尔的火之历书》等。

能砍掉你们的头，你们不会有痛苦。”听到这里，大家都笑了。[①]可怜的医生！在二十二年时间里，没有上断头台的他听到的、看到的都只有断头台，在去世后长达几个世纪的时间里，仍然像一个惆怅的幽灵，阴差阳错地徘徊在冥河与遗忘之河畔。但他的名字比恺撒的更加响亮。

看看同样来自巴黎的巴伊，他是当时享有盛誉的古代和现代天文历史学家。可怜的巴伊！你有着像月光般清晰明亮、宁静美丽的哲理，却与堕落的凡夫俗子为伍，荒废在主席、市长、外交官的繁文缛节中，然后坠入黑暗的深渊不能自拔！你远不能完成从银河到红旗的飞跃。在臭不可闻的粪堆旁，在那最后的地狱般的日子里，你必须“颤抖”，虽然只是寒冷的缘故。思辨不是实践：软弱也不是那么悲惨，却比我们的任务更加软弱。他们让你，一个平和的普通行人，骑在民主这头野蛮的鹰头马身怪兽身上，那天是让人诅咒的日子，因为它藐视坚实的大地、无视漫天的星辰，是已知的任何亚斯托弗*都无法驾驭的！

在第三等级的代表中，有商人、艺术家、文学家、三百七十四名律师和至少一名教士——西哀耶斯神父。[②]他也是巴黎选派的二十名代表之一。他瘦高个子，冷静，灵活，强硬，具有引以为傲的逻辑本能，没有激情，或只有一种激情：自负。如果那真的可以称为一种激情的话，这种激情在其浓缩了独立的伟大精神中，似乎已经迷失在超验主义的迷雾中，并以一种神圣的冷漠态度坐在议会的长凳上居高临下俯视着激情！他就是这样一个人，智慧已经与他同归于尽。这就是西哀耶斯，制度的缔造者、宪法的起草者、（应有尽有的）金字塔制度的缔造者。不幸的是，这一切在他把脚手架拆掉之前都轰然倒塌。“政治嘛，”他对杜蒙说，“是一门科学，我认为我已经完成了。”[③]哦，西哀耶斯，多少世事都逃不过你那透彻的眼睛！如今在这些日子里（据说 1834 年他仍活着），他

---

① 1789年12月1日的《箴言报》（《议会史》）。
* 公元749—756年的伦巴第国王，曾发誓征服并统一意大利。
② 布耶著：《法国大革命回忆录》，伦敦，1797年，第1卷，第68页。
③ 杜蒙著：《回忆米拉波》，第64页。

以特有的老谋深算，正考虑如何搭建宪法的一砖一瓦，这不也很令人好奇吗？我们英国对旧式不可争辩的超验主义抱有某种希望吗？胜利的事业取悦神祇，失败的事业取悦西哀耶斯（维克塔·卡托）。

第三等级代表的队伍所到之处，充满震耳欲聋的欢呼声和每个人发自内心的祝福。

接下来是贵族的队伍，然后是神职人员。关于这两个等级，人们可能会问：他们特意来做什么？他们倒没有特意梦想做什么，但在他们回答这个问题之前，必须掷地有声地质问他们：在这块上帝赐予的美丽土地和工作乐园里，你们来做什么？任何人不工作不就是乞丐和窃贼吗？如果他们只能回答：我们来征收什一税，分享猎物！那么对他们和对所有人来说就太不幸了。同时，请注意德·奥尔良公爵，他是如何装模作样地走在自己等级的前面，同时又与第三等级勾勾搭搭。他也受到了欢迎，只是比别人少一些，虽然欢迎他的只是摇一摇封建风格的羽毛帽子的佩剑贵族。他们当中有朗格多克的年轻绅士德·恩特莱格，另外有几个贵族也值得一提。

有利扬古尔和拉罗什福柯两位自由派的亲英公爵，有孝顺的拉里和一对来自拉梅特的崇尚自由的夫妇。首先介绍拉法耶特。他以克伦威尔·格兰迪森的名字闻名于世。他也把许多“准则”扔到了一边，但并非所有的准则。他还是采用了华盛顿准则，即容忍，不偏不倚，像被主锚固定和牵引而稳健的战舰一样，无论什么狂风大浪，依然稳如泰山。无论对他来说这是否实至名归，都可喜可贺！在所有的法国人当中，只有他一个人抱有关于世界的理论和符合世界潮流的正确心态，他可以成为英雄和完美的人物，即使这只是一种思想的英雄。后面是我们高等法院的老相识，克里斯班·卡迪里纳·德·埃斯普雷梅尼尔，他是从地中海岛回来的。作为铁杆保王党人，他追悔莫及，看起来有些手足无措，博学多才的耀眼光彩在前程似锦时却变得黯然失色，只剩下阑珊的点点星火。为了节省时间，国民议会将很快宣布他为不务正业的腐化分子。最后，我们注意到年轻时代的胖胖的米拉波，当看到他的哥哥走在第三等级的行列里时，他感到非常气愤：他是米拉波子爵，通常被称为“酒桶米拉波”，寓意他圆滚滚的身材和能喝烈性酒的酒量。

走过来的法国贵族队伍，再现了古代骑士的盛况：可是，从古到今，他们的地位已经发生了翻天覆地的变化。他们远远地从家乡的纬度而来，像北极的冰山被裹挟到赤道的大海，立刻化为乌有！曾几何时，这些公爵骑士是这个世界真正的领导者，即使只是相对于战利品而言，因为可以拿世界上最高的工资；此外，作为最能干的领导者，他们可以分得最大的份额，谁也争不过他们。但现在已发明了如此之多的织机、经过改进的犁铧、蒸汽机车和票据，打仗时还可以以一天十八便士的价格雇佣军人，那么，这些身穿金丝绒斗篷，帽子上插着高羽毛的封建标记、像风中摇动的芦苇一样的骑士人物，还有什么用呢？

现在轮到僧侣了，他们带着废除教士俸禄多元化、给予主教住宅、支付更多什一税的陈情书。[①]我们可以观察到，这些高级僧侣小部分人仪表堂堂，大多数人可以说仪容不整，因为他们是第三等级的穿袍教士。尽管在这里是以某种奇怪方式履行戒律，但让他们惊讶的是，最伟大的人却成了最渺小的人。举其中一个例子，注意神情祥和的格里瓜尔神甫，他后来成了主教，而现在高贵的主教可能颠沛流离到不信教的地区，做了心不在焉的主教。换个角度，看看莫里神甫：脸庞宽大、神态大胆，嘴巴平整、眼神狡诈虚伪，只有听过他的诡辩才知道什么叫诡辩术。他是技术娴熟的旧皮鞋翻新高手，总是步步高升。他曾告诉莫尔西埃：“你瞧着吧，我会比你先进法兰西学院。”[②]的确有可能，人精莫里！不，你该戴一顶象征荣耀的枢机主教的长毛绒帽子，但从长远来看，和我们其他人一样，也只需要赦免和六尺之地而已！从这点看，修鞋匠能帮上什么忙呢？相比之下，人们倒希望，你的老父亲依靠娴熟的做鞋技术谋生才更加荣

---

① 《议会史》，第1卷，第322-327页。
② 莫尔西埃著：《新巴黎》。

耀。莫里胆量过人,他还配过手枪。在人们杀气腾腾地朝他喊“在路灯杆上吊死他”的时候,他冷冷地回答:“朋友们,这样你们就看得更清楚了吗?”

在那边的队伍里,可以认出一瘸一拐、令人尊敬的欧坦主教塔列朗·佩里戈尔。一丝嘲讽的冷酷,挂在他令人尊敬却无礼的脸上。他做的事令人啧啧称奇,也肯定是古今奇观,而他自己也将深受其害。这是一个依靠谎言并在谎言中生活的人,然而却不是你所说的虚假的人:这就是他别具一格的地方。这是未来年代的一个谜,至少希望如此。迄今为止,这样的自然与艺术结合的产品,只可能产生于这个时代,纸张和焚烧纸张的时代。可以把塔列朗主教和拉法耶特侯爵,看作两类人物的最高境界。看到他们的所作所为和经历,只能再说一次:啊,时势造英雄!

然而,从总体上来看,这位倒霉的神甫没有被时代的洪流,裹挟到远离自己出身的位置吗?这不是一个常人的群体,整个世界对他们已有的模糊理解是,他们什么都不懂。他们曾经是教士、智慧的诠释者、人类神圣的揭示者:真正的神职人员或地球上神的继承者。但是现在呢?他们带着力所能及编写的陈情表默默而去。没有人对他们有所表示,愿上帝保佑他们。

路易国王和他的王室成员殿后:在这充满希望的一天,他很高兴有欢迎的掌声,大臣内克尔得到的掌声更多。王后则完全没有赢得掌声,她的头上不再闪耀希望的光环。命运多舛的王后!由于过度忧虑和背负的十字架,头发已经灰白,她的第一个儿子才出生几个星期就不幸夭折:无中生有的恶意中伤,无可挽回地玷污了她的名字,在这一代人心中是抹不掉了。再也听不到“王后万岁”的欢呼声,取而代之的是侮辱性的“德·奥尔良万岁”。王后的美丽容颜只剩下庄重,她现在已不再优雅、高贵、冷静、不屈不挠。她心中五味杂陈,却没有一丝喜悦,勉强让自己迎来了希望永不再有的一天。可怜的玛丽·安托瓦内特,你具有高尚伶俐的本能、敏锐的视角,对分内之事却狭隘短视。虽然你是玛丽·特蕾西娅女皇的女儿,人们依然会为你的痛苦和哀婉潸然泪下。你注定是命运的牺牲品，闭上眼睛面对未来吧！

这个由法国代表组成的庄严肃穆的游行队伍，就这样过去了。其中一些人功勋卓著，并飞黄腾达，另一些人则忍辱含垢，不少死于非命、困惑不解、移民出走、心灰意懒。所有人都迈入了永恒！这么多非均质物质一起投入发酵缸，以不可估量的作用、反作用、亲和力、爆炸式演变的方式，产生出对一个病入膏肓的社会制度的治疗药物！如果我们没有说错的话，这也许是我们这个星球上为这种差事，而聚在一起开的最奇怪的一次会议。这个社会千头万绪，盘根错节，随时跌进无底的深渊。而这些人，其统治者和治疗者，既无自我治疗的药方，也无治疗社会的药方，按让·雅克·卢梭的说法，他们只有福音书。对他们中最聪明的人来说，我们必须如此说，人只是上天的一次事故。人自身没有义务，除非制定宪法。他头上无天堂，脚下无地狱，世上无上帝。

我们在这一千二百年中，还能找到能说得出口的更先进或更好的信仰吗？这些信仰体现在封建风格、高高插着羽毛的帽子里，纹章标牌里，国王的神圣权利里、摧毁猎物的神圣权利里吗？更糟糕的是貌似虔诚的半吊子信仰，最糟糕的是仅仅停留在圣餐里和一个可怜的意大利老头神灵里的马基雅维利式虚伪信仰！然而，在无限的混乱与腐败不断削弱自身的盲目斗争中，正如我们所说的，可以清晰地辨认出新生命的亮点：与骗子决裂的坚定决心。这个决心自觉或不自觉地演变成既定事实和更加坚定、疯狂、固有的思想，并将作为谎言不胫而走，兴妖作怪，惊天动地，变幻莫测，成为几千年以来的新生事物！它将如这片大地上的天堂之光，把自己包裹在电闪雷鸣之中下凡，为了净化而摧毁一切！或者，难道不是这些乌云和窒息的大气，带来了雷电和光明吗？新旧福音书不都是在摧毁了一个世界之后诞生的吗？

这些代表是如何在教堂里参加大型弥撒、听布道、为传教士的讲道鼓掌，如何在第二天持续的盛况下，作为第三等级被安置在梅尼大会堂（不再是游戏大厅了），读者可以自己体会。国王的看台，华丽如所罗门王最荣耀时的宝座一样，他从这向宏伟的大厅放眼望去，羽毛簇簇、高朋满座；走廊和两侧看台上美女如云，更是宛如彩虹般明亮耀眼。他心满意足，宽大、单纯的脸上露出笑容，宛如一个归心似箭的游子望到家乡的港湾一样：天真的国王！他站起来，铿锵有力地发表了恰如其分的演讲。随后，掌玺大臣和内克尔先生分别做了一小时和两小时演讲。他们的演讲充满着爱国主义、希望、信念和税收赤字，看到这也许读者都不打算读下去。

我们只是注意到，当国王陛下演讲结束，重新戴上羽毛帽子的时候，根据惯例，贵族也照葫芦画瓢，而第三等级的代表同样不无自豪地亦步亦趋，有人匆忙戴上卷边帽子时将它压扁了，于是站在那里整理帽子。[①]大厅里开始有议论声，多数派与少数派就“戴帽子或摘帽子”的话题开始争吵不休。在国王陛下再次把帽子摘下后，争论才告结束。

会议没出现其他波折或征兆，顺利结束了。但这已经强烈预示：法国的三级会议不会一帆风顺。

① 《议会史》，第1卷，第356页。莫尔西埃著：《新巴黎》等。

第五章

第三等级

第一节　惯性

因国民议会而形势转趋复杂的法国，最后也不是一无所获，无疑留下了伟大的、重要的、不可或缺的东西。然而，问题依然存在：特别是哪方面的问题呢？当然是难以解决的问题，对于我们这些悠闲而事不关己的旁观者如此，对于深陷其中的当事者更是完全难以自拔。整个国家倾力打造了第三等级，这是一项伟大壮举，它的地位高高在上。众望所归预示着他们将如旷野上神奇的铜蛇，以坚定的信念和顺服，治愈所有的痛苦和蛇咬的伤痛。

我们也许会说，他们至少作为一面象征性的旗帜，周围团结了愤怒和不满、至今依然孤立无权的两千五百万人，他们将集会，做他们认为理所当然的分内之事。人们可能情不自禁地想到，如果这种事是战斗，那么，它将是战斗的旗帜（就像意大利老共和国插军旗的战车上的号旗一样），高高插在战车上随风闪耀，以钢铁般的声音发出各种信号。而首要的是，无论冲在前面，坐镇中心，还是领导或被驱使，都必须为战斗的民众提供无尽的帮助。有时候，当这面旗帜在前面飘扬时，即使是孤独静候人群聚拢时，国家插有军旗的同一辆战车和远远敲响的信号钟声，都是我们的主要目标。

“匆忙戴好卷边帽子”的征兆显示，第三等级的代表有一件事已经了然于心，即贵族和神职人员的地位不得高于自己，甚至国王陛下也不行。这就是《社会契约论》和舆论力量推波助澜的结果。为什么是国王陛下，而不是国家的代表在特殊形势下被委托和讨价还价（而且苦苦相逼）呢？让·雅克·卢梭对此又没有规定日期。

第二天，当第三等级松散的六百名代表进入大厅时，吃惊地发现，大厅里只有他们这个等级的代表。这个主厅是为所有三个等级准备的。但似乎贵族和神职人员已经去往另外两个独立的房间或大厅，不是共同而是独立地审查代表资格。那么，他们是要组成两个也许是独立的投票等级吗？贵族和神职人员两个等级，似乎不声不响地、想当然地认为他们理当如此！两个等级对付一个等级，于是第三等级就沦为永久少数了吗？

很多事情都悬而未决，但可以确定的是：这种独立的做法是让人无法接受的，这一点戴卷边帽子的代表、全体法国人都认为是确定无疑的。否则，双重代表制以及其他迄今所获得的一切，到头来都是一场空。毫无疑问，“代表资格应该审查”。毫无疑问，你们代表的委员会、选举文件，应该由代表同僚进行审查：这是所有程序的第一步。共同或独立做这项工作本身并无不妥。但这样做而引发重大的问题，就必须要抵制。格言说得好：防微杜渐！而且，抵制不当甚至危险的话，自然就应停下来等待。在两千五百万人的支持下等待，就会变得无比坚强。第三等级代表的无组织群体将把自己限制在一个“惯性”中。到目前为止，他们仍然是一盘散沙。

这种方法已经被灵活而胆怯的第三等级代表所采用。他们虽然笨拙，但更加执着，可以这样日复一日、周复一周地坚持下去。在六个星期的时间里，他们的所有付出可以说劳而无功，但按哲学家所说，其实是硕果累累。这是他们平静地开创局面、母鸡孵蛋的日子！事实上，他们在法律上需要做的，就是什么都不做。这个松散的群体每天只是聚在一起，感叹不能通过共同审查代表资格而拧成一股绳，对法国东山再起心有余而力不足。而轻举妄动的结果是受到无情地镇压。只有惯性是无法处罚和不可战胜的。

狡猾必须用狡猾还以颜色，傲慢的自负需用惯性，以及义无反顾、坚定、深沉、忧伤的爱国主义来对付。聪明如蛇，温顺像鸽子：法国壮观如是！对其复兴和救赎至关重要而又组织无方的六百人，就坐在椭圆形长椅上，在痛苦的禁锢中，像等待降生的灵魂一样热切渴望别开生面。雄辩滔滔的演讲响彻宫廷内外。言者晓之以理，听者耳听心受。整个国家更是看得津津有味。第三等级的代表们就是这样继续“孵蛋”。

代表们频繁举行私人秘密会议、晚宴、讨论会。布列塔尼俱乐部、维洛弗雷俱乐部频繁活动，俱乐部如雨后春笋般成立。这完全是晦暗不明、热情躁动的喧哗。然而，未来之蛋则可以在其中合适的温度下蛰伏，在安全孵出前不会被打破。穆尼埃、马卢埃、勒夏普里埃那里有足够的科学，巴纳夫、拉波特那里有足够的热情。有时，拥护王室的米拉波的演讲令人鼓舞，他还未公开承认拥护王室，但第一次提到他的名字时，他只是嘟囔了两句，但还是拼命希望获得承认。

在接下来的一周里，第三等级的代表叫最年长的代表坐上椅子，为他配备了嗓音洪亮的年轻助手，表达清晰，话语动人。正如我们所说，他们是个组织涣散的群体，渴望组织起来。有信件来的时候，这样涣散的组织都无法打开信件，只能原封不动放在桌子上。年长的主席顶多有权拿到名单和清点选票,剩下的就只有等待。贵族和神职人员都在其他地方。然而,热心的市民群众却把走廊和所有空间挤得水泄不通,这倒不啻为一种安慰。经过努力最后确定,不派代表团前往,因为一个涣散的组织怎么能派出代表团呢?但第三等级的个别成员可以"偶然地"前往神职人员的大厅,然后再进入贵族的大厅。应该提一句,正如市民们碰巧观察到的,第三等级的代表似乎也坐在那里等着他们,以便审查自己的代表资格。这是明智的方法!

神职人员中有很多是穿袍教士的平民代表,他们立刻派出代表团,恭敬地答复说,他们正在并且现在比以往任何时候,都更加专注地研究这个问题。相反,贵族四天之后才傲慢地回复说,他们那里代表身份已经审查完毕。他们相信,第三等级的平民代表也同样如此,而且这样独立而正当的审查代表资格的做法,一直是祖先智慧的结晶。他们贵族将很高兴通过派出贵族等级的委员会进行说明,如果第三等级的平民代表也愿意派出对等的委员会的话!紧接着,神职人员的代表团就到了,以一种潜在的和解态度重申了同样的建议。这就出现了一个复杂的问题:第三等级将以何种智慧做出决定?

小心谨慎的第三等级的平民代表们灵敏地意识到,即使他们没有组成法国的第三等级,至少也是个人以此名义聚集起来的一个团体。因此,虽然在某种程度上不服气,但经过五天的讨论后,他们决定任命一个委员会并附加条件:第六天任命,第七天和第八天确定开会形式、地点、日期和会期等,以便在5月23日晚通过神职人员的调停,尽量说服贵族委员会和第三等级的代表委员会首次见面。5月25日再举行一次会议就够了。在贵族和神职人员的力劝下,第三等级的代表仍未被说服。委员会宣布退出,各等级依旧坚持最初的主张。①

于是,三个星期就这样过去了。在这三个星期里,第三等级插有军旗的战

① 《议会史》,第1卷,第379–422页,1789年5月6日至6月1日的会议纪要。

车远远就能看见，却按兵不动，迎风挺立，等待各种力量聚集在旗下。

宫廷是什么想法外人无法得知，虽然建议层出不穷，却只是高谈阔论、剪不断理还乱的一团乱麻，而智慧难觅踪影。这架设计巧妙的税收机器是费了九牛二虎之力才组装完成，矗立起来，三大组件互相关联，两个飞轮是贵族和神职人员，最大的主动轮是第三等级。两个飞轮以缓慢的速度旋转，但令人诧异的是，大主动轮停在那里一动不动，而精明的工程师不在现场。怎么工作？什么时候开工？朋友们，可怕的事情正在于此。至于征税和为宫廷准备御膳方面，预计无所作为。要是我们可以继续用手收税该有多好！亲王三巨头阿图瓦大人、孔蒂大人、孔代大人，在向国王提供反民主备忘录时，没有什么真实的预感吗？他们可以摇摇高贵的头，说几句责备的话，可以敲一敲可怜的大脑。但精明的工程师依然无计可施。即使内克尔本人听到了也会面色发青。此时唯一明智的做法就是招来士兵。有两个团和另一个团的一个营已经到达巴黎，其他兵力也将陆续到达。在任何情况下，随手可以派出军队都是好事，军队的指挥大权在握都是好事。可以任命布罗利指挥军队。老元帅德·布罗利公爵是纪律严明的老军人，有坚定的军士教练的道德素养，这是一个可以信任的人。

因为无论神职人员还是贵族，在面对外部威胁时，既没有做好分内之事，也没有担当的能力，就是说，他们只是内部抱团而已。事实上，贵族中不仅有目光阴森、背信弃义的卡迪里纳或克里斯班·德·埃斯普雷梅尼尔和聒噪的酒桶米拉波，而且有拉法耶特、利扬古尔、拉梅特，以及头面人物德·奥尔良。现在，他已经永远切断了与王室的纽带，并在慎重考虑他将因此付出什么代价，他不也是亨利四世的子孙、推定的王位继承人吗？再从教士众多的神职人员看，两个小派别的变节者实际已经逃跑了，第二个派别里就有格里瓜尔。而且，据说整整有一百四十九人要集体脱逃，只是在巴黎大主教的阻止下才作罢。这似乎是一场毫无胜算的比赛。

在这段时间里，如果法国、如果巴黎无所作为会发生什么呢？各地的信件开始涌入，因为市镇代表已经组织起来处理信件，甚至讨论信件的内容了。因此，可怜的德·布雷泽侯爵、最高执达员、司仪，这次不管是什么头衔的人物都在谈论关于仪式的事情，并且觉得这样为信件结尾很正常："先生，顺致诚挚敬意。""这种诚挚敬意是献给谁的？"米拉波问。"是给第三等级主席的。""法国没人有资格这样写。"他接着说。说到这里，整个长廊和整个世界都响起了经久不息的掌声。[①]可怜的德·布雷泽！这些第三等级代表对他依然旧恨未消，他对他们也同样如此。

另一方面，米拉波对他的报纸《第三等级日报》突然受到镇压表示抗议，并将报纸换了一个名称继续出版。在这一壮举中，他得到了还在忙着编写陈情书的巴黎选民的支持。在给国王陛下的信中，他要求附带条件的、最大限度的新闻自由，甚至谈到摧毁巴士底狱和在原场地建一个爱国国王的青铜塑像！这些就是富有的资产阶级的想法。但现在让我们来看看聚集在王宫广场上其他五花八门的群体，包括极端自由主义者、游手好闲者、小偷、流浪汉、社会边缘人和十恶不赦的恶棍，或是从低语变成嚎叫、准备从圣安托万郊区出发的人群，以及两千五百万饥肠辘辘的人群，他们在想什么！

谷物短缺是不争的事实。今年是贵族和德·奥尔良的阴谋，去年是干旱和冰雹的原因。在各省市，穷人都在悲惨的命运中随波逐流。而能为我们带来黄金时代的三级会议，却被迫停滞不前，连代表资格都无法通过！如果不做出进一步动议，一切都将付之东流。

在王宫广场，人们搭建了一个似乎是捐赠来的便捷木制帐篷。[②]现在，挑剔的爱国者们可以在里面舒适地编写决议、高谈阔论，而不必理会恶劣天气。简直是活脱脱的撒旦之家！随便找个桌子、椅子或咖啡馆，爱国演说家就侃侃

---

① 《箴言报》（《议会史》第1卷，第405页）。

② 《议会史》，第1卷，第429页。

而谈，里面的人将他团团围住，外面的人通过敞开的门窗张着嘴洗耳恭听，对任何超出常人的激动情绪都报以热烈掌声。在附近德森先生的小册子店铺里，你要是没有一身力气根本挤不到柜台前，每小时都印出大量的小册子，“今天是十三，昨天是十六，上周是九十二”[①]。设身处地想一下：暴政、饥荒、雄辩的演讲、谣言、公共社团、布列塔尼俱乐部、愤怒者俱乐部。在整个法国，每个酒吧、咖啡室、社交聚会、临时的街头团体，哪个不是愤怒者俱乐部呢？

市镇的代表只是以一种习惯性的崇高和悲伤态度去倾听这一切，然后不得不留心与“内部警察”周旋。这是代表们从未有过的最安全的地位，如果他们能巧妙地保持住的话。不要让温度升得太高，不要让爱神的蛋在孵化中被打破，而要等待它自己破壳而出！挤在长廊和各个角落的热情公众在情不自禁地鼓掌。在两个特权等级中，贵族代表身份已经审查完毕，可以趾高气扬地袖手旁观，不过未免有些心虚。一直担任调停角色的神职人员，向长廊的所有民众呼吁，但没有成功。实际上，他们的代表团带来的是令人痛心的谷物短缺消息，有必要搁置繁琐的程序，对此展开讨论。这是一个阴险的建议，然而，市镇代表（根据海绿脸罗伯斯庇尔的提议）作为某种暗示或承诺巧妙地接受了，即神职人员立即加入他们的行列，组成三级会议，并降低谷物价格！[②]最后，在5月27日，米拉波判断时间已经不多了，于是提出“终止延续惯性”，孤立傲慢的贵族，以“和平之神的名义”呼吁神职人员立即开始加入第三等级。[③]如果他们对这个呼吁充耳不闻，我们将拭目以待！他们不是有一百四十九人准备脱逃吗？

哦，亲王三巨头、新的掌玺大臣巴朗丹、内务部长布罗泰尔、波利尼亚克公爵夫人和王后，不是都渴望知道到底何为当务之急吗？第三等级将利用法国的一切力量发起运动。充当美丽的平衡力和阻力的神职人员机器与贵族机器，

---

① 亚瑟·扬著：《旅行记》，第1卷，第104页。
② 《巴伊回忆录》，第114页。
③ 《议会史》，第1卷，第413页。

将燃起熊熊大火、可耻地被拖在后面。还有什么需要做的吗？圆窗大厅比以往任何时候都更加困惑。正反两方展开大对决！三个等级的头面人物每天夜里都被召进宫，他们中的很多人被视为魔术师，但他们能变出什么戏法呢？现在如果内克尔的胆量可以奏效的话，他将是多么受欢迎的人物。

那么，应该让内克尔以国王的名义进行干预！幸运的是，煽动性的“和平之神”的消息尚未得到回应。在这位爱国大臣的领导下，三个等级将再次开会，有些事情可以和解并恢复正常。与此同时，我们召来了瑞士团和“一百门野战炮”。这是圆窗大厅做出的决定。

至于内克尔嘛，可怜的内克尔，你那固执的第三等级放出狠话：第三等级代表资格是三级会议投票和商讨的保证！这是来自可靠朋友的权宜之计，而他们是以诧异的目光给予回应的。迟来的会议很快流产：第三等级在全世界的支持下，准备坚决返回三级会议大厅。圆窗大厅只好将变不出戏法的魔术师内克尔解职。[①]

那么，第三等级的代表们终将依靠自身的力量成为主宰吗？他们不需要别的主席或院长，而是选出了自己的主席：天文学家巴伊。他们初露锋芒，展开报复！经过无数的温和或唇枪舌剑的辩论，以及全国报纸的无尽渲染，在6月17日，他们最终确定，将自己的名字从第三等级改成“国民议会”！那么，他们代表国家吗？亲王三巨头、王后、倔强的贵族和神职人员算什么呢？对于这个深刻的问题，现有的政治语境无法给出答案。

我们新的国民议会没有功夫考虑这些，它正忙着任命法国急需的“生计委员会”，尽管它未必能提供更多的粮食。下一步，似乎已经站稳脚跟的国民议会，任命了其他四个常设委员会，然后着手解决国家债务安全和年度税收问题。所有这一切都是在四十八小时内完成的。圆窗大厅的魔术师们有理由纳闷，这样的办事速率目的何在？

---

① 《议会史》，第1卷，第422–478页，1789年6月1–17日的辩论记录。

第二节　布雷泽的使者

现在，显然是“机器之神”大显身手的时候，因为有一个难题非他不能解决。唯一的问题是：谁是主宰？是携带一百门大炮的战神德·布罗利吗？还不行，神回答，路易国王过于软弱和优柔寡断，还是让墨丘利信使、最高执达员德·布雷泽来吧。

次日，即6月20日，巴黎大主教无法约束的一百四十九名叛变教士集体变节：让德·布雷泽干预并把大门关上吧！梅尼大会堂不仅从未举行过任何王室会议，而且到目前为止还未举办过任何会议，做过任何工作（木匠活儿除外）。你们第三等级自称的“国民议会”会以巧妙的方式，在木匠的眼皮底下突然被逐出大厅，一事无成，甚至无法开会或只能在那里悲天悯人，直到国王陛下准备好王室会议和创造新的奇迹！到时墨丘利信使、机器神德·布雷泽将进场干预，如果圆窗大厅估计不错的话，以此摆脱难题。

谈到可怜的德·布雷泽，可以说他在对付第三等级代表方面毫无建树。五周前，当他们亲吻国王陛下的手时，他规定的方式受到一致谴责，而“诚挚敬意”也受到轻蔑嘲弄！今天晚上晚饭前，他又以国王的名义给主席巴伊写了一封信。这封信将在第二天上午送到。但是，巴伊以主席之尊只是把信叠起来装进口袋，作为不想支付的账单处理。

因此，在6月20日星期六上午，传令官洪亮的声音响彻凡尔赛的街道，宣布下周一将召开王室会议，在这之前将不会有任何三级会议。然而，我们观察到，口袋里揣着德·布雷泽的信的主席巴伊，听到这个消息时，正率领国民议会前往常去的梅尼大会堂，好像将德·布雷泽和传令官的话当耳旁风。梅尼大会堂的大门紧闭，并由法国近卫军把守。“你们的队长在哪里？”队长展示了国王的命令，他伤心地说，工人们正忙着安装国王陛下开会用的讲台，所以他们很不幸，无法入内。顶多可以让主席和秘书进去取出文件，免得被工匠损坏。于是，巴伊和秘书进去将文件取出。唉，大厅里面雄辩的爱国主义演讲已不见踪影，只有锤子、锯子的隆隆声和尖叫声！这简直是恣意妄为的亵渎。

代表们三五成群地站在绿树掩映的凡尔赛大道和巴黎路上，高声抱怨受到的侮辱。可以想象，朝臣们正透过窗户看他们的笑话。这天早晨并不舒适，有些潮湿，还下着蒙蒙细雨。但所有的路人都驻足观望，爱国者、长廊的围观者、各个等级的旁观者的加入使人群更为庞大。大家交换大胆的建议。有些欲铤而走险的代表提出，去马尔利宫国王窗外的大楼梯上举行会议，好像国王陛下就住在那里。另外一些人建议把他们所谓的“兵器广场”佛古尔城堡，变成自由法国人新的“五月广场”，用愤怒的爱国之声唤起圆窗大厅的共鸣。最后发出通知说，主席巴伊在机智的吉约丹和其他人的帮助下，在圣弗朗索瓦街的网球场找到了地方。于是，代表们浩浩荡荡地排着长队，像拍打翅膀的鹤群，愤愤不平地直奔那里。[①]

在老凡尔赛的圣弗朗索瓦街，这个空空荡荡的网球场一片破败景象，有当时流传下来的照片为证：四周是光秃秃的墙壁，除了高处观众席上立着一个可怜巴巴的木制遮篷，一无所有。只有球拍击球和网球弹在地板上发出的咚咚声，以及被丢脸地驱逐到这里的国民议会代表怒不可遏的喊叫声。然而，有不少目击者正从上面的看台、墙上、邻近房屋的屋顶和烟囱看着他们，人群从四面八方跑来向他们表示热情的祝愿。有人找来了一张桌子写字，还有一些椅子用来休息，或充当讲台站在上面。秘书铺好纸，巴伊就组建了议会。

经验丰富的穆尼埃对这种事并不陌生，在高等法院造反的时候，对此情此景就耳闻目睹。他认为，在如此糟糕和危险的时候，最好发一个誓言把大家团结起来。提议获得一致赞同，像一个透不过气的人突然可以喘口气一样！誓言由巴伊编写并铿锵有力地宣读，音调之高甚至连外面的听众都听到了，他们高声附和加以回应。六百人和主席巴伊一起举起右手，向上帝发誓，他们这

① 《巴伊回忆录》，第1卷，第185-206页。

些人在任何情况下，在两三个人可以聚首的任何地方，不会根据任何人的命令分开，直到制定宪法。朋友们，制定宪法！这是一项长期的任务。同时，六百只手将为誓言署名：除了一个人。他是神的忠诚仆人，在微弱的光线下依然可见。他就是来自朗格多克卡斯特诺达利的代表马丁·德·奥克。人们允许他签名或标注拒绝，甚至把他从起哄的人群中救了出来，说他有些神经错乱。在四点钟，署名全部完成。新的会议定在星期一上午召开，早于王室会议，以便使一百四十九名变节的神职人员不再畏缩不前：我们将在“雷克莱教堂或其他地方”集合，希望这一百四十九人加入我们的行列。现在是时候去吃晚餐了。

这就是赫赫有名的“网球场会议”的经过，名声已经传遍天下。这就是德·布雷泽作为“机器之神”出现的结果！在凡尔赛大街上看笑话的朝臣现在鸦雀无声。心烦意乱的王室、掌玺大臣巴朗丹、亲王三巨头和其他随从真的认为，用最高执达员黑白相间的棍子，像驱赶他们眼里微不足道的院中家禽一样，就足以将带着国家宪法的六百国民议会代表赶走？院子里的家禽是咯咯叫着被赶走了，但国家的代表却像狮子一样转过身来，举起右手宣誓，撼动了整个法国。

主席巴伊已经闻名遐迩，还将获奖无数。国民议会现在成为双重和三重性质的全国议会，不仅是军人、烈士的，而且是胜利者、被侮辱者（实际是不可侮辱）的议会。巴黎又一次放假，人们可以借此“冷静地观察”王室会议。[①]令人高兴的是，会议推迟到星期二。甚至有主教加入的一百四十九名神职人员，有闲暇时间参加了群众游行，并郑重加入在教堂等待他们的议会代表们的行列。代表们以高呼口号、拥抱和眼泪对他们表示欢迎，因为现在是生死攸关的时刻。[②]

至于会议大厅的工程进展，木匠似乎已经完成了讲台部分，但其他部分尚

---

① 参见亚瑟·扬著：《旅行记》，第1卷，第115–118页；拉梅特的著作等。
② 杜蒙著：《回忆米拉波》，第1卷，第4页。

未完工。整个事情本身是一团乱麻,也可以说是致命的。路易国王穿过几乎水泄不通的人群进入大厅时,所有人都神情黯然、一言不发、满腹怨言,因为刚刚下了一场大雨。他走过第三等级的代表时,他们同样神情黯然、一言不发,因为他们被从后面领进来前,在窄窄的门廊等待时候也淋了一身雨。而王室和特权阶层则从前面的正门进入。国王和掌玺大臣(内克尔没有出现)的讲话拖沓冗长,显示出国王的意志和决心。三个等级将分别投票。另外,法国可以期待宪法规定的诸多好处。这些内容均包含在掌玺大臣声嘶力竭念出来的三十五个条款中。[①]这三十五个条款,国王陛下站起来接着说,如果不幸未获得三个等级同意的话,他本人将单方面实施:“只有我才考虑人民的福祉。”这句话也可以解读成:你们这些争吵成性的三级会议代表们,大概在这里待不长了!然而,无论如何,所有代表今天都必须离开会议厅,每个等级都必须在各自的会议厅收拾好东西,第二天再来。这是国王陛下简洁而明确的意志与决心。于是,国王、宫廷侍从、贵族、大多数神职人员纷纷离去,似乎整个事情已经圆满结束。

这些人再一次穿过神情黯然、一言不发的人海离去。只有第三等级的代表没有离开,他们脸色阴沉、沉默地坐在那里,不知如何是好。他们当中只有一个人知道该怎么做。只有这个人洞悉玄机,敢做敢为。此时,米拉波国王冲上讲台,发出狮子般的吼声。从来没有人说过如此恰如其分的话,因为,在如此场景下,时间是世纪之母!如果不是加布里埃尔·奥诺雷(米拉波)在场的话,可以想象,笼罩在各种危险中的第三等级代表,此时会惊恐万状,面若死灰,面面相觑,然后很自然地一个接一个夺门而出,整个欧洲的历史进程将会迥然不同!

但他就在那里。听,森林之王发出了怒吼声,开始时忧伤低沉,很快变成震耳欲聋的轰鸣!他目光如炬:国家代表肩负国家使命,他们已经宣誓,他

① 《议会史》,第1卷,第13页。

们……哦,不,正当狮王慷慨陈词时,是谁闯了进来?是墨丘利德·布雷泽先生,他嘴里还不住地嘟囔着什么。“大声点!”人们向他喊道。“先生们,”德·布雷泽提高嗓音重复说,“你们已经听到国王的命令了!”米拉波目光炯炯怒视着他,摇晃着雄狮黑色的鬃毛:“是的,先生,我们已经听到了别人建议国王说的话。但您不能向三级会议阐述他的命令。您在这里既没有地位,也没有说话的权利。您不是该提醒我们那些话的人。先生,去告诉那些派你来的人,我们待在这里是人民的意志,只有在刺刀的胁迫下,我们才会离开!”[①]于是,可怜的德·布雷泽只好哆哆嗦嗦地离开国民议会,(如果不是在几个月后灵光乍现的话)将永远消失于历史长河中!

倒霉的德·布雷泽,在长达几个世纪的时间里,注定以哆哆嗦嗦、手持白色棍子的形象,长久地活在人们的记忆中。他崇尚礼仪,这是他在人世间的信仰,是殉道者对人间的尊重。穿短羊毛斗篷的人不能亲吻国王陛下的手,穿丝绒长斗篷的人才可以。而且最近,当可怜的小王太子去世后参加圣母往见节时,他也是正式向王太子遗体宣布:“殿下,三级会议代表到!”万事堪落泪。(拉丁语:Sunt lachrymae Rerum)。[②]

但是,当德·布雷泽哆哆嗦嗦回来时,圆窗大厅在做什么?派去上了刺刀的军队吗?不是,外面黑压压的人群还在打探里面的消息,并蠢蠢欲动,随时准备冲进城堡的院子,因为有传言说内克尔将被免职。最糟糕的是,法国近卫军似乎不愿意行动:“有两个连接到命令后没有开火!”[③]缺席王室会议的内克尔大获全胜,应该不会被免职。而另一方面,巴黎大主教阁下不得不坐着破厢板马车逃走,还得感谢马跑得快才捡回一条命。他的保镖已经被找到,人们觉得把他们找回来更明智。[④]没有人去考虑刺刀的事情了。

---

① 《箴言报》(《议会史》第2卷,第22页)。
② 蒙加亚尔著:《法国史》,第2卷,第38页。
③ 《议会史》,第2卷,第26页。
④ 《巴伊回忆录》,第1卷,第217页。

圆窗大厅没有派士兵，反而派木匠去拆讲台。这种替代办法作用不大。木匠很快就停下手里的活计，拿着锤子，站在上面，目瞪口呆地听得入神。[①]第三等级颁布法令：无论过去、现在还是将来，只有国民议会，而且包括其成员，是神圣不可侵犯的。“从现在起或今后，在此次会议或以后的会议中，任何个人、法人团体、法庭、法院或委员会，无论执行来自何处的命令，胆敢追捕、审问、拘捕或指使别人拘捕、拘留或指使别人拘留任何国民议会成员，将成为国家的罪人、叛徒，直至死罪。”[②]至此，可以用西埃耶斯神甫的话为这一天做个总结：“先生们，你们始终如一。”

朝臣惊讶得发出尖叫，但即使如此，也只好这样了。他们装载的炸药通过点火孔爆炸了，把他们炸得鼻青脸肿、昏天黑地、灰头土脸！可怜的亲王三巨头、可怜的王后！尤其可怜的是王后的丈夫，他本来成竹在胸、用心良苦！马后炮才真正是愚不可及。几个月前，这三十五个让步条款还能使法国充满了喜悦，本来应该持续好几年；现在却变得毫无用处，甚至让人懒得提起。即使国王陛下的明确命令也受到藐视。

整个法国纷乱如麻，当时估计有一万人聚集在王宫广场。其余的僧侣和四十八名贵族，包括德·奥尔良在内，现在已经加入胜利的平民代表阵营，他们借此很自然地受到欢迎。

第三等级大获全胜，凡尔赛全城欢天喜地，一万人整天在王宫广场狂欢，整个法国踮起脚尖，准备好随之起舞！让圆窗大厅尽情地看着这一幕吧。而国王路易会自我安慰，等待时机，保持沉默，并将不惜一切代价保持现有的和平。他是在6月23日星期二断然发布国王授权令的。这才不到一个星期的时间，他就写信给剩下的顽固贵族说，他们必须跟他一起让步。德·埃斯普雷梅尼尔对此大发雷霆。酒桶米拉波“折剑起誓”。最好他能言出必行。“三人之家”业

① 《议会史》，第2卷，第23页。
② 《议会史》，第2卷，第23页。

已成型。误入歧途的第三个兄弟（贵族等级）也加入进来，虽然误入歧途，但在嘴甜心软的主席巴伊尽可能的安慰下，也情有可原了。

第三等级大获全胜之后，三级会议变成国民议会，整个法国可以高唱赞美诗了。这个胜利是通过采取灵活的惯性获得的。这是六月的最后一个夜晚：整个夜晚你在凡尔赛街道上遇到的，都是手持火把欢呼的人群。从 5 月 2 日他们亲吻国王陛下的手开始，到 6 月 30 日人们手持火把游行，整整用了七周。在七周的时间里，国家插有军旗的战车已经远远可见，并发出许多信号。现在，有许多人围在它的身边，希望它能屹立不倒。①

第三节　战神布罗利

宫廷对一败涂地感到愤怒，但又能怎么样呢？下一次会做得更好。墨丘利下凡徒劳无功，现在该轮到战神一展身手了。圆窗大厅的两员战将已经隐迹于艾达的乌云背后，策划刻不容缓的行动，哪怕是新的国家银行钞票、军火或任何人们无法理解的东西都在所不惜。

那么，“军事机器”到底是干什么用的呢？国民议会没为其生计委员会求得任何帮助，只得到消息称，巴黎的面包店被包围，外省人靠“米糠和煮野菜”充饥。但在所有尘土飞扬的公路上，都是后面拖着大炮行进的军队：有面目狰狞的外国士兵、王家近卫步兵团、埃斯特黑齐步兵团、德国皇家步兵团，他们中大部分是外国士兵，有三万人之多，估计可以达到五万人：所有军队都朝巴黎和凡尔赛进发！蒙马特高地已经在挖沟掘土，像是要打造斜坡和战壕。巴黎通往凡尔赛的道路，被塞夫尔桥上的炮兵阵地所阻隔。王后马厩里设置的大炮炮口，甚至指向了国民议会大厅。国民议会周围的宁静，也被源源不断列队开进的士兵的脚步声打破，他们是在夜深人静时行动的，没有鼓乐，也听不见

① 亚瑟·扬著：《旅行记》，第1卷，第119页。

指挥官发出只言片语的命令。[①]这意味着什么呢？

以米拉波和巴纳夫为首的八名甚至十二名代表，会被突然拖到哈姆城堡，其余的被丢脸地驱散到各地吗？没有哪个国家的国民议会，让宪法被王后马厩的大炮瞄准！圆窗大厅不时点头或耸肩才打破的沉默意味着什么？在艾达那神秘的乌云背后，他们在策划什么？这样的问题、晕头转向的爱国者提出的这些问题，没有得到任何答复。

无论是问题还是答复都不重要！现在，最重要的是，由于一整年歉收而引发的食品短缺问题愈演愈烈，是否正在演变成饥荒之年？以“米糠和煮野菜”充饥实际上使强盗在乡村和农庄形成团伙，他们愤怒地咆哮，要吃饭！要吃饭！派兵去围剿也是枉然：士兵们一出现，他们就一哄而散，转入地下，然后在其他地方出现，制造新的骚乱和抢劫。这是一种骇人听闻的景象，但据说更可怕的是两千五百万人的不信任感！强盗和布罗利、公共骚乱和不可思议的谣言几乎让所有法国人濒临疯狂。当前的出路在哪里？

在马赛，几个星期前市民们拿起武器，以对付强盗并做点别的：军事指挥官可能明白怎么做。其他地方、每个地方不都可以如法炮制吗？半信半疑、三心二意的爱国者隐约觉得，国民自卫军也许是最后的救命稻草。但他们得先设想一下王宫广场的木制帐篷里会发生什么！会普遍爆发像天塌了一样的谣言，他们会疯狂制造最骇人听闻、蛊惑人心的谣言，他们敏锐的目光会怀疑到这个纷繁混乱的暗淡世界，营造虚妄的形象和幻象。嗜血兵团很快驻扎战神广场，国民议会被解散，炽热的炮弹（焚烧巴黎），疯狂战神和司战女神正在步步逼近。即使是最淡定的人也会觉得，战争的确不可避免。

不可避免？大臣和布罗利都默默地点头称是：不可避免，而且迫在眉睫！由于会场工程而突然停摆的国民议会，可能会通过演讲和抗议使国王感到厌烦：我们那些大炮已经瞄准目标，军队也已部署完毕。虽然包括三十五个条款

① A.拉梅特著：《制宪议会史》，第1卷，第41页。

的国王宣言发表后没人听，但并未撤销，他本人将独立实施，自己实施！

至于德·布罗利，他的总部在凡尔赛，那里也是战争总指挥部：埋头书写的职员、沉默不语的参谋人员、戴羽毛帽子的副官、侦察兵、忙于收送命令的信使。德·布罗利本人神色凝重，一言不发，微笑着听巴黎指挥官贝森瓦尔提出的警告和诚恳的忠告（指挥官特意来向他通报暴力手段可能导致的危险）。[①]巴黎人会起义？大人们轻蔑地问。像面粉骚乱分子那样起义吗？他们安分守己、逆来顺受已经五代人了。他们的莫尔西埃曾说，巴黎起义在这些年是“不可能的”。[②]必须坚持国王陛下6月23日的宣言。依旧勇敢侠义的法国贵族，将一心一意团结在我们周围。至于你们所说的第三等级，我们称为肮脏的农村无套裤汉、暴民、蹩脚作家、捣乱的啰嗦鬼。对勇敢的布罗利来说，如有必要，一波齐射就可以一了百了。这就是他们隐匿在艾达的乌云、众人背后策划的阴谋：而众人也远远躲开了他们。

大人，一波齐射也许是个好办法，但有个条件，就是枪手也必须是由金属做的！但不幸的是，他们是肉做的。在你们雇来的枪手的皮革和子弹袋下，是本能、情感，甚至还有思想。这些需要消灭的暴民也是骨肉之躯，这里有他的家族延续，也有兄弟、父亲和母亲，他们在靠“米糠和煮野菜”充饥。甚至士兵们那些没死在医院、催促他们上战场的轻佻女人都说，如果他们让爱国者血洒街头，他们就是被诅咒的罪人。眼看自己的薪水被贪婪的富隆蚕食殆尽，白白地为苏比斯和蓬巴杜流血，因为不是贵族出身晋升的大门被无情关闭，士兵们情不自禁悲从中来。你的事业不是士兵的事业，而只是你自己的事业，也不是其他人或神的事业。

例如，人们可能都听说了最近在贝图恩发生的事。在当地发生常见的“面粉骚乱”时，士兵站成一排，在听到“开火”命令后，没有一个扣动扳机，而是

① 《贝森瓦尔回忆录》，第3卷，第398页。
② 莫尔西埃著：《巴黎的画卷》，第6卷，第22页。

愤怒地用枪托敲击地面，他们沮丧地站在那里，脸上混杂着赞同，直到“被爱国者的长辈们连拉带拽”，匆匆离去。他们就这样被带去吃饭和安抚，并依靠捐赠维持津贴。[①]

最近一段时间以来，最精锐的法国近卫军一直不愿意向街头人群开枪，自从圣诞聚餐回来后就一直怨声载道，并正如我们所看到的，甚至从没有按照命令开过一枪。近卫军士兵中有一种危险的情绪在蔓延。贵族军官中也是如此。毕达哥拉斯主义者瓦拉第当时也是近卫军的军官之一。不仅如此，在军队里的三角帽和帽徽下死脑筋已经难觅踪影，人人心里都有小九九，只是外人不知罢了！其中最强硬的分子是奥什中士。他的全名是拉扎尔·奥什。他是凡尔赛王家马厩的马夫之子，是贫穷女菜贩子的侄子，一个心灵手巧的小伙子，酷爱阅读。他现在是奥什中士，但很快就会飞黄腾达：他自费购买蜡烛和廉价书籍。[②]

总的来说，最好的办法似乎是，把法国近卫军关在兵营里面。这是贝森瓦尔的主意和命令。由于与外界联系中断，法国近卫军就在军营里“秘密结社”，保证不针对国民议会采取行动。贝森瓦尔和其他人哀叹，这些军人已经被毕达哥拉斯主义者瓦拉第、金钱和女人征服！被任何人征服或者根本不需要征服，自己就违反军令，在中士的率领下，于 6 月 26 日排着长队来到王宫广场！人们用欢呼声、礼物和爱国酒欢迎他们。士兵与爱国者互相拥抱，并书面宣布，法国的事业是他们的事业！第二天和接下来的几天里，情况如出一辙。除了爱国情怀和藐视军令之外，最令人惊奇的是，他们做事“一丝不苟”[③]。

这些近卫军士兵越来越让人不放心！领头的十一个人被送进了修道院监狱，但根本无济于事。这十一名囚犯只需在晚上让佛伊咖啡馆的“一个人用一只手”写了封信，当时咖啡馆里的爱国者正在高谈阔论，两百多年轻人很快就增加到四千人。他们带着结实的撬棍，到修道院把大门撬开，释放了十一名囚

---

① 《议会史》。
② 《名人辞典》，1800年，伦敦（巴黎），第2卷，第198页。
③ 《贝森瓦尔回忆录》，第3卷，第394-396页。

犯和其他被监禁的军人,并为他们在王宫广场准备了晚餐,让他们分住在营地的床上、万象剧院和还没有竣工的普利塔内军官学校里。在发现一个被囚禁的军人实际是刑事罪犯后,这些一丝不苟的年轻人经过深思熟虑,做出了一个大胆的举动:在本人的抗议声中把他送回了牢房。

为什么没有召集新的军队?新的军队是被召集了。在新的军队佩刀出鞘、快马加鞭抵达时,人们只需轻轻地"抓住马的缰绳",龙骑兵就收起了刀,敬礼脱帽,然后像雕像一样坐在那里一动不动,除了有酒送过来,他们会"以最大的诚意祝福国王和国家后一饮而尽"[①]。

现在,需要问一问,为什么大臣们和伟大的战神德·布罗利,看到这些后不暂时停止行动,而采取其他方针,任何其他方针呢?不幸的是,正如我们所说,他们什么也看不见。崩溃前的傲慢、不合情理,但情有可原、自然而然的愤怒,使他们变得铁石心肠,头脑发热,以致(病态结合的)愚蠢和暴力使他们孤注一掷,铤而走险。法国近卫军中并不是所有的军团都被毕达哥拉斯主义者瓦拉第征服:让没有被征服的新招募的兵团、德国皇家步兵团、王家近卫步兵团、瑞士维约城堡步兵团上。这些团可以战斗,虽然只会浓重的德语喉音。让这些士兵上路,让公路炮车发出隆隆的轰鸣吧:国王陛下将召开新的王室会议,奇迹将在那里出现!如有必要,枪林弹雨将成为席卷一切的暴风骤雨。

在这种情况下,在滚烫的弹雨纷纷落下之际,巴黎的一百二十名代表还可以像选举俱乐部那样,每天拿着写好的陈情书集会吗?他们先是在小酒馆见面,即使有人举办婚礼也会礼貌地给他们让位。[②]但是,后来他们移至市政厅的会议厅集会。巴黎市长弗莱塞勒与其他四名市政官员都无法阻止,这都是公共舆论的力量使然。这些被上面指派的市长和市政官员,以及二十名市议员,只能身披长袍,神色惊恐,默默地坐在那里,琢磨这是来自下面动乱的什么前

① 《议会史》,第2卷,第32页。
② 杜索著:《攻占巴士底狱》(摘自贝尔维尔和巴里埃尔的《回忆录丛书》,巴黎,1821年,第269页)。

奏曲，以及他们该如何是好！

第四节　拿起武器

在闷热的 7 月里，形势就是这样混乱不清、趋势不明。在一份印刷通告中，激情洋溢的马拉先生曾建议放弃暴力。[①]尽管如此，饥肠辘辘的穷人却已经开始焚烧捐赠食品税收站的路障。

7 月 12 日上午星期日，街上到处张贴着大幅布告，上面写着："奉国王之命，请爱好和平的市民留在家中，无须惊慌，不要聚众闹事。"为什么？这些"巨大的布告意味着什么"？首先，这意味着军事干预，表情古板的龙骑兵、轻骑兵将从四面八方开进路易十五广场，虽然一路上会遇到各种叫骂、嘲笑，甚至抛来的各种东西。[②]贝森瓦尔与他们在一起。他的瑞士近卫军带着四门大炮，已经部署在香榭丽舍大道。

那么，毁灭者来袭击我们了吗？从远在万塞纳的塞弗尔桥、从圣·丹尼斯的战神广场看，我们被包围了！惊恐、何去何从悬在每个人的心中。王宫广场已成为一个令人敬畏的感叹词，印在每个人脑中的一个无声符号。可以想象，中午（太阳穿越子午线时发出的）隆隆炮声传递出的痛苦回声，冥冥之中预示着厄运将临。这些部队真的是来对付土匪的吗？土匪在哪里？空气中有什么奥秘？听！一个清晰的人声传来噩耗：法国的救星、人民的部长内克尔被解职了。这不可能，简直令人难以置信！这是对公共和平的背叛！说这种话的人应该被按在水池里淹死。传递这种消息的人得赶紧躲开。不过，朋友，随便你怎么做，消息是真的。内克尔接到密令，昨天夜里已经取道北上离开了。我们已经有了新部长：布勒泰尔的贵族、战神德·布罗利，以及曾说人可以吃草的富隆！

① 《议会史》，第2卷，第81页。
② 《议会史》，第2卷，第81页。

于是，在王宫广场，在整个法国，谣言愈传愈烈。每个人的脸都变得苍白，莫名的颤栗变成了怒吼，恐惧激起了愤怒。

但是，看卡米耶·德穆兰，他从佛伊咖啡馆冲出来，一脸神秘的样子，披着一头长发，两只手各拿一把手枪！他跳到一张桌子上：警察正盯着他，他们无法这样生生把他带走，也不想让他这样活着。这一次他说话一点儿也没有口吃："朋友们，我们会像野兔那样被猎杀吗？像被圈到围栏里的绵羊咩咩地叫唤祈求怜悯？世上没有怜悯，只有锋利的刺刀。时间到了，法国人与人类最至高无上的时刻到了。当压迫者和被压迫者面对面较量时，要么速死，要么永生。让这样的时刻来吧！我以为，我们唯一正确的呼声就是：拿起武器！让整个巴黎、让整个法国只用一个声音高呼：拿起武器！""拿起武器！"无数的声音随着他呼喊：仿佛变成了一个巨大的声音，犹如一个恶魔从空中发出的吼叫，因为，所有人的脸上都有一双眼睛在燃烧，所有人的心都沸腾到无以复加。他就是用这样恰如其分的辞藻，在这个伟大的时刻，来唤起草根的力量。[①]"朋友们，"卡米耶继续说，"集结的信号是帽徽：绿色是希望的颜色！"像飞来了一大群蝗虫一样，绿色的树叶转瞬无踪，绿色的绶带在邻近商店马上销售一空，所有绿色布料都被抢去做帽徽。卡米耶走下桌子，被眼含泪水的人们拥抱得透不过气。有人递给他一个绿布条，他把它缠在帽子上。现在，去库尔提乌斯蜡像馆，去林荫大道，去四面风饭店，一口气让法国变成一片火海！[②]

长期风雨飘摇、天干物燥的法国大概正处于易燃点。人们可能会担心，可怜的库尔提乌斯蜡像馆大概挣不到几个钱，他不敢张扬馆里的蜡像。内克尔的半身蜡像、法国的大救星德·奥尔良的半身蜡像被人们哄抢，像送葬一样在上面覆了黑纱，在向天、地和地狱祈祷之后，一大群人抬着它们在各处游逛。这是为了让他们显灵！具有非凡想象力的人，没有神的显灵其实做不了什么，或者

---

① 《议会史》，第2卷，第81页。
② 卡米耶·德穆兰：《老科尔得利》，第5期，博杜安兄弟版，巴黎，1825年，第81页。

什么也做不了。因此，土耳其人靠的是先知的旗帜；同时需要焚烧柳条模型。而内克尔的肖像先前也出现在旗杆上。

游街的方式就是这样，参与的人不断增多，他们手持斧头、棍棒和五花八门的东西，表情严肃，人声鼎沸，招摇过市。他们勒令所有剧院必须关闭，禁止在地板上或是草坪上跳舞！这不像是基督徒的安息日，或帐篷酒馆里大吃大喝，却像是巫师的安息日。为疯狂起舞的巴黎奏乐的是魔鬼！

然而，贝森瓦尔率领的步兵和骑兵就在路易十五广场。黄昏时分回家的行人、来往于夏约或帕西喝酒寻欢的人，脚步会比往常显得更加沉重。抬着塑像的游行队伍会不会经过那里呢？看，连德·朗贝斯克亲王都带着他的德国皇家步兵团，向那边冲过去了。子弹呼啸，刀光闪闪，塑像被劈成几段，唉，还有人头落地。被军队驱散的游行队伍，只能顺着大街小巷、杜伊勒里宫的林荫路四散奔逃，再无踪影。有一个手无寸铁、身穿法国近卫军制服的人被砍死，血淋淋地被抬到兵营，他那里的同伴有一些还活着！

但现在为什么胜利者朗贝斯克不穿过逃犯必经的杜伊勒里宫花园进攻呢？为什么不向星期日散步的人表现一下刀光剑影、血肉横飞的场面，以作为人民茶余饭后的谈资、刺激一下他们的神经呢？唉，他们这样做了，只是做错了。胜利者朗贝斯克在二次进攻杜伊勒里宫时，成功用刀身掀翻一个走路蹒跚的可怜的老校长。然后，他们被路障挡住去路，又被连番的桌椅、破瓶子和杯子，以及高声叫骂赶了回来。镇压持刀暴徒的最微妙之处在于，做得过分和做得不够都不好，因为，回荡在城市街头各个角落的诅咒之声，导致了愤怒的喧嚣，彻夜不休。随着夕阳西下，军械商店都被撬开，抢掠一空，街道变成风生水起的泡沫海洋。

这就是朗贝斯克攻打杜伊勒里宫花园时遇到的问题，不能伤及夏约附近与恐怖无涉的平民，而是针对突然觉醒的疯狂行径和三个复仇女神*，她们可

* 欧墨尼得斯为希腊神话中的复仇三女神。

不是省油的灯！因为这些（美貌而真实的）欧墨尼得斯始终躲藏在世界最隐秘的地方，挥舞着烟雾缭绕的火把，摇着蛇形头发，翩翩起舞。本来朗贝斯克已经率领德国皇家步兵团回到军营，可又退了回来，因为他们碰到了复仇心切的法国近卫军，他们眉头紧锁，骂声不绝，直接从昂丹路的兵营扑了过来，一个排枪齐射，打死打伤好几名德国兵。朗贝斯克无奈，只好继续前进。[①]

戴羽毛帽子的贵族都不是精明强干之辈。如果欧墨尼得斯被唤醒，而德·布罗利没有下命令，那么，贝森瓦尔该怎么做？当法国近卫军和王宫广场的义勇军，一起为复仇到达路易十五广场时，他们既没有找到贝森瓦尔、朗贝斯克、德国皇家步兵团，也没有看到一个士兵。没有任何军事行动。在圣安托万郊区最东侧的位置，诺曼底的轻骑兵风尘仆仆地经过一天跋涉刚刚到达，找不到军需官，无法同贝森瓦尔会合，也不知道怎么找到他，在这个乱哄哄的城市不知何去何从。除非有爱国者为他们送上酒喝，给他们出出主意，否则，他们只好饥肠辘辘地就地露营。

愤怒的人群包围了市政厅，大喊："要武器！下命令！"二十六名穿长袍的市议员早已不声不响地潜入呼啸的混沌中，永远消失了。贝森瓦尔痛苦地力求撤退到战神广场，不得不坐等接下来的残酷命运：信使的快报被络绎不绝地送到凡尔赛，但没有任何命令带回去，甚至连信使都无法回去复命，因为，道路都被路障和纠察队封锁，所有马车因为截停审查而排成长龙：这是德·布罗利发出的唯一命令。圆窗大厅也隐约听到了喧闹声，在它看来，这不亚于入侵，要紧的是保全自己免受波及。可以说，一个新内阁，蓄势待发的新内阁，也无法跳过这个坎儿。疯狂的巴黎已经不再设防。

当黑暗降临时，巴黎变得沸腾起来！一个欧洲大都市突然脱离了自古以来的羁绊和习惯，在动荡中崩溃，寻求革新。今后，习俗和传统已无法主导任何人的思想。每个人以自身具有的独创性必须独立思考或追随那些思想者。

① 韦伯著：《回忆玛丽·安托瓦内特》，第2卷，第75-91页。

七十万个体突然发现,他们过去所有的道路、行为方式和决定,已经从脚下消失。因此,他们是带着喧嚣和恐怖,在知道是采取跑步、游泳还是飞行方式之前,就一头扎进了新时代的。所谓喧嚣和恐怖,上面是超自然的战神德·布罗利,带着滚烫的炮火笼罩在他们头上;下面是超自然的强盗,拿着刀和火把威胁他们。一切都陷入疯狂。

令人高兴的是,取代二十六名失踪议员的选举俱乐部开会了,宣布成立"临时市政府",在第二天任命弗莱塞勒为市长,并给他配备了一到两名助手。临时政府立即颁布了一项重要法令:立即招募"巴黎民兵"。区长们,你们得开始做这项伟大的工作,而我们常设委员会在这儿担任警戒。让年轻力壮的人在自己辖区的街道巡逻,安排夜间警卫。让巴黎也享受一点狂热后的安眠。但这些安眠的人被"王宫广场狂热的暴力运动"所惊扰,时常突然惊醒,戴着睡帽忐忑不安地望向窗外,对起了冲突的巡逻队和远处映红天际的火焰大惑不解。[①]

第五节　给我们武器

星期一,巨大的城市苏醒过来,这一天面对的不是例行公事,而是不同凡响的事!劳动者变成了战士,他只需要一件东西:武器!除了打造长矛的铁匠铺外,制造行业全部陷入停顿。做饭师傅用即食的饭菜维持生意,因为人总是要吃饭的。女人们也都在缝制帽章,原来阿图瓦伯爵的绿色因受到巴黎市政府的谴责,现在已变成巴黎的古老色彩红色和蓝色,与宪政的白色一起,便成了著名的三色。如果预言不错的话,这三色将"席卷世界"。

除了卖面包和酒的商店之外,所有商店都关了门。巴黎街道一片沸腾景象,像在威尼斯葡萄酒中放入了毒药而升起呲呲的泡沫。根据命令,所有教堂钟楼

① 两个自由的朋友著:《法国革命史》第1卷,第267、306页。

里的警钟都疯狂地敲响了。武器！你们这些市议员！弗莱塞勒，你们这些官员，给我们武器！弗莱塞勒尽可能提供一切：夏尔维尔会送来武器、命令这里或那里提供武器可能都是阴险骗人的鬼话。新上台的市政府尽可能提供了一切：三百六十只破火枪、守护城市的设备，“有个穿木靴、连衣服都没穿的家伙，直接抓了一把枪就上岗执勤了”。据说所有铁匠都接到命令，尽全力打造长矛。

各选区区长都在进行紧急磋商。下面的爱国者都在急不可耐地四下寻找武器。到目前为止，正如我们所看到的，市政厅提供的只有这么点破旧火枪。在所谓的军火库里，只有锈蚀的废料和硝石，人们忽略了巴士底狱的枪械。国王陛下的仓库，即他们所谓的王室家具保管处被撬开，洗劫一空：里面净是挂毯和华丽的服饰，可以使用的战斗装备储备很少！有两门镀银大炮，这是暹罗国王送给路易十四的古老礼物，还有好人亨利的一把镀金剑、古代骑士的武器和盔甲。由于没有更值钱的东西，贫穷的爱国者们将这些物品和其他类似的东西，贪婪地一抢而空。暹罗大炮被推走，用在重要的地方。除了破旧火枪外，还有马上比赛用的长矛、蓬乱的头上戴的头盔和锁子甲。各个不同时代的物品混在一起，突然出现在了一个时代！

圣·拉扎尔监狱——这里过去是修女院，现在是由神父管理的教养院——也没有任何武器的影子，但囤积的小麦可以说达到了犯罪的程度。现在正值饥荒，把这些粮食运到市场上去可不得了！天哪，得用五十二辆车，排着长队才能运过去。哦，真是的，尊敬的神父，你们的储藏室装满面包，食品柜里肥得流油，酒柜里香气四溢，你们是要弄穷人的阴谋家、囤积面包的叛徒！

抗议没有用，跪求是徒劳的：圣·拉扎尔监狱不会因为抗议，就心甘情愿地把自己的家当拱手相让。看哪，有什么东西从每个窗口扔出来：有家具，还有人咆哮、咒骂，酒窖里的酒也被倒了出来，随即烟雾腾空。据说，是圣遣使会会员对末日感到绝望自己放的火，房子在大火中化为灰烬。然而，请注意，当时有个小偷被抓住，“当场绞死了”（不是贵族下的手）。

我们再来看看夏特莱监狱。这所债务人强制监狱被从外面撬开了，那些作为抵押贵族债务的坐监囚犯都得以释放。听到这个消息，夏特莱监狱的重罪犯也开挖路面，希望成功越狱。但爱国者们没有放过他们，而是放了一把火，逼迫他们重新回到牢房。他们与偷窃和重罪势不两立。此外，在这样的日子里，对犯罪（如果被发现的话）的惩罚快得吓人。在圣·拉扎尔监狱的酒窖里发现三十多人身上装满酒瓶子后，愤怒的爱国者们将他们统统送进了监狱，就连看守的房间都占了。在没有其他安全地点的情况下，就写下“他们被绞死了”，话语简短，真实与否，无人知晓，但意义重大！[①]

在这种情况下，贵族、无爱国心的富人都想收拾东西离去。但他们哪儿也去不了。一支穿木靴的队伍已经把守住所有的城门，有些城门正在燃烧。所有出入人员都被拦住，拖到市政厅，马车、货车、银制餐具、家具、无数“粮袋”甚至羊群和牛群充斥着格雷沃广场。[②]

喧嚣仍在继续。震耳欲聋的咆哮声、鼓声、钟楼长鸣的警钟声，手里摇铃、横冲直撞、沿街通报的信使喊着：“肃静，肃静。所有公民都要在各分选区参加义勇军！”人们在各分选区花园、广场集会，组成义勇军。不会再有滚烫的火球从贝森瓦尔的阵地呼啸而至，相反，却不断有携带武器的逃兵不期而至。现在，最令人高兴的是，下午两点，接到向圣·丹尼斯进军命令的法国近卫军断然拒绝执行命令，并且加入到人民的行列！这是所有事件中最重要的一件事。三千六百名最好的战士，加上整套装备、炮手和大炮！他们的军官都被晾在一边，甚至都未来得及毁坏大炮。现在，希望瑞士雇佣兵、维约城堡的步兵和其他部队，不那么急于开战。

巴黎的民兵（有人更喜欢称为国民自卫军）规模如愿地扩大了很多。原本计划招募四万八千人，没想到在几个小时内人数就加倍，甚至增加了四倍：

① 《议会史》，第2卷，第96页。
② 杜索著：《攻占巴士底狱》，第20页。

如果配备武器就更加无敌了！

看，夏尔维尔承诺提供的标有炮兵弹药的箱子就在这里！啊，我们终于有足够的武器了！当爱国者打开箱子，发现里面装满抹布、恶臭的亚麻布、蜡烛头和破木头时，可以想象他们的脸有多白！巴黎市长，这是怎么回事儿？在沙特尔修道院，我们就接到签发的命令说，无论过去还是现在都没有任何武器。但为什么在塞纳河这艘船的帆布下面（多亏爱国者的嗅觉灵敏），却有五千磅火药不让进城，而是想偷偷摸摸运出去？“弗莱塞勒，你这是什么意思？”想“耍我们玩儿”可是个危险的游戏。有猫捉老鼠的游戏，但谁见过老鼠敢耍弄愤怒的猫或愤怒的国家老虎？

此时，系黑围裙的铁匠正全心全意地奋力挥锤。师徒协作，锻锤上下飞舞，火星四溅，铿锵作响，直到铁砧弯曲再换新的重来。他们头上不时飞过警告性的炮声，因为爱国者现在找到火药了。长矛也已打造完毕，三十六个小时做了五万支长矛：想想系黑围裙的铁匠无所事事的后果。其他的男男女女加紧挖战壕、除去路面的铺路石，把土石装到桶里加固路障，让义勇军在路障处安排哨兵，在楼上的窗台摆放石块。老妇人们准备好滚烫的沥青，至少准备好开水，用你们瘦弱的胳膊往德国皇家士兵身上倒：你们的尖声咒骂也会让他们无法忍受！新诞生的国民自卫军巡逻队，手持火把，整夜在空无一人的街上巡逻，但是，根据命令每个窗口都要照亮。这是一幅奇特的景象，像油灯照亮的死城，各处都可以碰到游荡的鬼魂。

啊，可怜的苍生，你们同类相残，在这个世界上让彼此痛苦，让可怕奇妙的生命变得更加可怕恐怖，让撒旦占据了每个人的心！如此的煎熬、狂暴和呻吟，在过去和现在都让我们痛苦不已，然后湮没在深深的沉默中，大海也没有因为你的眼泪而变得更加汹涌澎湃。

然而，自由之声响彻云霄的时刻，对我们来说是伟大的，因为长期受奴役的灵魂在盲目和混乱中觉醒，砸碎了锁链，动摇了其惯性的尘埃，并通过其创造者发誓，他将获得自由。自由，好好思考这个词。这是我们整个人生模糊或清晰的深刻戒律。自由是地球人所有奋斗、所有劳动和所有痛苦有意或无意地不懈追求的唯一目标。是的，这个时刻是崇高的（如果你已经经历过了）。这是在沙漠朝圣中火焰环绕西奈山的第一个幻象，今后白天将不再需要云柱，夜晚不再需要火柱！当锁链被腐蚀、变得有害，“摆脱被我们同胞压迫”的时候，有些东西就变得均衡，或者说超出常态。前进吧，愤怒的法国子孙，无论命运指向何方！伴你们同行的只有饥饿、谎言、腐败和死亡的丧钟。你们已没有回头路。

我们很难想象，指挥官贝森瓦尔是如何在战神广场熬过这些艰难时刻的。随着暴动的全面展开，他的部队逐渐土崩瓦解！即使对于最紧迫的消息，凡尔赛也没有或只有模棱两可的回应，甚至干脆只有令人气馁的沉默。军官委员会唯一可以决定的就是没有决定。上校们向他“哭诉”，他们不认为自己的部下会战斗下去。不确定性残酷地摆在那里。战神布罗利坐在奥林匹亚山，难以接近，不会下山散播恐怖，不会发射排枪，不会下达任何命令。

事实上，整个凡尔赛城堡似乎显得颇为神秘：整个城市笼罩在谣言、警报和愤怒之中。气宇轩昂的国民议会困坐愁城，面临死亡的威胁，竭力挑战死亡，宣称：“内克尔带走了民族的遗憾。”它向城堡派出了庄严的代表团，恳求国王撤回军队。没有效果。表现出奇镇定的国王，却让他们履行制定宪法的职责！街上的外国佣兵们骑着马，挥着剑，一副不可一世的模样来回穿梭。他们乐意前往梅尼大会堂，有别于堵在街上目送他们的人群。挺住，国家议员们，这些面容坚定冷峻的人就靠你们了！①

气宇轩昂的国家议员们决定，在这种状况结束之前，至少要有固定的会议。然而，巴伊的接班人、新任主席、尊敬的拉弗兰·蓬皮尼昂年事已高，无法承担如此重任。他就是对耶利米哀歌做痛苦思考的那位蓬皮尼昂的哥哥：“知道为什么耶利米哀叹自己的一生吗？因为他预见到蓬皮尼昂将取代他。”

---

① 参见拉梅特、费里埃尔德人的著作。

因此，可怜的蓬皮尼昂主教无奈退出，由拉法耶特取而代之。后者作为夜班副主席，沮丧地独守空房，在忽明忽暗的烛光下，等待时移世变。

这就是凡尔赛的状况。但在巴黎，忧心忡忡的贝森瓦尔在晚上休息前，去附近的荣军院找德·桑布勒耶老先生。有一个秘密不能对人说：他的地窖里存放了两万八千支枪。贝森瓦尔觉得荣军院的预防措施不保险。于是，那天他派了二十个人去拆卸枪栓和撞针，以免煽动分子夺走这些枪。但在六个小时里，二十个人才拆掉二十个枪栓，每个人拆了一个。可以想象，如果有命令的话，他们会把炮口对准自己人。[①]

倒霉的老军人，这是你们表现的时候，但不是荣耀的时候！巴士底狱的老侯爵德·洛奈，早就把吊桥高高挂起来了，全体退守到城内，并在城墙安排了夜间岗哨巡逻。午夜星空下的巴黎灯火通明，宛如白昼。一支路过此地的国民自卫军巡逻队擅自向城堡开火，半夜时分开了七枪，但没什么作用。这是 1789 年 7 月 13 日，许多人说，这天比去年的同一天还要糟糕。去年只是冰雹从天而降，不是破坏性更大的、狂暴的地狱天使降临！

同样在这些日子里，正如编年史教导我们的，脾气暴躁的老侯爵米拉波在阿让特伊卧床不起，远离警报声和枪炮声。准确地说，躺在那里的并不是他，而只是他冰冷的躯体。他在星期六晚上咽下了最后一口气，在那里丢弃了灵魂，离开了这个不合他心意的世界，一个千疮百孔、似乎错乱的、全面崩溃的世界。现在，他将踏上漫长的旅程，奔向另外一个世界，这一切对他又有什么意义呢？隐秘于“两个山谷之间峡口”的古老的米拉波城堡，曾经在遥远、陡峭的岩石上悄然屹立，如今苍白的幽灵将从一座城堡消失，而这个庞大喧嚣的世界和法国，以及这个世界本身，也必将像投射在明镜似的海面上的阴影，消失不见。所有这一切都是上帝的意志。[②]

---

① 两个自由的朋友著：《法国革命史》，第1卷，第312页。
② 米拉波著：《养子》，第6卷，第1页。

年轻的米拉波不禁悲从中来，因为他热爱他勇敢、脾气急躁的老父亲。他心情沉重，满怀忧虑，缺席了历史上重要的一页。危机爆发时没有看到他的身影。

第六节　进攻和胜利

但是，对于需要生活和斗争的人来说，14 日新的一天开始了。这出不乏悲剧元素、匆忙大结局的戏剧，正在这座躁动城市的所有屋檐下上演。骚动不安、紧锣密鼓、震慑人心、危机四伏，即使久经风霜的人也不禁老泪纵横："孩子们，今天，你们要像男子汉一样告别，不要忘记父辈的痛苦和晚辈对权利的期待！暴政的血雨腥风咄咄逼人：如果不自强不息，你们只能坐以待毙。今天，不奋斗，毋宁死。"

天刚蒙蒙亮，一夜未眠的常设委员会就听到了几乎变成疯狂暴乱的经久不息的呐喊声：拿起武器！拿起武器！市长弗莱塞勒或者你们中的叛徒，可能会想到夏尔维尔的那些箱子。我们有十五万人，其中三分之一连长矛都没有！武器是唯一需要的东西：有了武器，我们就是敢于挑战一切、不可战胜的国民自卫军。没有武器，我们就是任人宰割的乌合之众。

好在荣军院里有枪的消息已经泄露，不再有什么秘密可言。我们走吧：国王的检察官艾第·德·科尔尼先生，还有给我们授权的常设委员会，跟我们一起去。贝森瓦尔的驻军也在那里。或许他不会向我们开火。如果他开火的话，我们必死无疑。

唉，可怜的贝森瓦尔，他的部队眼看都要跑光了，根本不存在开火的意图！这天早上五点，当他仍轻松地在军事学院的床上酣睡时，有个人突然无声息地来到他床边，"这个人面庞俊俏，目光炯炯，语速飞快，言辞大胆"，颇有拉开普里阿摩斯窗帘的风范！他人传达的信息和忠告是，任何抵抗都无济于事，如果发生流血事件，始作俑者将遭遇灭顶之灾。说完即扬长而去。"他口齿伶俐，话语动人。”贝森瓦尔承认，当时应该逮捕他，但终于没有那么做。[①]这个面庞俊俏、目光炯炯、语速飞快的人到底是谁，贝森瓦尔知道，但未提及姓名。是“整夜在王宫广场受暴力运动驱使”的卡米耶·德穆兰？毕达哥拉斯主义者侯爵瓦拉第吗？有传闻说是“年轻的梅拉尔先生”，然后即三缄其口。[②]

不管怎样，大约早上九点，国民自卫军如奔腾的洪流，浩浩荡荡地向位于西南的荣军院进发，去寻找他们唯一需要的东西。国王的检察官艾第·德·科尔尼先生和其他官员，已在那里等候。杜蒙圣艾蒂的本堂神甫愤愤不平地走在自己教区民兵队伍的前面，法院书记员穿着红色外套走在队伍里，他们现在是书记员自卫军。然后是王宫广场自卫军。成千上万的国民自卫军只有一个心愿，一个想法：国王的火枪是国家财产。德·桑布勒耶老先生，好好想想吧，你怎么能在这种窘境下拒绝他们！他愿意举行谈判，并先后派出议员和信使，但无济于事。人们攀墙而入，没有一名老弱警卫开枪。栅栏门被打开后，爱国者一哄而入，从地上到屋顶，乃至所有的房间和通道，到处是翻箱倒柜寻找武器的人。无论是地窖还是夹层都甭想逃过他们的眼睛。武器火枪终于被找到了，均安然无恙，被稻草包裹，显然是为了一把火烧掉！他们像饥肠辘辘的狮子，看到死去的猎物，就不顾一切地猛扑上去，你争我夺，互不相让，人仰马翻，叫骂连天，体弱的爱国者有的被踩断骨头，甚至有的被踩死。[③]经过这场持续良久、震耳欲聋的闹剧，局势彻底发生了改变：有二万八千支之多的火枪，从暗无天日的角落暴露在光天化日之下，被国民自卫军扛在了肩上。

让贝森瓦尔看看这些队伍中一闪而过的耀眼火枪！据说，国民自卫军的大炮已在河对面瞄准他，如果需要随时可以开火。[④]他大惊失色，坐在那里，一动不动。人们也许会对巴黎人的镇定自若表示钦佩。现在，勇敢的巴黎人，到巴

---

① 《贝森瓦尔回忆录》，第3卷，第414页。
② 《革命的画卷》、《攻占巴士底狱》及部分由尚福尔主编的凸版印刷的《活页图画和肖像合集》。
③ 两个自由的朋友著：《法国革命史》，第1卷，第302页。
④ 《贝森瓦尔回忆录》，第3卷，第416页。

士底去！那里还有军队威胁你们，那里正是所有人想去的地方。

正如我们所提到的，自星期日午夜后不久，老德·洛奈就撤退到了内城，并一直待在那里，像卷入这场后果难料的悲剧冲突中的所有军人那样感到沮丧。市政府"邀请"他承认国民自卫队，这只是投降的委婉说法。但另一方面，陛下的命令明确无误。他的部队不过有八十二名老弱士兵，外加增援的三十二名年轻的瑞士士兵。城墙的确有九英尺厚，他有大炮和弹药。可是，唉，粮食只够吃一天的。要塞是法国的，守备部队中大部分的老弱士兵是法国人。严肃的老德·洛奈，想想你该怎么做吧！

整个早晨，从九点钟开始，"到巴士底去"这样的叫喊声就一直持续。公民代表纷至沓来，他们都是来要武器的。德·洛奈不得不通过城墙的枪眼好言相劝、周旋才得以解脱。中午时分，获准进入城堡的罗西埃尔的选民杜里奥发现，德·洛奈不仅不愿投降，而且宁愿炸掉城堡。杜里奥与他一同登上护墙：上面有一堆堆的铺路石、旧铁块和投射物，大炮都已调整完毕，每个炮眼后面几步都有一门大炮！哦，杜里奥，看看外面，人群从各条街道蜂拥而来，警钟疯狂鸣叫，鼓声震耳欲聋：这里简直成了另一个圣安托万郊区！哦，杜里奥，你此刻看到的虽然貌似海市蜃楼，却是真情实景：它预示着其他幻象和现实中幢幢的幽灵。即使你现在看不到，将来也会看到。"我有什么办法呢？"看到这里大惊失色的德·洛奈说，语气中带着责备，甚至是威胁。"先生，"杜里奥的语气上升到了道德的高度，"你这是什么意思？难道你不明白我可以让我们两个从这个高度一起栽下去吗？"不算护城河城墙有一百英尺高！听到这儿，德·洛奈陷入沉默。杜里奥在城墙上示意，安慰满腹狐疑、变得激愤的人群。然后，他走下城墙，以抗议的方式告别，同时向守备部队发出警告，其实，他对守备部队并没有留下什么深刻印象，他们不具备什么敏锐的洞察力，而且，据说德·洛奈还是个贪恋杯中物的瘾君子。如果别人不首先攻击，或者他们有别的选择的话，他们也不会向别人开枪。总之，他们只是被裹挟在迫不得已的情势中而已。

德·洛奈，如果你在这样的时刻不能做出果断决定，控制局面的话，将会大难临头！好言相劝无济于事，开枪风险太大。毋庸置疑，只能采取两者之间的中庸之道。人群更加狂躁不安，叫喊声正演变成诅咒和叫骂声，也许会失控，变成横飞的火枪子弹，虽然奈何不了九英尺厚的城墙。为杜里奥放下了外面的吊桥，新一拨的公民代表团（这是第三批，也是最嘈杂的一批）进入外院：好言相劝对他们不起任何作用，德·洛奈于是下令开火，并拉起了吊桥。啪啪的枪声使一触即发的混乱局面一发不可收拾！看到有人流血（因为只要开枪就会造成人员伤亡），群情激愤，人们骚动起来，连串的火枪射击声、叫喊声和咒骂声交织成一片。要塞里的大炮发射开花弹，试试我们有多大能耐。巴士底狱被围得水泄不通！

冲吧，身上还有一颗赤子之心的所有法国人！自由之子，用喉咙、软骨和金属发出呐喊！让你们灵魂、身体或精神中的最大能量绽放出来，因为现在正是时候！使劲敲，马莱区的修车匠、多菲内团的老兵路易·图尔奈。砸碎外面吊桥上的铁链，虽然滚烫的弹雨在你身边呼啸而下！你从未用斧头使这么大的力砸过车轴或轮辋。砸碎它，伙计。让他们见鬼去吧！让整个该死的要塞土崩瓦解吧！让暴政灰飞烟灭吧！警卫室的屋顶上有人在说“预备”，另外一些人在喊“对准墙外上刺刀”。路易·图尔奈在勇敢的老兵波纳迈尔·奥宾的帮助下，砸断了铁链，巨大的吊桥轰然倒下。这是多么大的荣耀！然而，这仍然只是要塞的外围。守备队持枪把守的八个阴森森的塔楼，城墙和炮眼，依然居高临下，完好无损。宽阔的护城河依然难以逾越，内城吊桥高高竖起，横在面前：巴士底狱仍未攻下！

对围攻巴士底狱（被视为历史上最重要的事件之一）作描述，也许不是一般人能胜任的。只有通过深入的阅读，才能最终搞懂整个要塞的图纸！在圣安东街的尽头有一片空地，有很多院子，像前院、榆树院、拱门院（路易·图尔奈正在那里砸吊桥的铁链）等。然后是新的吊桥、铁索桥、城墙、堡垒和阴森森的八个塔楼：这是个迎面高高耸立、迷宫般的大型建筑群，工程从最近二十年横跨四百二十年的各个时期。如今，在这最后时刻成为卷土重来的混乱焦点！各种口径的枪械，各显其能的嗓门，五花八门的计划，每个人都有自己的一套工程方案。如此反常的现象自俾格米人与鹤之间发生战争*以来，就非常罕见。领半薪的埃利特意回家穿上一套军服，其实没有谁会在意他穿什么颜色的衣服。领半薪的胡林正在格雷沃广场发表长篇演说。狂热的爱国者们抓起烫手的弹丸（或者看似如此），送到市政厅。你发觉了吗，巴黎或将成为火海！在人们歇斯底里的吼叫声中，弗莱塞勒脸色变得苍白。巴黎已经极尽疯狂，由于恐慌而变得天旋地转。每一个街垒都涌动着一个小漩涡加强街垒，因为上帝知道会发生什么。而所有的小漩涡将会变成熊熊燃烧的火炬，从四面八方围困巴士底狱。

人群继续围困巴士底狱并发出震耳欲聋的怒吼。酒商戈拉自告奋勇担任炮手。看看在海军服役的乔尔热，刚刚从布雷斯特赶来，正在校正暹罗国王的大炮。奇怪的是（如果我们不习惯这样的事儿就好了），头天晚上，乔尔热还在客栈里悠然自得，搁在那里有一百年的暹罗国王的大炮与他毫无关系。然而，在现在这个特定的时刻，他们走到一起，共同谱写出震撼的音乐。他听说巴黎出事就从布雷斯特马不停蹄地赶来了。法国近卫军将带着真正的大炮赶到这里：要是城墙没有这么厚就好了！空地的高处以及附近相同高度的屋顶和窗户里，响起了参差不齐的枪声，但没什么效果。守备部队卧倒在地，躲在墙垛后面射击更加轻松自如，几乎鼻尖都无须贴近炮眼。而我们的人纷纷中枪倒下，却什么也看不到！

把所有能烧的都烧光！于是，警卫室和卫兵食堂都被点着了。一个心不在焉的假发商拿了两支火把，要去点燃火药库的硝石，如果不是一个女人发出

* 荷马曾提到，每年鹤迁徙到俾格米人的领土，都会引发血腥的战争。

尖叫，跑过去阻止他，要不是另一个懂点自然科学的爱国者，过去用枪托砸在他的胸口上，让他透不过气，然后打翻硝石桶，制止他的疯狂举动，就已经酿成大祸。有一个年轻漂亮的女人在试图从外院逃走时被抓获。人们误以为她是德·洛奈的女儿，准备当着他的面烧死她：她正昏倒在草垛子上。这回是爱国者、勇敢的老兵波纳迈尔·奥宾，挺身而出救了她。拖进来的满满三车麦秆燃起了熊熊大火，冒出滚滚白烟，把爱国者们呛得喘不过气来。因此，眉毛都被烧焦的埃利不得不拖走一车，大服装店老板雷奥尔拖走另外一车。浓烟似地狱，混乱似通天塔，喧嚣似世界末日！

有人在流血，这为新的疯狂提供了养料。伤员被送到樱桃园街的房子里。奄奄一息的重伤员，最后还不忘留下战斗到底、直到攻克该死的要塞的遗言。唉，可是，怎么才能攻克要塞呢？城墙太厚了！市政厅派来了三批代表团。其中的富歇神甫号召人们鼓起超人的勇气，发扬奉献精神。[①]这些人在拱门前挥动市政厅的大旗，敲鼓助威，但这只是白费力气。在宛如世界末日般的喧嚣声中，德·洛奈听不到他们在喊什么，也不敢相信他们。铅弹在他们耳畔呼啸飞过，他们这时候怒不可遏地回来做什么？消防队也来了，对守备部队的大炮喷水，企图淋湿大炮的火门。由于水柱喷得不高，只产生了雾气。有些略懂古代知识的人建议使用弹射器。圣安东区大名鼎鼎的啤酒商桑泰尔建议，不如使用“混合松节油和磷的喷射气泵”。哦，斯皮诺莎·桑泰尔，你准备好混合物了吗？每个人都以为自己是工程师！这期间，枪林弹雨也没有停歇，甚至妇女也在射击，还有土耳其人。至少有个女人带了土耳其情人。这时，法国近卫军赶到了，这回有真正的大炮和炮手了。执达员马亚尔、领半薪的埃利、领半薪的胡林都在这成千上万人中。[②]

巴士底狱的大钟在内院气定神闲、悄然地滴答作响，一小时又一小时过

① 两个自由的朋友著：《法国革命史》，关于富歇的叙述，第1卷，第324页。
② 两个自由的朋友著：《法国革命史》，关于杜索的叙述，第1卷，第319页。

去，对其本身或者对这个世界似乎都没有什么特别之处。枪声响起的时候，它刚好敲响一点钟。现在马上敲响五点钟，枪声还是没有平息。在要塞深处的牢房里，七名囚犯听到地震般沉闷的嘈杂声，看守也弄不清发生了什么事。

德·洛奈，你和这一百名守备士兵真是倒霉！布罗利距离遥远，听不见这里发生了什么。贝森瓦尔可以听见，却无能为力。一支可怜的轻骑兵部队小心翼翼地沿着堤岸前来侦察，并抵达新桥。“我们是来加入你们的。”队长说，因为人群似乎什么都干得出来。一个大脑袋、矮个子、嘴唇苍白、弱不禁风的家伙颇有心计，他拖着步子挤到前面嚷道：“那么，你们过来把武器交给我们吧！”轻骑兵队长领着队伍被愉快地护送到街垒，然后就地解散了。这个矮胖子是谁？有人回答说，这是马拉先生，那部和平而优秀的《告人民书》的作者！他是真正的伟人，了不起的兽医。这里是你隆重出场和新生的日子吗？从这一天开始到未来四年，我们都不要拉起遮盖未来的窗帘。

德·洛奈该怎么做呢？他只有一件事可做，他说过会做。可以想象，他从一开始就在火把的光亮下坐在那里，火药库就近在咫尺。他像古罗马参议员或青铜灯座一样一动不动，只微微用眼神冷冷地告诫杜里奥和其他所有人，他决心做什么：他只是为了自卫才会反击。但国王的要塞应该，而且只能根据国王的御令才能投降。一个老人只有为了荣誉而死，生命才有价值。但是，你们这些喧嚷的暴民，想想看，当整个巴士底狱被炸上天之后该怎么办！可以想象，从德·洛奈破釜沉舟的坚定决心，本来会让杜里奥、法院穿红衣的书记员、圣·史蒂芬神甫和全世界所有的流民随心所欲地大干一番的。

然而，尽管如此，他仍然不能这么做。你认为个人的心灵如何与集体的心灵相呼应？你注意到万众一心的呐喊有多强大吗？他们愤怒的尖叫声是怎样麻痹强大的灵魂的？他们的吼声是如何造成莫名的痛苦的？作曲家格鲁克承认，在他最伟大的歌剧之一中最高贵段落的基调，是他在维也纳听到的民众向皇帝哭喊：“要面包！要面包！”万众一心的呐喊无比强大。他们本能的表达比思想的表达更加真实:因为这是一个人能在构成这个时光世界的声音和阴影之中,遇到的最伟大的事情。对此有抵抗能力的人,可以从沧海桑田中找到自己的立足点。德·洛奈做不到这点。心烦意乱的他在两者之间徘徊,在绝望中抱持希望。他声明,不仅不会献出要塞,而且会将其炸毁;却又收缴了火把,防止其被炸掉。不幸的老德·洛奈,这是你和巴士底狱的终极痛苦!监狱、看守和犯人按命运的安排将同归于尽。

这个疯狂的世界已经怒吼了四个小时,还是称其为喷火的魔兽世界吧!可怜的守备部队已经在城垛上变得沮丧不堪,或只是对着天空开枪:他们用餐巾做了一面白旗,敲起了投降的号鼓,又好像是什么别的鼓点,根本听不清楚。看守闸门的瑞士兵对这片火海感到气馁,似乎放弃了继续射击。吊桥上的一个窗口打开了,人们可以借此对话。看,人群中有贼眉鼠眼的执达员马亚尔!他正摇摇摆摆地站在石沟深渊的木板上,靠护墙支撑的木板在爱国者的重压下摇摇欲坠。他在危险地走钢丝:有什么样的鸽子,就有什么样的方舟!小心点,狡猾的执达员:那边墙根下已经有一个人倒下!执达员马亚尔没有倒下,他伸开手臂,行走稳健,没有失误。瑞士兵从窗洞递出来一张纸,执达员抢在手里就赶紧跑了回来。这是投降条款:原谅、宽恕所有人!接受这个条件吗?“以军人的荣誉保证。”领半薪的埃利或领半薪的胡林回答,因为人们意见不一。“但他们同意!”于是,吊桥缓缓被放下。冲在前面的是执达员马亚尔,随后是滚滚的人潮:巴士底狱攻克了!我们胜利了!巴士底狱攻下来了![①]

第七节　不是造反

为什么要强调后面发生的事?胡林的军人承诺本来应该兑现,但他食言

① 两个自由的朋友著:《法国革命史》,第1卷,第267-306页。《贝森瓦尔回忆录》,第3卷,第410-434页。杜索著:《攻占巴士底狱》,第291-301页。《巴伊回忆录》,第1卷,第322页,等等。

了。瑞士兵都排好了队，穿上白帆布服隐藏自己的身份。守备部队没有伪装自己，他们的手都靠在墙上。冲在前面的胜利者在庆幸死里逃生之余，“欣喜若狂地骑在他们的脖子上”，但后面更多的胜利者很快蜂拥而上，这已经不完全是欢庆活动了，正如我们所说，这是活生生的飞泄的洪流。如果不是法国近卫军以军人的冷静调转枪口，冲动将会导致自杀式的后果，因为他们可能会成百上千地掉到巴士底狱的沟里。

滚滚人潮就这样涌进院子和走廊，汹涌澎湃，场面失控。他们被胜利、仇恨和复仇冲昏了头脑，竟然从窗户向自己人射击。可怜的守备部队日子不好过了。一个瑞士兵企图穿上自制服逃走时，被致命的子弹赶了回去。把所有犯人都押到市政厅去审判！唉，已经有一个可怜的守备士兵被砍掉右手，他伤残的身体被拖到格雷沃广场吊了起来。据说，就是这同一支右手阻止了德·洛奈点燃火药库，从而挽救了巴黎。

有人发现披灰色僧袍、红色缎带的德·洛奈想用自己的手杖短剑自杀。他随后被扭送到市政厅，由胡林、马亚尔等人护送他。埃利用刀尖挑着投降书走在队伍的前面。沿途到处是拥挤的人群，叫骂诅咒声，当然少不了枪声！护送队最后被冲散，跌倒在地。胡林精疲力竭地倒在石堆上。痛苦不堪的德·洛奈注定是无法进入市政厅了，进去的只是他那“血淋淋的发辫，被作为战利品举在一只血淋淋的手上”。还在滴血的躯干被扔在台阶上，可怖的头颅则在街道的另一边被挑在一支长矛上。

一丝不苟的德·洛奈死了。他在死前高喊：“哦，朋友，快杀了我吧！”即使在这可怕的时刻仍怀着感恩之心并愿意为他而死也是枉然，仁慈的罗斯莫必须死。弟兄们，你们的愤怒何其残忍！你们的格雷沃广场成了老虎的血盆大口，充满声嘶力竭的咆哮和腥风血雨。又有一名军官被残杀，守备部队的另一个士兵被挂在路灯杆上吊死：虽然困难重重，但法国近卫军还是以大无畏的坚毅，设法救下了其余的士兵。一直备受死亡威胁的市长弗莱塞勒，不得不离开官位，“赴王宫广场接受审判”，随即在第一条街转角处被一个陌生人枪杀。

啊，七月的晚霞，你的斜阳映照着静谧田野里的耕作者、农舍里纺线的老妇人、遥远海洋中的航船、凡尔赛橘园的舞会，在那里，绝代佳人正与轻骑兵军官翩翩起舞。市政厅的走廊喧嚣如地狱！语言混乱的通天塔无出其右，只有精神错乱的疯人院可以媲美。选举委员会面前是一望无际的钢针组成的密林，在近得吓人的距离威胁一个又一个受指控的对象。这是泰坦巨人与奥林匹斯的战争，让人不敢相信他们可以取胜。这简直是奇迹中的奇迹，因而得意忘形，别无其他。控诉、报复、黑暗恐怖背景中的凯旋之光：从里到外的一切都陷入满目疮痍的疯狂之中！

即使选举委员会上千人发出振聋发聩的呐喊也是不够的。勒费福尔神甫一身火神的黑色打扮，正在地下室分发总重达五千磅的火药。在这四十八小时里，他经历了怎样的危险！昨晚，有个醉醺醺的爱国者非要坐在火药桶上吸烟。他旁若无人地在那里吞云吐雾，吓得神甫赶紧花了三法郎买下了烟斗，把他撵走了事。

在选举委员会的众目睽睽之下，埃利坐在大厅里，三段弯曲的剑已出鞘。他戴着破旧的头盔（因为他隶属女王骑兵团），穿着破烂的军服，焦黑的脸脏兮兮的。有人说，他堪比褒善贬恶的“古代勇士”，可以荣登巴士底狱的英雄榜。“哦，朋友，不要用血污辱没这世界绝无仅有的绿色桂冠。”假使听一听埃利的倾诉，就知道这反倒是他的心结。加油，埃利！加油，市议员！夕阳西下，人以食为天，巴黎发生的事将天下周知，形势会缓和、平息：世间之事终将有个了断。

沿着巴黎的街道有七名巴士底囚犯被五花大绑游街：长矛上挑着七颗头颅、巴士底狱的钥匙和其他五花八门的东西。还有法国近卫军，正迈着军人特有的坚定整齐的步伐，返回军营，并好心地把守备部队的士兵和瑞士兵围在四方队形的中心。一年零两个月之前，在德·埃斯普雷梅尼尔向命运低头时，这些军人带着奥古斯特盾牌，在高等法院袖手旁观。而无论是现在还是未来，他们都会踊跃参与一切活动。今后，取代法国近卫军的是国民自卫军的中央掷弹兵：这是有幽默感，但绝非抱残守缺的铁血纪律之师！

巴士底狱轰然崩塌的砖石在夕阳下依旧在鸣响，文件档案四处散落，古老的秘密大白于天下，长久压抑的绝望终于可以一吐为快。其中有一封信尘封已久[①]："如果大老爷愿意以上帝和最神圣的三位一体的名义，让我得到我亲爱的妻子的消息，即使是明信片上一个名字，只要证明她还活着就行！这就是对我最大的安慰，我会永远为大老爷祈祷。"关于这位叫戈莱·德莫里的可怜的囚犯，没有什么别的记载。你亲爱的妻子已然死去，你也早已死去！你怀着一颗破碎的心将这个问题问了五十年，虽然现在才有答案，但会长久活在人们的心里。

但是，七月的暮色渐浓。巴黎像生病的孩子和所有扰攘的动物一样，在吼叫声沉寂下来后终于进入梦乡。庆幸自己的头颅仍在颈项上完好无损的市议员回到了家，只有莫罗·圣梅里和另外两个人还留守市政厅。他出生在热带地区，生性镇定。巴黎已经沉入梦乡，但城市依旧灯火通明，巡逻队为了口令而大打出手。有人散布打仗的谣言，说有一万五千人正从圣安托万郊区赶来，但最终没了下文。夜晚的乱象与白天如出一辙。莫罗·圣梅里在离开办公室前发布了三千多条命令。这么聪明的头脑，简直可以同睿智的培根修士相提并论！他把整个巴黎握在手中，要求无论对错都必须迅速回应，因为此时巴黎正处于权力真空状态。啊，勇气超群的莫罗·圣梅里，你头脑冷静，思维清晰，凭你的能耐可以胜任从威风凛凛的参议员到商人、书商，从弗吉尼亚到撒丁岛等各个地方的副国王。你勇气可嘉，不会找不到工作的。[②]

贝森瓦尔在遮天蔽日的硝烟和富人群体的掩护下潜逃了，这些人没有加

---

① 落款日期是1752年10月7日于巴士底狱，署名人是戈莱·德莫里。摘自兰盖著：《回忆录：揭秘巴士底狱》，巴黎，1821年，第199页。

② 福尔尼埃·贝斯克著：《世界传记：圣梅里的莫罗》。

害他。他步履蹒跚地沿着塞纳河左岸，漫无边际地走了一整夜。贝森瓦尔将在次日被传唤候审，脱罪困难。他的近卫军和德国皇家卫队早已不复存在。

在凡尔赛宫，舞会和凉饮早已不了了之，橘园除了夜鸟的鸣叫一片死寂。副议长拉法耶特在长明的灯火下，同以他为中心摆放的桌前约百名议员一起，昂头正襟危坐在梅尼大会堂守夜。这天，接连派出了两三个庄严的代表团去见国王陛下，均无功而返。这一切意味着什么结局呢？

宫廷上下则显得神秘莫测，人们窃窃私语，惶惶不可终日，尽管愚蠢的女人还在胡思乱想什么柠檬水和垫肩，无知常乐的国王陛下也许在梦想双筒猎枪和默东森林。午夜时分，有宫廷出入权的利扬库尔公爵获准进入国王内室，直入核心地将灾难性的形势和盘托出。“可是，”可怜的路易说，“这是在造反。”“陛下，”利扬库尔回答，“这不是造反，这是一场革命。”

第八节　征服你们的国王

次日，第四个派往凡尔赛宫的代表团已经整装待发。这个代表团即便不能说更可怕，也可以说更庄严了，因为除“橘园狂欢”的沉寂，似乎“运粮车队都停了下来”，米拉波之声比以往更加响亮。就在该代表团出发之际，国王陛下在仅仅两个兄弟的陪同下意外现身，他以大家长的姿态宣布，军队和妨碍互信的各种因素都已消失，今后，只存在信任、和解和善意，并“授权甚至要求”国民议会，以他的名义向巴黎发布消息！人们像突然摆脱了死神的魔爪一样，顿时报以雷鸣般的掌声。整个议会全体起立，护送国王陛下回宫，议员们“拉起手组成通道，防止别有用心的人接近国王”。因为整个凡尔赛到处是奔走呼号的人群。宫廷乐师恰到好处地奏起《家庭的怀抱》：王后拉着王子和公主在阳台现身，数次亲吻他们。人群由近而远欢声雷动，似乎一个新的天堂突然出现在地球上。

智慧非凡、头顶无限祝福的八十八名议员，包括巴伊、拉法耶特和痛改前非的大主教，乘车前往巴黎发布消息。从他们下车的路易十五广场到市政厅，一路上成了三色绶带和国民自卫军闪亮火枪的海洋，还有震耳欲聋的呼喊声和偶尔传来的鼓乐声。拉里·托兰达尔做了最慷慨激昂的演讲，这个虔诚的拉里就是被谋杀的那个倒霉拉里的儿子。人们硬是给他的头上戴了一个（用橡树或欧芹枝条编的）公民冠，而他坚持转给巴伊了。

当然，有一件事迫在眉睫：国民自卫军必须有一位将军！发布三千条命令的莫罗，意味深长地将目光投向拉法耶特半身像，它自美国独立战争以来就摆在那里。于是，大家鼓掌通过了拉法耶特的提名。接下来，巴伊议长会取代叛徒或半个叛徒弗莱塞勒担任巴黎市长吗？当然喽，巴黎市长就是他了！“巴伊万岁！拉法耶特万岁！”聚集在外面的普通民众，用撕裂苍穹的呼喊声确认了任命。最后，我们去圣母院唱感恩赞美诗吧。

这些使国家获得重生的人们，喜形于色地排着队，亲切地穿过欢呼的人群，前往圣母大教堂。勒费福尔神甫仍穿着发火药时穿的黑衣服，与穿白色圣衣的大主教手挽手并肩而行。可怜的巴伊接见了被派来向他致敬的弃婴和孤儿，不禁热泪盈眶。感恩仪式在我们大主教的主祭下，不仅唱了赞美诗，而且发射了空包弹。我们快乐无限，因为我们痛苦无边。巴黎以自己的长矛和火枪，以及内心的勇气，甚至征服了战争之神，现在让国王陛下深感满意。这个夜晚，一个信使给内克尔先生送来一封信：人民的部长在国王、国民议会和国家的邀请下，将在一片喝彩声和鼓乐声中回到法国。

看到国脉民命的发展趋势，亲王三巨头、布罗利的参谋部大员们和其他泛泛之辈认为，他们该做的也很清楚：那就是跳上马车，溜之大吉。快跑吧，布罗利、波利尼亚克和王室血统亲王，你们这些保王党。快跑吧，趁现在还来得及！王宫不是在其最新的夜间动议中，为你们每个人的项上人头都设了价码（虽然未提及交易地点）吗？在 16 日夜里到 17 日早上这段时间，这些贵族小心翼翼地在大炮和靠得住的军团掩护下落荒而逃，一路上险象环生！孔代亲王看到（或觉得看到）有人骑马全速尾随。据说有观点认为，他们图谋在圣马恩斯桥把他扔到瓦兹河里。[①]波利尼亚克们一路上做了精心伪装，他的朋友被安排坐在车夫的位置。布罗利在凡尔赛遇到了麻烦，在梅斯和凡尔登身处险境，不过最后还是安全抵达卢森堡休息。

这是他们所谓的第一次移民国外，似乎是在宫廷秘密会议上确定的。国王陛下也参加了会议，为了分担责任，他随时准备听取任何意见。“三位法兰西之子和四位圣路易系的血统亲王，”韦伯说，“都不能更有效地轻松击败巴黎市民，而只有使他们永远生活在恐惧中才能做到。”唉，巴黎市民以意想不到的禁欲主义精神承受了这种侮辱！阿图瓦亲王走了，但他把阿图瓦领地的土也带走了吗？即使是巴加泰尔的乡间别墅如今也被用作小酒店。四个仆人抬的套裤再派不上用场，只剩下了裁缝！至于老富隆，听说他已经死了，至少举办了华丽的葬礼，即使没有其他人向他致敬，葬礼承办人还是会的。他的总督女婿贝尔齐埃还活着，在那个欧墨尼得斯的周日潜逃并投奔了贝森瓦尔。这样做似乎是轻率了，现在没有人知道他的下落。

移民们刚走不远，孔代亲王刚刚渡过瓦兹河，根据预先安排（移民也认为这样可能更为有利），国王陛下做了一个相当大胆的举动：亲自巡视巴黎。在一百名议会议员和在塞夫尔桥解散的很少几个卫兵的护送下，可怜的路易丢下空寂的王宫和悲泣的王后上路了。她生不逢时，现在、过去和未来都辜负了她。

在帕西城门，巴伊市长在盛大的集会上向国王赠送了钥匙，发表了学术味十足的演说，宣布这是一个伟大的日子。在亨利四世时代，是国王征服了巴黎，但现在更让人高兴的是，人民征服了自己的国王。被如此幸福所征服的国王，慢慢地在这些意志坚定的人中走过，他们或者沉默不语，或者只高呼国家万

① 韦伯著：《回忆玛丽·安托瓦内特》，第2卷，第126页。

岁，在市政厅发布三千条命令的莫罗、国王检察官埃迪德科尔尼先生、拉里·托兰达尔和其他人发表了演讲，不知道该说什么或该想什么，只知道他是“法国自由的重建人”，就与人们准备在巴士底狱原址上为他竖立雕像以向所有人传达的意思一样。最后，国王戴上有三色帽徽的帽子，在阳台上亮相，广场和街道、所有的窗户和屋顶一片热烈的欢呼，然后驱车在高兴与怨恨、国王万岁和国家万岁此起彼伏、交织在一起的呼喊声中，厌倦但安全地返回宫内。

炽热的炮弹在我们头上横飞的时候是星期日，现在是星期五，“革命被认可了”。庄严的国民议会将制定宪法。无论是残忍的外国士兵、携带大炮的国内三巨头、盖伊·福克斯式的火药阴谋*，还是公开或地下的任何专制权力，都不会这样发问：“你们在做什么？”人民为拥有一部宪法而欢欣鼓舞。有些人在城堡的窗户下，听到狂热的圣于吕日侯爵企图谋反的言论。①

第九节　路灯杆

巴士底狱的陷落，可以说撼动了整个法国最深层的存在基础。与这些壮举相关的传闻，以其天然的速度、由阴谋而产生和被认为是超自然的效果，散布到每个角落。德·奥尔良或拉克洛，甚至米拉波（当时还远未腰缠万贯）不是从巴黎派遣信使，快马加鞭沿着所有的大路，向法国各地传播消息了吗？这堪称奇迹，却从没有哪个人具有质疑它的洞察力。②

大多数城镇都组建了选举委员会，为内克尔打抱不平、高谈阔论和发布决议。在许多城市，如雷恩、卡昂和里昂，民众群情激奋，已经用碎砖和枪来为他鸣不平了。但是，在如今惶惶不安的当口，在法国各个城镇的城门口，在这些恐

* 1605年，罗马天主教徒盖伊·福克斯及其同伙因不满新教徒政策，企图炸死国王和上议院，后阴谋流产，被以叛国罪处死。

① 《康庞夫人回忆录》，第2卷，第46-64页。

② 《图隆永回忆录》，第1卷，第95页，以及《韦伯回忆录》等。

怖的日子，总有一些骑马的人在往来飞奔，因为传闻总是不胫而走。这些人一脸恐惧地报告，土匪就要来了，已经逼近此地，然后马上赶赴下一站！于是，全城居民吓得四散奔逃，寻找武器自卫。此后不久，请愿书被送到国民议会。处在这种危险和恐怖中，谁也无法拒绝民众自发组织自卫。武装人员在全国各地成为登记的国民自卫军。因此，传言像插上了翅膀，以巴黎为中心向外扩散。在几天时间里，有人甚至说在几个小时里，整个法国一直到最遥远的边界，都布满了刺刀。这简直堪称奇迹！令人惊愕，但无可否认。一般化学液体，即使冷却到冰点或更低的温度，仍可以保持液体状态，然后，波澜不惊地完全变成冰。同样，法国在经过数月甚至数年的化学处理后，进入零度以下；现在，经过巴士底狱陷落的震撼而瞬间凝结，成为钢刃般锋利的巨大结晶体！小心，不要触摸！

巴黎有了选举委员会、新的市长和将军，现在迫切需要让好战的工人恢复正常工作。奥尔大市场里强悍的妇女送上了振振有词的祝贺，并“向圣吉纳维夫神龛献花”。未履行入伍手续的人虽然不情愿，但仍然为换取“九法郎”而放下了武器。配合赞美诗、国王的巡视和得到认可的革命，往日的阴霾一扫而光，随之是风和日丽的万里晴空：飓风平息了。

尽管如此，一如自然规律使然，海浪仍然汹涌，渺渺的余音沉淀在中空的岩石里。现在不过是当月的22日，离巴士底狱陷落仅仅过了一周时间，就突然传来老富隆还活着的消息，并且一大清早就出现在巴黎的大街上。他是想让人民吃草的敲诈犯、阴谋分子，从一开始就是个骗子！甚至有过之而无不及。假惺惺的（某个死去仆人的）华丽葬礼、枫丹白露附近的维特里避难所，都未能让那卑鄙的老人从中渔利。一些恨富隆死里逃生的前仆人或下属，向他避难的村子告发了他。维特里冷酷无情的村夫，像地狱猎犬般向他扑去，把他揪了出来：“把这个下流胚带到西面的巴黎市政厅去受审！”七十四岁老人花白的头发已经没几根了。他们象征性地把一束草捆在他背上，在他脖子上挂一个蓟花和荨麻花环：他就这样在咒骂和威胁声中，被绳索牵着，拖着衰老的四肢缓慢前行。在所有的老人中，他是最令人同情的，却也是最令人不齿的一个。

被硝烟熏得乌黑的圣安托万郊区和每一条街道，在他经过时人山人海，格雷沃广场、市政厅的会议大厅几乎无法容纳他和他的护送队。富隆不仅要依法受审，而且必须就地受审，不容拖延。市政官员是任命七名还是七十七名法官，你们自己决定，或者我们来任命，反正得立即审判他！巴伊市长费了好几个小时，用雄辩的口才和选举言论去解释法律上延期审判的好处，那完全是浪费时间。说来说去，还是拖延！看哪，人民的市长，从早上说到了中午仍未审判！被火速召来的拉法耶特发表了自己的见解："臭名昭著的富隆有罪几乎毋庸置疑。但他会不会有同伙？能不能把他关进修道院监狱，从他嘴里巧妙地套出口供？"真是别开生面的一道曙光。无套裤汉无不拍手称快。本来打算听天由命的可怜的富隆，看到了一线希望，也鼓掌叫好。"看！他们一拍即合！"阴阳怪气的无套裤汉由于怀疑而恼羞成怒。[①]

"朋友们，"一个衣着体面的人上前说道，"这个人还需要审判吗？他三十年前不是已经被审判了吗？"无套裤汉们爆发出野蛮的叫喊声，顿时有上百只手伸过来抓他，拖着他穿过格雷沃广场，来到瓦纳里大街拐角的路灯杆刑场。他苦苦哀求饶命，人们置若罔闻。用了两根绳子都断了，用第三根绳子才把他吊起来。此时，他还在声音颤抖地哀求。在吃草人民发出的地狱般的吼声中，他的尸体被拖到街上，头被挑在长矛上，嘴里塞满了草。[②]

当然，如果报复是一种"正义"，那么这就是一种"野蛮的"的正义！啊，疯狂的无套裤汉，你们是在疯狂的黑暗、烟灰和破衣烂衫中，出人意料地像被活埋的恩克拉多斯那样，从特里纳克里亚爬出来的吗？那些想让人吃草的人，现在自己不是也这样吃草了吗？经过数代人绝望的哀鸣，现在轮到你们时来运转了吗？人类并不了解，自身的谬误对如此糟糕的颠覆和可怕的瞬时重心

① 《议会史》，第2卷，第146-149页。
② 两个自由的朋友著：《法国革命史》，第2卷，第60-66页。

倒置责无旁贷。责任越大，谬误越大！

为了给巴伊市长及其下属官员的政绩锦上添花，有消息说贝尔齐埃也被逮捕了，正在从贡比涅押解到此的途中。他是巴黎的收税官，被指控是欺下媚上的暴君、倒卖粮食的二道贩子、反对人民阵营的组织者，等等。他不也是富隆的女婿吗？尤其正赶上无套裤汉群情激奋之时，仅凭这个事实就是罪大恶极。胆战心惊的市政府派了一名官员，在国民自卫军的保护下前往护送。

在天黑的时候，可怜的贝尔齐埃乘坐敞篷马车到达城门口，他仍然一脸无所畏惧。护送他的是市政府官员、五百名手持战刀的骑兵，以及一些没有武器却吵嚷不绝的步行者！有人在他周围挥舞着牌子，上面是无套裤汉用大字简单写下的非法指控他的罪名。[①]巴黎对他热情相迎：人头攒动的窗户、掌声、舞蹈、类似复仇女神之歌的凯旋之歌！最后在他眼前亮相的是，被挑在长矛上的富隆的头。看到这里，他的表情“变得呆滞”，一下子失去了知觉！然而，无论意识如何，他的精神依然如钢铁般坚定。在市政厅，他不愿回答任何问题。他说，他只是服从上级的命令，他们有他的文件，可以做出判断和决定。至于他自己，已经两天没合眼了，他只要求先睡觉。倒霉的贝尔齐埃，好好睡吧！警卫和他一起动身前往修道院监狱。在市政厅的门口，他们被冲散了，贝尔齐埃成了旋风的中心，几乎被无数愤怒的胳膊撕成碎片。人们将他拖到路灯杆刑场。他抢过一把火枪还击，像一头发狂的狮子进行自卫，最后被打倒在地，被人群踩踏、绞死、肢解。他的头，甚至心脏都被挑在长矛上在全城游街。

在有过公平正义的国家里，这未免骇人听闻，而在从未有过的国家不过是平常之事！“那么，流的血就如此纯洁吗？”巴纳夫问，暗示绞刑架虽然有悖常理，但自然有存在的必要。哦，亲爱的读者，当你走过瓦纳里街的拐角，看到同一个黑黝黝的路灯杆，你也一定会若有所思。它下面是一家食品杂货店或其

---

① 他偷了国王和法国，吞食了人民的财产，是富人的奴隶、穷人的暴君。他喝孤儿寡妇的血，背叛了自己的国家。两个自由的朋友著：《法国革命史》，第2卷，第67–73页。

他商铺，神龛里有路易十四的半身像。现在，半身像已不复存在，只剩下灯柱上的灯放出暗淡的光芒，默然见证这个崩塌的世界。

但是，在开明爱国者的眼中，这不啻为万里晴空中突然飘来的雷雨云！乌云翻滚预示着雷电蕴含的无限威力。巴伊市长、拉法耶特将军愤而递交了辞呈，只有好言安抚才会回心转意。乌云消失，雷电转瞬即逝。天空依然碧空如洗，尽管还残留了些许污点，但超自然的特征却明显越来越少。

无论如何，不管发生了什么事件，巴士底狱在地球上已不复存在，随之而去的还有封建主义、专制主义，希望还有人类之间的压迫和背信弃义。唉，压迫和背信弃义实在难以轻易消除。但巴士底狱正逐日逐月地缓慢坍塌，根据市政府的命令，其石块、方石不断被拆除。人们好奇地流连于密布的地洞，凝望着在墙壁里发现的累累白骨、地牢、铁笼子、系着锁链的巨大石块。有一天，我们遇见了与日内瓦人杜蒙一起来的米拉波。[①]工人和围观者恭敬地给他让路，兴高采烈地在他经过的路上撒上鲜花和诗集，把巴士底狱的文件和稀奇古怪的东西，扔进他乘坐的马车里。

精明的编辑根据巴士底狱所剩无几的档案出版了图书。地洞的钥匙将穿越大西洋，摆在华盛顿的办公桌上。大钟正在某个爱国钟表匠的家里滴答作响，不再为无尽的痛苦计时。巴士底狱消失了，我们称之为消失，因为，在未来的几个世纪里，虽然要塞本身或砂石在塞纳河畔和路易十六桥上将发生良性演变[②]，但其不灭的灵魂仍将长久地留在人们的记忆里。

到目前为止，庄严的议员们，是你们用网球场宣言、惯性和动力、智慧与坚毅在引领我们前进。“但是，先生们，正如请愿者所说，你们是我们的救星，你们自己也需要救星。”就是说，在勇敢的巴士底狱攻克者和巴黎的工人中，许多人处于一贫如洗的窘境！[③]有人发起了募捐，草拟了比埃利写得更完整的

---

① 杜蒙著：《回忆米拉波》，第305页。
② 杜洛尔著：《巴黎的历史》，第8卷，第434页。
③ 《箴言报》1789年7月18日星期六的会议。载于《议会史》第2卷，第137页。

名单，并发布了演讲。一个人员整齐、堪比阿尔戈英雄榜*的叫“巴士底狱英雄”的团体也组织起来，希望可以永载史册。但世事无常，在一年多的时间里，他们就再次被命运的漩涡冲得七零八落、身名俱败。人类创造了多少最高级的形式，又不免被更高级的形式所取代，并最终沦落为比较级和实验性质的参照物！围攻巴士底狱，在历史的天平上相比大多数围城战例，包括围困特洛伊城，无足轻重。但我们发现，在死亡和重伤者中，围攻者有八十三人，在被围攻者中，经过草垛大火、消防水淹和雨点般的排枪之后，只有一个可怜的伤残守备士兵在城墙上被打死。巴士底要塞像杰里科城一样，是被神奇的呐喊声颠覆的。①

---

* 阿尔戈英雄指希腊传说中同伊阿宋一道，乘快船“阿尔戈号”去阿瑞斯圣林取金羊毛的五十位英雄。

① 杜索著：《攻占巴士底狱》，第447页。

第六章

全力以赴

第一节　制定宪法

或许，是时候更确切地说明法国大革命这几个字究竟意味着什么了，因为严格说来，其意义众所纷纭，莫衷一是。一切都处于革命之中，时刻处于变动之中，时代更迭令人难以捉摸。在时间的世界里，没有别的，只有革命和突变，甚至无法想象还存在其他的东西。如果你回答，革命意味着更快的变革。那么，会有人问：快到什么程度？革命这种速率不同但永不停止、直到时间本身终止的变化过程是以何种速度进行的？人们在什么程度上认可一场革命的开始和结束？是什么时候不再算突变的？又是什么时候重新开始突变的？这些都取决于多少任意的定义。

我们的回答是，法国大革命意味着公开的暴力反抗和冲破藩篱的无政府主义针对腐败和腐朽权威的胜利。革命向我们表明，无政府主义如何摧毁了监狱，奔向无尽的深渊，跋扈恣睢，荼毒世界，从血脉偾张演变为狂悖无道，最后让狂热吞噬自己，使受其抑制（因为所有的力量都如此被抑制）的新秩序元素发展壮大。失控的暴行如果被关进樊笼并加以利用，狂热的力量将变为健康和规范的力量。由于是各种等级制度和政体，神权的、贵族的、专制的、妓女的，在统治这个世界，因此，神谕昭示这一次该由无政府主义、雅各宾主义、无套裤汉、法国大革命、法国大革命的暴行，或者其他任何名称的东西大获全胜。不过，我们要叙述的无套裤汉的“毁灭性的愤怒”，并没有什么值得大书特书的地方。

这的确是个伟大的现象：先验的、超越所有规则和经验的、当代至高无上的现象，因为这里最出乎意料的是，陈腐的狂热经过改头换面，以新的面目出现，像所有的狂热那么神奇。称其为“与规则决裂”的狂热吧。规则世界是由适合居住的地方组成的规范世界，有必要仇视这种狂热，与其进行殊死搏斗，而且必须征服这种狂热。如果失败，就会在憎恨和诅咒中一命呜呼。即使如此也不能阻止其存在和曾经存在过，因为诅咒就在那里，奇迹也在那里。

奇迹来自何处？前往何处？这些都是问题！当奇迹的时代作为让人难以置信的传统消失在远方，甚至当抱守残缺的时代垂垂老矣，当人在几代人的时间里单纯依靠日益虚幻的公式，当真正的现实仿佛不复存在、只剩下幻觉的现实，当神的世界不过是裁缝和工匠们打造的产品，而人不过是装模作样、一脸媚态的纸板面具的时候，大地突然裂开，在地狱冒出的滚滚浓烟和令人眼花缭乱的眩光中，多头喷火的无套裤汉怪兽崛起，并且发问：你们对我是怎么想的？受到恐怖打击的纸板面具会张皇失措地抱团取暖！朋友们，这的确是令人匪夷所思的灭顶之灾。纸板和幻影该多加小心：无妄之灾会不期而至。我认为这一天为期不远。许多亦幻亦真的纸板连半个也无法幸免！奇迹的时代已经到来！“看，在火中涅槃和重生的世界凤凰回来了，它的巨大翅膀平地生风，死亡的旋律响彻在炮声隆隆的战场和陷落的城市，葬礼的火焰直冲云霄，吞噬一切：这就是一个世界的生死轮回！”

然而，正如我们常说的那样，由此产生了一种难以描述的祝福，即人及其生命不再仰赖于虚幻和谎言，而是建立在事实和真理之上。向最平常的真理致敬，只要是这样的话，就可以媲美最高贵的谎言！任何真理都可以催生出更新、更美好的真理。由是，坚硬的花岗岩在上天恩典的眷顾下，碎成尘土，滋养青翠的植被、果实和树荫。根据同样的逻辑，对于同真理渐行渐远的谬误来说，时机成熟时，可以做的或应该做的，就只能是缓慢甚或剧烈地分崩离析，重新回归始作俑者的行列，更可能的是投入熊熊大火中毁灭？

无套裤汉会焚烧很多东西，但不包括点不着的东西。不要害怕无套裤汉，要认清其固有的本性，及其在纷繁世事中可悲的必然归宿和神奇的开始。另一件事你也必须清楚：他们也是造物主的产物，难道不是吗？根据记载，无论现在还是当初，神的成就在可怕和神奇的深渊中酝酿久矣：旋风中也有他的话语，而人的愤怒是对他的赞美。但对于如何判断和衡量这些无法估量的事物，对其进行解释，并将其简化为无用的逻辑规则，无套裤汉是不会尝试的！更不需要喊哑嗓子去诅咒他们，因为，在必要的范围内，已经有人这样做了。作为实际存在的时间之子，必须以难以言说、饶有兴味、通常是沉默的态度来观察时间为我们带来了什么，通过观察、陶冶、指导、滋养自己，甚至作为消遣而满足自己。

每次发生新的事件就会出现并要求有新回应的另一个问题是：法国大革命究竟发生在哪里？在国王的宫殿里，在国王陛下或者王后陛下的管理、虐待、阴谋、愚笨和悲哀中，某些人这样回答。这些回答不值得我们一一回应。在国民议会上，各色闲杂人等对此做了回答，因而得以坐上记者席，记录大厅里重要的公告、契约、报道、逻辑论战和唇枪舌剑的议会辩论，骚乱和喧哗声在外面都清晰可闻，音量一浪高过一浪，称其为法国革命史，并自豪地发表出来。利用车载斗量的现有报纸摘要、报告精选、议会史，把同样的事情做到极致，对我们来说易如反掌。虽然容易，但并不划算。国民议会现在称为制宪议会，继续贯彻其既定路线，制定宪法，而法国大革命也要继续走完其历史进程。

总的来说，我们不能说法国大革命存在于言论和思想都充满暴力的法国人心中和头脑中吗？但清晰地描述这两千五百万法国人如何在复杂的运动中顺势而为或反其道而行，如何导致事件频发，洞悉哪些事件至关重要，应该怎样做正确的评价，却并非易事。为了解决这一问题，需要超群的智慧，吸取一切资源，以独到的眼光和视角捕捉转瞬即逝的灵光，满足于差强人意，但仍然可以接受的解决办法。

曾经插着军旗、一马当先、如今仍高高在上俯瞰法国的国民议会，虽然已不再冲锋在前，但仍在继续对前进和后退发号施令，现在是并且还将继续成为现实的一面镜子。但是，要求它负责制定宪法，未免如水中捞月般强人所难。唉，孟德斯鸠-马布里卡片城堡这些从未如此豪迈的建筑，虽然受到全世界敬仰，但意义何在？威严的国民议会以那种方式被占领之后，变成学究们的高等法院，即使不是学究，至少是百无一用的养老院。唇枪舌剑的辩论，关于人权、和平与战争权，暂停否决权、对绝对否决权的指责，难道真的应验了学究们著名的咒语——“愿上帝为不规则动词而惩罚你”？

宪法可以构建，甚至可以构建多部西哀耶斯式的宪法。但可怕的困难在于使人们适应宪法并与其相安无事。如果西哀耶斯可以借助于从天而降的电闪雷鸣来批准他的宪法，那当然是好事。但是到底有没有雷鸣为他助威呢？严格说来，如果没有上天以有形或无形的方式恩赐的认可，从长远来看，没有什么宪法比废纸更有价值，这难道不一直是真理吗？宪法，即人们作为规范而接受的法律总和，或规定的行为习惯，必须反映他们的信念，对这个奇妙宇宙的信仰、权利、义务和能力。因此，对宪法的认可出于其本身的必要性，即使不是出于看得见的神，至少出于看不见的神。总是有足够现成条款的其他法律都是欺世盗名，人们并不遵守，甚至加以反抗，时机成熟就会予以废除。

因此，对于反叛者和废除者来说，核心的问题是，谁能够制定一部宪法？是那个在有信仰的时候，能够反映信仰的人，当没有信仰时，能够反复灌输信仰的人。这个难得的人一定会像过去一样是神派来的！然而，由于这种高尚、超凡之人寥寥可数，随着他们世代的无限传承，以及他们每个个体带来的微薄贡献，时间也在造就更多这样的群体。力量（因为，正如古代哲学家所教导的那样，国王的权杖源自初露锋芒的锤子，用来敲碎无法教化的脑壳）终将找到用武之地。因此，宪法必须在永久废除与修正、撕裂和修补的过程中，以挣扎和斗争的姿态，面对现存的邪恶，努力对未来抱持希望，像世间万物一样，循序渐进，否则随时自掘坟墓，或者坠入万劫不复的深渊。哦，西哀耶斯，委员会的其他成员，来自法国各地的一千二百名议员，如果你们知道的话，请告诉我们，法国和你的信仰是什么？正确地说没有什么信仰，因为所有的规则已被吞噬殆尽。何处寻觅与此相称的宪法？唉，非常明显，没有宪法就是无政府状态，一俟时机成熟，它会使你遭到灭顶之灾。

但是，不管怎样，倒霉的国民议会又能怎样呢？想想看，鱼龙混杂的一千二百名议员，思想和言论千差万别，不一而足！对于法国必要的重建和为此每人应负的使命，所抱持的信仰和希望相距甚远。一千二百种独立的力量，以多种形式与任何目标及目标的所有方面配合默契，挣扎求存！

或者说雷声大雨点小、光说不做依旧是国民议会的本质？有代表性的政府大多出于水深火热的暴政之中吗？可以这么说，这些来自全国各地的暴君，雄心勃勃、一天到晚争论不休的人齐聚一处，通过动议和反动议、行话和喧哗，像传说中的基尔肯尼猫*那样互相掣肘，最终的结果是零产出。在这期间，国

* 西方典故，爱尔兰基尔肯尼郡的闲散士兵，会将两只猫的尾巴拴在一起，看它们为挣脱困境而互相撕咬来取乐。

家靠的是各地广为存在的，受认可、大多数不受认可的个人智慧进行的自我治理或者自我指引。即使这样，依然不失为一个很大的进步，因为在旧时代，代表红玫瑰和白玫瑰的教皇党和保皇党派别，甚至可以让整个国家瘫痪。现在，他们是在一个四周墙壁是议会的狭窄密室里完成这一切的，而且在各地都有竞选和其他相关活动，但用的是唇枪舌剑，而不是真刀真枪：这些利用零产出的艺术获得的进步不是伟大的壮举吗？不，最重要的是，某些幸福的大陆（如西部遥远的大草原，在那里凡四足动物都可以头顶蓝天在脚下找到食物），可以无须政府进行治理。对于这种狮身人面像的问题，处于这个时代的心猿意马的世界必须回答，否则命悬一线！

第二节　制宪议会

一千二百名议员的议会适合做一件事：破坏。这确实是其无所事事的自然禀赋更为明确的角色。什么都不做，只是无理取闹和巧舌如簧，一切就会自我毁灭。

威严的国民议会只能如此行事，别无他途。它将名字换成制宪议会，似乎其使命和职能一直只是创造或建设，这是其全心全意尝试做的事。然而，在所有职能中，唯此与其本质和宿命恰恰相反。人们信仰的福音书中甚至有卢梭的福音书，实在令人惊奇！像所有善于思考的法国人一样，正是这些国家代表坚定地相信，认为可以制定宪法，而无论过去还是现在，他们就是被召唤做这项工作的。一个不信神、如此喜怒无常的民族，如何凭借老希伯来人或以实玛利穆斯林的韧性，坚定不移地信仰“惟其荒谬，所以我信”的信条，并且以此对抗这个凶险的世界，变成狂热分子甚至英雄！制宪议会的（印刷而非手稿形式的）宪法及其他若干法律，将延续至未来几代人，作为令人难以置信的时代指导性文件和当时法国最重要的时代画卷，或至少作为这些人对这个时代所描绘的画卷。

但是，坦率地说，国民议会到底做了哪些事情？要做的事情，实际上正如他们所说，是复兴法国，以平静或强制、让步或暴力的方式摧毁旧法国，建设新法国。根据自然法则，这已成为必然。至于暴力会到什么程度，则取决于领导者的智慧。如果国民议会足智多谋，一切就会焕然一新，但无论以何种智慧，能否太平无事，而不是腥风血雨和惊天动地，可能仍然是个问题。

然而，应该承认，制宪议会最后仍将继续有所作为。它一边叹息，一边不停地推卸其完善"不规则动词理论"的无限而神圣的任务，以完成世间的有限任务，后者对于我们来说仍然具有意义。对于革命的法国来说，国民议会就是北极星。政府的所有工作都落到了它的手中，或在它的控制之下，所有的人都在寻找它的指引。在两千五百万人的大规模反抗中，它总是以冲锋车或高举战旗的姿态，居高临下，以最混乱的方式推动和接受意气用事的行为，即使它领导不力，但似乎仍然会尽力而为。它发出不少缓和局势的公告，或多或少起到了一些作用。它授权国民自卫军招募新兵，以便防范土匪侵扰和收割未成熟的庄稼。它派出队伍平息骚动，营救即将在路灯杆上被吊死的人。他愿意关心每天收到的，以冈比西斯国王笔法写成的贺词、普通人的请愿书和陈情书，以便使普通人即使不能申冤，至少可以诉冤。在其他方面，威严的国民议会可以产生口才超群的议员，任命委员会：宪法委员会、关系委员会、研究委员会等。随后就会突然涌出或堆积如山的印刷文件，或滔滔不绝的新辩论议题。于是，组织法或相似的法律，将缓慢地从这个跌宕起伏、上下翻转的浪费中心浮现出来。

在无休止的争论中，我们迎来了书面《人权宣言》的颁布：这是所有宪法文件真正的文本基础。反对者大声疾呼，宣言忽视了人的职责！我们还需补充说，它忘记了确定人的权力，这是其中最致命的遗漏！有时，不，就在 8 月 4 日，我们的国民议会突然以不可思议的热情，仅仅在一个晚上就完成了堆积如山的工作。8 月 4 日是一个难忘的夜晚：世俗和精神领袖、贵族、大主教、议会议长，都争先恐后以炽热的爱国热情，相继把（难以保护的）财产奉献给“祖国祭坛”。在一浪高过一浪的呐喊声中，因为这的确是在“晚饭后”，他们废除了什一税、领主税、盐税、对打猎的过度保护，以及特权、豁免权，盘根错节的封建制度，然后为此表达了感恩之情。最后，在凌晨三点左右昂着高傲的头，顶着星光解散。这个夜晚虽然出人意料，但永远令人难忘，这是 1789 年 8 月 4 日夜晚。有人似乎认为这是奇迹或半个奇迹。可以说，这是一个根据新时代和让·雅克·卢梭的新教堂，所打造的新的圣灵降临节的夜晚。它自有它的原因，也有它的影响。

国民议会议员就是这样工作的，辛苦并张扬地完善他们的“不规则动词理论”，治理法国，并接受其支配，打碎旧制度及其锁链，建立新的秩序，孜孜不倦地编织纺纱线。然而，他们的工作到底是一无是处还是行之有效，整个法国的目光都在密切关注，历史从来不会让他们长时间完全游离于视线之外。

就目前来说，如果我们把目光对准他们的会场，就会很自然地发现最不规范的地方。多达一百多名议员在站着开会，提出的动议没有任何规则可言，或者只是刚开始实施规则，观众席可以鼓掌，甚至可以吹口哨。[①]每两个星期任命一次议长，无法使德才兼备的人崭露头角。然而，正如在所有人类组织中一样，同类人根据“哪里有人，哪里就有歌声”的规则聚集在一起。最早出现的基本观念是门户之见。右翼和左翼分别坐在议长的右侧和左侧，右侧是保守派，左侧是破坏派。中间是亲英的宪政派，或两院保王党，有穆尼埃、拉里，这些人很快变得无足轻重。右侧有卓尔不凡的龙骑兵上尉卡扎莱斯，他温和热情、口若悬河、出口成章、锋芒毕露，为自己赢得了虚名。也有虚张声势的酒桶米拉波、机智过人的米拉波。表情阴暗的德·埃斯普雷梅尼尔只知道寻花问柳，人们乐于寻思，如果他想的话，也许可以臣服老米拉波本人，但他没有那么做。[②]看，

① 亚瑟·扬著：《旅行记》，第1卷，第111页。
② 博略著：《世界传记：德·埃斯普雷梅尼尔》。

最后的伟大人物莫里神甫，他狡诈的眼睛、古铜色冷漠的脸，一副“所有大主教的罪孽集于一身的形象”。为了捍卫王位，特别是祭坛和什一税，他不屈不挠地用耶稣会的修辞，全心全意地顽强战斗，以至于有人在观众席用刺耳的声音喊道：“教士先生们，给你们剃头的时候，如果你们动作太大，就会被割伤。”①

左侧也叫奥尔良派，有时被嘲笑为王宫派。然而，形势纷繁复杂，真相难觅，正如米拉波所说，“德·奥尔良本人是否属于同一个德·奥尔良党”都令人怀疑。已知的是，在那个地方有他月光般的脸在闪耀。那里同样坐着海绿脸罗伯斯庇尔，他已阐明自己的观点，但仍然没什么效果。作为一丝不苟的瘦弱清教徒，他也想与既定规范一刀两断，但他却全身心地以另一种方式投入生活和运动中。罗伯斯庇尔说：“公民们，国王颁布法律的方法是这样的。公民们，这是我为你们编写的法律，你们接受吗？”回答他的，是从右侧、中间和左侧都传来的哄堂大笑。②然而有识之士发现，海绿脸罗伯斯庇尔可能会走得更远。“这个人，”米拉波说，“将会有所作为，因为他相信他说的每一句话。”

西哀耶斯神甫正忙于制定宪法。不幸的是，他的同僚与一个政治科学造诣颇深的人一起工作，并没有展现出应有的随机应变的能力。不过，西哀耶斯，鼓起勇气！经过二十个月的辛勤工作、愚人的重重阻力，终于完成了宪法的制定，在一片欢呼声中奠定了基石，确切地说，是基本文件，因为所有这些都是纸张，而你也尽了天地赋予你的职责。记录这三个人的功绩，许多事情令人难忘，特别是铭刻在警句里的历史更加令人难忘：据说“无论三个人有什么问题”，总是“杜波尔思考，巴纳夫说出来，拉梅特写出来”。③

但是，保王党的米拉波呢？他在所有的党派中鹤立鸡群，凌驾于所有人之上，他的地位正在直线上升。正如我们常说的，他有一只眼睛，他代表的是现实，而其他人只是既定规范和眼镜。他可以在瞬间发现永恒，在尘封的纸堆里

---

① 《名人辞典》，第2卷，第519页。
② 《箴言报》第67号，（《议会史》）。
③ 参见图隆永著：《1789年革命以来的法国史》，第1卷，第3章。

找到立论的坚实基础。他的名声早已传遍大地，甚至可以让暴躁的人民之友在死前心花怒放。甚至驿站的马车夫都听说过米拉波。当有不耐烦的旅客抱怨套车的牲口不够时，马车夫就会回答："是的，先生，我的曳马很弱，但我的米拉波（辕马）很强悍。"①

读者们，如果你们还有同情心和怜悯之心，现在就可以离开吵嚷不和的国民议会了。一千二百个兄弟在那里，在两千五百万人的中心，与命运和彼此进行着激烈的搏斗，像亚当大多数的子孙那样，为了没有意义的事情消耗生命的能量。就整体而言，应该承认，这是无聊透顶的事情。"像今天的会议那么无聊。"有人说。"为什么提日期呢？"米拉波回答。

想想看，他们有一千二百人，他们不仅发表演说，而且还要阅读演讲稿，甚至借阅和偷窃演讲稿来读！在一千二百名议员口若悬河的演说和诺亚洪水般司空见惯的喧嚣中，难得的沉默也许是生命中至高无上的幸福。但可以想象，如果一千二百名小册子作者源源不断地写出小册子，恐怕没有人能钳制他们！即使是在美国国会，做这样的安排似乎也远非完美。一位议员在这里没有自己的办公桌和报纸，也没有最低限度的烟草，更不用说烟斗了。谈话本身必须低声进行，并时常中断：只有"铅笔记录"自由流通，并且以"令人难以置信的数量延伸到讲台的脚下"②。就是这些工作在使法国复兴，完善一个人的"不规则动词理论"！

第三节　危机四伏

关于国王的宫廷，眼下几乎没有什么好说的。大厅一片沉寂，阒无一人。国王由于被战争之神及所有希望抛弃而伤心不已，期待圆窗大厅可以再次一呼

① 杜蒙著：《回忆米拉波》，第255页。
② 同上，第159-167页。参见亚瑟·扬的《旅行记》。

百应。权杖已从国王路易之手转到了梅尼大会堂、市政厅或其他什么地方。在7月的日子里，当所有人对巴士底狱的崩溃震撼不已，大臣和亲王四散逃命的时候，好像男仆更想知道他们的风声。贝森瓦尔在仓皇逃命的途中，曾在凡尔赛停留，就有关驿马的命令与国王陛下私下交谈，这时"通常在国王陛下和我之间驻足等待的仆人伸长脖子想探听谈话内容。国王陛下突然勃然变色，转过身来，正欲发作，我轻轻地阻止了他，他感激地抓住我的手。我看到他的眼睛噙满泪水"[①]。

可怜的国王，因为法国国王也是人！路易十四自己也曾有一次勃然大怒，甚至动了手。那次发生在路瓦，是曼特农夫人跑过来劝解的。王后坐在自己的内室哭泣，周围簇拥的都是弱女子：她现在是最令人深恶痛绝的人物，被视为法国邪恶的尤物。她的朋友和熟悉的顾问都已逃之夭夭，当然都是以最愚蠢的借口逃走了。波利尼亚克城堡依旧在巉岩峭壁之上傲然俯视，下面是鲜花璀璨的广阔田野，四周环绕着碧穹之下的奥弗涅山区。但波利尼亚克公爵和公爵夫人已经不再居高临下俯视众生了，他们逃走了。他们在巴塞尔遇到了内克尔，他们不可能再回来了。看到贵族正在怒形于色地抵制不可抗拒、无法回避的局面，法国虽然不开心，但并不意外：怎么会像气急败坏、耍性子的孩子呢？这正是它的特殊之处。他们什么都不懂，也不想懂。这个时候，一个新的波利尼亚克、其中的长子，坐在汉姆城堡里冥思苦想（1835年），他还无法从最初的震撼中恢复过来，令普通人百思不解。[②]

路易国王有了新的大臣，几位老资格的名人：老议长蓬皮尼昂、凯旋的内克尔等。[③]但这对他又有什么用呢？正如我们所说，除了木质镀金之外，权杖已经转移到别处。这个人心中已没有意志、决心，只剩下天真、懒惰和对除了自己以外的所有人、对除了自己掌控外的任何情况的依赖。凡尔赛内部及其管

① 《贝森瓦尔回忆录》，第3卷，第419页。
② 亚瑟·扬著：《旅行记》，第1卷，第165页。
③ 蒙加亚尔著：《法国史》，第2卷，第108页。

制完全失控。远看霞光万道、亮丽璀璨，近看，只是隐藏在黑暗下满目疮痍的废墟！

但在整个法国大地正进行着对既定规范的最肆无忌惮的毁灭，残酷的现实由此而来。数以百万计戴着枷锁的苍生，由于既定规范几乎被勒死。他们过的是真实的生活，至少为了活下去而忍饥挨饿是真的！上天终于开恩送来了大丰收，但在大地与其既定规范背道而驰之际，穷人又能从其中获益多少呢？暴动时期的产业必须关闭，像往常一样，资本不会流通，而是躲在角落里进入休眠期。穷人失业，因而身无分文，即使有钱也买不到面包。是贵族、德·奥尔良的阴谋？是土匪、大恐怖、太阳神阿波罗的银弓的回声造成的？够了，市场没有粮食，只有沸沸扬扬的喧哗。农民似乎懒得打麦，据说是因为物价高居不下而被"收买"或不愿意被收买，也许因为地租的支付不那么迫在眉睫。都不是，令人感到惊奇的是为此而制订的市政法规在作祟："由于对小麦采取了很多措施，现在需要卖出更多的黑麦。"[①]这些法规以及其他类似性质的法规于事无补。持刀站在粮袋旁的龙骑兵通常人数比袋子多。抢粮的暴民比比皆是，并形成一股可怕的邪恶势力。

法国社会在这之前就已经历过饥荒，并已习以为常。难道我们在 1775 年没有看到这些面色苍白、衣着破烂的不幸之人，为自己的满腹心酸递交请愿书，而作为回应，他们得到了一个四十英尺高的全新绞刑架？饥饿与黑暗在漫长的岁月里如影随形！回顾早期的巴黎暴乱，当一个因生活放荡而变得形销骨立的伟大人物被认为需要用鲜血沐浴时，当虽然衣衫褴褛但求生心切的母亲大呼小叫地挤满广场时，都被绞刑架震慑住了。二十年前，（对牛弹琴）的人民之友描述了利穆赞的农民饥寒交迫的生活状况，这是一幅不可救药的景象，"似乎大人物的压迫像冰雹和雷电一样，是一发不可收拾的自然法则"[②]。

---

① 亚瑟·扬著：《旅行记》，第1卷，第129页。
② 《养子：米拉波的回忆录》，第1卷，第364-394页。

现在，在某个伟大的时刻，如果巴士底狱倒塌的震撼能唤醒你，你就会发现这只是可以补救、可逆的艺术法则！

或者有读者忘记了“野蛮的洪水”就在人民之友的眼皮底下，从多尔山奔腾而下？那些面容憔悴、头发平直、身形瘦削，脚登高筒木靴、身穿羊毛裙子、腰系镶铜钉的皮带的野蛮人！他们还摇晃着脚，挥动胳膊肘，合着节拍，配合开始不久、依然继续争吵和战斗、发出疯狂的喊叫声，苍白的脸扭曲成似笑非笑的惨状。因为长期受征税员和冷漠的刀笔吏的奴役，他们变得阴阳怪气、铁石心肠。我们的老侯爵预言：“这样长期蹒跚前行、如瞎子摸象的政府，终将陷入危机四伏的境地。”可惜没有人听得进去。

不仅没有人听得进去，而且每个人都满不在乎地我行我素。时间和命运也有自身的节奏。蹒跚前行、如瞎子摸象的政府，已经不可避免地走到了悬崖边缘。饥寒交迫的穷人在征税员和冷漠的刀笔吏的奴役下，已经变成一个痛苦团体！而现在，通过插着翅膀的巴黎报纸却传来了奇怪、混乱的消息。更不吉利的是，在没有报纸的地方，取而代之的是谣言和猜测：奴役不是不可避免的、巴士底狱被推倒了，宪法也快制定完毕！如果宪法好用，而且并非一无是处的话，可以当面包吃吗？

有个手拿缰绳的旅行者，在上山时遇见一个饥寒交迫的可怜女人，虽然她还不到二十八岁，但看起来有六十岁。她和她做苦工的丈夫有七个孩子、一个农场，有一头母牛，这可以帮孩子喝上一口汤，还有一匹小马，或驮马。他们需要缴纳地租和佃租，向这个领主奉上家禽，向那个领主送上燕麦，还要交国王税、徭役、教会税等一大堆交不完的税，对这个时代无言以对。她听说在某个地方，以某种方式，为穷人做了某些事情，“愿上帝尽快赐给我们，”她说，“因为地租和佃租都把我们压垮了！”[①]

预言说得天花乱坠，但从未落到实处。贵族、议会、出局和晋级、阴谋和操

① 《养子：米拉波的回忆录》，第1卷，第134页。

纵、议会演说和辩论、高层的希腊式对决，你方唱罢我登场，所有这些已旷日经久，但面包仍然不见踪影。庄稼已经收割，贮藏日久，我们还是没有见到面包。正如预言所说，在绝望和希望的推动下，除了使国家危机四伏之外，这些饥寒交迫的可怜人还能做什么呢？

那么，想象一下，两千五百万身形瘦削，面色苍白，脚登高筒木靴、身穿羊毛裙子、腰系镶铜钉的皮带的野蛮人，在长达几个世纪的冷漠以对之后，呼啸而至，以震天动地的怒吼向衣冠楚楚的贵族阶层提出下列问题：你们是怎样对待我们的？当我们为你们辛苦劳动时，你们是怎样教育我们，喂养我们，带领我们的？答案可以在仲夏夜天空下的火焰中读到。这就是我们从你们那里得到的食物和指引：口袋、胃、头脑、心都空无一物。看吧，我们一无所有，空无一物，只有大自然给予沙漠野孩子的东西：凶猛和食欲、饥饿激发出的力量。你们不是在《人权宣言》里写下了"收获面包的人不该饿死"吗？这应该成为人的权利。

仅仅在马贡和博若莱两个地方就有七十二座城堡被付之一炬，这些地区似乎是骚乱的中心，但也蔓延到了多菲内、阿尔萨斯、里昂。整个东南部成了一片火海。在整个北方地区，从鲁昂到梅兹，混乱局势已成燎原之势。盐走私犯以武装团伙形式公开活动，城镇的街垒被烧毁，收费人、收税人、官员都逃之夭夭。亚瑟·扬说："据说饥肠辘辘的人民会奋起暴动？"我们看到，他们真的这么做了。这些衣衫褴褛、怒火中烧、长期流离失所的人们，现在从绝望中找到了希望，到处拉帮结伙。他们以警钟的名义在教堂敲钟，整个教区便闻风而动。[①]可以想象愤怒、残暴、饥饿和复仇造成的后果是什么！

领主将村子里唯一的喷泉据为己有，坐拥契约和羊皮纸文件而得意洋洋、不用伤脑筋就可以坐拥肥美猎物，对他们来说，现在日子不好过了。教会的日子也同样不好过，议事司铎毫不留情地遭到解雇，这是羊毛剪得太多，却忘记

① 参见《议会史》，第2卷，第243-246页。

喂养羊群的结果。在复仇的日子，无套裤汉在这不幸的土地上穿上了不合脚的木靴！出身高贵的领主来不及穿好衣服，不得不带着娇妻幼子，趁夜仓皇出逃，庆幸可以逃离火海甚至更糟的局面。你会在旅馆吃饭时碰到他们，听他们谈论对摧毁所有等级制度的明智或愚蠢的思考，他们并不知道去哪里落脚。[①]佃农发现拖欠租金是令人开心的事。一直以两足动物作为猎物的税务官，现在被作为两足动物而遭到猎杀。今年，国王陛下的金库将无法填补赤字。很多人认为，作为法兰西自由的复兴者、爱国者国王陛下已经取消了大部分税收，尽管有些人出于某种目的将其视为秘密。

这一切什么时候才会结束？人们在深渊可能会预言，一切幻想随时消失于无形，但这个幻想已经成为现实。因为，如果说人们世世代代抱着什么信念的话，那就是我们常说的，谎言不能持久，真理历久弥新。但任何谎言在天庭的审判官那里都有书面的判词，早晚都会有终点。“大领主的产业标志，”激昂的亚瑟·扬直截了当地说，“都是废弃的土地、沙漠、灌木丛。他们的住所都位于森林中心，现在成了鹿、野猪和狼的家。耕地由于疏于管理而荒芜，房子已经破败不堪。看看其他只想劳动的几百万人，却饱受无事可做和饥饿之苦。哦，如果我是法国的立法者，即使一天也好，我会让这些伟大的领主再次溜之大吉！”[②]亚瑟啊，你现在正看到他们溜之大吉，你对这还会有什么抱怨吗？

延续多年、世代如此的传统现在到改变的时候了。任何推理和祈祷都无法触摸的简单头脑，必须用火光照亮：别无他法。看看这里，好好想想！有个寡妇采集荨麻为她的孩子做晚餐。圆窗大厅的一个香气袭人、懒洋洋的领主，为了炼金术需要寡妇的荨麻的第三次提取物，并将其称为租金和法律：这样的制度必须终结。不应该吗？但是，这样的结局是最可怕的！让这些人（神已经给予其时间和空间）准备另外一个更温和的结局吧。

---

① 参见亚瑟·扬著：《旅行记》，第1卷，第149页。
② 参见亚瑟·扬著：《旅行记》，第1卷，第12、48、84页。

对于某些人来说，看到领主在自卫方面无所作为岂非咄咄怪事，比如，共同商议办法、武装起来，因为他们有十五万人之多，都足够孔武有力。不幸的是，这十五万人分散在各个省份，相互敌视，无法联合。正如我们看到的，最高的领主已经移民国外了，目的是让法国无地自容。此外，武器已经不再是领主们的独家特权，任何人只要花上十先令，就可以买一把二手火枪。

此外，毕竟这些饥饿的农民不是长着四条腿和爪子的动物，可以让你们这样永远驱赶。他们甚至不是黑不溜秋的脏样子，只是没有洗澡的领主而已，也有人类的心肠！他们也是尽力而为：参加国民自卫军，呼啸而逃，向天地诉苦。维苏尔附近有个著名领主叫迈梅·德·昆西，邀请邻里乡亲参加宴会，用火药把他们和城堡一起送上了天，所有人还不知道怎么回事就瞬间消失了。六年以后，他回来说这只是个意外事件。[①]

当局也并非无所作为，但所有市政和其他当局却不幸处于从旧的君主专制，到新的民主复兴的不确定的过渡状态。没有任何官员清楚地知道这究竟是怎么回事。然而，无论新旧市长都集合了骑警队、国民自卫军和前线部队，司法机构依然维持了最基本的运作。马贡的选举委员会，尽管只是一个委员会，为了自身利益，就实施了多达二十项绞刑。多菲内的市长巡视各地时，带着活动绞架、执达员和绞刑绳索。对于绞刑架来说，任何一棵树都可以成全一个或“十三个罪犯”。

不幸的国家！一个麦浪滚滚、丰收在望的美好年份，怎么会陡然笼罩在恐怖的黑暗中？城堡化成灰烬，绞刑架上挂满尸体！各种行业都停止了运作，听不见锤子和锯子的声音，但警钟和报警的鼓声却不绝于耳。权杖已不知去向，权力已支离破碎：这里是平庸无能，那里是暴虐无道。国民自卫军心怀叵测、笨拙无能。士兵们彼此争吵或串联都有酝酿兵变的危险。斯特拉斯堡出现了骚乱：市政厅被焚毁成了废墟，所有档案四散飘落，不知所踪。喝的醉醺醺的士兵

① 《议会史》，第2卷，第161页。

和市民互相拥抱了三天，市长迪特里希和元帅罗尚博几乎绝望。[①]

在贝福尔一路由五十名国民自卫军骑兵和军乐队护送、从巴塞尔凯旋的内克尔先生，对这些现象均看在眼里。现在是其权力的鼎盛时期，虽然可怜的内克尔先生也在猜测：自己将被裹挟到哪里？[②]这一天的高潮发生在巴黎市政厅，群众欢声雷动，他妻子和女儿跪在那里吻他的手。贝森瓦尔的赦免令被公布了，但事实上日落之前就被撤销了。这一天高潮迭起，但随后开始每况愈下，最后日落西山！这样的魔法与名字等量齐观，民众也需要这样一个名字。这位受到全民追捧、重任在肩的“法国的救星”的出现，就像中了魔法的曼布里诺头盔[*]一样，对胜利至关重要：但是，幻想如此快地破灭了，被作为理发师的破盆丢脸地抛了出去！吉本原本想把他（作为被抛弃的理发师的破盆）的处境告知所有义无反顾的人，他们无论如何都愿意焚骨销魂、慷慨赴死（吉本的信）。

我们还需提到另一个小插曲，别无其他。出言刻薄的旅行者亚瑟·扬“那几天一直被卷入枪战之中，子弹和散弹在耳边呼啸而过，有五六次甚至打进马车里”。全国所有的暴徒倾巢而出，参与猎杀游戏！[③]这是势所必然的结果。无论是在多佛尔的悬崖峭壁，还是在法国的各个边界地区，今年秋天出现了两个显著的标志：法国领主大举移居国外和被猎杀对象大举移居国外！可以说，在这块土地上对猎物的保护已经结束，或接近结束，在难以确定的时间里已经结束。它在文明史上所扮演的角色已经完成：可喜可贺，可以离开！

无套裤汉就是以这种方式恼羞成怒，挑起事端。正如我们在 8 月 4 日所看到的，在圣灵降临节之夜在国民议会发生的半神奇事件。这样说有其原因和影响。封建主义已被彻底消灭，这不仅体现在羊皮纸和笔墨之上，而且事实上同

---

① 亚瑟·扬著：《旅行记》，第1卷，第141页。当普马丁著：《事件》，第1卷，第105-127页。
② 拉里·托兰达尔著：《世界传记：内克尔》。
* 曼布里诺是虚构的摩尔人的国王，传说他拥有一个金质的头盔，作战所向披靡。
③ 亚瑟·扬著：《旅行记》，第1卷，第176页。

时也在熊熊大火中烟消云散。这场大火虽然在东南部已逐渐熄灭，却蔓延到西部或其他地方。只要燃料充足，就不会自行熄灭。

第四节　排队抢购

如果我们现在把目光投向巴黎，对一件事的感受将特别明显：面包店前排起了长队。商店一旦开门，购买者先到先得，售罄为止。这种大排长龙的情景自7月初消失之后，在8月重新出现。以时间和地点来说，我们会看到，巴黎人将排队的实践完善到了艺术层次，而排队艺术或准艺术已成为巴黎人的一种特长，这一点有别于其他所有地方的人。

但是，考虑到工作如此稀缺难觅，一个人不仅要去挣钱，而且要用半天时间排队（假如他的妻子身体不好，无法排队去抢购面包的话），才能把钱换成价格昂贵、质量低劣的面包！怨声载道的队伍里时常发生争吵和血腥斗殴。即使没有争吵，也只有对现行当政者众口一词的满腹牢骚。法国已经开启超越学术课程的长期教育及生产性饥饿课程，这一艰难过程将延续七年。正如让·保罗所说："在他自己的生活历程中，饥肠辘辘是寻常之事。"

接下来，看看一周年庆典仪式的奇怪对比，因为，在一般情况下，巴黎会呈现出两个特点：庆典仪式和食品稀缺。游行队伍会加入到庆典中，年轻妇女打扮得花枝招展，所有人都戴着三色丝带，一路载歌载舞，向圣吉纳维夫神龛进发，感谢她保佑推倒了巴士底狱。奥尔大市场的壮汉和悍妇慷慨献上花束，发表演讲。在处理特别工作上久负盛名的富歇神甫（因为勒费福尔神甫只会发放火药）为国民自卫军的三色布送上祝福，使其成为在世界公民和宗教自由事业上取得胜利或即将取得胜利的国家的三色旗。可以说，富歇是唱赞美诗和公众献礼的中心人物。无论在大、小教堂，国民自卫军都用火枪齐射为庆典烘托气氛，圣母院里人声鼎沸，乌烟瘴气，充斥的“阿门”之声意味深长。[①]

总体上，我们应该说，我们的新市长巴伊，我们的新指挥官、也被称为“美国的西庇阿”的拉法耶特，为他们的职务付出了很大代价。巴伊乘坐的是极尽奢华的镀金马车，出入前呼后拥。卡米耶·德穆兰和其他人对他冷嘲热讽，大加挞伐。“西庇阿”骑了一匹白色战马，在全体法国人注目之下抖动这头上的公民羽毛，招摇过市。然而，他们两人都不会无缘无故就获得这个地位的，而事实上是瞬间成就的，即以这个速度为巴黎提供食物，并阻止了巴黎陷入内战。他们利用城市资金，以一天十便士的代价，雇佣了大约一万七千名贫民在蒙马特高地挖战壕。按照市场价格，这可以让他们买到差不多两磅质量低劣的面包。当拉法耶特向他们发表演讲时，他们明显心怀不满。市政厅在日以继夜地工作，它必须提供足够的面包，制定城市组织法，以及各种法规，限制无套裤汉的出版物。但首要的是面包！面包！

负责供应的官员像饿狮一样悄悄巡视全国各地，查看哪里藏匿着粮食，友善或强制性购买上市的粮食。他们就是要找到粮食。这个任务吃力不讨好，既困难又危险，况且所获甚微。在 8 月 19 日，这一天巴黎有了面包供应。[②]随后有人投诉这是变质食物，引起肠道不适，有传言说那不是面粉，而是巴黎石膏！针对肠道、味觉和喉咙不适的情况，市政厅发出公告，建议居民无须理会这些传言，甚至认为那是有益健康的症状。圣丹尼斯的市长因为提供的面包是黑色的，而被消化不良的民众吊死在路灯杆上。国民自卫军负责保护巴黎面粉市场，一开始派十个人就够了，后来增加到六百人。巴伊、布里索·德·瓦尔维尔、孔多塞，还有其他人，真够你们忙活的！

因为，正如刚才所说的那样，还需要制定城市组织法。巴士底狱的老选民，在为他们光荣的胜利唱了十天赞美诗之后，开始听到四面有人怒气冲冲地问，

---

① 参见《议会史》，第3卷，第20页。梅尔西埃著：《新巴黎》等。
② 参见《巴伊回忆录》，第2卷，第137-409页。

谁把你们放到这个位置的？因此，他们不得不在两边都不讨好的情况下，把位置让给为此特别选出的人数更多的新团体。这个新团体经过扩大、改编，最终人数固定在三百人，名称定为市镇代表，组成委员会一心一意制定宪法，而不必为面粉操心。

这样的宪法近乎奇迹：这是一个势将“巩固革命”的宪法！革命已经结束，然后呢？市长巴伊和所有值得尊敬的自由之友都乐意这么想。你的革命就像煮好的凝露，只需浇成宪法的形状，才能在其中“巩固”吗？若如此则必须设法先给革命降温。然而，恰恰这才令人怀疑，甚至不值得怀疑！

巩固革命的不幸的自由之友！他们对这项工作必须全力以赴，他们的机构建立在混乱的两个敌对世界之上，上有君主专制的世界，下有无套裤汉的世界，因而左右为难，两面不讨好，在危机四伏中艰难前行，画饼充饥。

第五节　第四等级

小册子一旦打开了口子就一发不可收拾。我们的哲学家的确与此保持距离，比如马蒙泰尔“从一开始就厌恶地退了出去”。头发花白、在马赛的家中静养的雷纳尔神甫，对立法工作也大为不满。他的最后一篇檄文是给制宪议会的一封充满敌意的信件，而议会的议事日程将其定性为反叛行为。哲学家莫尔莱也因此皱起眉头表示不满，因为他的利益也的确在 8 月 4 日受到了威胁：这显然走得太远了。令人疑惑的是，那些“脸色苍白、穿羊毛裙子”的人像我们一样，也对这些理论和胜利分析法心怀不满。

唉，是的。思考、哲学是昔日沙龙的装饰和财富，现在将变成纯粹实用的建议，广泛散布于大街小巷，效果显著！由能干的编辑组成的第四等级由此兴起，发展壮大，无法遏制，不可估量。新的印刷机、新的期刊在不断出现（世界如此贪婪），但愿我们这三百立法议员尽可能加强实力，遏制他们。普鲁多姆羽翼下的卢斯塔洛，在印刷机沉闷的轰鸣声中，以辛辣和咄咄逼人的笔触在周刊发表他的《巴黎的革命》。言辞像野李子和绿矾精油那样辛辣激烈的是“人民之友”马拉。贵族把持的国民议会由于无所作为而黯然解散让贤，市政厅的代表不是骗子，就是只会空谈的蠢货，这种形势让他心急如焚。他出身贫寒，不修边幅，独自一人栖身阁楼，从内到外，无论从哪方面来说都不受人待见，让人避之唯恐不及。他时常因为胡思乱想而变得狂热和着魔。大自然的造化真是残酷！哦，可怜的马拉，难道大自然在残酷的胡闹中是用自己的残渣和各种废弃的黏土塑造了你，然后像后妈一样径直把你作为怪物扔进这个怪异的十八世纪？那里有为你量身定做的工作，你责无旁贷。三百人已传唤了马拉，还会再次传唤他。但他总是虚与委蛇，总是对他们鄙夷不屑或退避三舍，绝不任凭他们摆布。

卡拉曾是“一个被斩首总督的前秘书”，后来又做了项链枢机主教的秘书，现在是小册子作者和很多领域的江湖冒险家，与《巴黎画卷》的莫尔西埃形成竞争，不惜唾沫四溅地到处宣传他的《爱国年鉴》。《箴言报》继续攻城略地，供不应求。巴雷尔愁眉苦脸，因为保王党刊物无人问津。里瓦罗尔、罗乌也没有虚度光阴。深渊在呼唤深渊：你的“主啊，救救国王”将唤醒赞美诗，相对于《人民之友》，也有叫《国王之友》的报纸。卡米耶·德穆兰自任路灯杆刑场的总检察官以来，就借残暴的名义，拒绝为残暴辩护。他每周都发表有真知灼见的“革命巴黎和布拉班特的革命”。之所以说真知灼见，是因为，如果说在浓黑的新闻雾霾、沉闷的喧闹、永恒或间歇的愤怒中，你仍然可以看到一缕智慧之光，那肯定非卡米耶莫属。他所倡导的一切尽在掌握：温和、不可思议，让人豁然开朗。通常，当别人的文章不堪卒读时，卡米耶则斐然成章。可疑的卡米耶，你闪耀的是堕落、叛逆之光，怎么仍然像曙光女神路西法额头上的星光，红透半边天呢？晨之子，你是在什么时间和什么地方堕落的？

但任何事都有好的一面，尽管对“巩固革命”不一定合适。存放在欧洲公共图书馆、可以装载几千车的小册子和报纸正在慢慢腐烂。从大海湾被抢走，就像渔民抢夺牡蛎的珍珠一样，藏书癖也从巨大的深渊中抢夺这些刊物。必须在腐烂之后，才知道珍珠是什么，卡米耶或其他人的真知灼见才能脱颖而出，流传千古。

此外，公共演讲并未减少，虽然拉法耶特和他的巡逻队已经对此感到厌烦。王宫广场演讲最集中，佛伊咖啡馆声势最大，男女公民良莠混杂，泥沙俱下。“有时，”卡米耶说，“某些公民利用新闻自由来达到个人的特殊目的，结果他或者其他爱国者发现自己的手表或手帕找不到了！”但是，对于其他人来说，在卡米耶看来，再也没有什么比这更像古罗马论坛了。“一个爱国者提出自己的议案，如果有任何附议，他们让他坐在椅子上发言。如果他的演讲受到鼓掌鼓励，说明他取得成功，可以出小册子。如果有人对他发出嘘声，他就自行离开。”他们就是这样循环往复，靠夸夸其谈度日。得以破财消灾的粗鲁肥硕的圣于吕日侯爵，此时昂着头站了出来。他演讲的特色是像公牛那样大嗓门“吼叫”，可以盖过所有人的声音，经常让听众心跳加速。这位肥硕的侯爵的头可能被撕裂或半撕裂，而他的肺没有撕裂。无论撕裂与否他都受益匪浅。[①]

进一步考虑，这四十八个选区中每个都有自己的委员会不停地夸夸其谈、提出议案，这有助于查找粮食和制订定法，督促和约束市政厅的三百名议员。丹东的声音久久回荡在穹顶之下，他是科尔德利埃选区的主席，这个选区已成为爱国主义的圣殿。除了“不可或缺的、在蒙马特高地挖战壕的一万七千人”（其中大多数人是为了四先令而进工地的），失业者开始罢工，他们集会公开发表演讲。随后裁缝师进行罢工，因为他们也有话要说。另外，皮革匠和药剂师也罢工：原因都是面包太贵了。所有这些罢工者一般必须公开演讲并通过决议。拉法耶特和他的巡逻队警惕地在远处监视。

不幸的人们以可以接受的方式互相争斗、互相折磨、互相撕扯，挣扎求存，

① 《议会史》，第2卷，第359、417、423页。

以分享地球上人们的共同幸福,而要分享的东西不过是“空壳下的盛宴”!三百人团的活动并没有中断。在对付暴徒方面,没有人比得过“美国的西庇阿”。但是所有这一切,对于巩固革命来说并不是好兆头。

第七章

妇女暴动

第一节　扫荡

不，朋友，这场革命不是需要巩固的那种。大火、狂热、播洒的种子、化合物、人、事件，在我们称之为宇宙的神奇复杂力量中发生作用的所有化身，通过其自然进程日益发展壮大，每种力量根据自身的类型，达到最高，然后明显下降，最后下沉直至消失，这不就是我们所说的死亡？一切都会增长，不存在任何一旦诞生之后既不增长、在其特别扩张中也不发展的东西。还需要注意，任何事物一般都以与自身存在的疯狂与危害成比例的速度发展：这是一种缓慢、有规律的增长，尽管最终亦难逃死亡的宿命，但我们仍然称其为健康与安逸。

无套裤汉曾颠覆巴士底狱，现在手持长矛和火枪去焚烧城堡、通过决议、在家和广场上高谈阔论，可以说如雨后春笋般涌现，根据自然法则，也必然成长壮大。通过不仅本身存在，而且其生长的土壤和元素都存在的疯狂和病态来判断，其膨胀的速度和规模会走向极端。

许多事情，尤其是病态事情的发展靠的是积少成多和神经错乱。无套裤汉最初的星星之火、最早的神经大错乱是在巴黎征服国王时表现出来的，其实巴伊的修辞手法只反映了过于悲观的现实而已。国王被征服后只有假释条件下的自由，必须表现出绝对端正的行为，而不幸的是，在这种情况下，这意味着任何行为都不会被认可。国王陛下只有通过良好的行为才能保住自己的位置！唉，任何生物都需要挣扎求存，难道不是理所当然的吗？结果国王陛下的行为很快就靠不住了。于是，无套裤汉的第二次神经大错乱，即禁锢国王，已经为期不远。

内克尔在国民议会像往常一样对赤字一筹莫展：征税处和海关都被付之一炬，收税官被追杀，国王陛下的财政大臣几近空缺。补救的办法是贷款三千万，然后，以更优惠的条件再贷款八千万。不幸的是，无论哪一种贷款证券经纪人都不会贸然行事，因为他们心中没有祖国，只有利欲熏心的黑心肠。

然而，在这些日子里，对于牢记“国家兴亡，匹夫有责”的人来说，爱国主义的热情在很多人心中异常高涨，一直向内深入到钱包！从8月7日一大清早，一些巴黎妇女就郑重其事地搞起了“数量庞大的爱国珠宝捐赠”活动，并在郑重其事的接收仪式上获得荣誉证书。这一慷慨之举激发所有人竞相效仿。各地接受的爱国赠礼，在送到国民议会的时候，总免不了配上一通雄辩滔滔的演讲，整个议会先是认真聆听，然后议长致辞答谢。捐赠人很快多到无法颁发荣誉证书，于是只能用定期发布的名单代替荣誉证书。每个人都慷慨解囊：皮革匠表现得最慷慨大度。一个地主捐赠了一座森林。上流社会捐了鞋扣，最后也欣然捐了鞋带。不幸的女性把“积攒的爱情”也捐了出来。[1]所有这些正如威斯帕西安所说，真金白银总是令人神往。

美好的活动，但效率欠佳！还必须“邀请”神职人员来为国王的银币融化教堂多余的银器。尽管一百个不情愿，他们最后还是不得不遵从命令进行强制性爱国捐赠：这一次只交纳年收入的第四部分，以便使国民议会可以制定宪法，而不必担心资不抵债。议员的工资根据 8 月 17 日的法律确定，每天只有十八法郎。但公共服务必须充满活力，必须有充裕资金来抑制赤字，而不是用来“填补”赤字，普通人仍然可以做到这点！米拉波就此评论说：“是赤字挽救了我们。”

到了 8 月底，国民议会的宪法制定工作进入否决权问题的讨论：到底国王陛下对国家法律是否拥有否决权？对此，会场内外充斥着条理严谨、慷慨激昂的辩论，以及咒骂和恐吓，大多数人都如坠入五里云雾般不明所以！除了圣于吕日近乎神经兮兮的辩护外，在新闻界的推波助澜下，王宫广场抵制否决权，整个法国反对否决权。“我永远也不会忘记，”杜蒙说，“那天或第二天，我和米拉波去巴黎，发现有一群人在乐杰书店前等待马车。他们在他面前扑倒在地，含泪恳求他不要通过绝对否决权。他们疯疯癫癫地说：伯爵先生，您是人民之父，您必须拯救我们，您必须保护我们，阻止那些恶棍把我们带回专制体制。如果国王得到否决权，那么，国民议会还有什么用？我们一切都完了，我们又得做奴隶了。”[2]朋友们，如果天塌了，我们就可以抓到云雀！杜蒙接着说：“米拉波在这种场合的表现无懈可击，他以含糊其辞的回答让他们冷静下来，以温文尔雅的贵族风范将紧张局面化解于无形。”

各团体派代表前往市政厅。寄给国民议会贵族的匿名信纷至沓来，恐吓他们将有一万五千到六万公民“上街向你们表达诉求”。巴黎各区展开请愿签名

---

① 《议会史》，第2卷，第427页。
② 《回忆米拉波》，第156页。

活动:圣于吕日在一千五百人护送下从王宫出发亲自前去请愿。个子高高、放浪不羁的侯爵神情坚决,或者看起来如此。佛伊咖啡馆也群情激奋:指挥官拉法耶特将军同样毅然决然。巡逻队布满街道:圣于吕日在好人大街的街垒被截住,他勃然大怒,扯开大嗓门跟人争辩,但最终不得不怏怏返回。由于所有咖啡馆都已关门,所以,王宫广场的兄弟们通宵作业,露天草拟动议。结果,拉法耶特和市政厅大获全胜:圣于吕日被扔进监狱;绝对否决权被调整为暂停否决权一段时间,而并非最终决定。这场咄咄逼人的喧嚣与其他运动一样终于沉寂下来。

到目前为止,尽管困难重重,但是大革命的成果得到巩固,无套裤汉的地下活动受到压制,而宪法将在交织着周年庆典的喜悦和商品奇缺、爱国捐赠、面包店前的长队、富歇神甫的高谈阔论、排枪的祝福声中制定出来!“美国的西庇阿”对来自法国和国民议会的感谢当之无愧。他以骑士风度斩钉截铁地拒绝了他们为他提供津贴和酬金,他所觊觎的是其他东西,而不是金钱。

然而,对于巴黎的普通人来说,有一件事仍然不可思议:现在巴士底狱已被推倒,法国恢复了自由,粮食仍然如此昂贵。《人权宣言》已被投票通过,封建制度和所有暴政都已废除,可是,我们还是排着长队!难道这是贵族囤积居奇造成的吗?这是宫廷操弄的阴谋吗?一定是在什么地方有什么东西腐烂变质了。

然而,唉,该怎么办呢?拉法耶特和他的巡逻队禁止一切,甚至抱怨也不行。圣于吕日和其他争取否决权的英雄被关押在监狱。《人民之友》的马拉被抓获,出版爱国期刊的印刷厂被上锁关闭,流动商贩没有许可和铅牌不能出声。穿蓝色制服的国民自卫军无情地驱散所有集会,并挺起刺刀,清洗王宫广场。如果你为了私事走到塔拉那街,巡逻士兵会亮出刺刀,朝你喊道:“走左边!”当你走进圣·班诺特,巡逻士兵会朝你喊道:“走右边!”在这种情况下,(像卡米耶·德穆兰那样)有非凡判断力的爱国者,为了不被打扰,最后只好走到沟里。

哦，历经苦难的人们，我们光荣的革命在三色仪式和阿谀逢迎的高谈阔论中烟消云散！根据卢斯塔洛刻薄的计算，在过去一个月里，“仅仅在市政厅就举办了超过两千次演讲”[①]。我们的嘴即使无法用面包填满也必须闭上，违者严惩？漫画家发表了具有象征意义的版画：《巡逻队驱逐爱国者》。无情的巡逻队，冗长细致的演讲和稀少质差的面包，吃起来更像硌肠子的烧结砖！这样的日子哪天是个头？需要巩固到底吗？

第二节　哦，理查，哦，我的国王

因为，唉，市政厅本身也是忧心忡忡。迄今为止，无套裤汉的地下活动一直受到压制，但上面的宫廷活动一直没有停止。有些迹象预示着圆窗大厅如梦方醒。

无论是在市政厅参议会，还是在面包店的长队里，经常可以听到有人直言不讳地说：啊，如果我们法国自由的复兴者在这里，如果他可以不用凭借王后和阴谋家虚假的眼睛，而是亲眼看到的话，他的赤诚之心就会豁然开朗！因为围绕着他的依然是虚情假意、保镖前呼后拥的阴险的德·基什公爵、布耶的间谍，在老阴谋家消失之后，新一拨阴谋家成了后起之秀。我们听说弗兰德斯军团在9月23日携带两门大炮开进凡尔赛，这又意味着什么呢？难道凡尔赛的国民自卫军在城堡没有尽职尽责吗？是因为他们缺少瑞士人、瑞士百人团和所谓的保安人员吗？不，似乎是执勤的保安人员的机动人数增加了一倍：是换班的新连队按时到达，而被替换的连队还没有离开。

实际上，上流社会消息灵通人士中一直有一个传闻，或者比传闻更确定的形式，预计国王陛下计划逃往梅兹，以及署名承诺（站在他一边）的贵族和神

① 援引《议会史》，第2卷，第357页。

职人员人数达到不可思议的三万,甚至六万人。拉法耶特在餐桌上冷冷地向德斯坦伯爵求证。德斯坦并非胆小怕事之辈,听了仍然吓得发抖,唯恐被仆人听到。他变得心事重重,整夜没睡。然而,正如我们所说的,弗兰德斯军团显然已经到达。据说,国王陛下还在犹豫是否批准 8 月 4 日的法律,并对《人权宣言》颇有疑虑。此外,所有人甚至在面包店排队的人,都可以在巴黎的街头看见为数不少的休假军官、圣路易十字架等。有些人估计,穿各种制服的军官应有一千到一千二百名。有人甚至注意到以前从未见过的制服:红边绿色制服。三色帽徽并不常见:但是,看在上天的份上,有些人戴的这些黑色帽徽预示着什么?

饥饿磨砺一切,特别是怀疑和愤怒。在巴黎,现实本身已经变得虚幻、不可思议。幻觉再次扰乱了法国人备受饥饿折磨的大脑。啊,你们这些懒汉和胆小鬼,有人用刺耳的声音在面包店的队伍里喊道,如果你们还是男人的话,就抓起长矛和破火枪冲上去,别让自己的老婆女儿被饿死、杀死,谁知道还有什么更糟的!安静点,女人!男人的心里也不好受。被巡逻队驱逐的爱国者不知如何是好。

事实上,圆窗大厅的队伍已经集结起来,但程度不详。圆窗大厅已经发生变化,有配备了三色帽徽的凡尔赛国民自卫军担负警卫的责任,宫廷闪耀着三色的光环!然而,人们也可以围绕一个三色宫廷集结起来。忠心的人们、失去一切的领主们,在王后的周围集结起来!有美好的愿望,就有希望,让人跃跃欲试!

的确,自我保护是如此强大的自然法则,使得集结起来的宫廷除了运用自身具备的智慧或者愚昧进行尝试和努力,或者称为阴谋之外,还能做什么呢?他们将被护送到梅兹,那里是勇猛的布耶掌控的地盘。他们将举起王室的旗帜,承诺的署名人会得到武器。哦,如果国王不是这么软弱该多好!对于签署承诺,国王并不知情。不幸的国王只有一个决心:避免发生内战。至于其他的事，停止制锁之后，他照常狩猎、吃喝、打瞌睡，仅仅是陶工手中的黏土而已。他只不过是一个唯我独尊的世界的倒霉蛋，俗话说得好："不是铁锤，就是铁砧。""长在墙缝的草，整个宇宙都奈何不了。"[①]

关于弗兰德斯军团的到来，由于圣于吕日的请愿和连续的面粉骚乱，这难道不是正当之举吗？无论此举背后是否隐藏阴谋，有忠诚的士兵总是好事。难道凡尔赛市政府（尚未民主转型的旧君主专制下的市政府）没有立即附议吗？已经厌倦了持续坚守城堡职责的凡尔赛国民自卫军，对此没有反对。只有布商勒古安特先生，现在的勒古安特少校，摇了摇头。是的，朋友，召集弗兰德斯军团理所当然，因为可以做得到。一看到军人挎在肩上的子弹袋，圆窗大厅理所当然士气大振，贵妇和绅士们纷纷向戴肩章的守护者送上逢迎之词，并互相表示祝贺。卫兵、绅士军团邀请弗兰德斯军团的弟兄们参加欢迎晚宴理所当然，而且是常见的礼节。晚宴的邀请在 9 月的最后几天发出并被接受。

晚宴的定义是"终极交流活动"，彼此在其他方面没什么交流的人可以融洽地在一起吃饭，还可以在觥筹交错之间增进某种友情。晚宴定于 10 月 1 日星期四，理应有良好的效果。此外，由于参加晚宴的人数众多，甚至会出现不速之客和普通人，不可以借用一下陛下的歌剧厅吗？自从约瑟夫皇帝访问过之后，那里就一直处于闲置状态。请求得到应允，海格立斯厅充当休息室。不仅是弗兰德斯的军官，而且瑞士百人团的军官都受到邀请，还包括凡尔赛国民自卫军的军官，凡是忠诚的军官都参加了盛宴：这样的宴会并不常见。

现在假设宴已过半，酒过三巡。假设习惯性忠诚的祝酒辞令——祝国王、王后身体健康的欢呼声震耳欲聋，而对国家的"祝愿"却被忽略，甚至被"拒绝"。假设香槟流动，演讲热烈，器乐悠扬。插着羽毛的空虚喧闹的头脑，让本来空虚和扰攘的本性更加表露无遗！似乎今晚比往常更加忧伤的王后（国王由于白天狩猎而感到疲惫也是如此）被告知，看到这个场面她会很高兴。看！她

① 德斯坦先生给王后的信件草稿。援引《议会史》，第3卷，第24页。

穿过接待大厅走了进来，宛如云开雾散后的一轮明月，一个美丽而不幸的红心皇后！她的丈夫国王陛下陪伴在身边，她怀里抱着年幼的王太子，走下包厢，在宏大的欢呼声中，以王后的优雅姿态绕过桌子，在典雅贵妇们的簇拥下，优雅地颔首致意，她的眼睛里饱含忧虑，同时还有感激和勇气，法国的希望寄托于母爱的胸怀！现在，乐队开始演奏，“哦，理查，哦，我的国王，全世界抛弃了你！”人心怎么会不升华到同情、忠诚和勇敢的最高点呢？为了证明这点，精神空虚和心灰意冷、头上插着羽毛的年轻军官，一定会向纤纤素手交给他们的波旁家族的白色帽徽宣誓，挥舞刀剑祝愿王后身体健康，将国家帽徽踩在脚下，登上包厢，对里里外外喧嚷的杂音、叫喊声、宫廷舞、愤怒和混乱熟视无睹，直到香槟和宫廷舞发挥作用，所有人沉入梦乡，妄想着取得成就和战功。

平时无伤大雅、再自然不过的一顿饭，现在变得致命有害，当暴风骤雨席卷宴会大厅各个角落的时候，就宛如堤厄斯忒斯或约布之子的鸿门宴*！可怜的玛丽·安托瓦内特以女人的冲动，而不是以君主的远见行事未免冒失！尽管理所当然，但极不明智。第二天，在公开演讲的仪式中，王后陛下宣布自己“为星期四感到高兴”。

圆窗大厅满怀希望，甚至大胆的梦想，但为时过早。美丽的仕女们在神甫的陪同下，用暧昧的眼神、鼓励的言辞，将缝制好的白色帽徽分发给年轻军官。作为回报，后者可以热情亲吻美丽灵巧的手指。他们有的骑马、有的步行炫耀巨大的白色帽徽，有个凡尔赛国民自卫军军官为了引人注目，甚至放下三色帽徽，戴上了白色帽徽！勒古安特少校面色凝重地摇了摇头，严厉地向他发出警告。但是，现在这个妄自尊大、戴着巨大白色帽徽的家伙，听到少校的话，却傲慢地请他收回刚才说的话，否则必须接受决斗。勒古安特少校清楚地声明，他至少不会受任何已有的剑术规则的左右，但仍然会根据自然法则拿起刀剑，

* 堤厄斯忒斯是希腊神话中珀罗普斯的儿子，因与阿特柔斯之妻通奸，阿特柔斯将他的儿子杀死并设宴端上其子之肉飨之。约布为《圣经》中人物，其子在长兄家吃饭时，突然刮起狂风，房屋倒塌，孩子死于非命。

“消灭侮辱他或者国家的任何邪恶斗士”。于是少校为实践诺言抽出了刀。人们把他们分开，避免了发生流血事件。[①]

第三节　黑色的帽徽

但是，可以想象，这顿堤厄斯忒斯晚宴和践踏国家帽徽事件，一定会对梅尼大会堂和巴黎面包店前饥饿的队伍产生某种影响。而且，这种堤厄斯忒斯晚宴似乎没有停下来的意思。弗兰德斯已经回请瑞士人和瑞士百人团，然后在星期六还会有另一次宴请。

是的，我们这里饿殍遍野，凡尔赛那边却是饕餮盛宴！爱国者忍受着巡逻队的辱骂，饥肠辘辘地排队，而成心作对的贵族却玉食锦衣，钟鸣鼎食，公然践踏国家帽徽。这些排场千真万确吗？看：红领绿色制服，黑色帽徽，黑夜的色彩！我们会遭受军事袭击吗？会饿死吗？因为平时每天往返两次、搭载巴黎石膏味面粉的科尔贝运粮船，现在只来一次。市政厅装聋作哑，普通人愚昧落后、胆小怕事！星期六晚上，在佛伊咖啡馆，发生了前所未有的事，而且，这种事也不会是最后一次：有个女人滔滔不绝地做了公开演讲。她说，她可怜的男人被所在的选区禁言了，议长和官员们不让他说话。这是她一介女流来此发声的原因，只要她还有一口气，就要唾骂科尔贝运粮船、巴黎的石膏面包、亵渎神圣的歌剧厅晚宴、绿色制服、贵族海盗和他们的黑色帽徽！

的确，至少是时候让黑色帽徽消失了。巡逻队不愿再保护他们了。另外，在杜伊勒里宫的国民自卫军星期日早上检阅时，脾气暴躁的马塔桑不顾军纪，冲出队列，从一个大摇大摆的士兵身上撕下黑色帽徽，粗暴地踏在法兰西的大地上。巡逻队也是满肚子怨气。同时各区开始骚动起来，议长丹东的声音在皮革

---

① 《箴言报》（《议会史》，第3卷，59页）。两个自由的朋友著：《法国革命史》，第3卷，第128–141页。《康庞夫人回忆录》，第2卷，第70–85页等。

工人中间响了起来。《人民之友》的马拉已经回到凡尔赛，邪恶之鸟又飞了回来，但带来的不是太平祥和！①

于是，这个星期日，当爱国者遇到散步的爱国者时，发现自己关切的事另一个人也很关心。尽管有巡逻队的干预，但现在也不像往常那样警惕了。有些团体开始蠢蠢欲动，在桥上、码头、爱国的咖啡馆里窃窃私语。只要有任何黑色帽徽出现，就会有许多人咆哮："撕下来，撕下来！"所有黑色帽徽都被粗暴地撕下来。有个人把帽徽从地上捡起来，亲吻，试图再戴上，但看到"上百只棍子举了起来"，只得放了下来。另一个人被临时平民法庭判处路灯杆绞刑，多亏国民自卫军出手干预才得以侥幸逃脱。拉法耶特看出有骚乱的迹象。为了预防出事，他增加了一倍巡逻队，加强了巡逻。一直到 1789 年 10 月 4 日星期日局势依然保持平静。

男人受到巡逻队的钳制内心不免忧郁窝囊，女人却激烈反抗，难以钳制。王宫广场公开演讲的不是唯一挺身而出的女人。男人不知道食品柜意味着什么，当里面空无一物的时候，只有主妇知道这意味着什么。女人，男人的妻子，只会算计，不会行动！巡逻队是强大，但不会比死亡、饥饿和军事入侵更强大。巡逻队可以镇压男人的爱国情怀，但镇压不了女人的爱国情怀！所谓的国民自卫军，他们敢用刺刀刺进女人的胸膛吗？在戴着便帽的妇女当中普遍发酵的这些想法，或者说这种朦胧的想法，只需要一个轻微的暗示，在天刚蒙蒙亮就会引发惊天爆炸。

第四节　疯女人

如果伏尔泰哪天情绪不佳，问他的同乡："盖尔什，说说你有过什么发明？"他们现在可以回答：起义的艺术。这是最后的怪异时代所需要的艺术：

① 卡米耶的报纸，《巴黎和布拉班特省的革命》（《议会史》，第3卷，第108页）。

肤浅暴力的法国人天性里情有独钟的一种艺术。

因此，可以说，在过去的半个世纪里，人类的这个分支产业在法国已经达到了多么完美的程度！拉法耶特认为可能是“最神圣的职责”的起义，在法国人民眼里，现在列入他们可以履行的职责。其他国家的民众只是群氓，逞的是愚昧的匹夫之勇和狂热之情，但一路下来并未闪耀出天赋的光彩。而法国的民众正相反，他们是我们这个世界上绝无仅有的：雷厉风行、胆量过人、洞若观火、富有创见、待时而动、渗透到骨髓的求生本能！当无法发挥其他天赋时，自发站队的天赋本身也可以将法国人民和他国人民区分开来，无论在古代还是现代。

经过认真思考的读者应该承认，也许大地上出现的任何事物都没有人更值得探究。人是大自然释放的真正精灵，他们来自大自然的最深处，或者与其有着千丝万缕的联系。当世间万物只是徒有其表、死气沉沉的生命形式，芸芸众生没有一颗跳动的心的时候，如果不在别处，至少在这里还有真诚与真实。如果你愿意的话，颤抖吧，尖叫吧，不过还是潜心思考一下。人的力量与个性如此复杂的组合以超验模式，内外兼修，奋勇前行。他们之所为外人难以知晓，甚至自己也不明就里。这种放射火焰、然后熄灭的烟火有多大的威力难以估量。大火会烧到什么阶段、什么程度、什么结果？用哲学和逻辑所做的猜想都是徒劳的。

有人说：“人永远对人有吸引力，确切地说，其他的一切索然无味。”我们据此难道看不出来，大多数战争为什么会变得如此乏味吗？在我们这个时代，战争只是一种机械运动，对人的个性和主动性的发展毫无帮助。甚至现在，人也没有停止人为地相互残杀。自从荷马时代出现战神以来，战争大多已不再值得观看、阅读或牢记在心。历史上多少无聊血腥的战争，拼命自我标榜或声嘶力竭地自我讴歌！而独一无二的妇女暴动应该忽略不计，还是应该一笔带过呢？

正如我们所说的，在妇女当中普遍发酵的这些想法，或者说这种朦胧的想法会引发惊天爆炸。周一大清早，母亲在阴暗的阁楼上被孩子要面包的哭闹声吵醒。她必须径直上街，到菜市场和面包店排队。她会在那儿碰上其他同样饥肠辘辘、大惊小怪、有同情心的母亲。啊，我们这些女人多么不幸！但是，我们干吗非得在面包店前排队，而不是去贵族的宫殿、不幸的始作俑者那里讨个说法呢？来吧！让我们集合起来！到市政厅去！到凡尔赛去！到路灯杆刑场去！

在圣厄斯塔什选区的一个国民自卫军驻地，一个年轻女人抢了一面鼓，国民自卫军怎么会向一个妇女、一个年轻妇女开火？年轻女人把鼓抢过去，就沿街边敲边喊没有东西吃：妈妈们，快下来！巾帼女杰，快下来！去找吃的，去报仇！所有女人都聚集起来，跟着她挨家挨户纠集妇女。根据卡米耶的说法，妇女起义军类似英国海军舰队，摩肩接踵，人头攒动。有奥尔大市场的悍妇、苗条的风尘女子、勤勤恳恳清早即起的妇女、结结巴巴晨祷的老处女、拿着扫把的女仆，她们都摩拳擦掌，准备大干一番。起来，妇女们，男人们好逸恶劳，光说不练，该我们上了！

就这样，这支妇女大军宛如从山上奔涌而下的雪崩一样，每家的楼梯就是一条汇聚其中的小溪，沿途发出隆隆的吼叫，朝市政厅席卷而来。鼓声或鼎沸的人群不断加入，风暴的喧嚣更加汹涌澎湃，因为，圣安托万郊区的妇女也拿着扫把、火钳甚至生锈的手枪（没有弹药）加入进来。暴动的消息不胫而走，一直传播到最远的城门口。在这个冷飕飕的10月5日早上七点钟，市政厅将会看到难得的奇观。不凑巧的是，正好碰到一群男人围着一支巡逻队在争执，还有一个面包店主因为缺斤少两被查获。她们群情激奋，甚至亮出了路灯杆的绳子，以至于官方人员不得不通过后门把店主放走了，并在所有各选区增加了更多的军力。

卡米耶说，看到总共有八千到一万的巾帼女杰，奋不顾身去探索问题的根源，真是壮观的场景！不过这种时常伴有滑稽场面的局势也让人提心吊胆，只怕横生枝节。这时候，筋疲力尽的三百名议员还未到达，只有一些职员、一个连的国民自卫军和德·古维雍少将。后者曾在美国为公民自由事业而战，是个心地善良，但头脑简单的人。此刻他正在后面的套房里，试图说服巴士底狱的执达员马亚尔，他也和其他人一样是来代理法律业务的。当巾帼女杰大军到来的时候，气氛仍然相当紧张。

外面台阶上的国民自卫军组织好队形，挺起刺刀。这一万多巾帼女杰不可抗拒地一拥而上，摊开双手，她们只是恳求和市长对话。后面的人不断向前面推挤，最后一排的男人们已经扬手飞起石头了。国民自卫军现在只有两个选择：或者用大炮横扫格雷沃广场，或者在左侧或右侧打开缺口。结果缺口打开了，汹涌的人流如洪水般冲向客厅和办公室，一直跑到钟楼顶层，贪婪地寻找武器、市长和公正。但另一方面，也有衣着体面的妇女平静向职员诉说这些可怜妇女的苦难及其悲惨命运，她们中有些人甚至沦落风尘。[①]

在这种极端情势下，可怜的德·古维雍先生黔驴技穷，暴露出犹豫不决、烦躁不安、有自杀倾向的弱点。好在如今有来办理业务的狡猾善变的执达员马亚尔在他身边。啊，马亚尔，快去找你的巴士底狱警卫连，把这个连带回来，尤其要动动你那狡猾的大脑，因为，看哪，这些巾帼女杰找不到市长或市政官员，很可能会在钟楼顶层找到火药分发人——可怜的勒费福尔神甫。找不到别人，她们就会在苍白的晨光中，在他用暗淡的目光俯瞰巴黎的地方把他吊死，真是恐怖的结局！万分幸运的是，绳子断了，这在法国是常有的事儿，或许是女英雄们割断了绳索。勒费福尔神甫从二十英尺的高处跌落到屋顶上，虽然落下四肢发抖的毛病，但总算捡了一条命，从那之后又会活很多年。[②]

现在，大门在斧子的劈砍下被打开了，巾帼女杰冲进了军械库，缴获了枪

① 两个自由的朋友著：《法国革命史》，第3卷，第141-166页。
② 杜索著：《攻克巴士底狱》，注释，第281页。

支和大炮、三袋钱和一大堆文件，在摇曳的火把下，始建于亨利四世时代的美轮美奂的市政厅与内部的一切，将在几分钟之内化为灰烬！

第五节　执达员马亚尔

如果不是行动神速、头脑狡猾的执达员马亚尔回来，这一切就真的噩梦成真了！

马亚尔自己跑过去抢了一面鼓，因为古维雍或者其他人甚至不会鼓励他这样做。他从大台阶上下来，一面拼命敲鼓，一面大喊："去凡尔赛！来吧，去凡尔赛！"有人也学他敲起了水壶或锅，以便提醒分散的愤怒蜂群，在群龙无首的时候，使它们围绕着声音，简单地说就是围绕一个指挥中心重新聚拢过来。现在，骑在马上的夏特莱机灵的执达员马亚尔，是这些疯女人的领路人。劈门的斧头停了下来，勒费福尔神甫吊了一半被放了下来，冲到钟楼上的人也都下来了。是谁在咚咚地敲鼓？是斯坦尼斯拉斯·马亚尔，巴士底狱的英雄，他要带领我们去凡尔赛！马亚尔，向你致敬！保佑你，执达员，骑上马！前进！前进！

为缴获的大炮配套的马车同样是缴获来的，黑发的戴洛瓦涅小姐戴着头盔，手持长矛，坐在一尊大炮上，眼神高傲，容貌娇美，有人说堪比圣女贞德，甚至让人想起"智慧女神帕拉斯·雅典娜"。[①]还在一直敲鼓的马亚尔，在一片欢呼声中被任命为将军。他敲着鼓点，情绪激昂地沿着码头，艰难地引领着这支疯女人大军前进。这样一支前进的大军，是不会一帆风顺的。河上船都停驶了，所有赶车人和马车夫都逃走了，男人都躲在窗户后面，怕被女人征召过去。眼前的景象前所未有：终极旧时代的酒神女祭司、新桥上的亨利铜像注视着她们，君主的罗浮宫、美第奇家族的杜伊勒里，宫终有一天看到了他们从未见过的景象。

① 两个自由的朋友著：《法国革命史》，第3卷，第157页。

现在，马亚尔率领他的疯女人大军来到了香榭丽舍大道，从而使市政厅逃过一劫，只受到轻微损失：大门被打破，勒费福尔神甫不再分发火药，三袋钱大部分被退还，因为，无套裤汉虽然饥肠辘辘，但这点尊严还是有的。[①]这就是所有的损失。伟大的马亚尔！围绕着他的鼓有一个核心小圈子，但丧心病狂的男男女女从四面八方，加入到这条奔腾的洪流中来，指挥中心就是他的头脑和两只鼓槌。

啊，马亚尔，自从有战争这回事以来，任何一位将军有像你今天这样，承担过如此艰巨的任务吗？尽管穷汉沃尔特触摸到敏感的心灵，但是他有处罚权和腾挪的空间，而且，他的十字军都是男性。而你的这一天则为天地所不容，因为你是率领疯婆子的将军。在这感情用事的冲动时刻，你必须把胡言乱语转化为理性的言辞，把疯狂的举动转化为温和的行动。无论怎样都容不得任何闪失，否则前有讲求实际的官员高举处罚和法律的大棒，后有疯女人推波助澜。如果他们的同伙就这样砍下了嗓音优美的俄耳甫斯的头，扔进佩纽斯河，那么这些人会如何对待你呢？你连音乐都没有，只有一个羊皮鼓！但是，马亚尔没有失败。不负众望的马亚尔，如果名声是从天而降的意外，那么历史就是谣言的孵化器。你是一个多么非凡的人！

在香榭丽舍大道，大家走走停停，踌躇不定，但是，只要有马亚尔在，就没有回头路。他告诉这些嚷嚷去弹药库拿武器的疯婆子，弹药库里没有武器，而且，手无寸铁地向国民议会请愿效果更好。他匆匆任命了十多名女指挥官、五十多名队长，然后，排着杂乱无章的队列，合着步调不一的八面鼓（他自己的鼓早就放下了）的节奏，由巴士底狱的志愿者殿后，他们重新上路。[②]

及时大量提供面包的夏约面包店没有遭到抢劫，塞弗尔陶器店也没有一个瓶子被打碎。塞弗尔老拱桥回荡着她们纷乱的脚步声，塞纳河继续永恒的潺

① 《议会史》，第3卷，第310页。
② 两个自由的朋友著：《法国革命史》，第3卷，第159页。

潺流水，巴黎依旧远远响起长鸣的警钟和报警的鼓声，但目前在大队人马的鼎沸声和铺天盖地的雨点下，这些已经听不见了。在默东和圣克鲁，关于她们的传闻早已不胫而走，这天晚上，各家各户闲聊的主题都是她们。妇女的压力仍然持续，因为这是所有做母亲或即将做母亲的夏娃的女儿的事业。任何坐车的女人，即使多歇斯底里也是枉然，都必须下车，穿着丝鞋在泥泞的道路上行走。在这严峻的十月天气里，她们就是这样，一路在惊讶的目光中，像一群无翼野鹤努力前行。所有旅行者，特别是巴黎的旅行者或信使，都停下脚步。坐着时髦马车、衣着光鲜的议员勒夏普利埃，看得目瞪口呆。为了没有性命之虞，他赶紧声明自己是爱国议员勒夏普利埃，甚至是老议长勒夏普利埃，曾主持过五旬节之夜，是布列塔尼俱乐部的创始人之一。于是，人群爆发出"勒夏普利埃万岁"的欢呼声。有几个武装人员还跳上他的马车前后两侧护送他。[①]

然而，拉法耶特的急件、旁观者的消息甚至模糊的谣言，都传到了凡尔赛。这时候，国民议会的议员们正忙于讨论当天的议事日程，并为在歌剧厅参加反对国家的宴会而后悔，而国王陛下对是否应该接受《人权宣言》犹豫不决，正在为反对某些条款寻找托词，米拉波靠近当时担任议长的睿智的穆尼埃尔，低声对他说："穆尼埃尔，巴黎正在向我们进发。""我一无所知！""相信与否不关我的事，但我要说的是，巴黎正在向我们进发。这是突发状况，赶紧去城堡通知他们。时间不等人啊。""巴黎正在向我们进发？"穆尼埃尔语气酸楚地回答，"好吧，那再好不过了！我们很快就成为一个共和国了。"米拉波离开了他，就像离开一个经验丰富却因掉进深水而被蒙蔽的议长一样。议员们继续讨论日程。

是的，巴黎正在向我们进发。除了巴黎的妇女之外，还有更多的事情发生。马亚尔刚刚离开，德·古维雍先生的命令就发到了所有选区，于是，警钟和集合号开始响起来。各选区手持武器的国民自卫军，特别是老法国近卫军的中央掷弹兵，快速部署到了人群密集的格雷沃广场。圣安托万郊区的人们携带长矛和

① 两个自由的朋友著：《法国革命史》，第3卷，第177页。《名人辞典》，第2卷，第379页。

生锈的火枪，不管是否受到欢迎，也向这里赶来。中央掷弹兵受到欢呼。"这不是我们想要的欢呼声，"他们沮丧地回答，"国家受到侮辱，拿起武器，来和我们一起接受命令！"哈，原来风是从这里吹起来的！爱国者和巡逻队合二为一了！

三百名议员到齐了，所有委员会开始活动。拉法耶特正在忙着口授给凡尔赛的急件，这时候中央掷弹兵派来的代表向他报告。代表们行军礼，报告内容并非全无道理："我的将军，我们是六个连的掷弹兵派来的代表。我们不认为您是叛徒，但认为政府背叛了我们，是时候结束这一切了。我们不能把刺刀对准向我们要面包的女人。人民太不幸了，一切不幸之源都在凡尔赛：我们必须去找国王，把他带到巴黎。我们必须消灭胆敢践踏国家帽徽的弗兰德斯军团和禁卫军。如果国王太软弱，不敢戴王冠，就让他把王冠放下。您可以给他的儿子戴上王冠，您任命一个摄政委员会，一切会好起来的。"[①]拉法耶特又是愠怒，又是惊讶，马上施展雄辩而侠义的口才：但徒劳无功。"我的将军，我们愿意为您流尽最后一滴血；但不幸之源在凡尔赛，我们必须去那里把国王带到巴黎。这是全体人民的希望。"

将军来到外面的台阶，讲了一番大道理，仍然徒劳无功。"到凡尔赛！到凡尔赛去！"派人找来的市长巴伊穿过人山人海的无套裤汉，试图站在他的镀金马车上发表学术演讲，只赢得了一片嘶哑的怒吼声："要面包！去凡尔赛！"他只好退回到建筑物内。拉法耶特骑上他的白色坐骑，又开始高谈阔论，这一次语气里更多的是坚定、愤怒的手势、力量的展示，但少了很多劝说的成分。"去凡尔赛！去凡尔赛！"于是，时间一点一滴过去，转眼就过了半天。

"美国的西庇阿"现在也回天乏术，甚至都无法逃走。"见鬼，我的将军，"掷弹兵边跟着他的白色坐骑靠拢过来，边喊道，"您不会离开我们，您将与我们同在！"在这危急关头，市长巴伊和市政官员躲在屋里，吓得浑身发抖，

① 两个自由的朋友著：《法国革命史》，第3卷，第161页。

我们的将军在外面成了囚犯。在格雷沃广场有三万正规军，而圣安托万郊区和圣玛索区的杂牌队伍，是手持明晃晃或生锈长矛的锋芒毕露的群众。大家众志成城，心中只有一个目标。可以说，人心所向，目的明确，只有骑在白色坐骑上、在原地打转的人仍然二心不定，似乎没有哪个世界会与他的朝代和时代一起土崩瓦解。湿漉漉的一天夕阳西下，但叫喊声远未停止："去凡尔赛！"

然而，很快，更阴险嘶哑的喊声从远处传来，与长久低沉回荡在人群中的清晰话语混杂在一起：去路灯杆刑场！无套裤汉杂牌队伍威胁带着长矛甚至大炮独自前往。一根筋的西庇阿最后决定派遣一名副官询问市政官员：他是否可以离开？随后一封信通过武装人员交到他的手上。六万人的目光一下子集中在这封信上，在他读信的时候，大家默不作声，都不敢大声呼气。天哪，他突然变得脸色苍白！市政官员允许了吗？"他们允许了，甚至命令他这样做。"因为他没有更好的选择。批准的欢呼声顿时响彻云霄。排好队伍，准备出发！

根据我们估算，现在大约是下午三点钟。愤怒的国民自卫军可能用背包携带食物，只吃了一次饭。无论吃饭与否，他们依然只为了一个目标前进。整个巴黎打开窗户，向他们招手。复仇者在尖利的短笛和鼓声中走过街道。巴黎在忧虑的期待中又度过了一个不眠之夜。①拉法耶特坐在白色的坐骑上，尽可能磨磨蹭蹭地走来走去，在他的三万名正规军队伍里高谈阔论。圣安托万郊区携带长矛和大炮的队伍在他们之前已经出发。侧翼和后卫部队鱼龙混杂，武器五花八门，有些还赤手空拳。他们再次让所有人目瞪口呆：巴黎正在向我们进发。

第六节　到凡尔赛去

几乎就在这同一时刻，马亚尔正率领他的疯女人大军，在泥泞的道路上跨越最后一道山岭。现在，凡尔赛城、凡尔赛城堡和广阔无边的王室遗产统统展

① 两个自由的朋友著：《法国革命史》，第3卷，第165页。

示在惊诧的目光之下。从远处看，在右边，是马尔利和圣日耳曼昂莱。在左面，是通往朗布依埃的大路：群山环抱，风景如画，在这昏暗潮湿的日子里似乎带有某种忧郁的色彩！我们眼前的凡尔赛，既古老又现代，宽阔的凡尔赛大道绿树掩映，雄伟壮丽，估计三百英尺宽，有四排榆树。然后是凡尔赛城堡，坐落于王家公园和游乐园，波光粼粼的湖面、凉亭、迷宫，动物园和大、小特里亚农。居住区点缀着高高的塔楼，多么舒适迷人的地方。如今，地狱之神蜂拥而至，局势一触即发，令人忐忑不安。饥肠辘辘的疯女人手持圆锥花般的长矛潮水般涌来。

"是的，女士们，正如大家所看到的，这边这条笔直的大道在这里和那里，与两条同样笔直的大道交叉，一直延伸到王家广场和宫殿前院。这边是梅尼大会堂，那边是复兴法国的庄严的议会。前院是大理石的大院子，一直深到内院，看来彼此已经连在一起。在院子的尽头，像希望之星般金光闪闪的玻璃穹顶就是圆窗大厅！我们的烤面包就在那里，而不在世界任何其他地方。但是，啊，女士们，我们的大炮、戴洛瓦涅小姐以及所有战争机器，是不是放在后面好一些？低姿态更适合国民议会的请愿者，毕竟在凡尔赛我们是外人。即使在这里，我们也可以清楚听到长鸣的警钟和集合号！如果可能的话，表现得高兴一点，隐藏我们的痛苦，甚至唱唱歌不是更好吗？上天也怜悯的痛苦人人厌恶，人人逃避。"这就是精明的马亚尔在凡尔赛附近的高地上，为疯女人提出的建议。①

精明的马亚尔所做的部署得到了执行。长途跋涉的起义者分成三列，高唱跑调的"亨利四世万岁"，间或高喊"国王万岁"。虽然凡尔赛的排排榆树不时有雨点滴落，但道路两旁拥挤的人群仍然高喊："巴黎女人万岁！"

在谣言甚嚣尘上的当口，仆人和信使已经被派往巴黎，而出发去默东森林

---

① 参见《议会史》，第3卷，第70-117页。两个自由的朋友著：《法国革命史》，第3卷，第166-177页。

打猎的国王陛下被找到，已经回到家，警钟和集合号响了起来。警卫在宫殿的栅栏门前列队完毕，他们紧绷着脸，盯着凡尔赛大道，鹿皮制服都湿了。弗兰德斯军团也在，他们还在为歌剧厅的那次晚宴后悔。龙骑兵也没有骑马。最后，勒古安特少校尽可能把凡尔赛的国民自卫军集合起来。不过，值得一提的是，我们通宵未眠的上校德斯坦伯爵，既没有下达任何命令，也没有分发弹药，而是慌不择路地逃之夭夭，有人猜测，他逃进了圆窗大厅。穿红色制服的的瑞士兵，手持武器站在栅栏门里面。所有的大臣，以及圣普里斯特、唉声叹气的蓬皮尼昂和其他人，与内克尔一起都待在内宫的一个房间里：他们与他坐在那里，忐忑不安地等待下一步会发生什么事情。

虽然议长穆尼埃尔用再好不过的话回应了米拉波，对事情轻描淡写，但隐约有不祥的预感，因为，在这长达四个小时的时间里，他毕竟没有无忧无虑地在床上酣睡！议事日程依然继续："向国王陛下派个代表团似乎是好主意，这样可以请他完全接受我们制定的宪法条款。"有保留地被迫接受让神和人都不满意。

那些条款是明确的。然而，很多事情更加明确，虽然没有人说破，所有人现在都隐约明白。不安和担心写在每个人的脸上。议员们低声交谈，不安地走来走去：显然议事日程并不是这一天的优先安排。终于，从门外传来被墙壁阻隔的沙沙声和撞门声，以及激烈的争吵和叫喊声。这一切表明，摊牌的时候到了！现在可以听见门被撞破的声音，然后冲进来的是执达员马亚尔和一个由十五名满身泥浆的女人组成的代表团。他用令人难以置信的辞令，并在一些手持权杖的骨干的帮助下，成功说服其他人在外面等候。因此，国民议会现在直接面对艰巨的任务：复兴宪政主义真刀真枪地面对濒临绝境、高喊"要面包！要面包"的无政府主义。

精明的马亚尔尽可能将疯言疯语转为和风细雨，对一方进行打压，对另一方进行规劝。实际上，虽然在公开演讲上还是新手，但他依然处理得流畅自如。

"在目前粮食稀少的可怕形势下，"他说，"正如严肃的议会所看到的那样，一个女公民代表团从巴黎来请愿。贵族的阴谋在这里显而易见。"例如，有人用二百利弗尔贿赂一个磨坊主不磨面粉，执达员还不知道他的名字。但事实可以证明这一点，至少这是不容置疑的。此外，似乎国家帽徽遭到践踏，还出现了黑色帽徽。作为法国的希望，国民议会难道不应该立即明智地思考一下所有这些事情吗？

多愁善感、饥肠辘辘的疯女人高喊："黑色帽徽。""要面包！要面包！"还质问："国民议会做不到吗？"是的，先生们，如果要求国王陛下"完全接受"的代表团看起来是恰当的，那么，为了"巴黎的悲惨局势，为了平息骚乱"，现在还需要怎么做？议长穆尼埃尔立即与代表团一起出来商议。在代表团中，我们注意到有体面人物吉约坦医生。副议长必须继续当天的议事日程，执达员马亚尔与他一同留下来做妇女们的工作。现在是四点钟，在这个天气糟糕的下午，穆尼埃尔走了出去。

啊，睿智的穆尼埃尔，这个下午对你意味着什么？这是你政治生命的最后一天！趁现在还来得及，最好是功成身退。因为，看看，所有的广场和空地挤满了浑身湿透、满身泥浆的妇女团体和手持斧头、生锈长矛、老式步枪、一端绑利刃或刀的铁棒（一种临时镰刀）的长发无赖，不为别的，只是因为饥饿而反抗。外面大雨滂沱：近卫军骑兵在一片嘘声和口哨声中，穿过人群进行骚扰和煽动，但人群在这边被冲散，又在那边聚集起来。

无数满身泥泞的女人在围攻议长和代表团，坚持跟他一起去：王后陛下站在窗口，她难道不能派人问问我们需要什么吗？"要面包，和国王对话"，这就是回答。在一片欢呼声中，十二个女人加入代表团，并在倾盆大雨中与他们一起穿过广场和分散的各种团体、禁卫军骑兵。

在突然有十二个饥饿女人在无赖的护送下加入之后，议长穆尼埃尔成为团体的中心人物。代表团和这些女人被骑兵冲散，艰难地在泥泞中重新聚集。[1]最后，栅栏门被打开了，有十二个女人参加的代表团获准进入，其中有五个人会见到王后陛下。这些女中豪杰怀着最大的耐心，湿漉漉地站在那里等待他们的回归。

第七节　在凡尔赛

但是，（戴洛瓦涅小姐形象的）帕拉斯·雅典娜，已经开始与弗兰德斯军团和下马的龙骑兵打得火热了。她和另外一些适合这类活计的女人，穿梭于各级军官的行列，认真地与他们逗趣，以爱国者的胸怀拥抱这些粗鲁的大兵，用温软的手臂融化了警棍和短火枪，一个配得上男人称号的人怎么能攻击这些饥肠辘辘的爱国妇女呢？

有人写道，戴洛瓦涅小姐把手里几袋钱分给了弗兰德斯军团的士兵：钱是谁提供的？唉，很少有人会带着那么多钱坐在大炮上。这是保王党的造谣中伤！戴洛瓦涅小姐只有作为不幸女性的有限收入，她没有钱，只有黑色的头发、异教女神的形象和古道热肠。

与此同时，从圣安托万郊区陆续来了很多手持长矛和临时镰刀的团体与部队，他们浑身都湿透了，但情绪激昂。他们是受固有观念的驱使而来的。不少苍髯如戟的人来到这里，目的并不明确，有些只是来看看热闹！在这些人当中有个人最引人注目，他身材魁梧，身着一件小型铅胸甲，有着红灰色的浓密头发和随风飘扬的红胡子[2]：这是精明的马贩子儒尔当，他已不做商人，而是专门给画家做模特：今天他跷课了。这份艺术工作使他把红胡子留得更长了。他的铅胸甲从何而来？除非他的确是有铅质徽章的流动小贩，否则，也许这将永

① 穆尼埃尔：《司法报告》（援引两个自由的朋友著：《法国革命史》，第3卷，第185页）。

② 参见韦伯著：《回忆玛丽·安托瓦内特》，第2卷，第185–231页。

远成为历史问题。另外一个引人注目的人物，人们称他为“亚当老爹”，但他的另外一个名字“圣于吕日侯爵”更为我们所熟知。他嗓音洪亮，是否决权英雄，虽然个人遭受了损失，但对他来说不值一提。身材魁梧的侯爵几天前刚被释放出来，他从哲学视角饶有兴味地在雨伞下观察这个场景。正如我们看到的那样，所有的人和事都混乱不堪：帕拉斯·雅典娜正忙于应付弗兰德斯军团和缺乏弹药的爱国的凡尔赛国民自卫军。德斯坦上校已经离开他们逃走了，现在的指挥官是勒古安特。脾气暴躁的近卫军骑兵的鹿皮制服都湿透了，显得很沮丧。最后，这支衣衫破烂、愤怒的流动大军，他们会不会引发什么突发事件呢？

然而，虽然议长穆尼埃尔没有回来，但十二名从城堡回来的妇女代表欢天喜地地高喊：“国王和王室万岁！”显然是好消息吧，女士们？这是最好的消息！我们当中有五个人被允许进入宏伟的内宫，见到了国王。这位苗条的小姐路易斯·夏布雷是雕塑工人，只有十七岁，因为外貌娇美、举止得当而被我们选为发言人。无论是对她还是对我们全体代表，国王陛下都表现得非常亲切和蔼。不仅如此，当小路易斯跟他说话快要晕倒时，他把她搂在怀里，款曲周至地说：“她真没白跑一趟。”啊，女士们，多么好的国王！他的话暖心得体，只是：如果世界上真有粮食储备的话，就必须送往巴黎。粮食应该像空气一样自由流通。只要磨坊在，就应该磨小麦。只要法国自由的复兴者是正确的，一切就不会错。

也许是好消息，但是，对于其他被浇透的疯女人来说，这一切太不可思议了！那么，似乎没有什么证据吧？暖心得体的话语毕竟是话语，不能当饭吃。啊，不幸的人们，贵族背叛了你们，还腐化了你们的使者！什么？路易斯小姐倒在国王怀里了？在他的怀里？这个无耻的荡妇，这个名字不值得再提！是的，你的皮肤很柔软：我们的皮肤因为干活儿而粗糙。我们却浑身浇透等在雨里。你没有饿肚子的孩子在家等你，只有不会哭的雪花石膏娃娃！叛徒！吊死她！美丽、苗条、曾躺在国王怀里的可怜的路易斯·夏布雷尽管哭喊着求饶，脖子仍被套上吊带，带子的两端被怒不可遏的疯婆子们紧紧拉住，眼看就要香消玉殒。这时候，两个近卫军骑兵飞奔过来，愤怒地驱散了这伙杀人犯，把她救了下来。这十二名声名狼藉的代表赶紧回到城堡去要"书面答复"。

现在，又有一拨疯女人在"巴士底狱志愿者布鲁诺"这个卓越统帅的率领下向这边赶来。她们也想挤到大院的栅栏前，看看发生了什么事。但是，人的耐心是有限度的，特别是在鹿皮制服都湿透的情况下。近卫军骑兵中尉德·萨沃尼埃再也无法控制长久压抑的脾气。他需要放纵一下。他不仅驱散了这一拨疯女人，而且驱马把人群向后推，并怒气冲冲地向卓越统帅布鲁诺先生挥舞战刀。由于从中得到极大的快感，他开始策马追他。布鲁诺敏捷地左躲右闪，不时回头查看，同时也抽出了刀。看到这激愤与胜利的场面，另外两名近卫军骑兵（因为愤怒可以传染，对长期被压抑的近卫军骑兵来说是安慰）也同样挥舞着战刀，在空中划出银色的圆弧，加入到追逐的行列中，以至于可怜的布鲁诺别无他法，只能在人群中灵巧地加速撤退，像帕提亚骑兵那样用刀回击，同时用尽全力大喊："他们要杀死我们！"

可耻！三个人对付一个人！从勒古安特的队伍里传来愤愤不平的抱怨，转眼间变成咆哮声，最后成了枪声。在萨沃尼埃抬起胳膊发出进攻信号的时候，勒古安特的人一枪击中了他，他挥舞的战刀无力地掉落在石子路上。布鲁诺逃走了，这场决斗的结果皆大欢喜。但是，战争的野蛮叫嚣开始在各地甚嚣尘上！

女英雄们撤退了，圣安托万（填满霰弹）的大炮已经瞄准。火绳点了三次都没有成功，也许火药太湿了。随后，有人喊："住手吧，还不是时候！"[①]近卫军的先生们，你们接到命令，不得开火。但你们当中有两名骑兵下了马，结果一匹战马被打死。撤到子弹波及范围之外不是更好吗？总之，撤到室内怎么样？如果在撤退时有一两支枪向那些大呼小叫的武装店主射击的话，谁也不会觉得

① 两个自由的朋友著：《法国革命史》，第3卷，第192–201页。

奇怪的。你们戴的白色大帽徽太丑了，他们把这些帽徽换成三色帽徽不是更顺从天意吗？你的皮制服都湿透了，心情也不好，还是走吧，别回来了！

正如我们所暗示的那样，近卫军在枪声中且战且退，虽然没有造成人员伤亡，但犯了众怒。在暮色渐浓时分，只要他们中有人出现在大门口，就会面对咒骂和呼啸的子弹。要是他们中有人单独行动，就会被流氓追杀。例如，"苏格兰连可怜的德·穆什东先生"是被杀战马的主人，他应该感谢凡尔赛的队长们在生锈火枪射出的子弹中把他救了出来，其中一颗子弹把他的帽子打成两段。最后，根据上级命令，除了执勤的一小部分人之外，所有禁卫军都消失了。他们在夜色的掩护下逃往朗布依埃。

我们还注意到，现在凡尔赛人弹药充足：整个下午，官员都找不到任何弹药，在关键时刻，一位爱国的陆军少尉用一把手枪对着他的耳朵，要他帮忙找一些，他照办了。此外，被帕拉斯·雅典娜解除了武装的弗兰德斯军团公开宣布，他们不会针对公民发起进攻。为了维护和平，他们与凡尔赛人交换了弹盒。[①]

现在，无套裤汉与朋友难以区分，他们"畅行无阻"，同样可以咒骂近卫军，抱怨挨饿。

第八节　吃饭平等

但是，为什么穆尼埃尔耽搁了，为什么没有和代表团一起返回呢？现在已经六点，七点，仍然没有穆尼埃尔的影子，没有完全接受这回事儿。

看看这些疯女人们个个浇得像落汤鸡，现在不是以代表团形式，而是全体闯进了议会大厅，不容分说就打断了演讲和议事日程。除了大范围让步之外，无论是马亚尔还是副议长都无法约束她们，甚至对于米拉波的狮吼，虽然她们

① 韦伯，如上所述。

用掌声表示赞同，也只能让她们安静几分钟而已。然而，她们不时打断这个法国复兴的象征，齐呼："要面包，不要没完没了的讲话！"这些可怜的生灵对议会剑拔弩张、滔滔不绝的演讲一点也不敏感！

有人还听说，王室正给御用马车套车准备前往梅兹。无论是马车，还是王室成员，的确曾经在后面的栅栏门出现过。他们甚至炮制并发布了凡尔赛市政府的书面命令。这个政府依然是君主制，而不是民主政府。然而，凡尔赛巡逻队根据警觉的勒古安特的特别指令，让他们返回了。

在这种时刻，勒古安特少校的确是个大忙人，因为，德斯坦上校一直躲在圆窗大厅不愿露面，但显然不时也露露面。保王党市政府也需要监督。大事小情，都没有人下达任何民事或军事命令！勒古安特在凡尔赛市政厅大院子的栅栏门里，同瑞士兵和禁卫军进行沟通。他在弗兰德斯军团，这里或那里跑来跑去，努力阻止发生流血事件，防止王室逃亡梅兹，以及疯婆子们洗劫凡尔赛。

在夜幕降临时，我们看到他去圣安托万查看那些武装团体，他们杀气腾腾地在梅尼大会堂附近徘徊。他们围成半圈接待了他，十二个演说家手持燃烧的火炬待在大炮后面，炮口对准勒古安特，活脱脱的一幅救世主的画面！他温和但勇敢地问他们来凡尔赛要做什么，十二个人话不多，但意思明确："要面包，结束冲突。"何时能结束冲突，无论勒古安特少校，还是其他任何人都说不准。但对于面包，他问："你们有多少人？"得知他们有六百人，每人一个面包就够了之后，他径直返回市政府去准备六百个面包。

然而，一个君主专制秉性的市政府当然不愿提供这些面包，但愿意给两吨大米。问题是不知道是生的还是熟的。可是，当这一提议被接受时，市政府却消失了。他们像巴黎市政府穿长袍的二十六名官员一样潜逃了，无论是生米还是熟米，没有留下一粒米就从历史上消失了！

大米落空了，凡是吃的都没什么指望，连复仇都没什么希望。正如我们所说的那样，苏格兰连的德·穆什东先生不是有一匹马被打死了吗？既然一无所有，就只剩下德·穆什东先生躺在广场上的那匹死马了！绝望的圣安托万人饿急眼了，扑向死去的战马，剥掉马皮，用栅栏、木门和所有能找到的木材当劈柴，欢天喜地地烤了起来。他们参照古希腊英雄的仪式，"把手伸向精心准备的餐食"，一切照旧。其他的流氓团伙也在四处寻求可以吃的东西。弗兰德斯军团将撤回到兵营，除了接到命令加强警戒的巡逻队以外，勒古安特与凡尔赛人也一同撤走。

夜幕降临，喧嚣声和大雨依旧持续，所有道路都变得泥泞不堪。也许这是自圣巴托罗缪之夜以来，人们在这些地区见过的最蹊跷的夜晚。正如巴松·皮埃尔所说的那样，凡尔赛宫是个暗淡的城堡。需要俄耳甫斯用七弦琴弹起悠扬的乐曲，才能使这些疯狂的民众遵守秩序！因为，在这里，似乎一切都陷入不可测的深渊，这个世界已经四分五裂。最高层在向下俯冲的世界里与最低层发生了接触：法国的流氓集团围攻法国王室。围绕王冠而举起的"铁棍"不是为了保护它！在对嗜血的叛国近卫军的一片谴责声中，也可以听到对王后的阴险诅咒。

宫廷夜不成寐，瑟瑟发抖，无能为力，根据广场抗议的形势和来自巴黎的谣言的变化摇摆不定。谣言纷至沓来，一会儿是和平，一会儿是战争。内克尔和所有大臣商议无果。圆窗大厅成了风暴之眼："我们将前往梅兹。我们不会去梅兹。"王家马车再次在门口出现，虽然这只是试探而已，但再次被勒古安特的巡逻队驱赶回去。在六小时之内，没有解决任何问题，甚至没有被完全接受。

在六小时之内？唉，在这种情况下，在六分钟之内不能解决任何问题的人，应该放弃所有的努力，因为他的命运已经注定如此。与此同时，疯女人和无套裤汉正在同国民议会进行协商，局势变得越来越遭。穆尼埃尔还没有回来，没有人在行使权力。法国的权力，就目前来说，在勒古安特和执达员马亚尔手中。长期被预言为不可避免的、可怕的大劫难突然降临！因为，对于盲人来说，所有的事情都是突然的。几个世纪以来没有代言人和协助的苦难，现在自助并为自己代言。其中最粗俗的方言就是其表现形式。

在八点钟，来到议会的不是代表团，而是吉约坦医生，他宣布代表团将很快返回，也存在达成完全接受的希望。他带来国王的一封信，允许并命令谷物自由流通。疯女人对这封信诚心诚意地鼓掌欢迎。议会随即投票通过配套法令，也受到疯女人的鼓掌欢迎。只是，严谨的议会难以进一步把"面包规定在每四磅八个苏，肉店的肉每磅六个苏的价格"。这难道是公平的价格吗？这是马亚尔再也无法约束的那些男男女女，想出并要求严谨的议会通过的动议。执达员马亚尔现在也不总是谨言慎行，但如果受到反驳，他依然理直气壮地以情况特殊为由请他们谅解。[①]

但最终，这个法令也通过了。但混乱局面并未因此而得到缓解。议员接二连三地消失，议长穆尼埃尔仍未返回，而副议长除了也溜之大吉之外还有什么可以做的吗？有他做榜样，在这样的压力下，议会进入晕厥状态，或者官方说法叫休会。马亚尔口袋里揣着"谷物法令"，和另外几名妇女一起坐着国王的马车被派回巴黎。苗条的路易斯·夏布雷也携带那十二名疯女人代表从王宫要来的书面回复返回巴黎。苗条的仙女在一片泥泞中重新上路，她心慌意乱，满腹委屈。今天在这条路上的所有旅客都行进缓慢。议长穆尼埃尔没回来，完全接受无从谈起，虽然事件发生已经六小时了，虽然信使连续报告，拉法耶特已经到达。他带来了战争还是和平？宫廷也该做出决定了，如果想继续生存，现在就必须证明仍然活着！

穆尼埃尔在耽搁了这么长时间之后，终于怀着胜利的喜悦回来了，他带回了宫廷全面接受要求的信息。成果来之不易，但现在，唉，已经没有多大价值了。可以想象，穆尼埃尔原本是希望以完全接受要求的成果作为礼物献给议会的，现在却发现他的参议院里议员都消失了，取而代之的是疯女人！正如伊拉斯谟的猴子用一块木板模仿剃了胡须的伊拉斯谟那样，这些女中豪杰同样用

① 《箴言报》（《议会史》，第2卷，第105页）。

一种威严的嘲讽，模仿了迷茫的国民议会。她们制定动议，发表演讲，至少在一片哄笑中投票通过法规。议员席和观众席挤满了人，奥尔大市场一个健硕的女人坐上了穆尼埃尔的椅子。穆尼埃尔在执权杖者的劝说下，才勉强挤到女议长身边。女强人在辞职之前声明一件事，就是她和整个议会的男女议员们实在饿坏了。（因为一匹战马的烤肉怎么喂得了这么多嘴呢？）[①]

在这些情况下，经验丰富的穆尼埃尔，做出了双重决议：首先击鼓重新召回议员，然后组织食品供应。敏捷的信使迅速把消息送给所有面包师、厨师、糕点师、酒商、修理师傅等。鼓声响起，伴随着刺耳的命令发布声，响彻所有的街道。他们来了：议员们回来了。更加令人鼓舞的是有食品供应了。托盘和手推车上出现了面包、葡萄酒、大批香肠。营养丰富的菜篮子沿着长凳和谐流通，按照史诗之父的话说，“任何生灵都不缺乏对粮食的公平分享”。

约有一百名左右的议员渐渐靠近穆尼埃尔的扶手椅，疯女人给他们让出了一条通道。他们认真听取完全接受的内容，并根据议事日程开始讨论刑法。所有长椅上都坐满了人，而在观众席上，由于肮脏散乱的头发而显得更加昏暗，更怪异的是，还有镰刀在“闪光”。[②]自这些观众席上坐满了插着羽毛和珠宝的贵妇淑女，散发着扑鼻香气至今，已经六个月了。现在我们终于可以复兴法国了。我认为身居高位是最大的痛苦！疯女人不会放过任何唠叨机会，有人问：“刑法是干什么用的？我们要的是面包。”米拉波转身用雄狮般的声音予以驳斥。疯女人报以热烈掌声，然后大家重新开始。

于是，他们一边嚼着硬香肠，一边讨论刑法，这个夜晚变得阴森可怕。问题的出路在哪里？拉法耶特率领的三万人马必须尽快到达，他现在已经离此地不远，他才是所有人期待的命运使者。

---

① 两个自由的朋友著：《法国革命史》，第3卷，第208页。
② 《普罗旺斯信使报》（米拉波的报纸），第50期，第19页。

第九节　拉法耶特

午夜时分，有灯火在山上闪烁，那是拉法耶特的火把！队伍的鼓声传到了凡尔赛的大街上。是和平，还是战争？耐心点，朋友！既不是和平，也不是战争。拉法耶特回来了，但带来的不是灾难。

他不时让队伍停下来发表演讲，花了九小时才走四里路。在凡尔赛附近的蒙特勒伊，三更半夜，顶着倾盆大雨，整支队伍不得不停下来，举起右手，庄严宣誓，向国王的官邸致敬，忠于国王和国民议会。这次缓慢的行军驱散了愤怒，复仇的渴望由于疲惫和湿透的衣服而烟消云散。弗兰德斯军团仍然全副武装，整装待发，但他们现在是爱国军人，不需要被"消灭"。筋疲力尽的部队集结在大街上：他们目前最迫切的任务是避雨和休息。

议长穆尼埃尔心急如焚，宫廷同样心急如焚。宫廷传出消息说邀请穆尼埃尔先生率领一个代表团尽快返回城堡，至少可以把我们的两种担心合二为一。与此同时，心急如焚的穆尼埃尔自己派人通知将军，国王陛下已大度地对我们的要求完全接受。将军带了一个先遣队一边走一边回答问题，并含糊地对议长说了一些客套话，只对国民议会混乱的组成瞟了一眼，就径直向城堡走去。与他同行的有巴黎市政府为了这次使命从三百名议员中选派的两名官员。他从上锁的大门被迎进去，通过哨兵和执达大厅，来到国王接待大厅。

议员们、会场的男男女女都拥挤在他的必经通道上，想从他的脸上看出自己的命运。历史学家说，这张脸掺杂了悲伤、热情和"看起来奇特"的勇气。[①]国王与内克尔先生、大臣和元帅正在等着接待他。以国王骑士风度的语言来说，这意味着"他为了国王陛下的安危不惜铤而走险"。巴黎的两位官员陈述了巴黎的愿望：以和平方式解决四件事。第一，把守护神圣国王的荣誉授予爱国的国民自卫军，也就是授予中央掷弹兵，他们是拥有这个特权的前法国近卫

① 《德拉里托兰达尔伯爵先生的回忆录》，1790年1月，第161-165页。

军。第二，尽可能保证粮食供应。第三，监狱里政治犯爆满，得对他们进行审判。第四，请陛下移驾巴黎。除了第四个愿望之外，国王陛下对前三个愿望直接给予肯定的回答，或者说他早已做出了回答。对于第四个愿望，他只能回答同意或不同意，而且他很愿意回答同意或不同意。但是，无论如何，感谢上帝，他们的安排难道不是完全安全的吗？还有时间考虑。最危险的冲击似乎过去了！

拉法耶特和德斯坦安排了岗哨，中央掷弹兵将使用法国近卫军过去用的警卫室，因为后者，即大部分不明智的法国近卫军已经出发去了朗布依埃。这是夜里发出的命令，足够引发麻烦了。于是，拉法耶特和两名官员颇有骑士风度地向国王告辞。

会面的时间如此简短，穆尼埃尔和他的代表团还没有到达。如此简短、如此令人满意，压在每个人心头的石头被搬走了。宫廷贵妇们公开表示，这个拉法耶特虽然面目可憎，但这一次是他们的救星。甚至尖酸年迈的大婶、我们的老相识、国王的姑姑格拉耶和她的姐妹也承认这一点。王后玛丽·安托瓦内特也听过好几次这样的话。在所有的女人和男人中，只有她一个人在这一天保持着胆识、冷静、坚毅和果敢的仪态。只有她一个人清楚地意识到她想做的事。玛丽·特蕾西娅的女儿敢于在整个法国威胁下做她想做的事：与她的孩子待在一起，与她的丈夫待在一起。

将近早上三点钟，所有的事情都安排好了：设置岗哨，中央掷弹兵得到通知进驻老近卫军的警卫室。瑞士兵和所剩不多的几个近卫军也得到通知。巴黎的部队疲惫不堪，由“凡尔赛旅社”负责接待，在任何找到的空闲床位，空闲营房、咖啡馆，空闲的教堂睡觉。他们中的一支队伍直奔萨托利街的圣路易教堂，把可怜的韦伯从梦中叫醒。整个白天，韦伯在他的背心口袋里装满了弹丸，“有二百个弹丸和两颗炸弹”，因为背心就是外套，一直垂到膝盖。整个白天，他准备了这么多弹丸，但一直没有机会使用。现在，他醒了过来，转过身，咒骂这些背叛的土匪，祷告了一两次就又睡了过去。

最后，国民议会得到通知，关于米拉波的动议，停止审议刑法，并在当天夜里就解散了。疯女人和无套裤汉在警卫室、弗兰德斯军营、街边的篝火旁暂时栖身。而教会、办公室、岗亭等地方已无法找到可以休息的地方。喧嚣纷乱的一天终于平静下来，除了那匹战马之外，没有人员伤亡。宫殿周围混乱的起义归于沉寂，像海洋里的潜水钟，还没有发现有裂缝的迹象。

无论大人物还是小人物都睡意正浓，使大部分事情，甚至包括愤怒和饥饿都搁置起来。黑暗笼罩大地。但是，远在东北部的巴黎，在潮湿黑暗的夜色中闪着耀眼的黄色光芒，因为那里的一切都像过去的七月夜晚那样灯火通明，由于害怕打仗，街道上空无一人。所有市政府官员通宵未眠，巡逻队用嘶哑的嗓音喝问路人："谁在走动？"与此同时，我们发现，可怜的小路易斯·夏布雷也回到了巴黎。她失魂落魄，几乎神经错乱。再过一个小时，大约早上四点钟左右，执达员马亚尔也将回到巴黎。他们尽量不断地为不眠不休的市政厅带来可以打气的消息。在天亮时分，让人安心的大标语牌就可以同所有人见面了。

已经结束演讲、目前在离城堡不远的诺阿耶酒店下榻的拉法耶特，正与他的军官商议。早上五点，他们达成一致意见：对一个在过去二十四小时里身心备受折磨的人来说，最好的做法就是躺在床上休息一下。

于是，妇女起义的第一幕就这样结束了。明天会怎样？明天一如既往取决于命运的安排！但是，人们希望国王陛下能同意体面地前往巴黎，即使是访问巴黎也好。叛国的近卫军应该找个地方向国家宣誓，向三色帽徽赎罪。弗兰德斯军团也要宣誓。可能会有很多场宣誓仪式，演讲也肯定不会少。所以，有这么多的演讲和宣誓，事件可能会有圆满的结局。

或者，唉，是不是也可能天不遂人愿，事件朝相反的方向发展呢？比如拒绝返回巴黎而导致不圆满、不体面、被勒索或可耻的下场？连续不断的起义造成的混乱笼罩着城堡，挥之不去，像海洋里的潜水钟，出现缝隙造成漏水。让那些聚集的起义者为所欲为吧！像无边无际的水奔腾咆哮，或者不如说，例如，像斯皮诺莎·桑泰尔熟知的“混合松节油和磷的燃料油”去自燃吧。

第十节　从大门觐见

新一天的早上阴冷潮湿，暗淡的黎明笼罩着凡尔赛。命运安排一名近卫军士兵从窗户向城堡的右侧望过去，看看天与地会给他带来什么前景。他看到的是满街游荡的男女暴民。他空空的胃不由自主地开始冒酸水。他也许会情不自禁地咒骂他们几句，至少他们骂他的话，他一定会回敬的。

粗话会滋生出更粗俗之语，直到最恶毒的话，然后很快导致大动干戈。由于被骂的程度远甚于骂人（这显然无法避免），满腹怨气的近卫军给火枪装上弹药，威胁要开火，真的开火了吗？只有聪明人才会知道！已经有人证实，但我们不信。尽管如此，受到威胁的暴民发出轻蔑的哄笑，并用力摇晃所有栅栏门，其中有一个栅栏门被推倒了（据说门只用了一条铁链固定）。于是，暴民涌进大院子里，更加肆无忌惮寻衅滋事。

于是，有个倒霉的近卫军真的开火了，别的士兵开始仿效他。有个人的胳膊被打断了。勒古安特宣誓证明：“没有武器的国民自卫军士兵卡尔戴纳先生手臂被刺伤了。”请看，手无寸铁的国民自卫军、可怜的木匠杰罗姆·艾利齐埃，是巴黎一个马鞍师傅的儿子，仍然稚气未脱，他被活活打死，倒在血泊中，脑浆都流了出来！比爱尔兰人的叫声更加野蛮的咆哮撕破了天空，这是同情和誓死复仇的咆哮。在几分钟内，被称为大理石院子的内院栅栏门被强行打开，或者说被冲破了。大理石院子一下子人满为患，大楼梯、各个楼梯和出入口都被洪水一样的人群挤得水泄不通！两名近卫军哨兵德斯布特和瓦里尼被无数的长矛扎死，尸体被践踏。有几个女人挥舞大菜刀或随手拿到的武器到处横冲直撞，其他女人抬着杰罗姆的尸体，放到大理石台阶上。他脸色灰白，颅骨都打碎了，再也不能开口说话了。

现在，仁慈已经不再与近卫军同在了！站在大楼梯上的米奥芒德尔·德·圣玛利走下四层台阶，低声下气地向咆哮的龙卷风般的人群求情，被同伴们拽着皮带拉了上来，可以说把他从虎口抢了回来，然后关上门。不过，门也坚持不了多久，面板被震得摇摇欲坠，护栏不起任何作用。可怜的近卫军，快跑吧！狂热的暴民像地狱的恶鬼正在后面追你！

被吓得魂飞魄散的近卫军仓皇逃窜，匆忙锁门，放下护栏。暴民接踵而来，一个房间接一个地乱闯。糟糕的事情终于发生：他们朝王后的内宫闯去，而王后正在最里面的寝宫睡觉。五个哨兵赶紧向长套间跑去，他们在门厅里边敲门边高喊："快救王后！"浑身哆嗦的女人们跪在地上，哭着回答说："是的，我们要死了，你们快去救王后！"

女士们，不要慌，快跑！听，还有一个声音在门外喊："快救王后！"之后就把门关上了。这是勇敢的米奥芒德尔的声音，这是他第二次发出警告。为此，他面对即将到来的死亡无所畏惧。他这样做的时候，就已经准备好直面死亡。在这绝望的一幕里，协助他的雷派尔勇敢的塔尔迪维尔被长矛扎倒在地。他的同伴好不容易才把他活着抢回来。米奥芒德尔和塔尔迪维尔：希望这两个近卫军士兵的名字，和所有勇敢者的名字一样永在。

侍女们浑身颤抖，其中一个从远处看到了米奥芒德尔，也听见了他的话，于是急忙给王后穿好衣服，但礼服没来得及穿。为了保住性命，她逃到圆窗大厅，这里的大门也受到起义者的攻击。她躲到国王的内宫，国王抱着她。她紧紧搂住自己的孩子，几个忠心侍女陪着他们。心碎的王后泪如雨下："哦，我的朋友，救救我和我的孩子！"这时，起义者斧劈圆窗大厅大门的爆裂声响了起来。多么恐怖的时刻！[①]

是的，朋友们，这是极端恐怖的时刻，无论是统治者还是被统治者都是可耻的。他们可耻地证明，他们之间的关系已经结束。在过去的二十四小时里，在

① 勒古安特的证词（《议会史》，第3卷，第111–115页）。

两万人心中酝酿的愤怒，最终燃起了熊熊大火：头颅破碎、躺在那里的杰罗姆的尸体就是干柴。正如我们所说的，这就是引发爆炸和汹涌淹没所有走廊与出入口的无限元素。

与此同时，被追杀的可怜的近卫军大多数躲进圆窗大厅固守。他们可能会死在国王套房的门槛上，而不能指望保护国王。他们把脚凳、长凳和家具顶在门上。起义者斧劈大门的噼啪声响了起来。难道勇敢的米奥芒德尔在王后套房外面的大门未能逃过一劫吗？不，他被殴打、斧劈、刀砍，扔在那里等死，然后，被拖到了圆窗大厅。他最终幸存下来，受到忠于法国的人士的尊敬。此外，我们还注意到，与备受赞颂和歌唱的功绩相矛盾的是，起义者并没有闯进他把守的大门，而是到别的地方去找近卫军了。[①]

在堤厄斯忒斯歌剧厅就餐的近卫军真可怜！对他们来说幸运的是，起义者只有长矛和斧子，没有其他围城工具！喧嚣声一浪高过一浪，大门摇摇欲坠。他们都会惨遭毒手，王室会跟他们一样大难临头吗？德斯布特和瓦里尼在第一次冲击中就已经死于非命，作为杰罗姆亡灵的祭品在大理石院子被斩首。红胡子儒尔当自告奋勇地充当刽子手，并问是不是还有更多的人。另一个俘虏被又唱又叫的起义者押着围尸体游街，儒尔当还会再次挽起袖子吗？

起义者在城堡里横行肆虐，不能杀人就劫掠。斧劈圆窗大厅大门的爆裂声越来越响。现在还有什么能阻止他们冲进来呢？突然，叫嚣声平静下来！斧劈大门的爆裂声没有了。人群喊叫着到处乱跑，随后是一片寂静和整齐的脚步声，最后，响起了轻轻的敲门声：“我们是老法国近卫军的中央掷弹兵。近卫军的先生们，请给我们打开门。我们没有忘记你们是如何在封特努瓦救我们的！”[②]门被打开了，进来的是龚德兰队长和中央掷弹兵：军人们相互拥抱，他们突然从鬼门关被救了回来。

---

① 《康庞夫人回忆录》，第2卷，第75–87页。
② 图隆永著：《1789年革命以来的法国史》，第1卷，第144页。

奇怪的亚当之子！中央掷弹兵之所以离开军营就是为了“消灭”这些近卫军，现在他们冲进来却是为了使他们免于被消灭。对共同的危险、救命之恩的记忆融化了愤怒的心。现在他们彼此拥抱，没有一丝打仗的想法。国王一度出现在自己套房的门口：“不要伤害我的近卫军！”“让我们成为兄弟！”龚德兰队长说，然后收起刺刀，跑过去清扫大厅。

突然惊醒（不是从梦里，因为他一直没有合眼）的拉法耶特也来了。他那雄辩的口才里充满激情，军事命令简短、明了。被集合号和鼓声惊醒的国民自卫军也到了。混乱和杀戮停止了。这场暴动直冲天空的第一道火焰平息了。虽然火焰现在已经熄灭，但依然在焖烧，至少像焦炭那样没有火焰，却没有完全熄灭。国王的套房是安全的。大臣、官员，甚至一些忠诚的国民议会代表也都团结在国王陛下周围。沮丧的情绪在泣不成声和兵戈扰攘中平复，逐渐转化为理性的计划和磋商。

现在，让我们从国王的窗户看看外面！淹没两个庭院的是咆哮的人海，所有通道挤满了人：由于受到报复、作恶和抢劫的激励，女人变得疯狂，男人变得暴怒！暴徒现在摘下了嘴套，可以像厄瑞玻斯狗那样，用三张嘴狂吠。十四名近卫军受伤，两人被杀，正如我们所看到的，是被斩首的。儒尔当问：“为了德斯布特和瓦里尼这两个倒霉蛋值得跑这么远吗？”他们的命运肯定是悲惨的，被突如其来、雷鸣般的山崩裹挟而去，如此突然就跌入深渊。但雷鸣不是他们唤醒的，而是身在远处的其他人唤醒的！当城堡的钟声最后一次敲响，他们两个在那里无精打采地拖着脚步，肩上扛着火枪，唯恐敲响下一个小时的钟声。钟声响了，他们却听不见了。他们的躯干残缺不全：他们的头被插上十二英尺长的长矛在凡尔赛街道上游行，在中午应该到达巴黎街垒。这将与一直贴在那里的大幅标语形成强烈的反差！

另一个近卫军俘虏在印第安人的战争叫嚣声中，仍在围着杰罗姆的尸体绕圈。嗜血成性的红胡子挽着袖子，挥舞着滴血的斧子，在看到龚德兰和掷弹兵时说："同志们，想看看一个人是怎么被冷血杀死的吗？""退后，屠夫！"他们回答，可怜的近卫军终于重获自由。龚德兰、掷弹兵和他们的长官四处奔走，清洗所有的走廊，驱散暴徒，制止抢劫，将宫殿打扫得清洁如新。凶险的杀戮被制止，杰罗姆的尸体被移送到市政厅进行调查。暴乱之火熄灭后，越来越转化为可测、可控的热量。

各种各样超然的事物，像总爆发的澎湃激情，总会掺杂着可笑甚至荒谬与可怕的元素。越过大海般汹涌的人头，远远可以看到骑着王室马厩里的御马乱串的暴徒。他们是抢劫犯，因为爱国者一定会受到一定比例的小偷和流氓的感染。龚德兰抢走了他们在城堡里的猎物，于是他们赶到马厩，把马占为己有。但根据韦伯的描述，慷慨的狄俄墨得斯战马*根本不屑于让这些暴徒骑在背上，撅起高贵的臀部，远远地划了一条弧线把他们从马背上甩了下来，引来哄堂大笑。马随后被追了回来，其余的马也被国民自卫军骑兵救了回来。

现在，也出现了最后一幕闪亮的感人仪式。这种仪式不留下印记是不会与破碎的山河一起消失的，就像蟋蟀即使在最后审判的鼓声响起时，仍在鸣叫一样。当拉法耶特在这可怕的时刻前往国王内宫时，某个典礼官（我们希望是布雷泽）迎上他说："先生，国王恩准您从大门觐见。"予以拒绝是不合时宜的。[①]

第十一节　从凡尔赛返回

然而，全副武装的巴黎国民警卫队，清扫了宫殿，甚至占领了最近的外部据点，把清浊同流的爱国者大部分挤压在大庭院，甚至前院。

还可以注意到，王家近卫军现在真诚地佩戴了国家帽徽："他们走到窗前或阳台，高高举起帽子，每顶帽子都有一个巨大的三色帽徽。他们还摘下了象

---

*　狄俄墨得斯是古希腊英雄，阿尔戈斯的君主，而且是驾驭战马的好手。

①　图隆永著：《1789年革命以来的法国史》，第1卷，第120页。

征投降的斜背带，并高喊："国家万岁！" 慷慨的心对此怎么能只喊"国王万岁"、"王家近卫军"呢？国王陛下本人也和拉法耶特一起两次出现在阳台上：迎接他的是异口同声的"国王万岁"，但也可以听到一些人在喊："国王去巴黎，国王去巴黎！"

应大众的要求，王后陛下也冒着危险，带着小儿子和女儿在阳台上现身。"不要孩子！"有人喊道。她轻轻地推开孩子，一个人站在那里，双手平静地交叉在胸前。"如果需要我死，"她说，"我愿意去死。"如此尊贵的英雄气概感人肺腑。机智的拉法耶特，以骑士风度，挽起王后精致的手，虔诚地跪在地上，亲吻起来。随后，人们高喊"王后万岁"。然而，可怜的韦伯"看到"（甚或认为他看到了，因为韦伯几乎三分之一的经验在这种歇斯底里的日子里将受到检验），"其中有一个暴徒朝王后举起了火枪"，但不能肯定是否有射击的企图，因为另一个暴徒"生气地把枪按了下来"。

就这样，所有人，包括王后本人和王家近卫军的队长，都成了国家拥护者！同一个王家近卫军的队长现在同拉法耶特出双入对。在这位反水队长的帽子上有一个巨大的三色帽徽，有盛汤的盘子那么大，有人说有向日葵花盘那么大，总之从最大的前院都清晰可见。他用清脆的嗓音向国家宣誓，并将帽子高高举起，看到这里，全军都把帽子放到刺刀上，齐声欢呼。发自内心的和解令人温暖。拉法耶特让弗兰德斯团和剩下的王家近卫军在大理石庭院宣誓，人们张开双臂拥抱他们："啊，我的兄弟，你们为什么要强迫我们去杀你们？看，我们现在就像欢迎回家的游子那么高兴！"现在可怜的卫兵成了戴上三色帽徽的国家拥护者，换了帽子，换了武器，和平和博爱指日可待。还有"国王万岁"和"国王去巴黎"，现在不是一个人的声音，而是所有人的声音，因为这是所有人发自心底的愿望。

是的，"国王去巴黎！"然后呢？大臣们可以商讨，国民议会议员摇头，但是，现在没有其他的可能性。是你们强迫他心甘情愿出走的。"在一点钟！"

拉法耶特高声做出了保证，所有起义者发出了震天的吼声，他们让手上所有大大小小、光亮、生锈的火器一起发出轰鸣，表示接受这个决定。在这个空间里听到这样的轰鸣令人惊心动魄：这是末日钟声！声音也将滚滚逝去，进入沉默的时代。凡尔赛城堡从此开始闲置、静默无声，宏大的庭院杂草丛生，只留下园丁的锄草声。岁月流逝，世代延续，一切都迷失在无垠的时光中，建筑和建筑工人一样各自天命有归。

于是，到一点钟的时候，形成了三种势力：国民议会、国家暴民、王室，彼此都非常忙碌。暴民心花怒放，女人都用三种颜色装扮自己。充满母爱的巴黎为复仇者送去了“好几车面包”，受到热烈欢迎，并被心存感激地一扫而光。返回的复仇者到处搜寻粮仓，把搜到的粮食装了五十辆大车，这样，作为一个征兆，有可能带来好运的人民国王，似乎明显变成了丰衣足食的使者。

无套裤汉就是这样扣押了国王，违背了自己的诺言。君主制的倾覆绝非体面荣耀，而是狼狈不堪，的确还伴随着反复的斗争。但是，这种斗争笨拙愚蠢，在冲动和发作，以及比前次更加可怜的挫败中再次发作，使自身的实力浪费殆尽。因此，布罗利那可算作威力强大的葡萄弹雨，却变成了歌剧厅酒后壮胆的勇猛和“哦，理查，哦，我的国王”。这一次将再次变成法弗拉斯的阴谋*，其结果是吊死一个骑士。

可怜的君主制！但是，除了惨痛的失败之外，一个意志摇摆不定的人还能有什么呢？显然，要么国王有权在神和人的面前，通过死亡来加以肯定。要么，他没有任何权利。显然，非此即彼，但愿，他知道是哪一个！愿上天怜悯他！如果路易聪明的话，他将在这一天退位。而退位的国王凤毛麟角，以自杀解脱的就更少，这难道不奇怪吗？只有腓特烈一世做过尝试，但绳子被割断了。

今天上午，国民议会颁布法令，它“与国王陛下不可分割”，并将追随他到

---

* 法弗拉侯爵（1744—1790），法国贵族，保王党人，被怀疑策划阴谋拯救王室和叛乱，尽管缺乏证据，但仍被判处绞刑。

巴黎。需要指出的是:这是出于身体健康的极端需要。在 7 月 14 日之后,尊贵的议员中就有很多人出现病症,很多人以健康原因申请护照。但现在和接下来的几天里,会出现真正的传染病,议长穆尼埃尔、拉里·托兰达尔、克莱蒙·多奈尔和所有需要两个房间的保王党议员,都需要新鲜空气。而大多数根本不需要房间的保王党人,从前也出现过这种情况。

而事实上,这是因为贵族、僧侣和第三等级代表中的第二波大规模移民潮已经开始,仅去瑞士的移民就有六万人,他们总有一天会回来算账的!是的,他们是受到了欢迎。但是,一波接一波的移民成了法国的特色。无休止的移民源于合理的恐惧、不合理的希望,特别是孩子气的怨恨。高飞的鸟已经第一批飞走了,现在是低飞的鸟,再低就会轮到爬行动物了。然而,对国民议会来说,既然有两个房间的亲英派安全无虞并远在国外,那么制定宪法岂不是变得更加容易了?莫里神甫被扣押并送了回来。他这样像鞣制皮革一样坚韧的人、口才一流的卡扎尔上尉以及其他人,还会再坚持一年。

但是,与此同时,这里却出现了问题:有人那天“在布洛涅森林”看到菲利普·德·奥尔良,特意“穿着灰色的外套”,在湿漉漉的枯萎树叶下,他在等待当天发生什么事件吗?唉,是的,在韦伯和其他人的大脑中,他就是精灵的形象。夏特莱对此进行了长期调查,传召了一百七十名证人。夏布鲁发表了调查报告,但没有进一步披露任何消息。[①]那么,是什么让 10 月份这两天发生了前所未有的事件呢?因为,如果没有导演和机械师,如此戏剧性的场面当然是绝不会出现的。如果没有人拉线,木偶潘趣是不会一脸委屈大白天现身的,更何况是芸芸众生?那么,难道不是德·奥尔良、拉克洛、西耶里侯爵、米拉波和混乱之子们,希望鼓动国王去梅兹,然后分享他的遗骸吗?或者不如说正相反,圆窗大厅、德·基什、卫队上校、大臣圣普利斯特和高飞的保王党不也希望他前往梅兹,尝试通过内战来检验命运吗?历史学家和议员、好人图隆永侯爵觉得

① 《夏布鲁的报告》(1789年12月31日的《箴言报》)。

必须同时承认这两个原因。[①]

唉，我的朋友，轻信怀疑是件奇怪的事。但是，当整个国家都陷入怀疑，并在心灵深处都看到了戏剧性的奇迹，还有什么回天的锦囊妙计吗？这样的国家已经患上疑病，无异于脆弱的玻璃，神经兮兮，腐败不堪，必将危机四伏。正如蒙田害怕的只是恐惧，怀疑本身难道不值得怀疑吗？

然而，现在，标志性的时刻终于到来。国王陛下与王后、妹妹伊丽莎白和两个王室子女坐进马车。还有一个小时的繁琐仪式就可以上路了。天寒气湿，心绪茫然，人喧马嘶。

我们这个世界曾经目睹无数行进仪式，罗马的凯旋典礼、卡比里击钹仪式、皇家车队、爱尔兰葬礼等，但慷慨赴死的法国君主制这种举动却前所未见。队伍连绵数里，漫无边际，邻国人也特意前来观看盛况。队伍行进缓慢，像无边的湖水散漫阻滞，但喧闹声一如尼亚加拉瀑布、巴别塔和疯人院：跺脚声、辘辘的车轮声、欢呼声、叫喊声、齐鸣的火枪声。这是提供给我们这个时代的最真实的混乱样本！队伍在黄昏时分终于进入万众期待的巴黎，穿过帕西街两排围观者直奔市政厅。

我们来看看这个场景：以国家军队为先遣队，有坐在大炮、双轮马车和四轮马车上的炮兵辎重队，有步行的男女长矛队，他们载歌载舞，从头到脚包裹着三色丝带，刺刀尖挑着面包，枪筒里插着绿色的树枝。[②]中间的主体是以和平方式让凡尔赛粮店提供的“五十车小麦”。后面的是受到羞辱的王家近卫军的散兵游勇，他们都戴着掷弹兵的帽子。紧跟在他们后面的是王室的马车。王室的马车都来了：因为有一百多国民代表，其中有米拉波，他的看法无人知晓。最后是杂乱的后卫部队，有弗兰德斯团、瑞士兵、瑞士百人团、其他卫队，以及之前被称为歹徒而无法走到前面的人。在这些人之中，还夹杂不少圣安托万

① 图隆永著：《1789年革命以来的法国史》，第1卷，第150页。
② 莫尔西埃著：《新巴黎》，第3卷，第21页。

的歹徒和疯女人的队伍。她们围在王室马车周围，身披三色标志，载歌载舞，歌曲中有浓厚的影射意味。她们一只手指着王室马车，另一只手指着装小麦的马车，高喊："加油，朋友们！我们现在不缺面包。我们为你们带来了面包师傅两口子和他们的儿子。"①

经过一天雨浇，三色帽徽褪色了，但快乐是浇不灭的。现在不是一切顺利吗？"啊，我们的好人王后夫人，"有些悍妇说，"不要背叛我们，我们都爱您！"走在泥泞中的可怜的韦伯就在王家马车附近，这时感动得热泪盈眶，他认为："陛下不时耸肩或看看天空来表现他们的情绪，这是予我的荣誉。"王室的救生艇像脆弱的无舵小舟，漂浮在暴民黑色的洪水中。

莫尔西埃粗略估计游行队伍和观众加在一起有二十万人。他说，场面纷乱扰攘，笑声来自超验世界，堪比古代的农神节。为什么不呢？正如我们所说，人的本性在此也再一次经过人性化的洗礼。让那些天生胆怯的人战栗吧。然而，所有这些也都是人性使然。所有这些已经吞噬了所有条条框框，甚至让他们忘乎所以。而收集花瓶和古董的商人却饶有兴致地乐意观看，因为上面有以各种狂野或不可能姿势跳舞的巴克斯酒神女祭司形象。

于是，缓慢移动的混乱或现代农神节的队伍，就这样抵达了城门口，停下来聆听市长巴伊的演讲。然后，队伍从纷乱扰攘、喊声震天的两排观众之间穿过，经过长达两小时跋涉之后到达市政厅。在那里，还必须听好几个雄辩家的演讲，其中有莫罗·德·圣梅里，以及现在是圣多明各国民议会代表的三千条命令的莫罗。可怜的路易在踏进市政厅时"似乎对所有这些有点激动"，只回答说，他"很高兴能来这里，对人民有信心"。巴伊市长在转达时忘记提"有信心"，可怜的王后急忙说："加上有信心。""先生们，"巴伊接着说，"如果我没有忘记，你们会更高兴的。"

① 图隆永著：《1789年革命以来的法国史》，第1卷，第134-161页。两个自由的朋友著：《法国革命史》，第3卷，第9页等。

最后，国王被引到明晃晃的火把照耀的阳台上，他的帽子上有一个巨大的三色帽徽。“所有人彼此牵着手，”韦伯说，“心想现在新时代终于诞生了。”不到晚上十一点，国王前往长期空置、荒芜的杜伊勒里宫的宫殿，像某种巡回演员一样下榻。这天是 1789 年 10 月 6 日星期二。

可怜的路易在巴黎还有两次巡游活动：一次同这一次一样无聊丢人，另一次既不无聊也不丢人，但严肃、更为崇高。

第二卷　宪法

第八章

长矛的节日

第一节　在杜伊勒里宫

受害者一旦受到致命的一击，几乎可以认为灾难已经降临。现在，看着他低声呻吟提不起多少兴趣：值得注意的，只有他撕心裂肺的痛苦、为了摆脱折磨而做的抽搐挣扎，以及最后与生命本身的诀别。然后，当所有这一切结束、灰飞烟灭时，我们来看看，牺牲者是否像恺撒那样，有尊严地裹在斗篷的褶皱里，还是像一个甚至连死的勇气都没有的人那样，庸俗地蜷缩在那里。

在 1789 年 10 月 6 日被以这种方式从护墙板拉出时，法国王室是受害者吗？整个法国和给所有省份的王室公告都焦急地回答：不是，尽管人们可能会担心出现最坏的情况。王室早已变得如此衰弱、奄奄一息，几乎没有什么生命力使伤口愈合。有多少只存在于幻想中的力量已经无影无踪。当面见过国王的歹徒还没有死！当聚在一起的乌鸦可以拔起稻草人，对它说：你待在这里，不要待在那里。当这些乌鸦可以与其谈判，并使其变成有限而且是相当有限的稻草人时，需要等待什么呢？不是在有限的宪法稻草人身上，而是在围绕着它存在、仍然模糊、无限的虚构力量中还存在什么希望吗？因为，事实是，所有有效的权威以其条件来说都是神秘的，都是凭借“上帝的恩典”而出现的。

与其观看王室的死亡挣扎，还不如观看无套裤汉的发展和活动更有意思，因为，在人类行为，尤其是在人类社会中，任何死亡都是一种重生。因此，如果权杖从路易手中失落，那只是为了使其他形式的权杖有机会掌权，哪怕是长矛权杖。我们会发现，在富含营养影响力的活跃元素中，无套裤汉更容易发展壮大，甚至更加活灵活现：因为，事实上，大部分年轻生物都活灵活现。不仅如此，还应该注意到，由于成年猫，包括整个猫科动物在内，是已知最残忍的动物，那么，最好的肯定是小猫，或未成熟的猫吧？

但是，可以想象，在这疯狂的一天过去后的第二天，国王一家从临时搭设的床上起来，市政厅官员问：“陛下想住在哪里？”然后，国王马上回答：“随遇而安，我觉得已经足够好了。”市政厅官员会心地微笑，鞠躬告辞，阿谀逢迎的家具商在他们背后亦步亦趋。接下来，杜伊勒里宫的宫殿被粉刷一新，装饰成金碧辉煌的王室宅邸。拉法耶特率领蓝衣国民自卫军，像蓝色的海王星（一如诗人的语言）包围一座岛那样，殷勤地把宫殿团团围住。只要拥护宪法，经过正名的保王党残渣余孽可以在那里欢聚一堂，因为宪政思想没有那么邪恶。无套裤汉本身对国王的支持欢欣鼓舞。妇女暴动留下的垃圾已被一扫而光，像这个宽容的世界对待所有垃圾可以和必须做的那样。然后，我们在明亮的角斗场，在新的条件下，甚至以某种新的尊严，开始新的行动。

亚瑟·扬见证了奇怪的场景：国王陛下没带随从，在杜伊勒里宫的花园散步，各阶层佩戴三色标志的人群向他欢呼，恭敬地为他让路。王后本人至少博得了尊敬的沉默，最敌视她的人回避她而已。[①]王室池塘里的几只鸭子呱呱地叫，向王室年轻人要面包屑。面色红润、一头漂亮淡黄色卷发的王太子，有一个用栅栏围起来的花园，可以看到他在那里铲土，旁边还有一个放农具和临时避雨的小屋。多么祥和朴实的景象！这是一个父亲为他的孩子恢复的和平，抑或是一个失去了鞭子的监工的和平？拉法耶特、市政厅和整个宪政派倾向于前者，并为了实现这个目标而做出所有的努力。对于露出牙齿狂吠的爱国者，有巡逻队进行弹压，好在王室的百般抚慰减轻了他们的愤怒，而粮食供应是最有效的手段。

是的，巴黎不仅要吃饱，而且，应该让人看到是国王插手起了作用。托国王的福，典当到一定数额时，可以通过国王宽宏大量的名义从贪得无厌的当铺赎回，乘坐马车穿越城市时，“国王万岁”的口号不绝于耳。总的来说，如果人的艺术可以使王室受到爱戴，那么王室已达到目的。[②]

或者，唉，既不是为孩子恢复和平的父亲，也不是被缴械的监工，而是两者异常结合和无数其他的非均质性物质结合的结果。对于这种结合，既没有繁文缛节，也没有新发明的规定：国王路易是法国自由的恢复者吗？人生在世，国王路易和其他人一样，就是要以自己的生命能量，从无法无天的生活中建立规则，使荒诞不经变得真实可靠。但是，如果没有生命能量，只有生命惰性呢？被扔到未知水域的王蛇，至少会咬几下，以显示自身的存在。但对于可怜的木头王来说，只是倒来倒去，而不用主宰自己，万分庆幸自己是木头，什么都不用做，什么也不用看，也不会有痛苦！真是无忧无虑的营生。

而对于法国国王陛下来说，最糟糕的事情之一是他无法打猎了。唉，除了被致命猎杀之外，再也无法打猎了！在接下来的 6 月份的几个星期里，他会再

① 亚瑟·扬著：《旅行记》，第1卷，第264–280页。
② 两个自由的朋友著：《法国革命史》，第3卷，第10页。

次尝到狩猎毁灭者的乐趣。就是下个 6 月，时间不会更长。他派人去找他的制锁工具。在白天的公务结束之后，又看了看文件。①平凡的无辜兄弟，为什么你不做一个默默无闻的平凡锁匠，而非要投身于这份人所共知的公共职业，成为虚幻、疯狂世界的制造者？这样一个自我毁灭的世界，是没人能用榔头和铆钉修补好的！

可怜的路易既不是没有洞察力，也不缺乏意志力，有时心情郁闷促使他忿然作色。如果无害的惰性可以救他，这是好事。但他会酣睡如泥，做噩梦，做出什么出格的事儿。保王党研究者在如此特别的时刻，仍然炫耀王室居住的房间。王后坐在这里读书（因为她一直让人把图书带在身边，但国王拒绝带自己的书），倾听那些蹩脚顾问的馊主意，对时代变迁不胜唏嘘，却抱有美好的期待：她年轻英俊的儿子不就是她渴望生活的象征吗？虽然天空阴郁，风雨欲来，但不也会投射出黎明或夜晚深空流星的金光吗？这里，大门另一边的这个房间是国王的：国王陛下在这里吃早餐，处理公务。每天早餐后，他在这里接待王后，有时轻怜重惜，有时情绪冲动，因为肉体是脆弱的。当她问到公务时，他就会回答："夫人，您的工作就是带好孩子。"不，陛下，难道陛下本人带孩子不是更好吗？这正是公正的历史所要问的问题，对最厚的花瓶并不是最结实感到愤慨，更怜悯人类的瓷土而不是瓦土，尽管事实上两者都会破碎！

然而，法国的国王和王后就这样，将在美第奇家族的杜伊勒里宫度过四十一个月，目睹狂暴的法国决定自己和他们的命运。这几个月愁云惨淡，凄凉孤寂，形势变化莫测。然而，柔和、苍白的光辉，会成为 4 月夏日的青枝绿叶，或者 10 月的永恒冰霜。美第奇家族的杜伊勒里宫，自从变成平静的砖瓦厂以来发生了多少变化！或是大地本身受到命运的眷顾和诅咒，成为阿特柔斯的宫殿了吗？因为，那儿靠近卢浮宫的窗户，而卡佩家族就是在愤怒的驱使下，从那个窗户发出了圣巴特罗谬信号！永恒之路在时光之镜反射时晦暗不明：

① 卢赛尔著：《杜伊勒里宫的宫殿或口述等》（《议会史》，第4卷，第105-219页）。

上帝之路深藏大海，路径深不见底。

第二节 在骑术院大厅

然而，对于轻信的爱国者来说，现在很清楚的是，宪法在立足站稳之后将要迈出第一步。啊，爱国者们，快点行动起来，为它安上腿吧！国民议会先是在大主教府，因为大主教阁下已经逃亡，然后是在靠近杜伊勒里宫的骑术院大厅，专心致力于这项神奇的工作。他们中如果有可以登天的普罗米修斯就会成功，如果没有，也是枉然！会场人声鼎沸，因为，辩论唇枪舌剑，震耳欲聋，甚至出现三个人同时在讲台发言的情形。起码还需数月时间才能修成正果，我们拭目以待。

莫里神甫强悍教条、口才超群、生性易感伤，长于长篇大论。卡扎莱斯尖刻、犀利。而与此相反，年轻的巴纳夫更加引人注目，由于对诡辩论深恶痛绝，因而他的演讲单刀直入，一如锐利的大马士革利剑，根本不在乎同时伤及无辜。啊，荷兰长大的贝西昂，生性朴实，虽然意志坚定，却不免木讷呆板。活泼、好争辩的拉博演讲时，那语气并不是用来活跃议会气氛的。伟大的西哀耶斯高高在上，孤寂淡泊，难以捉摸。针对他的宪法，您尽管讨论、批评，但不可以做任何修改。政治难道不是一门他已经厌倦的科学吗？拉梅特家族的两名军人冷漠审慎，以嘲讽或半嘲讽的神态而与众不同。在红皮书出炉时，他们大无畏地退还了母亲的退休金，并勇敢地参与决斗而受伤。图隆永侯爵恬静淡泊，坐在那里若有所思，大部分时间沉默不语，静候命运的裁决，我们直至今日仍然感谢他的那只笔。图莱和议员迪波尔提出了不计其数的立法、自由、英式、有效或无效的改革方案。世事无常，凡人有崛起，也有衰落。比如，傻瓜戈贝尔，或郭贝尔（因为他出身斯特拉斯堡德裔），会成为大主教吗？

在所有人里面，只有米拉波开始清楚地看出，所有这一切将导致什么结果。因此，令爱国者们遗憾的是，他们的热情似乎正在冷却。在 8 月 4 日那个著名的圣灵降临节的晚上，当新的信仰在神奇的大火中突然显现，旧的封建制度化为乌有时，人们注意到，米拉波并没有参与其中。事实上，他很幸运碰巧缺席。但是，他没有捍卫否决权甚至绝对否决权，他不是告诉激动的巴纳夫，六百名不负责任的议员就是最令人难以容忍的专制体制吗？而且，他非常希望国王的大臣们能在国民议会中拥有席位和投票。毫无疑问，他也希望自己能成为大臣！对此，国民议会决定，任何议员不得担任大臣，这一点非常重要。他以其一贯急躁傲慢的谈吐建议我们做一个修正："任何议员不得称为米拉波。"[①]一个人也许封建观念根深蒂固，思想经常明显倾向保王党一派，爱国者终将揭露这些可疑分子的真面目！因此，在这 6 月的日子里，当有人问"谁有权宣战"时，你会听到小贩嗓音嘶哑地在街上喊："大叛徒米拉波伯爵，价格只一个苏。"都是因为他要求这个权力不属于议会，而属于国王。是要求，更多的是获得这种权力：尽管受嗓音嘶哑的小贩鼓动的无数民众，甚至喊出把他送到路灯杆上吊死的口号，他依然表现得冷酷刚毅，在第二天登上讲台。他悄声对提醒他注意危险的朋友说："我知道有危险：我从这里出来时要么大获全胜，要么被撕成碎片。"他出来时大获全胜。

一个人内心强大，他就绝非仅受下层民众的欢迎，无论是外面聚众滋事的暴徒还是里面衣冠楚楚的绅士，都不能使其改弦易辙！杜蒙还记得听他发表的一篇关于马赛的报告："每句话都被当头的辱骂声打断：污蔑者、骗子、刺客、恶棍等骂声不绝。米拉波停顿片刻，柔和地对骂声最激烈的人说：'先生们，我等到他们骂累了再说。'"[②]他这个人难以捉摸，高深莫测！比如，他的钱是从哪里来的？一份被勒杰夫人大肆侵吞利润的报纸和给予议员每天十八法郎的津贴能满足他的支出吗？昂丹路的房子、阿让特伊的乡间别墅、富丽堂皇的排

① 《箴言报》第65、86期（1789年9月29日、11月7日）。
② 《杜蒙回忆录》，第278页。

场、肆无忌惮的狂欢，仿佛自己有印钞机一样！所有禁止冒险家米拉波入内的沙龙，都成为欧洲的焦点，“国王”米拉波敞开了大门，法国女人颤抖着注视的目标，虽然还是同一个米拉波。至于钱的问题，可以推测，是保王党给的。凭他对钱的一贯态度，即使是保王党给的，这钱就不受欢迎了吗？

“卖身”，无论爱国者怎么想，他都不会轻易就范。在一片混沌中光辉闪耀在他内心的精神之火，是坚定的信念，使他坚强，并更加强大。而没有这种信念，他就会软弱无力。他没有力量，无法做买卖。假设在一个市场里，这样如何完成交易呢？火焰就会熄灭，信念也不复存在。也许是“收钱，而不是卖身”。这与可怜的里瓦罗尔正好相反，他自称：“卖身却没收到钱！”米拉波像穿越星云的闪亮彗星一样，继续他疯狂的多彩人生，尽管爱国者一直在用望远镜监视，但是，没有高深的数学知识是不会有结果的。他是非不断，饱受争议，但对我们来说，是所有人当中最杰出的人。我们常说，他具有广泛的包容性，在盲目、短视、缺乏逻辑推理能力的一代人中，大自然赋予了他一双明亮的眼睛。他讲的话会受到热烈的欢迎，而且会越来越受欢迎，因为，只有他的话能直达问题的核心，逻辑错误的蜘蛛网被一扫而光，你从他的话中可以知道，涉及什么问题，如何解决这个问题。

不幸的是，我们的国民议会有很多工作要做：复兴法国。法国生活必需品匮乏，甚至缺乏现金，财政捉襟见肘，却总是张嘴大喊：“给钱，给钱！”为了抑制赤字，我们走了一步险棋，出售神职人员多余的土地和房屋。这的确非常危险。而且，虽然决定销售，可钱已经不见踪影，卖给谁呢？因此，12 月 19 日颁布法令，发行了一种叫“指券”的纸币，一种指定对神职人员的国家财产加以担保的债券，至少偿付这部分不成问题。这是一系列长期财政措施的第一步，让世界震惊。因此，只要这个破烂摊子还在，就不会缺乏流动性的媒介，而在其上的商品是否流通，就是另外一个问题了。但是，毕竟，指券的发行对现代科学不是很有意义吗？可以说，像所有幻想一定会破灭一样，破产已经到来，只是来势缓慢，轻柔，循序渐进，避免了以毁灭一切的雪崩方式，相反，是像纤细得无法触摸的轻柔飘落的雪花，一阵一阵地随风荡去，直到吞噬一切。然而，被破坏的东西很少是无法替代，缺一不可的！现代机械可以达到这种程度。我们说，破产是伟大的，但其实货币本身才是一个永恒的奇迹。

总的来说，神职人员的问题永远无法解决。可以宣布将他们的财产收归国有，教士可以成为国家聘请的公务员，但如此一来，教会不就完全变样了吗？各种各样、乱七八糟的调整注定不可避免。旧的界标在任何意义上都无法适应新的法国。因此，国土规划必须重新调整。带有各自政治颜色的省份，必须变成新的统一颜色的八十三个省份。结果，好似地球轴心突然移动一样，没有人知道自己将处于什么新的纬度。十二个旧法院该如何是好呢？所有旧法院被宣布“永久性休庭”，直到图雷和杜波尔组建好新的省级法院、国家上诉法院、选举法院、和平法院和其他机构为止。这些旧法院必须老老实实地坐在那里，忐忑不安地等待，像人们所说的那样，脖子上套着绞索，用尽全力高喊：“没有人来救我们吗？”但好在回答是：“没有人，没有人。”这些旧法院太容易被操控了。他们可以被恫吓，甚至沉默不语：比大多数法院更聪明的巴黎法院也从未怨声载道。他们会而且不得不以休庭的方式坐在那里，审理厅空歇期只维持最少的业务运转。在脖子上套着绞索的情况下，他们的命运可能会草草了断！1790 年 11 月 13 日，市长巴伊来到法院，并未引起多少人的注意。他用有市政厅的印章和一点热蜡的封条查封了法院的档案室。令人恐惧的巴黎法院在混乱中如一场幻梦般成为过去！一起被葬送的包括所有的法院和无数欲哭无泪的眼睛。

神职人员的命运并未如此，随着杜布瓦的沉默不语，项链主教罗昂最近移居阿尔萨斯，幽灵附在欧坦的塔列朗主教身上重新现身，宗教已死，或者说半个世纪前已死。然而，宗教的阴影、宗教的黑话不是一直阴魂不散吗？神职人员有手段和资源：它的手段是人数、组织、社会比重。资源多种多样，尽管最卑微，但最有力量。公众虽然无知，却以奉献之母著称于世。不仅如此，不可思议的是，在单纯的人心中，像隐藏在泥滩里的金粒一样，仍对上帝怀有奇特和顽强的真正信仰，即使莫里或塔列朗都可以成为它的象征。不管怎样，神职人员有力量，神职人员有计谋和愤怒。神职人员是惹不得的要命群体，是一个卷成一团的九头蛇，在国民议会的鼓吹下，嘶嘶作响，准备发动攻击，只要还有一口气就要继续，是踩不死的！从生命的第一天到最后一天都是致命的！经过差不多十五个月的辩论之后，神职人员制订的一部“公民宪法”已然成文，然后把它变成了现实！唉，这样的公民宪法只是所有分歧妥协的结果。它将法国从头到尾做了分割，产生了新的分裂，并使所有其他分裂永久性地复杂化。一边是残留着宗教黑话、愤怒的天主教，一边是无神论的异教，两者在矛盾中变得狂热顽固，在令人讨厌的教士、令人鄙视的宪政教士、像国王那样心地善良的人、像人民中间一些古道热肠的人之间，冲突永无休止。所有这一切终将以理智的胜利和旺代的战争而告终！只要宗教深深扎根在人的内心，就不缺无限的激情。如果它的死亡回声仍然铿锵有力，那么曾经的生命之声又为之奈何呢？

财政和宪法、法律和福音，其中的工作肯定卷帙浩繁。但这不是全部。事实上，即使在门楣上挂着人们为他做的“受爱戴的大臣”铜制铭文，内克尔自己的政府也越来越陷入明显的失控状态。执行力或立法、总体措施或详细的安排，从他们僵直的手指落到了负担过重、令人敬畏的代表机构的肩上。国民议会重任在肩！它必须应付新出现的、数不清的叛乱：土匪的侵扰、西部城堡，特别是夏蒂埃的夏尔特切斯特城堡被焚毁事件，因为负重的驴难以对付。全南方的城市，由于狂热和嫉妒，马赛和土伦、卡庞特拉和阿维尼翁之间出现流血冲突，保王党之间在自由进程上产生碰撞，爱国者由于激进程度不一而发生碰撞，巡逻队只因步调不一致就会吵成一团，而刽子手儒尔当，则伸出夏特莱的魔爪南下招募流氓团伙。

与此同时，它还必须应付雅莱营地的保王党。群山环绕的雅莱平原位于乱石纵横的塞维纳丘陵地带。人们普遍恐惧，同时希望这里的保王党会像从山上奔腾而下的洪水，使法国陷入灭顶之灾！令人诧异的是，这个所谓的雅莱营地完全子虚乌有，因为，大部分雅莱的士兵是农民或国民自卫军，内心深处是真正的无套裤汉。保王党首领充其量也就是花言巧语让他们原地不动，或者不如说让他们排兵列阵，营造恐怖声势，使外界想入非非，万一法国被戏剧效果和栩栩如生的保王党军队的油画重新征服呢？[①]在三个夏天里，这个流星般的不祥预兆不时出现，然后消失，最后终于熄灭。而从没有人见过的什么营地的雅莱旧城堡，也被国民自卫军拆掉了。

它还必须应付布里索和他的黑人朋友，以及整个圣多明各直上云霄的冲天大火，这是真正的大火，在远隔大洋的夜空熊熊燃烧。它还得应付海洋和国土权益，以及各种岌岌可危的利益，应付各地凋敝衰败的工业（唯一兴旺的行业是暴动），以及在海上和陆地哗变的军官、士兵和水手。在南锡，正如我们即将要看到的那样，勇敢的布耶炮击了哗变士兵。在布雷斯特，也有造反的水手和苦役犯，但没有勇敢的布耶指挥炮击。一言以蔽之，在那些日子里，在以色列没有国王，每个人都在做自己认为正确的事情。[②]

所有这些事情都必须由令人敬畏的国民议会处理，它同时还要承担复兴法国的重任。现实悲哀而严峻：但有什么药方吗？制订好宪法，所有人向宪法宣誓：因为“赞同请愿书”不是车载斗量地纷至沓来吗？这样通过上天的祝福和宪法的完成，深不见底的火坑将用纸来填满，秩序与自由联姻，朝夕相处，直到惹火烧身。正如“赞同请愿书”中所说：“啊，左派，你们有资格放眼宇宙，或者至少放眼我们这个可怜的星球。”

---

① 当普马丁著：《事件》，第1卷，第208页。

② 参见两个自由的朋友著：《法国革命史》，第3卷，第14章，第4卷，第2、3、4、7、9、14章。《布莱斯特志愿军对拉尼翁的远征》，《多菲内的里昂救星》，《芒斯大屠杀》，《马恩省的麻烦》、《议会史》的手册和摘录，第3卷，第251页，第4卷，第162–168页等。

与此同时，必须承认，右派显得更加极端。非理性的一代人！非理性、愚蠢，并带有固执的暴力倾向。这是不学无术的一代人。巴士底狱的陷落、妇女暴动、几千座化为灰烬的庄园，一个只有无套裤汉的长矛、荒芜、不事生产的国家，这些应该择善而从的教诲他们都没有学到。还有一些人，用老话可以形容他们：把他们碾成肉泥！或者，用温和的话说：他们与妄想联姻，无论是火焰、长矛还是历经风霜的经验，都无法切断这种联系，“只有死亡才能将我们分开”！愿上天怜悯这些人，因为水深火热的地球难以容纳这些人。

不过，这是自然而然的。人靠希望生活。潘多拉即使在打开神所赐的盒子并变成神的诅咒时，仍然抱着希望。对于非理性的人来说，当他的神殿被捣毁，由于非理性而变得一无所有时，怎么能拒绝重建这一切呢？它会使一切重回正轨，从好的方面看，这似乎显得非常可取，非常合理！因为，旧的东西必须了结，否则，这个坚实的世界怎么土崩瓦解？啊，法国疯狂的无套裤汉，是的，坚持下去！反抗宪政当局，追杀合法领主，这些领主这么爱你们，愿意随时为你们在战场流血，比如在罗斯巴赫和其他地方，甚至在包围狩猎时也在保护你们，但愿你们明白这一点。把他们当作野狼追杀吧，把他们的城堡和庄园作为狼穴付之一炬吧，然后呢？为什么每个人都对自己的同胞下手！在混乱、饥荒、凄凉中为失去的时光遗憾叹息吧！在悲伤中去回忆吧，和他们一起回忆我们吧。我们对悔过的祷告不会充耳不闻。

因此，右派必须以更加清晰的意识思考和行动。也许这种地位实属必然，但对他们来说却是最虚假的。“邪恶，成为我们的正义吧。”从今往后，这几乎一定是保王党的祈祷。骚乱越是可怕，持续越短，因为这毕竟只是疯狂的骚乱，而世界坚如磐石，不会崩溃。

对其他人来说，如果是他们有什么积极的营生可做的话，也不过只是阴谋活动和诡异的秘密会议。阴谋大多停留在理论上而已，无法付诸实施，这是因为像奥格尔先生、马耶布瓦先生、伯纳萨瓦丹先生这样的实践者都已陷入困境，不是被囚禁，就是仓皇而逃。不过，有一个可怜的实践者法沃拉骑士，由于对王弟本人美言几句，就在世界的喧哗声中上了断头台。可怜的法沃拉花了整整一天在市政厅口授他的遗愿，2月份的这天阴云密布。他提出，如果能饶他一命，他会揭露某些秘密，但遭到了拒绝，他决意守口如瓶。然后，在摇曳的火光中，他没有呼天抢地，而是神色镇定，彬彬有礼，平静地说："人民，我的死是无辜的，请为我祈祷。"[①]可怜的法沃拉是那些不知疲倦地为法国奉献的人中的一员。他的岁月现在行将结束，但在更自由的田野可能已经大获全胜，而无须去奉献，至少对你来说，这不是理论！

在元老院，右派持冷静的怀疑态度。他们希望，令人生畏的国民议会在8月4日废除封建制度，宣布神职人员成为拿工资的国家公务员，投票通过暂停否决权、新的法院，投票通过或者制订随便什么法律，在法国的每个角落彰显自己的意志，取得国王的批准和所有想要的赞同。正如我们看到的那样，右派不动声色地顽固坚持，并毫无顾忌地表明，它仍然将所有这些所谓的法规视为暂时的任性行为，只是一张废纸，在实践中和事实上并不存在，也不可能存在。可以想象，铜像般滔滔不绝、有耶稣一样的雄辩口才的莫里神甫、阴郁的德·埃斯普雷梅尼尔和（也许喝醉了的）酒桶米拉波轮番上阵，还有一大群为他喝彩的右翼分子。看，海绿脸罗伯斯庇尔不知在用什么表情从左面看他。西哀耶斯对其嗤之以鼻，或者说根本不屑一顾。不管讲台上如何群情激奋，张牙舞爪，为了避免被吊死在路灯杆上，米拉波出门时要机智，而且腰带上别了一对手枪，因为他是最难对付的人之一。

这里，在两种内战之间、现代语言或议会逻辑类型和钢铁战场上古代或徒手兵器类型之间，巨大的差距确实越来越显著，这并不有利于前者。在徒手兵器类型中，在你持刀面对敌人时，致命一击是至关重要的，因为，从身体上来说，如果脑浆迸裂，人就会立刻毙命，不再给你制造麻烦。但是，在涉及战争时

① 参见两个自由的朋友著：《法国革命史》，第4卷，第14、7章。《议会史》，第4卷，第384页。

有何不同呢？这里没有哪个确定的胜利可以被视为最后的胜利。铁面无私地用议会式的谩骂将其打倒在地，斩成两半，一半挂在这个悖论的角上，另一半挂在另一个角上。先把他的大脑或思维能力拽出来一会儿：这并不管用，第二天他就会恢复并重生，第二天他就会重振旗鼓！认为可以从逻辑上将其消灭的想法，在宪政文明中也许仍然是一种愿望。那么，如何继续议会的工作，并拖延或制止连篇废话，直到一个人知道自己在什么逻辑范围和程度上已经完了呢？

毫无疑问，这是对这一困难的某种感觉和清晰的洞察：法国在新宪政方面的现有知识还很贫乏，贵族继续像山鹑年鉴制作人那样随心所欲是难以维系的。这种信念已经进入人民之友马拉这种思想非常讲究实际的人心灵深处，同时也在肥沃的土壤中生根发芽，产生出从未交付给人民的最新颖的行动计划。虽然这个计划并未成熟，但已经发芽，生长，生根于鞑靼祖先，分枝向天生长。因此，从第二季开始，我们将看到它在惨淡的黎明，从无底的深渊中崛起，长成如世界般大小的铁杉树，枝叶下可以住满所有的人民之友。“二十六万个贵族的头”，这是准确的计算，尽管人们不会在乎几百人的误差，但我们也不会上升到三十万整那么高。颤抖吧，人民，但这与你们和人民之友的生活一样真实。你们这些喋喋不休的元老院议员，靠玩弄无聊的辞藻挽救不了革命。卡桑德拉·马拉一个人羸弱的臂膀无法做到，但几个坚定果断的人一起就可能成功。“给我，”当从前跟他上光学课的学生、年轻的巴尔巴鲁去看他时，人民之友冷冷地说，“给我二百那不勒斯亡命之徒，每个人发一把上好的短剑，左臂穿一披风充当盾牌，我可以和他们一起穿越法国，完成革命。”[①]啊，正经点，年轻的巴尔巴鲁，因为，你已经看到了，在那些黏糊糊的眼睛里没有什么好笑的，在那张最认真、最有创造力的黑漆漆的面孔上，其实看不到任何狂热和紧身衣之类的疯狂。

① 《巴尔巴鲁回忆录》，巴黎，1822年，第57页。

是时间使马拉成为成熟产品的。他与众不同，生活在巴黎的洞穴里，像狂热的隐修士一样，在隐修地与世隔绝，或者不如说，像远远看到的、在柱子上自成一景的西蒙。爱国者可能会发笑，有时用他做戴上嘴套的守门犬，有时让他狂吠，像德穆兰那样把他称为“最大的爱国者”和“卡桑德拉·马拉”。但是，如果他的(做了简单修改的)短剑和披风计划，正好被证明是可以采用的计划，那不恰恰是咄咄怪事吗？

在这种情况下，令人生畏的元老院议员正是以这种方式复兴法国的。的确，人人都相信他们将复兴法国。鉴于他们这段历史的重要和伟大事迹，疲乏的眼睛永远不会完全无视他们。

但是，尽管有拉法耶特的悉心浇灌，杜伊勒里宫辖区的君主立宪仍然像断枝一样枯萎，而令人生畏的元老院议员也许根本不理其他正事，只关心如何完善“缺陷动词理论”，我们还是把眼光转向现实的青年人、年轻的无套裤汉，看他们是如何成气候的吧。细心的观察者可以这样回答：他们勇敢地破土而出，发出新芽，使老芽长成叶子，变成枝条。虽然法国人的生活仍像以前一样浓情似火，却更加荒淫腐败，对无套裤汉来说，这不就是最好的营养成分吗？他们的生长是靠其他东西的死亡来维持的，通过骚乱、混乱。总之，靠的是一切符号和成果：饥荒。

正如我们注意到的，饥荒在这样一个法国几乎总是挥之不去。各个省、南部的城市轮番经历饥荒，带来的结果是：愤怒、不可思议的怀疑。在妇女暴动之后，巴黎得益于自由重建者从凡尔赛带来的粮车，吃了几天饱饭，但这样的日子没有持续多久。现在仍然是十月时节，圣安托万郊区受饥饿驱使的人们，一时群情激奋，抓住一个可怜的面包师，无辜的“面包师弗朗索瓦”，以君士坦丁堡的方式被吊死了。但即使这样，奇怪的是，似乎面包的价格也没有因此降低！很明显，国王的慷慨、市政厅的巧妙，都无法喂饱巴黎的巴士底狱破坏者。因此，看到面包师被吊死，悲痛而愤怒的宪政派要求颁布戒严令：一种骚乱取缔法令,并几乎在太阳落山前立刻取得首肯。

根据这个以红旗为标志的著名戒严令,市长巴伊或别的市长今后只需挂出这种新小旗,然后装模作样读一下维持国王的和平之类,再停顿一下之后,就可以向任何拒绝离开的集会发射排枪或抛射榴弹予以驱散。这个果断的法令的正确性取决于一个条件:那就是所有巡逻队由神委派,所有暴徒来自魔鬼;否则,不具合法性。市长巴伊不愿下达这个命令,也不愿挂出带金色的新红旗,而是全红的旗子。受到三次祝福的革命结束了,你认为是这样吗?如果是这样的话,那么,你是个幸福的人。

但现在没有人会说,令人生畏的国民议会需要暴乱:它所想要的只是足以平衡宫廷阴谋的暴乱。它如今在天地之间所需要的,是完善它的“缺陷动词理论”。[1]

第三节　阅兵

有饥荒和宪政派的“缺陷动词理论”开路,发生任何骚动都不奇怪。这对法国人的生存产生了普遍的震动和变化,在这一过程中,一批草根阶层人物蹿升到高位,并活跃地展开工作。

兽医马拉现在被称为“修行者西蒙”,我们已经知道,他和其他人已经身居高位。那些人将从黑暗王国来,一个简单例子是肖梅特,即后来的阿那克萨戈尔。有人描述他是街头团体最优秀的演说家,他已经不再是爬上桅杆就头晕的小水手了,他把长长的卷发别在脑后,将路口的石桩作为讲台,用悦耳的嗓音向人们讲话。作为二线政论家,他将来的结局是断头台。教士达利安也将成为二线和一线政论家,并在其他方面崭露头角。珍本收藏家莫莫罗、排字工人布鲁多姆却看到了新的商业机会。一头浓密黑发的科罗·德·埃尔布瓦放下内

① 1789年10月21日的《箴言报》,第76期。

心的激情，在特斯比的露天舞台上冥思苦想，倾听世界大戏：模仿表演将成为现实吗？啊，里昂人，你们嘘他了吗？[①]最好为他鼓掌！

现在对于各类模仿、半原创的表演来说，的确是幸福的时代。浮夸的咆哮不需要完全真诚，但真诚更好，不过，无论是否真诚都注定走得更远。我们是否可以说，由于革命元素本身越来越稀少，所以只有较轻的身体才能浮在上面，最后只剩下膨胀的膀胱漂在水上吗？对思想的限制，同暴力、巧妙、大胆结合起来，从而占据上风，还可以加上这两个法宝：狡猾和肺活量。好运可以预设。因此，我们观察到，在所有的阶层中，正在崛起的是律师阶层：证人巴赞、卡里耶、弗吉耶·丹维尔、巴佐什的上尉布尔东，不一而足。这些是黑夜从自己奇迹般的胸怀中成群吐出的数字。仍然未入法眼的来自更底层的另一群人，那些烛台窃贼、小偷男仆、还俗的嘉布遣会修女，以及众多赫伯特、恩里奥、罗辛、罗西尼奥*。还是让我们尽可能以后再说吧。

因此，在法国大地上，和其本身所具有的、生理学家称之为烦躁相关的一切都在骚动，这种烦躁在很大程度上已经变成了活力、实际的洞察力和意志力量！一切都处于风雨飘摇之中，外省人正向巴黎拥来。科尔德利埃地区的议长丹东的声势越来越大，他的修辞和比喻气魄宏大，浓密的眉宇间闪烁着气势，强健的胸膛展现着威慑力，铿锵有力的嗓音“在圆屋顶下缭绕”。尽管与米拉波的思想不同，但他们都目光敏锐，开始看到了宪政大趋势。

另一方面，请注意，杜穆里埃将军离开了诺曼底和瑟堡的防波堤，我们可以猜到他的去处。这是新的时代开始以来，他在巴黎的第二次甚至第三次考验。但这一次他认真对待，因为他已经放弃了其他的一切。他瘦高结实、机智灵活、孜孜不倦，他的生活只不过是战斗和行军！不，他不是舒瓦瑟尔造就的，而是“上帝和我的剑所造就的”，他曾经狠狠地说过这样的话。他在枪林弹雨中

① 《布佐回忆录》，巴黎1823年版，第90页。
* 这些人都是当时著名的无套裤汉。

拿下科西嘉岛的炮兵阵地，尽管在荷兰的克罗斯特坎普，身体被马蹬铁击伤，仍然从马下爬出来全身而退。他永不服输，气势逼人，昂首挺立到最后时刻，就像在波兰边境已经放弃希望那样。无论在内阁还是在战场，他都煞费心机去战斗，充当国王隐身的眼线漂泊四方，或在巴士底狱的地窖里终老。自从出生那天起，他就在搏斗、呐喊、运筹帷幄和斗争[①]。他就是靠这些出人头地的。多么压抑，多么难以压抑！像监狱里的精灵化身，实际上他就是这个化身，为了解脱而在火花四溅中穿过花岗岩墙壁。现在，大地震也震撼了他的洞穴吗？要是能年轻二十岁，他还有什么做不到？但他的头发已经染上点点灰色，他的思想方式已经固定军事化了。尽管世界在不断进步，他却没什么长进。总体而言，我们可以称他是天堂里的瑞士人，没有信仰，最高要求就是要一份工作，任何工作。其实，他已经得到这份工作，他会做好的。

成群的冒险家不仅从法国大地，而且从欧洲的各个角落涌向巴黎。哪里有腐尸，鹰就会聚集在哪里。想想有多少西班牙人古兹曼、马提尼岛的福尔尼埃（人称美国人福尔尼埃）、安的列斯群岛的工程师米兰达，已经或即将蜂拥而至！瓦隆人佩雷拉可以夸口自己有最奇特的亲属关系。据说，外交官科尼茨亲王不小心把他丢在地上，要他像鸵鸟蛋一样自生自灭，结果他却成了以鸵鸟为食的人！犹太人或德国人弗雷做高利贷生意，由于指券的发行而赔得一塌糊涂。瑞士人克拉维埃在爱尔兰未能建立起索齐尼派教徒的日内瓦人聚居区，但他几年前在巴黎财政部官邸前停住脚步，颇有预见地说，“我的心告诉我，有朝一日我会住在这里”，然后笑了。[②]另一方面，生性节俭、秃头的瑞士人帕什，由于谦卑的心态和比大多数人深邃的思想，而在自己的住地甚至邻区都受人敬仰。他此时坐在那里，虚伪地等待召唤。意大利人杜富尔尼、佛兰芒人普罗利，你们这些两足猎物，飞到这边来，任何头脑发热的人都可以来。如果你的心

① 《杜穆里埃回忆录》，第1卷，第28页等。

② 杜蒙著：《回忆米拉波》，第399页。

狂野不羁，可以在落后和废墟中浑水摸鱼，无论你是默默无闻还是声名在外，如果你有任何可以出卖的能力，即使只是贪吃和吹牛之辈，也尽管来！这些人就像神奇圣地前的朝圣者，是心中带着不灭的热情而来的。在欧洲还有无数这样百无聊赖、漫无目的流浪汉，只是为了找什么东西而来，因为，在灌木遭到击打时，愚昧的家禽会向有光亮的地方跑。弗雷德里克·特伦克男爵也来到这里，他曾在马格德堡暗无天日的黑牢郁闷度日。他的阿里阿德涅*这时却不见踪影。说来也奇怪，那些年，特伦克卖的不是瓶装酒，而是木桶装的酒。

英格兰也派出了传教士队伍，其中就有大救星尼达姆，被隆重介绍给他的“公民之剑”早已锈迹斑斑，化为尘土了。还有蓬头垢面、叛逆的胸衣裁缝潘恩，他觉得单凭他一个裁缝制作的小册子《常识》，就可以解放美国，进而解放全世界，甚至另一个世界。普莱斯·斯坦霍普宪法协会发来了贺信，并受到国民议会的欢迎，虽然贺信来自一个伯克和托利主义者鄙视的伦敦俱乐部。

啊，约翰·保罗骑士，看在国家的份上，也为了你自己，对得起这个词吧，否则就名不副实了！保罗·琼斯穿着褪色的海军制服，像自己的幽灵一样在这里出没，像酒囊一样，仿佛所有的酒都装得进去。现在几乎听不见他曾经的大嗓门，充其量还能在大臣的前厅或某个慈善晚宴，听见他那沉闷的嗓音，而人们只是出于对其过去的同情才邀请他。多么翻天覆地的变化，简直是从天堂跌倒了地狱！可怜的保罗，你心事重重，现在无法从家乡克里弗尔山脚下，从索尔威海湾，望到碧蓝的坎伯兰的山地和无垠的天际，那里物阜民丰，人民谦逊友好，你这个小傻瓜，是想翱翔其上，还是避之唯恐不及呢。是的，宝石蓝色海角被人们称为圣蜂，但它不是宝石蓝色，而是荒凉的砂岩，靠近这个海角就可以看到一个世界，你也应该品味一下。这个世界的云雾从那边白色的避风港冉冉升起，虽然不说明什么，但毕竟是不祥之兆。高傲可以撼动其鼓起的风帆，却无法使风向突然改变。从弗兰伯勒回家的收割者在半山腰停下来，观看硫云如何

* 希腊神话中国王米诺斯的女儿，曾给情人特索斯一个线团，帮助他走出迷宫。

改变平静的大海，这是喷火的硫云吗？这是一场海上斗鸡大战，最激烈的莫过于英国的“塞拉匹斯号”和法美的“好人理查号”以自己的方式互殴。你看，绝望的勇气已经窒息了深邃的思想，保罗·琼斯也成了海上之王！

啊，保罗，黑海、梅奥特水域和穿长裙的土耳其人都发现了你，而你火热的灵魂却盲目地浪费在成千上万的矛盾中。因为，即使在陌生的土地有血腥的拿骚胜利，有罪恶的凯瑟琳王后家族，不也与家里穷困潦倒的人一样心碎吗？可怜的保罗！饥饿和沮丧陪伴着你疲惫的脚步。你的身影曾经有一两次在这场革命喧嚣中浮现，好似幽灵般一声不响，像“一闪即逝的暗淡星光”。然后，当星光最终熄灭时，国家立法机关会举办“葬礼仪式”！你家乡长老会的钟声和在埋葬你亲人的尘土中耕地的苏格兰六英尺犁铧都同样别有风情。这个世界就在圣蜂海角之上，生活在下面的就是有罪的人类。

但在所有的外国人当中，最有名的是让·巴普蒂斯特·德·克鲁兹男爵，或者除去洗礼和封建的名字，是世界公民阿那卡西斯·克鲁兹·德·克莱夫。明智的读者，请记住这个人。你们认识他的叔叔，目光锐利深邃的科尼利厄斯·德·波。他无情地打破被珍视的幻想，证明了健美的古代斯巴达人正是现代杀手梅诺家族。[①]阿那卡西斯也应该、也可能由同样的材质、充满火山灰的滚烫金属提炼出来。但事实并非如此。他游荡在这个水陆星球，可以说是为了寻找我们丢失已久的天堂。他见到了英国人伯克，葡萄牙裁判所发现了他，他四处徜徉，战斗和写作，忙于撰写《伊斯兰教的证据》。但现在，像他的收养教父一样，他身处巴黎雅典，这里理所当然成了他最后的灵魂避风港。他出类拔萃，在爱国晚宴上备受爱戴，生性活泼机智、随和、乐善好施、衣着得体，虽然没有什么人比他更加鄙视衣服了。阿那卡西斯穿各种各样的衣服，时髦的马拉本人更不会随意作践没人穿的衣服。这是阿那卡西斯的信念：有这样一个天堂，所有的衣服都应该穿在人的身上。啊，阿那卡西斯，这是轻率而迅速传播的信念。

---

① 德·波著：《关于希腊人的研究》等。

我以为，这匹马会载你匆匆到达虚无的城市！至少，我们可以说，你将以骑士风度到达那里，这确实是一件了不起的事。

如此之多的新人、新事物来占据了法国。她古老的语言和思想，以及由此衍生出来的活动都在发生变化，并向未知的领域发酵。筋疲力尽回到家的愚蠢农民晚上坐在壁炉前，突然异想天开：既然城堡可以烧掉，干吗不放一把火呢。外省和首都的所有咖啡馆发生了多大变化！普勒科普洞窟现在有比三个斯塔吉拉统一体更重要的其他问题要讨论，不是戏剧的争议，而是关于宇宙的争议。在那里，留着古代猪尾巴或现代布鲁图斯式卷发的逻辑学家们，大声喧哗来干扰裁判。巴黎沙龙的不朽旋律已经有了新的音调：从叛教者朱利安时代或之前开始，不朽的旋律就传播深远，甚至天堂也可以听到，而且现在比以前更加疯狂。

由于我们有新闻自由，所以在那里可以看到公正甚至中立的前新闻检查员苏阿尔。暴君格林面对不确定的未来瞪起了眼睛。狄德罗喜欢的无神论弟子奈荣，用他嘶哑的嗓音歌唱美好的黎明。[①]但是，另一方面，还有多少莫尔莱、马尔蒙泰尔毕生都在孵化哲学家的蛋，对着一窝孵出的雏鸟，以近乎癫狂的状态发出咯咯的笑声！[②]有这些在沙龙得到证明和加冕的哲学定理，是多么让人高兴啊。现在，失去理智的人民不想再被束缚在理智中，而是要求付诸实践。

这里也请关注家庭女教师让利斯，或者西勒里，或者西勒里·让利斯，她的丈夫同时是伯爵和侯爵，而且不止一个以上自命不凡、空洞的头衔。她是清教徒，却没有信仰，观点晦涩难懂，不知所云。西勒里·让利斯以她杰出女性特有的多愁善感工作，她的真诚是自然流露的，但并不比真诚的虚伪更真诚，这种虚伪以各种形式的虔诚而终结。现在，她浅白的脖子上，仍然戴着一个用砂岩雕刻的微型巴士底狱的项坠，那的确是真正的巴士底狱所用的砂岩。侯爵先生

① 奈荣：《关于言论自由致国民议会的信》，巴黎，1790年。

② 见《马尔蒙泰尔回忆录》，随处可见。《莫尔莱回忆录》等。

是德·奥尔良公爵在国民议会和其他地方的密使之一。夫人则负责用尽可能精致的道德原则,来培养德·奥尔良的下一代,同时把出身神秘的漂亮养女帕梅拉小姐介绍到上流社会。她就这样进入了王宫沙龙。德·奥尔良不顾拉法耶特的反对出使英国,归来后却并不愉快:因为英国人不愿意和他谈。与圣西勒里·让利斯大相径庭的英国圣汉娜莫尔把他视为鼠疫患者,在沃克斯霍花园刻意回避他,他那红里透青的冷漠面孔,几乎让遮阳篷都显得发蓝了。[①]

第四节　新闻界

作为有国民自卫军支持的宪政派则可以尽力而为,并有诸多工作要做:它必须像以往那样,伸出一只有说服力的手安抚爱国者,伸出另一只有威胁的手挫败保王党的阴谋,这个任务敏感微妙,需要神机妙算。

因此,如果人民之友马拉今天收到送达他的"逮捕令"后闻风而逃,明天就可以逍遥法外,或者甚至被鼓励作为狂吠的猎狗而大有可为。议长丹东在公开的会议上慷慨陈词,宣布针对马拉这种情况,"力量可以被力量所排斥"。对此,夏特莱向丹东发出了逮捕令。然而,丹东有整个科尔德利埃选区做后盾,有哪个警察愿意执行命令呢?夏特莱还在两次有新情况时,也发出了逮捕令,但都流产了。夏特莱无法抓住丹东。既然如此,丹东可以先躲起来,等待夏特莱自乱阵脚。

市政厅和布里索同时在推动市议会的运作。过去的六十个选区现在成了四十八个选区。很多事情都进行了调整,巴黎有了自己的宪法:一部完整的选举宪法,与各级法国政府应该和必须执行的一样。然而,这却引进了一个致命元素:公民选举权。任何人不支付每年等于三天劳动的银马克税收,都将成为无选举权的公民:不允许为任何事情投票。他一年到头每天都得抡起大锤或斧

① 《汉娜·莫尔的生平和通信集》,第2卷,第5章。

子工作！这简直是闻所未闻！爱国的新闻界不干了。是的，的确如此，爱国的朋友们，如果自由、激情和所有灵魂的祈祷意味着，你有把五万喋喋不休之辈送进国家辩论俱乐部的自由的话，那么，请神做见证，没人恳求你们这样做。噢，如果在国家空谈中（非洲人的说法）可以找到这样的祝福，哪个暴君会向亚当之子否认这一点！更不可能出现一个女性议会，“从反对派的席位发出尖叫声”，或者“尊敬的议员证明已经歇斯底里了吗”？我愿意支持一个孩子议会，如果你希望的话，更低的也可以。亲爱的兄弟！人们对自由可能会心存敬畏。但正如古代智者说的那样，自由实际上在天堂里。在这个星球上，人民认为一个勇敢的小女人斯塔尔（不是内克尔的女儿，但比她更精明），能找到最近的自由之路吗？经过迪尔沃斯那样成熟冷静的思考，她的回答是：“到巴士底狱去。”[①]“在天上吗？”很多人问。他们应该问这个问题，因为这才是痛苦之所在！上天寓意无限，也许是国家空谈中可以分享的部分，也许不是。

无套裤汉得以蓬勃发展的一个分支是新闻界。人民的声音作为上帝的神圣声音，难道不应该让所有人都听到吗？当第一个伟大的巴别塔建造时，法国各地就已经有很多语言存在！有的铿锵如狮吼，有的温和如小鸟啄食。米拉波有自己的启蒙日报或期刊，有日内瓦的工人参与其中。此外，他与女编辑乐杰女士时常发生争吵，但别的方面她则言听计从。[②]

罗约的《国王之友》继续发行。尽管销量下降，巴雷尔仍然在《每日观点》动情地洒下一掬忠诚之泪。但“国王之友”的侄子弗雷隆为什么成了热烈的民主派呢？这种热情与生俱来，是伏尔泰的弗雷隆大毒蜂造就了他，只要毒刺和刺毒袋还在就会战斗，即使是在废纸上写写评论。针砭时事的《箴言报》像黑夜的明灯坚忍不拔，发人深省。现在，它变成了日报，增加了事实，减少了评论。官方立场，持论中庸，两不得罪：其能干的创办人消失已久，下落不明。尖刻

① 参见《德·斯塔尔回忆录》，巴黎，1821年，第1卷，第169-280页。
② 参见《杜蒙回忆录》，第6卷。

的卢斯塔洛像幼小的野生李子那样活力四射、永不成熟,有早夭的危险。然而,他的记者普鲁多姆不会让巴黎的革命终结。他和别人同心协力,用单调嘈杂的印刷机继续出刊。

我们常常谈到卡桑德拉·马拉,但是应该提到的最让人吃惊的事实是:他其实并不缺乏判断力。他依旧慷慨陈词,冷冰冰的声音道出了很多事情的真相。有时候,人们可能误以为他是个有幽默感、心胸开阔的人。卡米耶比以往任何时候都更加诙谐风趣、直言不讳、愤世嫉俗,与以往一样引人注目。一个光彩夺目、声音悦耳的生物,正如他含着痛苦的眼泪说的那样:"为写诗而生。"[①]像投入到泰坦战争中光彩夺目的阿波罗,虽然明亮、柔和、剔透,却无法凯旋!

折叠起来沿街叫卖的报纸各国都有,但是,以法国这样的新闻元素来看,必须有其他更新奇的元素。对于那些没钱也可以阅读、五颜六色、吸引眼球的爱国海报和招贴报,英语读者是怎么看的呢? 随着公共和私人爱国者协会欣欣向荣,并可以募捐,在接下来的几个月里,期刊和街头宣传品如雨后春笋般推出,尽可能地招徕读者。政府也开办了自己的招贴报。鲁维虽然热衷于写新式的畅销小说,但也为《哨兵》撰写文章,贴出来的效果不俗。贝特朗·德·贝尔莫尔也尽全力地进行了尝试。报刊的力量是巨大的。每个能干的发行人自我标榜可以说服这个世界,虽然这要取决于刊物的销量,但他们不是这个世界的统治者吗? 如有必要,这个世界也有对付他们的简单方式:那就是什么都不做,让饥荒终结一切!

不要觉得巴黎的这些招贴报作用微乎其微。这些报纸加在一起大约有六十家,每家都配备梯子、工具包、胶罐和铅牌,因为他们都得到了市政府的批准。这是一个由世界统治者先驱组成的神圣团体,虽然在一个新生幼稚的时代,仍然得不到应有的尊敬。他们在巴黎用永远新鲜的文学期刊竖起一道教化、劝导之墙,路过的人可以读到:每日海报、讽刺海报、市政条例、国王敕令,

① 参见《贝尔特朗·莫尔维尔回忆录》,第2卷,第100页。

还有储备庞大的大量其他无用、粗俗或让人侧目的标语！在这五年当中，无论这些石头墙说了什么让人不可思议的话，这一切都过去了，今天吞噬了昨天，然后被明天吞噬，所有的话都是如此。噢，不朽的文人，文章本身不是一时保存的话，还是其他什么吗？招贴报只把这些话保存一天，而书可以保存十年，有些甚至保存三千年。然后呢？然后经过这么多年仍然随风而去，让世界避而远之。啊，像在人的自身当中一样，在人的这些话语中，如果没有一种从有声的身体语言幸存下来、或者倾向于神或者倾向于魔鬼的精神，如果不是以商业为目的，那么，人为什么担心其中包含的真理或谬误呢？实际上，无论这些话语是持续半生还是一生半，其中的不朽内涵不都是妙言要道吗？不朽就是死亡，腓特烈大帝在战场拦住逃兵说："你们是想永生吗？"我也要对那些用不堪付印的语言胡说八道的下流胚子说同样的话。

这是思想的交流：有思想可以交流多么让人快乐！不要忽视自身领域那些古老简单的方法。残暴的巡逻队拆除了王宫的帐篷，却不能压制人的肺腑之言。我们看到，在阿那克萨哥拉·肖梅特安坐石桩时，塔利安正在案头埋头工作。在文明世界的每个角落，把一个桶倒扣，任何一个表达清晰的两足动物都能立在上面。而且，通过同情心或花点钱，逍遥的演说家就可以巧妙地搞到便携凳子、折叠椅。如果被赶走，还可以再找个地方，轻描淡写地引用圣人的一面之词："我所有的东西都带在身边。"

这就是新闻界：兜售、海报、演说。自从老梅特拉戴着金边三角帽，在鼻子底下看着报纸，悠闲地双手交叉在背后，在同一个杜伊勒里花园散步以来，发生了多么大的变化。他成了巴黎的名人："记者梅特拉。"[①]路易本人就习惯性地问："梅特拉怎么说？"自从第一份威尼斯报纸，被命名为公报并卖出第一个铜板以来，我们就生活在一个富饶的世界里。

① 杜洛尔著：《巴黎的历史》，第8卷，第483页。莫尔西埃著：《新巴黎》等。

第五节　政治俱乐部

一个人满腹心事时，就会千方百计地想与别人分享。在这种情况下，友谊是多么甜美、不可缺少，一个灵魂为另一个灵魂带去了神秘的力量！有人认为，喜欢思考的德国人同意“热情”一词一般只是指过度的狂热。无论如何，如果雾集云合，我们是否会看到暗红闪烁的余火，进入明亮的白光中？

在这样一个法国，有必要大力增加社交聚会。法国生活应扩大范围，从家庭生活转向公共俱乐部的生活。旧式的俱乐部经过萌芽已经壮大、繁荣，新的俱乐部在各地正如火如荼。这是社会动荡的某种征兆：社会动荡就是以这种最不可避免的方式展现出来，找到宣泄口和养分。每个法国人都在脑中以恐惧或希望的形式，勾勒一个新的法国形象，这给法国带来了自己的成就，或者说本身就是一种成就，每个人都自觉或不自觉地为其努力工作。

需要注意的是，社交聚会的原则是如何一经生根就一直存在，甚至以几何级数增长；在可塑性如此强的时代，俱乐部在全世界遍地开花时，如何只有一个最强或最幸运的俱乐部，通过亲和力、强制手段，变得更加强大，直到无限强大，而所有其他俱乐部在其作用下，或者被其善意吸收为分支，或者被其恶意关闭？如果俱乐部精神具有普遍性，如果时代具有可塑性，那么，局面理应如此。或者，时代具备足够的可塑性，俱乐部精神具有普遍性。因而，一个兼收并蓄、至高无上的俱乐部不可或缺。

布雷顿委员会自成立以来，取得了多大的进步！这个委员会一直在地下运作，开展秘密活动。它与国民议会一起来到巴黎之后称为俱乐部。因为人们认为它是为了模仿英国慷慨的普雷斯斯坦霍普俱乐部。在更名为法国革命俱乐部之后，它很快又颇有创意地称为“宪法之友俱乐部”，并以便宜的租金租借了雅各宾修道院的大厅，这里原来是闲置的。在春暖花开的时节，它为巴黎撒下温暖的阳光，让人推崇备至。于是，“雅各宾俱乐部”的简称逐渐耳熟能详，在各国世代相传，被人们念念不忘。放眼室内：简朴而结实的桌子和板凳，一千三百名精挑细选的爱国者，其中议员不在少数。可以看到巴纳夫、拉梅特两兄弟，米拉波偶尔出现，罗伯斯庇尔常驻那里，雪貂面孔的富吉埃·坦维尔与其他律师，普鲁士赛西亚的阿纳卡尔西斯。虽然一切都一尘不染，体面，庄重，但也有各式各样的爱国者充斥其间。主席钟不离手，端坐在平台上，上面是高高的讲台，听众席允许妇女进入。法国文物学会还保存着雅各宾修道院大厅的租赁文书吗？抑或是比大宪章还不幸，被亵渎神灵的裁缝剪光了？通史对此不会无动于衷。

这些"宪法之友"起初只是聚会而已，与所起的名字目标一致，在有选举时跟进选举，选择正确的人选，确保国家不会处于危险境地，然而对此该如何是好却心中无数。事实上，当两三个人聚会时，只要不在所有人都被动的教堂，没有人能准确地说他们究竟为何聚会，而且，他们自己也并不比别人更清楚。事实已经多次证明：打开酒桶无法带来快乐和真情，而只会引起决斗和头破血流，应允的节日变成了拉庇特人的盛宴！从一开始就如日中天的雅各宾俱乐部，被认为是启蒙国家的新的太阳，也像经过各个标志性阶段的所有事情一样：熊熊之火越烧越旺、咄咄逼人，最后作为灾难的征兆，作为在炼狱灼烤下痛不欲生的鬼魂，横扫愕然的天堂。

他们的演讲风格令人叹为观止！读者们，如果你们不知道的话应该感到庆幸，最好永远也不要知道。雅各宾派把他们的辩论发表在一份刊物上，有心查阅的人士可以看到：演讲慷慨激昂、雄辩滔滔，除非以毁灭为目的，否则不会如此无情、乏味。其实，乏味与致命就是他们留下的遗产。这么多记忆被遗忘我们应该心存感激，就让所有的尸体埋在绿色的大地，大地会更加郁郁葱葱。雅各宾派已被埋葬，但他们留下的遗产并非如此，而是尽可能地走遍世界。例如，最近，远在希腊的密索隆吉就重演了昂首挺胸、直面死亡的一幕。奇怪的是，古老的希腊从沉睡中醒来，先是半睡半醒，后来完全苏醒，变成圣奥诺雷街的喧嚣！正如我们常说的，一切都会消亡，除了人的精神、人类成就事业的精神。因此，只留在少数老人记忆里的雅各宾派大厅不是消失了吗？圣奥诺雷市场将其连根拔起。昔日在这个地方，雄辩而乏味的演讲，如最后审判的号角般震撼世界，如今只剩下关于家禽和蔬菜和平的讨价还价声。神圣的国民议会大厅本身已经成为公共场地，运货马车和垃圾车在议长的平台下穿行，因为里沃利街打此经过。实际上，在鸡叫时（无论是哪只鸡），所有的幽灵都会融化并消失在夜空里。

巴黎雅各宾派成了母系社会，女儿辈有直接关联、嘴尖舌快的社团多达三百家。至于我们称为直系孙女辈、有间接关联的社团有四万四千家。但现在，我们需要注意两点：第一点只是一件轶事。一天晚上，一对雅各宾兄弟担任门卫，因为所有成员都得轮换这个义务性的光荣岗位，禁止任何无票者入内。其中一位门卫就是令人尊敬的莱斯先生，他是歌剧院的爱国歌手，患病多年，气管早就无法发声了。另外一个年轻人叫路易·菲利普，是德·奥尔良家族的长子，在最近命运多舛的时代成了王室公民，正为成为特定时期的统治者而斗争。人的躯体就是草，不是长成耸立的芦苇，就是匍匐的草皮。

我们要注意的第二点是历史：母系社会，即使在其光辉灿烂的时期也不能满足所有的爱国者。如此说来，它必须抛弃两个不满意的群体，一个是左派群体，一个是右派群体。觉得雅各宾派温和的是第一个群体，由炙手可热的科尔德利埃俱乐部组成，头面人物是丹东，与他同道的是德穆兰。另一个群体正相反，认为雅各宾派太激进，因而向右派靠拢，变成“1789 俱乐部”，成为君主立宪派的朋友。他们后来被称为“斐扬俱乐部”，因为他们开会的地点是在斐扬修道院。拉法耶特是或成了他们的首要人物，得到了无处不在的受人尊敬的爱国者、有产者和知识分子的支持，前程似锦。在 1790 年 6 月间，他们在王宫开着窗户，在民众的欢呼声中，隆重设宴，祝酒、唱歌助兴，至少唱一首从未唱过的最软弱的歌。[1]在后来特定的历史节点，他们却被轰出国境，坠入无边的黑

① 《议会史》，第6卷，第334页。

夜之中。

另一个公开的保王党俱乐部是君主俱乐部，尽管资金充裕，成员都坐着锦缎沙发，但无法获得民众哪怕一丝的欢呼，只有嘲笑和指指点点。后来有几天夜里来了一帮人数不少的爱国者粗暴地要他们解散。笑到最后的只有母系社会及其家庭。科尔德利埃俱乐部在紧要关头，回到她日益温暖的怀抱。

形势似乎危如累卵！但是，这难道不是社会本身一个新秩序的开始吗？在一个逐渐被淘汰的社会发挥作用的新的结社原则，正在使这个社会分崩离析，化为灰烬，变成原始的原子吗？

第六节　我发誓

有了这些时代的征兆，笼罩整个法国的主要民情依然是希望，这一点并不令人意外。哦，受到神眷顾的希望，是给人的唯一恩惠，有了你，监狱里狭窄的石墙，被漆成了向远方延伸的美景，圣洁的曙光洒进死亡之夜！你是神的世界里无法摧毁的宝藏。对于智者来说，你是镌刻在永恒苍穹里的君士坦丁的一面旗帜，在这面旗帜下，他们战无不胜，因为战斗本身就是胜利。对蠢人来说，是百年的海市蜃楼，或漆在干土上碧波止水的影子。因而，即使误入歧途，在尘土飞扬的朝圣之路上，他们也能快乐地如愿以偿。

在一个沉沦的社会的死亡喧嚣中，即使面临无法形容的美好新社会的阵痛，满怀希望的法国人，仍然信心满满地唱着吟游诗人为他们谱写的轻快旋律：著名的《一切会好的》。是的，一切会好的，但必须要知道什么会好。所有人都希望，甚至马拉也希望，爱国者将拿起短剑，披上斗篷。国王路易并非不抱希望：比如轻骑兵的集结、布耶的出逃计划、在巴黎赢得人心。但想知道他那抱有希望的人民是什么样的，必须通过现在需要注意的事实或者系列事实来判断。

可怜的路易心存善意，却目光短浅、优柔寡断，在艰险的路上不得不遵守别人指给他的任何信号，无论是保王党、官方、宪政派幕后操弄的，还是在一个月里能说服国王的任何人。如果布耶的出逃计划和（想起来可怕的）内战的刀光剑影，是理论上的策划并对未来有威胁的话，人们更接近占据骑术院大厅的一千二百位“国王”的事实。这些人对他恭敬有加，但并不受他的驾驭。如果能与这些老江湖和睦相处，那么，形势岂不是比武装移民、都灵的阴谋和奥地利的帮助好得多！而且，难道两个希望不可以并行不悖吗？我们发现，马车在郊区的巡游花费不大，却总可以赢得支持。[①]甜言蜜语的成本更低，曾经多次平息了愤怒。在这些形势转瞬即逝的日子里，法国正在确定行政区划，神职人员即将以新的模式重组，热门社团粉墨登场，封建主义和过时的一切随时投进大熔炉，人们干吗不试试呢？

因此，在2月4日，议长先生在国民议会宣读了一封亲笔短信，宣布国王陛下大概会在中午驾临议会，进行非正式的访问。先生们，考虑一下这意味着什么，尤其是你们是不是布置一下大厅。秘书处可以从平台移下来，把点缀金百合花的紫罗兰天鹅绒地毯，移到议长的椅子上，因为议长暗中的确事先得到通知，并且征求过吉约丹医生的意见。然后，同样质地和颜色的天鹅绒地毯，也被放在秘书通常坐的椅子前面。因此，在有见地的吉约丹的提议下，效果令人满意。此外，尽管有点缀百合花的天鹅绒装饰，国王陛下还是有可能一直站着，而根本不会坐下。议长本人在此期间也将站着主持会议。于是，当某些尊贵的议员正在讨论，比如说，行政区划时，执达员宣布：“国王陛下到！”国王本人在寥寥几名随从的陪同下走了进来，尊贵的议员立即停止演讲，几乎所有一千二百名“国王”，包括旁听席，全体起立，用热情的欢呼，向法国自由的恢复者致敬。国王陛下的讲话用的是轻描淡写的传统措辞，主要表达这一点：他首先是法国人，乐于看到法国复兴。同时，他相信，这一重建进程将平稳推进，不会大起大落。这就是国王陛下的讲话：他完成这一壮举就是为来这把这些话

① 参见《贝尔特朗·莫尔维尔回忆录》，第1卷，第241页。

说出来，然后再回去。

当然，除了鼓舞人民增强信心之外，这里没有什么更多的要做。然而，他们也不是什么都没做。国王自愿前来发表讲话这一事实本身，多么鼓舞人心真是难以形容！国王的横空出世，不是像一缕强烈的阳光照亮了阴郁的国民议会所有人的心，进而点燃了整个法国的热情吗？提议派出“感谢代表团”，只能是一个人难得的特权，而加入代表团则是一小部分人的特权。代表团去了之后尽量带回了悦耳的恭维话。王后也领着王太子接见了他们。但我们的心中，不是仍然燃烧着无法满足的感激吗？于是，在另外一个人的心中幸福地生出一个更高尚的想法：“我建议，我们所有人都重新向国家宣誓。”

这个议员幸福无比，因为他的提议从未如此恰到好处，不仅一下子成了整个迫不及待想有所作为的国民议会的示范者，而且成了整个满怀期待的法国的示范者！议长宣誓，声明每个人都必须清晰地重复“我宣誓”。看台上甚至有人递给他一张上面有誓言的签名字条。由于议会全神贯注在这一边，于是，看台上全体起立，再次宣誓。现在我们再来看看外面市政厅发生了什么。网球场伟大的宣誓人巴伊，在黄昏时与所有市政官员和各区议会的官员一起再次宣誓。丹东先生建议公众也参加宣誓。于是，巴伊在十二个人的陪同下，走下外面的大楼梯，伸出手向无数热情洋溢的群众致意，在雷鸣般的鼓声和震天的欢呼声中宣誓。在所有的街道上，兴高采烈、热泪盈眶的民众“自发地组成小组，彼此宣誓”[①]。整个城市灯火通明。这一切发生在 1790 年 2 月 4 日，这一天将作为宪政史上最难忘的一天而永载史册。

灯火通明并未止于一个夜晚，而是部分或全部地持续了好几个夜晚。每个区的选民都将专门宣誓，随着交替宣誓，各区也此起彼伏地点起了灯火。在露天广场非选民的旁观下，看各区一个接一个高举右手齐声高呼“我宣誓”，然后击鼓庆贺，有选举权的选民彼此拥抱，欢呼雀跃，在场的即使是暴君，也必须

① 《议会史》，第4卷，第445页。

三思而后行！所有人都必须忠于国王、法律和国民议会制定的宪法。

可以想象，比如，与法国的年轻学子一起浩浩荡荡游行的大学教师，热情洋溢地宣读誓词。再把想象力扩大并延伸到这个小小的词汇上。同样的情景在法国每个市镇和选区一再重复上演！在布列塔尼的拉尼翁，甚至有一位母亲把她的十个孩子召集起来，用自己干瘪的手做示范，接受了他们的誓言。这位可敬的老妇人有一颗伟大的灵魂。此外，还必须大张旗鼓地让国民议会了解这一切。如此宣誓活动整整持续了三周！太阳可曾见过这样宣誓的人吗？他们可曾被宣誓的狼蛛咬过？没有，但是他们是人、是法国人，他们是抱持希望的人。说起来奇怪，他们有信仰，即使根据让·雅克的说法，这种信仰只存在于福音之中。啊，我的兄弟们！希望你们是经过思考才宣誓的，因为，情人也是经过海誓山盟的，即使信誓旦旦的爱情都是真情实意，也无法抱诚守真，更不要说赌徒的誓言了，其本性是众所周知的。

第七节　奇才

这就是《社会契约论》给信徒带来的对信仰的热情。俗话说得好，人靠信仰生活。每一代人或多或少都有自己的信仰，并嘲笑上一代人的信仰，这一点极不明智。确实应该承认，《社会契约论》中的这种信仰属于异类，还未出生的一代人可能会聪明地，即使不是嘲笑，至少会纳闷，并虔诚地加以考虑。因为，唉，契约是什么？如果所有人都可以凭借口头起誓这么简单的一纸合约来约束自己，那么，所有人都是纯真的人，而政府就成了累赘。你和我彼此间承诺了什么无关紧要，重要的是双方的力量平衡对彼此的影响。否则，在一个像我们这样的罪恶世界里，契约不是人们可以依靠的东西。但是，首先，人民和君主必须相互承诺，仿佛世世代代或者不如说以小时更替的人民，在某种程度上不得不说或承诺，并且谬误百出地说："我们，上天作证，但上天现在不显灵，我们这数百万多变的人，允许你，多变体，压制我们或统治我们！”与此相比，这个世界看到的信仰也许太少了。

不过，那时的世界就是这样解读事情的。如果他们不这样解读，那么，其希望、企图和结果有什么区别！但是，上层权力想要的就是如此，别无其他。通过社会契约而获得自由：这就是那个时代的真正福音。正如人们必须相信来自天堂的好消息一样，所有人对此深信不疑，全心全意依附于此，不吝溢美之词，直面其上的时间和永恒。不要笑，读者们，否则你的微笑会比眼泪更加悲惨！此外，这种信仰比它所取代的、只存在于永恒的虚无和人的消化能力中的信仰更有价值，任何其他信仰都不会沦落到屈尊于这种信仰。

这并不是说这种普遍盛行、普遍宣誓的希望之情一定是如出一辙，而是相距甚远！时代充满不祥之兆：社会解体迫在眉睫，变革依然问题重重，即使确定无疑，却荆棘丛生、路途遥远。但是，如果信仰既无任何派别、也非建立在希腊人彼此攻击的无休止的争吵基础之上的聪明的旁观者可以看到这种不祥之兆的话，对于可怜的保王党参与者来说，是多么无以言表的不祥之兆。对他们来说，君主主义是人类的守护神，对他们来说，随着基督教式的王权和塔列朗式的主教权力的灰飞烟灭，所有对王权的服从、所有宗教信仰都将过期作废，最后的黑夜将笼罩人类的命运！我们注意到，在忧心忡忡、信念坚定的人们心中，世道已经疾速堕落沉沦到幕后阴谋、叫嚣战争的移民、君主俱乐部甚至更加疯狂的举动。

比如，预言一直被认为湮灭了几个世纪。然而，那些末世的岁月，或者说是末世的倾向使其复活。因此，在法国上演的诸多疯狂中，我们可能还有最疯狂的事例。在那些哲学思想的光辉，还没有照耀到的偏远农村地区，神职人员的异端宪法将纷争带到了祭坛脚下，教会的大钟被融化成小钱币，似乎世界末日近在咫尺。深入思考的苦闷老人，特别是老年妇女，隐晦地暗示他们知道该怎么做。沉默许久的圣母没有变成哑巴，而对她来说，现在是比以往任何时候都合适的说话时机。粗心的历史学家们忽略了名字、状况和行踪的一位女先知，成了普罗大众耳熟能详的人物，信众不在少数，国民议会里夏特尔可怜的爱国者盖尔修道士也是信众之一！她瞪着野性难驯的眼睛，像女巫一样振振有词地唱道，将出现预兆，太阳将显示预兆或假太阳，据说可以看到被吊死的法弗拉的头印在上面。多姆·盖尔，用你那可怜的糊涂脑袋听好了，竖起耳朵听好了，你什么也不会听到的。①

然而，值得注意的是鲁昂的议员德·霍齐尔和博第·让的"磁性羊皮纸"。年轻迷人的德·霍齐尔在弥撒经书、羊皮纸家谱和一般羊皮纸的信仰中长大。而奉行禁欲主义、忧郁的博第·让则是中世纪的人。这两个人在圣彼得节和圣保罗节来到国王陛下狩猎的圣克鲁，整天等在接待室里，让瑞士人都大感惊奇，当有人叫他们离开，把他们的随从送回巴黎后，他们甚至等在栅栏外面，好像要一辈子等下去的样子。这是为什么？因为这两个人有磁性羊皮纸，他们受到上面奇迹般变成卡里奥特迈斯梅式神秘哲学圣母的启发，为走投无路的国王提出了指导方针，进行了预测。根据上面的指令，他们想要见到国王陛下，并拯救君主制和世界。真是一对活宝！你们应该成为十八世纪的人，但你们的磁性羊皮纸妨碍我们这样想。说说看，你们是什么人？这是王家卫队的队长、圣克鲁的市长问他们的问题，同时也是国民议会，而不是市政厅的研究委员会问的问题。几个星期过去了，他们也没能给出清楚的答复。显然，最终的正确答复是否定的。你们两个妄想狂，带着你们的磁性羊皮纸走吧。天真年轻的妄想狂，中世纪禁欲的妄想狂！监狱大门永远向你们敞开。如果你们仍然主持鲁昂审计厅的话，你们会立刻消失在虚无缥缈的黑暗里。②

---

① 两个自由的朋友著：《法国革命史》，第5卷，第7章。
② 同上，第5卷，第199页。

第八节　庄严的契约联盟

神情黯然的群众积极参与到表现法国精神的热火朝天的运动中，现在处于完全融合和混乱的状态。包括接受十个孩子在让·雅克福音书上宣誓的老妇人、在普照的阳光里寻找法弗拉头的老妇人：这些都是不可思议的迹象，预示着将有很多事情发生。

事实上，不可否认的是，甚至对于爱国的希望孩子来说，这些困难依然存在：移民的老爷们，虚伪好斗、随时反叛的议会（尽管绳子已经缠绕在他们的脖子上），首先，最主要的问题似乎是粮食极为短缺。虽然形势悲观，但是，对一个满怀希望的国家来说并非不可救药。对于一个正在融合和殷切期待思想交流的国家来说，亦是如此，这个国家在示范者的引导下，像训练有素的部队一样举起右手宣誓，从阿登到比利牛斯的每个村庄灯火通明，鼓声、宣誓声响彻云霄，油灯驱散了笼罩的黑暗。

如果谷物短缺，那不是大自然的错，也不是国民议会的错，而是叛国阴谋家的把戏。这些恶毒的卑鄙小人，在宪法正在制定时有权欺压我们。勇敢的爱国者，要么忍气吞声，要么，为什么不予以根除呢？粮食在增长，成捆或成袋堆在那里，只有囤积居奇者和保王党的阴谋家希望挑动人民从事非法活动，阻碍粮食运输。快点集合，有组织的爱国当局、武装的国民自卫军，把好人联合起来，团结就是力量：让爱国主义的强光像阳光一样，灼瞎隐秘的无耻之徒的眼睛，让他们瘫痪。

在两千五百万顶帽子或睡帽下的头脑中，是谁先有了这个联想丰富的想法？因为，这个想法应该产生于孤立的头脑中。这一点没有人知道。这是每个人都能想出来的微不足道的想法，但有效、贴切，无论能否演变出伟大的成果，规模都不可小觑。当一个国家像示范者可以在其上操弄时，还有什么样的言行不会出现！这个想法会在一夜之间长成童话里豌豆男孩的参天大树，枝头满是住家和探险活动。可惜的是，豌豆毕竟是豌豆（因为长寿的橡树不是这样成长的），而且，第二天晚上可能会被砍倒、铲平成为肥料。但至少应该注意到，对于任何一个有信仰的动荡国家，联盟的思想是多么自然。相信自己头顶上那片蓝天和除了让·雅克之外的任何福音书的苏格兰人，在迫不得已时也发誓订立庄严的盟约，像战斗迫近时绝望的兄弟，彼此拥抱，眼望天空。他们让全岛宣誓，甚至以顽固的老撒克逊希伯来长老会的方式，让上天作证，因为，像普通的仪式一样，上天已经听见誓言，并且部分批准。如果你仔细观察，这种事不会消亡，也不可能消亡。正如我们所看到的那样，具备高卢种族特有的冲动和疯狂的法国人，有某种真正的信仰。尽管满怀希望，他们仍然受到严峻考验。因此，在法国也可能存在短暂的国家联盟，但条件多么不同！发展过程和结果也多么不同！

因此，应该注意辉煌的烟火正燃出第一个微不足道的火花，因为，如果不知道特定的帽子颜色，就不知道哪些人出现在特定的区域。在去年 11 月 29 日，我们看到来自远近不等地区的几千国民自卫军，奏着军乐列队行进，还有斜挎三色绶带的市政官员们，沿着罗纳河直奔星辰小镇。经过礼仪演练、排枪齐射、虚张声势以及爱国者的天才们可以想到的一切，他们通过宣誓和抗议，保证在法律和国王的旗帜下团结一致，特别是争取各类粮食自由流通的权利，只要有粮食，即使有强盗和囤积居奇者也不怕。这就是 1789 年 11 月的最后几天星辰会议的内容。

然而，如果一个指手画脚、矫揉造作、如此普通而简单的检阅，外加之后的宴会、舞会，就可以吸引一个外省的幸福城市，并成为周边城镇羡慕的榜样，可见，效果有多么显著！在两星期之后，自惭形秽的更大的城市蒙特利马尔也做得同样出色，甚至更好。在蒙特利马尔平原，或者在同样响亮的蒙特利马尔城墙下， 12 月 13 日见证了一次新的会议和抗议，有六千多人参加，一致通过了三项显著改进的条款：一是蒙特利马尔人加入星辰小镇已经加入的联盟。二是在保证粮食流通的基础上，面向神和祖国，他们发誓服从并誓死捍卫国民议会的所有法令。第三，也是最重要的，这一切的正式笔录将郑重递交国民议会、德·拉法耶特，以及法国自由的复兴者，由他们尽可能做出适当的裁决。蒙特利马尔由此看到了爱国主义的重要性，因而希望在城市规模上拥有一席之地。[①]

因此，随着新一年的到来，信号旗升了起来，因为，在进行庄严交流时，国民议会至少不也是国家电报局吗？只要还有库存粮食，就应该在整个东南地区的大路和罗纳河水路流通，如果德·阿图瓦大人这时在都灵适时干预的话，将会受到热烈欢迎。但因粮食短缺、国民议会的反叛、违宪的阴谋家、君主俱乐部或其他爱国者的不安而焦头烂额的法国各省也照样能做好，甚至做得更好。现在，当 2 月的宣誓让他们满怀期待时尤其如此！从布列塔尼到勃艮第，在法国的大部分平原，在大多数城墙下，都响彻着号角之声，各种旗帜迎风飘扬，宪法机器开足马力。此时，春光明媚，在东方风暴中变形的明媚阳光下，大自然也为人间洒下绿色的希望，尽管困难，但爱国主义会像战胜贵族阶级和粮食短缺一样取得胜利！我们庞大的宪政队伍，随着战鼓和短笛演奏的乐曲《一切会好的》前进，陪同他们的是走走停停、佩戴三色标记的市政官员，还有模仿朱庇特的雷鸣排枪齐射，整个国家和隐喻的整个“宇宙”都在观看。服饰体面、神采奕奕的男人，花枝招展、大多数都有情人的迷人女人，都向永恒的天堂和肥沃的绿色大地宣誓：法国自由了！

人们（说起来令人惊讶）在交流和联谊活动中见面，这在连续几个不幸的世纪里只有一次，在某种时刻成为真正的兄弟，这是多么令人难忘！然后，开始有代表团用夸张的长篇大论，游说国民议会、德·拉法耶特和复兴者，尤其频繁地拜访坐在雅各宾派大厅长凳上的爱国者之母！每个人听到的都与联合会有关。爱国者中有新名字崭露头角，并在日后为人所熟知：来自反叛的波尔多议会、伶牙俐齿的攻讦者博耶·方弗莱德；德拉吉尼昂联合会口才一流的记者马克斯·伊斯纳尔。在法国各据一方的辩论双雄，居然在这里相遇。联合会的

① 《议会史》，第7卷，第4页。

火焰越来越旺，无论是深度还是广度都突飞猛进。因此，布列塔尼和安茹的兄弟在所有真正的法国人中倡议博爱，并诅咒任何反叛行为注定走向“毁灭和死亡”。此外，如果他们在国民议会热烈讨论，抱怨使如此多的公民变得消极的银马克的话，面对母系社会，他们会问：既然今后他们既不是布列塔尼人，也不是安茹人，而都是法国人，那么，为什么整个法国不同时组成联盟，并进行普遍的博爱宣誓呢？[①]3 月底提出了有建设性的建议，但必须得到整个爱国者世界的支持，然后宣传、传播，直到取得普遍的反响，以便市政厅官员进行思考，并跟上运动的潮流。

因此，统一的联盟似乎不可避免，地点显然是巴黎，但时间呢？对此，时间会做出回答，或者已经给出答案。因为，联盟的事业一直在推进、完善，而爱国的天才们为此殚精竭虑。因此，5 月底在里昂，我们看见有多达五万人，有人说有六万人，举行支持联盟的集会，观众更是不计其数。集会从黎明持续到黄昏！因为，里昂国民自卫军从早上五点就顶着晨露集合，源源不断、整齐划一地来到罗纳河码头，在二十多万爱国者挥舞的帽子和女人的手帕与衷心的欢呼声中，向集会的广场进发。他们是美丽、勇敢的人！在这些支持者当中，那贵妇人是谁？她目不斜视、最雍容华贵、一脸王后风采，在家族的朋友和香巴涅的爱国编辑陪同下最早一批从大老远赶来，她像密涅瓦一样强大的面孔上，黑色的眼眸里洋溢着热情的光芒，展现出尊严和殷切的快乐，是所有快乐的人中最快乐的人。这就是罗兰·德拉普拉特里埃尔的妻子！[②]严谨的罗兰老人是本市的国王工业制造督察，而现在通过民众的选举，同样成为新里昂市政府最严谨的官员：如果威望和天赋是资本的话，那么他是人生的赢家，但最重要的是，他赢得了巴黎雕刻家菲力庞的女儿的芳心。读者们，留心这个有着王后一样的美丽面孔、婉约明亮的眼睛和美好心灵的资产阶级女英雄。没有人意识到她的

① 报告等，参见《议会史》，第9卷，第122-147页。
② 《罗兰夫人回忆录》，第1卷预备发言，第23页。

价值（像任何价值一样）、伟大、玉洁冰清，在浮躁、腐败和虚伪的时代出污泥而不染，依然保持完美、不可战胜的冷静。没有人知道，她是当代最高尚的法国女人，这一点总一天会尽人皆知。噢，连她自己都没意识到，默默无闻时她反而更加快乐！现在，她毫不怀疑地注视着这一庞大的盛会，并认为她儿时的梦想终于实现了。

正如我们所说的，集会从黎明一直持续到黄昏。事实上，这样的景象很少见。鼓号齐鸣，令人振奋。但想一想，50英尺高、陡坡上雕刻着台阶并模仿灌木丛的人造假山，就更加让人刮目相看。在木板结构的内部空间里，庄严屹立着一个“协和神庙”。外面的山顶矗立着手持长矛、戴弗里吉亚无边便帽的巨大的“自由女神像”和一个公民柱，远在数英里之外都可以看到。在她的脚下，有一个祖国祭坛，铺满漆成五颜六色的板条和石膏。看看插在假山每个台阶上的那些旗帜，五万公民齐唱的大弥撒和宣誓，器乐和呐喊声如火山爆发，足以吓退咄咄逼人的索恩河和罗纳河。在这神赐的夜晚快要结束时，还有璀璨的烟花、舞会，甚至筵席！[①]于是，里昂联盟随之消失，尽管尚未完全被黑暗所吞噬，这是因为我们美丽、勇敢的罗兰夫人的缘故。她以最隐秘的方式，在香巴涅的《里昂信使报》上对节日做了描述，她的文章印了六万份之多，即使现在读起来仍然引人入胜。

但总体来说，正如我们所看到的那样，巴黎并没有什么发明创造，而只有借鉴和实践。至于最重要的日期，如果巴士底狱周年不行的话，那么，整个日历就没有更合适的了。特定的地点也是一样，显然，非战神广场莫属，因为，有不止一个朱利安叛教者被竖立在盾牌上，面对法国的或世界的君主制度，铁血法兰克人用铿锵的吼声回应了查理曼大帝的声音，几个世纪以来，其高风亮节已为人熟知。

① 《议会史》，第12卷，第274页。

第九节　符号

对于每个个体来说，在所有关键时刻，符号的表达是多么自然！或者不如说，人在大地上的整个生命，如果不只是使自己具有的、天赋的无形力量，变为清晰可见的符号表达，那又是什么呢？通过行为和语言，如果可能的话，他真诚地努力做到这一点。即使万一失败，后者也可能意味深长。阿尔马克的化装舞会并非一无是处，而在天才辈出的时代，圣诞节的装扮、驴驹节、非理性的教士则更引人注目，因为这些是真诚的娱乐活动，同样，阿尔马克的化装舞会也表现了娱乐的真诚愿望。但是，另一方面，真诚严肃的仪式不应该是什么样的呢？例如，希伯来人的礼拜堂的节日。整个国家以上天的名义并在他的目光下齐聚一堂，想象力本身在现实面前无可奈何，所有高贵的仪式虽然还没有成为惯例，但每一个细节都已经变得庄严，意义非凡。在现代私人生活中，对于泪眼婆娑的妇女不约而同打湿了手帕，胡须浓密、浓情似火的年轻人威胁自杀等类似的戏剧场景，不应该完全加以鄙视，你不如也对此洒下一滴眼泪。

无论如何，可以说，没有一个国家会放下手中的工作，为了毫无意义的事情，刻意走上街头大闹一场，因为，的确没有哪个虚伪、心术不正的剧中人会处心积虑地去唱独角戏，同样，可以想象，正好处于唱独角戏困境的某个国家会为了自身利益，去宽慰自己的脆弱、伤感或其他什么情绪吗？然而，在是否准备好应付这一场景方面，国家之间与个人之间一样有着显著差别。比如，如果是我们撒克逊清教徒朋友的话，他们既不会放枪，也不会敲鼓，只会在爱丁堡高街上找一个简陋的房间开个会，边喝着廉价的酒边宣誓，就签署了国家联盟。他们认为这样的宣誓方式理所当然。而我们的高卢的百科全书朋友却正相反，他们需要全世界或全宇宙瞩目的战神广场或类似的风景展示。与此相比，露天竞技场只不过是闲逛者的小院子，对于这个场面，我们这个古老的星球几乎闻所未闻。而在这个国家，在这个时代，我们则认为这种方式没什么值得大惊小怪的。或许各自对这两种宣誓的忠诚,并未超出伴随而来的各自展示所需的适当比例,即反比例;因为,一个民族的戏剧风格通过复杂的理性表现出来:首先是信心、社交能力和热情,其次是兴奋性、什么也保留不住的孔隙率,或者爆发力和无法持久的狂热。

再问一次,有意识做伟大事业的任何人或任何人的国家,绝不会从小事情做起,这有多大的真实性呢?噢,战神广场的联盟,你有三百名鼓手、一千二百名音乐家以及在山坡上部署的火炮,几分钟内就可以向整个法国通报节日!无神论者奈齐翁不能把目光转回十八世纪之前,看看穿着破烂衣服、坐在犹太人的陋室里吃简便晚餐的十三个人吗?他们没有什么其他符号,只有神赐的、堕入神圣的痛苦深渊的心,没有其他的话语,只有"为纪念我而做"。因此,除非上天注定,否则他也许会停止微弱而困难的啼叫。

第十节　人类

人的戏剧风格可以原谅,即使是一个人真诚或虚伪地结结巴巴说出激情话语中感人的部分,都是可以原谅的,因为那是失去理性之后说出的话。然而,与妇女暴动这样的大自然的偶发状况相比,多么空虚、贫乏、令人失望!就像一杯变味的啤酒、一锅因沸腾而蒸发的水。这样的场面,尽管经过长时间的深思熟虑,规模宏大,设计考究,也不过是涂上油漆的纸板而已。但是,其他的都别具特色,脱胎于大自然本身活生生的性灵,所呈现的形象无疑意义重大。因此,我们还是让庄严的法国国家联合会或联盟,成为戏剧艺术有史以来最辉煌的胜利吧!这是确定无疑的胜利,因为整个花坛代表了两千五百万人,他们不但拍着双手,而且在木板上跳来跳去,激情演绎着自己的角色。既然如此,那么就顺其自然,用这样的仪式来赢得外界真诚而短暂的赞美和惊叹吧。全体狂欢的国家配得上所有这一切,但不值得用爱心对妇女暴动进行细致描述。因此,从今以后，让此起彼伏举办的联盟彩排走进历史吧，我们将不会再关心走在平原和城墙下的无数军乐队，在虚无中奏起的音乐。

然而，有一个节目值得暂时打断一下殷切的读者，即阿纳卡尔西斯·克卢茨和亚当的集体罪恶后代的剧情，因为，爱国的市政府在6月4日制订了自己的计划，并得到了国民议会的批准，得到了爱国国王的同意。即使可以随意反对，对国王来说，充斥着对联盟的议论无疑有着短暂的魅力。法国八十三个省派来的近百名国民自卫军的代表很快到达巴黎。同时，国王的海军和其他军事部队，也将相应根据配额派遣代表前来。这种自发组成的全国士兵联盟已见雏形，并得到认可。人们希望，前来的其他行业的代表可能多达四万人，费用将由代表派遣地区承担。对此，各选区和省将考虑派出合适人选，而巴黎的兄弟们将前往迎接。

因此，想想看，现在这些爱国艺术家会多么忙碌！他们聚集一堂，琢磨怎样能使场面配得上全世界人民观看。多达一万五千人在战神广场埋头苦干，包括在工程师指导下挖土的、推车的、垒石的、夯土的，准备挖出一个适合这一伟大壮举的自然露天剧场，因为，人们希望活动可以每年举办，并永远办下去。“长矛的节日”是年度最伟大的盛事：无论如何，一个戏剧盛行的自由国家不该拥有永久性的露天剧场吗？战神广场正在被掏空。大多数巴黎人的每日话题、夜里做的梦都离不开联盟，而且只有联盟。联盟代表已经上路。国民议会除了日常工作之外，还有义务倾听联盟代表的提问，并加以解答，从而工作量倍增。美国委员会发表了演讲，他们是前来向我们祝贺这个良辰吉日的，他们当中有仍然闪烁着暗淡星光的保罗·琼斯那模糊的身影。巴士底狱征服者的演讲说到“放弃”任何特殊报酬以及在该庄严仪式中的任何特殊地位，原因是中央掷弹兵心怀不满。“网球场俱乐部”也发表了演讲，他们是用木杆举着一个闪亮的铜板入场的，上面刻着网球场宣言。他们建议在当月20日宣言周年纪念之际，把这块铜板郑重其事地固定在凡尔赛的原址，作为几年之内不灭的纪念。然后，俱乐部的成员将回到布洛涅森林吃晚饭[①]，这件事即使微不足道，他们也必须告知全世界。严肃的国民议会中断了复兴工作，饶有兴味地倾听，并根据长久以来的惯例，即兴花言巧语地做了友好的答复，因为，这是人民善良的愿望，他们有这份心意并愿意奉献出来。

在这种情况下，阿纳卡尔西斯·克卢茨想到，这么多人组织俱乐部或委员会高谈阔论，赢得好评的同时，仍然有更大和最伟大的俱乐部在酝酿之中，如果说它初具雏形，高谈阔论，也会产生巨大影响的话：这就是人类俱乐部！阿纳卡尔西斯是在什么全神贯注的创意时刻，产生了这个想法，他努力给这个想法赋予可实现的形式时所产生的痛苦，如何忍受着世俗人群冷漠的嘲笑，他以牙还牙，因为他对嘲讽斤斤计较，把诲人不倦的精神转移到咖啡馆和晚会，在深不见底的巴黎潜心笃志，使自己的思想变成事实：所有这一切，当时才华横溢的传记作家都没有向我们揭示。在 1790 年 6 月 19 日傍晚，斜阳一缕苍白的光线照亮了盛大的演出，这可不是我们这个愚蠢的小星球经常可以看到的。阿纳卡尔西斯·克卢茨进入庄严的骑术院大厅，后面跟着来自各国的人士：瑞典人、西班牙人、波兰人、土耳其人、迦勒底人、希腊人、美索不达米亚的居民。看看所有这些人，他们是前来争取在大联盟里的位置的，其中有不容置疑的利益。

“我们的大使称号，”热情的克卢茨说，“不是写在羊皮纸上，而是存在于人们的心中。”大胡子的波兰人、包头巾的以寒玛利人、迷恋占星术的迦勒底人，他们都屏声静气地站在这里。让他们发挥最佳口才，在庄严的元老院议员面前据理力争吧。他们是受奴役国家饱受压迫、被迫保持沉默的代表。他们带着黑暗中渴望和迷茫的目光、将信将疑的希望，看着你们和法国联盟灿烂的光芒，犹如看着最明亮的星星、世界大同的先驱。我们要求站在那里，像预示可悲未来的沉默纪念碑那样。从台上和台下传来经久不息的掌声，受人类阴影恭维却又依赖于他的参议员是谁？是主持了两个星期会议的议长西哀耶斯，尽管

① 参见两个自由的朋友著：《法国革命史》，第5卷，第122页。《议会史》等。

他声音不高，而且回复有时那么刺耳。阿纳卡尔西斯和“外国人委员会”在联盟中将占有一席之地，条件是告诉各自国家的人民他们看到了什么。与此同时，我们邀请他们“荣誉列席会议”。一个穿长袍的土耳其人答辩时，采取了东方庄重的鞠躬礼节，并以卓越的口才发表了语义含混的讲话，但由于他法国语言知识的欠缺，他的话就像泼出去的水消失于无形，他的思想至今让人不解。[①]

阿纳卡尔西斯和人类俱乐部接受了列席会议的荣誉，根据旧报纸的证明，并满意地看到了一些事情。首先，根据拉梅特、拉法耶特、圣法尔戈和其他爱国贵族（其他人的看法无关紧要）的议案，从公爵到骑士甚至更低的所有贵族称号，今后将全部废除。然后，同样，穿制服的仆人变成了穿制服的服务员。将来，任何自诩为贵族的男男女女，在教堂里都不会像往常那样，以愚蠢的燃香方式被“上香”。总之，十个月以来，既然封建主义已经死亡，那么为什么这些空洞的服饰和标志仍然继续存在呢？甚至连纹章都必须抹去。然而，卡桑德拉·马拉注意到，一些用油漆覆盖的车厢板逐渐露出了原来的纹章图案。

因此，今后德·拉法耶特只不过是莫齐埃大人，圣法尔戈只是米歇尔·勒贝尔齐埃。这之后很快，米拉波就自豪地说：“你和你的里格蒂让欧洲在这三天一直意见相左。”因为，伯爵的称号对于这个人来说并非无关紧要，可以说人民对他倾慕不减。让极端爱国主义者，特别是阿纳卡尔西斯和人类俱乐部弹冠相庆吧，因为，现在说亚当是我们人类之父似乎理所当然！

从历史的准确性来说，阿纳卡尔西斯的著名庆典历来如此。最广受瞩目的公共机构就是这样找到了自己的发言人。由此，至少有一件事我们可以判断：过去喜欢抱怨和嘲讽别人的巴黎市和克卢茨男爵，已经进入一种独特的气氛之中，因为，这种规模的展示似乎接近崇高的特质。嫉妒的确在后来让阿纳卡尔西斯功亏一篑，使他偶然作为外国人委员会的发言人，要求成为人类俱乐部的永久发言人，这一点他当之无愧。他带有污蔑性地提出，迷恋占星术的迦勒

① 《箴言报》等（《议会史》，第12卷，第283页）。

底人和其他人，只是应景伪装的法国下等人，简而言之，就是以直白的方式对他们进行冷嘲热讽。然而，像他这样的人都必须配备全套盔甲，才能承受所有这些挖苦和讽刺，甚至由此进行反击，然后走自己的路。

我们把这个联盟称为最广受瞩目和最意外的公共机构，因为，谁会想到能在杜伊勒里宫的骑术院大厅看到所有国家的代表在此济济一堂呢？但是，当全体人民都去参加化装舞会时，发生如此奇怪的事情并不稀奇。你自己难道没有偶尔见过托勒密的女儿、头戴王冠的克里奥帕特拉，在廉价的茶室或阴暗的食品店，几乎向不为所动的权贵下跪，恳求做统治者或去死。她为了这个才穿上这样的衣服，身无分文，带着小孩。如果突然有警察关闭演戏的场地，她的安东尼岂不是白白求情了吗？如果戏剧舞台粗暴干涉，这样的景象就会在大地上随处可见。然而，正如我们所说的那样，如果深渊越上了舞台，那么，这就像发生在提耶克先生的戏剧“颠倒的世界”里一样了！

看过人类自身之后，再看“人类的宗师”，已经不再有什么奇迹了。这些“人类的宗师、人类的长老”，在这几个星期都曾在那里现身：汝拉山区的代表、天生的农奴让·克洛德·雅各布，现身感谢国民议会给予他们选举权。从他苍白憔悴的脸上那道道皱纹看去，他有一百二十岁了。他在为这个星球添上一点绿色而辛勤挥汗劳动时，听过别人用晦涩难懂的方言谈伟大君主的不朽胜利、帕拉迪纳的大火、龙骑兵对塞文山脉新教徒的迫害和马尔伯勒的战争。四代人安居乐业，爱恨交织，然后驾鹤西去。路易十四死时，他四十六岁。国民议会全体起立，向人类的宗师致敬。年老体衰的让不得不蒙着头，体面地坐在代表中间观看表演。他老眼昏花、有气无力地坐在那里观看新颖奇幻的节目。对他来说，场面亦幻亦真，在过去的记忆片段和梦幻中漂浮不定，因为时间本身变得如梦如幻，脱离了现实。他的眼睛和精神疲惫不堪，几乎无法迎接另一场真实的盛举：向他颁发爱国募捐、王室养老金。他兴高采烈回到家里，但两个月之后，他就离开了一切，踏上了自己的未知之路。[1]

第十一节　像黄金年代一样

与此同时，日复一日、一天到晚在战神广场辛勤忙碌的巴黎人民，痛苦地看到，土方工程显然无法按期完成。三十万平方英尺的面积实在是太大了：因为，从必须用木头搭建阳台和看台的军校一直向西到河边的城门（这里也需要建一个木制的凯旋门），长度有几千米，从南边绿树掩映的林荫路到北面相应的林荫路，宽度有几千英尺。整个这块地方的土都得挖出来，用独轮车运到旁边的山坡上堆成足够的高度，在那里夯实之后，打造成坡形的三十排座椅，周围装饰草坪并镶上结实的木板。然后，位于中心的巨大金字塔形的祖国祭坛，也将加高并配备台阶。这是交织着复仇和力量的工程，是世界的露天剧场！工期还剩十五天，以这种懒洋洋的速度施工，可能还需要好几个星期。奇怪的是，挖土方的工人似乎都在磨洋工，即使拿双倍工资，他们也不愿意夜以继日地干活儿，虽然他们每天工作七小时。他们愤怒地表示，人的身体偶尔也需要休息！

莫非贵族暗中贿赂工人了吗？他们这方面最拿手。仅仅半年之前，不就有证据显示，巴黎地下装满了火药（因为我们生活在危险的采石场和地下墓穴上面，我们的脚下空空荡荡，就像走在天堂和深渊之间的路上一样），要把我们炸上天吗？直到科尔德利埃俱乐部派了代表团去检查，才发现问题，并把火药移走。[2]令人诅咒的、不可救药的孬种。在这些神圣的日子里，人们却成群结队地在申请护照。麻烦、骚乱、火烧城堡的景象在利穆赞和别的地方司空见惯！因为，他们太忙碌了。在最优秀的人民和最好的复兴者国王之间，他们想要洒

① 两个自由的朋友著：《法国革命史》，第4卷，第3章。
② 1789年12月23日的报纸（《议会史》，第4卷，第44页）。

下不信任的种子。他们带着多么邪恶的冷笑，希望看到众望所归的联盟流产！

然而，联盟的流产不是挖土方工人的错。任何有手脚和一颗法国的心的人，都能够并愿意做这项工作！在7月1日星期一，几乎以炮声为号，一万五千名无精打采的雇工刚放下工具，围观者伤心的目光便转向地平线高高升起的太阳，一个爱国者，然后又有一个，瞪着燃烧的眼睛，抓起锄头和手推车，毅然投入劳动之中。二十多人、数百人紧随其后，很快一万五千名志愿者满怀赤子之心挥舞铁锹、推起独轮车。所有这一切以他们即兴的技巧进行得井井有条，并因此而加快了工程进度，一个人胜过三个雇工。当黄昏最后的一抹余晖消失在黑暗中，一天的工作终于结束，胜利的呐喊声一直传到蒙马特高地！

第二天，热情不减的人们都在焦急地等待空闲的工具。或者，为什么还要等待呢？别处也可以找到铁锹！现在，巴黎人的血气方刚、仁慈的心和兄弟友情瞬间爆发，势不可挡，如果编年史值得信赖的话，可以说，这种情形自黄金时代以来就再没有出现过。巴黎的男男女女肩上扛着铁锹，直奔西南方向而去。列队或散乱的滚滚人流、摩肩接踵的工匠，自然或偶然聚在一起，向战神广场汇聚。他们分成三个纵队，合着不协调的音乐行进。走在前面的是举着绿色树枝和三色旗帜的年轻女孩。他们像军人那样，肩扛着铁锹和镐，全体高唱《一切会好的》。是的，一切当然会好的，街上的行人也随声附和。所有的行业团体、从大到小的所有公共和私人的公民协会都行动起来了。人们发现，甚至小贩也整整一天停止沿街叫卖了。邻村也闻声赶来，他们的劳动力也合着小提琴、手鼓和三角琴，在市长或本堂神甫的带领下，扛着铁锹、披着三色绶带加入到队伍中。现在有十五万劳动大军，有时候可以达到二十五万人，因为，特别是在下午，有些人会草草了事，赶紧跑掉。全城人兴高彩烈，闻风而动，从大街小巷，沿着河岸向路易十五广场挺进。这么多的劳动者，不是雇工冒充的，而是自由投身进来的真正劳动者。每个爱国者都竭尽全力，施出浑身解数，挖开坚硬的土地，装上独轮车运走。

可亲可爱的孩子们！他们还自觉维持秩序，依靠自身激发出来的坚定意志和即兴技巧进行自我指导和管理。这是真正体现兄弟情谊的工作，混淆并打破了门第贵贱的区别，一如混沌之初亚当本人挖掘洞穴时一样。穿长袍的剃发僧侣与穿短燕尾服、修剪得难以置信的优雅卷发、有爱国标识的提水者，黑漆漆的烧炭工与白白净净的假发商或假发佩戴者比肩劳动，因为律师和法官与各选区区长在那里。虔诚的淳朴修女就在歌剧院的名伶和一般被称为误入歧途的女性身边干活。爱国的拾荒者和宫廷里香气袭人的贵妇们混杂在一起，因为，爱国主义像出生和死亡一样，让所有人变得平等。印刷行业的人也来了，普吕多姆的所有纸帽上印着“巴黎革命”的大字。正如卡米耶所说的那样，他们希望在这些伟大的日子还应该有一个“作家公约”或者“编辑联合会”。[①]真是一道美丽的风景线！雪白的内衣和精美的裤子，与工人肮脏褪色的衬衣和短裤形成强烈的对比，因为每个人都脱掉了外衣，四肢并用，亮出了爱国的肌肉。一些人挥舞铁锹、镐头，另一些人用绳索在前面弯腰拉独轮车或装得满满的运土车。人人都一心一意、兴高采烈。人们看到西哀耶斯神甫尽管身材单薄，但仍然灵活用力地拉着车。他的身边是博马舍，尽管是无名小卒，但也能进入国王的视野。虽然莫里神甫没有拉车，但烧炭工带来了按照他的形象画的哑剧模型，于是，他的模拟像就不得不拉车了。不要让任何元老院议员鄙视劳动：市长巴伊、大元帅拉法耶特都在那里，并且第二天还将出现在那里！国王在震天的“国王万岁”的喊声中也亲自来观看了，人们肩扛铁锹突然在他周围形成了一个荣誉卫队。任何人都可以来干活、观看或为劳动祝福。

有的是全家齐上阵。我们清楚地看到有一家人是三代齐上阵：父亲抡镐、母亲铲土、孩子们拉车，老爷爷，苍老的九十三岁老爷爷怀里抱着小孙子一样矫健活泼，即使帮不上什么忙，也可以把这一切编成故事讲给小孙子听。[②]总

① 参见报纸等（《议会史》，第6卷，第381-406页）。

② 麦尔西埃著：《巴黎的画卷》，第2卷，第76页。

之，在未来和过去的同时注视下，有气无力的嗓音和稚嫩的童音同声高唱他们的《一切都会好的》。作为爱国的奉献，一个酒商带来了一车酒："兄弟们，如果你们不渴，就不要喝，这样桶里的酒可以放更长的时间。"人们尽管"明显筋疲力尽"，但没有一个人去喝。看到这里，一个优雅的神甫不禁冷笑了一声，人们朝他喊道："推你的车吧！"由于害怕发生什么不测，他立刻照办。这时，有个更聪明的推车的爱国者冲着他喊："停下！"然后，他放下自己的手推车，抢过神甫的手推车，跑了起来，像感染了什么病一样，一溜烟跑到战神广场的外面把土倒掉。另外一个看起来很体面或很有钱的人，一进入工地就脱下外套、背心，并把两块手表放在地上，开始干活儿："可是，你的手表怎么办？"人们冲他喊道。"一个人难道不相信自己的兄弟吗？"他回答。当然，他的手表没有被偷。便宜的美丽薄纱，你是道德原材料的阴影，永远无法编织成责任，你只是聊胜于无，同样糟糕而已。

高喊"国家万岁"的寄宿学校年轻男生和大学生，为"只能奉献汗水"而感到遗憾。但我们又能对他们说什么呢？穿着薄如蝉翼的长裙和三色腰带的最美丽的青春女神、最可爱的巴黎女人都在那里，她们与其他人一样挥锹推车，眼里闪烁着热情，美丽的长发蓬松散乱。这种粗活对她们纤细的手指来说是个考验，但她们依然可以把爱国的手推车，一直推到土坡的顶部，（借助一条便道，哪个男人不愿意对她们施以援手呢？）然后蹦蹦跳跳地从坡上下来，再重新装上一车，长长的发辫和三色饰带在身后随风飘动，美丽而优雅。哦，当夕阳照耀战神广场，为两侧的树林染上晚霞的红色，照在军事学院的圆屋顶和四十二扇窗户上，投射出金灿灿的光芒时，它在宽阔的道路上可曾见过如此的景象吗？像由五彩缤纷的美丽鲜花装点的生机勃勃的花园，里面最美丽的花和最有用的花交相辉映，都在温暖的环境里如兄弟般茁壮成长，即使生命只有几天，即使只有一次，没有第二次。不过，每个夜晚都在逐渐坠入永恒，这些夜晚也是一样。直奔凡尔赛的性急的旅行者，在夏约高地拉住缰绳：在河的对岸看了一会儿，在凡尔赛转述他所见所闻时不禁流下了热泪。[①]

同时，联盟成员从指南针的所有起点陆续到达：南方以米拉波为荣的狂热孩子们、汝拉山区体贴冷静的山民、具有盖尔人活泼性格的精明的布列塔尼人、在讨价还价上胜过所有人的诺曼人，现在，爱国主义的高尚之火点燃了所有人的热情。他们的巴黎兄弟以军人的庄严、兄弟般的拥抱和英雄时代的好客，走上前去迎接他们。这些联盟成员参与议会的辩论，讲坛为他们保留了位置。他们参加了战神广场的劳动，每支新队伍都想拿起铁锹，为祖国祭坛添上一锹土。但是，如何让修辞之花重新绽放呢？因为，人民感情用事，这些崇高的道德技巧，对于庄严的议会和爱国的复兴者是必不可少的！布列塔尼联盟成员的队长热血沸腾，甚至眼含热泪，跪在地上，把剑献给同样热泪盈眶的国王。可怜的路易！正如他事后说的那样，这几天是他生命中最灿烂的日子。

阅兵当然必不可少，国王、王后和三色宫廷作为观众参加王室联盟阅兵。如果下雨（这种情况非常常见），联盟志愿者将在室内的拱门下列队，免得王室成员淋雨。这时，出现了一阵停顿，法国最纤细美丽的手指可能轻柔地抓住你的袖子，并且用悠长如长笛般的声音问："先生，您是哪个省来的？"他会以骑士风度放低剑首，幸福地回答："夫人，来自您祖先统治的省份。"这位现在成了外省联盟成员的幸福的外省律师，将获得明媚阳光般的微笑和说给国王听的悠扬话语作为回报："陛下，这些是您忠实的洛林人。"在这些节日里，同那些在工作日身穿沉闷黑灰服装的外省律师相比，身着红蓝相间制服的国民自卫军，有更令人高兴的事儿。因为，受到三次祝福的同一个洛林人，当天晚上将在王后的门前站岗，他觉得自己可以为她死一千次。然后，在外面的栅栏门，她第三次看见了他。他甚至拦住她，夸张地向她展示了武器，"把枪摆弄得叮当作响"。王后在致意时又一次露出阳光般的笑容，并告诫淘气的金发小王太子："向这位先生行礼，不要无礼。"然后，她像无垠天空中由小月亮陪伴的璀

① 麦尔西埃著：《巴黎的画卷》，第2卷，第81页。

璨行星,继续走自己的路。[①]

但到了晚上,当爱国者的土石工作结束时,想象一下热情好客的主人的神圣权利!财大气粗的议员勒贝尔齐埃·圣法尔戈,每天都有百位"吃晚餐的客人",大元帅拉法耶特的客人数量可能翻番。无论是寒酸的会客室,还是金碧辉煌的沙龙,都在觥筹交错,推杯换盏,还有明艳动人的美女助兴,她们或者是来自下层的布衣女子,或者是来自上流社会的高傲贵妇,但她们都愿意把美貌和笑容献给勇敢的人。

第十二节　喧嚣和烟雾

所以现在,尽管有贵族策划的阴谋、懒惰的雇工和命运不济(因为雨水过多)等原因,战神广场在当月13日依然准备就绪:地面做了修整、夯实,用坚硬的砖石做了地基,爱国者可以心怀敬畏在其上漫步,并且通过排练,每个人都对明天充满想象。祈祷万里无云!不过,乌云已经遮天蔽日:误入歧途的市政府说爱国者需要门票才能进入庄严的会场!我们需要门票才能去现场施工并且做施工前的工作吗?难道我们是用门票攻占巴士底狱的?误入歧途的市政府承认了错误,并在大半夜就敲鼓,把爱国者从睡梦中惊醒,宣布取消门票。所以,还是戴好睡帽,不知所云地发发牢骚,重新安静入睡吧。明天是周三上午,让世界难忘的盛况即将展开。

晨光熹微,对于7月的早晨来说有些凉意,但这样的节日即使格陵兰都会笑逐颜开。在国家露天剧场的每个入口(因为整个场地呈环形,每隔一段距离就有一个出入口)如汹涌的洪水挤满了人,无声地覆盖了所有角落。军事学院搭建了看台和拱顶,以弘扬当权者为主旨的木雕和画无可匹敌。在河边入口处的凯旋门上刻有即使不是振聋发聩,至少出发点是善意和正统的铭文。在高高

① 一个洛林人的叙述(根据《议会史》,第6卷,第389-391页)。

的祖国祭坛上，高大的铁架子上摇摇晃晃地悬挂着古代的香炉，除非是为异教神话，否则不知是为了什么要散发香气。二十万男性爱国者和盛装打扮的十万妇女爱国者，都坐在战神广场，等待仪式开始。

多么恢宏的景象！整个圆形场地万紫千红、栩栩如生，一直延伸到三十个小山坡下，可以说占据了各条绿树掩映街道的所有分支，因为干道就隐藏在小山坡的下面。最后面是夏日的一片如茵绿草和浩渺碧波，乳白色的石制纪念碑熠熠生辉：翠绿花坛中心圆形的彩画流光溢彩！花坛远非空空荡荡，荣军院的拱顶和远处蒙马特高地的磨坊，也都挤得水泄不通。远方的尖塔和若隐若现的乡村钟楼上也都站着人，手拿望远镜在观看。夏约的高地上都是此起彼伏的人群。由近到远，包围巴黎的整个圆形高地，形成了独一无二的巨大露天剧场，容纳的人无以计数。如前所述，不论在哪个高地上都摆放了大炮，塞纳河上还架着一组浮动大炮。在目力不及的地方，耳朵将发挥作用，整个法国只有一个真正的露天剧场。无论在有石子路面的城市，还是在没有石子路的乡村，人们都在侧耳倾听地平线上是否响起震耳欲聋的炮声，这样他们也好开始宣誓并鸣枪！[①]但现在，不少联盟成员随着音乐进场了，因为他们都聚集在圣安托万郊区和附近。他们打着各省的八十三面旗帜，带着并不响亮却是友好的祝福从市区穿过。接下来是国民议会，他们在巨大的华盖下就座。后面是王室成员，他们在旁边高高的宝座上就座。拉法耶特骑着白马在此现身。然后是公务员队伍。联盟成员的队伍一直载歌载舞，等待严格的军事检阅和正式操练的开始。

演习和操练是普通人用笔无法描述的。想象力低下的人会就此放弃，声称不值一试，无须白费工夫。有向前走的，也有向反方向走的。有漫步溜达的，也有快步走的，还有跑步的。莫齐埃大人或大元帅拉法耶特，现在是同一个人，他在二十四小时的时间里是法国的将军，代替了国王的位置。莫齐埃大人正以其骑士的高贵步伐前进。他郑重其事地登上祖国祭坛的台阶，面对天空和大地，

① 两个自由的朋友著：《法国革命史》，第5卷，第168页。

屏住呼吸，在香炉随风摆动发出的吱吱声中，把剑首牢牢插在那里，以个人和法国武装部队的名义，向国王、法律和国家发誓（避免提到粮食流通）。人们以用力挥舞旗帜并齐声喝彩作为回应。国民议会的每个议员从座位上站起来，重复了誓言。国王本人以特有的嗓音宣誓。国王的誓言赢得了整个苍穹的欢呼，自由的公民彼此拥抱，每个人都紧握另一个兄弟的手，武装的联盟成员把武器撞得叮当作响。首先发威的是浮动的大炮！紧接着法国四面八方的大炮都响了起来。震耳欲聋的炮声响彻每个山岭，听起来声音不大，连续的炮声却令人震撼。

什么样的石头垒成什么样的湖。圆形露天剧场的热潮从阿拉斯到阿维尼翁，从梅兹到巴约纳风靡一时！在奥尔良和布洛瓦，同样炮声隆隆。勒皮在花岗岩山中重复同样的节目。伟大的亨利四世出生地附近的波城同样如此。在遥远的马赛，夜晚的红色地平线可以作证，在深蓝色的地中海，在黄昏的晚霞映衬下，伊夫堡的每个炮口都射出火舌。所有人都在喊："是的，法国自由了！"哦，光荣的法国如火山爆发，喷发出了漫天的喧嚣和烟雾，收获了自由女神弗里吉亚无边便帽！在所有的城镇，无论是否有用都可以种下自由之树。我们不是说过，这是在这个星球上或许可以实现的最高层次的戏剧艺术吗？

不幸的是，我们还是必须把这些称为戏剧艺术，因为，请看战神广场上的国家旗帜。在有任何宣誓仪式之前，这些旗帜必须得到祝福。这是正确的，因为，如果没有上天给予，甚至有意无意寻求的祝福，尘世的任何旗帜或事业都不能取得胜利。但如今有什么手段能出奇制胜呢？富兰克林是通过什么神圣的避雷针，把神奇的火从天上引出来，平缓地降到地上，将生命和健康带给芸芸众生的？通过最简单的方法：通过排列在祖国祭坛台阶上的两百名身穿白色长袍、腰系三色带的剃发教士，为首的代言人就是灵魂导师塔列朗·佩里戈尔！这些人的做法就像奇迹的避雷针一样，发挥到了极致。哦，蔚蓝的深空，碧绿、肥沃的大地，永远流动的泉水，死去又重生的古老森林，每一次大雨的洗礼，都好像死去的石头山，实际上没有死，几个世纪过去也没有低头，（似乎）只在新的世界发生爆炸、这样动荡和沸腾翻滚的蒸汽升到距离月球一半时才会重生。啊，你是高深莫测的神秘主宰，无名氏的衣服和居所；你是我们见到的塑造高深莫测和无名氏模子与形象的精灵，这难道不是奇迹？某些法国普通人应该（并非不相信），而不是假装认为，塔列朗和二百件白印花布可以成就奇迹！

然而，我们在这里与当时悲伤的历史学家一起注意到，当佩戴襟带、头巾和三色绶带的塔列朗主教，爬上祭坛的台阶见证奇迹时，世俗的天空突然乌云密布，北风裹挟着寒冷的雾气开始咆哮，然后降下瓢泼大雨。景象惨不忍睹！围绕露天剧场的三十层座椅瞬间撑起五颜六色的雨伞，精心的布置却遭遇如此不识好歹的人群。古代的香炉变成了水罐，烟雾缭绕的熏香变成了一股蒸汽随风而去。唉，热烈欢呼消失了，取而代之的只有狂风骤雨和噼啪的雨点声。这三四十万人感到庆幸的是自己的皮肤都是防水的。将军的腰带都在滴水，所有军旗都垂下了头，再也无法随风飘扬，而是像锡制的旗一样一动不动。根据历史学家的证词，最惨的莫过于法国这十万最美丽的妇女！她们雪白的衣料被弄得一片狼藉、肮脏不堪，鸵鸟羽毛缩成了可怜的羽毛骨架，帽子也压瘪了，里面的纸板融化成了糨糊。这些美女再也无法像帕福斯云端若隐若现的爱神那样，穿着装饰华丽的裙子神气活现了，而只能在灾难的牢笼中挣扎，因为身材显露无遗，现在只剩下感叹的同情、窃笑、嗤笑和善意的嘲笑了。大雨如注，下个不停。甚至灵魂守护者的头巾也湿透了，不仅仅是头巾，甚至消防桶里的水也溢了出来，浇在他那令人尊敬的头上！灵魂守护者塔列朗不为所动，继续完成自己的奇迹。他代替雅各布向法国的八十三面省旗发出了祝福，这些旗带着众望所归的祝愿迎风飞舞。接近三点，天空露出了太阳：尽管很多的装饰被损坏，但剩下的节目可以在明亮的天空下进行了。[1]

---

① 两个自由的朋友著：《法国革命史》，第5卷，第143–179页。

周三，联盟顺利完成，但庆祝活动持续了一周，并延长到了下一周，连巴格达的任何哈里发或神灯阿拉丁都无法匹敌。有河上角力竞赛，还有水上翻跟头、泼水游戏，赢得阵阵喝彩。富歇神甫——唱赞美诗的富歇，在粮食市场的圆形大厅发表了纪念富兰克林的演讲，国民议会也为了他悼念了三天。莫齐埃和勒贝尔齐埃重新开始饮宴，大厅里回荡着爱国的祝酒词。第五天晚上是基督教的安息日，举办了盛大的舞会。巴黎内外到处莺歌燕舞，所有男人、女人和儿童都随着竖琴和小提琴的音乐起舞。甚至头发花白或谢顶的男人都在月光下打着拍子，不会说话的婴儿，在大人的怀里也没来由地手舞足蹈，展示肌肉。最结实的大梁被弄得有些弯曲，小梁也吱吱作响。

在外面，我们来看看被大地所拥抱、灯火通明、装饰寓意鲜明的巴士底狱废墟：一颗 60 英尺高的自由之树，上面装饰着一个巨大的弗里吉亚无边便帽，亚瑟王和他的圆桌骑士都可以围着吃饭！在背景的深处，有一盏灯发出昏暗孤寂的光，隐隐映射出一个半埋在土里的铁笼和一些牢房的石头。暴政已被埋葬，除了外墙都消失无踪，剩下的都挂上了彩灯，装饰了真实或纸板的树木。还有一个模仿童话里的洞穴，上面的说明用大字写着："在这里跳舞。"实际上，先知江湖郎中卡廖斯特罗[*]在四年前离开阴暗的监狱，被关进罗马宗教裁判所更不见天日的牢房时，已经隐晦地看到这些。从那以后，他再也没有离开那里。[①]

但是，巴士底狱的庆典与香榭丽舍田园大街附近的活动相比，则是小巫见大巫！香榭丽舍田园在彩灯的照耀下，宛如白昼，所有人都载歌载舞。像无数发光的萤火虫般的小油杯，优雅地照耀着最高的叶子。有一些点缀着大小火焰的树木，在远处向树影下投射出光芒。在自由的天空下，高大的联邦成员，与新认识的、像月亮女神般轻佻（至少不那么严肃和谨慎）的伴侣快乐地翩翩起

---

* 卡廖斯特罗（1643—1695）是意大利冒险家和魔术师，游走于欧洲各宫廷，从事精神疗法、炼金术和水晶球占卜。

① 参见他的《给法国人民的信》（1786年伦敦版）。

舞，度过香艳的夜晚。很多人的心被感动并激发起热情。在我们这个古老的星球上，在被称为夜晚的巨大阴影下，很少能举办如此规模的舞会。哦，根据塞内卡的说法，如果神俯身看到有好人在逆境中挣扎并微笑，那么，对于这在八天多的时间里大获全胜的两千五百万人来说，他会怎么想呢？

然而，长矛的节日就是这样在欢乐和舞蹈中结束了。英勇的联盟成员震撼的神经和狂热的心情和头脑返回指南针各个点上的家乡省份。他们中的一些人，比如来自斯特拉斯堡的令人尊敬的朋友德·当普马丁，完全被酒精"烧坏了"，乐极生悲，回到家就死了。[①]长矛的节日在舞会中耗尽了能量，变得衰弱，进入节日的鬼魅状态，只在人们的记忆中留下一个影像，别无其他。甚至举办舞会的地方都无法再辨认出来，因为战神广场的高地后来被削掉了一半。[②]这无疑是国家游行中最令人难忘的一次。从未或几乎从未如此激情洋溢、气吞山河地进行过宣誓。然而，一年之后，一切都无可挽回地化为乌有。啊，这是为什么？两千五百万人心贴心、快乐、激情燃烧地一起宣誓，哦，无情的命运，这是为什么？首先，这是因为过于激动。但更主要的是因为，罪恶已经进入世界，同行的还有苦难！如果我们进一步观察，就会看到，从今往后，这戴着弗里吉亚便帽的两千五百万人，头上将没有任何力量支配和指导，他们本身也没有任何方向和行事规则。那么，当他们所有人以这样的步伐、没有刹车、没有目标地向未知的路冲过去时，怎么能避免注定的失败呢？因为，实际上，这块土地及其职能不具备任何联盟的色彩。人并没有爆发出高尚的情操，而是带着其他的弹药来面对这个世界的。

但是，无论如何，"管好你的狂热"，将其保留在内心深处，而不是作为一点就着的烈火是明智的。经过最好指引的最猛烈的爆炸无济于事，通常徒劳无功，后患无穷。但想象一下，一个人、一个以人组成的国家，一场烟火晚会就耗

---

① 当普马丁著：《事件》，第1卷，第144-184页。
② 德洛尔著：《巴黎的历史》，第8卷，第25页。

光了全部火的储备！我们同样见过用爆发的胜利和喧嚣庆祝，却让老人摇头的美好婚礼（因为，像国家一样，个人的人生也像潮汐一样起伏不平）。只要快乐就好，行动最重要。好事成双！你对地上的邪恶越是感觉战无不胜（似乎完全消除），你的失望越大，因为你觉得地上的邪恶依然存在。“为什么依然存在呢？”你们当中的每一个人都会问，“因为我的虚伪队友是叛徒，邪恶已经消除；我衷心希望如此，也愿意竭尽所能。”因此，美好的蜜月变成了酸涩的岁月，也许像汉尼拔的人生那么蹉跎。

所以，我们应该说，法兰西国家以过于热烈的方式，引导或迫使国王走上祖国的婚姻祭坛，然后，却为了以应有的荣耀庆祝婚礼，不假思索地点燃了婚床？

第九章

南　锡

第一节　布耶

有一个勇敢的人隐居在东北边境的梅兹，他的名字叫布耶。这里是陷入困境的王室酝酿出逃的最后庇护所。几个月以来，他时常引起我们的注意，如果不是他，至少也是他的阴影。现在就让我们把目光聚焦在他身上，直到他成为我们的素材和人物。不光他本人值得一书，他的地位和他在这些日子里的所作所为，也将有助于澄清很多事情。

因为，像法国所有的指挥官一样，布耶的地位引人关注。正如我们已经猜到的那样，伟大的国家联盟只是纸上谈兵，或者更糟。在为国家宪法的制定者在拉皮特举办的宴会上，最后、最响亮的祝酒词，是对现存一切的有力挑战，似乎用这样的欢呼声，就可以关闭必然开放的大门！有人可能会说，国家的最后祝酒词只是让醉酒更严重而已，由此，把博爱的大旗举得越高，造成的杀戮就越快，越不可避免。啊，在博爱的光芒和口号下，不可调和的分歧造成的鸿沟瞬间可以弥补，一下子平息下来！受人尊敬的联邦军人即使回到驻地家中，有些激情未消的内心依然无法冷静下来，在酒精和温柔乡的作用下甚至命在旦夕。宏伟的场面无法从眼前消失，依然在记忆中闪耀，而比以往都更加令人沮丧的分歧却一再出现。让我们来看看布耶是怎样做的吧。

最近，经过政府公文的任命和国民议会的批准，布耶担任梅兹、周边及整个东部和北部驻军的指挥官，成为位高权重的四大将领之一。虽然如今已经默默无闻，但当时的同缭和元帅罗尚博和马伊是他的两个同事。如今已被人遗忘、硬朗而啰唆的老吕克纳是第三人。布耶侯爵是坚定的保王党人，不反对温和的改革，而是坚决反对大刀阔斧的改革。他长期以来就对爱国主义持怀疑态度，曾经不止一次给庄严的议会制造麻烦，例如，他拒绝必须参加的国家宣誓，总是借故推脱，直到国王陛下亲笔签名请他帮忙才作罢。这个岗位即使不是无比光荣，至少也是显赫和危险的，因而他全神贯注、静静地等待前途未卜的命运。正如他说的那样，“只有他一个人”，或者在几乎所有的老军人贵族之中只有他一个人没有远走高飞。他始终认为，在令人沮丧的时刻，如果无能为力，唯一能做的就是越过边境出走。比如，他可能会去特里夫斯或科布伦茨，在那里，有朝一日流亡的亲王也许被推举成国王，或者去卢森堡，老德·布罗利正在那里过着百无聊赖的流亡生活。或者，难以辨认的卡洛纳和布勒泰尔，不也开始在欧洲外交幽暗的巨大深渊里徘徊了吗？

布耶抱持无限迷茫的期待和目标，试图一心一意为国王陛下服务，他尽量等待、挣扎，以便让他的管区保持忠诚，军人保持服从，驻军保持完整。迄今为止，他依然通过信函和信使，与表哥拉法耶特保持基本的外交联系。一方面是议会和骑士的反对，另一方面是军事存在和压力。这种基本联系变得越来越少，最后几乎完全消失。[①]他性格急躁、行动迅速、判断敏锐、锲而不舍、坚忍不拔、勇猛，但有些鲁莽。在西印度群岛，他游刃有余，雄狮般从英国人手中一举夺取了尼维斯和蒙特塞拉特，现在却备感压抑，被困在外交的锁链中动弹不得。他预测的内战从未发生。几年前，布耶就应该率领一支法国东印度特遣队，去夺回或征服庞地榭里和太阳王国。但整个世界发生巨变，他也随之改变，命运没有将他送上康庄大道，而是荆棘之途。

第二节　拖欠军饷和贵族阶层

事实上，布耶本人对总体前景并没有抱持美好的预期。法国军队从攻克巴士底狱起或更早，已经普遍处于备受质疑和每况愈下的状态。一直被视为奇迹的由信仰支持的纪律开始松懈，很难看到重新恢复的希望。法国近卫军玩的是致命游戏，但如何取得胜利并摘取果实，所有的人都想知道。在这整个翻转的剧情里，我们看到雇佣兵拒绝战斗。甚至日内瓦和沃德地区属于法国瑞士人的维约城堡的瑞士人，也被认为放弃了战斗。逃兵站到了人民一边。德国王室尽管坚守阵地，但依然忧心忡忡。总之，在战神广场上，在折磨人的两天操演中，我们看到了可怜的贝森瓦尔式军事统治中，骚动、难以控制的军队，从黑夜的暗影中揭开了自己的面纱，通过塞纳河左岸去其他地方寻找庇护所，因为，这一片阵地对其来说显然过于炎热了。

但是，去哪里寻找新的阵地呢？尝试什么补救措施呢？是“未受传染”的区域：通过严格的训练，这无疑是值得一试的计划。不过可惜的是，在从巴黎到最偏远的村庄的每个地方都受到了传染，是爆发性的传染：通过吸入、接触和交谈来传播，直到波及每个愚昧的士兵！有穿制服的和未穿制服的人之间

① 《布耶回忆录》，伦敦，1797年。

的交谈，穿制服的人读报纸，甚至为报纸写文章。[①]有市民前来请愿或进谏。有不满、嫉妒、不明所以、满腹疑虑的特殊协会和私人特使。整个法国军队在晦暗的火光中发酵，对每个人来说都不是好兆头。

因此，在一般性社会解体和反抗中，我们必须忍受最深刻、最可怕的反抗，那就是士兵的反抗。令人作呕的士兵？反抗的精神从各方面看都是干巴巴、苍白无力的，但以军事哗变的形式爆发尤为可怕！实施规则和约束已成为暴政不可估量的可怕工具，而其他的一切都在可控范围内。我们不可缺少的全能仆人像火一样，当他们成为主人时，会引发大火。纪律，我们称其为一种奇迹。其实，一个人让成千上万的人随之起舞，难道不神奇吗？因为，其中可能有人不喜欢他，不怕他，却服从他去任何地方，前进或停下，甚至心甘情愿送掉性命，仿佛接受命运的摆布，秩序难道不是有魔力的词吗？

这个有魔力的词一旦被遗忘，法术就会破碎。无数百折不挠的统治幽灵，像来势汹汹的恶魔腐蚀你的灵魂，你的自由有序的舞台成了幽暗深渊的动荡之源，倒霉的魔术师将在这里粉身碎骨。集结的士兵虽然手里持枪，但死亡的阴影也悬在他们头上，因为，死亡是对不服从的惩罚，他们做过不服从的事情。现在，如果所有的军人暴徒都丧心病狂，狂热与冷漠的冲动间歇发作，愤怒与恐怖交替爆发，那么，考虑一下，在狂热发作时，在职责和惩罚的冲突之间，悔恨和愤怒之间的急风暴雨来临时，手里拿着子弹上膛的枪的军人暴徒应该怎么做。以士兵自身角度来看，反抗是可怕，通常是可怜和危险的，只会令人痛恨，不会令人怜悯。这些可怜的雇佣杀手是反常的阶层！坦率地说，对于卫道士来说，似乎令人惊讶的是，他们发誓要成为机器，不过部分仍然是人。不要让谨慎的权威人士提醒他们后者这个事实，但总得让力量特别是不公平，明确站在最高点一边。正如我们常说的那样，士兵都有反骨，即使并非如此，这个世界上某些昙花一现的事情也许会长久不衰。

① 参见1789年7月的报纸（《议会史》，第2卷，第35页）。

除了所有的亚当之子普遍对自身的命运不满之外，法国的士兵仍然有两大不满：首先，他们的军官都是贵族，其次，这些人克扣军饷。这两个不满，或者更确切地说可以合二为一，可以解读成上百个，因为在第一个“军官都是贵族”的事实中，有多少必然的结果是现成的！这是一个永远流动着不满的无底洞。每个人的不满日积月累，就会积水成渊。不时的侵吞会让人产生一丝快慰。克扣军饷事实俱在，一目了然，人神共愤，但愿这只是气话。

不幸的是，这种不满的汹涌源泉确实存在：几乎所有的军官都是贵族，这一定律融于他们的血液和骨髓里。以法律的强制力来说，如果不能向狮王证明自己的家族是四代贵族身份，谁也不会想去当个可怜的民兵中尉。不仅必须是贵族，而且要四代。最近几年，有战争大臣在公证证书的压力下进行了改进。[①]这种改进确实缓解了战争大臣的压力，却使法国民众和贵族之间已经很大的裂痕进一步加剧，甚至加大了新旧贵族之间的裂痕，似乎新与旧，旧的与更旧的贵族之间，已经没有了足够的差异和矛盾。在人们现在看到和听到的普遍冲突，以及这个奇特的旋涡中，所有的差异已经一起沉入底部，或者与喧嚣一起蔓延到有军人驻防的地方，一去不复返。有人可能问，这些贵族是否希望永远待在阶梯的最高点，答案显然是否定的。

的确，在外部和平时，在没有战斗而只有演习时，如何晋升看起来可能只是推论，但与人权相比，这个问题颇为实际。士兵不仅要向国王，而且要向法律和国家宣誓效忠。所有的士兵会问，我们的指挥官喜欢革命吗？回答不幸是否定的，他们痛恨革命，喜欢的是反革命。扛着肩章、有贵族血统、受贵族傲慢毒害的年轻人，带着伪装成蔑视的愤慨，公开嘲笑我们的人权，就像嘲笑扫帚扫落的新奇蜘蛛网一样。更加谨慎的旧军官则保持沉默。他们紧闭的嘴唇没有传递出内在的情绪。但我们可以猜出他们在想什么。在合理指挥权的借口之下，谁知道我们是如何被出卖给代表反革命的流亡亲王和奥地利皇帝的？奸诈的

① 当普马丁著：《事件》，第1卷，第89页。

贵族是如何蒙骗我们人民仅有的洞察力的呢？不满的原材料就是以这种方式起作用的，这个灾难取代了信任和崇敬，滋生了仇恨、无尽的猜疑，指挥和服从无从谈起。而现在，第二个更确定的不满，已经普遍存在于人们的脑海中：克扣军饷！这是偷盗公款中最令人鄙视的一种，而且早已存在。但是，除非新公布的人权和所有可能的权利是蜘蛛网，否则，不会继续存在。

法国军队制度似乎正在死于自杀的悲剧。不仅如此，由于这个，公民之间自然对立。士兵在下层爱国者中发现了无数观众和无限同情。而军官在高层贵族中同样不乏支持者。他们依然穿着礼服、香气扑鼻地参加为移民举办的凄凉的晚会，诉说自己的困境。这不也同样是陛下与自然的困境吗？他们同时也会讲述快乐的挑战和坚定的决心。公民、特别是女公民，可以分辨是非。并不仅仅是军事制度死于自杀，还有许多东西随之一起葬送。正如人们说的那样，有可能出现比如今人们看到的一切更加彻底的反转：燃烧的黑色地狱的完全反转，而一切均建立在其上并发扬光大。

但这些事情如何作用于这些粗鲁士兵的头脑呢？因为他们只知道纸上谈兵和阅兵，少不更事，对人性的残暴和法国人的狂热一无所知。长久以来，在祈祷室和警卫室，令人不快的传闻、木讷的表情、军官与士兵之间扯不清的隔膜，都是军队里的日常话题。问问聪明、斯文的骑兵军官当普马丁上尉，他以自己的方式喜爱自由，但在炎热的西南部和其他地区，他也时常感到深深的痛心。他看到的是暴动、光天化日下和借着火炬在夜间平民之间进行的搏斗，以及比死亡更令人痛恨的无政府状态。有几个违反军令、喝得醉醺醺的士兵，在城墙遇到了当普马丁和另一个人。由于没有办法躲开或逃避，于是他们只能行正规军礼，因为我们平静地面对面看着他们，我们看到的是恼羞成怒、几乎是侮辱的表情。

有一天早晨，他们把“自己的皮外套和多余的装备”，成堆地扔在上尉的门前，因为，他们已经对此感到厌倦了，我们都像吃了荨麻的驴一样笑个不停。

还有一次，在编两支草绳时，他们恶语相向，目的明显是要吊死军需官。所有这些令人遗憾的回忆，都被可敬的上尉记录下来。[①]士兵心怀不满，大发牢骚，军官心生厌恶，放弃军职，移民国外。

或者，让我们问问另外一位经过授权、说话斯文的军官。他还未晋升上尉，目前是拉费尔炮兵团的少尉。他是个二十一岁的年轻人，名字叫拿破仑·波拿巴。他五年前从布里恩纳军校毕业后，"由于被拉普拉斯发现有数学天分"而晋升为少尉。在这几个月里，他在西部的欧塞尔驻防，住在一个理发师的家里。无论是对于女主人，还是阁楼，他都没有表现出起码的尊重。他住的陋室家徒四壁，唯一的家具是一张"寒酸的床，没有窗帘，两把椅子，在窗前有一张桌子，上面放满了书和纸。他的兄弟路易斯睡在隔壁房间的粗劣床垫上"。不过，他正在做一件了不起的事情，写他的第一本书或小册子："给马特奥·布达弗齐克先生的一封信"，行文如流水并且言辞激烈。他是科西嘉的议员，不是爱国者，却是贵族，配不上这个职务。多尔的乔利是出版商。每天早上四点钟，斯文的少尉从欧塞尔步行去多尔修改校样。审查校样之后，他与乔利一起吃一顿简单的早餐，然后立即准备启程返回驻地。他需要一上午走完二十英里的路，中午之前可以到达驻地。

这位少尉可能注意到，在沙龙、街道、马路、旅馆，无论在什么地方，人们的心中都准备燃起熊熊火焰。身处沙龙或在一群军官中的爱国者，可能会因为周围大多数人的态度敌对而感到气馁，但一旦他走到街上，来到士兵中间，他会感到整个国家与他同在，在那著名的誓言"啊，国王、国家、法律"之后，一切都发生了天翻地覆的变化。在这之前，如果接到开枪的命令，他会以国王的名义照办。但在此之后，他会以国家的名义不这样做了。此外，尽管在炮兵和工程兵中爱国军官居多，但依然是少数。然而，士兵与他们站在一边，他们主导了炮兵团，并经常使贵族同僚免于陷入危险和困境。例如，"有一天，一个军官在餐

① 当普马丁著：《事件》，第1卷，第122-146页。

厅窗户旁唱‘哦，理查，哦，我的国王！’时就引发了骚动，我不得不及时出手把他拉走，以免犯众怒”[①]。

让读者自己通过这些事例，对法国所有的军营和驻军的细微变化发挥想象力吧。法国军队似乎处于大范围兵变的边缘。

普遍兵变！这么说会让爱国的宪政派和庄严的议会不寒而栗。事态紧急，亟须未雨绸缪，但无人能说得清该怎么做。米拉波甚至建议，既然事已至此，应该遣散现有的二十八万士兵，以便重组军队。[②]这一说法突然沸沸扬扬四处传开，但怎么可能呢？然而，我们的回应是，无论如何，这根本不可避免。这样一支四代军官贵族、克扣军饷、士兵编草绳准备吊死军需官的军队，难以与这样一场革命相辅相成。变通的办法只能是缓慢解体和迅速果断地组织新军，将多年的痛苦浓缩成一个小时。如果米拉波担任大臣或总督，会采用后一种办法。没有米拉波，自然会选择前一种办法。

第三节　布耶在梅兹

对于布耶来说，在他东北地区的圈子里，这些事情人所共知。多次越过边界对他来说看似一种摆脱困境的手段，不过他依然待在这里继续奋斗，期待局势有所改善，不是破旧立新，而是快乐地从事反革命活动，回到过去。至于其他，他很清楚，这些国家联盟、全民宣誓和军民的友爱，都造成了“无法估量的伤害”。如此之多暗中发酵的事情都以此为发泄口，并公之于众。国民自卫军和前线士兵在阅兵场郑重地相互拥抱，一起喝酒，进行爱国宣誓，投入街头拥护宪政、反对军人的游行和纷扰的混乱之中。而皮卡迪军团在梅兹军营的院子里列成方队，由将军本人严肃训话，并得到忏悔的保证。[③]

① 诺文著：《拿破仑的历史》，第1卷，第47页。《拉斯科斯回忆录》。
② 《箴言报》，1790年第233号。
③ 《布耶回忆录》，第1卷，第113页。

有报告证实，拒不服从已在各地军队中形成越来越严重的蔓延之势。有人看见军官们被关在就餐室里，承受种种无礼要求，其中不乏威吓之词。桀骜不驯的头目被以"黄色假期"（休长假）的名义免职，这种肮脏勾当被称为"黄色子弹"！有十个新头目取而代之，而黄色子弹也不是什么丢人的事儿。在崇高的长矛节之后两个星期，最多一个月，整个法国军队要求补发军饷，组织俱乐部、流连热门社团，这种状态连布耶都找不到合适的名词来形容，只能称之为"兵变"。布耶比大多数人了解底细，所说的都是经验之谈。以下是其中的一个实例。

这是8月的一天，确切日期目前已无法知晓，布耶即将出发去艾克斯拉沙佩勒水域，这是又一次被突然召到梅兹军营。士兵排列成战斗队形，火枪都装好了弹药，军官们被迫委曲求全。士兵们异口同声地要求支付拖欠的军饷。皮卡迪军团虽然已经忏悔，但此时故态复萌。偌大的操场上站满了大声鼓噪的反叛士兵。勇敢的布耶走到最近的军团，开口发布命令，得到的回应只是调门相反的牢骚和归还几千利弗尔的合法要求。此时，形势严峻，在梅兹军营的大约一万名士兵同仇敌忾，一门心思把军饷要回来。

即使布耶如磐石般意志坚定，也无计可施。有一个名为萨勒姆的德国军团尽管公认态度温和，不过也可能听说过这样的格言："不可偷盗。"萨勒姆也可能知道，金钱就是金钱。布耶信心满满地走向萨勒姆军团，表达了对他们的信任。但得到的回应依然是支付四万四千多利弗尔的喊叫声，而且随着调门升高而更加咄咄逼人。这些呼声虽然没有换来金钱或金钱的承诺，最后却演变成一呼而起。萨勒姆军团扛着枪出发，来到住在下一条街的上校的家，取来了军旗和军团的钱箱。他们之所以这样做是因为，他们坚信我的东西不是你的东西，甜言蜜语也不是四万四千多利弗尔。

怒不可遏的萨勒姆军团正在快速步步逼近。布耶和军官们不得不抽出了剑，三步并作两步冲在前面，或一路小跑，以便在外面的台阶上抢得先机，站在那里，用锋利的剑勇敢地挑战死亡。萨勒姆军团冷酷地排着队列与他们对峙，如此剑拔弩张的情势，结果可以想象。幸运的是，双方的调门还没有高到相互杀戮的地步。布耶站在那里，至少他还知道他在做什么。他表情冷静严肃，等待解决办法。最无畏的人和将军能做到的，布耶都可以做到。虽然在每条街道尽头的路障都有哨兵，死神时刻会降临，布耶仍然尽力派人向龙骑兵团下达冲锋的命令。龙骑兵的军官骑上了马，骑兵们却拒绝从命。龙骑兵他是指望不上了。正如我们所说，街道都被路障封闭，所有地面道路都被关闭了，也许在头上满不在乎的苍穹下，这里或那里也许有畏怯的一家之主凝视着窗外，为布耶祈祷。而马路上的歹徒则为萨勒姆祈祷：就像卡在一个狭窄通道里的两辆马车，或者像摔跤大赛上纠缠在一起的两个摔跤手一样！他们就这样整整对峙了两个小时。布耶手上握着闪闪发光的剑，眉间一片刚毅果敢。此时，梅兹的时钟正好敲响两点钟。萨勒姆军团克制愤怒，偶尔发出几声呼喊，但没有开火。有时，受到民众鼓噪的掷弹兵把枪口对准将军，而后者像铜像一样看着他，随后总有下士把枪按下。

站在台阶上两个小时的勇敢的布耶，就是以这种傲人的姿态出现在我们面前，先是长长的阴影，然后，阴影逐渐变成真人。此外，由于萨勒姆第一时间没有向他开枪，并且他自己也没有退缩，危险性随之减弱。系着三色绶带的“令人无限尊敬的”市长和市政官员们，终于获准进入，他们不断劝解，谴责，承诺，最后成功说服士兵回到军营。第二天，我们尊敬的市长借到了钱，军官才得以用这笔钱偿还了拖欠的另一半军饷。萨勒姆由于得到了军饷而暂时得到安抚。目前，所有矛盾都尽可能被掩盖了。[1]

梅兹这样的场景或至少同样场景表现出的征兆在法国极为普遍。当普马丁在斯特拉斯堡和东南部，都遇到过打结的草绳和堆积在门前的皮外套。同样在这几天，或者更确切地说是在夜里，罗亚尔香巴涅点燃了三十多根蜡烛，有

① 《布耶回忆录》，第1卷，第140-145页。

人喊道:“国家万岁！让贵族见鬼去！”在西北部的赫斯兰,议员兰贝尔遗憾地宣布,比奇的驻军敲着鼓出了城,罢免了军官,然后手持马刀返回城内。[1]国民议会难道不应该管管这些事吗？各地的法国军队都沾染了暴戾之气,现在以各种方式发泄出来。整个大陆在冒烟,无论什么地方一有风吹草动,就会轻而易举变成一场大火,在广阔的大陆熊熊燃烧！

爱国的宪政派自然对这种情势保持深深的警惕。庄严的议会坐下努力进行审议,但不敢赞同米拉波立即解散和遣返军队的动议,认为权宜之计是更容易的办法。但至少,引发不满的拖欠军饷应该纠正一下。一个以8月6日令的名义发布的法令,在当时引起极大的反响,那就是为此而制订的。巡视员会同选出来的下士和“会书写的士兵”,检查了军队拖欠军饷情况并进行了结算。于是,火场的浓烟逐渐消散。否则,正如我们所说,任何风吹草动、一个火星都会引发熊熊大火！

第四节　南锡拖欠军饷

但是,我们必须注意到,在所有地区中,布耶所处的地区似乎最容易引发大火。国王一直想要逃往布耶所在的梅兹:与奥地利相距不远,这里的人民比其他地方对边界、对外政治和外交的态度更加分化和混乱,有些人满怀希望,另一些人满腹忧虑,但所有人都相互敌对。

这几天出现了奥地利军队,平静地在这个狭窄的地区行军,看似已经入侵了某些地区。他们肩上扛着枪,从四面八方涌向斯特奈。大约有三万国民自卫军前往这个地区查看。[2]最后证明这只是一次单纯的外交事件:奥地利皇帝为了急于前往比利时而借用这条捷径。欧洲政治暗流涌动,像飞行三万英里的

---

① 《箴言报》(《议会史》,第7卷,第29页)。

② 《箴言报》,1790年8月9日的会议。

嘶鸣的秃鹰的巨大阴影，沿着道路笼罩着大地！因为，正如我们所说的那样，除了形势纷繁复杂之外，这里的居民意见相左，贵族比比皆是，爱国者既要监视贵族，又要监视奥地利人。这就是洛林地区，并非像旧法国那样泾渭分明，人们记得旧的封建时代。不仅如此，人们的记忆里还有宫廷和自己的国王，抑或是宫廷和国王的辉煌，而自己并没有为其所累的感觉。那么，与此相反，设在巴黎的雅各宾派教堂里的母亲社团，有女儿生活在这里的城镇，她们说话刺耳，脾气暴躁。想一想，对好国王斯坦尼斯拉斯和帝国封建主义时代的怀念，怎么可能与这个全新的刻薄福音书相称！这种不睦会产生何种邪恶！在整个事件中，军官站在一边，士兵站在另一边（主体部分），特别令人兴奋的是，他们人数众多，而且边境省份部署了更多的部队。

这就是洛林的形势，省会城市尤其如此。宜人的南锡市历来受没落的封建领主喜爱，斯坦尼斯拉斯国王曾经住过，并发扬光大，那里有贵族市政府，但也有雅各宾女儿社团。当地有四万意见相左的人口和三个大型军团，其中一个是瑞士维约城堡，由于拒绝或者被认为拒绝参加巴士底狱那些日子的战斗，而受到爱国者的赞赏。不幸的是，这里的歪风邪气似乎比其他地方都更加集中，特别是嫉妒和仇恨可能变本加厉。因此，在这几个月里，人们被煽动起来互相敌对，宣过誓的人反对未宣过誓的人，爱国士兵反对贵族上尉。令人难过的是，长期的积怨一下子爆发了出来。

无论这些积怨是否能叫出名字（因为日常的愤怒都有特定的性质），但也只是一个眼神、一句话、微不足道的小费或疏忽，一切都会记在杂项的账目下，使得合计变得更加庞杂。例如，去年 4 月，在成立联盟的初期，当国民自卫军和士兵们到处称兄道弟宣誓，整个法国在各地建立联盟，准备庆祝盛大的全国长矛节时，有人注意到，南锡的官员却对这起重大的博爱节日泼冷水，他们先是不情愿出现在南锡联盟成立仪式上，而后来出现时却身着礼服、便服和肮脏的衬衫，甚至在作为国家标志的颜色通过的庄严时刻，其中一个官员乘人不备向其吐口水。[1]

“日常的杂项”虽然不起眼，却在连续不断地积累！贵族市政府自称是宪政派，大多保持平静。但女儿社团并非如此，他们由五千名当地成年男性爱国者和将近五千妇女组成，包括各年龄段，有胡子的或没长胡子的。扛着肩章、留胡子或没胡子的四代世袭贵族并非如此。维约城堡一脸严肃的爱国者并非如此。群情激奋的国王步兵团和梅斯特营的士兵并非如此！城墙环绕、整洁明亮的南锡有着笔直的街道、宽阔的广场、斯坦尼斯拉斯式的建筑、肥沃的默尔特河冲积平原，在这收获的季节，在金黄色的麦浪中熠熠生辉。内部却鸡争鹅斗，如坐针毡，剑拔弩张，一触即发。让布耶来对付吧。如果军队普遍的狂热（我们将其比喻成一望无际、冒着滚滚浓烟的亚麻田），在洛林的南锡这里燃烧起来，那么他的胡子可能最容易烧焦。

布耶这边相当忙碌，但只是忙于一般的监视，安排得到安抚的萨勒姆军团和所有其他仍然可以忍受的部队离开梅兹，开赴南部的城镇和乡村，如维克，马沙尔和周边地区，以及马匹饲料丰富的河边和可以操练的僻静地带。在这里，可以通过操练降低士兵的思辨能力。正如我们所说，萨勒姆只收到一半的拖欠军饷，自然不会没有怨言。尽管如此，拔剑出鞘那一幕毕竟让布耶的形象深深印在萨勒姆的头脑中，因为无论普通人，还是士兵都喜欢勇敢无畏和果断坚定的决策人，即使他们因此而遭受痛苦。实际上，这不也是人的一种优秀品质吗？尽管这种品质本身一无是处，因为低等动物、驴、狗、甚至骡子都具有这种品质。然而，在适当的组合下，这是一切事物不可或缺的基础。

总司令布耶对南锡及其动荡局势并非特别了解，但心里明白，这个城市的军队通常是最糟糕的。长久以来，官员都随心所欲，不幸的是，做的都是坏事。单单一天之内就批准了五十个“黄色假期”，这本身预示肯定出了岔子。但爱国者对某些派来或被认为派来侮辱掷弹兵俱乐部的轻步兵是怎么想的呢？他

[1] 两个自由的朋友著：《法国革命史》，第5卷，第217页。

们可是在阅览室里读书、会思考的掷弹兵。随着哨声和喊叫声响起，直到会思考的掷弹兵抽出剑，排炮和决斗接踵而来！不仅如此，明显或可能有化装成士兵的武艺高强的剑客，被派出向市民寻衅滋事吗？上回是假扮市民挑衅士兵。因为有个名叫卢西埃的剑术教师被当场抓获，怂恿他的四名年轻军官闻风而逃。剑术教师卢西埃被扭送到警卫室，判处了三个月的监禁，但他的同伙为他申请"黄色假期"，特别为他而申请。那之后有人为他发起了游行，为他用纸做了一个头盔，上面写着"犹大"，把他扭送到城门，并严厉警告他永远消失。

对于所有这些怀疑、指责、纷扰的过程和类似事件的不断积累，军官们满怀轻蔑，敢怒不敢言，也许轻蔑表达了与言语相同的意思，而后不久，他们都逃到奥地利去了。

这样，当无论什么地方出现拖欠军饷问题时，情绪发泄和过程都充满敌意。呼声最高的梅斯特团每人只得到三个金路易，与往常一样，这笔款项也是从市政府借的。瑞士维约城堡也要求同样的数额，但随后换来的却是被抽鞭子，以及妇女和儿童的嘘声。绝望的国王近卫团扣押了钱箱，回到驻地，但第二天又原路送了回来，这让所有人倍感惊讶。虽然未经许可，但他们大张旗鼓地举行了游行，在烈酒助兴之下，大发牢骚，兵不由将，军衔已经百无一用。这就是南锡 8 月初的形势，离崇高的长矛狂欢节还不到一个月。

巴黎和其他地方的爱国宪政派得知这些消息都震撼不已。战争大臣拉图尔·杜宾气喘吁吁地为国民议会带来书面消息："一切都在燃烧，一切危如累卵。"国民议会一时意气用事，公布了一项法令，根据当时形势和战争大臣的要求，命令军人"服从与悔改"，如果能产生什么效果就好了。另一方面，新闻界通过所有喉舌发出声嘶力竭的鼓噪，谴责和欢呼两极分化。四十八个选区都提高了自己的声音。说话铿锵有力的酒商，或者现在叫他桑泰尔上校，并未在圣安托万郊区保持沉默。因为，在此期间，南锡的士兵们派出了一个十人代表团，带着文件和证明，他们会讲述"一切都在燃烧"之外的另一个故事。他们还没有到达议会，就被警觉的拉图尔·杜宾根据市长巴伊的命令投入监狱！这当然是违宪行为，因为他们的休假得到了军官的批准。于是，圣安托万郊区出于愤慨和对未来的不确定性而关闭了商店。那么，布耶是叛徒，卖身投靠奥地利了吗？如果是这样的话，这些可怜的士兵不就是出于爱国才起义的吗？

现在，由国民自卫军组成的新代表团从南锡出发，前往国民议会进行说明。他们在路上遇到了正往回走的十名先前的代表，他们没有被吊死实在出乎意料。他们此行期待满满，但效果寥寥。代表团、政府使者、快马加鞭送达的法令、警报、众说纷纭的谣言，时刻让人胆战心惊，晕头转向。只是在 8 月的最后一周，被任命为督察的德·马尔塞涅先生，才被授权携带资金和“8 月 6 日法令”前往兵变现场。他应该可以结清拖欠军饷。正义将得到伸张，或至少骚动将平息下来。

第五节　马尔塞涅督察

我们看到，马尔塞涅督察身材魁梧，估计他留了浓密的八字胡（保王党现在已经不刮上唇胡须了），像公牛一样有着铁石心肠，不幸的是，他的脾气也倔强如牛。

1790 年 8 月 24 日星期二，他召集选出来的下士和会写字的士兵举行了监察委员会会议。他发现维约城堡的账目有问题，于是要求延期和检查。他长篇大论予以谴责，因而引发不满，于是匆匆结束了会议。第二天早上，他重新召集会议，但没有根据市政官员的建议在市政厅，而仍然在军营开会。不幸的是，抱怨了一夜的维约城堡现在既不想延期，也不想检查。马尔塞涅由斥责转而开始骂人，对方不断让“现在就做个了断”。马尔塞涅一度想愤而离开。但维约城堡里已经挤满了士兵，并在各个大门安排了哨兵。德·马尔塞涅虽几经要求，但终究无法得到离开的许可。即使指挥官德努同意，得到的回应依旧只有“现在就做个了断”！这个局面令人束手无策！

倔强如牛的德·马尔塞涅抽出了剑，试图强行离开。局面随即陷入混乱。德·马尔塞涅的剑折断了，他夺下了指挥官德努的剑。哨兵也受了伤。由于士兵们不愿意随便杀人，马尔塞涅于是强行闯出一条路，后面跟着维约城堡杂乱无章的大队人马。南锡出现了一道难得的奇观。德·马尔塞涅快步疾行，但并没有跑。他不时回头，用剑恫吓后面的士兵。最后他毫发无损地来到德努的家，但这里也立刻被士兵们包围无法进入，因为军官们在楼梯上组成了人墙。德·马尔塞涅只得从后面退出，在国民自卫军的护送下前往市政厅，虽然心慌意乱，但意志坚定。第二天，他从市政厅发出同维约城堡谈判的新命令、新的协商计划，但后者不予理会。最后，在一片鼓噪声中，他命令维约城堡在第二天早晨移防萨尔路易。维约城堡断然拒绝，德·马尔塞涅起草了“抗命书”，并请公证员做了证明，以备不时之需。

现在是星期四的下午，德·马尔塞涅已经持续了近五十个小时的巡查，也快要结束了。在五十个小时这么长的时间里，他的进展不过如此。梅斯特团和国王近卫团立场不明，而正如我们所看到的那样，是维约城堡站出来铤而走险。到了晚上，拉法耶特的一个处理紧急事务的助手，四下派出了特快使者，召集国民自卫军。沉浸在梦乡的居民被嘚嘚的马蹄声和砰砰的叩门声惊醒：各地的宪政爱国者必须立即拿起武器，奔赴南锡准备战斗。

于是，身材魁梧的督察与心惊胆战的市政府官员一起，在鼓噪和混乱中度过了整个星期四，然后又过了星期五，一直到星期六中午。尽管有公证书作为凭证，但维约城堡仍然丝毫不愿让步。四千多名国民自卫军正从四面八方云集南锡，但不确定要他们做什么，更不确定他们会得到什么，因为，形势混沌不清，动荡不安，疑神疑鬼。有传言说，布耶开始向东部的营地移动，他只是个保王党叛徒，维约城堡和爱国者都被出卖给了奥地利，其中德·马尔塞涅可能就是特务。梅斯特团和国王近卫团的立场仍然左右摇摆。不想移防的维约城堡的士兵，坐在两辆马车上沿街挥舞着红旗。第二天早上，军官们回答："如果支付薪酬，我们愿意跟你去天涯海角！"

在这种情况下，将近星期六中午，德·马尔塞涅先生认为，也许是骑马视察城墙的好机会。因此，他在三名骑兵的护送下来到了城门口，吩咐两个骑兵在这里等他回来，然后他和另外一名他信任的亲信向吕纳维尔疾驰，那里有个卡拉宾骑兵团还没有哗变！两个留守的骑兵很快开始局促不安，感觉有事要发生，于是发出了警报。梅斯特团的上百名骑兵感觉被出卖给了奥地利，于是匆忙上马去追赶督察。他们在后面策马追赶，前面的督察疾驰飞奔，一片兵荒马乱之声响彻默尔特山谷，一直波及吕纳维尔。在正午的阳光下，这让路过的居民惊讶不已，甚至他们自己也惊讶不已。

这场追击令人叹为观止！可以和阿克特翁*相媲美。但阿克特翁德·马尔塞涅遥遥领先，到达了目的地。吕纳维尔的骑兵们，拿起武器！严惩侮辱你们的军官和营房的叛徒。先开枪再说，免得谈判之后你们拒绝开火。卡拉宾骑兵团对最先到达的梅斯特团骑兵开火。他们大惊失色停了下来，晕头转向地撤离了南锡。他们惊怒交加：被出卖给了奥地利，这一点毫无疑问。每个团都有这么多人，钱数都可以列出来，而且叛徒马尔塞涅也逃跑了！天哪，发发慈悲！大地，救救我们！你们这些爱国者，你们也像我们一样被出卖了！

跃跃欲试的国王近卫团也在秣马厉兵。梅斯特团也都上了马。指挥官德努被扣押，只穿了一件棉质衬衣被投入监狱。维约城堡的人闯进军火库，向爱国者分发了三千支枪。奥地利这下麻烦大了。唉，正如我们所说的，不幸的猎犬猎杀了自己的猎人，现在迷了路，只能抓狂似的嚎叫着四处乱跑！

于是，深更半夜又开始大张旗鼓地组织队伍行军，到弗林瓦尔高地时停了下来，远眺灯火通明的吕纳维尔。最后，在凌晨四点又开始进行长时间的谈判。达成协议之后，卡拉宾骑兵团让步，马尔塞涅自首，向各方面道歉。经过数小时

* 希腊神话中维奥蒂亚的英雄和猎人。

的迷茫混乱之后，才安排他上路，这样吕纳维尔人可以利用星期日的空闲时间观看出发过程，让梅斯特团看到他们被俘的督察的下场。梅斯特团离开时，吕纳维尔人也在观看。看！在第一条街的拐角，我们的督察再次逃脱了，我们那位像公牛般倔强的督察，在如林的马刀和枪林弹雨中再一次逃脱。他骑着一匹马一路疾驰，皮制的紧身衣上只被打中一颗子弹。真是顶天立地的人！然而，他并未真正逃脱，因为，经过疯狂的追赶他们又把他带回到卡拉宾骑兵团。骑兵们站在夜里的篝火旁，谈论奥地利、叛徒以及梅斯特团的愤怒。于是，我们在接下来的周一下午看到，德·马尔塞涅被放进敞篷马车，旁边站着一个手持马刀的士兵，在女人一片愤怒的叫喊声中，穿过南锡的街道上国民自卫军组成的人墙，在巴贝尔的困惑中，被投入由德努担任指挥官的监狱。这是马尔塞涅督察最后的归宿。[①]

当然，布耶正好有充裕时间赶到目的地。所到之处以及周边所有地方，由于警报火把，灯火通明，充满行军队伍的咒骂声，他因此总被惊扰，已经度过了好几个不眠之夜。南锡由于国民自卫军的态度左右摇摆、枪支泛滥、士兵哗变、黑暗中的恐慌和愤怒，已经不再是一座城市，而成了疯人院。

第六节　布耶在南锡

勇敢的布耶，快来帮忙：如果不立即来帮忙，大火就会烧毁一切，并且会蔓延到各地。在这几个小时里，很多事情都取决于布耶，他的所作所为直接牵涉到整个未来的走向。例如，如果他犹豫不决，不肯来；如果他来了，却失败了；如果法国所有的士兵发动叛乱的话，国民自卫军将会调转枪口，保王党将拔出剑，无套裤汉将拿起长矛，萌芽中的雅各宾派的幽灵，将在阳光的哺育下

① 两个自由的朋友著：《法国革命史》，第5卷，第206-251页。报纸和文件（《议会史》，第7卷，第59-162页）。

瞬间成熟，卷起地狱之火。同样，普通的凡夫俗子会在可怕的危机中一夜之间愁白了头。

勇敢的布耶凭着自己根深蒂固的倔强脾气正在快马加鞭，一路上得到了来自东部、西部和北部士兵的增援。在当月最后一天的星期二早上，他召集不多的部队驻扎在距城市不远的弗卢阿村。在这个星期二的早上，世界上任何亚当之子都不会比他承担的任务更艰巨。这是充满疑虑和危险的火海。布耶可以肯定的只有一件事：他那永不动摇的决心。事实上，这可能比其他事情重要得多。他以坚毅的态度对待此事："俯首帖耳，或者无情战斗和毁灭，你有二十四小时可选择。"这是他的布告的主旨。三十张副本昨天已经发往南锡，但被拦截，没有张贴。[1]

然而，上午十一点半，作为回应措施，叛军和南锡市政府都派了代表团来到弗卢阿村，期待改善局面。布耶"在毗邻自己住处的大院子里"接待了代表团，忠诚的萨勒姆团也被邀请参加了会见。所有参加会见的人都心情愉快。叛军态度坚定。在布耶看来似乎有些傲慢。幸运的是，萨勒姆也认为如此，他们忘记了梅兹事件，而要求立刻现场"绞死"坏蛋。布耶拒绝这样做，但答复说，哗变士兵唯一能做的，就是怀着歉意释放德努先生和德·马尔塞涅先生，立即准备换防，服从国民议会的法令和昨天张贴的三十张布告的主旨，对自己的所作所为进行忏悔。这些是他的条件，像命运法则一样不可改变。如果叛军代表不接受，他们最好离开现场，而且要马上离开，因为，过一会儿他的话可能是"前进！"于是，叛军代表离开，而并不担心自身命运的市政府官员则更愿意留下，站在布耶一边。

勇敢的布耶虽然坚定果断，但很清楚自己的立场。而在南锡，叛军、态度摇摆不定的国民自卫军，以及拿着分发的武器愤怒鼓噪的暴徒有上万人。与他站

① 《布耶回忆录》，第1卷，第153-176页。两个自由的朋友著：《法国革命史》，第5卷，第251-271页。《议会史》，第7卷，第59-162页。

在一边的不足这个数量的三分之一，而且是摇摆不定的国民自卫军和拒绝换防的愤愤不平的骑兵团，后者虽然现在怒气冲冲，但可能随时改变主意。最高的浪头虽猛，还得依靠底部稳定。布耶必须完全信赖命运，因为有时命运青睐勇敢的人。十二点半，叛军代表敲着战鼓离开了，于是，大家向南锡进发。南锡顶住，因为坚定果敢的布耶可不是那么好对付的。

然而，南锡是怎么想的呢？这里根本不是一座城市，而更像一所疯人院！为了死守到底，维约城堡要求市政府击鼓号召所有会使用大炮的公民协助。另一方面，跃跃欲试的国王近卫团听到萨勒姆团要来感到分外不快，于是在营区集合，愤然高喊："法律！法律！"梅斯特团更是诅咒发誓，虚声恫吓，发泄不满。国民自卫军环顾四周，不知如何是好。好一座疯狂的城市，人人都有自己的一套计划，每个人都在发号施令，但没有人愿意服从。除了已经结束战斗、被埋在地下的死者，没有一处安静的地方。

这时，布耶如约而至。两点半哨兵报告，他们拖着大炮，以战斗序列前进，带着破坏一切的气势，距离城门约有半里路。一个由市政官员、哗变士兵、军官组成的新代表团出城迎接他，恳切要求延缓一个小时。布耶同意推迟一个小时。但过了一个小时，没有看到德努和马尔塞涅的影子。于是，他命令敲响战鼓，重新前进。四点钟左右，心惊胆战的市民终于可以面对面看到他。他的大炮嘎吱嘎吱地推到了前沿。他的先锋离斯坦尼斯拉斯门只有三十步远。他就像行星一样按自然法则前进！接下来怎么办？看，停战旗和休战鼓都打出来了。马尔塞涅和德努已经上路，来到大街上。士兵们都追悔莫及，准备服从命令并移防。布耶的冷峻目光没有改变，不过下令停止行军。他从未见过如此兴奋、快乐的场面。马尔塞涅和德努在国民自卫军的护卫下现身，街道上呈现一派沸腾景象。人们向毫发无损的布耶致敬。布耶走到路边跟他们说话，并与镇里其他负责人交谈，叛军移防的城门和路线也已经指定完毕。

与这两位将军和其他主要市政官员的交谈再自然不过了，不过还是有人希望布耶以后再谈，而不是现在就走到路边。这些激动狂暴的群众争先恐后地互相拥挤，这边欢声雷动，那边人声鼎沸，如果能站在他们中间，把他们分开，直到把空间让出来不是更好吗？许多维约城堡的散兵游勇没有跟随大队人马从指定的城门撤退，而是在开阔的草地上各就各位。国民自卫军这时已经晕头转向，不知如何是好。无论是否有武器，民众都处于亢奋的状态，确信自己被欺骗、出卖给了奥地利人和贵族。他们的大炮已经装好了炮弹，点燃了火绳，而布耶的先头部队离城门只有三十步之遥。狂热的民众不需要命令才能燃起盲目愤怒的浓烟。当下面招呼他们时，他们拒不开门，同时表示，他们情愿开炮也不会开门。这时，国王近卫团的上尉、年轻勇敢的德齐耶挺身而出："朋友们，不要开炮，否则让炮弹从我的身体穿过！"接着俯身保护大炮。维约城堡的瑞士兵连恐吓带咒骂，试图把英勇的年轻人撵走。但他在这可怕的威胁下面无惧色，仍坐在点火孔上不动。接着，咒骂声和叫喊声一浪高过一浪。突然，一声枪响，接着又是两声枪响，爆裂的子弹打入他的身体，他浑身是血，应声滚落在地上。然后，火绳在这狂乱的时刻点燃了随时可以发射的大炮。轰的一声巨响，大约五十名布耶的先头士兵被炸得血肉横飞！

命中注定的灾难！从第一声枪响到这一记炮声，宣告了死神降临，将这里瞬间变成疯狂的地狱、炽热的火海。布耶的先头部队在邪恶的愤怒的驱使下，冲过斯坦尼斯拉斯门，以密集的火力横扫叛军，迫使他们寻找地窖作掩护，负隅顽抗。在草地上扎营的部队听到枪声后，马上从最近的大门回援。布耶愤怒地纵马向前，但没人听得见他的命令。于是，就像在尼伯龙根的死亡大厅*一样，一场残酷的大屠杀在南锡开始了。

惨不忍睹：即使上天愤怒时也很少允许人间发生如此漫无目的疯狂场面！维约城堡的士兵和爱国者从街角的每个地窖或阁楼，向布耶的可怕士兵痛下杀手。一个不知为谁而战的国民自卫军被打得千疮百孔，要求用国旗包裹

---

* 源于北欧神话，意指“死亡之国”或“雾之国”。

着死去。一个不知名的爱国妇女向维约城堡的士兵尖叫，不要开炮。在叫喊不管用时，还在点火孔上浇了一桶水。[①]是否应该战斗要看和谁战斗！如果骚动能唤醒死魂灵，勃艮第的大胆查理早就从他的圆形大厅跳起来了，自从心怀愤懑的他，在这里的阴沟失去钻石和性命以来，还从来没有听见过如此扰攘的喧嚣。

有人统计，三千人肢体不全地倒在血泊中。维约城堡的士兵有一半被枪杀，无须军事法庭帮忙。梅斯特骑兵团或其对手都爱莫能助。国王近卫团被说服留在军营，但依旧忐忑不安。布耶在命运的眷顾下，以恐怖法律的名义，取得最后的胜利。在血腥的两个小时内，他无所畏惧地进入两个大广场，虽然付出了四十名军官和五百名士兵的代价。维约城堡士兵的断肢残骸需要清理干净。现在情绪稳定的国王近卫团，答应在一刻钟之内收拾好武器出发。尽管有上千名士兵，每人有三十盒弹药，他们还是可怜兮兮地要求护送，并得到了允许。此时，太阳还没有升起，血腥的和平已经确定无疑。叛军通过三条路离开，而南锡城内则响起了男男女女悲戚的哀号和伤心的哭泣。全城都在为再也无法醒来的人们痛哭。空荡荡的街道站满了趾高气扬的巡逻队。

正如布耶自己说的那样，青睐勇者的命运让他摆脱了“千钧一发”的可怕危险。布耶不愧是顶天立地的男子汉。如果在巴士底狱那些日子里，他处在老布罗利的位置，可能一切都会不同！正如我们所看到的，是他扑灭了叛乱和无限蔓延的内战，他和宪政爱国者都认为代价并不高昂。不仅如此，在接下来由此而产生的矛盾中，他冷冷地声明，他这样做实非出于本意，而是为了履行军人的职责，控制无限蔓延的内战现在是唯一的机会，他不能无动于衷。[②]我们说过，他是由于随后的矛盾才这样说的！内战的确使局面混乱不堪，但新的秩序会在生死攸关的混乱中产生。那么，新秩序是凭借什么信念，从混乱、人

---

① 两个自由的朋友著：《法国革命史》，第5卷，第268页。
② 《布耶回忆录》，第1卷，第175页。

类的未来和社会中产生的呢？路易十六和两院君主制恰恰就是塑造本身的信仰！就像掷骰子时连续五百次掷出倒霉点数，那么其他任何点数对布耶来说都是至关重要的。强悍的布耶，你应该感谢命运和上天，不要管随后产生的矛盾了！正在法国各地普遍燃烧的内战，可能会导致各种各样的结果，但在力所能及的情况下，随时发现，随时平息，则是一个人和一个军官的职责。

可以想象，当策马疾驰的传令兵把消息带到巴黎时，人们会多么动荡不安、离心离德。一边是祝贺之声沸沸扬扬，另一边是满腔怒火直上云霄。一方面，庄严的议会以压倒多数，向布耶致以深切的感谢，国王亲笔致信，追随者和议员们齐声附和，并为在南锡被杀的法律维护者，在战神广场举办了隆重的国葬。巴伊、拉法耶特和国民自卫军（除了少数抗议者之外）都出席了仪式。葬礼庄严肃穆，主教的白色礼服在三色绶带的衬托下格外引人注目。祖国祭坛上的香炉青烟缭绕，偌大的战神广场被黑纱整整围了一圈。马拉声明，仪式和黑纱的花销还不如用于购买面包，在饥荒时期，可以给活着的爱国者填饱肚子。[①]另一方面，圣安托万郊区活跃的爱国者，则大张旗鼓地关闭了店铺，聚集了四万人，在正投票通过感谢决议的国民议会窗下兴师问罪，要求为被屠杀的兄弟们报仇，审判布耶，立即罢免战争大臣拉图尔·杜宾。

看到并听到此情此景，并不是战争部长拉图尔，而是“备受爱戴的大臣”内克尔开始萌生退意。1790 年 9 月 3 日，他以“恢复健康”为由，不动声色甚至秘而不宣地辞职了。这次庆幸能够活着返回家乡瑞士，这与来时大相径庭。十五个月前，我们看到他是在鼓乐齐鸣之下由骑兵护送来的。而如今在奥布河畔的阿尔西，他形单影只、悄然无声地离去时，民众和市政官员将他作为逃犯逮捕，几乎把他作为叛徒杀掉。国民议会就此事咨询时，将其作为低能儿予以放行。如此不稳定的“随意变化的意外模式”，是构筑住在土坯房子里的底层世界的材料，尤其是在气候炎热的地区，我们用这些材料所建的令人骄傲的宫

① 两个自由的朋友著：《法国革命史》；《议会史》。

殿颇具规模，成为撒哈拉的沙漠宫殿，在旋风中梁柱纵横翻飞，将我们埋葬在沙子下面！

尽管面对四万人的威胁，国民议会仍然通过感谢决议，保王党的拉图尔·杜宾继续当他的战争大臣。第二天四万人再次集会，比以往更加声势浩大，直奔拉图尔住的酒店，并在台阶上找到点燃了火绳的大炮。他因而不得不被打掉牙往肚子里咽，退到他处。

此时此刻在洛林，由于分发枪支而被指控的梅斯特团的主要军官，并未受到审判。而维约城堡的士兵则难逃厄运。根据瑞士法律，他们被交给由自己的军官组成的军事法庭审判。该军事法庭只用了几个小时就干净利落地吊死二十三人，判处六十人服苦役。于是，案件了结。被吊死的人永远从地球上消失了，但摆脱了锁链和苦役的人可能胜利复活。对于被锁链束缚的英雄，甚至对于歹徒和半个歹徒来说，这是一次复活。正如我们所熟知的世界英雄、苏格兰人约翰·诺克斯那样，他曾经脸色阴沉地在洛尔河里拉着法国大帆船的桨，把自来会游泳的木头圣母扔到船上，甚至不去亲吻。所以，维约城堡的士兵们，耐心划桨吧，不要放弃希望！

但如今在南锡，贵族以粗暴的方式大获全胜。布耶第二天就走了。贵族市政府过去胆小懦弱，现在残酷暴虐。雅各宾社团作为邪恶的源泉被粗暴地关闭。监狱人满为患，绝望的爱国者被打倒在地，痛苦地呻吟，但内心深处仍在呐喊。在南锡街道上以及邻近城镇捡到的扁平子弹，都被送到了纽扣制造商那里，这都是打死爱国者的子弹。人们穿着带这种纽扣的衣服，是为了永远记得复仇。叛变的逃兵漫无目的地在森林游荡，不得不拎着枪讨口饭吃。一切都在分崩离析、互相怨恨、痛苦与失望，直到国民议会派来专员，才为他们心中稍微带来一丝宪政的火焰。他们轻轻扶起跌落在地上的人，轻轻拉低蹿升过高的人，恢复了雅各宾社团，召回叛变的逃兵，逐渐抚平了累累创伤，并努力以明智的方式缓和、安定局面。经过这些安抚善后措施，包括举办了庄严的葬礼，以及香炉、军事法庭、议会的感谢决议，官方能做的都做了。扣眼将系上扁平的子弹，覆盖黑色灰烬的大地再次变成绿色。

这就是“南锡事件”，有些人也称之为“南锡大屠杀”。正确地说，那三次辉煌的长矛盛宴是难看的错误一面，正确的一面为神构成了奇观。两面总是相距不远：一个在7月，一个在8月！甚至伦敦的剧院剧目也有庆祝“法国人民联盟”的耀眼的纸板装饰。可以说，尽管南锡的戏码没有在任何纸板剧院上演，却在好几个月的时间里，像幽灵般活在法国人的记忆中，因为这个消息早已传遍了法国的城镇和乡村、俱乐部、酒店、遥远的边界，有些反映现实、具有想象力的模仿剧再现了当时的情景，并总是带着疑问式的愤怒得出结论：这是正确的或者这是错误的。这带来了不少争议、决斗、斗殴、无聊的行话，也为将来的爆炸积累了充足的火药。

正如我们所说，尽管代价高昂，毕竟兵变得到平息。法国军队既没有在同时普遍的谵妄中垮台，也没有立刻解散，另起炉灶，而是一点点缓慢消亡，像布莱斯特的水手和其他类似的局部叛乱那样，不会向其他地方扩散，只不过是心怀不满的人们违抗命令，大胡子保王党官员独自或携家眷越过莱茵河远走高飞。[①]这是病态的不满，对一切病态的厌恶。病态的军队无力履行自身的义务，直到像凤凰一样，以意想不到的方式，在漫长的痛苦中死去和新生，然后开始变得强大、更强大，甚至最强大。

这就是勇敢的布耶迄今注定要完成的事业。为此，他又深藏若谷，不事张扬地消失在梅兹的军营里，指挥操练，以层出不穷的计划进行神秘外交，像过去若隐若现的影子成为王室的希望。

① 参见当普马丁著：《事件》，第1卷，第249页等。

第十章

杜伊勒里宫

第一节　埃庇米尼得斯

实际上，宇宙中没有什么东西死亡，我们说其死亡的东西只是发生了变化，是力量在相反的方向起作用。有人说："在湿润的风中腐烂的叶子依然拥有力量，否则怎么会腐烂呢？"我们的世界只是几千种力的无限组合，包括从重力、思想和意志到自然的必要性所围绕的人的自由。其中没有任何东西处于沉睡状态，反而一切都永远处于清醒活跃的状态。你永远都无法找到一直孤立和沉睡的东西。那么，去每个地方寻找吧，从混沌初开就逐渐变成尘埃的花岗岩群山，到升腾的云雾，到活生生的人，到人类的行为，人类的话语。我们知道，一言既出驷马难追。

同样，既成事实也是覆水难收。“众神自己，”班达说，“也无法抹杀既成事实。”不，既成事实无法改变。即使投入到无尽的时间里，无论是一直显而易见还是刚刚模糊不清，每种行为都会产生自身的效应，并以坚不可摧、新的元素形式，在无限的世界永远成长。我们所谓的这个无限的世界，如果不是一种行为、行动和活动的总和，那么到底是什么呢？三个活生生、容易做的既成事实的总和，怎么计算也无法增加，也不能公开曝光，然而，却依然可见：做完的一切、正在做的一切、将要做的一切。请充分理解这一点：你所看到的东西是一种行为、一种施加力量之后的产物与表达：整体事物是动词做的无限变位。滚动、循环、力量无边的汪洋大海，像波浪一样汹涌澎湃，然后分裂成无数的水流。这是宽阔无垠、深如永恒、和谐、美丽而难以理喻的海洋。人们称谓的存在与宇宙就在那里。这种色彩缤纷的火焰，同时代表神秘和启示，是其可怜的大脑和心脏能够描绘的、在难以接近的光芒下的无名之家的反射。自从有星系始，自从天地初开，一切就在你所处的空间的这一点，在你的表所指的时刻围绕着你转动。

或者抛开一切超验主义的考量，我们知道，人类的事情完全处于持续的运动之中，是一系列的行动和反应，是一种穿越诸多阶段、遵循不变法则，以实现既定目标的渐进工作，这何尝不是愚昧之人称之为自明之理的朴实真理？无论我们说多少次，可内心却总不愿相信：播下的种子总会生根发芽！夏天开花，秋天花谢，种子并不是唯一必须遵循这个法则的东西，还有交易、协议、哲学、社会、法国大革命，一言以蔽之，人类在这个世界上做的一切都遵循这个法则。开始决定结果和必由之路，如同橡子变成橡树及其命运。郑重地说，无论是幸运，还是不幸，我们都不会陷入那样的结局。你可以从这里开始，开始属于你。但结局在哪里？结局会怎么样？结局属于谁？一切都在生长，一切都在寻觅，一切都在承受自身的命运：想一想，无论我们是否在思考，都会有多少东西像树木那样生长。以至于当埃庇米尼得斯、睡眼惺忪的彼得·克劳斯（后来叫瑞普范·温克尔）再次醒来时，会发现这个世界已经改变。在他沉睡的七年中，发生了天翻地覆的变化！我们目力所及之外的一切，都在我们没有察觉时发生了深刻变化。实际上，我们本身也同样发生了变化。昨天还是难题的真理今天已经变成急于表达的信仰。明天，矛盾会将其变成疯狂的怒火。梗阻使其迟钝成病态的惰性，满足和顺从使其堕落成沉默的羔羊。对于人和事物来说，今天都不是昨天。昨天我们明明看到爱的誓言，今天我们就听到了仇恨的诅咒。意志在这里无能为力：啊，不，人奈何不了不期而然的事情。金光万丈的青春，会甘于本身蜕变成晚年的暗淡星光吗？笼罩着我们、让我们深陷其中的神秘时光令人恐惧。我们是时间的儿子，是时间造就和编织出来的产品。关于我们、我们拥有的一切、我们看见的一切和所做的一切，都写在这里：不要停歇，不要停下，继续前进，完成你的使命！

但是，革命时代的确以其特有的迅雷不及掩耳之势，与其他普通的时代形成鲜明对照，七个神奇的沉睡者可能神奇地更早醒来：而不需要沉睡一个世纪或者七年，通常甚至不用七个月。例如，可以想象，在联盟五十周年庆典的鼓舞下，在塔列朗的祝福后，一些新的彼得·克劳斯会立刻躺下。他确信，既然现在一切得到拯救，他可以在祖国祭坛的木框子下安静沉睡了，不是睡二十一年，而是二十一天。南锡的炮声距离如此遥远，既不会打搅他的好梦，也不会掀开黑色的被单，更不会中止安魂曲、枪声、缭绕的熏香和竞赛。他头顶上发生的任何事都不会打搅他：彼得在所有这一切中睡得正香。正像我们说的那样，从1790年7月14日到1791年7月17日，他整整睡了一年。但在这最后一天，克劳斯和郁闷的埃庇米尼得斯都一觉醒来，只有死神可以继续睡觉。于是，我们神奇的彼得·克劳斯醒了过来。啊，彼得，睁大眼睛！大地和天空仍然洋溢着7月的欢乐景象，战神广场人潮汹涌，只不过欢乐的笑声已经变成了恐怖和复仇的狂热喧嚣。不再有塔列朗或任何人的祝福，只能听到诅咒、叫骂和凄厉的哀号。大炮蓄势待发，香炉再也没有熏香，八十三面省旗不再迎风飘扬，再也看不到血腥的红旗了。愚蠢的克劳斯！一个人就是另一个人的影子，就是另一个人的时代“缩小版”。汉尼拔用来融化岩石的醋也同样包含在新的甜酒里面。去年我们有了甜蜜的联盟，这种苦涩的撕裂来自同一物质，只是由于时光流逝变得更旧了而已。

如今，不再有神奇的克劳斯或埃庇米尼得斯在沉睡，然而，不是有很多足够隐晦或鲜明、可以自然而然完成同样的神奇使命，即独具慧眼的人吗？他们目光炯炯，眼光却不超过鼻子的距离。他们目光如炬、敏锐，好像不仅能看，还可以看透一切。这样的人在官方的圈子里可以八面玲珑，孜孜不倦。如果是做梦，只是为了相信那就是整个世界，似乎虚幻不会在你目光终止的地方出现，似乎世界末日不会清楚地为你敞开大门吗？当孜孜不倦、目光如炬的官方人士（比如，拉法耶特），在一年零一天之后被隆隆的炮声吓了一跳而停下脚步时，看起来会比彼得·克劳斯更为惊讶。拉法耶特自然同样可以做出惊天动地的伟业。不仅仅是他，无论其他官方还是非官方人士，一般来说，全体法国人都有这个能力。他像沉湎梦乡七年之后的神奇的沉睡者一样，在他们自己的鼓噪声中一觉惊醒，突然而至。正如我们所说的那样，自由以奇特的必要性作为条件。人的生命是意识或潜意识、自愿或非自愿的梦游中光怪陆离的混合体。如果世界上有人看到联盟的宣誓堕落为枪林弹雨从而感到惊讶，那肯定是先宣誓、后成为枪手的所有法国人。

唉，犯罪行为一定会卷土重来。至高无上的长矛节日自黄金时代以来，在兄弟之爱的光辉照耀下，并没有发生任何改变。两千五百个狂热的心灵不仅没有平静下来，反而变本加厉。没有任何权威能够对几百万公民施加压力。对于他们来说，唯一的法律就是联盟那种耸人听闻的誓言，这是他们约束自己用的法律！因为“汝等必须”这样的字眼属于人类旧的等级制度，人的命运取决于对其是否服从这一法律。如果一个人出于某种必要性、叛逆不忠的隔阂中，面对该法律只是喊出“我想要”的话，那么他就会遭到厄运。但让·雅克的福音书来了，他的第一个圣礼受到热烈追捧。一切变得狂热，一切都在沸腾，形势瞬息万变，灰暗和鲜明交替进行。

一批又一批的保王党大胡子队长“由于厌恶而筋疲力尽”，陆续跨上战马或者瘦弱的小马，表情严肃地横跨莱茵河，直到走得一个不剩。公民的移民也没有停止：领主们骑马或坐马车争先恐后地投奔他乡。他们也是不得已而为之，因为，如果他们不敢上战场进行战斗，甚至农民也会鄙视他们。他能忍受有人或者通过邮局刻在铜板上，或者固定在门楣的木头上送给他的卷线杆吗？好像说他不是大力神，而是翁法勒王后？他们煞费苦心地从莱茵河另一端寄给他这样的标志，直到他也萌生去意。心情郁闷的新的土地领主即使离开也无法带走土地。那么，队长和移民的领主还有什么要说的吗？他们对两千五百万法国人没有一句怨言，也的确没有心怀怨恨，只是不愿意参与这场伟大的战役而已。除了许多恶言恶语之外，还有动手打架。除了打架造成的剧烈痛苦之外，还有暴动和骚乱。最令人崇敬的东西接二连三地失去光芒。大火接二连三地吞噬所有的城堡，而无形的精神之火则接二连三地烧尽了所有的权威。整个旧制度或者轰然倒塌，或者悄无声息地支离破碎，灰飞烟灭。当你明天睁开眼睛时，一切已全然不再。

第二节　警觉

谁都愿意躺在希望的怀抱里睡大觉，享受转瞬即逝的美景，就像拉法耶特那样。他“总是视刚刚脱离的危险为威胁自己的最后危险”。现在还不是睡觉时候，我们不能浪费时间。

新王朝的神圣的传令官社团并没有睡大觉，我们指的是那六十多位戴着沉重徽章的海报张贴人。他们每天拿着糨糊罐和刷子，为巴黎的墙壁刷上五颜六色的色彩。我们称他们是权威传令官，或者至少是奇迹魔法师，不是因为他们张贴的刊物，而是因为他们为某些人的灵魂带来了信念。商贩沿街叫卖，拥护者随声附和。伟大的新闻业风生水起，方兴未艾，像风神埃俄罗斯之洞，通过刊物从巴黎席卷法国的各个角落，维持各种各样的烽火燃烧不灭。

有人计算，共有一百三十三家刊物或报纸。[①]口径各异：从舍尼埃、戈尔萨斯、卡米耶到马拉，到开始写《杜申老爹》的赫伯特，这些人为人权而战，有的论据充分，有的轻松风趣。而杜罗索伊、罗瓦扬、贝尔齐埃和加罗则体裁多样，甚至加入了寓意深刻的讽刺诗，为祭坛和王权而战。至于人民之友马拉的声音就像牛蛙或孤池边的麻鸟的叫声，人们无法听见。他总是孤零零一个人在那里，不断地发出愤怒、怀疑和不可救药的悲愤的吼声。人们奔向废墟，饥荒正在那里等待他们。"我亲爱的朋友们，"他喊道，"你们贫穷不是罪恶和懒惰造成的，你们有权过上和路易十六一样的幸福生活，或者本世纪最幸福的生活。当你们没有面包时，谁能说只有他有权吃饭？"[②]随便任何地方你都可以看到，一方面人民在沉沦，另一方面，阴险的莫奇埃、叛徒里格蒂·米拉波、各种叛徒、阴谋家和骗子窃据高位！遍地是装腔作势、矫揉造作、夸夸其谈的人，虽然衣冠楚楚，却外强中干。遍地是政治骗子、科学和学术骗子。他们彼此惺惺相惜，骗子情结难以掩饰！无论是伟大的拉瓦锡本人，还是四十人团的任何人，都无法摆脱这种粗鲁的语言，这种语言不仅不乏狂热的真诚，而且奇怪的是，还有一定丰富和辛辣的道理。对于世界的藏污纳垢之所、巴黎的"三千间赌场"，由于罪恶和放荡而沉沦，如果没有良好的道德，自由无法实现。人们很清楚那里是撒旦之家，并坚决予以谴责，莫奇埃先生的密探聚集其中，与撒旦沆瀣一气，像吸血鬼那样吸干饿得奄奄一息的人民的血养肥自己。"哦，人民！"他经常这样撕心裂肺地高呼。叛徒、骗子、吸血鬼、妄想狂，从丹尼尔到贝尔施博都是一样！看到这个景象，马拉的心在流血。但有什么补救措施吗？在街上合适的地方竖立"八百个绞架"，"第一个吊死里格蒂！"很简单，这就是人民之友

① 麦尔西埃著：《巴黎的画卷》，第3卷，第163页。

② 《人民之友》第306号。参见《议会史》，第8卷，第139–149页，第428–433页，第9卷，第85–93页等。

马拉的药方。

这就是一百三十三家刊物鼓噪的内容，但似乎并不足够。法国还有报纸无法波及的晦暗不明的角落，然而，每个地方对“消息如此如饥似渴，实为举世罕见”。办事麻利的当普马丁趁休假时准备离开巴黎回家，他简直无法绕开“在路上把他截住，问他一大堆问题的农民。邮政马车夫直到几乎与他们吵起来才能让他们给马车让路，但他们仍然不住地打听有什么新消息。在欧坦，尽管是1791 年 1 月，夜色浓郁，寒气逼人，你也必须绷紧旅途劳累的四肢，集中思想，打开窗户，“与市场里的众人谈话”[①]。这是最简便的方法：亲爱的基督徒，在我看来，这实实在在是庄严的国民议会应该做的事。这才是最重要的新闻，不是别的。

“现在我要闭上的疲惫的嘴唇，

让我，让我休息一下。”

善良的当普马丁！但是，总体上，国家难道不是惊人地忠于自己的国家性质，而这一点不也融化在血液中了吗？一千九百年前，尤里乌斯·恺撒曾经一眼就看出高卢人是如何拦路抢劫行人的。“他们的习惯是，”他说，“使用武力截住旅行者，并询问他们每个人是否听到或看到发生了什么。在各自的乡镇，老百姓也拦着路过的商人，询问他们来自什么地区，是否知道什么事。他们会根据道听途说的消息和传闻来决定重要事项，然后下一刻会根据不确定的报告后悔这样做。很多旅行者为了尽快脱身，只得即兴编造故事取悦他们。”[②]十九个世纪过去了，善良的当普马丁不顾旅途劳累，在寒冷的冬季，在微弱的星光或者鱼油灯下，重新从旅馆的窗户探下身与人高谈阔论。这些人民不再是高卢人，而完全成了布拉卡图斯人，穿上了套裤，经历了众多的变化。某些粗暴的法兰克人和日耳曼人向他们直冲过去，在他们的背上建起了拱门。从此以

① 当普马丁著：《事件》，第1卷，第184页。
② 《德·贝洛·加里格回忆录》，第4卷，第5页。

后，日耳曼人一直顽强而严厉地扮演自己的角色，驯服和奴役高卢人民，因为日耳曼人的含义是好战之人、以打仗为生的人。正因为如此，高卢人现在被称为法兰西人或者法兰克人的后裔。然而，古老的高卢人、盖尔人的凯尔特文化，以其非凡的气势、急风暴雨的狂热以及其中好坏参半的品质，除了某些小小的变动之外，不还是保持良好吗？

除此之外，更不必说在这种暴戾的混乱中，俱乐部趁机发展壮大，雅各宾派的爱国之母社团，似乎已经一家独大，凌驾于所有其他俱乐部之上，让月光般苍白无力的君主派俱乐部近乎关门大吉。甚至可以说，它君临天下，洒下的是普照的阳光，还不是地狱的寒光，市政当局对其尊崇有加，还未退避三舍。他们当中有巴纳夫、拉梅特、贝西翁、国民议会议员，特别是还有比别人更受推崇的罗伯斯庇尔。科尔德利埃以及赫伯特、文森特、他们的书商莫莫罗等人非常痛苦地看到，暴君市长和莫奇埃先生用严酷的法律将他们撕碎，明显是想通过制造苦难来压制他们。我曾经暗示过，雅各宾派的爱国之母社团如何脱胎于科尔德利埃派和斐扬派。科尔德利埃派是一剂“灵丹妙药或雅各宾爱国者双倍蒸馏酒”，而斐扬派则是同一爱国主义的另一普通弱稀释物，雅各宾之母社团将前者重新吸收到母亲的怀抱，却无情地将后者抛进深渊。它诞生并养育了三百个女儿社团，后者成长壮大，彼此适应，努力工作，顽强进取，雅各宾派以苍老的面容，为混乱和支离破碎的法国最落后角落带来了生命力，并进行了重组。可以说，雅各宾派的行动是这个时代最重大的事件。

看到自己的俱乐部流于衰败和消亡，富于激情的宪政派和保王党自然会怪罪俱乐部是一切罪恶的始作俑者。然而，俱乐部并非意味着死亡，而是新的组织，即死后重生。它的确可以摧毁旧制度的残余，但对于新制度也是必要、不可缺少的。但愿人与人之间可以紧密合作，融洽交流，其神奇力量就在于此。茅屋或小村庄的爱国者再也不会去沙漠诉苦，而是去最近的城镇，因为那里有女儿社团，可以在爱国母亲的引导下，将自己的委屈化成言辞和行动。所有立宪派俱乐部和类似俱乐部，像干涸的浅层喷泉一样接二连三地垮掉，只有雅各宾派深入到了深层的地下湖，像喷水井那样，汹涌的水永远奔腾不息，用之不竭，直到水漫金山，淹没自己，淹没一切，让诺亚也陷入灭顶之灾！

另一方面，为了给人类准备即将出现的黄金时代，克劳德·富歇在王宫里建立了他的社交圈，有职员、记者办公室等。这是唱赞美诗的富歇，是为富兰克林之死，在布雷斯大厅里巨大的美第奇圆形大厅发表演讲的同一人。今年冬天，通过印刷刊物和悠扬的演讲，他使自己声名远扬。“有一万衣着体面的人”出席并听取了“真相总检察长”（这是他一直给自己的戏称），以及他睿智的孔多塞或其他助手的雄辩演讲。雄辩的总检察长！他是夸夸其谈之人，口无遮拦，肆言无忌。这让他逐渐崭露头角，并当上了主教，尽管只是宪法主教。富歇证明自己是能说会道、铿锵有力、尽忠职守之人：他倾注了很多心血来推动法律、自然、慈善和进步的事业。他发表的看法是泛神论与否并不重要，如今我们只需检视他的坚定意志就够了。忙碌的布里索也一直希望建立某个类似的社交圈，他甚至尝试在雾都巴比伦设立“纽曼牛津大街”，失败后把钱席卷一空。富歇，而不是布里索，才是那个命中注定快乐的人。然而，慷慨大方的布里索在内心，同样真诚地唱“主啊，就是现在”。[1]但“一万衣着体面的人”：很多事情，数量即质量。这个让布里索真诚地唱“主啊，就是现在”的社交圈是什么呢？不幸的是，只是捕风捉影而已。现在能知道的事实也许是这样：一个“真相总检察长”以亚当之子附体，在我们的地球上生活数月或一段时间，等待他的“一万衣着体面的人”仍然身处混乱之中，而黑夜则重新吸收了他。

巴黎的一百三十三家报刊、新生的社交圈、母亲和女儿会所、从旅馆的阳台到壁炉角落和餐桌上的演讲、以决斗而结束的论战都以这些为主题。再加上深刻分歧引发的无时不在的不满：工作和食物的稀缺。冬季寒冷难熬，不时有穿得像黑色遇难船旗一样衣衫褴褛的人们在面包店前排队。这是光荣革命之

① 参见布里索著：《法国爱国者》、《铁嘴富歇》等（节选自《议会史》，第8卷，第9卷等）。

后的第三个饥饿的新年。在这穷困潦倒的季节里，即使是富人在应邀赴宴时，从礼节上也觉得必须随身携带面包。那么，穷人吃什么呢？有人高喊，你的光荣革命就为我们带来这些吗？其他人高喊，我们的光荣革命是被应该吊死的阴险叛徒败坏了。谁能把在巨大的漩涡中挣扎的四分五裂的法国画出来呢？人类的任何语言都无法描述每个法国人的屋檐下和每个法国人心中的不和谐之音，无法说出无处不在的病态和构成法国大革命的这一切。也没有任何行动准则，可以不知不觉地在盲目衰败的巨大深渊中通行无阻！人们惊奇但并不审慎地观察无法估量的形势，因为人们不了解其法律，只是根据自身不同程度的教育背景和这些法律产生的新阶段和事件的结果来观察。法国是一块巨大的电镀材料，各种力量和比化学、电镀或电力的力量更奇怪的物质作用其中。这些物质的正极和负极彼此激励，用电充满莱顿的瓶子，总数有两千五百万个！当瓶子装满时，就会时常发生爆炸。

第三节　手持宝剑

然而，法律、王权、权威和所有依靠现有秩序而存在的一切，就是在这样美好的基础上尽可能维护自身的。庄严的国民议会像过去四要素冲突中的老无政府主义者那样，在整个混乱中展开了自己的旗帜，周围是无限分歧笼罩的阴影，它徘徊在摇摆不定、深不见底的悬崖边，不停地发出喧嚣。围绕它的是时间、永恒和空虚。它忠于职守，尽力而为。

让我们再无奈地看一下它有什么建树吧。我们看到，缺项动词的宪政理论正在没完没了的停顿中，顽强地挣扎前行。在高高讲坛上的米拉波携着他的威名和天赋，借助雅各宾派的暴力行为强力推行。这种暴力反过来又在雅各宾俱乐部里抬头，有些犀利的演讲甚至针对米拉波。[①]这个人走的是神秘、充满争

① 《卡米耶的日记》（《议会史》第9卷，第366-385页）。

议的道路，困难重重，没有同伴。纯粹的爱国者现在不会选他做议员，纯粹的君主主义者憎恶他。然而，他依然傲视群雄。那么，但愿他能坚定不移地独自前行，实现目标，现在白昼伴随着他，黑夜还没有来临。

但是，精选的爱国兄弟帮的小圈子毕竟人数有限，只有区区三十名议员，坐在最左边，远离大多数人。善良的佩蒂翁、不可腐蚀的罗伯斯庇尔（最刻薄、轻率的人中最坚定、最廉洁之人），三头联盟巴纳夫、迪波尔、拉梅特，各自以自己的方式，通过演讲、思想和行动发挥了重大影响。又老又瘦的古皮尔·德·普雷认为，纯粹的爱国者不得不依赖这些人以及追随他们的人。

在这三十人当中，最显眼的非菲利普·奥尔良莫属，尽管他坐在那里沉默不语，仍然显得与众不同。在这山雨欲来风满楼的形势下，他陷入迷茫和悲伤的困惑之中。也许有人不时会提到代理和摄政的话题。在“目前的支系青黄不接的情况下”，继位的问题也在议会进行了辩论。据说，菲利普一声不响地在走廊里走来走去，焦急地等待唇枪舌剑后的辩论结果。但结果却不了了之。米拉波怒视着这个人，用粗话说：“这个娘娘腔不值得别人尊敬。”一切都陷入了一筹莫展的境地。据说，菲利普这时候已经没钱了。他本来是个什么都缺、唯独不缺钱的人，怎么能拒绝给处于困境的天才爱国者一点钱呢？没有钱，一本小册子也印不出来，或者说，没有钱，买不到食物，一本小册子也写不出来。没有钱，最敢作敢为的人也无法施展抱负。所有的爱国项目，无论个人的，还是其他的，都需要钱。有多少源远流长的阴谋没有钱就无法存在。谋划和实施都日费千金，甚至能使王国伤筋动骨。菲利普亲王就是这样稳步向前，在西勒里、拉克罗和其他黑夜之子中间，他是最奇怪、最神秘的阴谋中心，我们常说的史诗超自然怀疑机器就源自于此，并在其中开始运行。在这些会议上提出了多少特别的叛逆计划、战略、有无目标的破坏活动，活着的人（如果不是统治天才，就是全能的上天）已经没有机会了解了。卡米耶的猜想最有可能：这位可怜的菲利普卷入了叛国传闻，就像第一个登上气球的人一样。但是，由于对刚得到的新职位感到畏惧，他很快就半路折回，宣布辞职了，比以前的做法更加愚蠢。打造超自然的怀疑是他在革命时代的职务。但现在，如果他失去了丰饶角里的钱，还有什么怕失去呢？这个倒霉的人必须在浓密的黑暗和死亡的绝望中挣扎。我们仍可以看见他浮上来一两次，努力想从死亡的绝望中摆脱出来，但这是徒劳的。在某个最后时刻，他开始浮到上面或飞到空中，成为闪亮的明星，然后永远沉没了！

右侧议员仍旧不依不饶，表现出的动作前所未有，但希望近乎渺茫。当外省阴险的保王党握着他的手表示感谢时，坚毅的莫里神甫则面无表情，冷漠地回答："哦，先生，我在这里做的一切与什么都没做没有区别。"在历史上只出现这么一次的勇敢的弗西尼发疯似的走到大厅中央，指着最左面的三十名议员喊道："只有一种方法才能奏效，就是手持宝剑架到这些绅士的脖子上。"[①]随后，全场陷入喧哗和混乱之中，辩论、悔改之声此起彼伏。成熟的东西变得完全不均衡一致时，我们称之为"分裂"。弗西尼猛烈的理论挑衅发生在1790年8月。在那之后不到一年的时间里，保王党选出的著名的二百九十二名议员，进行了庄严的最终"分裂"，在人仰马翻的闹剧中从分崩离析的议会辞去了职务。

在此，有必要提及与手持宝剑事件相关的另一件事。我们曾经好几次提到决斗，在法国各地，无数的决斗每天上演。人们在争论时，一言不合就会扔掉葡萄酒杯，丢掉理智和机智应对的武器，去无人的地方一决高下，离开时浑身是血，也许两个人互相利刃穿身一起倒下，同时结束生命和愤怒，像傻瓜一样死于非命。这一传统持续多年，并仍然在持续。但如今在庄严的议会里，似乎保王党的叛徒在绝望中，采取了新的策略来对付爱国者，通过一系列系统的决斗杀掉爱国者！有些雇佣杀手竟大大咧咧地夸下海口说，用不了几个钱就可以奉命行事。报刊的黄色眼睛看到，"十二个雇佣杀手"最近从瑞士抵达，以及"数目可观的刺客在剑术学校训练，并进行手枪射击练习。"任何特立独行的爱国

① 《箴言报》，1790年8月21日的会议。

者都可能惹上麻烦,他可能会逃脱一次或十次,但总有一次一定会倒下,法国会为此哀悼。尤其在成为人民的捍卫者时,米拉波收到了多少挑战信?数以百计。由于必须优先考虑宪法,而且时间有限,他的回答总是千篇一律:"先生,您已经被放到我的名单里,但我警告您,名单很长,我并不偏爱哪个人。"

秋天时,卡扎莱不是和巴纳夫进行了决斗吗?两位辩论大师不是特意见面互相用手枪射击了吗?我们所谓的黑色保王党的首领卡扎莱动情地说:"爱国者都是地道的土匪。"他这样讲的同时还用炯炯的目光,扫过或者似乎扫过巴纳夫这边。后者绝不甘心只瞪眼睛作为回应,而是要求在布罗涅森林见面。巴纳夫的第二发子弹打中了卡扎莱的帽子。当时普通人戴的那种三角形毡帽的"前突出"部分,减缓了子弹的冲击力,从而使他那好看的眉毛只是受了轻伤。但是,多么希望命运可以轻易地逆转成另一种方式,让巴纳夫的帽子不是那么好啊!爱国者对普遍的决斗提出了强烈的抗议,请愿书雪片般送到庄严的议会,要求通过立法制止这种野蛮的封建传统。这是野蛮和无礼的行径:因为谁能说服别人,向他脑子里灌半盎司的铅让他受罪呢?当然不能。雅各宾派张开双臂欢迎巴纳夫,但人们却对他嗤之以鼻。

查尔斯·拉梅特对决斗并不陌生,他以在美国一再表现出的粗心大意和轻率鲁莽建立了自己的声誉。在 11 月 11 日,他就不动声色地拒绝了特意从阿图瓦来巴黎向他挑战的,一个年轻气盛的绅士的邀约,他先是冷冷地哄他等一等,然后冷冷地要他的两个朋友代替他去决斗,以此来羞辱这位年轻绅士。他们这样做得颇为成功。这种冷漠的手法让两个朋友、拉梅特和热血的年轻绅士都很满意。由此,人们本来以为整件事会这样平息了。不料,事实并非如此。

拉梅特在傍晚去履行议员职责时,在议会走廊遇见一群保王党人。他们对他极尽嘲笑、轻蔑、辱骂和侮辱之能事。人的耐心是有限度的."先生,"拉梅特打破沉默,对一个叫劳特雷克的驼背或有自然畸形、但嘴尖舌快、皮肤黝黑的人说,"你要是能打仗就好了!""我可以打仗."年轻的德·卡斯特里公爵嚷道。拉梅特急忙回答："一会儿见。" 于是，当暮色逐渐笼罩布罗涅森林时，我们看见两个人如雄狮一样，警惕地右脚在前、敏捷地移动着双脚，进三退四地不断攻击和互相对刺。看，拉梅特更加奋不顾身，用尽全力地主动上前攻击对手，而卡斯特里则灵活地跳到一旁躲开攻击，拉梅特扑了个空，由于用力过猛，左臂伸得过长，而被卡斯特里的剑刺穿，看到出血和伤者脸色苍白，医生立即叫停了决斗，并进行救治。决斗因双方满意而圆满完成。

但是，这一切会因此而结束吗？亲爱的拉梅特伤口过深，未脱离生命危险。黑色的贵族叛逆刺杀了人民捍卫者，向人民宣战，不是用说理的方式，而是用长剑。还有从瑞士来的那十二个刺客和在靶场进行手枪训练的数量可观的杀手呢？于是，在这三十六小时的时间里，痛定思痛的爱国者热情越发高涨，做了最坏的打算。

三十六小时过去了。在 13 日星期六，人们看到一番新景象：瓦雷纳街和附近的荣军院大道，挤满了三教九流的人群。卡斯特里酒店似乎由于魔鬼附体而变得疯狂。床和床单、窗帘、画、衣柜、金银丝盘子、镜子、人物画像、风景画、便桶、陶器和钟表，在民众不断的欢呼声中，从每个窗户被扔了出来，而且绝对没有一件被偷盗，因为四面八方的人都在喊："谁偷一枚钉子就吊死谁！" 这是平民制定的法律，或者是正在执行老百姓非正式的反传统法令。市政府害怕了，开始审议是否应该挂出红旗并宣布戒严法。在国民议会，一部分议员如丧考妣，另一部分不禁热烈鼓掌。莫里神甫一时也无法判断反传统的民众是有四万人，还是二十万人。

团体代表、快捷的信使络绎不绝，因为人民在塞纳河的另一端。拉法耶特和他的国民自卫军虽未亮出红旗，但已经不慌不忙地整装出发。不仅如此，赶到现场之后，拉法耶特摘下帽子敬礼，然后命令刺刀上枪。有什么用呢？卡米耶一语双关提到的平民高等法院，已经做了该做的工作。人民冲到前面，解开外衣，口袋朝外翻出来：他们把酒店扫荡一空，现场惨不忍睹，但没有劫掠！

“两个世界的英雄”以极大的耐心，带着刺刀，软硬兼施，对他们进行了劝诫、说服，缓和了局势。第二天，一切照旧。

德·卡斯特里公爵在考虑刚发生的这件事时，可以理直气壮地写信给议长，并理直气壮地跨越边境，拉起一支军队，或执行什么计划。保王党人已经完全放弃了讨论说理的方式，十二名刺客也回到了瑞士，或者通过角门回到了梦境，无论如何这是他们的家。编辑普吕多姆被授权发布了奇怪的消息。“我们被授权发布，”愚蠢的大嘴编辑说，“爱国主义的捍卫者博耶先生是五十名杀手的头。他的地址是：圣丹尼郊区布罗涅森林大道。”这是一个奇怪的机构地址，而不是捍卫者博耶及其杀手的地址。然而，他们的服务却没有顾客，因为，保王党已放弃了舞刀弄剑那种根本行不通的方法。

第四节　逃走还是留下

事实是：保王党人预感到自己日益濒临悲惨的结局。在莱茵河的对岸，人们肯定，国王在他的杜伊勒里宫里已经失去自由。可怜国王可以对此通过官方喉舌予以否认，但他内心深处很清楚，这是事实。关于教士的公民宪法和异见分子流放法令，他对后者甚至没有表示反对。虽然他良心上不忍，但是，经过两个月的犹豫，他依然签署了这个法案。他是在 1790 年 1 月 21 日签署的法案，对于这个悲哀的可怜人来说，还有另一个 1 月 21 日在等着他。被放逐的异见教士怎么样了呢？在一些人眼中，他们是不可战胜的烈士；在另一些人眼中，他们却是不可救药的叛徒。这就应验了我们之前埋下的伏笔：根据宗教或宗教的黑话、随声附和划分，由于旧伤感染和恶化所连续造成的新的骨折，整个法国可以分为两个阵营。要想根治，就必须在旺代实施伤筋动骨的手术！

不幸的王室、悲哀的国王、世袭代表（我们叫他什么无关紧要），人们对他期待良多，他却付出甚少。穿蓝色制服的国民自卫军包围了杜伊勒里宫，渺小的宪法学究、头脑简单、狭隘、缺乏灵活性、像结成薄冰的水一样的拉法耶特，并不受王后的待见。国民议会坐在我们熟悉的地方，一如既往地摇旗呐喊。在其他地方，除了南锡暴动、卡斯特里酒店扫荡，在南方和北方都有骚乱和暴动发生，在艾克斯、杜埃、贝福尔、宇塞尔、佩皮尼昂、尼姆和不可救药的教皇之城阿维尼翁，动乱此起彼伏，像燎原的大火席卷整个法国大地。再加上凛冽的寒冬，饿着肚子的工人的罢工，低声哀号的饥馑，以及盘根错节、根深蒂固的不和谐之音！

国王的计划，如果说有任何固定计划的话，肯定一如既往的是逃往边境。实际上，这是唯一一个能给他留下些许希望的计划！投奔拥有大炮和四万声名狼藉的德国人保护的布耶，号召国民议会跟随你，督促保王党、宪政派和可以收买的人行动起来，如有必要，用排枪解散其他人。以残酷的让人绝望的方式，用排枪让雅各宾派和反叛者逃遁于无形，以雷霆万钧的炮口对准法国，命令反叛者停止叛乱，而不必恳求他们。然后，以可能实现的法治，伸张正义，奉行慈爱，成为贫困人民的牧羊人，而不是剪他们羊毛的人或者徒有虚表的牧羊人。如果你敢的话，就这样做。如果你不敢的话，那么，以上天的名义，还是去睡觉吧，我看不出还有什么其他合适的替代方式。

有人也许有能力这样做。因为如果巴比伦的混乱这种难以形容的深渊（我们这个时代就是如此），只能通过时间和许多人，而不是靠一个人平息的话，那么，一个人也可以缓和其愤怒，进行平衡和摇摆，使自己行走于危险的边缘从而化险为夷，就像现在的一些人和国王所做的那样。一个人的潜力有无限可能，人们会服从一个有胆有识的人，并虔诚地奉其为王。查理曼不就是这样统治的吗？看看他的统治时光好似一帆风顺。在一次可怕的攻击中，他就在威悉河的桥上吊死了“三万撒克逊人”！那么，在同样分崩离析、疯狂的法国，也许也有这样有能力的人，谁知道呢？是那个脸呈橄榄色、沉默寡言、目前正作为炮兵中尉服役、曾在布里恩纳军校学习数学的人吗？那个曾经每天早上散步时还在纠正多尔的作业，并同乔利先生一起分享俭朴早餐的，不也是同一个人吗？是的，这个人出生在他的朋友、著名将军保利的故乡，在这些非常日子里，他是为了去看科西嘉岛古老的景色和民主能给那里带来什么好处的。

国王从未执行逃跑计划，但也从未放弃。他满怀希望，却举棋不定，等待命运的裁决。他们极其秘密地与布耶保持紧密的通信联系，并且似乎不止一次制订了将国王送到鲁昂的计划，一个阴谋接着一个阴谋，制定好之后又取消，就像暴风雨中破碎的幻梦，结果总是一场空。[①]将近“夜里十点钟”，世袭代表正在与王后、弟弟和夫人四人对局玩惠斯特牌。侍从康庞进来，带来一个神秘消息，但国王没有完全明白：一位名叫德·伊尼斯达尔的伯爵正在外面的前厅焦急地等待召见。国民自卫军上校、今晚的值班上尉已经买通，沿途的驿马已经准备好，部分贵族已配备了武器，准备行动。国王陛下同意午夜前出发吗？一片寂静，康庞竖起耳朵在听。“陛下听到康庞说的话了吗？”王后问。“是的，我听到了。”国王一边回答，一边玩着牌。“康庞刚刚说得恰到好处，”他巧妙风趣地接着说。国王继续打牌，没有说话。“不管怎样，我们必须给康庞一个答复。”王后说。“告诉德·伊尼斯达尔先生。”国王说，王后随后强调了国王的话：“国王不能同意强迫的做法。”“我明白，”德·伊尼斯达尔回答，“我们承担了极大的风险，如有闪失，我们会承担一切。”然后他怒气冲冲地离开了，他的阴谋也随之灰飞烟灭。[②]王后待到很晚才睡，在那里整理珠宝，但没什么用，一切都随着怒气灰飞烟灭了。

所有这一切的希望都不大。唉，和谁一起逃走呢？忠诚的王家近卫军自从妇女暴动之后就解散回家了，其中很多人跨越莱茵河去了科布伦茨，投奔了流亡亲王。勇敢的米奥芒德尔和塔尔迪威两位一直忠心耿耿的人，在夜里得到两位陛下的接见，接受了金路易形式的临终圣餐和王后轻启朱唇的真诚感谢。不

① 参见《议会史》，第7卷，第316页，贝尔特朗·莫莱维尔等。

② 《康庞回忆录》，第2卷，第105页。

幸的是，“陛下站在那里，背对着火，没有说话”[①]。现在，他们在穿越外省的路上边用餐、边小心地讲着逃跑计划和暴动的惨烈景象。惨不忍睹，但与更惨的景象相比就相形见绌了。但总体来说，昔日辉煌的凡尔赛如此衰败，是多么触目惊心！如今，在衰败的杜伊勒里宫，国民自卫军上校、大嗓门的啤酒商桑泰尔，正一本正经地站在王后陛下的椅子后面接受检阅。而政要高官们都逃到莱茵河的对岸了。如今在宫廷里已经没有什么好捞了，唯一剩下的只有希望，为此，需要付出生命的代价。诡秘的商人频繁地出没于隐秘的楼梯，忙于策划谣言、信口开河的计划或者夸下荒诞不经的海口。年轻的保王党，在沃德剧院“高唱老歌曲”，好像这样就可以起什么作用似的。在瓦卢瓦咖啡馆和梅阿家的饭馆，还可以碰到度假的上尉、家被烧光的领主。在一片无套裤汉的混乱中，他们用忠诚的热情相互鼓励，喝光能弄到的任何酒，亮出寒光闪闪的订制匕首，咄咄逼人地用餐。[②]无套裤汉这个称谓就是在这个时候并在这些地方，首次被用在贫穷的爱国者身上的。在上个世纪，我们就有无套裤汉穷诗人吉尔伯特。[③]套裤被夺走是一件悲哀的事儿，但是，如果有两千万人支持他们，那么，他们可能会变得比大多数穿套裤的人更强大！

然而，在所有这些晦暗不明、信口开河的计划、订制匕首和不知所云的混乱漩涡中，出现了生活和可行性的闪光点：米拉波的手指！米拉波和法国王后见面了。他们是带着相互信任分手的！这件事很蹊跷、神秘，却千真万确。一天晚上，米拉波骑上马，出人意料地向西而去，是去见住在乡下的朋友克拉维埃吗？在进克拉维埃家之前，这位喜欢沉思的骑士在圣克鲁花园下了马，敲了敲后门。某个阿伦贝格公爵或其他人领他进了门，王后就在不远处等他。在圣克鲁花园圆山丘的最高处，他见到了王后，在暗夜的天幕下单独跟她谈话。尽管经过多方了解，这次对我们来说是决定命运的会面，依然像神的密谈一样，是

① 《康庞回忆录》，第2卷，第109-111页。
② 当普马丁著：《事件》，第2卷，第129页。
③ 莫尔西埃著：《新巴黎》，第3卷，第204页。

永远的不解之谜！[1]她称他为“米拉波”。我们曾在别的书中读到，她迷住了这个野蛮、义无反顾的泰坦。只有这样一颗不幸而崇高的心，才能克服所有的偏见，识别出各种有天赋的人才，信任米拉波、巴纳夫、杜穆里埃，并与他们见面。只有这样高贵的王室心灵，才能对所有这些高层次的人才产生本能的吸引力！“你们不了解王后，”米拉波有一次私下里这样说，“她的心灵有惊人的力量，具有男人的勇气。”[2]王后也正因此，能在这个寂静之夜，在山丘的最高处与米拉波见面。他忠诚地吻了王后的手，热情地说：“夫人，君主制得救了！”这可能吗？神秘发声的外国列强给予了正面回应。[3]布耶也在梅兹，有可能找到四万名可靠的德国人。有米拉波领头，布耶做左右手，真的可以大干一场，如果命运不介入的话。

然而，可以想象，王室得需要多少层面纱和斗篷遮盖，才能在思考这些事情时不惹祸上身。有些人有“门票”，有些人是出主意的骑士、神秘的阴谋家。可以想象，惹上这些阴谋的王室，怎能逃脱爱国者上万只紧盯他们、在黑夜里都雪亮的猞猁般的眼睛！爱国者们了解很多事情。他们不仅知道订制的匕首，还能指出订制的店铺。他们知道莫齐埃先生的密探军团、门票、黑衣人、一个接一个的逃跑计划，以及可能的替代计划。还记得在沃德剧院高唱的老歌曲，或者更糟的那些大胡子叛徒的窃窃私语和点头示意，再设想一下那一百三十家刊物发出的警告，以及四十八个选区的迪奥尼修斯*们日夜警惕的耳朵。

爱国者有耐心，但耐心是有限度的。沿着大街就可以看到，普罗克普咖啡馆派出了一个爱国者代表团，以信任的口吻，劝诫不良出版商，这一举动令人费解。不良出版商答应进行修改，但是，没有下文。还有好几个代表团要求撤换大臣。市长巴伊甚至加入了科德利埃俱乐部丹东的阵营。他们已经占据上风。

---

① 《康庞回忆录》，第2卷，第17章。
② 杜蒙著：《回忆米拉波》，第211页。
③ 《秘密通信集》（《议会史》，第8卷，第169-173页）。
* 迪奥尼修斯，古希腊历史学家、修辞学家，著有《古罗马史》二十卷。

能得到什么好处呢？无论是自愿的还是被迫的江湖郎中，竞赛都是无止境的：大臣杜波尔塔耶与杜泰尔特将不得不和大臣拉图尔·杜宾与西塞做得一样好。混乱的世界就是这样运转的。

在这些不幸的日子里，受彼此矛盾的影响和证据驱使的这些可怜的法国爱国者们，应该相信什么、走哪条路呢？他们除了贫困和不幸之外，一切都不确定。作为宇宙奇迹的光荣革命至今既没有带来面包，也没有带来和平，却被难以发现的叛徒所破坏。这些叛徒躲在无形的黑暗中，或者时而在苍白晦暗的黄昏中现身，然后悄然消失！超乎寻常的怀疑再次笼罩在人们的心中。

“这里没有人，”《爱国者年鉴》的卡拉早在2月1日就写道，“怀疑这些人一直有绑架国王的计划，没有人怀疑他们将为此持续进行这些活动。”没有人。警惕的爱国者之母向凡尔赛女儿委派了两名成员，对此事进行调查。然后呢？爱国者卡拉继续写道：“上周六，我们都亲耳听到这两个代表的报告了。他们与凡尔赛的其他成员一起检查了国王的马厩，以及从前的王家近卫军的马厩，他们发现有七八百匹套好马鞍和笼头的马，接到通知可以随时上路。这些代表也亲眼看到好几辆王家马车，车夫正忙着将装得满满当当的牛皮箱子搬上车。放在车厢板上的王室武器几乎全被拿走。这是重要发现！此外，在同一天，整个国家宪兵或者骑警队都分配了武器、马匹和背包行李，然后再次解散了。”他们希望国王在边境活动，以便让已经部署好军队的利奥波德皇帝和德国亲王找到干预的借口。“这是个谜语，”卡拉补充说，“这就是为什么逃跑的贵族在边境征税的原因，希望某个早晨，执行总裁判官来到他们中间，这样他们就可以开始打内战。”①

是的，如果能把执行总裁判官包装好、装在牛皮箱子里平安带来就太好了！但是，令人惊奇的是，鼓噪铤而走险或受超自然的远见卓识本能引导的爱国者，这一次并非无的放矢，反而做得恰到好处。后来公布的布耶的秘密信函

① 卡拉的报纸，1791年2月1日号（《议会史》，第9卷，第39页）。

可以证明。

不仅如此，不可否认、大家有目共睹的是，王室的女眷都打算离开，她们向政府部门申请护照、市政府的安全通行证。对此，马拉警告所有人要提防。“这些老修女”将带走金银财宝和年幼的王太子。“她们一段时间以来养了一个小孩，准备掉包。”此外，她们还搞到一些很轻的东西撒到空中观察风向，一种类似放风筝的试验，以确定（象征国王逃走的）纸质大风筝是否可以飞起来！

在这种风声鹤唳的形势下，爱国者是不会缺席的。市政府向国王派出了代表。各选区向市政府派出了代表。国民议会将很快动荡不安。与此同时，1791年2月19日，王室的女眷悄然离开了贝尔维和凡尔赛！看样子是去罗马，但谁也不知道去了哪里。她们随身携带了国王的会签护照，更有甚者，还带了一个服务护送队。莫雷村的爱国市长或镇长试图扣留他们，但护送队脾气暴躁的路易·德·纳尔博纳，率领三十多龙骑兵飞马赶到，把女眷们成功解救下来。于是，在法国和巴黎的恐怖气氛中，这些神经濒临错乱的可怜的老女人，得以继续上路。谁还会去阻止这些老女人呢？她们一把年纪，衣衫破烂、饥肠辘辘，沦落到如此前所未有的境地。恐惧和惊吓让她们惶惶不可终日，甚至找不到正儿八经的忏悔师，你会在这时候妨碍她们去寻找某种希望来安慰自己吗？

这些可怜的老女人走了，她们变得铁石心肠，不存一丝怜悯。她们走了，心有余悸，无法说出半句甜言蜜语。整个法国哗然，在她们背后和周围发出恐怖的叫嚣：人们彼此并不信任。在离边境只有一步之遥的阿尔内勒杜克，市政府和爱国民众再次鼓起勇气阻止了她们前行。纳尔博纳现在不得不返回巴黎，征询国民议会的意见。国民议会勉强答应，她们可以离开。结果，巴黎再次发生骚动。在国民议会辩论这个议题时，杜伊勒里宫和周边地区挤满了男女民众。拉法耶特不得不在夜间将她们驱散，并点上灯，把巴黎街道照得明如白昼。对形势一无所知的指挥官贝尔齐埃目前被困在凡尔赛的贝尔维，想尽办法也无法把女眷的行李物品运到这里。凡尔赛的女人们发疯似的围着他尖叫，他自己的部队割断了车套，他退回到室内，等待恰当的时机。①

当女眷们在莫雷几乎被马刀拦住之后向边境疾驰、在阿尔内被拦截的同时，她们冷峻的侄子、可怜的国王则躲到巴黎卢森堡宫的地下室里。根据蒙加亚尔的说法，谁也无法说服他上来。闻风而动的民众大声尖叫，将卢森堡宫团团围住。但是，当他和王后现身后，人们又开始高唱赞歌，将他们护送回杜伊勒里宫。②这是一种超乎寻常的神经兴奋状态，很少有国家经历过。

第五节　身藏匕首的日子

但是，对万塞纳城堡不加掩饰的修复又意味着什么呢？由于其他的监狱已经被囚犯挤满，可以利用这里的宽敞的空间：这是市政府给出的理由，因为随着法官职位的变更、旧法院被废除和新法院刚刚成立，囚犯积累过多。不用说，在实施俱乐部法的混乱时代，从某种角度来说，违法行为和抓捕行动层出不穷。市政府给出的理由足以解释修复工作吗？诚然，修复万塞纳城堡是一个无辜、开明的市政府应该承担的责任。

然而，相邻的圣安托万郊区对此却有不同看法。这些尖尖的塔楼和阴森的主塔离他们幽暗的居民区太近了，对他们是一种冒犯。万塞纳城堡不就是一个小巴士底狱吗？伟大的狄德罗和哲学家们都曾被囚禁在这里，伟大的米拉波也曾在这里度过四十二个月暗淡的牢狱生活。如今，旧巴士底狱已改成舞蹈广场（如果有人还想跳舞的话），建筑石块用来建路易十六大桥。这个相对不起眼的小巴士底，狱会以新建的塔楼比肩另一个巴士底狱，拍动专制的翅膀、威胁爱国者、成为囚犯的新监狱吗？哪些囚犯？是德·奥尔良和主要的极左派爱国者吗？据说，有一条“地下通道”从杜伊勒里宫一直通到这里。谁知道呢？

① 《康庞回忆录》，第2卷，第132页。

② 蒙加亚尔著：《法国史》，第2卷，第282页。两个自由的朋友：《法国革命史》，第6卷，第1章。

巴黎的地下曾挖掘过采石场和地下墓穴，妙不可言地坐落于深渊之上。虽然我们去看时，炸药已经搬走，但巴黎一度险些被炸上天。在卖身投靠奥地利和科布伦茨的杜伊勒里宫，应该没有地下通道，科布伦茨或奥地利不会在某个早晨从地下钻出来，用长程大炮猛轰圣安托万郊区的爱国者，让他们化为灰烬。

这是圣安托万郊区的愚昧民众在早春时节，看到系着围裙的工人忙着在塔楼干活时产生的想法。满嘴官话的市政府、莫齐埃先生的密探军团根本不值得信任。爱国者桑泰尔的确是指挥官，但大嗓门的酒商只能指挥自己的部队：他什么都不清楚，更无法厘清其中的奥秘，或许只是怀疑罢了。于是，工程继续进行，而痛苦愚昧的圣安托万郊区的民众，只能听着叮当的铁锤声，看着石块越垒越高。[①]

圣安托万郊区曾经推倒第一个大巴士底狱：面对相对不起眼的小巴士底狱，还会有什么犹豫的呢？朋友们，要是我们拿起长矛、火枪和榔头，互相帮助怎么样！以后既不会有万全之策，更不会有灵丹妙药。2 月 28 日，圣安托万郊区的民众按照一贯的做法出动了，显然这有点大张旗鼓。他们径直来到让他们感到压抑的万塞纳城堡东侧。他们并未进行恐吓与喊叫，而是以严厉而不容置疑的口吻通告有关方面，他们来的目的就是要把这个可疑的要塞夷为平地，向全国其他地区的地平线看齐。这样可能引起广泛的口诛笔伐，但不会起任何作用。外面的大门打开了，吊桥放下了，窗户铁栏杆被榔头砸掉，变成了撬棍。各种工具、石材、石板如雨点般落下，随着拆除的进行，整个建筑在混乱中轰然垮塌。早有信使匆忙穿过骚动的街道，去通知拉法耶特和市政府相关机构。国民议会、杜伊勒里宫的王室和所有关心的人听到谣言说：圣安托万郊区的民众暴动了，当地最后一个国家机构万塞纳城堡正在倒塌。[②]

快点！赶紧让拉法耶特敲鼓，向东边派人。对所有宪政派爱国者来说，这

---

① 蒙加亚尔著：《法国史》，第2卷，第282页。两个自由的朋友：《法国革命史》，第6卷，第1章。

② 两个自由的朋友著：《法国革命史》，第6卷，第11–15页；报纸（《议会史》，第9卷，第111–117页）。

是个坏消息。对你们保王党来说，拿起定制的精良匕首、剑杖、秘密武器和门票。快点，走后面的楼梯通道，包围六十国王之子。也许德·奥尔良和他的人发起暴动，要推翻王位和祭坛。据说要把王后陛下投入监狱，予以罢黜，那么，国王陛下算什么？只是无套裤汉陶器匠的黏土而已！今天会逃走吗？勇敢的贵族会突然众志成城吗？威胁咄咄逼人，希望令人向往。议会的德·维尔齐埃公爵、德·杜拉斯公爵，发放门票，准备迎接突然集合起来的勇敢贵族。现在是"拿刀在手对付那些大块头"的时候。说不定能有效果。

"两个世界的英雄"骑的是白马，穿着蓝色制服的国民自卫军骑马或步行，匆忙向东面进发。桑泰尔指挥的圣安托万营已经到达那里，显然无法动手。噢，重任在肩的"两个世界的英雄"，这副担子并不轻松！满街欢蹦乱跳的郊区爱国者的嘲讽和挑衅迎面而来，令人无法忍受。有个无知的爱国者拿起靴子朝将军撇过去，想把他从马上砸下来。桑泰尔下令开火，得到的是搪塞性的回答："这些可都是攻克巴士底狱的人呐。"因而一枪未放。万塞纳的法官既不敢下逮捕令，也不敢表示哪怕稍许的支持。于是，将军只好自己下了逮捕令。终于以干净利落、怡然自得、游刃有余的技巧、耐心和无限的勇气，兵不血刃地平息了骚乱。

与此同时，巴黎的其他地方多多少少可以漫不经心地关注其他事情了，因为，如果说这不是如今层出不穷的狂热，那又是什么呢？在国民议会的一场唇枪舌剑的移民法辩论中，米拉波高声宣布："我提前发誓，我不会遵守。"米拉波老当益壮，那天在外界持续的阻止下多次登上讲坛。左右两派的大声鼓噪能把这个人怎样呢？他像特内里费山或阿特拉斯峰一样根本不为所动。他思路清晰，起初低沉、游移、逐渐铿锵有力的嗓音开始抓住观众的注意力，如风暴一样支配他们；随后，声音逐渐升高，软化，变成气势如虹、征服人心的胜利旋律。他的脸线条粗犷，久经风霜，闪烁着火一样的光芒。人们再次明白，在这不幸的时代，话语和力量可以对人产生何等威力。"不胜利，毋宁死。"他曾经这样说道。“安静，”他现在以天赋的帝王威仪大声喝道，“闭上你们那三十张嘴！”罗伯斯庇尔和那三十个人随即变得鸦雀无声。而法律又一次遂了米拉波的心愿。

而在这同一时刻，拉法耶特将军在街头与大嗓门的酒商和不讲道理的圣安托万民众进行的争吵却大不相同！与上述两者更为不同的是瓦卢瓦咖啡馆里的演讲，他们手握门票，勉强抑制住虚张声势的冲动，现在正拥挤在杜伊勒里宫的走廊。这样的事情可能同时在一个城市上演，更遑论一个矛盾重重的国家、一个每天都会噼噼啪啪冒出无休止的矛盾的星球，但这并不妨碍这个星球生产出尽管微不足道却精致合格的产品！

无论如何，拉法耶特拯救了万塞纳，带着被拘捕的十几个破坏分子返回。国王尚未得到拯救，但也未面临特别的威胁。但国王的宪政卫队，即从前的王家近卫军，碰巧成为现在的中央掷弹兵，却越来越看不懂，这些手持门票的人流究竟意味着什么。国王陛下真的要去梅兹，被企图利用目前局势的这些人绑架吗？圣安托万民众的反抗会被保王党的叛徒利用吗？中央掷弹兵，擦亮眼睛，尽忠职守："黑衣人"永远不会带来好消息。而且，他们穿着斗篷、礼服，有些人还穿着皮裤、长靴，仿佛立即去骑马的样子！从宫廷骑士的着装可以看出什么端倪吗？[①]下面像有一把利刃或匕首的手柄！虽然有时掉出来，但明显能在衣服左边看见。“先生，站在！”一个中央掷弹兵一把抓住了鼓出来的部分，在众目睽睽之下拽了出来。天哪，真的是一把匕首，也可以称为猎刀，要爱国者的命轻而易举！

这件事发生在傍晚，引发舆论哗然。夜幕降临时，来的人会越来越多吗？他们也有匕首吗？唉，经过愤怒的交涉之后，开始对他们检查、搜身，所有拿门票的黑衣人都被抓住衣领搜查。想想多么可耻：找到了匕首、杖剑、手枪或是裁缝用的锥子之类，人们对身藏这些东西的人非常鄙视，一经发现就把这个倒霉

① 韦伯著：《回忆玛丽·安托瓦内特》，第2卷，第286页。

蛋头朝下，侮辱性地一下子扔到楼梯下面。为了让他们尽快到底，各层的哨兵还从中帮忙。不仅如此，据记载，人们事后还找个什么地方对其拳脚相加，互相推搡。通过这种速战速决的方式，黑衣人在各个出口，从最高处被一个接一个地扔进杜伊勒里宫的花园，掉到愤怒民众的怀里，这些人在黄昏时刻正等待或聚集在那里，想看看世袭代表怎么样，有没有被绑架。倒霉的黑衣人一经被确定携带订制匕首，当即被定为“匕首骑士”！宫里是熊熊燃烧的船，宫外是深深的大海，宫内是孤家寡人。国王陛下看了一眼内宫，冷冷地吩咐所有访客“交出武器”，然后再次关上大门。这些武器堆成一堆。匕首骑士们被七颠八倒地从上面痛快扔到所有的楼梯下面，等在下面的各色人等把他们接住、推搡、拳打脚踢、追赶、驱散。[①]

此时恰逢拉法耶特在黄昏的暮色中从万塞纳成功返回，但他在那里也遇到了麻烦：无套裤汉西拉落网，却在路上找到了贵族夏里博德！“两个世界的英雄”彻底失去了耐心。他开始毫不含糊地加速追捕落网的骑士。事实上，他也不时释放一些被追捕的忠诚贵族，但之前会根据心情用刻薄的话责备他们。沙龙里永远不能原谅这些话。可以说，他是挂在半空中、好坏参半的英雄，不但被上面的神圣富人记恨，而且被下面的普通穷人怨恨！议会的绅士德·维尔齐埃公爵曾经在大庭广众之下被辱骂，但他觉得在报纸上为自己辩护是个好办法。后来，看到此举并不成功，他就逃出边境，开始在布鲁塞尔策划阴谋。[②]他的公寓虽然已经空无一人，但我们将看到其作用比住人时更大。

如此一来，在爱国者的追捕下，匕首骑士们在夜幕降临时开始了可耻的亡命之旅。这是见不得人的逃亡，只能在夜色中进行，天一亮就得隐匿在黑暗中。读者可以从中清楚地辨别出一个熟悉的面孔也在逃亡的行列之中：克里斯班·加特林·德·埃斯普雷梅尼尔，这是他最后的一两次逃亡之旅。从 5 月一天

① 《议会史》，第9卷，第139−148页。
② 蒙加亚尔著：《法国史》，第2卷，第286页。

的黎明，同样这些中央掷弹兵（当时的王家近卫军）与他并肩前往卡里普索群岛到现在，还不到三年。当时，他和他们一起走了很远的路。在佩蒂翁被民众殴打、推搡，吃了不少苦头，他只能苦笑着回答："先生，我也是一样被人用肩膀扛来的。"[①]如果他愿意的话，佩蒂翁的民众可以对这个事实再斟酌一下。

但令人高兴的是，快速降临的夜幕以某种方式掩盖了刺客们可耻的一天，让衣着破烂、受到虐待、心怀忐忑的骑士们得以逃脱，并各自回到住处。骚动再次得到平息，只造成了流鼻血之类的微不足道的事件：万塞纳避免了被拆除的命运，继续进行修复；而世袭代表没有被绑架，王后也没有被关进监狱。这是值得纪念的一天：舆论哗然、怨声载道、对胜利的苦涩鄙视、愤愤不平。同以往一样，保王党百般指责德·奥尔良和意图侮辱国王陛下并将其带往梅兹的无政府主义者。而我们也像往常一样，指责他们的超自然的猜疑之心和将自己变成黑夜的太阳神阿波罗。

这样，在1791年2月的最后一天，在一个意想不到的舞台上，读者看到了法国社会长期包含的三个元素，终于在众目睽睽之下上演，并重复上演了悲剧和喜剧的诡异碰撞。宪政派那天活力四射，同时平息了万塞纳无套裤汉的骚乱和杜伊勒里宫保王党人的背叛。而可怜的保王党则乱成一团，被迫交出武器，人们对此会怎么想呢？谚语说得好：凡人都有得意时。就目前来说，这是让拉法耶特和宪法派得意的一天。然而，正快速向狂热发展的饥饿和雅各宾派仍然大有可为。迄今为止，拉法耶特像风暴中昂首挺立的海神主宰一样，天空劲吹的风神收回愚蠢、令人厌烦的风，返回自己的洞穴，它掀起的波涛逐渐平息，变成了泡沫。但是，正如我们经常说的那样，如果海底巨大的火力应运而生，海床从下面爆发怎么办？如果他们的"海神"拉法耶特和及其宪政派打破限制怎么办？海天合一引发混战怎么办？

---

① 莫尔西埃著：《新巴黎》，第2卷，第286页、第202页。

第六节　米拉波

法国精神变得越来越刻薄和狂热，濒临瓦解和妄想的最后一次总爆发。怀疑一切牵动着所有人的神经，敌对各方现在势同水火，彼此避之若浼，以冷漠的恐怖或狂热的愤怒的癫狂状态审视对方。反革命活动、身藏匕首的日子、卡斯特里决斗、王室女眷出逃！新闻界对警报不断推波助澜。四十八个选区的狄奥尼修斯不眠不休，竖起耳朵，狂热到不放过任何风吹草动，以病态的痛苦撼动整个病弱的身体，让耳朵饱受病痛和警觉的折磨！

既然保王党可以携带订制的匕首，莫齐埃先生也不比别人强多少，为什么饥寒交迫的爱国者，不能拿起长矛和旧火枪做最坏的打算呢？在整个 3 月份，人们就听到锤子在铁砧上打制长矛的叮当声。宪政派的市政府在告示板上宣布，除了参加活动或缴费的公民之外，任何人不得拥有武器。但这立即引发俱乐部和各选区令人惊愕的抗议声浪。几乎在第二天一早，宪政派就搭起一个新的标语牌，把原来的遮盖得再也看不见了。叮当的敲击声继续，山雨欲来风满楼。

我们注意到，极左派如果不是在议会，至少在全国和巴黎异军突起。因为，在如此普遍的怀疑和恐慌气氛中，自信的舆论无论多么日薄西山，依然是人们唯一信赖的东西。信念无论如何虚弱，依然可以俘获疑惑重重的心灵！不可腐蚀的罗伯斯庇尔被选为新法院的公诉人。道德高尚的佩蒂翁据说会当上市长。科尔德利埃俱乐部的丹东，也被大获全胜的多数派选为省议员，成为米拉波的同事。不可腐蚀的罗伯斯庇尔早就预言，他会走得更远，尽管他是个平庸的普通人：因为，他不是怀疑主义者。

在这种形势下，国王难道不应该停止怀疑，当机立断，立即行动吗？毕竟国王有确定的王牌在手：逃离巴黎。正如我们看到的那样，这张确定的王牌国王不时抓在手里，试图加以利用，却从未摆上台面，而是一再推迟。噢，国王，继续玩吧！如果你放弃（似乎如此）逃走的机会，就再也没有任何机会。而且，现在过去的每个小时都使这个机会变得更加渺茫。唉，这样游移在走与不走、玩弄王牌、掌控在手时会觉得很享受。在所有的可能性中，国王只是在看到所有的机会一个接一个地失去之后，才开始玩弄王牌的。不料，才刚开始玩，游戏就戛然而止了。

因此，这里总是出现一个问题：到底会发生什么事情？现在还无法知道答案。王室曾向米拉波深入征求意见，尽管没有法律认可，但与首席大臣别无二致，他已经做好一切安排了吗？他在晦暗不明的黑暗中的确做了安排，制订了开始断断续续出现的计划。三十个省准备签署内容统一的忠诚宣言。国王将撤出巴黎，但只是转移到贡比涅和鲁昂，最多是去梅兹，因为，这样可以一劳永逸地防止这些移民乌合之众纠缠王室。国民大会在签署忠诚宣言之后，在布耶的压力下，谨慎地同意进行听证并跟进。[①]根据这些说法，雅各宾派和米拉波就是这样卷入了大力神和龙卷风之间的对决，一方不可避免要置另一方于死地吗？这场对决变得公开化，不可调和，但无法预测将如何演变，如何收场。一切都处于晦暗不明之中，不仅无人知晓如何发展，甚至已经发生的事情也不为人所知。正如我们所说，巨人米拉波独自在荒野的黑暗中徘徊。在这几个月，他的心路历程如何，无论是传记还是可疑的《养子》都没有予以披露。

对于努力为他占星算命的我们来说，他此刻的职业生涯处于双重的暗淡阶段。与他进行殊死搏斗的是一个巨人，这是怪物之间的对决。贵族移民挎着剑踏上归途，吹嘘他们的忠诚从未被玷污。这种忠诚像凶猛、淫秽、贪婪的哈尔皮埃一样凭空从天而降。而正在地上施虐的是无政府状态的政治和宗教风暴，笼罩在几百人，不，是两千五百万人的头上，声势浩大，咄咄逼人，整个法国处于风雨飘摇之中。于是，训蛇者只能不眠不休奋力搏斗了。

而国王依然犹豫不决，像变色龙一样根据环境的不同变换颜色和目的，目

① 参见《养子》，第7卷，第1-6页。杜蒙著：《回忆米拉波》，第11、12、14章。

前状态下如此行事最好。在王室成员中，米拉波唯一可以相信的只有王后一人。这个人的伟大胸怀、心直口快、铮铮铁骨和翩翩风度，有可能以堂堂正正的魅力迷惑轻浮的王后，使她恋恋不舍。她有高尚大胆的勇气、眼睛和心灵：特蕾西娅女儿的心灵。“我难道命中注定，”她在给哥哥的信中动情地写道，“必须以我的满腔热血和情感，在这些凡人中间生活和死亡吗？”[①]唉，是的，可怜的公主。正如米拉波所指出的，她是国王陛下身边唯一的一个“男人”。米拉波更加信任的另一个男人就是他自己。无论是否足够，他的资源就这么多。

在预言家的眼里，未来晦暗不明、前路漫漫。我们面对的是上演着永恒的生死之战、上下崩颓、黑暗混沌的世界，各处只闪动着微弱苍白的灯光。我们看到国王也许被废黜。他没有出家，现在已经不流行出家了。但不如说，他被送往别处，享受可观的年金和购买制锁工具的经费。我们看到摄政王后和未成年的王太子。王后在战斗的喧嚣声中骑在马背上，“这样的日子一定会到来。”米拉波这样写道。

喧嚣的战斗、全方位的战争、天地颠倒，预言家的眼睛就是在这样的环境里看到米拉波伯爵的。他像雷茨的红衣主教，昂首挺立，雄心勃勃，只要活着就要心怀必胜、至少是永不言败的信念。预言家的眼睛无法猜测他命归何处，我们重申，这是一个风雨交加、乌云密布的夜晚。在若隐若现的夜色中，米拉波为了驱散乌云在不屈不挠地抗争！可以说，如果当时米拉波还活着，法国和世界的历史将会大为不同。此外，在他驰骋的天地，这个人会前所未有地需要同样倍受珍视的“大胆艺术”，并且超过所有其他人进行实践和表现。最后，他会在一定程度上实现真正的成就，而非虚空的形式。无论你喜爱，还是敌视这一结果，你都不会一言不发地弃之如敝履，或者永远丢在脑后。如果米拉波再活一年就好了！

① 参见《养子》，第7卷，第1–6页。

第七节　米拉波之死

但米拉波无法再活一年，更无法多活一千年。人的寿命屈指可数，米拉波的故事现已讲完。一个人无论重要与否，无论在世界历史中被提到几个世纪还是不超过一两天，对专横的命运来说都是沧海一粟。脸色惨白的使者穿过纷繁世事和优越生活，默默向你示意：根深蒂固的利益、计划、法国君主制的救赎，无论什么难以割舍的东西，都必须立刻放下，然后匆匆离去，无论你是法国君主制的大救星，还是新桥上的擦鞋匠！即使最重要的人也无法留下。即使世界历史只取决于这一小时，还是不会给。那些所谓的“本该如何”大多只是虚荣，而世界历史永远不会尽遂人愿，以这样或那样的方式可能或本该如何，而只能顺其自然而已。

维护如此生活所付的高昂代价，耗尽了米拉波这棵巨型橡树的能量。狂热的骚动炙烤着他的心灵和大脑。过剩的精力和冲动、各种多余的东西、不眠不休的工作几乎超越想象！“如果我没有跟他住，”杜蒙说，“我永远不会知道人一天可以做什么，在十二小时的时间内，多少东西可以找到自己的位置。这个人的一天相当于别人的一个星期或一个月，事无巨细他都能掌控自如，从酝酿到执行不会浪费一点时间。”“伯爵先生，”一天秘书对他说：“您的要求是不可能做到的。”“不可能？”他从椅子上抬起头回答，“不要再跟我提这个愚蠢的词。”[①]然后，继续参加社交筵席、以国民自卫军指挥官的身份“花 500 英镑请人吃晚餐”。唉，还有“歌剧院的艳女作陪”，大把吃姜把嘴辣得火烧火燎：他在搞什么名堂？米拉波不能放弃一切、逃走、救自己一命吗？不会的！这个大力神身上穿的是内萨斯的衬衣，他必须不停地承受风暴的攻击和炙烤，直到消耗殆尽。但人类，包括大力神的力量都是有限的。前辈们黯然的阴影掠过米拉波发烫的大脑，预示为他划上黯然的休止符。虽然他动员每根神经，在

① 杜蒙著：《回忆米拉波》，第311页。

野心和混乱的汪洋中骚动不安，狂暴不宁，但冥冥之中他仍然得到一个启示：对他来说，速死是最后的解脱。

去年 1 月，你可以看到他担任国民议会议长，“在晚上开会时，他的脖子上缠着布带子”，这是热血病，视力交替产生黑影和闪烁。在结束早上的工作之后，他不得不采用水蛭进行治疗，因而戴上了绷带主持会议。“临别时他拥抱了我，”杜蒙说，“以我从未见过的表情说：‘我要死了，我的朋友，温火正在把我烧死，也许我们再不会见面了。我走了以后，他们会承认我的价值。我曾经阻止的苦难会在法国的四面八方爆发。”[①]疾病早就给他敲响了警钟，但他充耳不闻。3 月 27 日，在去议会的路上，他不得不中途休息，到他的朋友拉马克家求助，神志不清地在沙发上躺了一个小时。然而，仿佛是要向命运挑战，他直奔议会，以洪亮高亢的声音在不同时段发言五次，然后永远离开了讲坛。他出来走到杜伊勒里花园时已完全筋疲力尽。许多人拿着报告和回忆录，像往常一样，簇拥在他的周围。他对陪伴他的朋友说：“带我离开这里！”

1791 年 3 月 31 日，无数焦急的群众围在拉绍塞昂丹街，向房子（现在的 42 号）里面的人打听他的健康状况。里面疲惫过度的巨人已经倒下死了。[②]人群中包括各党派、类别、阶层，从国王到最卑微的公民！国王公开每天两次派人询问病情，私下里还有好几次。人群更是从未间断。“书面公告每三小时发布一次”，人们互相传抄、分发，最后打印。人民自发地保持沉默，没有一辆马车敢发出噪声：虽然人群拥挤，但在认出米拉波的妹妹时，还是很尊敬地为她让出一条通道。人们沉默不语，情绪低落，似乎觉得大难临头，好像法国未来能扭转乾坤、手握神秘力量的最后一个人就躺在那里。

全体人民的沉默、卡巴尼无微不至的关怀、他的朋友和医生都无法挽回他的性命。4 月 2 日星期六，米拉波觉得最后一天已经到来，他将离开人世，不

---

① 杜蒙著：《回忆米拉波》，第267页。
② 《养子》，第8卷，第420–479页。

再回来。他的死堪比巨人泰坦之死，正如他以往的生活。在最后一次回光返照下，他心潮澎湃、难以自制，遗言长久铭刻在人们的心中。他渴望活下去，但对死亡心悦诚服，不愿讨论在劫难逃的命运。他的话依然野性不改、妙趣横生，神秘的幻觉现在让火把之舞在他的灵魂周围翩翩起舞，专注不动的灵魂火光闪烁，正在迎接这个伟大的时刻！来自他即将离开的世界的光线，不时在他的脸上闪现。"我的心中满怀关于法国君主制的挽歌，其死亡遗迹现在成了乱党的猎物。"或者，当听到炮声时，他诙谐地说："这已经是阿喀琉斯的葬礼了吗？"同样，当朋友扶时他说："好吧，把头扶好，我很想把它遗赠给你！"因为这个人的死和他活着一样惊天动地，对自己和看他的世界有清醒的认识。他望着窗外的早春，心想夏天永远也不会降临了。太阳升起时，他说："如果那不是神，至少是他的日耳曼表亲吧。"[①]死亡已经掌控一切，他虽然无法说话，但他的头脑依然清醒，垂死的巨人激情不减，通过手势和纸笔要鸦片来结束痛苦。悲伤的医生摇头拒绝，病人激动地指着写下的"睡觉"一词给医生看。伟大的无神论者和巨人就这样离开了人世，踉跄盲目、无所畏惧地长眠了。早上八点半，站在床边的佩蒂特医生说："他的痛苦结束了。"他的痛苦和工作现在都结束了。

是的，你们这些沉默的爱国民众，所有法国人，这个人已经永远离开了你们。他是宁折不弯而突然倒下的，就像遭受雷击、轰然而倒的塔楼一样。你们再也听不到他的声音和后续的指导方针了。心情沉痛的民众离开了，同时把消息也传到了各地。人们对这位君主的忠诚是多么感人！所有的剧院、公共娱乐场所都关门停业，这几天夜里不得举办舞会，因为跳舞不合时宜：人们闯进私人舞会，勒令他们停止。好像只开了两场舞会，后来也都解散了。全民举哀，这个城市从未为了一个人的死这样悲痛，自从路易十二去世那个古老的夜晚之后从未如此：那天夜里，"差役摇着铃铛，沿街大声宣布：人民之父、好国王路易

---

① 《养子》，第8卷，第450页。P.J.G.卡巴尼：《米拉波的病情和死亡日记》，巴黎，1803年。

死了”[①]！米拉波国王现在是“陨落的国王”，可以毫不夸张地说，所有人都在哀悼他。

整整三天人们都在为他悲泣，国民议会里也是哀声一片。街道上笼罩着悲伤的气氛，演说家站在石桩上，在大群沉默的观众面前为死者布道。没有哪个马车夫敢大摇大摆地穿过这些人群，或者完全绕道走。因为马车的缰绳可能被割断，车主和乘客可能被作为不可救药的贵族扔到河里。石桩上的演说家似乎得到恩准而侃侃而谈，当布道中的每个词都包含某种意义，而不是喋喋不休的废话时，灵魂粗鄙的无套裤汉们都如饥似渴地倾听。在王宫附近的一家餐馆，侍者跟客人寒暄时说："今天天气不错，先生。""是的，我的朋友，"古板的老学究回答，"是不错，但米拉波死了。"街上的歌手用嘶哑的嗓音唱着有节奏的哀歌，将歌词印在灰白色的纸上卖一个苏。[②]但是，肖像画、版画、油画、木刻、悼词、回忆录、传记甚至歌舞、表演和情节剧，在接下来的几个月里，在法国的各个省份如雨后春笋般遍地开花，琳琅满目。为了使这一切具有诙谐色彩，戈贝尔主教的训喻必不可少：这个傻瓜戈贝尔刚刚被任命为巴黎宪法主教。在其中的一个训喻中，《一切会好的》竟然与《以主的名义》交替出现，正式邀请你"拥有米拉波、他学说的热心追随者和他美德的忠实模仿者所创立的主教衣钵"[③]。悲伤的法国就是这样絮絮叨叨、不知所云、悲天悯人。谁让一个高尚的人被夺去了性命呢？在国民议会遇到难题时，所有人的目光都"不知不觉地投向米拉波的座位"，但米拉波已经不在了。

4 月 4 日，第三个哀悼日的晚上，公开举办了隆重的葬礼，一般人死后很难有这样的待遇。送葬队伍长达一里路，估计有十万人之多！所有屋顶都坐满了围观者，窗口、路灯杆和树上也都是人。"悲情写在每个人的脸上，许多人在哭泣。"有两排国民自卫军维持秩序。队伍中有国民议会的议员、雅各宾

① 艾诺著：《简明编年史》，第429页。
② 《养子》，第8卷，第1、10页。《报纸与摘要》（《议会史》，第9卷，第366-402页）。
③ 《议会史》，第9卷，第405页。

派和其他社团成员、国王的大臣、市政官员、所有社会名流、爱国者和贵族。戴着帽子的布耶也在其中，他的帽子在额头上压得很低，隐藏了很多想法！举着黑色羽毛的队伍，在沉默的宗教气氛和夕阳中缓慢向前行进，现在到了晚上五点钟。不时可以听到低沉的鼓声，在喧扰的人群中还伴随着音乐、金属敲击声。在圣厄斯塔什教堂，赛鲁迪发布祭文之后进行鸣枪仪式，把石膏都震落了。送葬队伍再次前往圣吉纳维夫教堂方向的先贤祠，最高法令刚刚为其题词："伟人们，祖国感念你们。"这个做法不免考虑欠周。葬礼几乎持续到午夜才结束。米拉波成为祖国祭坛先贤祠的第一位房客，长眠于自己阴暗的小屋里。

唉，这位房客只是暂时住在这里，后来将被赶出去！因为，在这些动荡混乱的日子里，甚至死者的骨灰也无法安宁。伏尔泰的遗骨很快被从塞利埃尔修道院被盗的陵墓，转移到他的出生地巴黎，不过他的陵墓还将再次被盗。人们一路陪伴着他，一路高谈阔论。八匹白马拉着他的灵柩，车夫都穿着古典服饰，尽管天气潮湿，头上依然绑着头带和麦穗。[①]福音主义者让·雅克·卢梭同样被恰如其分地从埃尔芒翁维尔的墓地挖出，大张旗鼓地迁入祖国祭坛先贤祠。[②]在米拉波如我们提到的那样被赶出去之后，他和其他人幸运地得以留下直到现在。而米拉波则在夜深人静时，被重新草草葬于"圣玛索郊区的圣凯瑟琳墓地中心部位"，不再受到干扰。

一个生命就这样陨落了，只剩下骨灰和骷髅。他陨落于宇宙中我们称为法国革命的这个柴堆里。他既不是第一个，也不是千千万万人中为此耗尽生命的最后一人。一个吞下所有准则的人，在这种怪诞的情势下，觉得受到召唤，应该像泰坦巨人那样去生与死。由于他所有的准则都已耗尽，我们还能找到什么足够全面的准则，来真正诠释这个人，揭示他的本性呢？迄今为止，还没有同样

---

① 《箴言报》，1791年7月13日。
② 同上，1791年9月18日。同时参见1791年8月30日的《箴言报》。

的准则。道德家们不应对米拉波横加指责，评价他的道德标准人们尚未找到。我们重新谈到他时，应该说他是一个现实，不是幽灵，是活生生的、大地和自然之子，不是阳奉阴违，是习俗的机制，是乌有之子或兄弟。既然他一直混迹于衣冠楚楚、喋喋不休、无缘由傻笑、让宽厚的心灵恐惧的人之中，那就让这个热情而忧郁的人，考虑一下这其中的含义吧！

在这个意义上以自己的眼光生活和观察事物的人并不多，如果在波澜壮阔的法国大革命本身，及其势不可挡的愤怒中，我们能找到三个人，那就算多的了，因为我们看到的多是被狂热驱使、逻辑混乱、挺胸面对死神、引颈上断头台的普通人。很难说，他们中大部分人也是捏造的形象，不是事实，而只是传闻！

向强者致敬，即使形势严峻，他们也不愿招摇撞骗，而是顶天立地做人，因为，名闻天下的首要条件无疑是做一个光明磊落的人。必须不畏惧任何风险、不惜一切代价说真话：谎言不止，其他一切都无从谈起。道德家写道，几百年以来，在人类的罪犯中，我发现只有一种不可饶恕：江湖骗子。正如神圣的但丁吟唱的那样："人神共愤。"

然而，凡是以洞察力中最重要的同情心作为出发点，来考察评价迥异的米拉波的人，都会发现，作为一切事实的基础，他内心具有真诚、伟大和自由的特质。他称之为诚信为本，因为，这个人做事之前会以他清晰、卓越的洞察力审视背景和事实，并以激荡的心密切关注，心无旁骛。无论路途多么坎坷、四处奔忙多么危机四伏，他依然待人如兄弟。不要视他为仇敌，不要恨他！尽管不乏污点和毛病，但他身上依然闪耀着天才的光辉，频传的捷报让光辉更加灿烂，而在斗争中却黯然失色。他还未卑劣到让人憎恨的程度，顶多让人同情和怜悯。有人说，他野心勃勃想当大臣。的确如此，在法国能当个好大臣的，难道不是只有他一个人吗？这不单是虚荣心和傲慢的问题，远远不是！他的伟大心灵饱含狂野的激情、绽放的光彩和怜悯的甘露。他陷入最不堪的错误泥沼。可以说，他就像他挚爱的古代抹大拉*、他怀着热情和崇敬所热爱的脾气暴躁的严父一样。

他的起伏和疯狂不胜枚举，正如他自己经常拭泪感叹的那样。[1]唉，难道不是每个这样的人都有一个诗意的悲剧人生吗？它由命运和自身过错构成、充满遗憾和恐惧的元素。作为兄弟，对我们来说他不是史诗，就是悲剧，不是伟人，就是宽广开阔的胸怀和命定的广阔世界。如此认同他的其他人即使经过时间的沉淀，也会记住他，接近他，审视他，考察他。这些人会以不同的语言在散文和诗歌中提到他，直到真相大白。这样，可以评判他的准则将不再陌生。

狂野的加布里埃尔·奥诺雷就是这样淡出了我们的历史，连一个悲伤的告别都没有。他走了：狂野的里克蒂或阿里克蒂宗族之花！他似乎做了最后的努力，尽了全力之后才咽气，在凡间倒下。人民的朋友、倔强的老米拉波侯爵睡意正浓。实至名归的叔叔、米拉波大法官也将凄凉、孤独地不久于人世。酒桶米拉波已经横跨莱茵河出走，绝望地去领导他的移民军团了。“酒桶米拉波，”他的传记里说，可耻地越过莱茵河，整顿移民军团。但是，一天早晨，当他腹内空空，心如刀绞地坐在帐篷里，心烦意乱地考虑如何扭转败局时，一个上尉或下属因公事求见，但遭到了拒绝。他再次求见，又被拒绝，然后又求见，直到酒桶米拉波上校变成了烧热的酒桶，瞬间爆发，他抓起剑，冲向这个不知好歹的闯入者。唉，就在剑刺向闯入者时，后者灵巧地躲开，而他却死了。报纸上说他是因意外中风而死。于是，整个米拉波家族一个都没剩。

再也没听说有新的米拉波出现。正如我们所说，狂野的宗族随着最伟大的米拉波一起销声匿迹了。家族和宗亲经常是这样消失的，经过漫长时间的蛰伏后，产生出具有家族所有优秀品质的活生生的第五元素，塑造出一个全世界知名的人物。在他之后，家族就会精疲力竭，将权杖传给他人。米拉波家族的最后

---

* 基督教传说中耶稣基督最亲密的信仰伴侣。

① 杜蒙著：《回忆米拉波》，第287页。

一个代表走了，法国的代表走了。是他动摇了旧法国的根基。然而，法国没有倒下，似乎他用一只手扶住了它。有多少纷繁世事都仰仗于一个人！他像撞到岩石而突然解体的一艘船：很多旅客落水，等待解救。

北京汉阅传播
Beijing Han-read Culture

THE

FRENCH

REVOLUTION

法国大革命

一部历史

[英] 托马斯 · 卡莱尔 著

刘 毅 译

吉林出版集团股份有限公司

第十一章

瓦莱纳

第一节　圣克鲁的复活节庆典

从概率计算，法国君主制现在可以视为大势已去，尽管今后还将无力地进行盲目挣扎，但最后一抹理性的指引之光行将熄灭。剩余的资源，国王陛下将在不确定的拖延和动摇中消耗殆尽。米拉波本人曾抱怨说，他对他们只是将信将疑，他们在他的计划内总是加上另外的内容，否则他们早就与他一起逃到鲁昂或其他地方了！现在，他们逃走的概率已经大大降低，而且将继续降低，直到等于零。王后，做个决定吧。可怜的路易无法做出任何决定。执行逃走计划，否则就永远放弃。不要再与布耶通信联系。在你周围的人都要跃跃欲试时，出主意和假设有什么用呢？寓言里的农夫可以等待河流干涸。但你这不是普通的河流，而是尼罗河洪水、雄伟山峰的融雪，直到把一切、包括你的宫殿都淹没。

关于逃走的呼吁甚嚣尘上：报纸杂志喋喋不休，保王党的报纸自豪地暗示这是个威胁，爱国报纸谴责这是恐怖行为。母亲社团则表示赞同，并且越来越变本加厉。正如人们预言的那样，拉法耶特和温和的爱国者很快与之分道扬镳，组建了斐扬俱乐部，严重的分歧变得明朗化。尽管令人怀疑，但胜利的天平将倒在母亲社团一边。此外，自从匕首事件以来，我们一直看到，无数爱国者公开携带武器。被拒绝参与"活动"的公民（这个诙谐说法意为钱包的分量）不得购买蓝色制服和参加国民自卫军。但人比蓝色制服更重要。如果需要的话，人可以穿各种制服甚至不穿衣服，像无套裤汉那样战斗。因此，人们继续打造长矛，要么这些经过改良、加了倒刺的匕首"适应西印度市场"，要么就没用。人们还把犁铧反面向外打成剑。不是有一个叫"奥地利委员会"的机构驻扎在杜伊勒里宫吗？洞察秋毫、怀疑一切的爱国者对此心知肚明。如果国王逃走，会发生贵族奥地利联军入侵、屠杀、封建复辟和内战吗？人们的心都紧张得要发狂了。

异议教士也制造了很多麻烦。由于被公众选举出的宪法教士取代，他们被所在的教区教堂赶了出去。于是，这些倒霉的神职人员都躲进了修女院或其他类似的避难所。每到安息日，反宪法的教徒都在这些地方集会。这些人突然之间都变得虔诚无比，他们根据古老的严格教规举行仪式或假装举行仪式，好让爱国者丢脸。[①]异议教士带着送给垂死者的圣餐面饼，似乎有意在街上慷慨赴死，但爱国者不屑于让他们得逞。然而，一小撮殉教者还是无法幸免，他们虽然没有被屠杀，却受到棍棒伺候。他们虔诚的避难所被爱国者包围，负责行刑的是手持榛木棍子的爱国妇女。哦，读者们，请闭上眼睛，不要看这些最近特有的缺乏诚信、虚伪、顽固的殉教者们受刑的悲惨场面！人们不允许天主教教会包

① 《图隆永回忆录》，第1卷，第262页。

上裹尸布死得那么体面，而是要为他们“镀”上一层颜色，让他们死得难看，惨不忍睹。爱国妇女不容分说抡起榛木棍子，在一片喝彩助威声中，对着教士们的屁股就是一顿狠揍。唉，修女们被推倒在地，衬裙也被撩了起来！国民自卫军出面尽力维持秩序，市政府呼吁发扬宽容精神，为持不同政见的教士提供了德亚底安修会的教堂，并允诺保护他们。但这一切没有任何效果。德亚底安修会教堂的门口竖起了一个标语牌，上面绑着一捆荆条，以作为平民的裁判标志。尽管宽容精神已经做到最好，但没有任何异议教士撇开法律而向神祈祷。尽管难以言喻，但对此依然存在像米底人和波斯人法律中的公民表决。任何人都不得私下里庇护抗命的异议教士：科尔德利埃俱乐部公开谴责国王陛下这样做。[①]

很多人建议国王逃走，但问题是，这已成为无稽之谈！4月15日，公告说，国王陛下最近饱受黏膜炎的困扰，准备前往圣克鲁享受几天春暖花开的时节。为什么去圣克鲁呢？是想和异议教士一起庆祝复活节，还是想先逃到贡比涅，再从那里到边界呢？这样完全可行，毕竟国王陛下曾经只在两个容易收买的猎人的陪同下这样做过。无论是否成行，这样做都易如反掌。据说在附近的树林里潜伏着三万手持匕首的骑士。潜伏在树林里！有三万人！人们的想象力真是没有上限。但是，他们现在毕竟可以随心所欲地轻易掀起惊涛骇浪，冲向拉法耶特，绑架世袭代表，并与他一起逃走！够了，国王不逃走是最好的选择。拉法耶特已得到预警，并做好准备。但是，事实上，只是他一个人在冒险，还是整个法国和他都有危险？

4月18日星期一终于到来。前往圣克鲁的复活节之旅启动。国民自卫军接到命令，派了一个师先期出发担任警戒，大概已经到达。据说，“国王的厨房”在圣克鲁正忙着准备御膳，国王的晚餐已经快准备好了。约一时许，八匹黑马拉的王室銮驾声势浩大地来到卡鲁塞尔广场，停下车准备装载王室的行李。

① 1791年4月和6月的报纸（《议会史》，第9卷，第449页，第10卷，第217页）。

听！从邻近的圣洛克教堂传来叮当的警钟声。国王被绑架了，要走了，还是已经走了？众人开始包围卡鲁塞尔：王室銮驾还在那里。老天保佑，但愿永远在那里！

拉法耶特在副官的陪同下赶来，并准备发表演讲。当他来到人群中时，人们向他咆哮："闭嘴！""国王不会走。"国王从楼上的一扇窗户亮相，上万人齐声高呼："我们不希望国王离开。"国王和王后陛下随即登上銮驾，马鞭发出清脆的响声。这时，十多个爱国者伸出手抓住了八根缰绳：马顿时直立起来。马车来回摇摆，无法前进。人们说什么也不让路。拉法耶特气愤地来回奔走劝说，全无效果。爱国者群情激奋，将銮驾围得水泄不通。人群由恐惧逐渐变成狂热。国王要逃往奥地利，从那里向法国发射炮弹，发动内战吗？你们这些爱国者，看在上天的份上，别闹了！国王也动怒了，粗声加以斥责。管家康庞以及其他官员挤到前面帮忙，并好言相劝，却被扯住腰带动弹不得，只得冒险地不断撕扯挣扎，好让王后陛下从车窗动情地向他们恳求。

下达的命令无法执行，甚至根本听不清。国民自卫军不知道该如何行动。没有执勤任务的天文台营的中央掷弹兵几乎变成叛军，在那里扬言拒不服从命令，威胁御林军骑兵：如果伤害人民，他们就会向其开枪。拉法耶特马上马下来回折腾，声嘶力竭、气喘吁吁地四处吆喝，几乎万念俱灰。按杜伊勒里宫的时钟计算，这种情况持续了一小时三刻种，即"七刻钟"！如果国王下令，即使不惜动用大炮，绝望的拉法耶特也将打开一条通道。根据保王党朋友和爱国敌人的建议，国王和王后陛下怀着沉重、愤慨的心情，下了车，放弃了努力。"国王的厨房"可以自己吃一顿丰盛的饭菜了。国王陛下无论那天还是以后，都不会见到圣克鲁了。[①]

国王被软禁在自己宫中的可怕传言，变成了悲哀的事实。陛下向议会诉苦。市政府经过商议，发出请愿书或建议。选区委员会断然加以拒绝。拉法耶特

① 两个自由的朋友著：《法国革命史》，第6卷，第1章。《议会史》，第9卷，第407-414页。

愤然唾弃总司令的任命，穿上了平民的灰色衣服，至少在三天之内，无论什么甜言蜜语，都无法说服他重新担任这个职务。三天之后，国民自卫军为我们演出了一幕闻所未闻的大戏。他们跪在他面前声明这不是溜须拍马，他们是自愿向自由女神像下跪的。而其余的天文台的中央掷弹兵则被解散、重组，只有十四个营留下，但被换了新的名字和新的街区。国王得留在巴黎过他的复活节了：他需要对这种新事态做打算了。逃走的决心更加坚定，欲望则由于困难的刺激更加难以遏制。

第二节　巴黎的复活节庆典

自 1790 年 3 月以来的一年多时间里，国王的脑海中似乎一直在酝酿一个模糊的逃跑计划，不时演变成了具体的目的，但这样或那样的困难总是再次将其化为乌有。计划看起来似乎危机重重，也许会引发内战，但无论如何都不可能一蹴而就。昏昏欲睡的惰性不会对计划有任何帮助。要想逃走，必须立即行动起来。最好的办法是采用和执行他们的宪法，以便向所有人证明，这部宪法是不可执行的吗？好坏与否，说起来很容易。对一切困难，你只需要说："路上有一只狮子。"这样你的宪法就无法运作！根据斯塔尔夫人和自由的朋友对国王的政府长期所作所为的观察，对一个昏昏欲睡的人来说，不用费劲装死。

然而，现在，困难所激发的欲望使计划变得成熟，国王不再于两种意志之间犹豫不定，会有什么事情发生呢？就算可怜的路易与布耶在一起是安全的，但他在那儿又能得到什么呢？那些怒气冲冲、拿着门票的人会说：很多，一切。但冰冷的理性会回答：很少。几乎没有。忠诚难道不是自然法则吗？拿着门票的人会这样问。对国王的热爱甚至可以为他而死，难道不是除了少数民主派之外所有法国人的荣耀吗？那就让民主派的宪法建设者看看，没有了拱心石他们怎么办，失去了世袭代表，法国会怎么撕扯自己的头发吧。

因此，国王路易将会逃走，但人们不清楚他会逃向哪里。我们可不可以说，他像一个受到继母虐待而赌气离家出走的男孩，不惜伤透父亲的心？可怜的路易离开已知得不到支持的邪恶势力，投奔希望光环投射下的不为人知的善恶参半的混合体。像临终的拉伯雷那样，他去寻找的是一个伟大的可能性！像赌气的男孩一样，这是变得聪明的人在形势紧急时经常不得不做的事情。

此外，必要的刺激和继母的虐待必不可少，以使决心历久弥新。派系斗争也不会停止，除非本质上是无底洞的叛乱被勒令停止，否则派系斗争怎么会真正停止呢？如果停止派系争斗是国王昏昏欲睡的代价，那么，他可以随时醒过来，插上飞翔的翅膀。

无论如何，请看，巧妙伪装、垂死挣扎、丑恶可悲的天主教会是如何进行扭曲和表演的。宣誓和异议剃发僧侣唾沫四溅、争论不休，或者停止争辩，脱掉衣服打架。巴黎在必要时继续实施鞭笞。而在布列塔尼的莫尔比昂倒是没有鞭笞，农民却在教堂的鼓噪下拿起武器发动起义，令人不解。被派去平叛的杜穆里埃将军觉得这些暴戾之气迷雾重重，他认为多做些解释和调解有助于问题的解决。①

但除此之外，还有一个问题：教皇庇护六世认为，把塔列朗主教逐出教会是个好办法！当然，对此可以这样说，尽管地球上的教会半死不活，但也只有它有无可置疑的权力，可以把塔列朗逐出教会。教皇自然拥有权力和权利这样做。但必须承认，亚当神父，即从前的圣·杜卢奇侯爵，同样有这个权力。于是，5 月 4 日，一群人在王宫聚集，为首的是亚当神父圣·杜卢奇，他戴着白帽子，像塔一样站在那里侃侃而谈。据说陪伴他的有记者格尔萨，其他人衣着体面，当局没有干预。他们抬着用板条和易燃橡胶制作的，披着大衣、戴着头饰、真人大小的庇护六世和象征权力的钥匙。他们还抬着国王的朋友罗约的肖像，

① 两个自由的朋友著：《法国革命史》，第5卷，第410-421页。《杜穆里埃将军的生平和回忆录》，第2卷，第5章。

以及他的一堆被诅咒、作为祭品的容易焚烧的报纸。人们发表演讲、公布判决、颁布四面八方都能听到的法令，然后在一片叫喊声中，在夏日的天空下，完成了大屠杀，板条和橡胶做的教皇和陪葬的祭品随后被付之一炬，变成灰烬。七零八落的教皇、权力和权利及其代表的一切，都或多或少地尽可能完成了自己的使命。[①]但是，总的来说，从维滕贝格市场的马丁·路德到圣·杜卢奇侯爵，直到巴黎的王宫，我们做了一次难以言喻的旅行，进入一个令人匪夷所思的地方。现在，当局不敢干涉。被这个场面吓得发抖的教会可能会问：我该怎么办呢？

巧妙伪装的天主教会就是这样进行扭曲表演的。读者了解这里的分歧所在、正统或我的教义和异端或你的教义之间的区别吗？我的教义是，庄严的国民议会能够平等对待主教教区、权利平等的主教信条和自己决定的礼法，可以宣誓忠于国王、法律和国家，并成为宪法主教。如果你是异议教士，你的教义是，只能成为被诅咒的对象。人类病态的本性只需要一点本体相对论，甚或一点借口，就可以浩浩荡荡地穿过针眼：因此，像门廊下面的古代斯多葛学派的信徒，并通过激烈的争执来保留他们的教会那样，凡人总是会胡言乱语、勃然大怒。圣·杜卢奇的火刑审判发生在 1791 年 5 月 4 日。国王看到了这些，但什么也没说。

第三节　佛森伯爵

到目前为止，王室已在提前做准备工作了。不幸的是，准备工作千头万绪，庞杂无章。如果世袭代表能够将勤补拙的话，一切会变得容易！但他不是这样的人。

像所有的史诗一样，新衣服必不可少，即使是艰苦的铁器时代。看看迷人

① 《议会史》，第10卷，第99-102页。

的《尼伯龙根之歌》里的“克里姆希尔德王后和她的六十个女裁缝”！没有新衣服哪个王后也无法出行。因此，康庞夫人周到地嘱咐各个裁缝赶制连衣裙和礼服、内衣和外衣，无论大小面面俱到。这些精工细作根本没有必要。此外，王后陛下没有她的“必需品”也寸步难行。昂贵的“必需品”是这个星球的生活不可缺少的王后缩小版家具，镶嵌象牙和花梨木，被巧妙分隔，装有香水与洗漱用具。这个宝贝至少花费五百个金路易，要大量的人工和奇思妙想才能制造出来。这种生活必需品同样可以由弗兰德斯的搬运商发送，无须自己动手。[①]你会说，所有这一切不是什么好兆头。但王后和王后的任性必须迁就。

布耶方面正在蒙梅蒂组织军队，集合德国皇家军团、其他德国军队和真正的法国军队，“以便观察奥地利人的动静”。除非不得已，否则国王陛下不会跨越国境。移民由于让所有人痛恨将不会参与行动，老战神德·布罗利也不会插手，只有勇敢的布耶一手策划。[②]在见面的那天，获救的国王将在整个军队的欢呼声中把元帅手杖授予他。与此同时，由于巴黎疑心重重，如果给你的外国大使写一封徒有其表的宪法信函，让所有的国王和人民都知道：国王路易热爱宪法，自愿准备再次宣誓拥护宪法，并将那些反对宪法者视为敌人，不是更好吗？这封信函由信使秘密送给议会，并在所有报纸上刊印会起到最好效果。[③]欺骗和虚伪在人类事务中起到的作用如此之大。

然而，我们观察到，佛森伯爵经常使用通行证，实际上，他完全有权利这样做。作为勇敢的士兵和瑞典人，他愿意为美丽的王后赴汤蹈火，就像他现在侍奉瑞典国王一样。国王古斯塔夫有一个自豪的绰号：北方骑士，这是根据旧骑士法自封的骑士。他将插上瑞典火枪的翅膀，把她从无耻的枭龙魔爪下解救出来。唉，只要刺客的手枪不插手就好！

但是，事实上，佛森伯爵似乎是个果敢、大胆的年轻士兵。他公开或私下里

---

① 康庞夫人著：《玛丽·安托瓦内特的私人生活》，第2卷，第18章。
② 《布耶回忆录》，第2卷，第10章。
③ 《箴言报》，1791年4月23日的会议。

到处出没，显然对事情胸有成竹。上校德·舒瓦瑟尔公爵（已故老舒瓦瑟尔的侄子）同样如此。他和工程师高格拉正在梅兹和杜伊勒里宫之间穿梭传递消息。来信是用密码写的，其中最重要的一封信很难破译，是佛森匆忙写成的。[①]至于德·维尔齐埃公爵，在发生匕首事件的当天就出走至今未归，但他的府邸可资王后陛下利用。

另一方面，监视杜伊勒里宫的国民自卫军副总司令、可怜的古维庸，看到了几件令人费解的事情。几个月前，在市政厅，就是这同一个古维庸坐在那里，像火烧马厩时勇敢的马一样，一脸无奈地望着妇女暴动的场面一动不动，直到执达员马亚尔抢走他的鼓才作罢。心地善良的爱国者没有几个，但消息灵通的却不少。他，如果康庞夫人的八卦可信的话，就必须收买宫里的某个女仆当奸细才能了解内情。那时候，“必需品”、衣服、珠宝箱子就能真相大白。[②]无奈的古维庸失神地看着眼前的一切，命令哨兵保持警惕。他坐立不安，来回踱步，希望平安无事。

但是，实际上，在 6 月的第二个星期，人们发现，德·舒瓦瑟尔上校一直秘密滞留巴黎，他是来“看望自己的孩子的”。另外，佛森找一流工匠，根据模型，打造了一辆新的轿式马车，并和舒瓦瑟尔一起接收了成品。两位朋友一脸沉思地坐上车，沿着街道进行了试车，然后把车送到位于偏远的巴黎北部克利希大街的苏利文夫人家备用。这时，有一位叫科尔夫的俄国男爵夫人，带着侍女、仆人和两个孩子正准备做回国旅行，这两个年轻军人似乎有兴趣提供帮助。他们为她搞到了通行证、马车，以及随行用品，而且对待他们非常礼貌、殷勤周到。佛森还购买了适合女仆坐的双人座椅和必要的马匹。好像他也准备离开法国。不过，何苦花这么多钱呢？最后，我们发现，国王和王后陛下顺从天意，旨在为苍生祈福，在夏至日去巴黎的圣母升天教堂参加了圣体瞻礼节。我们注意到，

---

① 舒瓦瑟尔著：《路易十六出走的利害关系》，巴黎，1822年，第39页。
② 《康庞夫人回忆录》，第2卷，第141页。

在同一天，勇敢的布耶在梅兹也邀请一些朋友吃饭。但实际上，他已经悄然离开，去了蒙梅蒂。

这些都是这个广阔的激荡世界的表面现象或可以看到的部分，所有这些现象都被称为光谱，无论何时都不会风平浪静，无人知晓原因。

1791年6月20日星期一夜里大约十一点多钟，巴黎街上出现了很多出租马车和高级包租马车，有的在疾驰，有的停在那里。但是，在所有高级包租马车中，哦，读者们，我们给您推荐停在卡鲁塞尔和杜伊勒里宫边门附近棋盘大街的那辆。在“卢山鞍具店大门对面”的那辆车好像在等客。过了不长时间，一个蒙面纱的妇女带着两个同样蒙面纱的孩子，从维尔齐埃府邸的大门出来，从这里到杜伊勒里宫王家大院、卡鲁塞尔大街，直到棋盘大街都没有哨兵把守。等在那里的马车夫殷勤地迎住他们，又等了一会儿，另一个蒙面纱的妇女在仆人的搀扶下从同一个门出来，也受到马车夫的殷勤迎接。那么多女人要去哪里？国王陛下就要睡觉了，王后陛下刚刚上床睡觉，宫里的所有人也都歇息了。但马车夫仍在等，看来他的客人还没到齐。

不久，我们就注意到，一个信使模样的矮胖男人戴着圆帽和假发，与一个仆人并肩也从维尔齐埃府邸的大门出来。当他路过站岗的哨兵时，鞋上的一只扣子掉了，于是，他弯腰拾了起来。然而，他却受到马车夫更殷勤的迎接。现在，他的客人到齐了吗？仍然没有。马车夫仍然在等。唉！假女仆告诉古维庸，她觉得王室一家今晚会逃走。但古维庸对自己的眼线并不信服，于是专门向拉法耶特派出了信差。拉法耶特的闪亮马车，此时正通过卡鲁塞尔大街的内拱门，那里有个带着吉卜赛帽子、由信使模样的仆人搀扶的妇人，站在路边让马车通过，甚至调皮地用手杖碰了一下车轮，这种手杖是当时的贵妇人的标配。拉法耶特的闪亮马车过去之后，王室的内院又恢复了宁静，哨兵也回到了自己的岗位。国王和王后陛下的套房关上了门，一切变得无声无息。您的假女仆搞错了吗？古维庸，提高警惕，好好看着，因为，真正的背叛大戏正在围墙里面上演。

但那个戴吉卜赛帽子、站在一旁用手杖触碰车轮的妇人是谁呢？哦，读者，她就是法国王后！她已安全通过内拱门，来到卡鲁塞尔大街，但还没有走到棋盘大街。看到这么多隆隆而过的马车，她一下子慌了神，一时无法分清方向，因为她和她的信使都不熟悉巴黎。而且，后者也不是信使，而是个忠诚但愚蠢的前近卫军士兵化装的。他们错误地上了王宫桥并过了河，懵懵懂懂地来到巴克大街，离等在那里的高级包租马车越来越远。马车夫提心吊胆，害怕好事告吹。

城里的钟楼敲响了午夜的钟声。宝贵的一个小时就这样浪费了。普通人大多睡着了。高级包租马车的车夫还在等待。焦急的心情可想而知。这时，有另外一辆马车驶近，车夫与等人的车夫打过招呼，后者与他用行话攀谈起来，并交换了一点鼻烟，但拒绝了喝酒的邀请，那个车夫道了晚安就离开了。[①]真是谢天谢地！戴着吉卜赛帽子的王后不得不冒险找人问路，最后终于找到路，被接进马车，她的信使也和另外一个化装的保镖一起登上了马车。哦，等人的马车夫，现在读者认出你来了，原来是佛森伯爵！一切就绪，出发！

佛森不断地啪啪挥动马鞭，马车隆隆地发出回声。车上的每个人这才松了一口气。但佛森走的路正确吗？一直向东北，到圣马丁城门通往梅兹的大路才是我们要走的路，可他正在向北走！戴着圆帽和假发的国王坐在那里感到诧异，但无论对错，都没有什么补救办法。马鞭仍在啪啪地响。马车不断穿越沉睡的城市。自从巴黎的道路宽敞平整，或者自从毛茸茸的国王们坐在牛车上散步以来，人们很少看到这样的阵仗。道路两侧的人家都关门闭户，睡意正浓，而我们仍然目不交睫、浑身发抖！马鞭仍在啪啪地响。穿过了格拉蒙大街，穿过了林荫大道，上了昂丹河堤大街。42 号房子的这些寂静无声的窗口是米拉波的

---

① 韦伯著：《回忆玛丽·安托瓦内特》，第2卷，第340-342页。舒瓦瑟尔著：《路易十六出走的利害关系》，第44-56页。

府邸。这不是往圣马丁城门方向走，而是向正北方向的克利希城门走！放心，陛下，佛森知道他在做什么。来到克利希大街后，他在苏利文夫人家下车："佛森伯爵的车夫拿到德·科尔夫男爵夫人的新轿式马车了吗？""是的，就在一个半小时前。"睡意蒙眬的门房嘟嘟囔囔地回答。"很好。"是的，的确很好，尽管白白浪费了一个半小时。所以，佛森，快点穿过克利希城门，然后沿外林荫道向东，看看马和马鞭有多大能耐！

佛森在这美妙的夜晚继续驾车疾驰。已经被他远远抛在后面的沉睡的巴黎，除了鼾声之外一片恬静。现在，他向东直奔圣马丁城门，急切寻找科尔夫男爵夫人的新轿式马车。他终于找到套着六匹马的轿式马车，德国车夫正坐在那里等候。太好了，德国人，现在立即出发。我们原来包租马车上的人必须立即出发。浪费的时间太多了！马车里的行李和六名乘客匆匆转移到新轿式马车上，两名打扮成信使的侍卫跟在后面。高级包租马车被车头朝向市内，丢弃在路边任其移动，第二天早上可以在水沟里找到。佛森也上了包着崭新座套的马车，扬鞭催马向邦迪方向驶去。还有第三个侍卫已经备好驿马等在那里。那里还有佛森购买的椅子、两个侍女和几个纸盒子，没有这些东西，王后陛下就无法旅行。快点，快点，麻利的佛森，愿上天保佑你！

在上天的再次眷顾下，这次行动目前一切顺利。到了沉浸在梦乡的邦迪村之后，女仆、椅子和马匹都准备就绪，驿站的马车夫穿着靴子正在黎明明澈的露水中焦急地等待。轿式马车很快套上了马，穿着靴子的驿站马车夫跳上鞍座，抡圆马鞭，发出清脆的声响。佛森满怀崇敬，默默地鞠了一躬作为告别。国王伉俪无声地向他挥了挥手作为回应。载着王室一家的科尔夫男爵夫人的轿式马车缓缓离去，永远消失在视线里。眼疾手快的佛森纵马径直向北穿越农村，直奔布格莱，他的德国马车夫和马车正在那里等他。他扬鞭催马，在夜幕的掩护下消失在未知的地平线。对于一个心灵手巧、思想活跃的人来说，他的计划取得圆满成功。

法国国王就这样出逃了吗？是的，而且是在一年中最短、一刻千金的夜里逃走的！科尔夫男爵夫人其实就是德·杜尔泽夫人、王太子和公主的保姆。她蒙着面纱带着两个同样蒙面的孩子：小王太子和后来一直被称为德·昂古莱姆公爵夫人的王室小夫人。科尔夫男爵夫人的侍女就是戴吉卜赛帽子的王后。戴圆帽和假发的国王就是那个仆人。另外一个扮作旅伴的蒙面妇女是心地善良的妹妹伊丽莎白。自从妇女暴动之后，她就发誓，只有死才能让她与王室一家分开。他们就是这样匆匆，但并未过分急躁地穿过邦迪森林，为自己和法国的历史书写了浓重的一笔。

尽管未来模糊不清，但这依然是伟大的时刻！我们能与布耶会合吗？哦，路易！你周围是沉睡的辽阔大地（头上是关注苍生的万里长空），这是邦迪沉睡的森林，长毛懒鬼希尔德里克*在这里被利刃刺穿了胸部，并非没有道理。[①]这些石头尖塔是兰西塔：奥尔良恶鬼的塔楼。整个大地都在沉睡，只有新轿式马车在隆隆前行。一个用毛驴吃力地载着早熟的蔬果、长相可怖的小贩，似乎是路上遇到的唯一一个大活人。但正前面的东北方向越来越明显地露出了黎明的灰色斑点。在洒满露水的枝头，小鸟忙不迭地啁啾迎接日出。繁星淡出，上帝之城的灯火悄然熄灭。哦，我的兄弟，世界的主宰打开了大门，而你，可怜的路易国王，你只不过是个走向东方希望之地的普通人，即使正在变得丧心病狂的杜伊勒里宫、法国和地球本身，也不过是大号的狗窝而已。

第四节　态度

但在早上六点的巴黎，收到通知的爱国议员叫醒了拉法耶特，他们一起前往杜伊勒里宫。

---

* 希尔德里克（457—458年），法兰克人的国王。

① 艾诺著：《简明编年史》，第36页。

当时的情景可以想象，但文字难以描述拉法耶特是多么大惊失色，或者让无奈的古维庸干瞪眼，无可奈何，不得不承认她的假女仆说得对！

然而，必须了解，在这世界末日即将到来的日子里，在庄严的国民议会的推波助澜下，巴黎会让人刮目相看。根据历史学家的目击证词，从未见过如此"令人难忘的态度"。[①]各选区和市镇都"严阵以待"，约十点钟，最先庄严地发射了三发报警炮。国民议会也率先行动起来，同样严阵以待，一致同意颁布必要的法令，因为右侧议员由于害怕被吊死而沉默不语。会议进行得迅速而平静，简直达到了极致。每个人都必须投票，因为，不言而喻的是，国王陛下被身份不明的人绑架或秘密带走了。在这种情况下，宪法要求我们做什么呢？正如我们常说的那样，让我们回到第一原则。

根据第一或第二原则，需要迅速作出决定。大臣被要求继续履行职务，拉法耶特受到质询，古维庸引咎自责，并递交了一个无关痛痒的报告。人们发现了许多信件，其中一封长信为国王陛下亲笔信，显然是国王陛下自己构思写给国民议会的。该信详细诚恳，以儿童般简洁的笔触讲述了国王陛下所遭受的所有大大小小的痛苦：对内克尔的赞美、一个被废黜国王的心境和暴动、缺乏民事清单中规定的足够现金、钱不够花、没有家具、秩序混乱、处处是无政府状态、永远填不满的赤字，甚至最低限度也做不到。简而言之，国王陛下就是为此而退隐到自由之地，远离制裁、联盟，以及为了改变自己可能做的宣誓。他指的是什么呢？庄严的国民议会认为指的是 6 月 23 日宣言中的"他将以一己之力使他的人民幸福"。好像这个宣言在这无可挽回的两年和整个封建社会的残骸与垃圾中，被埋葬得还不够深！国民议会决定刊印这封奇怪的信，送到八十三个省，并加了简短而有力的解释性评论。全国各地都派了专员，民众都得到了通知，军队有所增加，防止公众利益受到损害。于是，我们在极为冷静、

---

① 两个自由的朋友著：《法国革命史》，第6卷，第67–178页。《图隆永回忆录》，第2卷，第1–38页。卡米耶、普鲁多姆的文章（《议会史》，第10卷，第240–244页）。

近乎冷漠的气氛中“进入议事日程”。

这种平静缓和了民众的恐惧。在日出时出现的闪闪发亮的长矛密林，再次消失。铿锵有力的演说家哑了火或调门低了很多。我们会有一场内战，那就让它来吧。国王走了，但国民议会、法国和我们还在。人民也展现出了骄傲的态度，保持平和，像休息的狮子一样没有什么动作，只是吼叫了几声，摇了摇尾巴，表示自己武艺高强。例如，卡扎雷遭到街头乱党叫嚣要吊死他，但国民自卫军的巡逻队很容易就把他解救了出来。同样，所有的国王肖像和雕像，至少是石膏质地的都被捣毁。甚至国王的名字，还有国王这个词，从所有的商标中突然消失了。林荫大道上的王家孟加拉虎变成了国家孟加拉虎。

平静的人民多么伟大！第二天，人们彼此会说：“我们没有国王了，但我们还是睡得很好。”第二天，热情的阿西尔·德·夏特莱和叛逆的裁缝托马斯·佩恩将他们的标语贴上了巴黎的墙壁，宣布必须成立共和国！[①]还必须提到，尽管受到长矛党的威胁，拉法耶特仍然采取了高姿态，或所有人中最大度的态度。侦察兵和侍从官被派往四面八方去追踪王室一家，其中，年轻的罗莫夫直奔瓦伦西亚，虽然希望不大。

巴黎就这样在丧亲之痛中以崇高的气概平静下来。但是，通过王家邮件和所有的邮袋，消息像闪电一样辐射到四面八方：“我们的世袭代表走了。”笑吧，黑心的保王党，只是得用袖子捂住，别让爱国者看见，否则，他们会发狂，把你吊死！只有巴黎那个高尚的国民议会可以弹压住他们。但实际上，其他地方都瞪大眼睛，满怀惊恐、愤怒和疑虑地尽力维持事态不至恶化。每个皮革驿车拉着沉重的皮革包裹以及“国王逃跑了”的消息，穿过法国平静的城镇和村庄之后，会留下怎样的车辙，会以怎样令人颤抖的死亡恐怖扰动公众的神经！然后，好像什么也没发生过一样，继续慢吞吞地沿着所有大路，向最远的边界行进，直到在整个法国激起千层浪，变成一个绝望、鸡冠立起、好斗的大公鸡（隐

① 杜蒙著：《回忆米拉波》，第16章。

喻说法）！

例如，皮革包裹的怪物在低垂的夜幕下抵达南特时，全城正在梦乡沉睡。致命的字眼一经宣布便震惊了爱国者：裹着大披风从卧室里出来的杜穆里埃将军，发现有“四五千身着衬衫的公民”挤满了街道。[①]很多人手里拿着手指大小仓促点燃的蜡烛。他们面色黝黑憔悴，衣衫褴褛，张着嘴，等待将军发话。和以往一样，头顶的大熊星座平静、坚定、无动于衷地像皮革驿车那样前行。南特的公民们：鼓起勇气！忠诚的大熊继续行进，古老的大西洋仍然不断向罗瓦尔河灌进滚滚盐水和滔天巨浪。白兰地在胃里变得沸腾。这不是世界末日，而是新世界的第一天。傻瓜们！如果你们在烛光下知道在遥远的东北正发生什么就好了。

我们也许可以让读者猜一猜：巴黎或法国最可怕的人是谁？是海绿脸罗伯斯庇尔。他脸色惨白，衬托出绞刑架和缰绳的阴影，散发着大海般的绿色光芒。他很清楚，必须来一个“爱国的圣巴托罗缪之夜”，否则，在二十四小时之后，他就无法活下来。有人在佩西昂家听到他这些发自内心的可怕预言。这是其中一位可信的目击者罗兰夫人提到的。去年，我们看到她容光焕发地出现在里昂的联盟仪式上。四个月前，罗兰夫妇来巴黎与议会委员会商议深陷债务泥潭的里昂市政事务，同时自然会与当地最知名的爱国者交流，比如布里索、佩蒂翁、布佐、罗伯斯庇尔，“他们习惯每周四个晚上造访我们”，美丽的女主人说。他们那天东奔西走，格外忙碌，并且主动去安慰有着海绿脸的那个人。人们谈到阿西尔·德·夏特莱的标语和一份叫做《共和党人》的报纸，为建立共和国做舆论准备。“共和国？”海绿脸问，嘴角挤出一丝干涩、尖刻的微笑，“那是什么东西？”[②]哦，不可腐蚀的海绿脸，你会看到的！

---

① 《杜穆里埃回忆录》，第2卷，第109页。
② 《罗兰夫人回忆录》，第2卷，第70页。

第五节　崭新的轿式马车

但是，与此同时，侦察兵和副官走得比皮革驿车更快。正如我们所提到的，去瓦伦西亚的年轻的罗莫夫走得更早。疯狂的村民把他当作染指阴谋的奸细抓了起来，先带到了市政府，然后送到了国民议会，后者迅速给他颁发了新通行证。不过，现在，那个用毛驴吃力地载着蔬果的小贩告诉他，曾在邦迪森林见过新的轿式马车，并向他提供了证据。[①]手持新通行证的罗莫夫被火速派往更有希望的路线：由邦迪、克莱和沙龙前往梅兹，追踪新的轿式马车。他正在马不停蹄地赶路。

新轿式马车真是可悲！国王为什么不能坐和普通人一样的旧马车呢？逃跑是为了保命，不应计较用什么样的车辆。有位先生坐了一辆朴实无华的普通旅行马车北上。他的妻子坐另一辆车，走了另一条路。虽然在一个驿站碰到了一起，但他们假装不认识，最终到达弗兰德斯，一路上并没有人怀疑他们。朗巴尔的一位美丽公主也以同一时间、同样方式上路，安全到达英国：神保佑她留那里！否则，恐怕只有恐怖的结局在等着她和她的保姆。

各路人马都在顺利地星夜兼程赶路，除了新轿式马车。皮革包裹的大马车像阿戈西或阿卡普尔科战舰，后面拖着两匹马拉着的有座位的沉重小艇，还有三个领航小船，是身穿黄色号衣的骑马信使兼侍卫。他们摇摇晃晃、前呼后拥，与其说是领路，还不如说是添乱！一行人走得慢如蜗牛，在众目睽睽之下警觉地前行。穿黄色号衣的信使兼侍卫，装腔作势，招摇过市，忠诚有余，愚不可及，对危险浑然无知。在埃多齐，一个车轮坏了，车队不得不停下来修理。国王路易也下了车，执意徒步登上山顶，沐浴一下新生的朝阳！共动用了十一匹马、双倍的酒钱，以及拜大自然和艺术的恩赐之后，人们发现，逃命的王室一家在不间断的二十二小时里才走了六十九英里。的确太慢了！但这其中的每一分钟

① 《箴言报》（《议会史》，第10卷，第244-313页）。

都弥足珍贵，因为每分钟都决定了王室的命运。

综上所述，读者可以判断，在离沙龙有几里路的索莫维尔桥村翘足而待的德·舒瓦瑟尔公爵，眼看每个小时匆匆而过，直到夕阳西下，心情是多么焦急。舒瓦瑟尔在国王伉俪约定的时间前十个小时就离开了巴黎。他的由工程师郭格拉率领的轻骑兵，也按时到达这里，理由是“护送一批预定到达的珍宝”。但是，时间一点一滴过去了，还是没有见到科尔夫男爵夫人的轿式马车。事实上，在整个香槟和洛林边界的东北地区大路上，形势变幻莫测，因为，沿索莫维尔桥村而上直到东北方向的蒙梅蒂，无论城市或乡村的各个驿站，都可以看到待命的轻骑兵、龙骑兵和各站之间环环相扣的军事护送队，在蒙梅蒂最后坐镇的是勇敢的布耶，他酷似目的明确、手持雷鸣闪电的朱庇特老爹！勇敢的布耶已经尽了自己最大的本分，将雷鸣护送队像链条一样部署在沿途的各个驿站，一直到沙龙的城门口。他们唯一等待的就是科尔夫男爵夫人的新轿式马车。接到马车，如果需要的话就沿途护送，使其远离战火的旋涡。如前所述，这些莽撞的骑兵部署在从蒙梅蒂和斯特奈，沿克莱蒙、圣梅内霍尔德，一直到最后的索莫维尔桥村的所有乡村驿站，目的是避开凡尔登和其他大城市。每个人都在焦急地等待“珍宝的到达”。

可以想象，这一天对于勇敢的布耶来说有多么艰难，也许是荣耀生涯的第一天，但肯定是以往生涯的最后一天！因此，对于他那些血气方刚、守口如瓶的队长们，比如丹多安、德·达马伯爵、德·舒瓦瑟尔公爵、工程师郭格拉等来说，同样是美丽、可怕兼有的一天。唉，夕阳西下，天色已晚，科尔夫男爵夫人的轿式马车仍未出现。保王党的队长们徜徉在乡村街道上，对巴黎方向望眼欲穿，尽管面无表情，但内心万分焦急，细心的军需官也阻止不了龙骑兵在咖啡馆消费咖啡。[①]快点出现吧，崭新的轿式马车，消除我们心中的焦虑！快点出现吧，太阳战车般的轿式马车，法国的命运全寄托在你的身上！

---

① 王家龙骑兵团拉加什先生的声明（《舒瓦瑟尔回忆录》，第125–139页）。

组织这支军事护送队是国王陛下的命令，他想象这能起到安全和保护的作用，但实际上只会让人产生警觉，本来没有危险，现在却险象环生。因为每个乡村驿站的爱国者自然会问：这些兵戈扰攘的骑兵和车水马龙的部队要干什么？是护送珍宝吗？既然爱国者不会偷国家财产，为什么需要护送呢？你们的珍宝到底在哪里？为什么会有这么多军队来来往往？另一个难以自圆其说的漏洞是，其中一些护送队本月19日而不是20日就到了，而20日是国王陛下最早确定的日子，有什么必要改变呢？现在，根据爱国者多疑的性格，他们最信不过的人就是贵族布耶。这种敌对的怀疑秉性在二十四小时内会积累、加剧到极端的程度！

对所有人来说，郭格拉和德·舒瓦瑟尔公爵在索莫维尔桥村率领的这四十名外国轻骑兵，成了难以描述的神秘部队。他们在圣梅内霍尔德已经逗留了很长时间，不是闭目养神就是到处游荡，最后引起了当地国民自卫军的警觉。出于不安和怀疑，他们向市政府申请并得到了三百支火枪。不巧的是，与此同时，丹多安队长刚刚带着部队从克莱蒙来到村子的另一端。虽然幸运的是这支部队都是龙骑兵和法国新兵，但仍然引起了当地的警觉。于是，郭格拉只得带着龙骑兵离开，快马加鞭赶到舒瓦瑟尔已经等待的索莫维尔桥村休息一下。但这里犹如烧红的大理石让人无法安心休息，因为关于他们到达的谣言早已传得满城风雨。公民们吓得四下躲藏，引发了众怒。沙龙方面派出了国民自卫军纠察队去侦查，正好遇上从圣梅内霍尔德来的纠察队。这些喉音严重的外国大胡子轻骑兵是什么人？看在上天的份上，你们干什么来了？是为了珍宝吗？纠察队不禁摇头。然而，饿肚子的农民知道珍宝是什么：是军人押送的租金和封建税。执行官让我们交这些门都没有！他们很清楚，于是敲响了教区的钟声作为警钟。反应之快可谓迅雷不及掩耳！如果不想要整个国家烽火连天的话，不管有没有轿式马车出现，舒瓦瑟尔和郭格拉都必须立即上马离开。

他们上马之后，教区的警钟立刻停了下来。他们缓慢向东面的圣梅内霍尔德骑行，仍希望太阳战车般的轿式马车，能在那里等待他们。唉，哪有轿式马车的影子！而现在离早上用三百支国民自卫军火枪驱逐我们的圣梅内霍尔德越来越近，他们似乎也不会善待丹多安队长和他的龙骑兵，尽管都是法国新兵。总之，为了避免爆炸性局面，最好不要再次进村。轻骑兵小队心情沉重，只好取道左侧难走的山丘和树林，以避开圣梅内霍尔德和所有迄今为止见过他们的地方。于是，他们直接来到偏远的瓦莱纳村。可以想象，他们这一夜的行程会有多么艰辛。

因此，整个长长的雷电链条上的第一个哨卡已经失去了效果，更糟的是，这个链条有连累自己的风险。但是，大路再次变得一片死寂，这是晨梦初醒前的寂静。军需官无法禁止懒洋洋的龙骑兵进酒馆喝酒或禁止爱国者请他们喝酒以便打探消息。明显晕头转向的队长面无表情地望着尘土飞扬的大路，不见有太阳战车出现。怎么会迟到呢？十一匹马拉的马车，还有黄色号衣信使随行，速度比每小时走三英里的普通马车还慢，简直让人难以置信！唉，不知道几点离开的巴黎，更不知道为什么还没有到达村子。心都提到嗓子眼了。

第六节　老龙骑兵德鲁埃

此时，天色已晚。在田野劳作了一天的人们拖着沉重的脚步，疲惫不堪地回到自己的茅屋。村里的工匠知足地喝着美味的菜汤，或在村里的街道上闲逛，呼吸一点新鲜空气，打听一下有趣的新闻。夏日的黄昏笼罩大地，夕阳在最西北方向映射出漫天晚霞，因为这是一年中最长的一天。附近的山顶染上了一层淡红色的光芒。在鲜花盛开的山谷和绿树掩映的灌木丛，画眉鸟啁啾啼啭，犹如欢快的小夜曲，袅袅余音盖过了潺潺流水。寂静笼罩这片大地。如所有其他磨坊一样覆盖了一层灰尘的瓦尔米磨坊已经歇工，不再提水。工人们把剩余的工作留到了第二天，然后像我们所说的那样，三五成群地在村里闲逛，或坐在石凳上闲聊，满脑子是鬼主意的调皮孩子光着脚在街上嬉戏。[①]和所有其他村庄一样，圣梅内霍尔德村到处是高低不一的嘈杂人声。但所有这些家长里短都无关痛痒，因为这些龙骑兵都是文雅的法国人。然而，当巴黎和凡尔登之间沉重的驿车载着皮箱隆隆驶来时，这一派祥和景象一下子消失了，而且让当地人不寒而栗。

现在，我们必须谈到住在村里最后一栋房子里的一个人。这个穿着肥大睡衣的人名叫让·巴普蒂斯特·德鲁埃，是当地的邮差。他性格暴躁易怒，面目可憎，曾经在孔代的龙骑兵团服役，现在正值壮年。那天从一大早，德鲁埃就觉得挺憋气。事情的原委是：郭格拉的轻骑兵想买一匹便宜的辕马，于是找到了旅馆老板，而没有和普通的邮差德鲁埃接洽。对此，德鲁埃感到很恼火，于是跟旅馆老板找茬，威胁说这事儿没完。这么办事是根本没有把他放在眼里，因为德鲁埃是老资格的激进爱国者，参加过巴黎的长矛节。布耶的这些士兵算老几？当丹多安和他的龙骑兵新兵刚从克莱蒙到这里时，那些轻骑兵和马车一气未歇就被赶走了。来干什么？披着长睡袍的德鲁埃气哼哼的走来走去，嘴里唠叨不停，不时用愤怒积累起来的恶意的锐利目光瞥一眼外面的动静。

丹多安队长此时正在街道的另一端闲逛，虽然面无表情，但心里紧张得要命，因为科尔夫男爵夫人的轿式马车仍未出现。眼看红彤彤的太阳很快就要落山，心里越发感到一丝难以名状的恐惧。

上天保佑！在黄昏的晚霞中终于出现了黄衣信使策马前进的身影！他们明明经过邮局，却仍然呆头呆脑地打听邮局的位置，把村子搅得鸡犬不宁。镇定，丹多安，不要喜怒形于色。最后，笨重的科尔夫轿式马车载着堆成山的行李，如牛负重般终于到了，后面尾随着带座椅的轻便马车。即使带着小艇的阿卡普尔科旗舰也没这么拖泥带水。与往常一样，每当有旅行马车路过，村民都会显得很惊奇。在街上闲逛的龙骑兵都规矩地敬礼，是乖巧的黄衣信使从车里

① 雷米先生的报告，引自《舒瓦瑟尔回忆录》，第143页。

接下来一位戴着吉卜赛帽子、举止优雅、气质特别的夫人让他们变得肃然起敬。[①]丹多安交叉双臂，站在那里，神态冷漠不屑。如果换了别人，心可能会跳出嗓子眼。他不屑地捋了一下胡须，粗略地扫了一眼村民，他们的态度让他感到不快。他看了看信使，像是对他说，快点，快点！但呆头呆脑的黄衣信使哪里明白，在众目睽睽之下仍然慢吞吞地走着。

邮差德鲁埃这边全神贯注于外面的动静。他裹着长睡袍，走来走去，打探消息。有时，在特定的时段，一个人的潜能可以因为愤怒而激发出来，变得更加敏锐。那位戴吉卜赛帽子的夫人虽然坐在马车里，但与他曾经在长矛节或者什么地方见过的另一位夫人怎么那么像呢？那个坐在车里面、不时露面的戴圆帽和假发的大脑袋先生，怎么这么面熟呢？督政府的秘书纪尧姆先生，快点给我们拿来一个新指券。德鲁埃仔细查看新指券，将刻在纸币上的画像和马车里戴圆帽的大脑袋先生比较。我的天！两个人像一个模子刻出来的。再加上部署的军队、闲逛的军人和神秘的窃窃私语，我明白是怎么回事了！

村里的邮差德鲁埃作为狂热的爱国者、孔代的老龙骑兵，现在该决定怎么做了。快点，眼看新轿式马车快要套好马，扬鞭催马离开了。即使凭一时冲动，德鲁埃也不敢把缰绳抓到手里。丹多安可能会一剑把你刺穿。此地的国民自卫军少得可怜，虽然有三百支枪，但没有火药。而且他信心不足，只是有道德自信。作为孔代龙骑兵团的老兵油子，德鲁埃知道什么是最聪明的做法。他私下里找到了同是孔代老龙骑兵的秘书纪尧姆。在后者给最好的两匹马上马鞍时，他偷偷溜到钟楼把他知道的对人们和盘托出，然后和纪尧姆一起上马向东直扑而去，看看能不能找到援军。

在两人向东策马而去的同时，国王一家在钟楼散步的消息也传遍了整个村子，人人都兴趣盎然地窃窃私语。唉！丹多安队长命令他的龙骑兵上马，但他们抱怨肚子太饿了，要求先吃面包和奶酪。这简便的一餐还没吃完，整个村

① 雷米先生的报告，引自《舒瓦瑟尔回忆录》，第143页。

子已经满城风雨，尽人皆知。村民不再窃窃私语，而是声嘶力竭的叫喊！匆忙集合起来的国民自卫军要求分发火药。龙骑兵在爱国者和军纪、面包、奶酪和刺刀之间犹豫不决。丹多安偷偷把他写有密令的皮夹子交给勇敢的军需官，而马夫们则拿起马厩的叉子和连枷权当武器。尽管爱国者的喊声、叉子和连枷的碰撞声、命令声和马蹄声交织在一起，勇敢的军需官依然挥舞马刀，在咄咄逼人的刺刀丛中纵马冲开一条路。[①]他策马飞奔，很快就跑远了。跟在后面的只有几个士兵，其余的都同意留下。

与此同时，新轿式马车继续赶路。德鲁埃和纪尧姆在后面紧紧追赶，丹多安的士兵也在追赶这两个人。距离圣梅内霍尔德村的这几里路，爆炸性局面一触即发，王室军事护送队的链条已经以自毁方式土崩瓦解，结局恐怕凶多吉少。

第七节　午夜狂奔

这一切起因于引人注目的神秘护送队和十二匹马拉的轿式马车："玄秘之人不只守口如瓶，还应对泄露天机的蛛丝马迹讳莫如深。"第一个军人护送队已经以自毁方式土崩瓦解，所有其他的也将同此命运。疑神疑鬼的整个国家正以雷霆万钧之势群起暴动，堪比阿尔卑斯山雪崩前的征候，一旦爆发，雪球会越滚越大，一直从圣梅内霍尔德滚到斯特奈，一路上带来的将是废墟，将村民爱国者、农民、军事护送队、新轿式马车和王室全部裹挟到暗无天日的深渊！

浓郁的夜色笼罩大地。驿站马车夫扬鞭催马。王室一家的轿式马车通过克莱蒙时，上校德·达马伯爵低声跟车夫说了几句话之后，马车夫立即欣然以允诺的双倍价钱的干劲，驾车全速驶向瓦莱纳。这时，一个骑马的陌生人在疾驰

① 雷米先生的报告，引自《舒瓦瑟尔回忆录》，第134页。

的车窗前耳语了几句，就消失在夜幕之中。[①]庄重的旅行者有点坐立不安，但极度的疲惫终究占据了上风，他们开始昏昏欲睡。与此同时，德鲁埃和书记员纪尧姆仍然在后面紧追不舍，为保险起见还不时抄近路，同时像飞鸟一样把消息散布到每个地方。

生龙活虎的军需官也在纵马疾驰，沿途吹着军号，以便叫醒克莱蒙的龙骑兵。勇敢的德·达马上校命令一些克莱蒙的士兵上马，由年轻的号手雷米领路。但是，在克莱蒙的爱国执法官也得到了通知。国民自卫军要求分发弹药，村子“灯火通明”，爱国者都下了床，他们穿着衬衣，手里拿着腊头或油灯，警觉、匆忙地在街上点起星火。这是衬衣暴动形式的奇袭：在点点灯火下的克莱蒙，警钟齐鸣，鼓声震天，狂热的爱国者群情激奋，咄咄逼人。在这狂热的爱国主义的喧嚣声中，勇敢的年轻上校德·达马对自己率领的队伍，讲了几句感人的话：“你们在圣梅内霍尔德的兄弟受尽侮辱，国王和国家需要勇者。”然后，他下了亮剑的命令。可士兵们的手抚着剑柄，拒绝执行命令。“忠于国王的跟我走！”达马在绝望中大喊，然后在夜幕中疾驰而去，随他而去的只有两个忠诚的下属。[②]

一年之中最短的一夜，在克莱蒙成为本世纪无与伦比、最引人注目的一夜。这个夜晚的确可以命名为“午夜狂奔”！号手雷米和一起来的寥寥数人却走错了路，他们穿越了无数篱笆、树林和村庄想去瓦莱纳，疾驰数小时后才发觉正在向凡尔登方向前进。不幸的雷米，比只有两名绝望下属跟随的德·达马上校还惨！克莱蒙其他的护送队拒绝随他而去。而在其他村子的护送队里甚至还找不出两个忠于国王的士兵。在长鸣的警钟和群情激奋的气氛笼罩下，他们所有人都低着头，拒绝行动。

德鲁埃和书记员纪尧姆继续骑行，整个国家都是后盾。郭格拉和舒瓦瑟尔

① 《康庞夫人回忆录》，第2卷，第159页。
② 《克莱蒙执政府笔录》（《舒瓦瑟尔回忆录》，第189-195页）。

公爵正深陷泥潭，凭借悬崖、树干和岩石向上攀爬，在克莱蒙茂密的丛林中晕头转向，最后总算回到正轨。轻骑兵掉进了沟里，“在里面被困了三刻钟”，其余的人不愿丢下他们不管。从索莫维尔桥过来的这一路真可谓险象环生。舒瓦瑟尔公爵在王后的仆人莱昂纳多的陪伴下，离开巴黎已经三十小时了！一路上担惊受怕，跌跌撞撞，惊醒了密林鸟巢中的无数飞鸟，咀嚼了林中香草和吐出甘松的绣线菊，搅黄了一夜好梦。听！快到午夜时分，当繁星消失在天际时，瓦莱纳传来了长鸣的警钟。轻骑兵军官勒住马听了听："也许是着火了吧！"他说，然后依旧提心吊胆地继续骑行，想要看个究竟。

是的，勇敢的朋友，再加把劲。这的确是一场火灾，只不过是难以扑灭的火灾。在有陌生人通风报信的情况下，领先于其他骑士的科尔夫男爵夫人的轿式马车，在十一点左右仍然到达破败的瓦莱纳村。现在所有的城镇都已被甩在身后，避开了右面的凡尔登，布耶就在附近，并且有仲夏的夜幕掩护。由于这个村子没有邮局，于是，他们在村子南端的山顶停了下来，等待将军的儿子，即年轻的布耶率领的安排妥当的轻骑兵接应护送。但接下来他们不禁心头发紧：这里连马匹和轻骑兵的影子也没有！舒瓦瑟尔公爵那些用来接应的健壮马匹，大概必须吃燕麦才行，但在桥的另一侧高地上的村子里上哪儿找燕麦呢？轻骑兵大概在附近酒馆里边喝酒边等待。事实上，这几位旅行者晚了六个小时。稚嫩、外加有些愚蠢的年轻的布耶认为，当天夜里可能等不到人了，于是上床歇息。而黄衣信使经验不足，又不认识路，只好到处乱闯，打听路线，把沉睡中的村子搅得鸡飞狗跳。马匹也都累了，给多少钱驿站马车夫也不愿继续赶路，至少在招待他们进餐之前不会动身，连戴圆帽的所谓仆人怎么劝说都不行。

不幸的是，根据国王的手表计算，轿式马车在那里停了致命的三十五分钟。戴圆帽的陌生人一直在劝说穿着长马靴的车夫动身，疲惫不堪的马在吃草，黄衣信使在打听路线。与此同时，年轻的布耶正在高地上的村子里呼呼大睡，舒瓦瑟尔的队伍也都在睡觉。无法指望任何人帮忙，国王即使有钱也什么都买不到。仔细听，在黑暗的夜色里，隐约可以听见两匹马疲惫的马蹄声。骑手停下马查看路边巨大的轿式马车，两人唾沫四溅争论了一会儿，然后策马快速向村子跑去。这是德鲁埃和书记员纪尧姆！他们仍然领先于后面追赶的骑兵。虽然被打了好几枪，但他们并没有受伤。这种事可比德鲁埃的工作危险多了，但他是老龙骑兵，军人的智慧永远不会摇动。

正如有人描述的那样，瓦莱纳村呈倒立的马鞍形，位于起伏不平的沟壑里，阴暗而安静。整个村子处于沉睡之中，艾尔河静静地流淌，似乎在为它吟唱摇篮曲。但是，在位于集市广场斜坡高地的金臂酒馆，仍然可以看到有灯光在闪耀，还有牲畜贩子粗声粗气的说话声，他们还没有喝完饯别酒呢。系着白色围裙的博尼法斯·勒布朗在为他们服务，他很高兴地在一边看着他们喝酒。这时，德鲁埃进了酒馆，他把博尼法斯·勒布朗拉到一边，直勾勾地瞪着他，神秘兮兮地说："伙计，你是正儿八经的爱国者吗？""我当然是。"博尼法斯·勒布朗回答。"那样的话……"于是，德鲁埃急切地贴近他的耳朵，又说了一通只有博尼法斯听得见的话。[①]

博尼法斯·勒布朗立即动身，他对快乐的酒徒可从未这么麻溜过。敏捷的老龙骑兵德鲁埃和纪尧姆转眼间就翻到桥下，找到一辆运货马车把桥堵住了。他们把手头能找到的马车、酒桶、敞篷车、手推车等任何东西都堆在那里，直到马车无法通过为止。在把桥堵住之后，勒布朗及其兄弟，还有一两个他叫醒的觉悟高的爱国者，迅速来到瓦莱纳拱门下昂首伫立。他们一共有六个人左右，手持火枪，静静地等待轿式马车的到来。

轿式马车终于隆隆驶来：停车！灯笼从大衣下面露了出来，有力的胳膊抓住了马缰绳，前门和后门各被顶上一把枪："女士们，请出示你们的通行证。"不好！这是索斯先生，市镇的检察官，还是当地的蜡烛商和杂货商。他表现出公事公办的礼貌态度，而德鲁埃表现的却是一贯的粗暴作风和逻辑："尊敬的

① 两个自由的朋友著：《法国革命史》，第6卷，第139-178页。

旅行者，”他说，“无论是科尔夫男爵夫人，还是更高贵的什么人，都请到索斯先生家休息，等天亮再动身。”

哦，路易！哦，不幸的玛丽·安托瓦内特，命运注定了你和这样的男人共度一生！无动于衷的路易，你与生俱来的性格就只有麻木不仁和软弱无力吗？可你是法国的国王、掌舵人和君主啊！如果你有一颗雄心，如果你感到心中激荡着一丝勇气和豪迈的话，现在就站出来，否则就不配在这个世界上存在。“下贱的无赖！如果这是名流巨子呢？如果这是国王本人呢？难道国王在自己的王国里还不如乞丐，连在无障碍道路上旅行的权力都没有吗？是的，这是国王，你们知道之后就颤抖吧！国王说过，无论在法国还是在神权的国度，任何人不得藐视王权。他不会留在这个可悲的拱门下，生与死，你们必须在神和人的面前有个交代。如果是我的话，侍卫，车夫，给我冲！”可以想象随后会发生什么。勒布朗兄弟会成为残废，德鲁埃会从此闭嘴，检察官索斯会像融化在火炉里的蜡烛，化为一缕青烟而消失。路易继续赶路，再过几分钟就可以叫醒年轻的布耶，在挥舞马刀的龙骑兵的接应、护送下，胜利进入蒙梅蒂，进而改写整个法国历史！

唉，这样一个麻木不仁的人是不会这样做的。如果他具备这样的特质，他就不会来到瓦莱纳的拱门，并决定法国的命运了。他走出马车，所有人跟在他的后面。检察官索斯用他那杂货商的手拉着王后和伊丽莎白夫人，国王陛下牵着两个孩子的手。他们穿过集市广场，向检察官索斯的家走去。正如所记述的那样，来到他家的小房子，刚一坐下，国王就“要东西吃”。他得到了面包和奶酪，喝了一瓶勃艮第葡萄酒，并说，这是他喝过的最好喝的酒！

与此同时，瓦莱纳的官方头面人物和其他居民，匆忙提上裤子，穿上国民自卫军的制服。还有一些裸露上身的人滚动酒桶，砍倒树木，向四面八方派出侦察兵，警钟开始敲响，整个村子灯火通明。令人惊奇的是，这些小村庄在被午夜的战争警报惊醒时是如此团结一致，应对迅速，敏捷如当地突然惊醒的响尾蛇那样。警钟一阵紧似一阵，村民们的眼睛在烛光下，如发怒的响尾蛇的眼睛闪闪发光，整个村子准备咬人！老龙骑兵德鲁埃是总设计师和总司令，勇敢堪比鲁伊·迪亚兹。“做个合格的爱国者，”他喊道，“因为军队快到了，奥地利人和贵族想杀掉你们，内战就要打响，结果完全取决于你们！”连纽扣还未扣好的国民自卫军忙不迭地开始排队。正如刚才所述，其他人忙着滚动酒桶，砍倒树木，放置路障。男人只穿着裤子，女人穿着衬裙。转眼之间，村子就被路障封锁了。狂暴的民主似乎不仅是限于巴黎吗？无论阿谀之徒怎么说，答案显然是否定的。过去一死为国王，现在一死为自由，如有必要，也可以为反对国王而死。

这支雪崩般移动的骑兵部队就这样坠入了深渊，科尔夫轿式马车第一个冲了进去，永远无法化险为夷了。我们还需要说，在接下来的六个小时里，各地都会响起警钟吗？可怕的喧嚣笼罩整个克莱蒙，并向周边传播。龙骑兵和轻骑兵部队在道路和田地疾驰，国民自卫军在夜里拿起了武器，警钟接二连三地敲响，传递警讯。在大约四十分钟内，郭格拉和舒瓦瑟尔率领疲惫的轻骑兵终于到达瓦莱纳。啊，不仅发生了火灾，而且是难以扑灭的那种火灾！他们越过国民自卫军布置的障碍进入村庄，舒瓦瑟尔向士兵发出命令，他们用喉音严重的方言回应：“国王万岁！王后万岁！”似乎做好了战斗准备。他们先包围了检察官索斯的房子。这时德鲁埃则下达了更激烈的命令，怒吼道：“炮手准备开炮！”两门布满蜘蛛网的老式蜂窝野战炮，被信心满满的炮手们吱吱嘎嘎地推了上来。这一举动严重削弱了轻骑兵的嚣张气焰，并使他们不断后退。外加有人给口干舌燥的德国士兵送来了几壶酒，更是终结了他们对国王的忠诚。当工程师郭格拉一小时后赶来时，人们向他边打嗝边高喊：“国家万岁！”

出了什么问题呢？郭格拉、舒瓦瑟尔、德·达马伯爵和瓦莱纳的所有官员此时与国王坐在一起，但国王既未发布任何命令，也未做任何表态，只是和平时一样平静地坐在那里，像陶轮上的黏土一般。这也许是月光下包围房子的所有可原谅和可怜的泥塑像中最荒谬的一尊。承蒙索斯的宽宏大量，他可以在第二天早上与国民自卫军一道继续行程。可怜的王后！她的两个孩子睡在一张破床上。索斯的老母亲含着泪水，跪在那里高声祈祷神保佑国王一家。心高气傲的王后玛丽·安托瓦内特，也跪在索斯妻子和他儿子之间祈祷，周围都是蜡烛盒子和糖果桶。但一切都是徒劳的！外面有三千国民自卫军，很快会有上万人赶来，因为警钟的传播像大火吞噬干草一样快，或者更快。

终于被瓦莱纳警钟惊醒的年轻的布耶匆忙找了一匹马，前去通知他父亲。绝望的近乎歇斯底里的舒瓦瑟尔，命令奥布里奥先生也走了同一条路去见布耶。由于桥被路障堵死，他只得游泳过河。他一路策马飞奔，好像地狱猎人在后面追赶他。[①]他在通过杜恩村时发出了警报，勇敢的德斯龙队长和他那由一百人组成的护送队装上马鞍，即刻出发。德斯龙一个人进入瓦莱纳村，把手下一百人留在第一个路障处。如果国王愿意下命令，他提议绑架国王，但不幸的是他又说，"局面将更糟"。对此，国王路易回答：他没有命令发布。[②]

警钟一直在响，龙骑兵的到来没有起到任何作用。国民自卫军像乌鸦一样遍布全村。可怕的消息、越滚越大的雪崩终于送达斯特奈和布耶。[③]雷电之子、勇敢的布耶命令德国皇家骑兵团上马。他慷慨激昂地鼓励部队一番，每个连队发了二十五个金路易，然后出发。前进！威名远扬的德国皇家骑兵团！不必再去杜伊勒里宫，也不用抬着内克尔和奥尔良的半身像游行了，国王已经被俘，全世界大获全胜！这个夜晚不愧为午夜狂奔。

在六点钟，发生了两件事。拉法耶特的副官，德·罗莫夫先生快马加鞭赶到了瓦莱纳，正赶上上万名国民自卫军怒不可遏地厉声要求国王立即返回巴黎，以避免发生流血事件，场面令人心惊胆战。另外，舒瓦瑟尔的赛马骑师、正策马率领公爵接应队的英国人汤姆，在杜恩高地遇到了布耶。汤姆尽可能简单回答

① 奥布里奥先生的报告，见《舒瓦瑟尔回忆录》，第150–157页。
② 德斯龙先生的报告节选，见《舒瓦瑟尔回忆录》，第164–167页。
③ 《布耶回忆录》，第2卷，第74–76页。

了这个问题:"瓦莱纳形势如何?"然后问起该拿舒瓦瑟尔先生的马匹怎么办,以及他们要去哪里。"去无底的泥潭!"布耶铿锵有力地回答,随后命令德国皇家骑兵团继续前进,在咒骂声中不见了。[1]这是勇敢的布耶所做的最后一次努力。在进入瓦莱纳之前,他勒住缰绳,召集军官们开会,但为时已晚。国王路易在上万名武装人员众口一词的喧嚣声中同意离开。与此同时,还有六万人正从四面八方赶来。勇敢的德斯龙甚至在没接到命令的情况下,仍然带头纵身跳入河中。[2]他们游过一个支流,但无法游过第二个,于是,浑身滴水,气喘吁吁、疲惫不堪地原地休息。在河的对岸,上万人在挖苦嘲讽他们。此时,笨重的新轿式马车则踏上了返回巴黎的致命之路。在这个时代,大地没有尽绵薄之力,天堂也没有显现任何奇迹!

那天夜里,"布耶侯爵和我们二十一个人骑马越过了边境。卢森堡奥尔瓦尔的伯纳丁修士为我们提供了食宿"[3]。布耶一路上很少讲话,他思绪万千,缄口不言,一直向北而去,走向未知的未来。去西印度群岛吗?作为浑身是胆的猛将,他无法与移民一起风花雪月。去英国,那是去送死,以后就再也见不到法国了。荣耀属于勇敢的人。无论在任何战斗中,这个人都是一个实体,可以清晰表达出人类的价值,而不是妄自尊大的幽灵,或是尖叫、语无伦次的阴影。布耶是当时少数几个被交口赞誉的保王党领袖之一。

勇敢的布耶从此也消失在历史的长河中。这段历史是对那个伟大、神奇的事件和活生生的挂毯故事,所做的微弱而暗淡的再现,我们称之为"法国大革命",它根据事实和"响亮的时代编织机"编织自己。过去的勇士努力奋斗,然后离去。现在轮到可怕的德鲁埃登场进行新的努力,涂抹新的颜色:因为编织机就是这样工作的。

---

① 托马斯先生的声明,见《舒瓦瑟尔回忆录》,第188页。
② 《韦伯回忆录》,第2卷,第386页。
③ 奥布里奥先生的报告,见《舒瓦瑟尔回忆录》,第150—157页。

第八节　返回

保王党策划的逃往梅兹的阴谋诡计到此完全破产。这是他们的最后一搏，却功亏一篑，反而招致更致命的危险和灾祸。他们曾接二连三地巧妙策划无数阴谋诡计，结局都如地雷和霹雳般在轰然巨响中灰飞烟灭，百无一成！1789年6月23日著名的御前会议被轰得一败涂地，战神布罗利重装弹药，却使巴士底狱被夷为平地。然后是凡尔赛剧院的盛大晚宴，他们手持军刀激情唱起“哦，理查，哦，我的国王！”，加上饥饿的推波助澜，引发了妇女暴动，并涌现出戴洛瓦涅式的女英雄。恪守价值并不比虚张声势更为成功。布耶和布罗利的火枪同样无用武之地。他们为了这个事业前仆后继，结果只是加速其毁灭的进程，这似乎在昭示：这是一项人神共愤的事业。

在前一年的10月6日，国王路易在戴洛瓦涅小姐和二十万妇女的护送下，举行了前所未有、盛大的巴黎入城仪式。我们曾预言，他还会有两次这样的仪式。当他从瓦莱纳回来时，同样的欢迎仪式正在等着他，但这一次，戴洛瓦涅小姐不会陪他了，米拉波也不会“坐在随从的马车车厢里”招摇过市了。米拉波现在长眠于万神殿的墓穴里。戴洛瓦涅小姐则在列日被捕后，被关进了黑暗的奥地利监狱饱受煎熬。她从此与世隔绝，只有多瑙河的潺潺流水陪伴她，爱国者晚宴的灯光离她越来越远。她将与皇帝面对面交谈，会返回法国，但那时的法国将是一番什么景象！时光荏苒，沧海桑田，两年之间，一切改变。

如前所述，在所有的国王入城游行中，尽管成千上万人蜂拥迎候国王的御驾，但这第二次是最颜面尽失的一次，人民的心情已大不相同。巴黎爱国者，请耐心一点，国王的轿式马车正在路上，得等到星期六才能返回，因为沿途行驶缓慢，需要穿越六万国民自卫军的汪洋大海和无数骚动的民众。国民议会派出了三名专员前往迎接国王，他们是著名的巴纳夫、佩蒂翁、广受尊敬的拉图尔·莫伯格。其中，巴纳夫和佩蒂翁与国王同乘一辆车，每天陪伴在国王身边。广受赞誉、受人尊敬的拉图尔与德·图尔泽夫人、贴身侍女，在后面共乘一辆车。

于是，星期六晚上七时许，成千上万的巴黎人再次沿街排起队伍，这一次既不是来跳三色的快乐希望之舞，也不是要跳仇恨和复仇的愤怒之舞，而是默默地对未来感到莫名的忧虑和好奇。早上在圣安托万郊区贴出来的标语写着："侮辱国王路易者打死，称赞者绞死。"看哪，精致的新轿式马车终于在手持上着刺刀的火枪、穿着蓝色制服的国民自卫军的簇拥下，像海浪一样缓缓奔涌而来，在成千上万沉默不语的民众面前通过。三个黄衣信使被绳索捆在座位上，佩蒂翁、巴纳夫、国王伉俪、妹妹伊丽莎白和法国之子都坐在车内。

国王冷漠的脸上露出尴尬的微笑和无奈的忧伤。他只是淡淡地对轮番出现在他身边的官员说："好吧，我回来了。"这话意思明显，但潜台词是："我向你们保证，我不是要越过边界。"这番话既是可怜的国王内心的自然流露，也是教养的体现。王后陛下一直保持沉默，目光中充满悲伤和鄙视，对于王后来说，这再自然不过了。屈辱的御驾就这样穿越街道，从沉默不语、百味杂陈的民众面前经过。在莫尔西埃看来，这堪比由疯狂的贵族带着王室的纹章，陪伴王宫或克里斯平国王进行的大游行，只不过没有喜剧人物而已。[①]啊不，至少还有被绑在座位上的信使那样的悲喜剧人物，末日审判已经悬挂在他们的头上。看起来无比神奇，却令人悲伤。这是一个不幸的滑稽的悲喜剧。他们在尘土飞扬的夏日傍晚缓缓驶过街道，与身着色彩暗淡服饰的民众擦身而过，最后消失在杜伊勒里宫，去等待缓慢而折磨人的末日判决，强烈而严峻的刑罚。

民众想要抢夺那三个被绑的黄衣信使杀掉，但此刻坐镇的庄严的国民议会，派了一个代表团把他们救了出来，拥挤的人群慢慢散去。风尘仆仆的巴纳夫已经返回国民议会大厅，对自己的所见所闻发表了一份简短而谨慎的报告。实际上，这次旅程让巴纳夫一直抱持谨慎的同情态度，并因此而获得王后的信

① 《新巴黎》，第3卷，第22页。

任,他的贵族本能总能教会她明白谁是可信之人。这一点他与沉闷的佩蒂翁迥然不同。如果康庞夫人的说法可信的话,佩蒂翁在国王的轿式马车里舒适地享受午餐和美酒,在国王的鼻子底下把鸡骨头扔到车窗外面。当国王对他说:“法国不应成立共和国”时,他回答:“不,还不到时候。”[①]巴纳夫此后成为王后的顾问,但愿他的建议可以派上用场。王后陛下曾几次通过康庞夫人表达对他的重视,甚至说,如果有朝一日国王取胜,巴纳瓦不会被处决。

国王一家星期一晚上出发,星期六晚上返回。在短短的一周内,国王成果卓著。滑稽的悲剧以可怕的痛苦方式在杜伊勒里宫上演。王室前所未有地受到监视、禁锢和侮辱,即使睡觉时寝宫也受到严密监视。王后寝宫的门必须打开一条缝,好让穿蓝色制服的哨兵监视窗帘。有一次,王后睡不着觉,哨兵建议她坐在床头与他聊天![②]

第九节 沉重一击

国王被送回巴黎之后,最迫切的问题浮现出来:怎么处置国王?“丢弃他!”罗伯斯庇尔及其激进少数派坚定地回答。的确,面对一个本来应该留下统治人民,却逃跑、需要放在卧室里监视的国王,还有什么更好的办法吗?如果菲利普·德·奥尔良不是缩头乌龟就好了。但人们视其为死人,没有人对其心存幻想。“不要丢弃他,国王不可侵犯!他是被绑架的。无论如何诡辩和无理取闹,也要恢复王位!”这是立宪保王党的回答,死硬保王党自然也闻声响应,但忌惮使他们可能更具激情,而不是更加愤怒。巴纳夫和拉莫特兄弟也随声附和。他们同样因为游走于莫名的深渊边缘而吓破了胆,但他们自己是始作俑者,现在是自作自受。

---

① 《康庞夫人回忆录》,第2卷,第18章。
② 《康庞夫人回忆录》,第2卷,第149页。

恢复王位的进程需要竭尽全力才能水到渠成，即使不需要最清晰的逻辑，也需要强力手腕。著名的执政三巨头不惜牺牲辛苦赚到的人气，图隆真说，“再次把他们辛辛苦苦推翻的王位扶正，犹如在最高点把被推倒的金字塔重新竖起，但前提是其自身必须撑得住。

法国命途多舛，国运不济，不幸有这样的国王、王后和国体。这就是光荣的法国大革命的意义所在，别无其他。欺骗和失望在长期扼杀灵魂之后，现在开始折磨身体，当这一切导致破产和饥荒时，伟大的人民揭竿而起，以神的名义异口同声地说：“不要再欺骗我们了！”已经忍受、未来还要忍受几个世纪的悲伤和血腥恐怖，难道不就是为了人民的意旨——戳穿一切谎言，而要付出的代价吗？现在，哦，巴纳夫执政三巨头，你们想通过向人民灌输幻想，用一个谎言代替另一个谎言，来实现你们的愿望吗？三巨头先生们，这是痴心妄想！不过，除此之外，这些可怜的著名执政者和严肃的议员又能做什么呢？当真理让人诚惶诚恐、失望步步逼近时，他们会像鸵鸟般熟练地把头埋在土里保护自己，在那里等待。

看过整个克莱蒙人在狂奔之夜疾驰、驿车穿越法国、南特人突然惊醒、衣衫不整地跑上大街的读者可以想象，使事件妥善解决是多么困难。坐在最左面的罗伯斯庇尔，还有佩蒂翁和可怜的老古皮尔（因为第一个执政三巨头已被取代），在宪政派尖厉的鼓噪声中强烈要求废黜国王。但是，横扫整个国家的激辩和争论、报刊上针锋相对的赞成与反对之声、丹东的铿锵演讲、卡米耶·德穆兰辛辣的表达方式、坚毅的马拉夸张的血腥说法：可以想象这一切的结果。

正如我们预测的那样，宪政派团体脱离了母亲社团，成立了斐扬俱乐部，前者由于头面人物和德高望重的前辈出走而被迫关闭。邮寄或由代表团递交的请愿信纷纷到达议会，要求审判或废黜国王，或者以人民的名义剥夺其王位，至少祈祷由法国八十三个省共同商定。激进的马赛代表团还宣布：“我们的弗凯亚人祖先在第一次登陆时，曾把一只铁棒扔进海湾，在我们同意成为奴隶之前，这只铁棒将再次从地中海中浮出。”整个吵闹声持续了四个多星期，但问题依旧。而边界的移民潮则一浪高过一浪。[①]法国被这个重要问题搅得沸沸扬扬：这个世袭代表逃犯该当何罪？

1791年7月15日星期五，国民议会最后做出了消极的决定。得到消息后，剧院都关闭了，各种演讲者又在街头的石墩和活动椅子上重新活跃起来，墙壁上出现了官方标语，喇叭里传来小册子“呼吁抵制”的宣传声，但效果不大。在17日星期日，有一个事件值得一提。由布里索、丹东发起、科尔德利埃和雅各宾俱乐部鼓动与操纵的请愿书被放到了祖国祭坛，征求签名。所有巴黎人不分男女都放下工作，成群结队来签名后看热闹。历史作证，美丽的罗兰夫人也兴致盎然地“在早上”亲自到场。[②]几个星期之后，她将离开巴黎，但也许不久还会返回。

但是，看到伤心的爱国者犹豫不决、关闭的戏院、喇叭的宣传，说明这一天人们心中的热情极为高涨。除此之外，那天还发生了一个具有悲喜剧和谜语性质的事件，足以让所有人感到吃惊。当天早上，一个站在祖国祭坛木板上的爱国者（有人说是一个女性爱国者，真相不得而知）的鞋底，被木板的一个尖锐物刺穿而突然摔倒。心有余悸的伤者急忙把脚收回来后发现，是一个穿透木板的锋利钻头扎进了脚底，因而急忙拔了出来。这是一个神秘事件，也许是叛国行为。祭坛的木头架子立刻被拆掉，真相终于大白，但也许会成为永远的不解之谜。原来祭坛下面藏着两个人，他们面容憔悴，拿着手钻，其中一人还有一条木腿。他们大概是夜里过来的，还带了一篮子吃的东西，好在“没带一桶火药”，至少人们没有找到。他们假装在那里睡着了，看起来迷迷糊糊的，他们的道歉显得苍白无力：“只是出于好奇才无聊到钻了一个偷窥孔，也许只是抱着下流想法想看看春光而已。”这种说法无法让人信服。在人类的愚昧、欲望、淫荡、

① 《布耶回忆录》，第2卷，第101页。
② 《罗兰夫人》，第2卷，第74页。

虚伪和心魔中，是哪一种愚蠢可以在五十万人中选择两个懒鬼，让他们做这种勾当？[①]

唯一可以确定的是，这两个人和他们的手钻就在那里。爱国者们被这两个神经兮兮的倒霉蛋彻底激怒了，根据假设、怀疑和各种报告分析，反复对他们质疑之后，关进了最近的派出所，但很快又提了出来，各个小组再次进行了审问。最后，两个残废在神经彻底崩溃后，被作为莫齐埃的间谍吊死了，同时也永远带走了这个不解之谜。唉！有朝一日，当两个残废被作为普通人时，终将会像（也作为普通人的）铁面人一样成为历史之谜。人们总是对这两个人的动机津津乐道，但对我们来说，可以确定的只是，他们拿着手钻，带着吃的东西，拖着一条木腿，被当作不幸的傻瓜在路灯杆上被吊死了。

在请愿书上的签名活动以更激烈的方式继续进行。根据古董商保存的这张著名的纸，肖梅特的签字"流畅，并带一点斜体"。可恶的杜塞斯纳老爹赫伯特也签了字，字体好像"一只沾了墨水的蜘蛛掉在纸上一样"。执达员马亚尔也签了字。还可以看到很多十字叉，这是那些不识字的人写的。在巴黎通往战神广场的各条大路上人山人海，前来签名的男女爱国者来来往往，兴致高昂，把祖国祭坛挤得水泄不通。三十个长凳和整个内部空间挤满看热闹的人，他们走来走去，熙熙攘攘，有人看见一群男女还穿着周日的盛装。宪政派的莫齐埃先生正注视着事态的发展。巴耶也在现场，面色越来越严峻，这一切没有带来什么好处。他觉得废黜是最终结果，也许吧。宪政爱国者们，收手吧！火本身是可以熄灭的，但只是在刚起火时！

是应该收手，但怎么做呢？难道宇宙中第一个获得自由的人没有请愿的权利吗？是幸运，同时也是不幸，这里有暴动的证据：那两个在路灯杆上被吊死的人。证据，哦，叛徒莫齐埃先生！这两个人不是已经被你吊死，变成了你血腥红旗的借口了吗？这是很多爱国者以后还会问的问题，回答将会确定这一

① 《议会史》，第11卷，第104–107页。

违反常理的怀疑。

晚上七点半左右，又发生了一起新的事件。莫齐埃先生率领斜披绶带的市政官员，在国民自卫军巡逻队的陪同下，排着密集的队形，由鼓手开路，毅然向战神广场挺进。市长巴伊拉着长脸，举着红旗，如同肩负痛苦的职责一样走在前面。看到军队以戒严令的名义，红旗打头，随着鼓声，从巨石门源源直奔祖国祭坛而来，成千上万的人开始发出愤怒的呼喊和无情的嘲笑。军队所到之处受到野蛮的辱骂、抨击和讽刺，以及劈头盖脸的石块、泥巴、粪便，甚至还有一声枪响。巡逻队先是朝天开枪，最后枪口放平，开始连续射击。于是，在庆祝崇高的联盟节后的一年零三天，在同一个广场法国再次陷入腥风血雨之中。

只有“十二个人不幸被杀”，巴伊清点人数之后报告说。但爱国者将这个数字提高到数十甚至数百人之多。这个日子不会被遗忘，也不会被原谅！爱国者在谩骂和诅咒声中离开了广场。卡米耶·德穆兰在日记中没有提到这一天。伟大的丹东和弗雷隆为了保命也都逃之夭夭。马拉转入地下，保持沉默。当局取得胜利，但这是最后一次。

这就是关于王室一家逃亡瓦莱纳的叙述。王位就是这样被倾覆，然后被鼎力扶持，并在自身撑得住的前提下继续巍然挺立。

第十二章

第一个议会

第一节　全体通过

在9月秋分之后的最后几个夜晚，当灰色的9月染上10月更深的颜色时，为什么香榭丽舍大道灯火通明？为什么巴黎载歌载舞？为什么燃放五光十色的烟花？9月的最后几个晚上举办了欢乐的晚会，巴黎载歌载舞，举国欢庆：宪法制定完成了！是完成，不是修定什么瑕疵。文本已经郑重提交给国王陛下，并在本月14日在礼炮声中被其郑重接受。现在，有灯火通明的街道、欢庆的场面、载歌载舞的民众和美轮美奂的烟花，我们应该为新的社会大厦献上贺礼，并先以希望的名义用烟火营造气氛。

修定宪法极为困难和敏感，在王室地位稳固时尤为如此。需要做许多必要的工作才能支撑和扶持宪法大厦。然而，恐怕现在做得已远远不够。以回心转意的巴纳夫为首的执政三巨头，包括拉博、杜波特、图莱，以及所有的宪政派议员都尽了最大努力。但是，由于极左派的同声反对，人民心存疑虑并迫不及待地希望尽快大功告成。虚弱而暴躁的右派保王党人坐在那里怨天尤人，百无一用，心有余而力不足。两百九十名议员之前曾庄严地分道扬镳，拂袖而去。但形势不断发酵，民心思变，希望形势尽快好转，倒霉的右派保王党机不可失！①

然而，人们发现，这股力量在允许的范围内仍然得到了支持。王室年俸和秘密资金得到了恢复。由忠诚的德·布里萨克公爵指挥、来自八十三个省的一千八百名国王宪政卫队，再加上值得信赖的瑞士雇佣军，可以说如虎添翼。以前那些忠诚的卫队无论名义上还是实际上都已解散，大部分人去了科布伦茨。如今这些无套裤汉出身、强悍的法国近卫军或中央掷弹兵也被遣散。他们在报纸上用粗暴的语言发表了告别词："祝愿所有贵族能在巴黎有一块我们都得不到的墓地。"②大革命的第一批士兵都已离开，他们在暗无天日的遥远地方徘徊了一年，直到最后以新的名称重新组建，并被派往前线与奥地利人作战。从此以后，历史上再也没有人提起他们。他们是杰出的军人，在世界历史上声名显赫，虽然根据历史的描述，对我们来说，他们只是嗜血成性、长着红胡子、浑身毛茸茸、系着皮带的无名掷弹兵而已。然而，时至今日，我们仍然不禁要问：是哪些阿尔古诺、列奥尼达斯、斯巴达人完成过同样的事迹？想想他们的命运：三年前 5 月的那个早晨，他们毫不留情地把德·埃斯普雷梅尼尔赶到了卡利普索小岛。两年前 7 月的一个晚上，他们拧着眉毛向朗贝斯克亲王贝森瓦尔一齐开枪。现在，历史默默地向他们挥手道别。

于是，这些无套裤汉看门狗，或者说更像是狼，一旦被从杜伊勒里宫牵走，

① 图隆永著：《1789年革命以来的法国史》，第2卷，第56–59页。
② 《议会史》，第13卷，第73页。

王权的呼吸就更自由了。国王今后将由一千八百名士兵保护，并还以各种借口逐渐膨胀至六千人，圣克鲁将禁止通行。这两个多月以来，瓦莱纳的创伤经过战神广场的流血事件已经平复、愈合。国王陛下恢复了以往的特权和“居住选择权”，虽然国王出于善良的动机更喜欢留在巴黎。可怜的国王！可怜的巴黎！他们会参加自欺欺人、华而不实的化装舞会，互相表演令人伤心的悲喜剧，虽然命运注定如此，但总是希望能时来运转。

现在，既然国王陛下已经在隆隆的炮声中接受了宪法，谁会不抱持希望呢？我们善良的国王被误导，但他的初衷是好的。拉法耶特提出大赦动议，以便全面宽恕和遗忘大革命造成的错误。现在，这场清除垃圾的光荣革命已经完成！但奇怪的是，“国王万岁”的旧式口号，以某种方式再次在世袭代表路易国王的周围响起。他们的国王陛下驾临歌剧院，为穷人施舍。如今宪法已经通过，王后陛下本人也可以听到欢呼声了。过去的已经过去。新时代即将开始！国王的銮驾无论是缓慢穿梭在灯火通明的香榭丽舍大道，还是在其他地方，都赢得强颜欢笑的人群的欢呼声。从车窗向外望去，到处是五光十色的灯光和快乐的人群，路易已经感到心满意足。然而，“在王后陛下那优雅温和的微笑后面却隐藏着深深的悲哀”。[①]在香榭丽舍大道抛头露面的这些才华横溢的体面人当中，挽着纳尔博纳胳膊的斯塔尔夫人，就是具有惊人洞察力的一个。她见过参与制定宪法的议员，通过散步时与他们的泛泛而谈得知，他们也担心这部宪法是否可以经得起考验。但在到处莺歌燕舞、灯火辉煌的节日气氛中，报贩们在摩肩接踵的人群中声嘶力竭地叫喊：“君主立宪，全体通过！”这是亚当之子的希望所在。拉法耶特、巴纳夫和所有宪政派，不是用他们的肩膀殷勤地支撑着摇摇欲坠的王位金字塔吗？几乎受整个法国尊重的宪政派里的斐扬派，每晚都在讲坛上发表演说，通过信件谴责不安分的雅各宾派，认为他们很快就要完蛋。这一点仍然存在很多不确定性，令人怀疑。但如果世袭代表足够

① 德·斯塔尔夫人著：《关于法国大革命的思考》，第1卷，第23章。

明智，而且走运的话，具有火爆脾气的高卢人不是有理由相信，无论地位如何，他都会逐步如愿以偿吗？

此外，我们必须重申，在宪法的制定特别是审议过程中，人们希望予其新生力量，特别是使其发扬光大，平稳运行，直至垂范百世，目前基本达到目的。运行两年的议会将被称为立法议会，七百四十五名议员明智地只在“积极的公民”中选出，甚至后者也是由更积极的选民选出的。他们将继承议会的特权，必要时可以自我授权或者自行解散，批准货币供应和谈判，监督行政当局，永久履行大宪法委员会的职能，代表集体智慧，以及上天赋予的与国家相关的繁文缛节。从 8 月份开始成立了两年的议会到现在运行顺利。由于大部分会议在巴黎召开，因而会址最终落在巴黎，同时对令人尊敬的前任议会，即大势已去的制宪议会致以伤感的诀别。议员将坐在长廊的旁听席虔诚地聆听演讲，待一切就绪即准备开会。

那么，宪法本身需要做什么改动吗？立法议会或运作两年的人民议会无能为力，只有制宪议会或国民公会才能有所作为，显然这才是最敏感的地方。大势已去的庄严的议会为此辩论了四天。一些人认为，三十年之内可以进行改动、至少是修订或重新润色。另一些人走得更远，把期限降到二十甚至十五年。庄严的议会起先确定三十年，但后来经过考虑而撤销，最终没有确定任何固定日期，而是根据未来的具体情况另行确定。总之，就是使问题悬而未决。毫无疑问，甚至在三十年之内就可以组建国民公会，但人们应该抱持这样的希望吗？无论立法议会，还是运作两年的人民议会，都权力有限，也许暗中在连续强化，为几代人服务可能足够，但这只是估算而已。

此外，应该注意到，该制宪议会没有一个议员已经或可能被选入新的立法议会。有人说，这些立法者的高风亮节令人感动！他们是自觉黯然离去的。更多的人说，他们性情乖戾，彼此心存芥蒂，没有人甘心在其他人的压力下履行自我否定法。讲求实际的人说，在任何情况下，他们都是笨拙愚蠢之辈。但请注意，他们有另一个自我否定的习惯，即他们当中没有人适合做四年或更短、即使经过长期辩论而改为两年的国王大臣，或担任哪怕是最卑微的宫廷职务。廉洁的海绿脸罗伯斯庇尔也是这样说的，他品格高尚，却没有人愿意为他效力。这个法则并非多余，它可以将穿着神秘斗篷的米拉波送进圣克鲁的花园，参加诸神的对话，立于不败之地。无论幸运与否，现在已经不需要对付米拉波这样的对手了。

事实上，最受心地善良的人们欢迎的，是拉法耶特提出的体贴的大赦计划。纠缠不清的阿维尼翁联盟也受到了人们的欢迎，因为，从头至尾，他们为我们赢得了三十多场辩论会，也许只是证明走运而已。建造《社会契约论》的传道者、道德高尚的让·雅克·卢梭雕像的命令已被颁布。瓦莱纳的德鲁埃以及凡尔赛老一辈世界著名的网球场主人、实至名归的拉达耶都没有被遗忘，他们每个人都得到了品德高尚的评价和奖金。[①]至此，一切顺理成章地妥善解决：代表团、委员会、王室及其他仪式都低调行事。国王现在亲切地大谈和平与安宁的可贵，议员动情，甚至含泪回答："是的！是的！"支持法律改革的议长图莱站起身，铿锵有力地做了难忘的最后发言："国民制宪议会宣布，它已完成使命，会议全部结束。"不可腐蚀的罗伯斯庇尔、善良的佩蒂翁在震天的欢呼声中，被人们用肩膀抬回家。其余的人安静地回到各自的住所。这是1791年9月31日的下午，第二天早晨，新的立法议会即将开始工作。

于是，在街道的流光溢彩和香榭丽舍大街的五光十色，以及火花四溅的烟花和得意忘形的人群中，第一个国民议会寿终正寝，正如他们所说的那样，融化在空虚的时间长河中，不复存在。国民议会虽然消失，遗留的工作仍在。而人类和自身的所有事业都必须有始有终。这是产生于时间长河的虚幻现实，与我们其他人大同小异，无不在时间长河的潮涨潮落中随遇而安，长久留在人们的记忆之中。无数奇怪的议会，如古代犹太人的最高法院、古希腊的近邻同盟，

---

① 《箴言报》（《议会史》，第11卷，第473页）。

贸易联盟、泛基督教同盟、议会和大会，在这个星球上聚来散去，但也许从来没有一个像这样组建的庄严的制宪议会，肩负着奇怪的使命。从遥远的未来角度看，这也许是个奇迹。一千二百名口袋里装着让·雅克·卢梭福音书的议员，代表了两千五百万人，满怀制定宪法的信念：只有我们这个时代可以见证这样的场景，这是十八世纪的全盛时期和主要成果。这个时代奇观和怪物层出不穷，无法复制，任何福音尤其是卢梭所倡导的福音都不会再现。一旦证明那是正确和不可或缺时，就会成为人的信仰，但是已经足够了。

这一千二百名让·雅克福音传教士已经制定了宪法，成绩有目共睹。在二十九个月里，他们坐在那里，殚精竭虑，各展特长，可以说，这种才华足以驾驭卡罗乔的战车和奇迹般的反叛旗帜，这是崇高的事业，值得骄傲。然而，对于任何旁观者来说，依然有改进的余地。他们目睹诸多事件，有指向他们、突然间又在权力的介入下被撤回的大炮；他们看到战神布罗利消失在滚滚尘埃之中；他们看到巴士底狱和法国封建专制的倾覆。他们也吃了些苦头：王室会议、政治风暴和网球场誓言、圣灵降临节之夜和妇女暴动。他们做得已经够多了。制定宪法、发布法令、领导国家：在这二十九个月里，发布了二千五百条法令，平均每天三条法令，包括星期天！人们发现，有时雷厉风行是可以做到的：莫罗·德·圣梅里在离开公职之前，不是发布了三千条法令吗？这些勇敢的人心中抱持着信念。但信心是蜘蛛网，不是普通的布料，可以依靠它制定宪法吗？蜘蛛网和幻想都应该完全被抛弃，让位于现实。看在天地的份上，让这些残害灵魂、现在又来扼杀身体、让人无法容忍的公式消失吧。可以说，这一千二百人是时代创造的，他们的身前和身后各存永恒。他们像我们所有人一样在这两种永恒的交汇处工作，完成了交给他们的使命。不要说他们一无所成。他们有意做了许多工作，但无意中又做了多少？他们良莠不齐，既有巨人，也有矮子，他们完成的工作毁誉参半。他们离开了，永不复返。这样的话，他们不会带走我们的祝福和温柔的告别吧？

他们乘坐邮车、驿车、马车或步行，奔向四面八方。大部分人越过边境，成了科布伦茨的支持者。其中，莫里后来去了罗马，穿上了枢机主教的紫袍，但并未担任任何教职，而只是为了讨女人的欢心。尽管有自我否定法的限制，被逐出教会的宪政主教塔列朗·佩里戈，仍将前往伦敦担任大使。活泼年轻的肖弗兰侯爵此时正代表宫廷在那里担任大使。人们还可以在伦敦看到善良的佩蒂翁，在小酒馆的晚餐上，手里拿着酒杯，与宪法改革俱乐部的成员夸夸其谈。不可腐蚀的罗伯斯庇尔回到家乡阿拉斯静静隐退了短短七周，这是这个世界为他指定的最后的休息时间。他是巴黎市镇的公诉人、雅各宾派的大祭司、廉洁爱国者的一面薄薄的镜子。他贫乏的演讲天赋受到所有思想贫乏的听众的喜爱。这个人似乎想要崛起，但会到什么程度呢？他卖掉了阿拉斯不多的遗产，在一个弟弟和一个姐姐的陪伴下回到了巴黎，腼腆但坚定地为自己，也为他们计划卑微但确切的命运。他住进了原来圣奥诺雷大街的木匠家的老房子，哦，这位坚定、懦弱、不可腐蚀的海绿脸将走向什么命运呢？

拉法耶特也辞去了职务。他像辛辛纳图斯*那样隐退到农场的家里，但很快就会再次离开他们。从今以后，我们的国民自卫军失去了总司令，而由每个上校轮流担任，任期一个月。斯塔尔夫人和我们都认识的其他代表，仍然"若有所思地在街上漫步"，也许不确定该怎么办。一些人，像巴纳夫、拉梅特和杜波特，将继续留在巴黎，监督两年一届的新立法议会，即首届议会，如果可能的话，教导它如何运作，指点宫廷如何领导议会。

这些人若有所思地乘坐邮车、驿车在命运指定的地方闲逛。巨人米拉波已在伟人的万神殿长眠，但法国呢？欧洲呢？报贩们在摩肩接踵的欢乐人群中声嘶力竭地叫喊："君主立宪，全体通过！"作为今天的议会之父，昨天的议会之孙莫罗必须为明天有所作为。两年一届的新立法议会将在1791年10月1日开幕。

---

* 辛辛纳图斯，古罗马政治家，曾任执政官。曾隐居农庄，传说中的圣人。

第二节　法律之书

尽管存在时间和空间的距离，但如果说庄严的制宪议会吸引了整个宇宙的目光的话，却没有得到我们更多的注意，那么，可怜的立法议会又能得到多少关注呢？它也有左右之分，但多少都是爱国者，因为在这里贵族已经不复存在。他们在这里滔滔不绝地演讲、听取报告、制订立法计划、颁布法律、阐述特定时间内法律的使命。但人们注意到，法国历史在这里并未写下一笔。不幸的立法议会，除了悄悄为你掬一把泪之外，历史还能做什么呢？如果宪法和不断重复的全国宣誓有什么用处的话，随着时间的推移，为什么既强烈又温和、应该产生板上钉钉结果的首个两年一届的法国议会，在一年内就凄惨收场，而第二个还没来得及亮相？唉！像所有用那些爆炸性的联盟誓言建造、在屋顶呈现一派欢乐气氛的宪法大厦一样，应该产生板上钉钉结果的两年一届的法国议会，像脆弱的陶器，在一片喧嚣声中四分五裂，经过短短的十一个月，在其他虚妄幽灵的操弄下变得千疮百孔。除了用于罕见和特定目的的计划外，还是让其在愁云惨雾中安息吧。

总体来说，一个人对自身所知有限，而公共机构对自身更加无知！《伊索寓言》里落在马车车轮上的苍蝇惊呼："看我掀起了多大的尘土！"身着紫袍、手持束棒和徽章的省长，同样受到仆人、脸色阴沉的妻子和孩子的管制，或者在宪政国家，受到无所不能的编辑的管制。不要说我是什么了不起的人物，我在做什么重要的工作！其实你对此一无所知，只对名字有一面之缘而已。穿紫袍的尼布甲尼撒*建立了大巴比伦帝国，他喜欢成为帝国真正皇帝的感觉，但在七年的吃草过程的前夕，也不过是个无法分类的四不像。这七百四十五名民选议员并不怀疑自己组建了首度两年一届的议会，通过议会的唇枪舌剑来统治法国。但他们是什么人？他们来做什么？这类问题却是愚蠢、不明智的！

---

*　即尼布甲尼撒二世，新巴比伦国王，曾征服耶路撒冷，建造了空中花园。

很多人都感到遗憾的是，首度两年一届的议会里没有老制宪议会的任何成员，而那些人具备党派经验和议会技巧，否则就不会颁布可笑的自我否定法。显然，老制宪议会的成员会受到欢迎。但另一方面，究竟哪个制宪议会的哪些新老议员会从中受益呢？首度两年一届的议会如此定位，在某种意义上超越了智慧，在这里智慧和愚蠢只在程度上不同，没落和解体是两者的必然结局。

已经为老的制宪议会议员，如巴纳夫、拉梅特等预留了特别旁听席，他们可以凭荣誉身份坐下旁听，并习惯于嘲笑这些新的立法者。[1]但我们不该对他们冷嘲热讽！这可怜的七百四十五名议员是由法国活跃的公民一起选送来的，他们只是做好自己的本分和命运安排他们做的事情。我们可以理解他们具有爱国者与生俱来的秉性。贵族们或者逃出国境，或者坐在未被焚烧的城堡里苦思冥想着应变之策，对首届选举大会期待甚少。无论是逃亡瓦莱纳，还是匕首事件，或者什么阴谋活动，人民只能自求多福。因此，无论如何，人民都必须选择自己的捍卫者。他们永远不会放弃选择："即使不是最有能力的，也要是最精明的。"生性热情、对爱国主义宪法忠诚都是优点，而言论自由、谨言慎行则是优点中的优点。因此，人们不免有些惊讶地发现，在首度两年一届的议会里，有四百多名议员是律师或检察官。他们必要时可以发表演讲。当然还有长于思考甚至行动的议员。坦率地说，倒霉的首届法国议会的确需要一点才能和真诚，无论从哪一方面来看，都不会低于平均水平，只会高于平均水平。如果这个世界不送他们上断头台并让他们背负恶名的话，这些平均水平的议会不应感谢自己，而应感谢他们的明星。

正如我们所说，法国已经尽力而为。志存高远的人在分道扬镳之后，为了奇怪的目的重新走到一起。热情洋溢的马克斯·伊斯纳尔来自东南边陲，高唱赞美诗的卡尔多斯的克劳德·佛塞主教来自西北边陲。警句频出的米拉波再也不会坐在那里。唯一的米拉波现在是惯于户外工作的丹东，有人称他是"无套

① 《杜穆里埃将军的生平和回忆录》，第2卷，第150页。

裤汉米拉波"。

然而,我们在演讲和逻辑方面也拥有明星人物。口才一流的维尔尼奥是声音悦耳、性情浮躁的公众演讲者,来自加龙的吉伦特地区。不幸的是,他天性懒散,当需要他义正辞严地讨论和演讲时,他却正在和你的孩子坐在一起玩耍。大嗓门、粗鲁的噶代,严肃而明智的让索内,年轻善良、才华横溢而乐天的杜克,结局悲惨的瓦拉兹:所有这些人都来自吉伦特或波尔多地区,都狂热推崇宪法原则,具有才思敏捷、思维缜密的天赋,人品无暇,受人尊敬,他们希望建立一个自由至高无上的社会,但只能通过温和的体面阶层才能做到。在他们周围聚集了其他具有同样思想的人。后来,他们被称为吉伦特派,他们是向世界奉献的奇迹。其中就有哲学家孔多塞侯爵。他曾在巴黎市议会担任议员,研究过微分学,为巴黎报纸写专栏、传记和哲学文章,现在坐在这里担任两年议员。了不起的孔多塞具有一副罗马人的坚忍面孔和"冰雪下的火山"一样的热心肠,被不客气地称为"愤怒的绵羊",是最具破坏力的生物中最平和的人。最后,还有让·皮埃尔·布里索,命运一直与其同在,现在却抛弃了他。他也成为两年一届的议员。现在,国王就在他们中间。不安分、爱算计、口无遮拦的作家布里索,用了德·瓦尔维尔的封号,让外界无法理解,除非是他试图掩盖他父亲曾在格瓦维尔村当过厨师、开过小酒馆的事实,但这没什么丢脸的。这是一个类似磨坊主的人,只知不停地迎风转动,从不知偃旗息鼓。

这些人不乏天资和工作能力,他们也会尽力而为,做出成绩,尽管这不是在大理石,而是在流沙上进行雕刻!他们还没有拿得出手的产品,或者确实还没有出色到值得一提。加莱海峡选派的队长伊波利特·卡诺头脑冷静,精于算计,沉着坚韧。铁人卡诺深谋远虑、桀骜不驯、意志坚定,总是出现在需要他的时候。他仍然黝黑的头发在这祸福难料的时代正变得灰白,但他钢铁般的意志、毫不动摇的决心让他可以面对一切,并立于不败之地。

右派和保王党团体也并非铁板一块:沃布朗、杜马、荣誉骑士乔古尔都热爱自由，但对他们来说，君主制是第一位的。虽然他们敢于表达这种信念，但将被集聚的暴风骤雨席卷一空。他们中应该提及新军人西奥多·拉梅特，即使这只是因为他的两个兄弟的缘故，因为他们很高兴看到他坐在留给前制宪议会成员的旁听席上。言语空洞的帕斯多莱、油滑的调解者拉姆莱特和被称为温和派的沉默者大部分坐在中间。左派的人数依旧寥寥无几。极左派占据大厅最高的位置，似乎可以挟居高临下之便在高山上发号施令，因而得名“山岳派”，并成为历代和所有团体中最声名狼藉的名称。

荣耀并没在山上等候他们，甚至连奇耻大辱也没有。他们没有天赋的智慧，也没有语言和思想的优雅，唯一的天赋就是狂妄的信念和蔑视天地的胆量。其中胆子最大、最激进的是科尔德利埃的特雷奥、暴躁的莫尔林·德·西昂维尔和狂热的巴齐尔，后两者都是检察官。夏博是被剥夺了教职的圣方济会托钵僧，善于见风使舵。律师拉科鲁瓦曾一度戴过下级军官的肩章，他声音洪亮、脾气暴躁。还有宠辱不惊、因为倒霉而下肢瘫痪的古东：他似乎是因为在真爱（法律上是别人的）的闺房外坐了一整夜，着了凉，后来被人家追赶而逃命时陷入一个冰冷的沼泽之中，从那之后就只能拄着拐杖走路了。[①]而康蓬则把在贫民窟练就的财务天赋发扬光大，为他赢得了“纸币之父”的美誉。在受到威胁时，他竟然发出这样的豪言：“向城堡开战，才有茅屋的和平！”[②]来自凡尔赛的无畏的呢绒商勒古安特也格外受到欢迎，自从歌剧院宴会和妇女暴动之后他就名声大噪。人们在这里还见到了曾站在巴士底狱炮眼上的选民杜里奥，他参加过圣安托万郊区的民众起义，还亲历了后来发生的很多重大事件。最后是所有人中最阴险的老鲁尔，他面色阴沉，留着长长的白头发，来自阿尔萨斯一个信路德教的家庭。他没有受过任何正规教育，却拿着（上天恩赐用来为克洛维和所有国王施涂油礼的）圣瓶对兰斯的老人说，这只是一个没有价值的油

---

① 《杜穆里埃将军的生平和回忆录》，第2卷，第370页。

② 《报告选》，第11卷，第25页。

瓶,要扔到路上打碎。唉,这个人后来也轮到自己粉身碎骨,最后他的头被手枪击中而死。这就是他的结局。

火红的熔岩正在这个山岳的中心翻滚沸腾,世界和他们自己却一无所知! 到目前为止这个还不起眼的山岳与平原的区别,主要是其极度的贫瘠和光秃的外观,最大限度可以观望到的就是隐约的烟雾。然而,透过烟雾可以看到,一切坚定平和,没有人会怀疑,随着时间的推移,这座山会更加坚不可摧。他们所有人都不喜欢自由和宪法吗? 所有人都发自内心拥护,但有程度的不同。有些人,例如乔古尔骑士和右派,和保王党相比可能差一些,他们将会证明这一点。其他人,如布里索和左派,和保王党相比可能强一些。后者中有一些人可能更喜爱法律,其他人则不喜欢。各党派将粉墨登场,没有人知道形势如何发展。外界的暴力对这些人会产生影响,从异议发展到对抗,随着矛盾不断扩大而产生水火不容的仇恨,直到强者被更强者消灭,更强者被最强者消灭为止。谁可以伸出援手? 乔古尔和他的君主主义者、斐扬派或温和派吗? 布里索和他的布里索派,雅各宾派或吉伦特派吗? 这些人,以及科尔德利埃三巨头及其支持者,必须运用规定给他们的方式完成既定的工作。

可以想象,这可怜的七百四十五人是受到什么命运的驱使而走到一起的,世界对此知之甚少。对他们毫无怜悯之心就太过分了。他们内心是希望像第一个法国议会那样生活和工作,制定一部运行顺利的宪法。在议会组建之后最感人的宪法仪式上,他们不是几乎含着眼泪尝试过吗? 十二位长老庄严地负责送来宪法文本,即法律之书。制宪议会的档案管理员加缪和十二位长老,在军事仪式和刺耳的音乐声中,带着神圣之书进入会场。议长和所有议员共同举手宣誓,在欢呼声中连续三次发出心声。[①]他们就是以这种方式开始开会的。不过并非一切顺利。因为,同一天,国王陛下有些冷淡地接待了他们派出的代表团,他们本以为会受到他的欢迎,不料却感觉受到了伤害和轻视。因此,第二天,欢呼和

① 《箴言报》,1791年10月4日的会议。

发誓后开幕的第一届议会，纷纷谴责国王的行径，大家讨论了未来接待国王的仪式，以及是否剥夺他的陛下称号的议案。但在第二天他们又取消了头一天颁布的法令，理由是过于仓促，因为这只是非挑衅性的一时冲动而已。

议会里的会议开得热烈、满怀诚意，但一直火药味十足。整个过程就是一系列混战和争吵、渴望履行义务的真情实意、白日做梦的空话、对有嫌疑的国王大臣和真正的或有嫌疑的叛徒进行谴责和训斥、满腔怒火一齐指向气急败坏的移民、奥地利皇帝和设在杜伊勒里宫的“奥地利委员会”。愤怒、挥之不去的恐惧，紧迫、困惑和深深的疑虑。之所以紧迫，是因为实施宪法的时间表紧迫。在法案付印之前来不及在八天时间里三审通过任何法案，除非议会事先宣布紧急状态。对此，小心翼翼、严格遵守“宪法”的议会将权衡利弊，全盘考虑。另外，议会经常颁布紧急状态法令，因此，颁布紧急状态的议会可以自由宣布任何不可缺少甚至不合情理的法令。据估计，在十一个月内共颁布了两千多项法令！[①]制宪议会似乎时间非常紧迫，但是这届立法议会比他们还要着急。光阴似箭，他们必须跟上时间的脚步。可悲的七百四十五名真正的爱国者，在熊熊烈火烧到自身时必须逃离火海，参议院堆积着木柴和火箭，正冒着滚滚浓烟，而且风仍在为闪闪的火光推波助澜！

另一方面，我们可以回顾一下几个月前他们称之为“拉姆莱特之吻”的场景。国家的危险现在变得迫在眉睫，难以捉摸。作为法国希望的国民议会发生了分裂。在这样极端的情况下，里昂的新主教、甜言蜜语的拉姆莱特（意为甜心或妓女大利拉*）神甫站了起来，以委婉、悲怆的口吻呼吁所有庄严的议员，相互忘记悲伤和怨恨，重新宣誓，像兄弟一样团结起来。于是，大家在欢呼声中拥抱并重新宣誓。左派和右派一团和气，贫瘠的山岳冲向富饶的平原。帕斯托莱与孔多塞拥抱在一起，被冒犯者倒在冒犯者怀里。无论是两院斐扬保王

---

① 蒙加亚尔著：《法国史》，第3卷，第237页。

* 大利拉是《圣经》中参孙的情妇，将参孙出卖给了非利士人。

党还是极端雅各宾共和派，人人都眼含热泪只向宪法宣誓，而其他的都成了可恶的祈祷（anathema marantha）。[①]真是令人感动的场景！不过，第二天早上，在命运的驱使下，他们还会再次争吵。他们崇高的和解被嘲笑成“拉姆莱特之吻”或“大利拉之吻”。

命运已定的厄特克勒斯和波吕尼克斯兄弟*尽管拥抱在一起也是枉然，他们哀叹无法相爱，只能彼此仇恨并死在对方的手里，或者像在劫难逃的精灵一样，在受罚的艺术魔法命令下，去完成比水中捞月还难的使命：“让宪法畅行无阻。”如果宪法真的能一帆风顺就好了！唉，宪法不会随之起舞，反而会自我瓦解。他们会再次颤抖地将其一端提起来说：前进，金色的宪法！不过，宪法不会随之起舞。“宪法会勇往直前的。”亲爱的托比叔叔这样说，甚至还发了誓。而下士则黯然地回答：“在这个世界上宪法永远无法前进。”

正如我们经常说的，只有在不是代表法国人古老的习俗和陈旧的信仰，而是更确切地代表他们的权利和权力时，宪法才会一帆风顺。这两个耳熟能详的范畴不是可以合二为一吗？法国的古老习俗已经消失：她的新权利和权力只是纸上谈兵，还没有真正确立起来。在内外公理和权力面前，在大地、地狱和天堂之间，在包着裹尸布，在狂热的超自然痉挛的刺激下进行试验和检测之前，宪法都难以转变。但大势已定。在法国宪法实施过程中，三个因素可以说是不祥之兆：法国人民、法国国王、法国贵族和整个欧洲联盟。

第三节　阿维尼翁

但抛开一般性原则不论，在10月底时，在西南部是什么奇怪的事情吸引了所有人的目光？长期隐藏在浓密黑烟下面的可怕的星星之火，现在发展成

① 《箴言报》，1792年7月6日的会议。

* 厄特克勒斯为希腊神话中的底比斯国王，与其弟波吕尼克斯为争夺王位决裂，后二人在底比斯之战中同归于尽。

了熊熊大火。

南方的普罗旺斯是令人热血沸腾的地方。唉，在争取自由的道路上发生碰撞是不可避免的，不同的方向必然会产生这样的结果，同一方向的不同速度同样如此。发生在这个国家的历史风起云涌，不会对发生在别处的事件过多留意。在乌兹和尼姆，新教徒和天主教徒之间、爱国者和贵族之间麻烦不断，马赛、蒙彼利埃、阿尔冲突迭起。而作为真实与虚幻兼有的奇观，早就变得苍白无力的雅尔斯贵族营地，再次重新鼓噪起来（主要存在于想象中）。这是不祥的预兆，是一幅天然的贵族战争的场面。这一切悲剧都在致命地燃烧，还有日夜不断的阴谋、争斗和暴乱推波助澜。过去，火势晦暗不明，不引人注目，现在则众目昭彰。

在所有这些焖烧的星星之火中，阿维尼翁和沃奈辛郡尤为激烈。作为教皇领地，阿维尼翁城堡俯瞰罗纳河，在紫色的葡萄园和金色的橙树衬托下显得格外美丽。为什么普罗旺斯的末代君主、愚蠢的蹩脚诗人老勒内，非要把它送给富有的金冠教皇，而不是送给帽边缎带上拴着铅质处女像的路易十一呢？原因复杂，善恶交织！教皇和伪教皇与他们的随从，一起住在俯瞰罗纳河的阿维尼翁城堡。当彼特拉克以深沉忧郁的嗓音吟唱沃克吕斯温泉时，劳拉·德·萨德则去那里倾听弥撒。但这都发生在过去。

在如今新的时代里，这些事情不会再出自愚蠢的蹩脚诗人老勒内思如泉涌的笔墨。几个世纪过去了，我们拥有的是什么呢？是刽子手儒尔当指挥当地的一支三千至一万五千人的军队，称为“阿维尼翁匪帮”，他们自己又把这个称号改为“勇敢的阿维尼翁帮”。名字改得恰如其分。司令官儒尔当在逃过了夏特莱调查和妇女暴动之后开始经销染料，但是时局的发展给了他其他方面的施展空间。于是，儒尔当关闭了自己的店铺，揭竿而起，他做事雷厉风行。他剃光了红胡子，宽阔的脸膛变成了古铜色，上面布满了红色的斑点，这位森林之神西勒诺斯由于终日花天酒地而浑身浮肿。他穿戴好国民自卫军的蓝色制服和肩章，挎上了巨大的军刀，皮带上别着两支火枪，另外两支放在他的口袋里。他自任将军，实际是士兵的暴君。[①]读者应该注意到这中间的前因后果，以及老勒内的行为所产生的问题，即阿维尼翁现在是否应该停止接受罗马教皇管辖，而成为自由的法国城市？

混乱的局面大约持续了二十五个月。也就是说争论了三个月，激烈对峙了七个月，最终引发了十五个月的战斗甚至绞刑，因为在1790年2月，拥护教皇的贵族竖起了四个绞刑架作为警告。但人民在6月份发动起义，进行了疯狂的报复，迫使公共行刑人采取行动，吊死了四个贵族，一个绞刑架绞死一个拥护教皇的贵族。随后移民在阿维尼翁出现。拥护教皇的贵族越过罗纳河。天主教国家的领事递交了辞呈，然后逃离。接着是战斗、胜利、教皇特使返回、休战和新的攻击、各个轮次的战争。国民议会收到请愿书，大城市的议会相继开会，六十个最重要的城市投票支持法国统一，并给予自由的祝福。另外有十二个由贵族操纵的小城市发出不和谐之音，投票不予支持。大城市与大城市对垒，乡镇与乡镇对抗。长期嫉妒阿维尼翁的卡彭特拉公开宣战。当第一位将军在兵变中被杀之后，刽子手儒尔当就关闭了他的染料店。他带着炮兵明显有备而来，虚张声势、制造混乱，当然还有勇敢的阿维尼翁帮。他们竟然在众目睽睽之下，围困了对手的城市两个月！

这些成就无疑应该永载教区史册，但在世界通史中却默默无闻。我们看到绞刑架四处竖起，尸体成排摆放，惨不忍睹。悲惨的瓦森市长惨遭活埋。[②]麦田颗粒无收，葡萄园被践踏得一塌糊涂。到处是嗜血的暴行，疯狂和残忍恣意横行。总之，无政府主义的熊熊大火横扫一切，难以用言语形容！到了9月14日，国家制宪议会派专员听取了汇报和请愿后进行了辩论，自1789年8月以来的每个月都对此进行辩论，共举行了三十次会议，最后庄严地颁布法令：阿维尼

① 当普马丁著：《事件》，第1卷，第267页。
② 《巴尔巴鲁回忆录》，第26页。

翁及全郡并入法国，教皇将获得一笔合理赔偿。[①]

一切就这样得到赦免而结束了吗？唉，当人的血液中掺杂了疯狂和残忍，绞刑架四处竖起之时，一张羊皮纸法令和拉法耶特的赦免又有什么用呢？忘却之河不在地上流淌。拥护教皇的贵族和爱国帮在一切问题上均彼此对立，相互怀疑。正值庄严的制宪议会休假两个星期之际，1791 年 10 月 16 日星期天上午，还没有熄灭的火苗又突然重新燃烧起来。所有墙上都贴满了反对宪法的标语，据说圣母像都流下了红色的泪水。[②]因此，那天早上，“六大爱国者领袖”之一的莱斯库耶，在与他的弟兄们和儒尔当将军商量之后，决定在一两个朋友的陪同下前往教堂，目的并不是听提不起兴趣的弥撒，而是去会见一众教皇拥护者，并顺路看一看流泪的圣母像。这是科尔德利埃教堂，他在那里给他们提出了忠告。这是一个冒险的举动，后果严重。莱斯库耶究竟说了哪些话没有历史记录，但通过来自教皇的贵族崇拜者的尖叫声可以看出端倪，他们当中许多是妇女。几千人发出叫骂和威胁。看到莱斯库耶还没有离开，喧嚣声越来越大，几千人一齐跺脚。莱斯库耶的身体被锐利的缝纫工具、剪刀和针刺得千疮百孔。现场惨不忍睹，很难想象彼特拉克和他的劳拉一直长眠于此。[③]高高的主祭坛和闪亮的蜡烛陪伴着他们，圣母像的眼睛没有泪水，保持着石头的本色。莱斯库耶的朋友赶紧充当信使，跑回去向儒尔当和国民自卫军报信。但笨拙的儒尔当必须先占领城门，而无法像过去那样立即动身驰援。等到他到达科尔德利埃教堂时，那里一片寂静，空无一人，在高高的主祭坛下，只有莱斯库耶孤零零地倒在血泊中，浑身被剪刀刺得体无完肤。他幽幽地咽下最后一口气，永远结束了悲惨的一生。

这个场景让所有人为之动容，残忍的阿维尼翁匪帮更是如此。莱斯库耶的

① 莱塞纳·德迈松著：《1791年9月10的国民议会报告》，摘自《报告节选》，第7卷，第273–293页。

② 《阿维尼翁市镇笔录》等。摘自《议会史》，第12卷，第419–423页。

③ 乌戈佛斯克罗著：《论彼特拉克》，第35页。

尸体被放进了棺材，苍白的额头上放着月桂头饰。人们抬着棺材在七嘴八舌的喊叫声中从街道走过，哀号声仍然比喊叫声更叫人揪心。铁青脸儒尔当伤心欲绝，脸色更加阴沉。市政府在巴黎发布报告、官方新闻和无数命令，并在调查和搜查之后逮捕了不少人。男女贵族被拖到城堡，挨肩并足地关在地窖里，眼睁睁地等着罗纳河水把他们淹死，无人相救。

他们就是这样在那里等着任人宰割。唉！铁青脸的总司令、刽子手儒尔当面色阴沉，武装的爱国帮还在哀哭死者，相关调查可能简化。再过一两天，无论市政府是否同意，爱国帮都会在阿维尼翁城堡的地下室成立一个军事法庭。他们的行刑人手持利刃在门口等待判决结果。判决简明扼要，不许上诉！刽子手的愤怒和复仇，不是白兰地可以平息的。附近就是冷冰冰的地牢（冰塔），只有亲眼目睹才能了解那里的惨状，语言无法形容。黑暗的阴影遮盖了残酷的罪行，笼罩着城堡地牢（冰塔）。唯一清晰可见的是进去的人多，出来的人少。儒尔当和他的爱国帮控制了市政府官员，无论是爱国的还是支持教皇的市政当局均听命于他。他成了阿维尼翁的霸主，全城在恐怖的气氛中一片萧肃。

这一切导致的结果是，在 1791 年 11 月 15 日，当普马丁的朋友及其麾下士兵，以及上司舒瓦西将军，率领着隆隆炮车开路、军旗招展、鼓乐齐鸣的步兵和骑兵，咄咄逼人地向城堡和阿维尼翁坚固的城门开去，三名新国民议会的专员以性命无虞的安全距离跟在后面。他们以议会和法律的名义要求阿维尼翁打开城门。舒瓦西一马当先，当普马丁和波弗尔蒙的"好男儿"（阿维尼翁过去非常熟悉的这些勇敢的宪法龙骑兵的称呼）在欢呼声和洒落的花瓣中进入城市。他们的到来为所有诚实的人带来喜悦，给刽子手儒尔当和爱国帮带来恐惧。接下来，我们看到，臃肿的铁青脸儒尔当装腔作势地挎着刀和四把手枪，立刻将城堡拱手让出。然后，掷弹兵随着他一起进入城堡。他们走走停停，在穿过冰塔时嗅到了可怕的呼吸声和声嘶力竭的叫喊声："砍了那个屠夫！"儒尔当吓得钻进秘密地道，一溜烟逃走了。

让被掩盖的罪孽大白于天下吧！一百三十具尸体，包括男人、女人甚至儿童（因为被偶然抓住的母亲吓破了胆，还来不及放下孩子），层层叠叠堆在地窖里腐烂变质，构成一个恐怖的世界。亲属们以南方人特有的感性，声泪俱下地花了三天时间，才移除和辨认出尸体。现在，他们跪在地上祈祷，心中充满怜悯和愤怒。最后，他们泪眼婆娑地唱着安魂曲，在鼓声中举行了安葬仪式，所有残缺不全的尸体都长眠于圣地，埋在同一个坟里。[①]

刽子手儒尔当逃到哪里去了呢？一两天之后，我们又一次看见他是在彼特拉克的浪漫的山区，他不断地用马刺催马疾驰。阿维尼翁年轻鲁莽的里古奈率领舒瓦西的龙骑兵，在后面不远的地方紧紧追赶。有这么夸张的骑手，没有哪匹马能发挥最佳状态。儒尔当的马在马刺的驱使下疲惫不堪，在渡过索尔加河时被卡在河中央动弹不得，怎么用马刺进行刺激都没用了。年轻的里古奈不顾一切冲了上去。铁青脸的家伙掏出枪威胁开枪，却被扭住领口，双脚被牢牢捆在马肚子下带回了阿维尼翁，差点死于街上的大屠杀。

这就是阿维尼翁和西南部地区燃起大火，并越烧越旺的过程。庄严的立法议会和母亲社团进行了冗长激烈的辩论，探讨在当下的时局应该做什么。冷静雄辩的维尔涅奥和所有爱国者异口同声地要求大赦，无论用什么方式，最好让他们相互宽恕和悔改，恢复信心，和平相处。这一派的票数独占鳌头。于是，西南部的纵火犯和煽动分子再次被赦免，或刻意被遗忘，因为忘却之河没有在大地上流淌！儒尔当本人像罪不至死的犯人一样甚至没有被吊死，而再次被释放。我们远远地看到他“在南方各地依然扬眉吐气”。[②]他们穿了什么可以刀枪不入的衣服？

看过铁青脸在南方各地扬眉吐气之后，我们必须离开这些地区，让他们在烈火中化为灰烬吧。他们对这些还没有移民的傲慢的老贵族并不热衷，用象征

① 当普马丁著：《事件》，第1卷，第251–294页。
② 两个自由的朋友著：《法国革命史》，第7卷，巴黎，1797年，第59–71页。

性的黑话，称呼在阿尔勒的贵族秘密协会为“破抹布”，还会很快在阿尔勒的石子路上建起反对贵族的路障。为此目的，热情激昂的爱国者里贝基携带大炮对马赛虎视眈眈。铁棒还没有在马赛湾上方竖起，热情的马赛之子不会甘心成为奴隶。里贝基采取明确的管控和杀一儆百的策略，一枪未放就解散了“破抹布”，恢复了阿尔勒的秩序。他登上一艘船在海岸游弋，用爱国者的敏锐目光监控圆形的石造碉堡，单独或带着小分队在各处视察，逐个城市厘清盲点，与当地讨论、争论或大动干戈。[1]该做的事情太多了。甚至连雅尔斯都显得可疑。因此，立法议会员富歇在辩论后建议，无论怎样都必须在博凯尔平原建立营地，驻扎专员。

在所有这些事件以及其他许多事情中，我们着重关注一件小事。马赛市政府秘书、年轻的律师巴尔巴鲁为了避免局势失控，在 1792 年 2 月来到巴黎。这是个帅气勇敢的年轻人，像斯巴达人那么强悍，但智慧有欠成熟。从他那黯然失色、深思熟虑的表情中，可以发现某种澎湃的狂热、南方人闪亮的色调，并未完全被死亡吞噬！还可以看到，里昂的罗兰夫妇再次来到巴黎，这是第二次，也是最后一次。国王在里昂及其他地方的视察职责已被废除。如果可以的话，罗兰希望可以申请到退休金。他与一些爱国朋友关系良好，并准备出版一本书。年轻的巴尔巴鲁是和罗兰一起来的巴黎。年老的斯巴达人罗兰喜欢甚至喜爱年轻的斯巴达人。可以想象，后者同样喜爱前者。但罗兰夫人呢？不要说话，任何话语都是毒药和邪恶。这颗灵魂是纯洁无瑕的，像大海的镜子一般清澈透明。如果两个人面对面，以一种悲剧性的忘我精神，沉默地看着对方的眼睛，一个人会不会觉得另一个非常可爱呢？这太下作了！她称他“俊美的安提诺乌斯”。我们以后还会提到这位杰出的女性。有一位杜东夫人（或者杜蒙等类似的名字，已经记不清了）在自己位于旺多姆广场的寓所，为布里索派和自由之友派议员提供丰盛的早餐，聚餐的都是当时举止优雅、笑容可掬的名流显贵，

① 《巴尔巴鲁回忆录》，第21页。摘自《议会史》，第8卷，第421–424页。

当然所费不菲。当天立法议会辩论的议题，可以在那里的长篇大论中确定下来，其他话题也就此提出。有人曾在那里见过严谨的罗兰，但他不是常客。[①]

第四节　食糖短缺

南方各个城市表面和内在都动荡不安，包括所有城镇和乡村。北方和南方大同小异，因为各地都多少有些令人望而生畏的贵族。虽然受到爱国者的严密监视，但后者成分复杂，从张扬的斐扬派到晦暗不明的雅各宾派，所以必须先盯好自己人再说。

我们称之为委员会法官的各省的领导人，都是由活跃阶层的公民选出来的，他们与市政府的官员和法官构成两个阵营。立法议会还必须面对各地心怀不满的神职人员。这些人脑筋顽固，信仰执着，做事狂热，阴险狡诈，为科布伦茨募兵，到处煽风点火反对宪法，图谋不轨。要怎么对付他们呢？他们是一丝不苟、刚愎自用之人，也许可以轻易对付，但必须行动迅速。未开化的旺代人很容易受到他们的蛊惑。即使头脑简单的农民、背着袋子的卡特里诺羊毛商若有所思地走过这些村庄时，也会心怀疑虑地摇头作罢！去年秋天两名议会专员来到这里，他们是心思缜密、那时还没有成为议员的根索纳和编辑加罗瓦。两个人在征求了杜穆里埃将军的意见之后，不声不响地进行了平和、有针对性的讨论和工作，平息了骚动，并写出了一份有利于当时形势的报告。

作为一个强人，将军本人并不怀疑可以在当地保持和平。他住进了尼奥尔城堡的漂亮套房里，在和蔼的居民中度过了最寒冷的几个月份，平复了人们紧张的神经。[②]为什么只有杜穆里埃在那里呢？因为从北到南的每个地方，看到的都只有没完没了的冲突随时演化成明火执仗的暴乱。南部的佩皮尼昂点亮

① 《杜蒙回忆录》，第374页。
② 《杜穆里埃回忆录》，第2卷，第129页。

了火把，敲响了警钟，准备突袭。北部的卡昂有过之而无不及，贵族们甚至是在大白天拿着武器在教堂聚集。各省之间和睦相处已不可能实现，一个弹药库被抢，一桩阴谋被发现。[①]没有食糖的理由还说得过去，但面包昂贵却加剧了饥荒的流行。法国北部的埃坦普的市长、可怜的西蒙诺，在粮食暴乱中打出了红旗，被饥肠辘辘、愤怒的人群活活踩死。在这个时代，当市长简直如履薄冰！很久以前，我们就知道圣丹尼的市长只因被怀疑就被吊死在路灯杆上。我们刚刚看到的是维森的市长被活埋，而现在是埃坦普可怜的皮革工人西蒙诺的惨死。拥护法制的宪政派不会忘记这些场景。

派系争斗、怀疑、面包和食糖短缺，造成了人们所谓的撕裂。这些贫穷的地方、法国和所有的法国人都被撕裂。除此之外，海外也传来了坏消息。黑暗的圣多明各，在香榭丽舍大道张灯结彩之前就已经接受了宪法，却被一把火烧掉，这是另一种与我们所熟知的完全不同的熊熊大火：磨拉石和烈性酒、制糖厂、种植园、家具、牛群和人群，混乱得一塌糊涂。从远处看法国的海角平原，则是一团升起的滚滚浓烟和火焰。

自从第一个三色帽徽箱子通过海关，这些脾气暴躁的克里奥人很高兴自家地面也有了巴士底狱以来，这两年发生了什么变化呢？我们常说，这片土地让人高兴，但只是为自己而存在。这些面色苍白的克里奥人牢骚满腹，你们这些有四分之一血统的年轻混血儿呢？这些深色皮肤的黑白混血儿呢？这些黝黑皮肤的黑人奴隶呢？巴黎布里索派和黑人的朋友、四分之一血统的混血儿奥杰也同样感到，起义是最神圣的职责。于是，自从愤怒和恐怖的怒吼以及奥杰点燃的这把火烧到最旺那时起，三色帽徽只在克里奥人的帽子上迎风飘动和闪烁了三个月。被逮捕并判处死刑后，奥杰在手心里拿着黑土或种子，向空中一洒，对法官说："看哪，它们是白色的。"然后摇了摇头说："白人在哪里？"

现在是1791年的秋天，从法国海角的天窗望去，浓厚的烟云笼罩着地平

① 《议会史》，第12卷，第131-141页；第13卷，第114、417页。

线，白天看是烟雾，夜晚看是火焰，里面夹杂着逃出来的白人妇女的恐怖尖叫声。魔鬼般的黑人骑兵队，穷凶极恶地大肆屠杀和劫掠。他们在丛林的掩护下杀人放火，因为黑人喜欢丛林。他们有几千人挥舞着短刀和火枪，张牙舞爪、杀声震天地发起攻击。如果白人连队顽强抵抗，他们就会动摇、胡言乱语、进而吓得立刻逃之夭夭。[①]可怜的奥杰被车轮轧得粉身碎骨。这把大火随即被扑灭，残余分子被赶到山区。但圣多明各随着奥杰的种子的传播而深受震撼，痛心疾首。黑人不可救药，像非洲的海地一样对世界是个警告。

哦，我的巴黎朋友，这难道不是和囤积居奇者、斐扬派阴谋分子没有区别了吗？这也是令人诧异的食糖短缺的一个原因！忐忑不安的杂货店主紧咬着嘴唇，眼看着爱国妇女称量的课税食糖，零售价瞬间涨到难以置信的二十五个苏一磅。“不吃不行吗？”当然可以，你们各个选区的所有爱国者、所有的雅各宾派，可以不吃！卢维和科洛·德·埃尔布瓦提出了这个建议，并毅然决然带头做出了牺牲。然而，作家怎么能没有咖啡呢？违背誓言是必然的！[②]

那么，这样一来，布雷斯特和航运利益不是会受到影响了吗？作为牺牲品，可怜的布列斯特满腹怨气，黯然失色。他们谴责海洋部长、贵族贝尔特朗·莫尔维尔是叛徒，让他和国王货船上的货物在港口腐烂。海军军官大多逃离或申请无薪假期。也发生了小小的骚动：要是没有布雷斯特苦役犯监狱、挥舞的皮鞭和看守就好了。不过，那里有四十名维约城堡的倒霉的瑞士士兵！戴红帽的这四十名瑞士人依然对南锡念念不忘，现在正悲伤地划着桨，放眼大西洋，可反射回来的只有自己悲伤的面庞。他们似乎忘记了希望。

但是，总的来看，我们不是可以用形象的比喻说，由于即将实施的法国宪法染上了风湿病，而心脏、关节和肌肉都忍受着剧痛，未来注定不会一帆风顺？

---

① 两个自由的朋友著：《法国革命史》，第10卷，第157页。
② 雅各宾派的辩论等，摘自《议会史》，第13卷，第171、192-198页。

第五节　国王与移民

众所周知，患有严重风湿病的宪法即将依靠自己踏上征程，尽管这是一个艰难曲折的长期过程。原因不外乎头脑健康无虞。但法国宪法的头脑是国王路易。他会怎么做，想必读者已经心中有数。这个国王既不能代表宪法，也不会拒绝宪法，总之对此无能为力，只会不断地问自己：我该怎么办？这个国王思维混乱，浑浑噩噩，做事心中无数，得过且过。根深蒂固的贵族式傲慢是与备受羞辱的悔改分子巴纳夫、拉梅特角力仅存的本钱，在信使、瓦卢瓦咖啡馆廉价的浮夸者、女仆、奸细和下属官员晦暗不明的泥潭中挣扎。激烈的爱国者一直冷眼旁观外面发生的一切，越来越疑虑重重。如此混乱的局面，他们能做什么呢？最多是互相抵消，零和。可怜的国王！巴纳夫和议员约库尔认真地讨论了这个议题，贝尔特朗·莫尔维尔和来自科布伦茨的使者同样如此。可怜的国王不断把头从一边转到另一边，却无法固定在一个方向。让正直的品质闪耀出光辉吧，因为如此尴尬的地位世所罕见。这个小小的事实，不是给很多事情蒙上了一层最悲伤的阴影吗？王后对康庞夫人哀叹："我该怎么办？巴纳夫这些人建议我们做的任何事情贵族都不喜欢，我的心情坏透了。没有人来跟我打牌，国王睡觉时也没有人来服侍。"[①]在如此迷雾重重的当口，除了一死，谁能有什么作为呢？

尽管国王认可了这部宪法，但他早就明白其用处不大。他研究并批准了宪法，但特别希望其无法贯彻执行。国王货船的货物在港口腐烂，海关官员已经离开，军队里军心涣散，道路破烂不堪，修缮不力，盗匪横行，公共服务费弛。他的执行委员会得过且过，或者将责任抛给宪法。"装死"是宪法的真实写照。这样贯彻宪法如何能一帆风顺？除非宪法先自找麻烦，否则国家不会对自己

① 《康庞夫人回忆录》，第2卷，第177-202页。

"深恶痛绝"。[1]这是贝尔特朗·莫尔维尔和国王所能提出的最好的计划。

然而，这个最好的计划如果被证明太慢或是失败的尝试呢？早有预见的王后以最隐秘的方式，日复一日地不断用密码给科布伦茨写信。由于参与午夜狂奔而被捕、后来被拉法耶特大赦出狱的工程师古格拉，催马往来于两地，充当信使。现在，国王伉俪在合适时会到骑术院大厅看看，说几句鼓舞人心的话（此时说的都是真心话），所有议员都热烈欢呼，感动得热泪盈眶。与此同时，马莱杜班明里结束了编辑工作，暗地里却将国王亲笔签名的信件带到国外，寻求外国王室的帮助。你能想象吗？心灰意冷的路易竟然在做这种事情！

国王政府的所作所为疯狂地从一个矛盾陷入另一个矛盾，水火交织，迷茫而摇摆不定，饱受指责。丹东和过去贫困、现在腐败的爱国者们坐拥大笔金钱。他们收受财物，享受从未有过的轻松和愉悦，随心所欲地旅行。[2]国王的政府也同样花钱雇用鼓掌的托。不动声色的里瓦洛尔手下有一千五百人靠国王养活，每月费用高达一万英镑，他称之为"天才职员"。演说家、记者、二百八十名鼓掌的托，每人每天三个先令：这是由人指挥过的最奇特的公务员队伍之一。杂志和账簿的作用仍然存在。[3]贝尔特朗·莫尔维尔以他认为灵活的方式，设法包下立法议会的整个旁听席。无套裤汉则被雇佣去根据信号鼓掌，他们还以为这是请愿活动呢。这个计策非常巧妙，几乎整整一个星期没有被发现，好像一个人发现一天过得太快，于是就去随意调整了钟摆，他觉得那是可行的。

我们还注意到，菲利普·德·奥尔良意外在宫廷出现：这是他最后一次在国王起床时出现。德·奥尔良在越冬后擢升到一直觊觎的海军上将职位，尽管此时整个舰队正窝在港口，日益腐烂。虽然这对他来说是喜从天降，但为时已晚！不过，他仍然拜访了贝尔特朗·莫尔维尔，委托他向国王表示感谢，因为他认为不必亲自向国王致谢。无论人们如何对其出言不逊，他都远不是陛下最大

---

① 《贝尔特朗·莫尔维尔回忆录》，第1卷，第4章。
② 同上，第1卷，第17章。
③ 《蒙加亚尔回忆录》，第3卷，第41页。

的敌人。贝尔特朗履行了委托之责，与国王陛下见了面，国王陛下表示满意。德·奥尔良似乎表现出忏悔之意，决心洗心革面，重新做人。但是，下个星期天，我们会看到什么呢？“下个星期天，”贝尔特朗说，“他前往王宫觐见国王，但并不知晓发生过什么事情的朝臣和习惯于在特定日子给国王请安的人群，让他受到奇耻大辱。他们故意在他身边挤来挤去，手脚并用推搡他，把他挤到了门口，不让他再进来。他只好下楼去了陛下的寓所，那里餐具已经摆放妥当。他甫一现身，就听见各处有人高喊，‘先生们，看好菜肴’，好像他口袋里藏着毒药一样。他的出现所引发的羞辱让他不得不退出王宫，无法见到国王伉俪。人群尾随他来到王后的楼梯。下楼时，有人朝他的头和衣服吐口水。从表情中可以明显看出他的恼怒和敌视，他怎么会无动于衷呢？”[①]他把这一切都归咎于国王和王后。实际上，他们对此一无所知，即使知道，也只会非常难过。贝尔特朗本人那天也在王宫，目击了这一切。

此外，对未向宪法宣誓的神甫的镇压，也让国王心绪不宁。移民的亲王和贵族迫使他玩弄两面手法，人民日益激烈的愤怒使他一再使用否决权，使冷眼旁观的爱国者疑虑重重。外部是爱国者掀起的暴风骤雨和愤愤不平，内部是混乱无序和阴谋诡计的重重迷雾。德·斯塔尔正施展浑身解数为她的挚爱纳尔博纳谋取战争部长的职位，并取得成功。如果国王可以前往鲁昂的话，就可以在勇敢的纳尔博纳的帮助下修改宪法。就是这个狂热的纳尔博纳去年曾率领龙骑兵抄近路，为逃亡的王室大婶们解围。更令人吃惊的丑闻是：据说他和她们是一家人。他现在正与他的德·斯塔尔驾车前往边境的军队驻地，传递不太可信的粉皮书。他身居高位，动辄指手画脚，成为炙手可热、万人瞩目的人物，然后随着时间的洪流翻覆、消散、付诸东流。

王后陛下的闺蜜、美丽的德·朗巴尔公主也在策划阴谋。作为爱国者愤怒的出气筒，她是个命苦的公主，可她为什么要从英国回到法国呢？她那温柔动

① 《贝尔特朗·莫尔维尔回忆录》，第1卷，第177章。

听的嗓音，在这个阴云密布、急风暴雨的世界里有什么用呢？一个可怜脆弱的天堂鸟，在这个怪石嶙峋的世界如何生存？朗巴尔和德·斯塔尔分别或一起公开策划阴谋。谁能估计出还有多少人无所不用其极地暗地里搞鬼呢？杜伊勒里宫里不是有个地下“奥地利委员会”吗？这是一个反国家的地下蜘蛛网，在我们酣睡时将触角伸到地球的各个角落。记者卡拉现在掌握了确凿的证据。对布里索派的爱国者和整个法国来说，这种可能性越来越大。

哦，读者，你对这样一部四肢受风湿水肿剧痛困扰、被歇斯底里的气息灌满了大脑的宪法没有遗憾吗？这是一部自相矛盾、永远无法实施甚至寸步难移的宪法。为什么德鲁埃和索斯检察官在那个不幸的瓦莱纳之夜，没有躺在床上睡觉？看在上天的份上，为什么德·科尔夫的轿式马车没有到达指定地点？这一幕幕支离破碎、南辕北辙的场景难以名状，也许震撼不已的世界在恐怖中依然惊魂未定吧。

除了法国人民和法国国王之外，还有第三个问题为法国宪法的实施蒙上了阴影：那就是整个欧洲联盟。现在有必要对此加以重视。如此璀璨美丽的法国，却因此笼罩在动荡的阴影之中。趁夜色远遁欧洲其他国家的卡隆家族、布罗泰尔家族都在策划阴谋。从都灵到维也纳、柏林，甚至远至北方寒冷的圣彼得堡，著名的伯克早就提高了他那洪亮的声音，雄辩地宣告了一个时代已经结束，根据他的描述，所指的是文明时代。很多人对他做了回应，包括卡米耶·德穆兰、人类的发言人克鲁兹、叛逆的裁缝潘恩以及各地令人尊敬的高卢捍卫者。但伟大的伯克保持沉默。“骑士时代一去不复返”，只会渐行渐远，取而代之的是更严酷的饥饿时代。杜布瓦-罗昂样式的祭坛变成了戈贝尔-塔列朗样式的祭坛，又很快转变到真正的主人手中。不要再搞这些花样了！法国的狩猎游戏和猎场看守人，在多佛的悬崖边发出痛苦的悲号。面对这样的场景，谁会说这不是世界末日呢？在群众运动风起云涌之际，谁会相信真理不是印在纸上的思辨，而是实践中的事实？谁会相信在骗子将要继承的地球——这个魔鬼的杰作——上，可以实现自由和博爱？谁会说教会、国家、王位和祭坛没有岌岌可危，甚至作为人类守护神的神圣保险箱，在锁头被打碎时不也一样被肆无忌惮地毁掉而荡然无存吗？

可怜的制宪议会可能以其特有的、审慎的外交姿态行事，声明其拒绝参与对邻国进行干涉、征服等勾当。但首先可以预期的是，古老的欧洲和新生的法国将无法和平共处。推翻了国家监狱和封建制度、面向整个地球发出隆隆的联盟炮声的光荣革命宣布，眼见并非为实。按照这个逻辑，那么欧洲各国政府到底是什么呢？法国又如何与其共存呢？在这样的生死对决中，只有一决高下，别无选择。

以各种语言印在棉手帕上的《人权宣言》被送到了法兰克福博览会。[①]是法兰克福博览会吗？《人权宣言》穿过幼发拉底河和神话般的达斯佩斯河，越过乌拉尔山、阿尔泰山、喜马拉雅山，被印制成了呆板的木刻和笨拙的象形文字，被翻译成了中文和日文。还会传播到何处呢？乾隆嗅到了咄咄逼人的威胁，更遥远的达赖喇嘛在揉捏和平的药丸。对我们来说，这犹如黑夜一般可憎！加把劲，你们这些秩序的捍卫者！他们处于骚动之中。所有从精神到肉体都睥睨天下的大大小小的君主们，在威胁下都眉头紧锁。外交使者快马加鞭，秘密会议频繁举行，戴着假发的智者对任何建议来者不拒。

因此，正如我们所说，小册子作者们拿起了笔，握紧了拳头猛击讲坛，引起广泛反响。高声叫喊“教会和国王”的钢铁之城伯明翰，去年 7 月，不知道为什么民怨沸腾，怒火燃烧。牧师们在巴士底纪念日聚会，最后演变成最疯狂、最具破坏力的骚乱。这是一次可怕的事件！在同一时期，我们还注意到，奥地利和普鲁士的君主，在萨克森的皮尔尼茨宴请移民。在 8 月 27 日，为了进一步实施可能存在或子虚乌有的“秘密条约”，他们提出了期待、发出了威胁，并声明，这是“国王们的共同事业”。

① 图隆永著：《1789年革命以来的法国史》，第1卷，第256页。

车到山前必有路。读者肯定还记得1789年8月4日，封建专制在几个小时之内就寿终正寝的圣灵降临节之夜。国民议会在废除封建专制的同时承诺给予“补偿”，并努力这样做。然而，奥地利皇帝回答，他的德意志君主们不能去封建化，因为他们需要捍卫和确保在法国的阿尔萨斯所拥有的财产和封建权，这是任何补偿都不够的。因此，这些拥有财产的君主发出的声明，被送到了各国宫廷，占了当时外交文书的大部分比例，使人人感到疲劳。考尼茨在维也纳争辩，德莱萨尔从巴黎回应，虽然这样也许不够犀利。很明显，皇帝和他腰缠万贯的亲王将会尽量接受补偿。虽然不会像过去和现在对待波兰那样瓜分法国，但可以通过复仇进行安抚。

现在，从南到北都是“国王们的共同事业”。瑞典国王古斯塔夫宣誓成为法国王后的骑士，如果不是叛徒安卡尔斯通枪杀了他的话，他将领导联盟军队。这实在是个悲情国王。[①]奥地利和普鲁士在皮尔尼茨商量对策，所有人都饶有兴致地等待结果。皇帝的书面答复从都灵传出，将在维也纳举行秘密会议。俄国的叶卡捷琳娜表示赞同，并准备提供帮助。西班牙的波旁家族也大张旗鼓地表示支持。军事动员部长、身材瘦削的皮特，则一脸疑虑地在圣詹姆斯的寓所观望。议员们在策划阴谋，卡隆家族在暗地活动。特务公开在德国各个城市的市场进行煽动，在穷人中征募士兵。[②]看看你的周围，美丽的法国正在被不可估量的蒙昧主义所侵蚀，但不会成为他们的囊中之物。欧洲正在行动起来，一拨接一拨的攻击接踵而至，最尖厉的叫嚣来自皮尔尼茨，结果只有战争。

但是，最大的麻烦是在科布伦茨的几千名全副武装的移民，在痛苦的仇恨和强烈的复仇情绪驱使下所形成的威胁。这些人包括国王的兄弟、除了邪恶的德·奥尔良之外所有的血亲亲王，好斗的卡斯特里、雄辩的卡扎尔、鲁莽的马尔塞涅、骁勇的布罗利、王室外戚、被侮辱的官员，以及所有越过莱茵河的人。

① 1792年3月30日的《年度登记簿》，第11页。
② 图隆永著：《1789年革命以来的法国史》，第2卷，第100-117页。

德·阿图瓦用亲吻热烈欢迎莫里神父，公开用自己的王室之心拥抱他！自从攻占巴士底狱、德·阿图瓦羞辱巴黎公民以来，规模大小不一的移民就已经开始，原因包括恐惧、急躁、愤怒和希望，后来发展成一个世界瞩目的现象。科布伦茨变成了一个外国的小凡尔赛，一个异教区的凡尔赛。据说那里充斥着争吵、阴谋、争宠甚至腐败等在复仇欲望驱使下小规模的老一套活动。

忠诚、仇恨和希望交织的热情已经上升到了极点，在科布伦茨的任何酒馆里，你都可以听到演讲和歌声。莫里协助内政委员会做出很多决定，首要的一件事就是保存每个移民到达的日期列表，早到一个月或晚到一个月，决定对未来战利品瓜分的份额。卡扎尔本人由于起初在某些场合说话，带有有宪政的论调而不受待见，这是原则问题。[①]武器在列日制造，三千匹马从德国的集市运来，招募的骑兵和步兵穿蓝色外套，红色背心和淡黄色的长裤。[②]他们有秘密的国内通信渠道和与国外的公开通信方式，有心怀不满充当间谍的贵族、被缺席审判的神甫和杜伊勒里宫的奥地利委员会。逃亡者受到活跃分子的鼓励。德国皇家军团的士兵几乎全部离开。开往法国的行军路线和战利品的分发方案已经确定，只等皇帝一声令下。“据说他们打算在水源地下毒。”但撰写报告的爱国者说：“他们无法毒害自由之源。”这句话被报以热烈掌声，我们只能鼓掌赞成。他们还设立了假指券制造厂，有人负责在内部分发和消费。我们现在向立法议会的爱国者揭发的人中有一个叫勒布朗。他年约三十岁，长着一头浓密的金发，暂时有黑眼圈，总是坐着一匹黑马拉的双轮轻便马车。[③]

不幸的移民，这是他们的命运，也是法国的命运！他们对本应了解的、自身和周遭的一切一无所知。一个不知道何时被打败的政党，可能会对自身和所有人造成灾难性的后果。没有什么能在隆隆的战鼓声中，说服这些人放弃推翻法国大革命的企图。他们确信，法国大革命只是打架斗殴者们咆哮发泄的闹

① 蒙加亚尔著：《法国史》，第3卷，第517页。图隆永著：《1789年革命以来的法国史》，同上。
② 参见《议会史》，第13卷，第11–38、41–61、358页等。
③ 《箴言报》，1791年11月2日的会议（《议会史》，第12卷，第212页）。

剧，在骑士们的刀光剑影和绞刑架的咔嚓声中埋葬自己，埋得越深越好。但是，有能够了解和评判自己、还了解周遭一切的人吗？有战斗的必要吗？直到被劈成碎片，这些家伙都从未相信一个无套裤汉会力大无比，直到被劈成碎片才相信已经太迟了。

在不针对在各地流浪的可怜兄弟的前提下，可以说，最大的祸根在于这些移民贵族与法国为敌。如果他们了解和理解这一点就好了！在1789年初，奢华与恐怖仍与他们如影随形：城堡被付之一炬，烧了几个月之久，8月4日才熄灭。如果他们不清楚什么应该理性地捍卫和放弃，大火还会继续燃烧。他们中仍然存在一个逐级递升的权力等级结构、权威层次结构，或者公认的相似制度。他们通过民众与国王团结在一起，将一方的权力逐渐传递并转换到顺从的另一方，使得权威和顺从成为可能。无论他们是否明白自身的地位和角色，在急风暴雨中持续许久的这场法国大革命，可能世世代代经久不衰。对于许多事情来说，这不是被折磨而死，而是安静的安乐死。

但这些人清高而傲慢，没有聪明到具备这种远见卓识的地步。他们怒目而视，鄙夷地拒绝任何改变，反而拔出剑，扔掉刀鞘。随着贵族逃亡敌对国家，法国不再有权力等级制度。法国高声谴责敌对国家的武装干涉，这些国家现在只想要一个这样做的借口。由于对干涉心存疑虑，妒火中烧的国王和皇帝本来会花点时间观察和思考。虽然国王身不由己，但国王的兄弟和法国的所有王公贵族、政要名流，不是都在以权力和权威的名义各抒己见，热情地对我们威逼利诱吗？他们纠集十五到二十万人在科布伦茨列队集合，边挥舞着武器，边大喊："前进！前进！"是的，先生们，前进吧，根据移民日期去分享战利品吧。

对所有这一切，可怜的立法议会和法国的爱国者，都是通过告密的朋友和得意洋洋的敌人得知消息的。而苏洛和里瓦洛尔天才俱乐部的小册子也在各地散发，传播至高无上的希望。墙上贴满了杜罗索的标语。"雄鸡报晓"由塔里安的《公民之友》不断传唱。《国王之友》的罗瓦约可以用精确的数字密码，为各入侵君主的特遣队命名，总共有四十一万九千名外国战士，外加一万五千名移民，还不包括报纸编辑每时、每天统计的逃兵。整连甚至整团的士兵高喊："国王万岁，王后万岁！"展开旗帜，越过边境。[①]这些说法纯粹一派胡言、捕风捉影。但对爱国者却不然，对罗瓦约来说也非同小可！因此，爱国者会争吵和鼓噪一段时间，但不会持续很久。欧洲一下来了四十一万九千名战士和法国骑士，人们大概合计，这回该轮到绞刑架大显身手了。

第六节　匪徒和亚莱斯

那么，我们要打仗了。但以什么状态迎战呢？我们可以由曾谎称已死、现在越来越振奋、急于对敌出击的执行委员会来迎战。

除了里瓦罗尔与他的天才俱乐部和二百八十名支持者一哄而上外，没有哪个公务员闻风而动。公共服务浪费严重，收税官收税也不再要阴险狡诈的手段。各个省的管理委员会（省级督政府）认为，保留可收税金用来支付必要支出是个好办法。我们的收入来源是重复发行的指券纸币。那么，罗尚博、卢克纳和拉法耶特率领的三大军团怎么办呢？守卫边境的这三大军团像脱毛期的三大群长颈鹤一样，境遇更加悲惨，军心涣散，桀骜不驯，未经过战火的洗礼，而老将军和军官都已出走莱茵河。传递粉皮书的战争部长纳尔博纳忙于招募新兵、采购设备、筹措资金。钱总是有问题。在筹措无望的情况下，他威胁要"拔出自己的剑"，为国捐躯。[②]

最大的问题是：该怎么办呢？我们该用命运极多眷顾的绝望藐视态度，拔出剑来对付愚昧的移民大军，还是等待时机，运用外交手段，直到我们的资源尽可能改善一些再说？可是，我们的资源会朝成熟方向改善，还是正好相反？

---

① 《国王之友报》（《议会史》，第13卷，第175页）。
② 《箴言报》，1792年1月23日的会议。《纳尔博纳部长传记》。

这个问题不好说，连最能干的爱国者也对此意见不一。布里索和他在立法议会的布里索派，或吉伦特派，高调支持第一个更有挑战性的计划。而雅各宾派的罗伯斯庇尔则大力支持后一个等待方案，为此，彼此还发生了争吵和指责，让爱国者之母抓狂。再想想这会对旺多姆广场的德·乌东夫人的早餐造成多大的困扰吧！每个人的心中都敲起了警钟，爱国者们，行行好，快点找出方案吧，时间不等人！在冬天还没有结束时，尼奥尔城堡里的豪华套房就收到了一封信。信是战争部长纳尔博纳写的，要求杜穆里埃将军前往巴黎对诸多事务提出建议。[①] 1792 年 2 月，布里索之友热烈欢迎他们足智多谋的杜穆里埃，他敏捷灵活、狡猾善变、不受约束，简直像穿着现代服饰的古代尤利西斯 *，一个多面人。

读者可以想象，美丽的法国正在被西米里族人的欧洲团团围住，蜂拥踩踏并燃起战争的熊熊大火。美丽的法国被自己制造的陈腐的社会机构或宪法捆住了手脚。背负着这样一部宪法的法国举步维艰！还有饥荒、心怀鬼胎的贵族和被开除教籍的神甫。在众目睽睽之下催动马车的那个叫勒布朗的人，在暗地里正做着可怕的勾当。工程师古格拉带着王后的密码，正在穿梭传递消息！

被开除教籍的神甫给曼恩-罗瓦尔省带来了新的麻烦。旺代，以及裁缝卡特里诺都怨声载道，忍不可遏。让我们再看一看亚莱斯：真实和假想参半的恶魔营地已经消失了无数次！在将近两年时间里，在爱国主义内在困境的灵光乍现中，这个营地在沮丧地消失后又再次神奇地复活。爱国者并不清楚，这其实是大自然最美丽的艺术品之一。保王党的老爷们以各种借口笼络塞维纳山区头脑简单、与世无争的居民。这些可怜人即使被说服，也不愿去参加战斗。但保王党巧言令色，不断拨动宗教那根琴弦："真正的神父受虐待，虚假的神父受侵犯，（过去被屠杀的）新教徒现在大获全胜，圣物都喂狗了。"通过如此叙述才使这些山民从内心迸发出愤怒的咆哮。"勇敢的塞维纳人，这样不就证明

① 《杜穆里埃回忆录》，第2卷，第6章。
* 即希腊神话中的奥德修斯，罗马神话中称为尤利西斯，曾献计攻破特洛伊。

你们响应了圣洁的宗教的召唤，对神和国王尽了义务吗？“是这样，是这样。”这些诚实的人总是这样回答。“但不管怎么说，大革命总是有什么好处吧？”看，无论我们怎么随声附和，事情只会按自身的规律和戏码运行与表演，而不会有根本改变。①

尽管如此，保王党依然可以竭尽讹言惑众之能事，把琴弦弹得更快，以前所未有的努力达到目的。在接下来的6月份，让人诧异的事情是，突然戏剧性成为现实的亚莱斯营地有两千人（号称七千人）开始高歌猛进。他们挥舞旗帜，端着上了刺刀的步枪，到处宣扬阿图瓦内战委员会的宣言。让里贝基或其他头脑发热的爱国者，如果他们太忙，就让奥布里中校立即组织国民自卫军把他们驱散、消灭掉，把老城堡炸得粉碎，这样我们就再也听不到他们的消息了。②

在二三月之交，根据记载，法国农村的恐怖气氛达到登峰造极的程度，接近疯狂。无论在城镇还是乡村，战争和屠杀的谣言甚嚣尘上：传说奥地利人、贵族和匪帮已经近在咫尺。人们纷纷带着妻儿老小，在尖叫声中四处躲藏。目击者说，任何国家都没经历过这样的大恐怖，即使称为恐怖时期都不为过。罗瓦尔河地区、中部和东南部的所有地区，也仿佛受到电击一样被波及，造成谷物也越发短缺。“居民在城门口构筑街垒，在楼上堆起石块，妇女们准备好开水，时刻准备好应付袭击。在乡村，农民随着长鸣的警钟集合队伍，冲上大路追捕假想敌。他们大部分手持木制镰刀，蜂拥来到街垒林立的城镇，有时自己难免被视为匪徒。③

这就是旧法国的日常，旧法国就是这样衰落的。没有人知晓这一切何时结束，但任何人都知道，这个时刻已经越来越近。

① 《当普马丁回忆录》，第1卷，第201页。
② 《箴言报》，1792年7月15日的会议。
③ 报纸等，《议会史》，第13卷，第325页。

第七节　宪法将举步维艰

对于所有这一切，可怜的立法议会被一部无用的宪法束缚住手脚，除了一番唇枪舌剑之外，无法拿出有效的药方。他们照例辩论、怒斥、谴责，将自己淹没在一片混乱的喧嚣中了事。

但他们那两千条奇特的法令付诸实施了吗？读者们，幸运的是，这些法令与你我并不相干。无论荒谬与否，都是临时法令，无须考虑百年大计。整整两千条法令，无论对我们是否有用，大部分被国王否决，幸存下来的不超过一半。1月17日，立法议会出于某种动机在奥尔良设立了高等法院。这一设想是前一年的5月由制宪议会提出的。但现实是：这是一个审判政治罪行的法院，理应有所作为。为此，议会同时附议规定无须国王授权，因此国王也无法否决。从前一年的10月起，神父也可以结婚了。勇于冒险的爱国神父们可以明目张胆地找女人，如果觉得这样还不够的话，还可以带着新配偶去法院，让整个世界见证他们的蜜月，让相关法律获得通过。

而对付那些固执的神父的法律虽然无趣，却有必要。与我们相关的关于神职人员和移民的两大系列法令，虽然经过无休止的辩论，却都遭到否决。这些顽固的神父，无论世俗与否，庄严的国民议会都必须加以驯服，必须动用立法权威迫使他们俯首帖耳，对他们进行压制，直到他们让步为止。然而，由于国王的否决权具有神奇的遏制力，因而，压制力量难以施展并发挥作用。

各种法律都因为否决而搁浅，令人悲哀。首先，在1791年10月28日，有一部立法公告，通过宣读和张贴而公布，内容是请国王的弟弟在两个月之内返回，否则罚款。殿下对邀请未作回复，也可能以调侃的方式通过报纸，请庄严的立法议会"在两个月之内回归常识，否则罚款"。为此，立法议会必须采取更强有力的措施。于是，在11月9日，议会宣布，任何在1月1日前没有返回的移民均有"阴谋嫌疑"，简而言之，均属"违法"。国王会否决吗？这些人的财产将被三重征税，或者被没收。这些都可以理解。但到新年时，却没有一个移民返回。于是，在两周后，议会发布了新的通告：殿下已被废黜，并被剥夺了王位继承权。不仅如此，孔代、卡隆和其他很多人均被指控犯下严重的叛国罪行，将由奥尔良高等法院审判。否决！像去年 11 月关于未宣誓神职人员法案的遭遇一样。议会宣布，他们将不再享受养老金，要受监控，如有必要，将被驱逐。否决！为此将采取更加严厉的措施，但答案依然是：否决！

一个接一个的否决让你的权威丧失殆尽！神和人都应该看到立法议会立场有问题。但谁的立场是正确的呢？有些人已经开始在议论“国民公会”了。[①]可怜的立法议会即使有整个法国和欧洲激励与刺激依然寸步难行，只能心怀愤懑，伤心欲绝地不断发起暴风雨般的动议，结果仍然是没有下文。剩下的只有狂躁、喧哗与黯然的愤怒！

议会大厅里的场面热闹非凡！无论议长怎么摇铃也无人理会，最后只好绝望地拍打起自己的帽子。喧嚣声持续了二十分钟才逐渐减弱。几个动作张扬的议员被送到修道院监狱关了三天！嫌疑人遭到传唤和审问。荣军院的老人德·松布勒耶必须交代为什么一直让门开着。有不寻常的烟雾在塞弗尔陶器工厂上空升起，这表明有人在策划阴谋。陶工们解释说，这是项链主教拉莫特留下的回忆录，被王后陛下买了下来。他们正在忙着烧毁证据。尽管如此，找一本回忆录依然易如反掌[②]。

此外，好像布里萨克公爵和国王的宪法卫队正在地窖里秘密制造弹药。这些保王党鱼龙混杂，其中很多是出没于赌场和妓院的亡命之徒，总数有六千，而不是一千八。每当我们进入城堡，他们显然都心怀鬼胎地打量我们。[③]于是，经过无休止的辩论，布里萨克和国王卫队被遣散了。他们只存在了两个月，甚至没有坚持到同年的 3 月。国王新的宪法卫队就这样轻而易举被取消了，他现

① 《议会史》，第12卷，第257页。
② 《箴言报》，1792年5月28日。《康庞回忆录》，第2卷，第196页。
③ 《杜穆里埃回忆录》，第2卷，第168页。

在只能由瑞士人和穿蓝色制服的国民自卫军保卫了。看起来这都是宪法引起的连锁反应。如果不是巴纳夫催促的话，新的宪法卫队永远不会成立。那些还未移民的老公爵夫人们对此嗤之以鼻，一副无所谓的清高态度。王后陛下也认为，不值得为此大费周章，反正贵族们即将大胜而归。①

现在，我们来看看议会大厅的舞台上正上演的戏码吧。这是宪法的倡导者，而非严肃的道德家托尔内主教。他要求取缔"宗教服装和讽刺漫画"。托尔内主教烧起了一把大火，然后摘下了自己的十字架，愤怒地甩在桌子上，仿佛这只是个抵押品或赌注。然后，他的十字架马上就被唱赞美诗的富歇的十字架，以及其他人的十字架和徽章盖住，直到所有的十字架都被踩在脚下。这位教士参议员还摘下自己的帽子，其他人也仿效他摘下刺绣罗马领，唯恐狂热的风暴再次把我们席卷而去。②

这场运动虽然搞得异常迅猛，但令人困惑，不切实际，你几乎可以称之为幻影：一种苍白、暗淡、骚动的幻象，就像身处地狱一样。在我们看来像幻影般无法无天的里盖，在这漫天谣言和断续的演说中为自己的理念辩护，把人的耐心推向极致。这个脾气暴躁的小个子男人把自己的演说词撕得粉碎，拂袖而去。其他体面的议员也气急败坏地撕碎了自己的文件。提昂维尔的梅林高喊："这样，你们就无法拯救人民了！"这样的场合当然少不了代表团。各种团体的代表团一般都心怀不满，总是与爱国者遥相呼应。妇女代表团要求允许使用长矛，并在战神广场演练。你们是女英雄，如果你们愿意的话，为什么不可以呢？在完成了使命并得到答复之后，她们在大厅里列队唱起了《一切会好的》，或者转来转去，跳起了"爱国者圆舞"、新的卡马尼奥拉舞、出征舞和自由舞。前律师、前士兵和前城门看守人、爱国者于格南在圣安托万议员的陪同下，谴责爱国反动派、饥荒、暴君和吃人的野兽，并质问庄严的立法议会："你们心中

① 《康庞回忆录》，第2卷，第19章。
② 1792年4月7日的《箴言报》。两个自由的朋友著：《法国革命史》，第7卷，第111页。

难道没有对付这些吃人的野兽的警钟吗？”[1]

但首先，当然这也是重中之重的事情，立法议会必须谴责国王的大臣。迄今为止，我们还没有谈到国王陛下的大臣，以后也不会谈到他们，因为这只会增加更多的幻影。他们被烦恼和悲伤压得喘不过气，没有一个人能把椅子坐热，至少从蒙莫兰离开后如此：“国王理事会的元老”甚至做不满十天！[2]斐扬宪政派里令人尊敬的卡耶·德·热尔维尔和不幸的德莱萨尔，或者贵族保王党里作为内克尔最后一个朋友的蒙莫兰，或者像贝尔特朗·莫尔维尔那样的贵族，都像幻影一样消失在巨大、沸腾的混沌中。虚弱无力、没有意义的可怜阴影被狂风裹挟而去，无须存在于人类的记忆中。

国王陛下的大臣无论何时被传唤、质询甚至被威胁和欺侮，都会用最圆滑的遮掩和诡辩手段回应，对此，可怜的立法议会无可奈何。只有一件事明确无误，即西米里族人的欧洲已将我们团团围住，法国则裹足不前（不能肯定已经寿终正寝？）。你们这些大臣，小心点！犀利的噶代将用交叉诘问和律师结论为难你，维尔尼奥搅动的暴风雨将劈头盖脸砸向你。不知疲倦的布里索提交了报告、指控，尽管很多逻辑不通，但现在是他人生的巅峰时期。孔多塞坚定地写出“立法议会致法国的一封信”。[3]急躁的马克斯·伊斯纳尔不会带着火和剑冲向西米里族敌人，但会以自由的名义宣布，这些大臣必须为此负责，而这里，责任的意思是死亡。

实际上，形势严峻。时间紧迫，叛徒就在那里。圆滑的贝尔特朗·莫尔维尔是著名的贵族，内心深处是条疯狗。他的回答和解释从善如流、狡诈、似是而非！但也许更引人关注的是，贝尔特朗把自己做的回答收回了。正当庄严的议会考虑该拿他怎么办时，大厅里灌进了烟雾。浓浓的烟雾呛得人无法呼吸，庄

① 《箴言报》会议部分（《议会史》，第13、14卷）。
② 《杜穆里埃回忆录》，第2卷，第137页。
③ 1792年2月16日，《报告选》，第8卷，第375-392页。

严的议会只得宣布休会！[①]真是奇迹！典型的奇迹！没人知道是怎么回事，但人们知道，“烧火和做杂物的人是贝尔特朗挑选的”。哦，黑暗、混乱的地狱王国，你有坦塔罗斯–伊克西翁的苦难*，有横扫一切、让人胆寒的大火和洪水，为什么没有忘却之河，让一切有个了断？

第八节 雅各宾派

但愿爱国者不要失望。我们在巴黎不是至少还有品德高尚的佩蒂翁和一个完全爱国的市政府吗？自11月以来，品德高尚的佩蒂翁就担任了巴黎市长。在可以自由出入的市政府，公众可以看到精力充沛的丹东，甚至刻薄的曼努埃尔，耶稣会坚定、急躁的比约·瓦莱纳，能力超群的编辑塔利安。他们鱼龙混杂，但都是爱国者。这是大多数公民期待的11月选举的结果。事实上，相比拉法耶特，宫廷更愿意支持佩蒂翁。所以，日薄西山的巴伊和他的斐扬派在勉强屈服之后，消失得无影无踪，或者说，由于红旗的阴影和战神广场的苦涩记忆而变得更加惨淡、苍白和不堪。世易时移，沧海桑田！如今的拉法耶特再也不似联盟日那时，坚定地把剑按在祖国祭坛上对整个法国宣誓，那时多么如日中天。糟糕的是，在那之后，他就被灾难性地调到最边远的地区，去指挥三支落魄的部队中的一支，备受冷落、怀疑和掣肘。

但是，在这个宇宙大都市里，爱国者足有几千狂热之众，他们难道不能自强不息吗？他们手中不是有长矛这把利器吗？巴伊市长没有禁止长矛，佩蒂翁市长和立法议会也开了绿灯。为什么不呢？既然国王所谓的宪法卫队都在秘密制造弹药。甚至国民自卫军本身也需要改变，由斐扬派贵族组成的参谋部必须解散。没有制服的公民当然也可以加入自卫军，拿着长矛站在拿火枪的士

① 1792年1月14日的《巴黎信使报》（戈尔萨的报纸）（《议会史》，第13卷，第83页）。
* 坦塔罗斯和伊克西翁均为希腊神话中的人物，因背叛了诸神的信任，被打入地狱永受痛苦。

兵旁边。同时，公民无论主动、被动与否，只要肯为我们战斗，都会受到欢迎。哦，我的爱国者朋友，这点毫无疑问！事实上，就算爱国者头脑清晰、让人尊重，也必须全心全意依靠阴险、难以捉摸的无套裤汉，否则就会成为过眼云烟，踏上通往地狱的不归路！因此，有些人会转过头，对无套裤汉不屑一顾，一些人会亲切地倚重他们，还有一些人会心怀忐忑地与他们相处。这三种人中的每一种都会有相应的命运。[①]

然而，从这个角度看，我们不是还有比所有其他更强大的志愿同盟军吗？那就是饥饿！饥饿是多么骇人的恐怖，带来的苦难难以计数！无套裤汉崛起的结果就是其他一切的凋敝。愚蠢的皮埃尔·巴伊几乎是不假思索地作了一首讽刺诗，让爱国者哄堂大笑，不是针对这首诗，而是针对作者，他写道："这里一切美好，只缺面包。[②]

不知你是否清楚，如果没有宪法、无能的议会（或称为大公会议）和让·雅克教会的全体会议，即母亲社团，爱国者是无法前进的。母亲社团有三百成年的女儿，可以说她们是尝试在法国每个村庄行走的孙女社团，根据伯克的计算，人数可达十万人。这才是真正的宪法，不是由一千二百名体面的参议员制定，而是由大自然本身酝酿而成，无须两千五百万人的照顾，成长全凭自身。雅各宾派是"文章的集大成者"，他们为立法议会挑起辩论，讨论和平与战争，事先搞定立法议会的议题，让哲学家和大多数历史学家狼狈不堪，因为他们不明智地认为这样理所当然。必须存在一种至高无上的权力，就是这种权力。其他权力都是空中楼阁。

母亲社团锐不可当：曾经有幸受到奥地利考尼茨的谴责，却备受爱国者的青睐。[③]它凭借勇气和运气铲除了斐扬派，至少是斐扬派俱乐部。后者在 2 月 18 日前还一副目中无人、不可一世的样子。让其关门大吉并销声匿迹使社团

① 巴伊的演讲、对请愿书的回应（1791年11月20日的《箴言报》）。
② 《巴尔巴鲁回忆录》，第94页。
③ 《箴言报》，1792年3月29日的会议。

心满意足，爱国者也摆脱了痛苦，在嘘声和吵闹声中离开。母亲社团已经扩大了规模，现在占据了整个教堂中殿。让我们一起来看一下我们的老朋友、前制宪议会议员、正直的图隆永，他有自己独特的视角。“雅各宾教堂的中殿，”他说，“变成了一个巨大的马戏团，四周的座位像圆形剧场向外逐级升高，一直延伸到圆形的拱顶的交界线。只有支撑一面墙、以前充当葬礼纪念碑的高大黑色的大理石金字塔孤零零地立在那里，现在用于充当职员的办公室。在高处的一个平台上有主席和秘书的座位，背后和上面是米拉波、富兰克林，最后还有马拉和其他人的白色半身像。正面是位于地板和拱顶交界线之间一半高度的讲坛，这样演讲者的声音就可以从中心向外传播。从这里发出的声音震撼了整个欧洲。下面正在酝酿的是惊雷和星星之火。一进入这个超乎寻常、巨大的马戏团，就会感到心灵难以抑制的恐怖和奇迹般的悸动。想象力会勾起那些古诗奉献给复仇女神的吓人寺庙”①。

在这个雅各宾露天剧场里发生的一些事件也在历史上占据了一席之地。在这边，伦敦辉格党和他们的俱乐部派出的代表团，在音乐会上挥舞着“宇宙里三大自由人民的旗帜”和英国、美国、法国三兄弟的旗帜。在另一边，是年轻的法国女公民。她们用甜美的嗓音送去了庄严的敬意和兄弟情谊，以及自己一针一线缝制的三色旗和麦穗。穹顶回荡着所有人发出的“三大自由人民万岁！”的口号声。场面极富戏剧性。戴洛瓦涅小姐在约瑟夫·舍尼尔（诗人舍尼尔）的搀扶下，在半空中的讲坛上控诉她在奥地利受到的迫害，为维约城堡不幸的瑞士人呼吁自由。②在布雷斯特水域的四十个瑞士人，要抱持希望，你们没有被忘记！

议员布里索在讲坛上发表了冗长的演讲，邪恶的卡米耶·德穆兰在下面不断插话：“下流胚！”虽然在科尔德利埃俱乐部沉默寡言，但在这里还是经常

① 图隆永著：《1789年革命以来的法国史》，第2卷，第124页。
② 雅各宾派的辩论（《议会史》，第13卷，第259页等）。

可以听到斯坦托尔·德·丹东那狮吼般的声音。面色阴沉的比约·瓦莱纳也在这里。郭洛·代尔布瓦为四十名瑞士人请命，动情处不能自已。喜欢引用格言的曼努埃尔简明扼要地用这个做结语："作为一个大臣必须去死！"整个露天剧场对此回应："所有大臣，所有大臣！"但是，正如我们曾经所说，这里的大祭司和发言人是啰唆、不可腐蚀的罗伯斯庇尔。当时的人们都有爱国主义情怀，在我们看来，单单这个事实足以说明：那一千五百人尽管并非命运攸关，但仍然不分昼夜、长时间静静地坐在下面听罗伯斯庇尔的演讲，张着嘴为他鼓掌，似乎要把他的话吃到肚子里。看台上的人无论多么疲劳，都没有人说话。他的演讲尖酸、虚无、软弱，像干燥的风那样苍白、贫乏！在一篇没完没了的肤浅演讲里，他反对立即发动战争，反对向红帽子和羊毛帽开战，反对许多事情，俨然成了爱国者的特里斯美吉斯托斯*和达赖喇嘛。然而，一个嗓音尖厉、目光犀利、宽阔的额头上有两道剑眉的小个子男人彬彬有礼地站了起来，表示异议。他是报纸记者卢维先生，引人入胜的《弗布拉斯的浪漫史》的作者。爱国者们，保持坚定！不要兄弟阋墙。法国农村由于大恐怖而惶恐不安，西米里族人的欧洲酝酿的风暴正咄咄逼近！

第九节　大臣罗兰

然而，到了温暖的春分时节，一丝希望为爱国者带来了些许光明：国王陛下任命了一个爱国大臣，他为了平息骚动、建立和平做了无数努力，这是最新尝试。这是好消息，也为德·乌东夫人的早餐会注入了新的活力。日内瓦人杜蒙甚至发表了演讲。最后，从 1792 年 3 月 15 日至 23 日，当所有谈判都结束时，爱国大臣就是我们看到的最好的结果。

外交大臣杜穆里埃将军负责与考尼茨和奥地利皇帝交涉，风格与可怜的

* 西方神秘主义学者，著有《赫尔墨斯秘义书》，传说是西方炼金术的鼻祖。

德莱萨尔完全不同,后者由于工作懒散而被奥尔良的高等法院解职。战争大臣纳尔博纳被时代的洪流裹挟而去,王室选定的可怜的骑士格拉夫很快被清洗。能力超群的工程师、军官、严肃的塞尔万突然荣任战争大臣。日内瓦人克拉维埃长久的梦想终于成真:担任了财政大臣。数年前,这个可怜的日内瓦流亡者魂牵梦系的是有朝一日当上财政大臣,现在梦想成真。他生病的妻子在医生的帮助下支撑下来,逐渐康复,没有放弃,而是成了胜利者。[①]最重要的是,谁当内政大臣呢?是里昂的罗兰·德·拉普拉特里埃!这是布里索派、公共及私人舆论,以及旺多姆广场的早餐会一贯的愿望。严谨的罗兰像一个贵格会教徒那样穿着节日盛装,光滑的头发上戴着圆帽子,随便用鞋带绑住鞋子,去杜伊勒里宫亲吻陛下的手。王宫大管家把杜穆里埃拉到一边说:"什么,先生!他连鞋扣都没有?"啊,先生,"杜穆里埃回答,看了看鞋带说,"都丢了。"[②]

此后,美丽的罗兰夫人离开圣雅克大街的高层寓所,搬入一度由内克尔夫人所有的奢华沙龙。不久以前,卡罗纳重新装饰了沙龙,是他首度引进了流光溢彩的奢华概念:威尼斯的镜子、抛光的镶嵌、贴面和镀金装饰,并通过摩擦神灯,使其变成了阿拉丁宫殿。他本人现在正在欧洲徘徊,为保住文件险些掉进莱茵河淹死!真是大公无私。美丽的罗兰夫人成就了人生最辉煌的时光,她每星期五都举办公开晚宴,大臣全体出席。餐具撤去后,她隐入书房,假装忙着写东西,不过,当比如说议员布里索和大臣克拉维埃发生争执时,她不会漏掉一个字,并会怯生生地居中调停,细腻中不失优雅。据说,这种突如其来的境遇让布里索神魂颠倒,初出茅庐之辈就更无法淡定了。

嫉妒之人暗示,罗兰的妻子才是大臣,丈夫不是。这无疑有利于加重她的罪名。此外,无论神魂颠倒的是谁,都不是这个勇敢的女人的错。她有着王后般的恬静和优雅,即使生活在乌尔苏拉修女院租用的阁楼里也是如此,还可以像年

① 杜蒙著:《回忆米拉波》,第20、21章。
② 《罗兰夫人回忆录》,第2卷,第80-115页。

轻的女仆一样自己剥豆做晚饭。她练达持重、学识渊博,知己知彼,洞察先机。她并非对贴面和镀金装饰一无所知,而是会安静地欣赏。这些装饰都是卡罗纳所做,他在这里举办晚宴,老贝森瓦尔与其婉转地小声交谈。然而,伟大的时刻是:我们终于看到卡罗纳远走高飞,接下来是内克尔。内克尔现在在哪儿? 瞬息万变的时代将我们带到此地,又裹挟而去。这不是宫殿,而只是商旅客栈!

日复一日,月复一月,这个不安定的世界就是这样处于风雨飘摇之中。巴黎和所有城市的街道每天白天人流涌动,晚上消失,躲到床上横躺睡觉,第二天醒来重新做垂直运动。无论愚蠢还是聪明,人人都在走自己的路。工程师古格拉来回穿梭,传递王后的密码。斯塔尔夫人忙碌不堪,无法拯救被裹挟在时间洪流中的纳尔博纳。德·朗巴尔公主琐事缠身,对王后爱莫能助。巴纳夫目睹斐扬派四分五裂、科布伦茨兴高采烈,最后请求亲吻王后陛下的手之后预言其下场悲惨,因而隐退格勒诺布尔的老家,与当地的一个富有的女继承人结了婚。瓦卢瓦咖啡馆和梅奥餐厅的老板每天都能听到胡吹神侃,沙龙里的那些残余贵族把新的大臣称为无套裤汉大臣。小说《弗布拉斯》的作者卢维先生在雅各宾派里日理万机,小说《恋爱魔鬼》的作者卡佐特在其他地方忙忙碌碌。老卡佐特,安静度过余生对你再好不过,因为这是一个魔法成真的世界。可以猜到,所有人都忙于在富饶的时间田里播种(一般是低劣的种子),这一点很快尽人皆知。

但社会爆炸本身具有某种恐怖、疯狂和神奇的特征:这确实是生活本身冥冥之中具有的特征。因此,如果你把其曼德拉草*连根拔掉,(寓言中的)沉默的地球会发出魔鬼附身般的呻吟,让人疯狂。这些变得成熟的爆炸和反抗,像大自然这株曼德拉草沉默的恐惧力量喷涌而出,但这是人的力量,而我们是其中的一部分。我们人性中魔鬼的一面已经爆发,也将把我们席卷而去。时间日复一日,每天相同,在不知不觉中变得不可抗拒。思想无时无刻不在积水成

* 在欧洲,曼德拉草被视为具有神奇的魔力,因为根部像人形,传说它是半人半草的生物,被拔出时,会发出人类的声音,听到的人会发疯。

洲，语言形式日新月异，习惯甚至服装，更明显的是行为和交易都在日益改换，这使法国注定与本身以及整个世界发生冲突。

如今，“自由”这个词只有与另一个词一起才会被提及：自由和平等。同样，在自由和平等的语境下，像“先生、恭顺的仆人、有幸”等类似的说法有什么意义呢？像苦难和封建这样的表达，即使只存在于文化深厚的省份，也应该根除！母亲社团很久以前就收到了这方面的建议，但现在无法做出决断。还要注意雅各宾弟兄正戴着新的象征性头饰：羊毛帽或睡帽，或称为红帽更好。这种深红色帽子不仅象征弗里吉亚自由，也是为了方便，当然还是为了讨好下层的爱国者和巴士底英雄，因为红色睡帽结合了所有这三种属性。甚至连帽徽也开始由三色羊毛制成，用了斐扬派特有的高级饰带，让人怀疑。但不失为时代的标志。

更重要的是，需要注意的是欧洲生产的结果，而不是其难产的过程。奥地利和普鲁士联盟接二连三的动作和叫嚣、关于考尼茨反雅各宾派的急件、撤回法国大使等，都需要持续关注。杜穆里埃应对考尼茨、梅特涅或科布伦茨的手段与德莱萨尔截然不同，态度变得更加严厉，尤其是对科布伦茨的回应更加坚定，结果是前功尽弃。1792 年 4 月 20 日，国王和大臣们来到骑术院大厅，公布事情的进展。可怜的路易“眼里噙着泪水”，提议议会宣战。在经过充分的辩论之后，那天夜里就发布了战争法令。

战争真的来了！巴黎从早到晚被充满期待的民众围得水泄不通，一直持续到晚上的会议。德·奥尔良与他的两个儿子也在现场，他愤怒地盯着对面的观众席。[①]哦，菲利普，你可以看看，这场可怕的战争会为你和所有人带来灾难。西米里族人[*]的蒙昧主义将携三次光荣革命之威为此而角逐。然后，经过二十四年的激烈搏斗、厮杀和踩踏而达成某种目的，不是协议，而是妥协和对

① 两个自由的朋友著：《法国革命史》，第7卷，第146-166页。
* 西米里族人属于印欧种族，根据荷马的记载，生活在北欧一带。

彼此拥有的东西做个大概确认。

还是让我们在前线的三位将军操心吧，让战争大臣、可怜的德·格拉夫骑士去考虑该怎么做，看看我们提到的三位将军和军队有什么本事吧。至于处于旋涡中的可怜的德·格拉夫骑士，所有的压力和责任集中在他一人肩上，使他失去理性，完全晕头转向，不知所措，最后决定辞职，渡过海峡，回到了肯辛顿花园。[①]他的职务由能干的工程师塞尔万取代，虽然只是个荣誉职位，但并不容易胜任。

第十节　佩蒂翁-国家-长矛

然而，色彩缤纷的泡沫和云朵在暗不见底的瀑布疯狂地翻滚，遮蔽了云雾和彩虹下的深渊！除了讨论与奥地利和普鲁士进行战争之外，还有一个更为激烈的议题：是否应该释放在布雷斯特服苦役的维约城堡的四十或四十二名瑞士人？释放之后，是否举办公共或只是私人的庆祝活动？

正如我们所看到的，戴洛瓦涅发表了演讲，科洛表示支持。在所有爱国者认为的南锡起义变成南锡大屠杀之际，布耶不是也出现在了生死攸关的午夜狂奔中吗？大屠杀受到人们的仇视，拉法耶特的斐扬派对此公开表示感谢惹怒了所有人。事实上，虽然雅各宾派的爱国者和解散的斐扬派，现在一只脚已经踏进坟墓，但他们拿起所有的武器，甚至戏剧武器，准备奋力一搏。于是，巴黎的墙壁贴满了瑞士人赞同或反对的标语。报刊也发起了论战。演员科洛舌战诗人布歇，雅各宾派的约瑟夫·切尼尔，宫廷马厩总管戴洛瓦涅对战他的斐扬派弟弟安德烈，市长佩蒂翁激辩杜邦·德·内穆尔。在两个月的论战中，人们的思想没有没有获得片刻的宁静。

荣耀归主！四十个瑞士人终于得到“大赦”。你们四十个人庆祝吧：把羊

① 杜蒙著：《回忆米拉波》，第19、21章。

毛帽子扔到半空就会变成自由的帽子。布雷斯特女儿协会欢迎你们上船，在每个人的脸颊上送上一吻。人们为你们的铁手铐是否是圣人遗物而争论不休，布雷斯特协会的确应该分到一部分，打造成长矛：神圣的长矛。但其他部分必须归属巴黎，与三大自由人民的旗帜一起挂在圆屋顶！这些人像鹅一样，面对强大君主制的长毛绒和苦役犯羊毛帽子，对一切和虚空咯咯尖叫。只有在其他人尖叫时，他们才会对自己的灵魂尖叫！

4月9日早上，这四十个瑞士傻瓜在震天的欢呼声和男男女女的簇拥下从凡尔赛抵达。人们不是领他们到立法议会，而是来到市政府，这也经过了一番周折。他们被好言安慰，安排食宿，赠送礼物。法院也赠送了礼品，但并非出于良心。公开的庆祝活动在下星期日举行。下星期日将是庆祝日。[①]他们被安置在一个船形的凯旋战车里，在鼓钹和全体居民的掌声中穿过巴黎街道，然后，来到战神广场和祖国祭坛，最后被马车载到不为人知的地方，因为时间总能带来解脱。

而被解散的斐扬派，或者说那个热爱君主制更甚于自由的政党，也有自己的节日：西莫诺节。这个节日是为了纪念为法律而死的、不幸的艾当普市长。尽管雅各宾派有异议，但他显然是为了法律而死，在谷物暴乱中他举着红旗被活活踩死。公众也参加了这个节日，但没有鼓掌，我们也没有鼓掌。

总的来说，节日和缤纷的彩虹水雾都令人目不暇接，像尼亚加拉瀑布的彩虹一样奔流而下，异彩纷呈。佩蒂翁市长举办了国宴，圣安托万和奥尔大市场的强人在雅各宾俱乐部的地盘进行了游行，桑泰尔说，如果他们不大唱《一切会好的》，并跳起爱国圆舞，幸福就不完美。其中我们很高兴可以认出戴白帽子的圣于吕日，跳卡马尼奥拉舞的圣克里斯托弗。然后在一个小姑娘献上一只鼓之后，人们随即决定今后各地的妇女洗礼都在祖国祭坛举行。晚宴结束后，在杜里奥和其他头面人物作为教父和教母的陪同下，赞美诗主教富歇主持仪式，

---

① 1792年2、3月的报纸。伊安博当·德雷舍尼埃关于瑞士人的节日等（《议会史》，第13–14卷）。

给这个小姑娘举行了洗礼，教名是佩蒂翁－国家－长矛！[①]现在这位越过生命子午线的不寻常的女公民仍然活在世上吗？还是出牙时就已经死了？历史会有个交代。

第十一节　世袭代表

然而，并不是跳起卡马尼奥拉舞、唱起《一切会好的》就可以万事大吉。布伦斯维克公爵不跳卡马尼奥拉舞，而是指挥他的手下忙活别的事情。

在边境，不管叛国与否，我们军队的作为都是大逆不道的。是指挥无方，还是本性难改？他们群龙无首、纪律涣散、图谋不轨。在长达三十年的和平中，他们从未经过战火的洗礼。无论怎么说，拉法耶特和罗尚博在奥地利佛兰德斯发动的小型武装冲突，都没有对练兵起到应有的作用。在第一枪打响之前或之后，草木皆兵的士兵就会突然尖叫："我们被出卖了！"然后心生恐惧而落荒而逃，只随便抓两三个俘虏交差，然后杀害自己的指挥官。可怜的西奥巴尔德·迪翁就被他们掳进里尔市的一个谷仓。

当维约城堡的苦役犯在议会大厅被接纳时，在妇女暴动中表现拙劣的古维雍，出于厌恶和绝望，退出了立法议会并辞去了议会的职务。他说："在奥地利人和雅各宾派之间，只有一个士兵死亡。"[②]在6月9日那个暴风雨的夜晚，他暴露在奥地利炮口下，在莫布奇的小冲突中丧生。立法议会的爱国者为他举哀，并在战神广场的哀乐声中举办了葬礼。许多爱国者为他感到遗憾，但真心的没有。拉法耶特本人就很可疑。他非但没有去与奥地利人战斗，反而是写文章谴责雅各宾派。郁闷的罗尚博退出了军队。现在剩下的只有喋喋不休的吕克纳，一个老普鲁士掷弹兵。

---

① 布里索的报纸《法国爱国者》（《议会史》，第13卷，第451页）。
② 《图隆永回忆录》，第2卷，第149页。

没有军队，没有将军！西米里族人却在夜色中集结完毕。布伦斯维克准备好了进军的檄文。让爱国大臣和立法议会说一说，在这种情况下应该怎么做吧。爱国议会的回答是先消灭内部的敌人，并在5月24日制定了驱逐神职人员的法令。然后，战争部长塞尔万下令，在内部有奉献精神的核心人员中展开募捐，并在6月7日建议在他的兵营招募两万国民自卫军，每个乡镇挑选五人，因为罗兰负责内政。他们将在巴黎集结，准备防御。这个聪明的设想是为了对付外部的奥地利人和内部的奥地利委员会。这就是爱国大臣和立法议会所能做的一切。

塞尔万和爱国阵营认为这个计划合理巧妙，但对于斐扬派和势必要解散的巴黎卫戍部队的斐扬派贵族来说似乎并非如此。这些人在拟议中的塞尔万兵营中看到的是冒犯，甚至是侮辱。结果，佩戴蓝色肩章的斐扬派前来请愿，却受到粗暴接待。最后还有一个请愿书的标题是“八千国民自卫军请愿书”，上面有大批公民签名，包括妇女和儿童。这份著名的八千人请愿书竟然被接受了。全副武装的请愿人有幸获得了座位，如果这是一种荣誉的话。在他们的刺刀出现在门口的瞬间，大会宣布休会，议员们都从另一个门逃走了。[①]

此外，在这些日子里，看到护送圣体瞻礼队伍的国民自卫军，殴打、责罚圣体路过时不行礼的爱国者令人伤感。他们用刺刀拍巴士底知名爱国者屠夫勒让德的胸口，并威胁要杀了他，虽然他待在五十步开外的车里表现得安静恭顺，等着仪式结束。正统的妇女还尖叫着，要送他上路灯杆吊死。[②]

如果斐扬派的精神在这个派别中达到了这样的高度，那么他们的首领拉法耶特不是也会有卓尔不群的特质吗？自从国民自卫军解散之后成立了所谓宪法卫队以来，宫廷也自然友善地安抚他们。有些营完全由斐扬派组成，他们是真正的贵族，例如，圣托马斯女儿营就是由银行家、股票经纪人和维维安大

① 《箴言报》，1792年6月10日的会议。
② 雅各宾派的辩论（《议会史》，第14卷，第429页）。

街的其他阔佬组成的。我们杰出的老朋友、英国女王的同胞兄弟韦伯，就扛着枪加入了那个营。可以想象，爱国主义热情已经高涨到了什么程度。

无论是轻率，还是谨慎，法国爱国者支持、人们认为有必要存在的立法议会，都必须对这两万人的阵营做出法律决定。有条件驱逐腐败神职人员就是议会颁布的法令。

因此，我们很快就会看到世袭代表到底对我们是支持还是反对了。无论是否愿意，除了所有其他苦难之外，我们还有这个难以忍受的苦难，那就是呈现给我们的并非是捉襟见肘、岌岌可危，而是一个坐以待毙、被宪法的裹尸布紧紧包裹、陷入麻木不仁泥沼中的国家。我们的右手与左手被粘在一起，扭来扭去，无法摆脱，只能等到普鲁士人的绳子把我们吊到绞架上吗？请世袭代表仔细考虑针对神职人员的法令和两万人的兵营。天哪，他的回答依然是：否决！否决！严谨的罗兰手书一封信交给国王，或者不如说是罗兰夫人在会议期间写成的。这是国王收到的语气最平白的一封信。这封信简明扼要，国王路易当天晚上就读完了。他读后经过消化，在第二天早上，爱国者组成的内阁就被推翻了。这是 1792 年 6 月 13 日。[①]

多谋善虑的杜穆里埃、司法大臣杜兰松一起诡秘地谋划了一两天之后，与王后进行了一次交谈，差点相对而泣。但最终，他仍然为了军队离开了非爱国者或半爱国者的内阁。大臣们现在可以掌舵并接受这样的政府了。不要说他们是魔术幻灯般千变万化的幻影，而是前所未有的幽灵！

不幸的王后，不幸的路易！两次否决也没什么不对，难道这些神职人员不是烈士和朋友吗？两万人的军营难道不是无套裤汉的最危险的聚会吗？这本来理所当然，但法国却无法忍受。与科布伦茨合作的神职人员必须到其他地方去殉难。没有其他生物，只有狂暴的无套裤汉才能赶走奥地利人。如果你喜欢奥地利人，那么，看在上帝的份上，加入他们的行列。否则，坦率地说，就加入

① 《罗兰夫人回忆录》，第2卷，第115页。

"死磕"他们的阵营，没有中间道路可走。

或者说，现在留给路易的还有什么极端路线呢？隐蔽的保王党、前大臣贝尔特朗·莫尔维尔，前制宪议会议员马鲁埃等无能之辈，接二连三提出建议。如果对立法议会、奥地利和科布伦茨抱持希望，一般来说，要抓住这一连串的机会，但古老的王权未免会踌躇不前，没人知道会被滔天的洪水裹挟到何处。

第十二节　黑套裤汉的游行

但在这种情况下，法国有会思考的人可以说服自己、宪法仍将前行吗？布伦斯维克整装待发，不日将启程。法国仍将被裹尸布紧紧包裹、左右手捆在一起，坐以待毙，直到布伦斯维克发动圣巴托罗缪之夜，直到法国像波兰那样被肢解，人权被普鲁士人的绞刑架践踏吗？

说实话，对所有人来说，这都是可怕的时刻。亡国，或者让国民的生活发生匪夷所思的惊天巨变，同样都会造成生灵涂炭、万劫不复！胆量有限的爱国者，的确最好能像巴纳夫在格勒诺布尔那样去过悠哉的私人生活。无法无天的爱国者应该投入蒙昧的黑暗，大胆挑战一切，在战争、阴谋和起义中寻求救赎。罗兰和年轻的巴尔巴鲁摊开眼前的法国地图，巴尔巴鲁含着眼泪说，他们在考虑这里有什么河流和山脉。这样，他们可以撤到卢瓦尔河的后面，占据奥弗涅的那些石头迷宫，拯救一小部分神圣的自由领土，至少最后可以死在这些壕沟里。拉法耶特给立法议会写了一封信，措辞严厉地抨击雅各宾派，但这对治愈不可救药的病人无济于事。[①]

前进，无法无天的爱国者，现在要么行动，要么去死！巴黎各区进行了深入讨论，向骑术院大厅接二连三派出了代表团进行请愿和谴责。他们对暴君的

① 《箴言报》，1792年6月18日的会议。

否决、奥地利委员会和西米里族人的国王联盟义愤填膺。这一切是怎么被煽动起来的呢？立法议会听到了我们心中的警钟，给予了我们就座的荣誉，看到了我们声势浩大的游行队伍。但对于两万人的军营和国王陛下否决的针对神职人员的法令，立法议会已无力改变。暴躁的伊斯纳尔说："如果没有平等，我们就等着进坟墓吧。"对于反对国家的国王的命运，维尔尼奥虚伪地表达了自己伊齐基尔*式的意见。但问题是，假设的预言、喧哗和浮夸能废除国王的否决权吗？或者说杜伊勒里宫城堡里安全无虞的否决权，是无法摧毁的吗？巴尔巴鲁擦干了眼泪，写信给马赛市政府，要求他们派给他"六百不怕死的人"。[①]这不是用眼泪表达的信息，而是眼睛冒火、必须服从的信息！

然而，6月20日日益临近，这是世界著名的网球场誓言周年纪念日。据说，有些公民那天想在杜伊勒里宫斐扬派的平台种一棵自由之树，也许也想向立法议会和世袭代表，递交一份关于否决权的请愿书。以这样的姿态、宣示和推动，看似会起到某种作用。各选区已经分别进行了宣示和推动，但如果他们全部或大部分都在这种危急关头去种自由之树的话，那么，他们心中还会响着警钟吗？

在这种情况下，国王的朋友中只能有一种观点。而国家的朋友中，可能有两种。无耻的否决权难以撤销，所有爱国者甚至立法议会代表都可能有自己的意见，或者没有意见，但是最困难的任务明显需要市长佩蒂翁和市政府承担，同时也要由爱国者和公共秩序的维护者承担。一方面搁置问题，另一方面却接受下来！市长佩蒂翁和市政府选好一条路径，各省有斐扬派背景的督政府和总务委员会主席罗德勒会随之走下去。总的来说，每个人都会根据一种意见或两种意见行事。所有这些影响及官方代表都以最荒谬的方式彼此掣肘。难道无论是否是希望的计划，在经过如此复杂的过程之后都会自行消散、化为乌有吗？

这样的事并没有发生。在6月20日早晨，人们在圣安托万郊区的推车上

* 伊齐基尔是希伯来语教名，含义是"上帝将坚强有力"。

① 《巴尔巴鲁回忆录》，第40页。

看到一棵巨大的自由之树，伦巴第白杨树。在偏远的东南部圣玛索郊区，以及整个落后的东部地区，携带长矛的男男女女、国民自卫军和手无寸铁的好奇者，怀着世界和平的美好愿望正在聚会。一个斜披三色绶带的市政府官员出面讲了话。从法律层面看，可以说一切都很平静。请愿和爱国之树不是都允许了吗？斜披三色绶带的市政府官员的讲话，没有起任何作用。无套裤汉咆哮的洪流持续奔腾，越来越大，形成了正午的潮汐。这一切的推手是身材高大、穿着蓝色制服的桑泰尔和高个子、戴白色帽子的圣于吕日。洪流向西移动，将汇成一条大河，或无数条泛滥的大河。

有什么游行是我们没有看到过的吗？勒让德坐在马车上的圣体瞻礼游行、为伏尔泰的遗骨送葬的牛车队伍和穿着罗马服装的牧羊人队伍、维约城堡和西莫诺的节日庆祝、古维雍的葬礼游行、卢梭的葬礼游行和佩蒂翁-国家-长矛游行！不过这个游行有自己的特点。三色的流苏在长矛的尖端闪耀、飘动。我们看到带标志的铁棒不在少数，其中，特别有悲剧和非悲剧两种类型的标志：一个是一颗被利刃刺穿的牛心，铭文是“贵族的心脏”。另一个更加震撼的是当地居民的旗帜，上面是一对（据说是丝质）老式黑色套裤，下面是一个弓箭手，铭文让人难忘：“让暴君颤抖，我们是无套裤汉！”游行队伍里还拖着两门大炮。

斜披三色绶带的市政府官员在圣伯纳德码头再次出现在队伍前面，殷切要求停止游行。平和、令人尊敬的三色市政府官员像平和的小鸽子。看看我们网球场的自由之树。请愿是合法的，自卫也是合法的。威严的立法者不是接受了所谓的八千武装人员吗？他们难道不是斐扬派的人吗？我们的长矛难道不是用国家的铁打造的吗？法律是我们的父母，我们不会让他们蒙羞。但爱国主义是我们的灵魂。平和、高尚的市政府官员首先必须从属于有限的时代！停止游行，我们做不到，还是与我们同行吧。黑色套裤在飞舞，已经急不可待。大炮的车轮隆隆作响，鼎沸的人群滚滚向前。

他们排着队，像无边无际的滔滔河水来到骑术院大厅，经过辩论终于来到门口。在高大和大嗓门的桑泰尔与圣于吕日的率领下，他们阅读了宣言，一边游行，一边跳舞，唱着《一切会好的》。他们不像涓涓细流，而是像封闭汹涌的里海，把杜伊勒里宫围得严严实实，后面的爱国者把前面的挤得紧紧的，压着关闭的栅栏门，几乎窒息，还要面对令人生畏的大炮炮口，因为里面的国民自卫军已经列队部署。斜披三色绶带的市政府官员忙来忙去，保王党手持入门证，里面的两位陛下被黑衣人团团围住：这一切给人们留下了思考空间，在旧报纸和罗德勒的议会总务委员会五十天纪事报上也可以读到。[①]

我们的自由之树已经种下，即使不能在斐扬派的露台和栅栏门里，也可以尽可能接近嘉布遣修会的花园。国民议会已经把会议推迟到晚上，这汹涌的里海由于无门而入，有可能转回到水源地，在平静中消失吗？唉，不可能这样。后面一直推挤着前面，对前面承受的痛苦一无所知。无论如何，如果可能的话，人们希望与国王陛下对话！

现在是四点钟，黄昏的阴影向东拖得越来越长。国王陛下会不会现身呢？可能不会！在这种情况下，忧心忡忡的指挥官桑泰尔、屠夫勒让德、爱国者于格南他们和其他权威人士走进宫内。在隆隆大炮的支持下，关于辞退国民自卫军败类的请愿和要求一浪高过一浪。栅栏门终于打开，成群的无套裤汉洪水般涌入楼梯，敲打各个私人套房的大门。随着敲门的力度越来越大，木门被撕得粉碎。接下来的场景让世界为之侧目并不是没有原因的，即使令人匪夷所思，参与的人也清楚这一点，因为这在世界上也难得一见。

随着敲门声，国王路易把门打开，沉着地站在门口问："你们想要干什么？"无套裤汉们一脸敬畏，不由得向后退了一下，但在后面人群的推动下又冲了回来，并大声呼喊："否决权！爱国大臣！撤销否决权！"国王路易对此勇敢地进行了反驳。现在并不是这样做的时机，也不应该以这种方式要求他这

① 罗德勒的报纸等（《议会史》，第15卷，第98-194页）。

样做。对一个人来说，荣誉总是与美德相伴。路易不乏勇气，甚至具有一种更加高尚的勇气，道德勇气，虽然在这种情况下，他只是展示了一半而已。几个国民自卫军的掷弹兵护着他一直退到窗口，在冲撞和尖叫声中，他站在那里从容不迫，泰然处之。真是惊心动魄的场面。有人给他拿来一顶红色的自由帽，他淡然地把帽子戴在头上就忘了。他说自己口渴，一个半醉的歹徒给了他一个瓶子，他喝了下去。"陛下，您一点都不害怕吗？"有个掷弹兵问。"害怕？"路易回答，"感觉一下。"他把士兵的手放到自己的胸口。国王陛下就是这样戴着红帽子现身的。黑色无套裤汉像无头苍蝇似的在各处乱窜，口齿不清地尖叫："否决权！爱国大臣！"

这一幕持续了三个多小时！国民议会因此而休会。三色旗市政府几乎没有采取任何措施：市长佩蒂翁不在场，权威扫地。王后带着孩子和妹妹伊丽莎白泣不成声，坐在最里面的房间，在充当障碍物的桌子和掷弹兵的后面吓得瑟瑟发抖。黑衣人都明智地撤了出去。无套裤汉们掀起的滚滚波涛，盲目地在国王的城堡里停留了整整三个多小时。

然而，一切都有结束时。维尔尼奥与立法议会的代表来了，晚上的会议开始了。佩蒂翁市长也来了。他在这种艰难的形势下，在不同的地方，在内部和外面，被"抬起来站在两个掷弹兵的肩膀上"发表了演讲。许多人都发表了演讲。最后，指挥官桑泰尔与无套裤汉从城堡对面的隐蔽处现身。他从王后的房间经过时，王后坐在桌子和掷弹兵的后面，神色哀伤、顺从，但不卑不亢。有个女人给了她一个红帽子，她接过来，戴在小王子的头上。"夫人，"桑泰尔说，"人民比您想象的更加爱您。"[①]大约八点钟左右，王室一家抱在一起失声痛哭。不幸的家庭！是谁都会如此痛哭，全世界都会为此而悲伤。

骑士时代结束了，饥饿时代来了。因此，一无所有的无套裤汉面对万能的主宰国王陛下，发现他也无法为他们做任何事情。于是，双方就这样面对面对

① 《图隆永回忆录》，第2卷，第173页。《康庞回忆录》，第20章。

峙了几个世纪，彼此愚蠢地瞪着眼睛说：好吧，这是我。但是，天哪，这是你吗？随后，不知如何是好就离开了。然而，冒犯君主的行径如此过分，必须给他们点颜色看看。命运知道该做什么。

全世界都知道 6 月 20 日发生的事情了，并恰当地将这天称为黑套裤汉示威。与我们所谈到过的首次两年期议会及其产生的结果和效应相比，这次活动也许算圆满结束。

第十三章

《马赛曲》

第一节　不作为的执行委员会

在这个6月20日之后，无论以何种方式，瘫痪的国家执行委员会如何才能行动起来呢？恰恰相反，备受侮辱的陛下在各地赢得了巨大的同情。巴黎和其他地区有两万拥护宪法的公民投书、请愿，形成了拥护王权的联盟。

人们认为，国王路易可能在里面做了什么手脚。然而，他没有做任何事情，或尝试去做任何事情，因为他所有的观点只涉及对国内形势的同情和科布伦茨联盟，尽管这种同情本身没什么价值。仍然认为宪法可行的人也给予了同情。因此，斐扬派对王室的同情、雅各宾派对祖国的同情，二者一贯的分歧和发酵，在内部产生对立，科布伦茨和布伦斯维克的威胁则在外部发生作用。这种分歧和发酵必须按照自身的路径前行，直到灾难成熟和爆发。特别是在布伦斯维克大军接近时，人们会想，灾难已为期不远。努力，法国的两千五百万同胞！你们这些外国君主、咄咄逼人的移民、德国教官，每个人都各司其职吧！哦，你们读者，在如此安全距离，可以看到接下来会演出什么样的大戏。

首先，6 月 20 日发生的可悲事件毫无益处，不仅不是什么灾难，反而可以视为戏剧的高潮或登峰造极之作。在历史学家的想象中，作为一面忧郁暗淡的旗帜，汹涌的黑套裤汉浪潮不是也祈求帮助，却没有人愿意施以援手吗？对他们怜悯的祈求，你会铁石心肠地予以拒绝，无论是对一个人，还是对所有人！而其他的旗帜，或称为发生的事件，以及暗淡或明亮、有象征意义的现象，将接二连三地超越历史学家的想象，让我们屏息以待。

第一个现象是八天后拉法耶特走上议会的讲台。在得知 6 月 20 日的丑闻之后，拉法耶特不顾北部边境的防务大计而辞去了指挥官的职务，并于 28 日赶来制止雅各宾派，现在不是以信件而是勇敢地以口头请愿方式面对。庄严的议会认为这样未免有些冒失，于是给予他列席会议的荣誉。[①]这种荣誉或利益是很少有人得到的。旁听席响起山呼海啸般的咆哮。暴躁的伊斯纳尔脸色阴沉，尖刻的噶代一时语无伦次，张口结舌。

当会议结束时，当地爱国者咖啡馆的老板瑞森先生，听到街上有杂沓的喧闹声，他和他的爱国者常客出门看到的是拉法耶特的马车和穿着蓝色制服的掷弹兵、炮兵护送队，甚至还有现役军官，前呼后拥，高声叫喊。他们在瑞森先生的咖啡馆大门对面停了下来，摇动手上的羽毛，向他们挥动拳头，高喊："打倒雅各宾派！"但幸运的是他们只是路过，没有发动进攻，然后示威性地在将军家的门前种下一棵自由之树。当晚，瑞森先生悲愤地在母亲协会做了报告。[②]

---

① 《箴言报》，1792年6月28日的会议。
② 雅各宾派的辩论（《议会史》，第15卷，第235页）。

但是,瑞森先生和母亲协会所能做的就是如下猜测:上层的斐扬派委员会、没有解散的国民自卫军参谋部依然有地位和影响力,在如此非常时刻正在将军家里闭门开会:能不能用武力解决雅各宾派?第二天将在杜伊勒里宫花园举行检阅,以便确定让哪些人离开军队。图隆永说,离开的差不多有一百人。为了增强警告效应,把活动推迟到了第二天星期六。结果有三十人耸耸肩就离开了![①]拉法耶特立刻上车扬长而去,他有很多事情需要处理。

在一个夏日星期天的黎明,巴黎的尘埃还没有落定,科尔德利埃俱乐部的代表把自己种的自由之树拔走,并在日落之前焚烧了拉法耶特的模拟像。一位将军未经授权进行反雅各宾派活动,其合法性问题在各选区和国民议会受到广泛的质疑,发酵并扩散到整个法国达六个星期之久。人们没完没了地谈论僭越士兵、英国牧师甚至克伦威尔。而国王路易只是冷冷地旁观事态的发展。

巴黎的督政府也在类似的意义上运作,并产生了类似的结果。在7月6日,督政府以他们在6月20日的事件中行为不当、玩忽职守和腐败为由,解除了市长佩蒂翁和检察官曼努埃尔的所有公民职务。道德高尚的佩蒂翁认为自己是受到不公正指控的烈士或伪殉道者,并勇敢地站出来发泄不满,对此,巴黎和立法议会的爱国者也给予了充分的回应。国王路易和市长佩蒂翁已经就6月20日的事件交换了意见。这次交谈双方都有不同的解读,结论是国王路易的说法:“闭嘴!”

此外,解除市长的职务似乎是个不合时宜的措施。因为这天刚好赶上我们之前说过的、著名的“拉姆莱特之吻”,或“大利拉之吻”的神奇和解。不过,这场吻别之后并没有什么效果。现在国王陛下当天晚上必须写信,要求和解的议会提出意见。但后者按兵不动,更不会出面干预。也许在议会干预之前,国王就已经宣布休会了,因为此时巴黎爱国者的喧哗已经甚嚣尘上。于是,“大利

① 图隆永著:《1789年革命以来的法国史》,第2卷,第180页。《当普马丁回忆录》,第2卷,第161页。

拉之吻”与首次议会的命运一样，成了庸人之战。

有传言说，根据斐扬派和平法官的收押令和起诉书，三十多名主要爱国议员将被投入监狱，这些人在巴黎都是中流砥柱。在5月份时，和平法官拉里维埃收到贝尔特朗·莫尔维尔关于奥地利委员会的举报，斗胆发布了针对山岳派的科尔德利埃三巨头巴齐尔、夏博、迈尔林的收押令，勒令他们当面供出奥地利委员会在哪里，否则自食其果。针对这份收押令，三巨头丝毫没有退缩，而是付之一炬，并要求议会特权保护。结果，可怜的拉里维埃法官为了自己无知的冲动付出了代价，现在正坐在奥尔良监狱等待当地高等法院的审判。希望这个例子可以阻吓其他胆大妄为的法官。由此看来，所谓三十人被捕的说法只是捕风捉影。

但总的来说，虽然拉法耶特不再举足轻重，家里的自由之树也被拔掉，但斐扬派的头面人物仍会毫不犹豫地以法律为武器高高地扬起头。他们组成了斐扬派督政府，在头面人物中选了德·拉·罗什福柯公爵担任主席。对他来说，这是个危险的职务。这些昔日风光一时、令人钦佩的亲英派贵族，如今黯然失色。身为诺曼底领主的德·利昂古尔公爵，提出愿意向国王陛下提供流亡的住处，而且原意为他预支一大笔钱。“大人，这不是暴动，”他说，“这是一场革命，不是玫瑰香水！”除了他们两个之外，法国和欧洲已经没有真正高尚的贵族，因为时代已经偏离正轨，变化莫测，萎靡不振。这其中会有什么康庄大道通向目标呢？

在7月初，我们注意到的另一个现象是，一些国家联盟志愿者将视角从四面八方转向了巴黎，准备在14日庆祝新的联盟节或长矛节。这也是国民议会的愿望。国家需要这个节日，我们也许可以通过这种方式捍卫爱国阵营，对抗否决权。这样，联盟志愿者不就可以在庆祝长矛节之后，前往苏瓦松进行军事训练，然后加入军队，随心所欲地奔赴边境了吗？这样不就巧妙避开了否决权问题吗！

针对另外一个关于神职人员法案的否决权也可以同样避开，而且不需要什么技巧。以卡尔瓦多斯省议会为例，他们就是依靠自己的力量来审判和驱逐了反对国家的神职人员。更糟的是，既没有征得省议会、绝望的人民的同意，也没有事先审判，就像在波尔多那样，把两名神甫送上路灯杆吊死了。即使有否决权也是枉然，因为根本没有人执行。

战争部长或内政部长的某个部下写信给市政府和国王的指挥官，声称他们将通过一切手段，阻止联盟节的举办，甚至用武力驱散联盟志愿者。这个信息显示出怀疑、无能和混乱，对立法议会是个刺激，并把联盟志愿者吓得只剩下了一支队伍。但是，他或其他人在被问如何才能拯救祖国时，他们的回答是不知道，因为他们在当天早上已经集体辞职，现在只是站好最后一班岗，并且一边说，一边撤出了大厅，因而赢得旁听席的一片掌声。可怜的立法议会"愣在那里好长时间不知所措"[①]！内阁大臣就是在这种极端情况下罢工的，预示即将发生某种奇怪的事情。整个内阁人员不整、残缺不齐，人事调整永远无法完成，奇迹也永远无法出现。国王路易写信说，他现已批准举办联盟节，并表示本人愿意参加活动。

联盟支持者们这些细小的蜘蛛网从巴黎延伸到整个瘫痪的法国。这是非常细微的网络。能给群众带来快乐的就是庆祝第一次长矛节！况且，这些可怜的联盟派即将向奥地利和奥地利委员会进军，迈向危险和绝望的深渊。他们命运坎坷，脾气暴躁，穷困潦倒。被战争大臣撕裂的市政当局对提供金钱态度冷漠。如果当地的女儿协会不掏腰包认捐的话，联盟派可能无力武装自己，而在指定日期到达的人总共不超过三千人，而且大多属体弱病残之辈。这是人们在这幕奇怪的大戏中看到的唯一目标明确的人。发出愤怒的吼声、颤抖、骚动和呻吟的偌大法国，被裹足不前的宪法所迷惑，进入可怕的有意识和无意识的磁性睡眠，而最终的结果肯定是死亡或疯狂，二者必居其一！联盟派无疑会带去

① 《箴言报》，1792年7月的会议。

殷切的呼吁和请愿，要求国民执行委员会有所作为，否则在进一步的行动中，将宣布废黜国王，或至少暂停他的职权。立法议会和爱国之母协会欢迎他们，巴黎将为他们提供住宿。

废黜国王，真的吗？那下一步怎么办？下一步法国将摆脱束缚，革命得到拯救，获得新生，一切都有可能！神情阴郁的丹东和激进的爱国者是这样回答的，他们依然深藏在隐蔽区域，策动地下阴谋。布里索的回答有所保留，废黜之后，下一个小君主依然可以拥有王位，由吉伦特派和召回的爱国大臣组成摄政内阁领导。可怜的布里索以一贯乐观的思维，希望和平明天就能降临在应许之地，决定什么时候是世界末日。但他的洞察力从未超过自己的鼻子！更聪明的是那些激进的地下爱国者，他们明智地把剩下的事情交给了神来处理。

无论如何，就目前的形势来说，最可能发生的是，刚刚在科布伦茨集结了大军的布伦斯维克可能先期到达，阻止废黜国王，并在此之上再做考虑。据说，在布伦斯维克的八万大军即将出发，有凶残的普鲁士人、黑森人、凶恶的移民，指挥官是腓特烈大帝的一位将军。而我们的军队呢？我们的将军呢？拉法耶特自从最后一次在委员会露面之后一直匿迹潜形，在整个法国引发了争议和谴责。他似乎更愿意攻击我们，而不是与布伦斯维克战斗。吕克纳和拉法耶特以换防为由调动部队，让爱国者不能理解。有一点很清楚，他们的军队在国内穿梭调动的目的是越来越靠近巴黎！吕克纳命令杜穆里埃率部离开驻防的莫尔德堡垒营地，向他靠近。足智多谋的杜穆里埃此时面对近在咫尺的奥地利人，正忙着训练几千新兵如何作战和使用武器。他声明，无论如何，他都难以从命。[①]可怜的立法议会将会因此而惩治根本不知道还有战争大臣的杜穆里埃呢，还是制裁私自调动军队的吕克纳和拉法耶特？

可怜的立法议会不知如何是好，不过还是颁布法令，撤销或更换了国民自卫军和所有的参谋部，因为大多数参谋部的职位都被斐扬派所把持。这道法令

① 《杜穆里埃将军的生平和回忆录》，第2卷，第1、5页。

与其他法令一样语气强硬，宣布“祖国处于危急关头”。最后，在 7 月 11 日，也就是战争大臣辞职的第二天，立法议会通过信使向各地宣布：祖国处于危急关头。国王必须受到制裁，市政府必须采取措施。如果可以颁布这样的法令，就一定不会失败。

处于危急之中，是的，这个国家一贯如此！哦，法国，醒醒吧，否则覆亡无日，沦为废墟！国家难道连对付进犯的布伦斯维克、移民和欧洲封建君主的百分之一的崛起自救的机会都没有吗？

第二节　让我们前进

但是，在我们心中，所有这些现象中的最高尚之举是巴尔巴鲁的“慷慨赴死的六百马赛人”。

根据巴尔巴鲁的要求，马赛市政府于 7 月 5 日早上在市政厅把这些人集合起来，对他们说：“前进，打倒暴君。”[①]这些人皱起眉头，跟着喊“前进”，然后出发。这些祖国之子面临的是艰辛的旅途和难违的使命，还是让博学天才指引你们吧。让他们自己狂野的内心和信念来指导就够了，不需要什么天才的指引，不论好坏。五百一十七名胆识过人的壮汉，由十名队长率领，所有人全副武装，肩上扛着步枪，腰上挎着军刀，另外还拖着三门大炮。谁知道会发生什么事情呢？市政府由于战争大臣的缘故已经瘫痪，指挥官甚至下令停止联盟志愿者的活动。好吧，既然好言好语都打不开一个城市的大门，那就只能用大炮轰开了！他们离开了阳光明媚的马赛和海港，喧闹的人群和绽放的鲜花、拥挤的水路、绿树掩映的林荫道、黑漆漆的船坞、杏树园和橄榄园、屋顶高的橙树和点缀山间的闪着白色光芒的乡间农家，都在他们身后消失了。他们踏上法国边陲的艰苦旅程，穿越未知的城市，带着既定的目标，向未知的命运进发。

① 当普马丁著：《事件》，第2卷，第183页。

很多人对这种现象感到诧异，在一个商业繁荣的和平城市，怎么会有这么多城镇或乡村的一家之主，纷纷中断自己的工作和生意，拿起战争武器，踏上六百英里的旅程去“击败暴君”？你找遍所有的历史书籍、小册子和报纸想获得一个解释，可惜做不到。在这之前就有恐怖的谣言回响在你的耳边，说这次进军前路未卜。韦伯在杜伊勒里宫的隐秘楼梯间就听说，这些人是苦役犯、采石场的奴隶和十足的恶棍，他们路过里昂时人数有四千人之多，居民纷纷关闭店铺。布朗·吉耶也同样含糊地提到，他们是苦役犯和可能发生的抢劫风险。[1]但他们并不是苦役犯，不仅不存在任何被抢劫的风险，反而他们几乎都是家境殷实、过正常生活的人。他们唯一需要做的一件事就是慷慨赴死。朋友当普马丁曾亲眼在博若莱的维尔弗朗什，看到他们缓慢通过他的营区。但当时他正忙于思考如何渡过莱茵河，因此只是隐约看到他们。想到他们没有任何安排、组织、休息或补给就这样孤军深入，他不禁目瞪口呆。况且，他们都是他以前在平息南方暴乱时见过的人，是普通的平民，他不能阻止自己的士兵与他们聊天。[2]

所有这些《箴言报》、《议会史》的说法都模棱两可，没有参考价值。对于你最想知道的事实，以喋喋不休见长的历史却不会说一个字。如果不是一个聪明人好奇地看一眼马赛市议会的登记簿，他永远不会发现议事过程中出现的咄咄怪事的蛛丝马迹。如果他求助于可信的传记对这五百一十七人的描述，时间的洪流没准还没有把他们吞噬殆尽。

这些马赛人依旧保持沉默，不露锋芒，在闷热难耐的天气里，他们的皮肤被晒得黝黑，看起来尤为引人注目。他们的举动给人们留下无限的怀疑和担心。但他们并不怀疑：命运和欧洲的封建君主已经决定从外部进犯，他们则决定从内部迎战。他们风尘仆仆，轻装上阵，坚定向前，无所畏惧。这支队伍将永

① 参见《巴尔巴鲁回忆录》，第40、41页。
② 当普马丁著：《事件》，第2卷，第183页。

载史册。悄然影响着这支皮肤黝黑的队伍、鼓舞人心的提尔特上校和人们仍然铭记的鲁日·德·李尔*的思想，变成了铿锵有力的旋律、节奏和对马赛人的赞美诗或《马赛曲》：这是迄今发布的最受命运眷顾的音乐作品。这首歌曲让人血脉偾张，整个军队和集会的人群都眼含热泪和怒火在传唱，心中藐视着死亡、暴君和魔鬼。

人们注意到，这些马赛人将无法赶上联盟庆典。事实上，他们关心的不是战神广场的誓言，而是准备做另一件事：督促瘫痪的国家执行委员会采取行动。他们必须“击垮”任何让委员会瘫痪的“暴君”或者“懒惰的殉道者”，无论战斗还是被击垮，都要取得先机，必要时慷慨赴死。

第三节　对人类的些许安慰

关于联盟庆典，我们几乎没有什么好说的。在战神广场设立了很多帐篷，有为国民议会准备的，也有为世袭代表准备的。这有些为时尚早，因为离庆典的时间还很长。还设置了象征八十三个省份的自由之树。树木数量众多，其中最美丽的是坐落于各种纹章、徽章和家谱书籍之上的一颗巨大的自由之树，旁边还放着公文包，所有这些都将付之一炬。著名的一百三十个座位座无虚席。此时，阳光明媚，人流如织，纷纷攘攘，但有什么用呢？根据头一天晚上议会的法令，斐扬派罢免的道德高尚的市长佩蒂翁又恢复了职务。人的秉性真是喜怒无常。人们戴的帽子上用粉笔写着：“佩蒂翁万岁！”甚至：“佩蒂翁或者死亡！”

可怜的路易一直等到五点钟开会才姗姗来迟。今天，他是在背心里穿着护胸甲，里面还藏着一把手枪，来向国家宣誓的。①德·斯塔尔夫人从王室帐篷向外张望，一副绝望的表情，担心欢迎国王陛下的人流将他裹挟而去，无法生还。

---

* 鲁日·德·李尔，法国诗人、作曲家，《马赛曲》的词作者。

① 《康庞回忆录》，第2卷，第20章；德·斯塔尔夫人著：《关于法国大革命的思考》，第2卷，第7章。

耳畔听不到任何“国王万岁”的口号，只能听到“佩蒂翁万岁！佩蒂翁或者死亡！”国家尊严扫地，在发生变故之前每个人都在扯着嗓子大声叫喊。摆放徽章和公文包的自由之树早忘了焚烧，经过人们的提醒，“某些爱国议员”才用火炬把树一个接一个地点着。这是人们经历的最暗淡的一次长矛节。

市长佩蒂翁的帽子上写着自己的名字，成了联盟节的中心人物。拉法耶特再一次成了陪衬。为什么随后的星期六圣罗什又响起了警钟？为什么当地居民关门闭户？[①]这是因为各选区进行了游行，人们害怕发生骚乱。立法委员会针对拉法耶特及其反雅各宾派的活动，进行了长时间的审议，当天宣布相关指控证据不足。爱国者，不要担心，让警钟停下来吧！辩论还没有结束，报告也没有被接受。但布里索、伊斯纳尔和山岳派还需要三个星期对报告进行重新筛选。

如此之多的警铃、警钟和喧嚣声此起彼伏，一浪高过一浪。比如说：星期六为拉法耶特敲的警钟与立法议会代表团为保罗·琼斯骑士之死所敲的警钟相似，有些低调和有气无力。现在，警钟或挽歌为了他已经合二为一了！十天之后，被旁听席嘲笑的爱国者布里索，由于自己的爱国主义局限性再次被他们扼住咽喉。他在演讲时被人们扔的两个李子打中。[②]这的确是一个寂静而混乱的世界，远离低调或高调的喧嚣、胜利和恐怖，崛起和覆灭！

更感人的是在拉法耶特警钟敲响的早上举行的另一个庄严的仪式：宣布祖国处于危急关头。直到星期天才举办这么庄严的仪式。立法议会几乎两个星期前就颁布了法令，但国王和幽灵般的部长们一直在尽力拖延。然而，他们后来不再固执己见，因而庄严的仪式得以在 1792 年 7 月 22 日星期日举行，让人精神振奋！市政府和市长披着绶带，从新桥发出的隆隆炮声和不时发出的枪声响了整整一天。卫兵骑着马，贵族披着绶带，步兵和骑兵挥舞着长条旗和标

① 《箴言报》，1792年7月21日的会议。
② 《议会史》，第16卷，第185页。

志旗。其中飘扬的一面大旗上面，悲壮地写着："公民们，祖国处于危急关头"。人们在凄凉的音乐和尖厉的号角声中穿过街道，在设定的站点歇脚，传令官通过凄厉悲伤的号音发出这些旗帜传递的信息："公民们，祖国处于危急关头！"

有无所畏惧的人听出了弦外之音吗？这些人发出的嘈杂声和喧嚣声并不代表胜利，更多的是代表一种悲哀。在长长的骑兵游行和公告结束后，当大旗被固定在新桥上时，另一面类似的旗帜也在市政府挂了起来，在举办活动时迎风飞舞。市政官员坐在露天广场内各区中央高高立起的帐篷里，帐篷上覆盖着写有"祖国处于危急关头"的旗帜，最顶部是长矛和红帽子。在他前面的两个鼓上摆了一张木桌，上面有一本打开的书，旁边坐着一个职员像记录天使一样准备写名单，或者说入伍名单。哦，似乎神明也开始关注此事了。无论有无套裤年轻的爱国者们都争强好胜地一拥而上："这是我的名字、血和生命，一切都献给祖国，真希望能献出更多！"身材矮小的青年为不够标准而痛哭失声。老人一手领一个儿子赶来。母亲流着眼泪奉献出自己的骨肉。"祖国万岁"的呼喊声久久回荡在远方，所有人的眼里都闪烁着怒火。黄昏时分，市政官员返回市政厅，已登记的勇敢的志愿者们排着长队，跟在他们后面。这些官员环顾四周，自豪地说："看，这就是我一天的收获。"①第二天，他们将带着装着全部财产的小包向索瓦松进军。

石头城巴黎在"祖国万岁！自由万岁！"的口号声中，像洞穴里的洋流一样震耳欲聋。市政官员每天在新桥和市政厅的旗帜与三色帐篷里登记名单，旗上写着："公民们，祖国处于危急关头。"共招募了大约一万名士兵，他们虽然纪律涣散，但充满血性。几天后，他们将向前线进发。类似的工作法国的每个城镇都在做。如果说国家真的需要捍卫者，我们不是有国家执行委员会吗？可以根据 25 日星期三的议会法令让各选区和各级议会变成常设机构。②

---

① 参见《革命的画卷》：为了祖国。
② 《箴言报》，1792年7月25日的会议。

我们再来看一下25日布伦斯维克在科布伦茨是怎样威震天下和向前线进军的。这种说法的确会让人们闻声色变。这支队伍一直在随时增加，共有三万扛着火枪的步兵、一万马嘶人叫的骑兵，打头阵的是在锣鼓喧天、骂声动地、虚张声势的移民，他们坐在车里，随行的还有无数拉着行李和劈柴的吱吱呀呀的马车。布伦斯维克就是用这一切来威震天下的，没有这一切就无法向前线进发。这个队伍前后延绵四十英里。布伦斯维克带了一份25日签名的宣言，这是一份值得关注的国家文件。

这份文件声明，法国大势已去。普通法国人现在应该加入布伦斯维克和移民老爷的阵营，他们将不再受到雅各宾派暴政的压迫，重新得到善良国王的优待。国王（三年前）6月23日的宣言就允诺给他们带来幸福。国民议会和其他有临时当局色彩的个人团体，负责保护国王的城市和城堡完好无损，直到布伦斯维克到达接收。显然，立即投降可能会省掉很多麻烦事，但这样就必须立即行动。所有国民自卫军或其他武力抵抗的非军事人员都被视为叛徒，也就是说，会被立即吊死。此外，在布伦斯维克到达之前，如果巴黎以任何方式侮辱国王，或者国王被某个派别劫持的话，巴黎将被大炮炸成碎片、用军事手段解决。同样，作为此次行动的见证，所有违反国王利益和军事行动的其他城市也将被大炮炸成碎片。巴黎和所有其他城市，凡是亵渎国王的军事行动的发起、过程和目标地都将被夷为平地，变成废墟，以儆效尤。这种报复实属罪大恶极的信号。哦，布伦斯维克，你简直是在信口雌黄！在这个巴黎就像古老的尼尼微一样，居住着成千上万连左右手都分不清的平头百姓，还有很多肉牛、奶牛、健壮的驴和可怜的小金丝雀，难道都要一起殉葬吗？

在这份宣言中，普鲁士国王和奥地利皇帝针对法国大革命，尽可能广泛地阐述了无忧宫和美泉宫*版本最早的态度，以及这些强人看到天下竟然发生

* 无忧宫和美泉宫分别为修建于普鲁士波兹坦与奥地利维也纳的宫殿，为两国的王宫。

这样的事情是如何的愤慨。然而，作为“对人类的些许安慰”，他们现在不惜代价派出了布伦斯维克。[1]正如俗话说的那样，在自我牺牲中，安慰别人难道不是首要任务吗？

从容的殿下，坐在那个位置就必须制订规则、宣言并安慰人类！如果你的羊皮纸、表格和国家利益被风刮走，哪怕是千载难逢的一次，该如何是好？这时，严酷的现实会盯着你，盯着你的脸。人类会自问，用什么安慰自己呢？

第四节　地下暗流涌动

还是来看看各选区对于设立常设机构，讨论国家执行委员会如何行动是否满意吧！

是挑起恐怖活动，还是重塑对国家的信任：回答这样的问题的确困难。勇敢的年轻人正云集边境，“祖国处于危急关头”的旗帜正无声地在新桥上飘扬。各选区正忙于设立常设机构，深耕基层爱国者，在阴谋中寻求救赎。你可能会问，是否暴动再一次变成了最神圣的职责？自我任命的委员会以红太阳自居，并行使职权，成员有记者卡拉、卡米耶·德穆兰、丹东的朋友阿尔萨斯人威斯特曼、马提尼克的美国人福尔尼埃。市长佩蒂翁对这个委员会并不陌生，作为官方人士，他必须睁着一只眼睛睡觉。还有知名的检察官曼努埃尔，最默默无闻的代理检察官丹东。虽然蛰伏在黑暗中，他依然是官员，巨人的肩上承载着职责。这真是一幅晦暗不明的图景！

更加晦暗不明的是保持缄默的雅各宾派。暴动势必无法避免，但什么时候呢？我们看到的只是联盟派还没有去苏瓦松，事实上，他们也不愿意去。雅各宾派的领导人认为，“这里面的原因还是不提为好”，因为中央委员会就在附近母亲协会的屋檐下。因此，在这样危机四伏和险象环生的形势下安全并正

① 1792年《年度登记簿》，第236页。

确地做出决策是很困难的。四十八个选区都有各自的中央委员会，目的是便于“迅速沟通”。急于将其控制在手的市政府，无法拒绝为其在市政厅内安排办公地点。

真是奇特的城市！除了有上面提到的这些以外，还有日常的面包店、酒庄、铁匠铺和磨坊，树下闲逛的男人，穿白色镶边服饰、打着绿色阳伞、和你勾肩搭背的女人，欢蹦乱跳的小狗，新桥上“祖国处于危急关头”旗帜下的擦鞋匠。一切都看似如此有条不紊，但是这一切即将改变和结束。

看看杜伊勒里宫的宫殿和花园，像撒哈拉沙漠一样寂静，没有通行证任何人禁止入内。自从黑套裤汉闹事那天之后，他们就关闭了栅栏门，他们当然有这样做的自由。然而，国民议会对斐扬派的露台却颇有微词，说他们的露台与议会的大厅后门为一体结构，部分产权应为议会所有。所以，现在作为所有爱国者满怀悲愤心情尊重的分界线，国家正义的化身在其上竖立了一面三色旗。这面三色旗在边界线上迎风飘扬，上面还带有诗歌形式的讽刺题字，所有这一切都被称为科布伦茨。作为孤立隔绝、命中注定的受难地，无论是普照的阳光，还是暗无天日的阴霾都无济于事。杜伊勒里宫是被命运抛弃之所，还有什么希望可言呢？只有神秘的通行证可以打开大门。人们谈论的暴动已经迫在眉睫。里瓦罗尔的天才部下最好去购买枪支。掷弹兵的帽子和瑞士兵的红色制服也可能有用。暴动终究要爆发，王室能化险为夷吗？人们可能希望他们在布伦斯维克到达之前就垮台吗？

但是，还需要注意，路边的石桩和便携椅子上是否有人发表演讲，张贴墙报的大队人马是否在睡觉。卢维的哨兵正在所有墙壁上发布通告，苏洛忙忙碌碌：“人民之友”马拉和“国王之友”罗瓦约正唇枪舌剑交锋。虽然马拉在战神广场大屠杀之后就销声匿迹，但仍然活着。没人知道他躲在谁家的地窖里，也许是勒让德家的，并由他从自己杀的牛中拿牛排供养着。但是，从4月份开始，他那牛蛙般的叫声再次响起，比原先的尖厉嗓音更难听。现在，黑色恐怖令他寝食难安。“哦，勇敢的巴尔巴鲁不会把我化装成车夫送到马赛吧？”[①]正如我们从报纸上了解到的那样，在王宫和所有公共场所都在举办重要活动：有人在发表演讲，鼓励勇敢的年轻人参军，执行委员会应该采取行动，应该公开烧掉保王党的报纸和期刊。通常这类争吵和辩论都会以棍棒相加而告终。[②]或者想想这个：午夜在骑术院大厅，当庄严的议会刚刚宣布休会，男女公民强行闯进来高喊：“我们要报仇，他们把碎玻璃掺到面包里毒害我们在苏瓦松的兄弟！”维尔尼奥只能好言相劝，告诉他们已经派出特派员前往调查碎玻璃事件，并会采取一切必要措施，直到公民的冲动态度平息下来，回家睡觉为止。

这就是巴黎，这就是与其相配的法国心脏，从南到北对异常活动的不解、怀疑、不安、莫名的期待。皮肤黝黑的马赛人顶着风言风语，风尘仆仆、孜孜不倦地行军，对目标坚定不移。他们心中回荡着无声的音乐，三个星期里不惧任何恐吓和谣言，不知疲倦地长途跋涉。布雷斯特的联盟派在街上的一片欢呼声中于 26 日到达。他们有的拿着维约城堡的神圣长矛，有的手无寸铁，但都抱着必死的决心和对苏瓦松的仇恨。当然，马赛的弟兄们每天都越来越近。

第五节　吃晚餐

当月 29 日是夏兰登美好的一天，因为马赛的兄弟们终于来到这里。巴尔巴鲁、桑泰尔和爱国者们都跑出去迎接这些惊世骇俗的旅行者。巴黎的爱国者与风尘仆仆的马赛爱国者热烈拥抱，领他们去洗脚和休息，然后在蓝色表盘饭馆摆了一千二百人的晚餐，之后私下进行了深入交谈，谈得如何，无人知晓。[③]会谈除了没有达成什么成果之外，还让桑泰尔花了一大笔钱，他没好气地大骂

① 《巴尔巴鲁回忆录》，第60页。
② 报纸、记述和文件《议会史》，第15卷，第240页；第16卷，第399页。
③ 两个自由的朋友著：《法国革命史》，第8卷，第90-101页。

一通，像疯了一样。不过当夜，大家仍然各自休息，第二天还有巴黎进城仪式。

关于这次进城仪式，当时的历史学家或者自诩为记者的人，都保留了足够的记录。巴黎的普通民众和圣安托万的男男女女在拥挤的街道上，平和地用掌声和欢呼声对他们表示兄弟般的欢迎。不过，我们的马赛人还是在很多地方注意到有人佩戴了丝绸镶边的绶带，并指出应予去除，换成羊毛的镶边，大家照办了。母亲协会全体成员特意来到巴士底广场拥抱他们。随后，他们像胜利者一样来到市政厅接受市长佩蒂翁的拥抱，去附近的新法国军营存放武器，然后直奔提前预订的香榭丽舍大道的小酒馆享受简单但爱国的晚餐。[①]

因“通行证”的通风报信而得知这一切的杜伊勒里宫愤怒不已。尽管没有任何危险，穿红色制服的瑞士兵对栅栏门的看守依然比过去更加严密。今天是圣托马斯女儿选区穿蓝色制服的掷弹兵的值班日。正如我们所看到的，阿吉奥的人津贴丰厚，披着有镶边的绶带，韦伯就在这个队伍中服役。他们中的一部分人以及队长和一些斐扬派的贵族，还有一气发过三千条命令的莫罗·德·圣梅里及其他人，举止得体地一起在附近的一家酒馆就餐。晚餐结束时，他们为爱国和忠诚干杯。与此同时，马赛人和爱国民众刚要坐下，用陶土的餐具吃便餐。事情究竟是如何发生的现在已经无从说起，但人们目击的事实是：一些圣托马斯女儿协会的掷弹兵从他们吃饭的酒馆出来，也许情绪有些激动，但肯定没有被酒精冲昏头脑。他们想向马赛人和在场的巴黎爱国者力证，圣托马斯女儿协会的人并不比其他任何人的爱国心差。

这样做有些鲁莽和过激！在场的众多民众简直不相信他们竟然这样做，进而对他们进行嘲讽、互相挑衅，直到最后掷弹兵从刀鞘里抽出军刀。于是，有人发出尖锐的叫声：“帮助马赛人！”由于简单的晚餐还没有端上桌，这五百一十七名还没吃饭、挎着剑的爱国者，争相从小酒馆的大门和窗户冲出来，出现在冲突现场。目击者说，掷弹兵队长和军官的“脸突然变得苍白”，他

① 《议会史》，第16卷，第196页。《巴尔巴鲁回忆录》，第11–55页。

们会上前交涉吗？[①]此刻最明智的做法是迅速撤退！在寡不敌众的情况下，圣托马斯女儿协会的人选择撤退。根据目击者的说法，“在后面追赶的马赛人像雄狮般以迅雷不及掩耳之势清除了栅栏和沟壑。先生们，这个场面极其壮观”。

于是，掷弹兵在前面逃跑，马赛人在后面紧紧追赶，越追越近。追到杜伊勒里宫附近时，吊桥把逃跑的人接了进去，然后升起吊桥，救了他们。也有些人掉进满是绿色淤泥的沟里而逃过一劫。所有人，啊，不！例如莫罗·德·圣梅里，由于太胖跑得慢，肩上中了一枪而跌倒在地，并就此从法国革命史中消失。还有些人背部有擦伤，跑丢了衣服下摆，以及其他程度不一的损失。但无辜的货币兑换经纪人、可怜的中尉杜阿梅尔则付出了生命的代价。他转过身面对追赶者，举起手中的手枪射击，没有打中，装上第二发子弹射击，又没打中，于是转身就跑，但已经太晚了。在圣弗洛伦丁街，他被怒不可遏的追赶者抓住，割断了喉咙。对于可怜的杜阿梅尔来说，这是新时代或者说所有时代的结束。

平和的读者可以想象，相对于爱国者的便餐，这算什么饭前祈祷。圣托马斯女儿协会的部队会如何拿起武器报复？幸运的是没有进一步的发展；国民议会讲坛上如何进行指控、反指控和辩护。马赛人要求法庭成立自由陪审团法庭进行审判，却一直未获得响应。我们想问，所有这些日积月累的狂热引发的祸患，可能会造成什么后果？一定会造成某些后果，已经为期不远！雅各宾教堂里联盟派、市政厅各选区的中央委员会、卡拉、卡米耶的委员会和金色太阳协会都在忙着开会。他们像海底之神或者可以称之为泥神一样，在海底辛勤工作，直到一切准备就绪。

现在的国民议会犹如一艘进水的船，孤立无援地漂在海上。旁听席上女人的尖厉叫声和佩戴军刀的联盟派的怒吼都令人胆战心惊。它在等待机会的波涛让其在何地搁浅。这让人心生疑虑，但从另一个角度看，可以肯定，海底的爆炸会造成灾难性的后果。没收国王财产的请愿越来越多：请愿书来自巴黎选

① 《箴言报》，1792年7月31日的会议（《议会史》，第16卷，第197-210页）。

区、各省市的爱国者、阿朗松、布里昂松和博凯尔集市的商人，但如何处理这些请愿呢？ 8月3日，市长佩蒂翁和市政府官员们佩戴着三色绶带，公开前来为没收国王财产请愿。没收国王财产是所有爱国者现在的要求和期望。所有布里索派支持这一要求，并愿意立小王子为国王，由他们做保护人。语气强硬的联盟派质问立法议会："你们到底能不能拯救我们？" 四十七个选区只同意没收财产，圣托马斯女儿选区反对。莫肯塞尔选区肯定地宣称没收国王财产势所必然，并从7月31日起不再效忠路易，在公众面前签署生效。这一举动引发强烈批评，同时得到交口称赞。莫肯塞尔（原意为坏建议）的名字，也从此改为邦肯塞尔（好建议）。

科尔德利埃选区的主席丹东正在做另一件事情。他邀请所有公民参与选区的事务，这样做对所有人都构成了威胁。他虽然是官员，但总体上却是神情阴暗的阿特拉斯。他还设法让皮肤黝黑的马赛营，转移到东南部偏远地区的新军营。圆滑的舒梅特、残忍的比约、议员夏博、心中警钟常在的于格南都欢迎他们去那里。"哦，立法议员们，你们到底能不能拯救我们？" 在立法议会的航船已经进水，下面的火山即将爆发的当口，可怜的议员又如何能力挽狂澜呢？没收国王财产的议题将于8月9日辩论，人们希望拉法耶特的烂摊子能在8日结束。

现在，读者可以把视线转到8月5日星期天的起床仪式。这是最后一次吗？不，贝尔特朗·莫尔维尔说，没有哪一次比这次更出彩，至少这次来的人最多。一种不祥的预感写在每个人的脸上，贝尔特朗也热泪盈眶，因为事实上，在远离外面三色旗的斐扬派的露台上，立法议会正在辩论，各选区在列队游行，整个巴黎在这个星期天群情激奋，要求罢黜国王。[①]然而，杜伊勒里宫仍然在讨论已经讨论了上百次的建议，即让国王陛下去鲁昂的格雍城堡。库尔博瓦的瑞士人已经准备就绪，时机已经成熟。陛下本人似乎也准备好了。然而，就在接

① 《议会史》，第16卷，第337–339页。

近行动时，陛下再一次退缩了。经过一个漫长夏日忐忑不安的等待之后，他提笔写道，“有理由相信，暴动并非你们想象的那么成熟”。对此，贝尔特朗·莫尔维尔“一下子陷入无奈和绝望的深渊”。[①]

第六节　午夜钟声

尽管如此，可以肯定的是暴动刚刚成熟。8 月 9 日星期四：如果立法议会不能如期通过没收国王财产的法令，我们将自行发布。

立法议会？快沉没的、可怜的立法议会什么也不能发布。8 月 8 日星期三，经过无休止的演讲之后，他们甚至连指控拉法耶特都做不到，只是通过多数票将他免职。听到了吗，爱国者！得知这个消息后，被普鲁士人的恐怖行径激怒的爱国者，产生了难以置信的疑虑，他们整天围着骑术院大厅破口大骂，侮辱最右侧的重要议员，追打、咒骂、威胁他们。议员沃布朗等人庆幸在警卫室找到了避难所，并从后窗逃之夭夭。第二天，受到侮辱的议员纷纷写来投诉信。但投诉归投诉，之后辩论和傲慢的术语依旧。星期四的太阳与过去的相比没什么两样，依旧没有没收国王财产的法令发布。哦，算了，以色列人，回自己的帐篷吧！

母亲协会不再说话，各团体停止演讲，爱国者现在嘴唇紧闭，彼此挽着手两排两排地快步离开，消失在遥远黑暗的东部。[②]桑泰尔准备好了，或者说我们让他准备好了。四十八个选区中有四十七准备好了。圣托马斯女儿选区拒绝了斐扬派，转到了雅各宾派一边。他们也准备好了。让所有爱国者检查好自己的武器：这是长矛，这是扳机，看好布莱斯特的弟兄们。首先，皮肤黝黑的马赛人要做好最坏的打算。总务官罗德勒了解这一切，并为这几天在市政厅发给联盟派的五千盒子弹可能会导致的后果忧心忡忡。[③]

---

① 《贝尔特朗·莫尔维尔回忆录》，第2卷，第129页。
② 两个自由的朋友著：《法国革命史》，第8卷。
③ 罗德勒的演讲。8月9日的会议（《议会史》，第16卷，第393页）。

你们也是一样，拥挤在杜伊勒里宫这边勇敢的绅士们，王室的捍卫者。你们既不是为了起床仪式，也不是为了就寝仪式而来：这些只是床上的繁文缛节而已，不足挂齿。你们的通行证是必需的，你们的短枪更是必不可少。他们像从容赴死的勇者一样成群结队而来。其中，陆军元帅老马耶也来了，尽管年近八十并受黏膜炎的困扰，但他的眼睛仍显得炯炯有神。加油，兄弟们！我们有一千红衣瑞士人，他们的心像阿尔卑斯的花岗岩般坚定。国民掷弹兵至少会维持秩序，指挥官曼达具有保王党的热情，他会"以自己的头脑做出回应"。曼达的参谋部人员虽然接到解散的法令，但幸运的是一直没有被解散。

指挥官曼达与市长佩蒂翁曾有通信联络，并在三天前从他那里收到武力驱离的书面命令。新桥上的一个中队用炮声迫使马赛人再次渡河。在市政厅的另一个中队将来自圣让拱廊的队伍在圣安托万一分为二，一半人被驱赶到晦暗不明的东部地区，另一半被驱赶到罗浮宫附近的迷宫地区。部署的中队数目不少，还有骑兵。在皇宫和旺多姆广场的各中队，在特定时间攻击并清除各条大街，重现了6月20日的场景，只不过这次效率不高。也许是因为不敢发动起义？曼达的中队、宪兵的骑兵中队和穿蓝色制服的近卫军声势浩大，招摇过市，曼达的炮车隆隆作响。在夜幕低垂，人们即将上床睡觉时，响起了集合号声。这是1792年8月9日深夜。

而四十八个选区通过信使快速沟通消息。每个选区指定三个全权代表。总务官罗德勒、市长佩蒂翁紧急亲赴杜伊勒里宫。在鼓声预示危险时，勇敢的立法议员们应该回到议事大厅。戴洛瓦涅小姐戴上了掷弹兵的帽子，穿上了骑兵式的马裤，腰上别了两把手枪，腰带侧面挂上了军刀。

这样的戏码正在巴黎大混乱中或所有恶魔之城上演！市长佩蒂翁在杜伊勒里宫花园散步，夜晚美丽、宁静，猎户座和昴宿星闪着详和的光芒。佩蒂翁来时正值内部矛盾爆发的时刻。[①]事实上，不出所料，国王陛下以最粗暴的方式

① 罗德勒著：《五十天纪实：佩蒂翁自述》。市政厅记录等（《议会史》，第16卷，第399-466页）。

接待了他。离开时他都找不到出口，曼达的蓝衣中队禁止任何栅栏门有人员出入。圣托马斯女儿的掷弹兵甚至辱骂他。虽然其他人表现得还算礼貌，但如果有人恶作剧的话，一个道德高尚的市长会付出多大的代价！当然，如果说在法国有谁在今天晚上躺在被窝里，在死刑的威胁下一会儿哭一会儿笑的话，那肯定是市长佩蒂翁。如果他做得不够高明的话，就只有死路一条。国民议会直到早上四点钟才得知他陷入困境，于是急忙召他来说明巴黎的形势，而他对此一无所知。尽管如此，没有什么能阻止他回家睡觉，只把镀金马车留了下来。

而总务官罗德勒的任务则没有那么凶险，无论心里多么着急，都可以等到禁令解除为止。

他不时进去探听消息，派人去找省长说话。而他的检察官却不知如何是好。每个套房都挤满了人，有七百多黑衣人挤来挤去，熙熙攘攘。红衣瑞士兵像岩石一样岿然不动，幽灵或半幽灵般的大臣与罗德勒和其他顾问一起围着国王陛下转来转去。老元帅马耶跪在国王的脚下说，他和这些勇敢的绅士们是来为他赴死的。远处长鸣的警钟扰乱了寂静的午夜。报名参军吧！于是，在甜言蜜语的推波助澜下，一波一波的钟声一再重复着奇妙的故事。心怀叵测的廷臣把窗户打开边呼吸新鲜空气，边仔细听外面的动静，以辨析教堂的钟声：这是圣罗什的警钟，那不是圣雅克肉店的吗？是的，先生们！难道没听见圣日耳曼奥克斯人的钟声吗？这是二百二十年前敲响风暴警钟的同样的金属，那时同样是国王在圣巴托罗缪的前夜（1572 年 8 月 24 日）下的命令。其实，从古至今的钟声没什么两样，但廷臣可以辨认出来。似乎还可以听到市政厅的钟声，我们从音质可以听出来。是的，朋友，那是市政厅的钟声，即使夜里也听得到。钟声与手臂奇迹般地结合在一起。不知你是否知道，这是马拉本人在那里拉着绳子！马拉敲响的钟声，罗伯斯庇尔躲在暗处，在接下来的四十小时里杳无踪影。世上有些人善良，有些人毒辣，唯有狂热损人害己。

这一片兵戈扰攘、纷乱局面不知何时才能结束。痛苦和盲目的斗争并存的怀疑时刻将带来确定结果，这一点任何力量都无法摧毁！每个选区三个全权代表，共有一百四十四名代表，在午夜聚集市政厅。驻扎在那里的曼达中队没有阻止。他们不是有人数众多的“中央委员会”常驻在那里吗？他们的确在那里：不过却是笼罩在混乱、议而不决和唇枪舌剑中。哨兵不得休息，居心叵测的廷臣到处散布谣言，曼达的红衣瑞士兵和他的中队时刻准备发动进攻。应该取消暴动吗？是的，取消吧。啊！听，圣安托万郊区独自敲响了警钟。朋友们，不，你们不能取消暴动，而必须支持暴动，并与暴动生死与共。

这就是必须立即采取行动的原因。这些掌权而守旧的市政府官员和主权选民代表应该辞去职务，而让新的一百四十四人接手！旧的市政府官员，无论是否愿意，你们必须离开。你们当中的一些人从此可以远离是非，不予理念，敷衍了事，尸位素餐，直到回家睡觉，岂不是皆大欢喜吗？[①]最终只有两个、最多三个人，正在杜伊勒里宫花园的市长佩蒂翁、检察官曼努埃尔和代理检察官、踪迹难觅的“阿特拉斯”丹东缺席。于是，这一百四十四人中包括敲钟人于格南、比约、肖梅特、编辑塔利安和法布尔·德·埃格朗蒂纳，还有士官等。简而言之，意料之中的和出人意料的人选并存，都是激进爱国者中的明日之星。我们不是神奇地组建了一个新的市政府，准备不惜代价揭竿而起吗？他们首先派人以新的市政府的名义去找指挥官曼达，让新的市政府官员造访准备进攻的中队，让警钟敲得更响。现在让一百四十四人后退是痴心妄想！

读者们，不要漫不经心地以为暴动轻而易举。暴动其实很困难：因为每个人甚至对自己的邻居都疑神疑鬼，外来人就更无从谈起。他对自己有什么力量和对方有多大能耐一无所知。唯一能确定的是，如果失败，他的下场只有绞刑架！八十万个脑袋，每个脑袋对这些不确定性都有各自的估计、对此做出合适的行动的各自原则。排除这些不确定性之后，才会有不可避免的真实结果，这种结果将不可撼动，永远持续，不是通向公民的王冠，就是通向可怕的绞索。

① 选区文件，市政厅文件（《议会史》，第16卷，第399—466页）。

假如读者可以像阿斯蒙蒂斯那样飞行，在广阔的天空中翱翔在家家户户的屋顶，俯视圣母院的尖塔，那么巴黎将是怎样的一幅图景！你会听到悲戚的呜咽或愤怒、闷雷般的咆哮、重重的疑虑。勇气已经从绝望化为蔑视，紧锁的门后是懦弱无声的颤抖，所到之处无不是萎靡不振的慵懒，因为大多数人都赖在床上酣睡。哦，在这些叮叮当当的高亢警钟和慵懒的鼾声之间，掺杂着惶恐、兴奋、绝望，但首先是怀疑、危险、阿特洛波斯女神和诺克斯女神*！

这个选区的战士出来后，听说其他选区的人没出来，于是就回去了。河这边的圣安托万郊区不能确定圣玛索郊区是否参与进来。鼾声大作的懒汉中最坚定的是准备慷慨赴死的六百马赛人！虽然两次被召到市政厅，但曼达始终没有现身。哨兵张皇失措地不停地奔跑，各种谣言满天飞。戴洛瓦涅和非官方的爱国者像夜莺一样在黑暗中伺机而动，观察着四周的动静。约三千名国民自卫军紧随曼达和集合号令，其余的人根据自己对不确定性原则的判断行事。这个原则就是：紧跟圣安托万郊区的步调。还有无数其他的理论，在这种情况下，最好的理论就是睡觉。于是，鼓声越来越紧，警钟越来越急。圣安托万郊区也不过是出来看看就退了回去。指挥官桑泰尔绝不会相信马赛人和圣玛索会先闹起来。你这个大嗓门、腆着啤酒肚的懒鬼，榆木脑袋蠢货，现在是敷衍了事的时候吗？这个榆木脑袋的确希望，阿尔萨斯人韦斯特曼用军刀割破他的喉咙。这个夜晚就是这样在动荡、忐忑不安和警钟声中缓慢度过的，所有人都到了歇斯底里的程度，做不了任何事情。

然而，曼达是在第三次传召时现身的。他没有带卫兵，看到新的市政府时万分惊讶。他们严厉质问他关于市长的武力驱散群众的命令、把圣安托万郊区分成两部分的战略计划问题。他都尽量做了回答。他们认为，把这个国家战略指挥官送进修道院监狱，然后让法院来决定他的命运是正确的做法。但这个法院并非成文法的法院，而是原始的私刑法院。现在，法院外面挤满了人，纷纷

---

* 阿特洛波斯和诺克斯分别为希腊神话中的命运女神和黑夜女神。

攘攘，几乎失控到极点，他们变得既冷酷又害怕，像黑夜一样盲目。不用别的，单单这样一个法院就可以剥夺可怜的曼达的卫兵，在市政厅的台阶上把他打倒在地，残忍地杀害。看看吧，你们新的市政府，你们的人民，这就是你们的暴动！现场鲜血淋漓，而血债必须血偿，这种歇斯底里的气氛只会招致更多无谓的流血，因为这和老虎的习性一样，这只是开始而已。

共有十七人在香榭丽舍大道被爱国侦察队拘捕。他们百口莫辩。你们这十七个人有手枪、长剑吗？其中一个人痛骂“假巡逻队”是反对国家、到处刺探消息、搞破坏的无赖！这十七人被带到最近的警卫室，其中十一人从后门逃脱。“怎么会这样？”携带军刀、手枪和随从出现在前门的戴洛瓦涅小姐谴责纵容叛徒，要求拘禁剩下的六人，宣称人民的正义不容侵犯。六个中又有两人在混乱和私刑法庭的辩论中逃之夭夭，没逃走的四人像曼达一样不幸被杀。他们是两名前近卫军士兵、一个沉迷酒色的教士和一个我们认识的保王党小册子作者苏洛。后者是能力出众的编辑，编写了各种才华横溢的著作。可怜的苏洛，他的《使徒行传》和怪异墙报（因为他能力超群）的作者生涯，以这种方式戛然而止。事件发生于 1792 年 8 月 10 日的黎明。

或者可以想象，这一夜可怜的国民议会是如何度过的：寥寥几个人坐在那里，浑身发抖，试图展开辩论，在雷暴迫在眉睫时，还在紧盯磁针的所有三十二个方位角。要发生暴动了吗？如果发生暴动，失败怎么办？唉，如果失败，穿黑衣、携带短枪的廷臣和穿红衣、端刺刀的瑞士人，就会冲过来趾高气扬地问我们，你们这些不可理喻、不可救药、自我毁灭的立法议员，在这里装什么蒜？看看那些可怜的国民卫队士兵，不是在那边临时帐篷里露营，就是整夜站岗累得两只脚换来换去。每当新三色旗市政府下一道命令，曼达队伍里的队长就会下达另外一个。但检察官曼努埃尔下令把大炮从新桥上撤出时，就没有人胆敢违抗他了。似乎可以肯定的是，早就被勒令解散的老参谋部现在终于解散，曼达现在已经不是我们的指挥官，而是桑泰尔了吗？是的，朋友：从今以后是桑泰尔了，再也不是曼达了！但那些准备进攻的中队却不那么肯定，因为他们除了同样冻饿交加、身心俱疲之外，没有别的变化。屠杀法国兄弟令人伤心，比被他们杀还令人伤心。无论杜伊勒里宫内外，痛苦和不安的情绪都笼罩在这些人的心中，只有红衣瑞士人依然坚定不移。他们的军官现在轻啜白兰地解渴，而国民自卫军却没有心情参与。

国王路易此时正在睡觉，享受片刻的宁静和睡眠。当他重新出现时，他的假发有一边的香粉都掉没了。老元帅德·马耶和穿黑衣的绅士们情绪高涨，因为暴动没有如期发生。现在有个诙谐的说法："警钟没敲起来。"警钟像没奶的奶牛百无一用。此外，不能宣布戒严法吗？不那么容易。现在，看样子市长佩蒂翁得走人了。另一方面，我们的代理指挥官（可怜的曼达已经死在市政厅）抱怨那么多黑衣廷臣守护着王室，让国民自卫军看着不顺眼。对此，国王陛下强调，他们将唯命是从，顾全大局，他们都是靠谱的人。

随着灰蒙蒙的晨曦到来，王宫黄色的灯光在这样的场景中慢慢消失。场面拥挤、吵闹、混乱，但结论也的确呼之欲出，因为事情即将结束。罗德勒和幽灵大臣们急忙潜入隔壁房间，与一位或两位陛下商量办法。妹妹伊丽莎白把王后带到窗前："姐姐，看哪，多么美丽的日出。"就在雅各宾教堂上面和那片区域！没有人敲警钟是多么幸福啊！但曼达没回来，佩蒂翁出走：很多东西在这无形的平衡中摇摆不定。大约五点钟，有什么声音从花园传来，由呼喊声逐渐变成嚎叫声，不是"国王万岁"，而是"国家万岁"！"我的上帝！"幽灵大臣们惊呼道，"他在下面干什么呢？"原来是国王陛下与老元帅马耶在下面检阅部队，离他们最近的随从这样回答。王后陛下的眼泪夺眶而出。但是，回到自己的房间时，她的眼睛一如平时干爽，神情平静，甚至有些开朗。"奥地利人的嘴唇和鼻子比平时更丰满，表情更加动人。"贝尔齐埃说。[①]王后陛下的意志力如此惊人，不是亲眼所见令人难以置信。不愧是特蕾西娅的女儿！

① 图隆永著：《1789年革命以来的法国史》，第2卷，第241页。

国王路易回来时筋疲力尽，但无动于衷的神情依旧。现在，所有的希望都放在警钟最好不要敲响。

第七节　瑞士人

不幸的朋友，警钟敲响了，已经敲响了！看，随着第一缕阳光的出现，长矛和火枪闪亮汹涌的波涛从东面滚滚而来，在夜色下凶猛袭来！这些神色冷酷的外来人正急速行进。圣安托万人在河的这边，圣玛索人在河的另一边，皮肤黝黑的马赛人一马当先。他们掀起的喧嚣和低沉的嗡嗡声，像海潮一样从很远就能听到。这种声音正如我们所说的那样，似乎是在月亮的影响下，从幽深的海底缓慢升高，亮光闪闪，呼啸着滚滚而来。没有哪个国王，无论是卡努特还是路易，可以阻止这种力量。在河的两岸来来往往的是看热闹的路人，虽然手无寸铁，但嘴并没闲着。而手持武器的人也逐渐加入到他们的行列。新任国民自卫军指挥官桑泰尔已经在市政厅任职，并把那里作为中途客栈安顿下来。挎着闪亮军刀的阿尔萨斯人威斯特曼并未高枕无忧。所有人，包括各选区、马赛人、戴洛瓦涅小姐都严阵以待，不敢怠慢。

现在，准备进攻的曼达中队在哪里？没有他们的一点动静，也许是走错了路。他们的军官可能正因为此事而偷乐呢。眼下还无法确定新桥上的中队是否遇到抵抗。不过皮肤黝黑的马赛人和圣玛索人正跟在他们的后面，没遇到什么阻碍就通过了，这就够了。他们现在只是希望圣安托万人和其他人能一起向杜伊勒里宫进发，这是他们的最终目的地。杜伊勒里宫发现他们之后急忙做出了反应，红衣瑞士人开始装填弹药，黑衣的廷臣们掏出了短枪，抽出了长剑、匕首，有些人甚至拿起了火铲。每个人都拿起了武器。

判断一下，在这种情况下，总务官罗德勒还会感觉悠闲自在吗！宽宏大量的上天会为一个脚踏两只船的可怜总务官提供中途避难所吗？如果国王陛下同意去议会怎么办？国王特别是王后都不会同意的。王后陛下对这个建议只说了一个字："呸！"她甚至还说，人们肯定要把她钉在墙上的。显然不会。还有人写道，她交给国王一把手枪，说现在到现身的时候了。当时在现场的目击者没有看到这些，我们也没有看到。他们只看到，王后表情安详，像朱庇特神殿里的恺撒那样裹着披风，保持着王后的威仪，没有争辩，对不可抗拒的命运毫无怨言，因为作为王后和亚当之子理当如此。而你呢，哦，路易！你是由什么材料制成的呢？你没有力量拯救你的生命和王冠吗？即使被猎杀的最胆怯的鹿也不会这样懦弱地死去。你是所有人中最虚弱、最温和的人吗？无论如何，你是命中注定最不幸的人。

随着人潮越来越近，总务官罗德勒和整个人群相互靠得更紧。远远就可以听到院子里武装的国民自卫军鼎沸的嘈杂声。人潮就在附近，有什么建议吗？信使、探马匆匆通过外面栅栏门送来消息，骑在墙上进行交谈。总务官罗德勒出去又进来。炮兵问他："我们要对人民开炮吗？"国王的大臣问他："国王的房子会被闯入吗？"总务官罗德勒这盘棋可不那么好玩。他对炮兵发表了热情洋溢的讲话，足以让一个人同时热血沸腾和惊出一身冷汗，冷热交织。哦，罗德勒，我们不能出尔反尔，反复无常。炮兵把火药筒远远抛开做了回答。哦，国王路易、国王的大臣们：想想这个回答吧，采用可怜的总务官的中途避难所，去骑术院大厅吧。国王路易手放在膝盖上坐在那里，身体前倾，凝视了一会儿总务官罗德勒，然后越过罗德勒的肩膀看着王后说："我们走吧。"他们一行人，包括国王路易、王后、妹妹伊丽莎白、陛下的两个孩子及保姆，在总务官罗德勒、宫廷主要官员和双排国民自卫军的陪同下出发了。手持短枪的黑衣人和红衣瑞士人似乎很伤感，并露出不满的神色，只有总务官罗德勒说："国王要去议会，请让路。"所有时钟几分钟前刚刚敲响八点钟，国王永远离开了杜伊勒里宫。

你们这些好心的瑞士人，你们这些黑衣绅士们，你们是为了什么事业而不惜代价，甘愿自我牺牲？看看西面的窗户，可以看到国王路易平静地走在路上，可怜的小王子在落叶中嬉戏。在他旁边斐扬派的露台上都是纷纷攘攘的人群，其中一个大嗓门拿着一根长杆，目的是在大队人马到达时，不让外面的楼梯、后面的入口被堵住。国王的卫兵只能走最下面的台阶。立法议会的代表来了，拿长杆的家伙被要求保持安静。议会的卫兵加入到国王卫兵的行列中，在必要时都可以骑上马。外面楼梯畅通无阻，或至少可以通行。看，国王上车了，一个穿蓝制服的掷弹兵抱起可怜的小皇子从人群中穿过。国王钻进车里，从我们的视野中永远消失了。而你们则被留在那里，濒临深渊和暴乱的火山口，没有目的，没有命令。如果你们死了，顶多算个烈士，却是死得不明不白的烈士！大部分身穿黑衣的廷臣都尽可能通过各种渠道逃走了。这些可怜的瑞士人不知道该怎么办。他们非常清楚，自己唯一的职责就是坚守岗位：他们将履行这个职责。

黑压压的人潮终于来到。他们现在死命敲打着城堡东面院子的栅栏门。他们不可抗拒，无法阻挡，到处都可以听到他们震天的叫喊。他们突破并挤满了卡鲁塞尔的院子。皮肤黝黑的马赛人一马当先。什么，你说国王路易去了议会？好啊，可如果议会宣布废黜国王的话，去了又有什么用呢？我们的岗位就在这座城堡或堡垒，我们必须坚持到底。想想看，忠诚的瑞士人，兄弟之间为了一座石头建筑而开始残忍的屠杀，互相撕成碎片是一件好事吗？可怜的瑞士人，他们不知道该如何行动。还有博爱标记的弹筒从南面的窗户扔进来。他们在东面的内外楼梯，沿着长长的楼梯和走廊，坚定地站好队列，神色平和，但拒绝后退半步。威斯特曼用阿尔萨斯德语与他们对话，马赛人用热情的普罗旺斯方言外加生动的身体语言恳求他们。无论怎么恳求和威胁，瑞士人却始终坚定平和地站在那里，雷打不动，像花岗岩般巍然挺立在闪闪发光的钢铁海洋之中。

谁能帮助解决这个不可避免的问题：马赛人和整个法国在这一边，花岗岩般意志坚定的瑞士人在对立的另一边？身体语言变得越来越激烈。马赛人挥舞着闪亮的军刀，瑞士人眉毛紧拧，手指紧扣火枪的扳机。突然，随着哨音划过屋顶，轰然一声巨响盖住了所有其他的噪音！这是马赛人在卡鲁塞尔的三门大炮，因为一名笨拙的炮手瞄错了目标，炮弹从屋顶上呼啸而过！既然如此，那么，瑞士人，开火！瑞士人立即开火，齐射、排射、滚射。马赛人中有一个嗓门比谁都大的高个子，一声不吭地倒毙在人行道上。很多马赛人经过风尘仆仆的长途跋涉之后，在这里永远止步。卡鲁塞尔人去楼空，滚滚人潮退了回去，一直逃到圣安托万郊区都没有停下来。没有炮弹供给的炮兵早已逃得无影无踪，丢下的大炮被瑞士人缴获。

想想这回响在巴黎四面八方和每个人心中的扰攘纷乱，多么像战神贝洛娜隆隆作响的皮鞭声！瞬间重新集结的皮肤黝黑的马赛人已经变成慷慨赴死的可怕魔鬼。然而，布雷斯特不会退缩，阿尔萨斯人韦斯特曼同样不会，戴洛瓦涅小姐依然是西比尔戴洛瓦涅。“报仇！胜利或死亡！”或者高亢，或者微弱的口号声从爱国炮兵、斐扬派的露台和所有暴动区域的露台和广场的人群中响起，并获得红色旋风般的响应。在花园排好队列的蓝制服国民自卫军别无选择，只能把枪口对准这些外国凶手，毕竟他们对广大民众心怀同情。况且，整个人类不也像琴弦一样，可以无限灵巧地配合一致吗？当你拨动一根琴弦，所有的琴弦会开始随之奏响温柔悱恻或者歇斯底里的旋律！晕头转向的宪兵队骑兵飞快地穿过国王大桥，漫无目标地胡乱开枪。巴黎人的大脑已经变得癫狂，失去了理性。正如俗话所说，他们抽风了。

听，枪声并没有减弱，里面的瑞士人还在不间断地继续开火。正如我们所看到的，他们抢走了大炮。现在，他们又从另一边抢来了三门大炮。但这些大炮既没有弹药，也没有钢珠和火石，他们反复尝试都没有成功。[1]看热闹的爱国者也有预感。其中最奇怪的一个旁观者认为，指挥有方的瑞士人将取胜。这个

① 两个自由的朋友著：《法国革命史》，第8卷，第179-188章。

人的判断力很靠谱，因为他的名字是拿破仑·波拿巴。[①]在河对岸那些男男女女的旁观者中，还有来自格拉斯哥睿智的穆尔医生。炮弹随着沉闷的哨音在他们的头顶呼啸而过，落在国王大桥上，杜伊勒里宫对面部分的钢筋都被炸了出来。每次爆炸声都能赢得男男女女旁观者的叫好和鼓掌。[②]真是一座魔鬼之城！在边远的街道，人们正在咖啡馆吃早餐，忙活自己的营生，当响起沉闷的回声时，会不由得停下脚步听一下。这里现在怎样了呢？马赛人受伤倒下时，有巴尔巴鲁充当外科医生。他在附近谨小慎微地低调指挥。马赛人被击中倒下后把枪交给同伴，告诉他弹药在哪个口袋，在咽气之前反复嘟囔："为我报仇，为你的祖国报仇！"穿红色外套的布雷斯特的联盟派骑兵军官，也被当作瑞士人而枪杀。看，整个卡鲁塞尔已经被付之一炬！群魔乱舞的巴黎！正如我们所说，这座可怜的城市已经进入发烧和抽搐阶段，这样的危机持续了半个小时。

可这是怎么回事？有人举着立法议会的标志，冒着炮火从骑术院大厅后门进来，径直向杜伊勒里宫和瑞士人的方向跑去。这是国王陛下写的停火命令！哦，不幸的瑞士人，为什么不一开始就发布不开火的命令呢？瑞士人很高兴可以停火，但是谁敢保证暴动分子停火呢？你无法同暴动分子讲理，就像你无法与七头蛇*讲理一样。上百死者和伤者在街上横七竖八地倒在血泊中，缺乏救助。看到他们的惨状就像愤怒的火炬点燃了疯狂。巴黎的爱国者就像失去了幼崽的母熊一样在咆哮："报仇！胜利或死亡！"目击者看到，有人只拿了一根木棍投入战斗。[③]此时，恐怖和愤怒甚嚣尘上。

外部受到挤压、内部陷入瘫痪的瑞士人已停止射击，但没有被射杀。他们该怎么办呢？这是绝望的时刻。避难所或速死。可怎么找避难所？躲到哪里

① 参见《议会史》，第17卷，第56页。《案卷》等。
② 穆尔著：《法国生活日记》，都柏林，1793年，第1卷，第26页。
* 希腊神话中长有七头的怪物，斩去后可再生，后为赫拉克勒斯所杀。
③ 《议会史》相关记述：《炮兵上尉的报告》，《指挥官的报告》等。《议会史》，第17卷，第300-318页。

呢？一部分人由被完全炸毁的棋盘街逃走。第二部分人从另一方向穿过枪林弹雨跳进花园，蜂拥进入国民议会大厅，在后排座位寻求同情和避难所。人数多达三百多人的第三部分以纵队队形直扑香榭丽舍大道。啊，只要我们可以到达古尔布瓦就好，其他瑞士人都在那里。哦，看到了吗？在这样的枪林弹雨中，纵队很快就因为意见分歧而分道扬镳，以这样或那样的方式分崩离析，分散到各家各户或死在巷战中。但枪声和杀戮不会停止，还远着呢。旅馆里穿红色外套的搬运工也遭到杀害，因为他们被当作了瑞士人，不管是真正的还是名义的。正在硝烟弥漫的卡鲁塞尔进行灭火作业的不少消防员也被杀害。难道卡鲁塞尔不该被烧毁吗？有些瑞士人跑到私人住宅避难，发现人们依然心存仁慈。勇敢的马赛人是仁慈的，但已经太迟了，人们只能尽量救助他们。记者戈尔萨向愤怒的群体发出了强烈呼吁。葡萄酒商人克莱蒙斯手里拉着一个瑞士人，来到议会的讲坛，声情并茂地述说如何冒着生命危险、给他面包，从而救了这个人，还说由于自己没有孩子，今后将如何支持他，最后抱着那个可怜的瑞士人的脖子昏厥过去，赢得一片掌声。但大部分瑞士人仍然遭到屠杀，有的甚至被五马分尸。有五十人（有人说是八十人）让国民自卫军作为囚犯押送到市政厅途中，在格莱弗广场遭到愤怒的人群攻击，悉数被屠杀，无人幸存。"哦，人民，现在成了全世界的羡慕对象！"人民现在处于鼎沸的癫狂之中！

当然，在大屠杀的历史上，很少有比可怜的瑞士军人被屠戮更悲惨的事件了，这个痛苦将铭刻在人们的记忆中，永不磨灭。他们是由于意见分歧而转入地下被屠杀的。勇敢的人们，荣誉属于你们，勇敢的人们，崇高的怜悯永远伴随着你们！你们不是烈士，但胜于烈士。这个路易不是你们的国王，他就像对待无用的废物一样抛弃了你们。对他来说，你们只是为了每天挣几个铜板而卖身于他的雇佣军，你们只需为挣工资和遵守诺言而工作。现在的诺言就是去死，你们做到了。哦，亲人们，荣誉属于你们。无论你们是瑞士人，还是萨克森人，愿你们永垂不朽！这些瑞士人不是私生子，而是合法出生在森帕奇和穆尔腾的公民的子孙。他们跪在地上，但不是在你的面前。哦，勃艮第！在旅行者通过吕塞纳时，希望他回头看看狮子纪念碑，即使不是为了托尔瓦森的缘故。这个石碑脱胎于活灵活现的岩石，矗立在碧波荡漾的湖边，伴随着远处奶牛庄园叮当的摇篮曲，花岗岩群山环绕在四周无言地看着这一切，虽然了无生气，却依然在说着什么。

第八节　宪法支离破碎

关于8月10日的得失结果，爱国者估计有上千人被杀，瑞士人从窗口向外发射的火力最致命，但最终的数字减少到一千二百人左右。这不是儿戏，根本不是！直到下午两点，杀人放火、抢劫都尚未结束。门户大开的疯人院还没有关上大门。

疯狂的无套裤汉在通往杜伊勒里宫的所有通道鼓噪咆哮，展开无情的报复。不少仆人也被砍倒在地，惨遭屠杀。康庞夫人也被马赛人明晃晃的军刀搁在头上，但皮肤黝黑的人说："你走吧。"她没有被为难，就被放走了。[①]在酒窖里，无数酒瓶子和酒桶不是被打碎，就是被喝掉。所有套房甚至阁楼的窗户都被打碎，无数珍贵的王室饰品、家具、镀金镜子、丝质窗帘、天鹅绒床单都被扔到窗外，各处遍布尸体。杜伊勒里宫不再是地球上的美丽花园。对此感兴趣的读者可以通过莫尔西埃、刻薄的蒙加亚尔或博里约的《两个自由的朋友》等著作一看究竟。一百八十具瑞士人裸露的尸体堆放在那里，直到第二天才挪走。爱国者把他们的红色制服撕成碎片，挑在长矛尖上游街。骇人的裸尸堆放在那里任由风吹日晒，引来好奇的男男女女前来观看。我们不这样做好吗？有上百辆马车满载死者，在哭声和叹气声中驶向圣马德琳公墓，因为每个死者无论在哪儿都有母亲和亲朋好友。你可以把"荣耀的胜利"大字标题下描述一

① 《康庞回忆录》，第2卷，第21章。

个杀戮战场的报纸带回家，关上门仔细阅读。

但皮肤黝黑的马赛人毕竟打倒了城堡里的暴君。他被狠狠地击倒在地，几乎再也爬不起来了。对于庄严的立法议会来说，这个时刻堪比世袭代表进来，掷弹兵带着小王子穿过拥挤的人群，把他放在议会的桌子上！其中一位议员在这个时刻发表了演讲，试图平息这一场景的苦涩气氛，同时等待下一个议员的演讲。这时，路易说了几句话："他来是为了防止犯下弥天大罪，相信自己在这里比在任何地方都更加安全。" 我们必须承认，关于 "宪政当局的防卫和死在岗位上" 的议题，议长维尔尼奥的回答简单而模棱两可。[①]于是，国王路易坐下，先是坐在这里，然后又坐到别的地方，因为出现了一个问题：宪法不允许我们辩论时国王在场。最终，他和他的家人被安置在记者旁听席 "速记室"，就在用栏杆分开的环形通道的对面。这个速记室约有十平方英尺，后面入口处有一个小壁橱，这里现在就是国王在整个法国的套房。他可以在全世界的注视下坐在这里，也可以不时躲进壁橱待上十六个小时。立法议会难得看到了这样安静的特殊时刻。

但也就安静了几分钟后，就听见马赛人发出的三声炮响和瑞士人滚射的排枪声，像漫天的炸雷，让人以为世界末日到了！这些令人尊敬的议员都站了起来。流弹带着尖厉刺耳的哨音甚至打碎了窗户玻璃，射入这里的议事大厅。"不，这里是我们的岗位，让我们死在这里！" 于是，这些立法者就像石头一样坐在这里，一动不动。但愿速记室后门不会被冲破，分隔环形通道的栏杆不会被推倒！门房七手八脚地进行了加固，陛下本人也在里面助上一臂之力，防止被冲开一条路。国王和立法议员在这里团结一致，因为他们都面临同样的未知命运。

雷鸣般的吼声一再响起，气喘吁吁、四目圆睁的信使一个接一个地冲进来。国王给瑞士人的命令已经发出去了。这是可怕的雷声。但是，我们知道已经

① 《箴言报》，1792年8月10日的会议。

结束了。气喘吁吁的信使、瑞士逃兵、爱国控诉人，从颤抖到抽搐！这种状况一直持续到四点钟。

新的市政府官员打着自由、平等、祖国的三色旗，在扰攘的喧嚣声中来来去去。议长维尔尼奥几个小时前谈到为宪政当局去死，并作为委员会的报告人，建议暂停世袭代表的资格，立即组建"国民公会"以做出进一步的决定。这个报告分量很重：莫非议长已经有了万全之策？在这种情况下，议长必须像双面神雅努斯那样做好两手准备。

国王路易对一切都侧耳倾听，约午夜时分退入上一层的三个小房间里，等待卢森堡宫和国家的安全措施准备好再行入住。如果布伦斯瑞克在这里就更安全了，或者，唉，也未必如此，也许被罢黜王位也说不定！第二天早上，人们陆续到上面的三个房间看望他们。蒙加亚尔说，愁眉不展的囚徒们变得轻松，甚至有些欢快。王后和晚上过来陪她的朗巴尔公主，从敞开的窗户向外观看，并笑逐颜开地向外面的人群撒香粉。①真是有趣的怪人。

此外，可以想象，立法议会和新的市政府仍在继续忙碌。市政府和立法议会的信使和急件，快速到达法国的所有角落，通报掺杂着愤怒和悲痛的胜利，并为倒下的一千二百名爱国者表示哀悼。法国的回应是一致的欢呼声。8 月 10 日和 7 月 14 日一样，只不过更血腥、更伟大。宫廷参与阴谋了吗？可怜的宫廷：宫廷已被征服，必须同时承受被蔑视的痛苦。国王的雕像现在都被推倒！亨利的青铜像尽管曾戴上了三色帽徽，也从新桥上消失了，只剩下"祖国处于危急关头"的旗帜了。路易十四也从高高的旺多姆圆柱上轰然跌落下来，成了碎片。好奇的人会注意到马蹄铁上刻着：1692 年 8 月 12 日。正好过了一个世纪零一天。

8 月 10 日是星期五。这周还没有过完，我们的老爱国大臣就被召回了，有严肃的罗兰、日内瓦人克拉维埃、昔日的工匠、沉闷的数学家蒙日。而对于司法

① 蒙加亚尔著：《法国史》，第2卷，第135-167页。

大臣丹东来说，正如他一贯夸张的说法，是冒着被爱国者炮轰的危险来到了这里！这里面有什么玄机吗？这些人必须在立法委员会的领导下尽可能走出困境。无论多么困难也必须与摇摇欲坠的老立法议会和如此活跃的新市政府合作。但是，随着国民公会即将成立，事不宜迟，必须立即在巴黎设立新的陪审团法院和刑事法庭，以便审判10日的罪行和阴谋。奥尔良的高等法院鞭长莫及，程序繁复。不管别人是否流血，这一千二百名爱国者的血必须优先处理。颤抖吧，你们这些罪犯和阴谋分子！司法大臣是丹东，罗伯斯庇尔在胜利后也在新的市政府担任了职务。这是暴动后成立的“临时市政府”，自称市镇理事会。

在三天的时间里，路易和他的家人一直在速记室，白天聆听立法议会的辩论，晚上退回到他们在上层的小房间里。卢森堡宫和国家的安全措施还没有准备就绪。况且，似乎卢森堡宫里的暗道和机关太多，市政府人员无法实施有效监督。窄小的坦普尔监狱尽管不那么优雅，却更加安全。那就去坦普尔监狱吧！1792年8月13日星期一，悲伤的路易全家坐上市长佩蒂翁的马车，被送到了监狱。整个巴黎的市民都出来观看。在路过旺多姆广场时，他们看到路易十四雕像的碎片洒落一地。佩蒂翁担心王后的脸上显露蔑视的表情而引发冲突，但她只是目光低垂，根本视而不见。虽然街上人山人海，但非常安静。时而可以听到“国家万岁！”的口号声，但大部分人保持沉默。法国王室消失在坦普尔监狱的大门后面。整个监狱笼罩在熄灯罩形状高耸的古老尖塔下面，似乎在道别。五个世纪前，可怜的雅克·莫莱和他的圣殿骑士就是根据法国国王的命令在这里被烧死的*。这是造化弄人的生动体现。外国大使，包括英国的戈尔爵士都申请了护照，愤慨地各自打道回国。

那么，宪法作废了吗？是永远还是只有一天？宇宙的奇迹已经消失。已经被水淹没的首届两年一度的议会，束手等待成立国民公会，然后坠入无底深

---

* 指美男子菲利普对圣殿骑士团的镇压，并于1314年对团长莫莱处以火刑。

渊。

人们可以猜到，老制宪议会议员和缔造者、被取缔的斐扬派们内心的愤怒，他们认为宪法仍然会继续前行。拉法耶特晋升到了军团指挥官的最高级别职务。立法议会派了特派员与他在北方边境会合，向他颁发委任状并表示祝贺。拉法耶特命令色当市政府逮捕这些特派员，并投入监狱作为叛军严加看管，直到有新的命令为止。色当市政府予以服从。

色当市政府虽然服从，但拉法耶特军队的士兵会服从吗？拉法耶特军队的士兵和所有士兵一样，感觉自己本来就是扎水牛皮带、穿制服的无套裤汉，8月10日的胜利也是他们的胜利。他们将按兵不动，不会跟随拉法耶特去巴黎。但他们会揭竿而起送他去巴黎！在随后的18日星期六，拉法耶特在尽可能先安抚好军队之后，带着参谋部的两三名愤怒的军官，其中一人是制宪议会的议员亚历山大·德·拉梅特，骑马快速穿过边界去了荷兰。他快马加鞭投入到奥地利人的魔爪之中！* 经过在地平线的边缘长途跋涉、路途颠簸，终于到达奥尔穆茨城堡。接下来的历史不再与他相关。永别了，“两个世界的英雄”，虽然渺小，但是高尚、可敬的人！虽然经过漫长黑暗的囚禁，在喧嚣、胜利和变化的时代，你仍然自信地坚守华盛顿的信念，成为具有完美人格、始终忠诚如一的英雄。色当市政府表示悔改并进行了抗议。士兵们高喊：“国家万岁！”莫尔德军营足智多谋的杜穆里埃随即被任命为总司令。

哦，布伦斯瑞克！巴黎现在需要什么样的“军事部署”呢？前进！你们这些训练有素的毁灭者，带好你们的大炮和露营设备。前进！高高的普鲁士骑士国王，吹牛皮的移民和战神布罗利，“给人类带来一些安慰吧”，因为有些人真的需要一点。

* 1792年8月拉法耶特离开法国准备赴美，被奥地利军逮捕，监禁5年后才被释放。

第三卷　断头台

第十四章

9　月

第一节　即兴成立的市镇

你们激怒了她，你们这些移民和世界的暴君们，法国被激怒了！你们像挥舞着铁尺的残忍教师，对可怜的法国长期进行教训和折磨。你们无休止地伤害、嘲弄、恫吓坐在那里穿着宪法的丧服、力不从心的法国。你们通过武力、阴谋、入侵和欺凌使法国大地财殚力痡。现在，你们刺痛了她之后，她站了起来，她的血喷溅而出。她的丧服变成了蜘蛛网，以自然的可怕力量面对你们。这种转化成疯狂和陀菲特*的力量无法估量。看看现在你们如何对付她吧！

---

*　希伯来圣经里举行人祭的地方，位于耶路撒冷，寓意地狱。

1792 年 9 月已成为历史中最令人难忘的月份之一，它呈现出截然不同的两面：一面是一片灰暗，另一面是一片光明。无论疯狂的两千五百万人是如何恐慌，无论这两千五百万人如何同时视死如归，他们依然肩并肩地以大无畏的气概站在这里。如果说这对一个人来说理所当然，那么当一个国家在突破极限时，更是天经地义，因为无论大自然看起来如何苍松翠柏，依然仰赖于脆弱的基础，我们则更甚于此。让水中女神随其音乐起舞的牧羊神潘，用他的呼喊声让所有人不得安宁吧。

当一个国家推翻了作为裹尸布的宪法和法律之后而变得至高无上、现在必须通过新的混乱方式为自己寻找狂野之道时，到了武力无法区分授权与禁止之间的区别、犯罪和道德交织在一起而陷入所谓的激情、奇迹和奇才的境地时，才是令人心惊胆战的局面！正因为如此，我们将在这部历史第三卷的结尾看到三年之后的法国面貌：无套裤汉的统治盛极一时，暴行骇人听闻。与此同时，在国外毋庸置疑、备受推崇的人权福音（上帝之音）、人的权力或力量依然叱咤风云，人性的弱点和原罪引发的骇人兽性展露得淋漓尽致。在这样的背景下，一方面是乌云笼罩荒芜的大地，只有断断续续的一缕阳光可以透过密布的乌云；另一方面是熊熊燃烧的地狱之火！虽然历史告诉了我们许多事情，但是在过去一千多年的时间里，告诉过我们类似现在发生的事情吗？因此，读者们，你和我，让我们两个主动停一下，努力从其重要的意义中，提取出当前形势下适合我们的故事吧。

这个时期的历史一般都是以歇斯底里的方式写成的，虽然很自然，但依然不是一桩幸事，而充斥了夸张、诅咒、哀号，特别是黑暗。因此，当必须把疯狂的古罗马从地球扫除时，那些北方人和其他可怕的自然之子像如今的法国人喊着“格言”闯进来时一样，疯狂的古罗马发出了最响亮的诅咒尖叫。我们因而失去了许多事物的真实形状。阿提拉的匈奴人有超长的手臂，可以无须弯腰就能拾起石头。受人诅咒的罗马历史将拼音字母插入可怜的鞑靼人的身体。于是，生性野蛮的鞑靼人至今也无法拼读鞑靼两个字。以类似的方式在汗牛充栋的法国记述中，进行我们预想的搜索通常会蒙上阴影，造成更多的难题。人们发现，很难想象太阳在 9 月依然同其他月份一样光亮耀眼。然而，不争的事实是，光亮耀眼的太阳带来了美好的天气和收获，而恶劣天气却给收获带来困难。不幸的编辑可能会竭尽全力，他毕竟需要宽恕。

作为一个聪明的法国人，近在咫尺观察整个可怜的法国，在新路上以新的方式折腾和拼搏，能够确定哪里是主要的运动，在原始的方向和规则中趋势是什么。但是，有四十四年的间隔是完全不同的。对所有的人来说，在 9 月的风暴中有两个基本运动或宏大的趋势已经变得足够明显。风暴正向边境移动，狂热的人群还向市政厅和议会大厅涌来。狂野的法国满怀蔑视死亡的绝望向边境进发，保护自己，抗击外国暴君，人群前往市政厅和选举委员会办公室是为了保卫自己，抗击国内的贵族。让读者自己去思考这两个主要运动和哪些无休止的风暴与结果可能受这些运动的左右。他同样会判断出，在所有旧的权威突然分崩离析的形势下，这两个本身半疯狂的基本动作，是否具有温和的性质。正如在干燥的撒哈拉沙漠，当风暴唤醒、搅动、吹散巨大的沙丘时，（旅行者说）空气本身变成了灰暗的沙云被厚实的阴影穿过，不可思议、漂移不定的沙柱忽而从这边滚来，忽而从那边滚过，像那么多一百英尺高、疯狂旋转的云游僧塑像，跳着巨大的沙漠华尔兹。

然而，在所有人类的运动中，有的只持续一天，这就是秩序或秩序的开始。在两千五百万法国人的撒哈拉华尔兹中，需要注意两件事，或者注意一件事，并对另一件事保持希望，即巴黎市镇（市政府）已经成立，而国民公会在几个星期后也将成立。于 8 月 10 日前夕即兴成立的暴动市镇，通过爆炸的形式实现了这种永远难忘的解脱，它需要先行制订规则，直到国民公会成立。他们自发或“即兴”称谓的市镇，目前就是法国的君主。从旧议会衍生出权威的立法议会，在旧议会被暴动炸毁之后，怎么可能获得权威呢？作为行将沉没的破船，某些东西、某些人和某些利益可能仍会分离。穿绿色制服、戴红帽子、用火枪和长矛武装起来的义勇军，每天在市镇前面列队通过，挥舞着武器，直面布伦斯维克。他们高喊列奥尼达斯*风格的口号，狂野的热情远超希律王**，“特别是旁听席的妇女，掌声经久不息”[①]。这类或其他类型的声明在整个法国都可以听到。骑术院大厅仍然是发布公告的有用地方。事实上，也仅剩下了这个用途。维尔尼奥发出了沁人心脾的演讲，但也只是展望未来国民公会的预言而已。“让我们的记忆消失吧，”维尔尼奥说，“但让法国自由！”他们也开始随声附和，跟着响应：“是的，是的，让我们的记忆消失吧，但让法国自由！”[②]还俗的夏博祈祷上天，至少让我们可以“与国王分道扬镳”，让火花尽快点燃火药，再次同归于尽，并挥舞帽子高声发出誓言：“是的，我们发誓，让国王消失！”[③]所有这些口号作为公告非常方便。

此外，我们忙碌的布里索、严肃的罗兰，那些昔日大权在握、如今每况愈下的人，那些热爱法律，甚至不惜以身殉法的人，尽可能按规则行事的人，则私下对这种行事方式很不满。不满已经表达，做了改变的尝试，但劳而无功。由于担心危险，甚至放弃了尝试，权杖已经永远离开了立法议会。可怜的立法议会命运多舛，自己的双手被缚住，像安德罗墨达那样被钉在岩石上，只能向天地哭诉。长着翅膀的珀尔修斯***（或即兴成立的市镇）神奇地飞过空阔的蓝天，剥夺了她的自由。但现在是不是她该进行温柔音乐般的演讲，抑或是他，大胆地用他那锋利的刀剑赢得决定性的投票权？投票是旋律优美的和弦，这是规则！否则，如果投票发生偏差，那么安德罗墨达肯定会孤独地哭泣，即使哭，那也是感激的泪水。

哦，法国，虽然不尽如人意，但还是对这个即兴成立的市镇拍手称快吧！

---

* 古希腊斯巴达国王，勇猛若狮之意。

** 公元前74—公元前4年统治加利利和犹太的国王。

① 穆尔著：《法国生活日记》，第1卷，第85页。

② 《议会史》，第17卷，第467页。

③ 《议会史》，第17卷，第437页。

*** 古希腊神话中的人物，众神之王宙斯的私生子。他救了被海怪困在悬崖上的安德罗墨达公主。

它有自己的应急办法和左膀右臂:大显身手的时刻为期不远。8月26日星期天将召开预备会议,开始选出代表。9月2日星期日(但愿是个幸运日!),代表们将开始选举议员。于是,一个全新设立的国民公会将脱颖而出。无论是银马克,还是素质好坏,如今都无法侮辱法国的爱国者,因为这是普选,投票无限自由。无论是老制宪议会议员,还是现在的立法议会议员,所有法国人都有选举和被选举资格。可以说,所有宇宙之花都有资格,因为在这些日子里,我们通过议会的证书,"归化"了人类的几个主要外国友人:为了我们而在伯明翰备受折磨的普利斯特里、在世界各国都是天才的克洛普斯托克*、不可多得的司法顾问杰里米·本塔姆,以及杰出的裁缝、性格反叛的潘恩。他们中的一些人有可能被选中,这对国民公会最适合不过了。总之,七百四十五名受宇宙敬仰、摆脱了枷锁的君主将取代无能可悲的立法议会。而原来立法议会中最优秀的议员和大多数山岳派议员很可能再度当选。罗兰正准备将杜伊勒里宫里空荡荡的瑞士百人厅变成国民议会的预备会议厅。这里不再是宫殿,而是商旅客栈。

至于即兴成立的市镇,可以说大地上从未有过如此奇怪的市议会。这不是一个大城市,而是一个处于反抗和疯狂状态的大王国的管理机构。留给它的任务是:募兵、后勤供应、司法审判、计划、决策、施政、努力工作。人们会奇怪,这一切竟然没让人类的大脑支离破碎!幸运的是,天赋人类的大脑具有只占用承受的部分而忽略多余、放弃其他、视其他为无物的能力!对此,一些人忧心忡忡,另一些人只打自己的小算盘。这个即兴成立的市镇特立独行,从不怀疑任何事情,面对一切毫不畏惧,对眼下的任何事件和需要都能气定神闲。即使大地成了一片火海,即兴成立的三色市政府也不过输掉一条命而已。他们是爱国的无套裤汉选择的人和长生不老药、备受推崇的敢死队、难以言喻的胜利或高高的绞刑架,这就是他们获得的奖赏。这些斜挎三色绶带的市政官员驻

* 普利斯特里,英国化学家及神学家,因同情法国大革命,被迫移居美国。克洛普斯托克为德国诗人,狂飙运动的先驱者之一。

扎在市政厅、监督委员会（后来甚至成为救国委员会）或其他需要的委员会和小组委员会，处理无休止的通信联络，颁布无数的法令：据说能“一天颁布九十八份法令”。“准备好了！”是最常用的词。他们口袋里携带着子弹上膛的手枪和仓促准备的午餐，或者大方地与饭店签合同让他们把饭送到现场吃，但很快就招来抱怨。于是，斜挎三色绶带的市政官员一只手拿着账单，另一只手拿着手枪。他们的代理人遍布法国，在各市政厅、广场集市、大小道路和十字路口，煽动和敦促人们拿起武器，听到这些演讲，人人心潮澎湃。反对贵族的雄辩演讲最受追捧，有些人，像书商莫莫洛，似乎暗示制定某种土地法的意思，外科诊所充斥治疗水肿的强效药，为此大胆的书商不惜铤而走险，前制宪议会议员布佐不得不阻止他的走私活动。[1]

即使是本质上说最无足轻重的统治者，也大部分不乏传记作者，好奇之士可以时刻关注其日常起居。由于人们天性喜欢刺探地位特殊的同胞的隐私，因此成了一种享受。但这并不适用于如今在市政厅的这些统治者！什么样的统治者，什么出身的人，无论是高级大法官、国王、奥地利皇帝，还是内政部和外交部秘书，都有过像职员塔利安、检察官曼努埃尔、未来检察官肖梅特在两千五百万人的沙漠华尔兹中的经历吗？哦，兄弟们！有你，丹东的朋友、桑泰尔的亲戚、律师帕尼斯，一直被称呼为“玛瑙塞尔让”的雕刻师塞尔让，有你，警钟在心的于格南！但是，正如贺拉斯所说，他们需要神圣的传记作者，而我们并不认识。吹嘘并为8月的丰功伟绩树碑立传的人，在9月就再没有一个人为此喝彩。9月的世界仍然如同拉普兰女巫的午夜一样晦暗不明，那些奇形怪状的凶灵就是如此演变出来的。

然而，必须了解：随着最激烈的战斗已经过去，不容腐败的罗伯斯庇尔再不会缺席。长着海绿脸的人悄无声息地坐在那里，猫一样的眼睛在黄昏之际炯炯有神。还必须了解另一个事实，这个事实更加不可多得：马拉不仅回归，而且

---

① 《布佐回忆录》，巴黎，1823年，第88页。

还在特别论坛获得一个荣誉地位。他从暗无天日的地窖摇身一变进入闪闪发光的“特别论坛”，其中的变化恍如隔世！每只狗都有自己的一天*，即使是患狂犬病的狗。悲伤、患了不治之症的菲洛克忒忒斯**马拉，没有他特洛伊就不会陷落！不过，作为政府管理的主要支柱，马拉已经得到晋升。无数像杜罗索瓦、罗瓦约那样的保王党人，我们已经“镇压”，或投入监狱，保王党人占据的都是在过去那些病态的日子里，从人民之友那里抢夺的位置。在我们的特别论坛中，我们编辑写出的是引起一定恐慌气氛的墙报《人民之友》（现在以《共和国日报》的名义），我们坐在那里让所有人臣服。“马拉，”人们说，“是市政厅的良心。”还有人称他为君主良心的守护者。当然，这种良心不会像他的手那样包裹在毛巾里！

正如我们所说，这两个伟大的运动正在把国民的内心搅得惶惶不可终日：一个在无情地冲击国内的叛徒，一个冲击外国暴君。两个疯狂的运动并未受到任何已知权力的干预，反而得到最强烈的激情的指引：爱、仇恨、悲伤的复仇、傲慢复仇的民粹主义，首当其冲的是白色恐怖！一千二百名被屠杀的爱国者正在黑暗的地下墓穴，用沉默的死亡手势向你哭诉（哦，立法议员）：为我们报仇！这是难忘的8月10日对这些贵族表达的切齿痛恨。除了复仇和着眼于公安委员会之外，现在巴黎不是还有（以整数计算的）三万虎视眈眈的贵族，正准备亮出最后的王牌吗？耐心点，你们这些爱国者，我们新的高等法院、“第十七法庭”已成立就绪，每个选区派出了四名陪审员。丹东撤换了不合适的法官，粉碎了任何不法的犯罪阴谋，他依然是“你认识的那个科尔德利埃俱乐部的同一个人”。有这样的司法部长，还怕正义得不到伸张吗？让这些如愿以偿吧，越快越好！天下的爱国者这样回答。

人们也许希望，第十七法庭能快刀斩乱麻。在21日，尽管法院才成立四

---

* 西方谚语：凡人皆有得意日。

** 古希腊神话的英雄，曾在特洛伊战争中用大力神赫拉克勒斯所遗的弓和毒箭，杀死特洛伊王子帕里斯。

天，“保王党募兵官”科勒诺·当格雷蒙就被点了天灯。可以看到，雄伟的断头台现在已经矗立在那里，医生那用橡木和钢铁打造的想法已付诸实施。硕大的刀片像打桩机的汽锤一样落在凹槽内，“瞬间夺走人的光明”！可是您，瓜尔什，您发明了什么？”就是这个吗？接下来是可怜的户籍总管老拉博尔特，一个安静、温和的老人。然后是保王党小册子作者杜洛索瓦，他是“所有内部反革命分子的收银员”。他走时高兴地说，像他这样的保王党应该死于25日的圣路易纪念日那天，而不是其他日子。所有人的审理、判决都是在旁听席的掌声中一致批准通过的，并在一个星期内移交给实现理想的机器。而被宣判无罪释放的人则在旁听席的低语中离开，或受到特别监护送回监狱，因为旁听席出现了尖叫、威胁和推挤。[①]这个法庭远非效率低下。

另一个反对外国暴君的运动也没有停歇。强大的力量聚集在殊死的搏斗之中，按部就班的欧洲反对不守规矩的疯狂法国，另类的结论将受到检验。思考一下，某种程度上来说，席卷法国的动乱大多发生在巴黎！来自各选区、市镇、立法议会、个体爱国者的标语一夜之间贴满所有墙壁。“祖国处于危急关头”的旗帜在市政厅和新桥的国王雕像上飞舞。全民报名参加义勇军，或鼓励别人参加，还有依依惜别的泪水和表决心的场面。杂乱无章的行军直奔东北边境。马赛人《拿起武器！》的狂放歌词与合唱让所有人为之动容。现在所有的男女老幼都已学会，都在传唱。在剧院、林荫大道、街头巷尾，“拿起武器！前进！”燃烧在每个人的胸中！可以想象，贵族已转入地下，隐蔽起来。如贝尔特朗·莫尔维尔藏身在奥布利勒布歇街一个认识他的外科医生家的阁楼里。斯塔尔夫人躲在纳尔博纳，下一步不知如何是好。城门有时开放，但经常处于关闭状态，护照不再发放。具有鹰眼和利爪的市政厅特派员，盘旋在地平线上时刻注意所有地点！简而言之：第十七法庭在旁听席的尖叫声中进行审判，普鲁士人布伦斯维克“在四十英里的战线”运送他的战争给养和沉重的火药，布

① 穆尔著：《法国生活日记》，第1卷，第159-168页。

里亚雷的“六万六千”援军正在向前推进！[1]

哦，上天，在这8月的最后几天里，终于要兵临城下了！当有消息传出，普鲁士人正在抢劫和蹂躏梅茨时，杜洛索瓦还没有上断头台。将近四天之后，听说边境重镇隆维在十五小时内就沦陷了。“因此，即兴成立的市政府，你们快点，再快点！”他们也的确在抓紧时间募兵、登记，服装和战争物资也在加紧准备。我们的官员现在有了“羊毛肩章”，因为现在是平等的时代，有这个必要性。人们现在也不再相互称呼先生，而是用公民，甚至像古代的“自由人民”那样以“你”相称。所有的报纸和即兴成立的市镇对此称赞有加。

与此同时，要是谁能知道在哪里能找到武器就更好了。目前，我们的公民都在合唱《拿起武器！》，但我们根本没有武器！我们一直在毫不松懈地寻找武器，能找到任何火枪都会喜不自禁。此外，人们用铲子在巴黎周围和蒙马特高地的山坡上挖掘了战壕，虽然对此并不抱什么希望。系着三色腰带的人们一边挖战壕，一边互相鼓励，以加快速度。最终，有十二个立法议会议员也参加了每天的挖掘劳动，不仅是为了鼓励别人，也是为了急人之难，并以立法形式予以发布。人们也自备武器，或者说人失去聪明才智，就会变得愚蠢。一心想为祖国服务的精明的博马舍以老套的方式做了一桩生意，在荷兰订购了六万支枪。苍天保佑，看在祖国和他自己的份上，这批武器就要到货了！与此同时，路障栏杆都被拆除拿去做了长矛。死者的棺材被挖了出来，熔化成了子弹。所有教堂的大钟都必须拆下来送到炉子里制造大炮。所有教堂的金属盘子都必须铸成钱币。还可以看到像一群群美丽的天鹅一样的女公民坐在教堂里，露着雪白的脖颈，缝制帐篷和制服！还有很多馈赠来自于那些放下东西就走的爱国者。圣马丁街时装店的老板、美丽的维洛姆母女二人，捐赠了一个银质的顶针、一个十五苏的硬币（七个半便士）和其他同等价值的物品，至少母亲还提出可以上岗执勤。没有顶针可捐赠的人只能尽力而为，哪怕只是一项发明。有个公

① 图隆永著：《1789年革命以来的法国史》，第2卷，第5章。

民有个发明木制大炮的计划，只有法国可以首先从中获益。大炮可以用壁板、桶板和几乎全尺寸的口径，至于威力如何无法确定。于是，他们全心全意开始策划、拼接、制作。最后，每个教区只留下两口钟，充当警钟和别的用途。

然而，还需注意的是，正当普鲁士的大炮正在东北部轰击隆维时，我们的胆小鬼拉维涅却苟且投降了。而在偏远的西南部还在实行父权制的旺代，由于未宣誓教士的问题而使长期恶化的形势雪上加霜，并在我们面临困难时爆发！因而，塞弗尔河上的夏蒂荣的八千名农民，由于严厉的教士被捕而拒不登记参军。邦尚、罗什·雅克兰和众多保王党贵族也加入斯托夫莱和夏莱特的起义军及英勇的舒昂党走私犯行列。忠诚而热情的民风，就这样在教士和贵族的煽动下变成了熊熊大火！战斗发生在壕沟的后面，致命的强力弹雨来自茂密的丛林峡谷，茅屋被烧毁，赤着双脚的可怜的妇女背着孩子慌忙寻找避难所，田地一片荒芜，堆着累累白骨，八万男女老幼满腹委屈，风卷残云般渡过卢瓦尔河。简而言之，我们在几年之间就把最近几个世纪从未见过的光荣战争，不包括镇压阿比尔教派和十字军东征，除了在普法尔茨有一些机会之外，统统化为灰烬。夏蒂荣的八千人被暂时驱散，烧毁的房屋无数，大火久久不熄。至于外部的战争所造成的伤痛，则应该纳入致命的内部坏疽中去。

旺代起义的消息在 8 月 29 日星期三传到巴黎，当时，人们正在选举代表。尽管布伦斯维克步步逼近、隆维陷落，人们仍然希望成立国民公会，如果能让上天高兴的话。否则，这个星期三就会被认为是巴黎从未有过的最引人注目的一天。晦气的消息像约伯的使者*一样接踵而来，而回应则令人沮丧。这里我们还没有说到揭竿而起的撒丁岛企图入侵东南部和西班牙对南方的干预。攻克了隆维（有人说是叛变造成的）的普鲁士人不是在准备围攻凡尔登吗？克莱菲和他的奥地利人保卫了西昂维尔，使北方的形势变得严峻。现在，不是梅茨省，而是克莱尔蒙泰受到骚扰，在沙隆的路上已经可以看到轻骑兵，最远几

* 约伯为《圣经》中人物，上帝忠实的仆人。撒旦为打击他，连派使者给他带去噩耗。

乎可以到圣梅内胡尔德。加油，爱国者们，如果你们气馁，就会失去一切！

当人们听说星期三晚上七点钟的议会辩论时，并不是不带有戏剧性的情绪，而且现场还有从隆维来的逃兵。这些风尘仆仆、疲惫不堪、神情沮丧的可怜人，在日落之后进入立法议会，讲述了当时他们所处的悲惨境遇的细节：无数普鲁士人将他们重重包围，像火山爆发一样的弹雨洒向他们达十五个小时之久，“我们分散在城墙各处，只有一个炮手、两支枪，我们的胆小鬼指挥官拉维涅不见踪影，枪无子弹，炮无火药，我们能怎么办？“去死！”众人尖厉回答。[①]风尘仆仆的逃兵只得去别处寻求帮助。是的，“去死”现在成了口号。让隆维成为谚语而在法国强大的地方表达不屑吧！让这座城市尽快从世界耻辱的形象中消失吧（立法议会的说法）！即使普鲁士人被赶出来，我们也将立法将其“抹去”，让其只存在于耕地上。

雅各宾派变得更温和了吗？爱国之花怎么会呢？可怜的指挥官妻子拉维涅夫人，一天晚上带着伞由父亲陪同，来到了强大的母亲大厅，宣读了一份企图为她丈夫辩解的陈情书。主席拉法基打断了她：“女公民，国家将审判拉维涅，雅各宾派将负责说明真相。如果他珍惜国家的荣誉，他会在隆维结束他的军人生涯。”[②]

第二节　丹东

但是，还有比抹去隆维或责备风尘仆仆的士兵或士兵的妻子更重要的事情要做。丹东昨晚来要求立法搜查武器，因为没有人自愿捐献武器。必须使挨家挨户的探访具有法律的权威性。在爱国者无法拉动大炮时，必须搜查武器，拉贵族马车的马匹。一般在嫌疑人等家里搜查弹药时，如果认为有必要，可以

① 《议会史》，第17卷，第148页。
② 《议会史》，第17卷，第300页。

扣留并监禁嫌疑人！这样他们在监狱里就无法玩弄阴谋了。在监狱里，他们将是我们的人质，还有利用的价值。该法令是活力四射的司法部长昨晚要求的，并在当晚立即颁布实施，正好赶上那些风尘仆仆的士兵听到“去死”时。根据计算，有两千人获发以法律的名义抢劫来的武器，约四百名新囚犯被监禁。整体而言，贵族的恐惧和沮丧达到了极点，除了爱国者，甚至包括置身痛苦之外的爱国者，可能都感到可惜。是的，先生们！如果布伦斯维克把巴黎炸成废墟，他也会一把火烧掉巴黎的监狱。可恶的恐怖，如果我们有这种恐怖，我们也会将蕴藏最深的释放出来，汹涌的地下洪流将会吞没我们所有人。

人们可以判断，三万名保王党究竟在挑起什么样的麻烦，阴谋家和被指控搞阴谋的人是否会退回到隐秘的藏身之所。像贝尔特朗·莫尔维尔就把目光瞄准了隆维，希望形势尽快明朗。不知有多少人穿上仆人的衣服，像纳尔博纳那样作为博尔曼医生的随从去了英国，像斯塔尔夫人那样以朗读者的身份焦躁不安地与曼努埃尔，甚至教士塔利安讨论问题，备受无以名状的悲哀的折磨！[1]小册子作者、保王党人贝尔齐埃，对那个恐怖之夜做了感人（不乏缤纷色彩）的叙述。午后五点开始，偌大的城市突然间变得鸦雀无声，只听得见鼓声和行人的匆匆脚步声，间或还有重重的敲门声，表明系着三色腰带的专员在蓝衣卫兵（黑衣卫兵）的陪同下已经到了。所有的街道空无一人，贝尔齐埃说，每个路口都有警卫把守：所有公民被勒令留在家里。河上的驳船布满哨兵，免得有人从水路逃脱。路障都紧紧关闭。可怕的景象！阳光普照，晴空万里，静谧祥和。巴黎仿佛依旧沉浸在梦乡，仿佛长眠不起。巴黎正在屏息静气地观察如何大祸临头。可怜的贝尔齐埃！《使徒行传》和所有标语文章都不见了，一切都变得殷切和苦涩，尖刻的讽刺现在变成了（路障栏杆打造的）锐利长矛，所有的逻辑都简化为最原始的信条：以眼还眼，以牙还牙！悲哀地预见到这一点的贝尔齐埃低下头安全地逃到英格兰，拿起笔墨，再次开战。他在后来的官司

① 德·斯塔尔夫人著：《关于法国大革命的思考》，第2卷，第67-81页。

中被陪审团判定有罪，但在年轻的辉格党人雄辩的律师辩护下获释，做了一天头条人物。

在这三万人当中，自然有许多人未受到刁难。但正如我们所说，有四百人被视为“可疑分子”遭拘押，其他人受到无以言说的恐怖打击，被指控为阴谋分子、叛国分子、保王党。斐扬派就更不幸了，无论是否在自己的选区都是敌人，有罪！可怜的德·卡卓特老先生被抓后，他钟爱的年轻女儿因为不愿离开他而一起被捕。哦，卡卓特，为什么你为了这样的现实而放弃小说《魔鬼的爱》？住在荣军院的可怜的德·松布洛耶先生也被拘押，因为自从攻克巴士底狱那天起，爱国者就看他不顺眼，对他不离不弃的爱女也一起被捕。年轻人以泪洗面，虚弱的老人踉踉跄跄地哭喊：“哦，我的兄弟们！哦，我的姐妹们！”

那些德高望重的人和名人同样如此。至于籍籍无名之辈，如果被指控也是如此。项链夫人拉莫特的丈夫正在监狱服刑（而她很长时间以来就踟蹰于伦敦的石子路面了，但有人身自由）。《欧洲信使报》的肥胖的莫兰德，心烦意乱地来回蹒跚而行，但无人去碰他，而是允许他灵活地拄着拐杖到处活动：他大显身手的时刻尚未到来。瓦莱纳的律师马东身体虚弱，又被母亲和亲属切断了支助。系着三色腰带的罗西尼奥尔（过去是默默无闻的金匠，现在是步步高升的恶棍）还记得马东过去的辩护词！圣梅阿尔的儒尔尼亚克也被捕了，他是心直口快的勇敢的军人，南锡兵变时，他在“狂热的王家卫队”服役，站在了错误的一边。而最可悲的是西卡尔神父也被捕了，虽然他从未宣誓，但他一直在教聋哑人。据说是当地选区里一个和他有仇的人找机会逮捕了他，还打了他。在军火库大街，有些人沉默不语，只是叹气并做出激烈的手势表达自己的想法。与他们说话的江湖医生都被绑架走了。

随着 9 月 29 日夜里和 10 日以来零星逮捕行动的展开，我们大概对监狱的状况有了一些了解：拥挤、混乱、打斗、骚动、纷扰和恐怖！陪同可怜的王后去坦普尔监狱的朋友被转到了其他监狱，其中的一些人，如图尔泽尔的家庭女教师，被释放了。可怜的朗巴尔公主就没这么好运，她正在福尔斯监狱的牢房里等待命运的判决。

这几百名被逮捕的人都被送到了市政厅或选区的大厅、临时拘留所或扔进了牲口棚里关押。我们必须提到其中的一个人：《费加罗的婚礼》的作者卡隆·德·博马舍，他战胜过莫普的议会和戈茨曼的地狱狗，被奉为半个神明的人物，可现在呢？在他如日中天时，我们离开了他，等我们再次看他一眼时，他却坠入深渊！（8月12日）午夜时分，穿着衬衫的仆人失魂落魄地来到他的房间："'先生，快起来，外面全是来找你的人。他们用锤子砸破了门，破门而入了！'他们砸门的样子吓死人。我赶紧去穿衣服，马甲也忘了穿，甚至鞋都没来得及穿，只穿了拖鞋。我问他出了什么事，他答非所问，还恐吓我。透过前后百叶窗的缝隙，昏暗路灯下的街道上只有惊恐的路人、吵闹声和到处竖起的长矛。想找到出去的路根本没门，只好这样衣衫不整地先跑到楼下一家餐馆的后厨躲了一阵子。光线通过锁孔透进来，纷乱的脚步声就在头顶，在撒旦的鼓噪中待了四个多小时。吓得直哆嗦的（这是我们第二天早晨听说的）当地老太太，赶紧按铃，尖叫着向仆人要强心剂。穿着衬衣的老先生也纷纷跳过花园的围墙逃走，尽管后面没人追赶他们。其中有一位还不幸摔断了腿。"[①]在荷兰订购的六万支枪永远不会到货了，大胆的生意却做得虎头蛇尾！

博马舍这一次总算有惊无险，但十天后终究无法再次逃脱。在29日晚，他依然被关押在混乱不堪的监狱，在极其艰难的条件下抗争，却无法讨回公道，甚至都没人愿意听他讲话。"在你跟帕尼斯说话时，他却在那儿摇头盘算别的事呢。"不过，喜爱费加罗的人中有人认识文学爱好者检察官曼努埃尔，于是通过说情，找到了他，又一次把他放了。但这个羸弱的半个神明如今早已被剥掉了昔日的光彩，不得不躲进谷仓、徜徉在田间，在恐惧中度日，在屋檐下等待，坐在铺着路石和卵石的林荫大道的阴影中，满怀令人窒息的痛苦、恐惧和

① 《博马舍的叙述：监狱回忆录》，巴黎，1823年，第1卷，第179–190页。

愤怒，希望哪个部长或部里的职员对一直没有到达的荷兰火枪，哪怕给出只字片语。唉，戴安娜*曾经心仪的、轻盈敏锐的猎狗，如今怎么会啃石头而磕掉牙呢？他必须“去英国”，回来后在角落里不吃不喝地平静生活：让费加罗的爱好者去想象和哭泣吧。我们在这儿虽然没有哭泣，但满怀悲伤，向我们这位可怜的普通同胞告别。他的《费加罗的婚礼》又重新回到了法国的舞台，如今仍然会被评为最好的戏剧之一。事实上，如果人生真的只以人为和苟且的内容为基础，每次新的起义和王朝更迭只变成一层新的干燥垃圾而不是土壤，那么，以很多方式，甚至以费加罗的方式来抗议这样的生活，难道不是好事吗？

第三节　杜穆里埃

这是 1792 年 8 月的最后几天。天色阴郁，预示着有不幸的灾难发生。可怜的法国会变成什么样子呢？在当月 28 日星期二，杜穆里埃从莫尔德军营骑马前往色当，检阅那支据说被拉法耶特搞得一团糟的部队。绝望的战士向他大倒苦水：“就是他们当中的一个人，那个狗娘养的宣战的。”[①]真是一支没出息的军队！新兵流入越来越多，挤满了各个补给站，他们什么都缺，要是给养和武器一样充足就好了。隆维已经丢脸地陷落。布伦斯维克和普鲁士国王将以六万人的兵力围攻凡尔登，克莱菲将和奥地利人一起在北部边境收紧包围圈。根据吓人的计算，有十五万人，根据报告是八万人正在向我们逼近。他们的背后有西米里族人的欧洲做后盾，还有勇猛的卡斯特里和布罗利骑兵、穿红色制服和棉布长裤的保王党步兵送来死亡的气息和绞刑架。

看哪，终于来了！在 1792 年 9 月 2 日，布伦斯维克和他的国王，以及六万名军人终于到达凡尔登。他们在弯弯曲曲的默兹河对岸的高地上，俯瞰着我

* 罗马神话中的月亮、狩猎、分娩、动物和自然女神，有控制动物说话的能力。

① 《杜穆里埃回忆录》，第2卷，第383页。

们、我们高地的大本营和烤炉（因为我们的糕点享有盛名）。他派人送来了彬彬有礼的招降书，以避免流血。誓死抵抗到底？每延迟一天都非常珍贵？哦，博派尔将军惊恐地问市政府：我们该如何抵抗？我们凡尔登市政府看不到有什么抵抗的希望。他不是有一支六万人的部队和庞大的炮兵吗？耐心点，爱国者，这样很好。但与此同时，平心静气地做点蛋糕、酒足饭饱地睡一觉也不错。倒霉的博派尔举起了手，以国家、荣誉和天地的名义恳求他们，不过没人听他说话。根据法律，市政府有权让保王党或秘密的保王党指挥一支军队，这样的法律似乎很有用。于是，他们下命令，以平和的糕点师傅，而不是英勇的爱国者去投降！博派尔急急忙忙返回家里。他的仆人进入房间，看到他在仓促地写信就退了出来。几分钟之后，仆人听到一声枪响：博派尔躺在地上死了。他仓促中写的是一封简短的自杀告别信。博派尔就这样死了，整个法国都为他哭泣，他被葬在先贤祠，他的遗孀获得一份可观的抚恤金。他的墓志铭上写着："他宁死不屈服于专制君主。"而普鲁士人则从高地上下来，一枪未放就成了凡尔登的主人。

接下来，布伦斯维克开始步步紧逼，他的军队前后绵延四十英里，现在谁能挡住他呢？骑兵部队走得更远，东北的村庄备受侵扰。黑森的骑兵每天只有三个苏的津贴。据说，移民在抢银盘子进行报复。克莱蒙、圣梅内胡德，特别是瓦莱纳，那些"午夜狂奔"经过的城市，你们颤抖吧！检察官索斯和瓦莱纳的法官都已经逃离。布拉多尔勇敢的博尼法斯·勒布朗和年轻漂亮的勒布朗夫人带着婴儿移住在绿色的树林里，像贝西贝尔那首歌唱的那样。由于孩子长期睡在茅草和芦苇上，过早染上了风湿。现在，克莱蒙可能敲响了警钟，并点亮了所有的灯。克莱蒙就位于母牛山下（这座山的名字就是如此），于是成了黑森抢劫者的猎物。城里美貌的女人（比其他地方的更美貌）都被抢走，倒不是为了抢去做老婆，而是为了能卖个好价钱，因为没有什么更廉价、更便于携带的东西可抢了。这也是没法子，因为每天三个苏的津贴无法保证他们守规矩。在圣梅内胡德，预计敌人应该到了，我们的国民自卫军都亮出了枪，不过依然没有看到目标。邮局局长德鲁埃并未出现在树林里，他正在坐镇国民公会忙着选举呢，他是勇敢的老龙骑兵，就是他抓住了国王。[①]

东北部地区这时候都处于混乱和骚动之中，具体日期历史上已无法考证。布伦斯维克保证去巴黎用餐，这是各列强的意志。正如我们看到的那样，中心区域的巴黎、西南部的旺代、东南部的撒丁岛、南部的西班牙莫不如此，克莱菲与奥地利人正在北部围困迪昂维尔。整个法国已经晕头转向，不知所措。像被风暴搅起滚滚沙柱的撒哈拉沙漠！地球上从未有一个国家曾处于如此绝望的境地。可以说，（如果愿意的话）普鲁士皇帝陛下可以像对待波兰那样，把这个国家肢解并撕成碎片，然后把残羹剩饭扔给他可怜的兄弟路易，并告诉他保持安静，否则我们帮他这样做！

或者也许是上层权力决定世界历史的新篇章将很快在这里开始，否则他们可能早就预订好了。因此，布伦斯维克不会在指定的日期去巴黎用餐，事实上，没有人知道什么时候。诚然，面对可怜的法国即将陷入灰飞烟灭和残破的烂摊子局面，无人知道是否会出现回春的妙手和新生命的奇迹救民于水火，至少，人的肉眼现在无法看到。在 8 月 28 日夜里，在色当对那支没出息的部队进行阅兵的当天，杜穆里埃在自己的住所召开了军事会议。他展开战区地图：普鲁士人在这里，奥地利在那里。他们现在耀武扬威，控制了大路，未遇到重大挫折，通往巴黎的道路一片坦途。而我们分散在各处，孤立无援，各位有什么建议？对杜穆里埃都很陌生的将军们各个游移不定，不知道该提出什么建议。如果不战而退，或者不退而坚持到新兵到位，坚持到形势对我们有利，无论如何，巴黎陷落的时间都会被推迟。整整三天三夜未合眼的将军听取大家悲哀的长篇大论，很少讲话，只是看着发言者，心想可能认识这个人，然后，祝大家晚安。但他招呼一个叫杜弗诺的年轻人暂时留下。他眼中的炽热打动了将军。杜弗诺

① 海伦·玛丽亚·威廉姆斯著：《法国来信》，伦敦，1791–1793年，第3卷，第96页。

等着。看，波利梅蒂斯[1]指着地图说，这是阿尔戈纳森林，这是一条岩石密布、森林茂密、有40英里长的山脉，据说只有五个甚至三个通道可以通行。他们忘记控制这些地方了，虽然克莱菲离那里那么近。这些地方一旦被控制，山脉那边的香槟省就会饿肚子（或者更糟的是香槟省将一贫如洗）。这样我们将掌握三个富裕的主教区和法国的意志。春分的雨水为期不远，这个阿尔戈纳“可能就是法国的温泉”*！

哦，足智多谋的波利梅蒂斯杜穆里埃，但愿众神给你这个智慧的头脑！不管怎样，波利梅蒂斯收起地图，扔到床上。他下决心次日早晨运用机智、速度和胆量来尝试这个计划。必须同时像狮子和狐狸那样把运气抓在手里。

第四节　巴黎的9月

在巴黎，有预言和煞有介事的事实证明，凡尔登的陷落早在发生之前的几个小时就已尽人皆知。那是9月2日星期天，手工劳动并不妨碍心灵间的沟通。凡尔登已经没了（虽然有些人还在否认这一点），普鲁士人带着绞刑架、绳索、大火和铁链继续前进！城门内的三万贵族四分之一被投入监狱！甚至有人说，他们将发动起义。沃吉拉尔的车夫让·朱利安先生上周五被绑在柱子上示众，他大哭不已，发誓早晚会报仇。被关在监狱里的国王的朋友会暴动，攻破坦普尔监狱，把国王放在马背上，未被监禁的人会加入进来，马蹄将会横扫我们所有人。这是沃吉拉尔的不幸车夫拼尽全力说的话。被送回到市政厅后，他大叫着绝不改口。昨天夜里，当他们把他送上断头台，他断气时嘴里还有这些话的沫子。[2]被绑在柱子上示众的人的心灵可能发疯。所有人的心灵都可能发疯，并对他的话深信不疑。因为，狂热就是“因为这是不可能的”才发作的。

① 《杜穆里埃回忆录》，第2卷，第391页。
* 荷马史诗《奥德赛》中形容英雄奥德修斯的用语，意为足智多谋。
② 《议会史》，第17卷，第409页。

那么，法国的终极危机和末日已经到了吗？哦，你，即兴成立的市镇，面对这个法国吧。还有你，强大的丹东。无论任何人都是强大的！读者可以判断，“祖国处于危急关头”的旗帜那天对人的灵魂打击是轻是重。

但即兴成立的市镇，强大的丹东都没有受到非难。墙上出现了巨幅宣传画。在两点钟，警钟敲响，火炮发出轰鸣，巴黎人蜂拥冲向战神广场报名参军。手无寸铁，的确如此，也没受过训练，但绝望能让人疯狂。男人、女人，你们快点上岗执勤，扛起火枪。绝望中的羸弱母鸡也敢于扑向猎犬的血盆大口，与其激烈搏斗并取得胜利！甚至恐怖本身一旦超越某种限度就会变成一种勇气，根据诗人弥尔顿的说法，甚至霜冻都足以强大到可以点燃。在前一天晚上的全民国防立法委员会上，当所有的部长和立法议员发表看法之后，丹东说，人们不应该离开巴黎，跑到索缪尔去，而是应该留在巴黎，这种态度将使敌人感到害怕。他的话经常被别人引用，并在小册子中以斜体字印刷。[①]

在两点钟，正如我们所看到的那样，博派尔在凡尔登开枪自杀。而在欧洲大地，人们正在参加下午的布道。在巴黎也是钟声齐鸣，但不是为了布道，报警的炮声每分钟都在轰鸣，战神广场和祖国祭坛沸腾着恐怖与绝望笼罩下的勇气。是什么样的怜悯从昔日这个大多数基督教国王的首都直冲天穹！立法议员们坐在那里一会儿坚如磐石，一会儿如坐针毡。维尔尼奥提议出十二个人去蒙马特高地参加战壕的挖掘，获得一致通过。

比个人参加挖战壕更好的是丹东来了。他黑色的眉毛阴云密布，巨人般笨重的身材给人某种可怕的活力，具备一个粗人的所有特征！作为法国和世界之子，他代表了现实，而不是符号，当然，他现在比以往都更加依赖这块土地和这个现实。“立法委员们！”他放开洪亮的声音，感谢报纸为我们保留了他的话，“你们听到的不是报警的炮声，而是向敌人冲锋的号角。要想战胜他们，赶

---

① 《部长传记》，布鲁塞尔，1826年，第96页。

走他们，我们该怎么做？我们需要大胆、大胆、再大胆。”①的确如此，强壮的泰坦*，你只剩下这个了。听到这些的老人们仍然会告诉你，那荡气回肠的声音如何让在场的所有人心潮澎湃，定在那里出神，并风驰电掣般传遍法国大地，成为脍炙人口的语言。

但是，市镇还在战神广场组织入伍报名吗？可是，监督委员会现在改成了公共救国委员会。马拉安的是什么心？市镇接受了很多人报名，为他们提供战神广场的帐篷，方便他们参加次日早上的游行：赞美市镇的贡献！至于马拉和监督委员会，他们不配得到赞美，也不应受到责怪，在没有合适的语言表达时，还不如保持沉默更好！隐身的独行侠、高柱修士马拉在他那作为避难所的地窖里做了长期思考，他意识到只有二十六万贵族的人头落地才能建立公共安全。他愿意与那么多那不勒斯勇士一起，右手握着匕首，左手拿着皮鞘，穿过法国做这件事。但全世界都笑了，把人民之友严肃的仁慈当作笑柄。他的想法不能变成行动，而只是固定的想法而已。不过，现在他已经从他的修行高柱上下来。这里现在没有匕首，至少没有皮鞘，也没有任何可能性。在这重大的危急关头，当救赎和死亡以小时计算时，他来到了特别论坛！

阿维尼翁的冰塔发出的声音足够高亢，长久留在所有人的记忆中，但作者并未受到处罚，我们甚至没有看到刽子手儒尔当像个青铜怪物被扛在公民的肩上，“在城南招摇过市”。是什么恶心可怕的幻觉触动了匕首和皮鞘，在马拉的大脑、令人眩晕的急骤警钟和全民的疯狂中飞舞？哦，读者，请不要去猜测。既不是穿着棕色短外套的残忍比约所想的那样，也不是阿加特·塞尔让，也不是丹东的知己帕尼斯想的那样。总之一句话，你会看到阴险的（罗马死神）奥喀斯如何在她的子宫深处酝酿并制造出这些怪物和奇葩事件。恐怖笼罩在巴黎的街道，恐怖和愤怒、眼泪和狂热：凄厉的警钟在空中回荡，绝望中的狂暴驱

① 《箴言报》（《议会史》，第17卷，第347页）。

* 希腊神话中奥林匹斯众神统治前的世界主宰者，他们是盖亚和乌拉诺斯的孩子。

使人们去战斗。哭泣的母亲横下心送儿子去死。拉车的马被卸下车辕去拉大炮，马车被抛弃，丢在街边。这样凄厉的警钟、疯狂模糊的迷乱与谋杀、毁灭的狂热何异？一个（无人知晓到什么程度的）微不足道的暗示就可能阻止发生谋杀，用蛇形闪闪发光的手就可以照亮整个黑暗！

究竟是怎么回事，是如何预谋的，即兴还是意外，在大审判进行之前，我们永远都不会知道。但有马拉来守护君主的良心，我们知道了什么是君主被迫使用的最后手段。在巴黎有上百或者更多的恶人，据说与地球上最穷凶极恶的人一样残忍，可以雇佣做杀手，甚至无须雇佣，他们愿意自告奋勇做任何勾当。我们还注意到，预谋本身并非是行动的保证，反而通常是阻止行动的保证。在犯罪计划与行动之间存在一道鸿沟，这样想是好事。手指放在扳机上时，人还不是凶手。不，他的整个身心都在为这个行动挣扎，他会不会在迷茫中停下来？这是他最后一刻的可能性。不，他还不是凶手。这是因为在怜悯的光辉闪烁下，既有的想法可能会变得更加坚定。肌肉的一个轻微动作就会伴随死神的到来。而他立即变成凶手，并永远是凶手。对他来说，大地将成为痛苦的地狱，到处闪耀着金色的希望，但伴随着悔恨的红色火焰。大自然深处发出了声音："该死！他该死！"

我们都是用这样的材料、无底线的变态和犯罪的火药制成的，正如人们说的那样，如果没有上帝的阻拦，我们当中最纯洁的人怎么办呢？人的内心之深可以达到地狱，最高可以达到天堂。通过人，天堂和地狱不是可以同时显现，合二为一，成为永恒的奇迹和秘密吗？但是，看看战神广场上的帐篷和疯狂的报名场面，看看监狱（有可能被烧毁）里人满为患、凄厉的警钟长鸣、阴暗战栗的巴黎，看看嚎啕大哭的母亲和洒泪告别的士兵，虔诚的灵魂那天会祈祷神的恩典能阻止狂热、恐怖和谋杀，9 月的安息日不会成为人类编年史上黑色的一天。

当可怜的西卡尔神甫和其他三十多个未宣誓的教士坐着六辆车，在巴黎街道上从市政厅的临时关押地点，被转往西面的坦普尔监狱时，是警钟敲得最响时，此时时钟刚好敲了三下。街道两旁停放着不少空车，只有这六辆车行驶在愤怒鼓噪、尖声叫骂的人群中。被诅咒的贵族达尔杜夫，这就是你让我们通过的街道吗？现在你打碎了监狱，把卡佩的否决权放在马背上践踏我们？呸！恶魔和摩洛克、达尔杜夫、马蒙的教士们，普鲁士的绞刑架！你们还把他们称作母亲教会和神！这是未宣誓的可怜教士所承受的指责。更糟糕的是，疯狂的爱国者对卫兵恶语相向，有的甚至登上了踏脚板，卫兵根本难于招架。快把马车帘子拉下来！不行！爱国者回答，并用长满老茧的手把帘子扯掉扔在地上。对压迫的忍耐已经到了极限。经过长途跋涉，他们终于来到坦普尔监狱。这时，一个脾气急躁、未宣誓的老教士，用手杖敲了一下一个爱国者长满老茧的手，想这样解解气，并敲了敲他蓬乱的头，并且大力敲了两下，就在我们和世界的众目睽睽之下。这是我们唯一清楚看到的事情。唉，在接下来的时间里，马车被锁死，外面的人愤怒地对车内的人进行无休止蹂躏。里面的人哭喊求饶，回应的是扎向咽喉和心脏的刺刀和长矛。[①]三十名教士被刺得体无完肤，在监狱大门口一个接一个死于非命，只有可怜的西卡尔神甫因为认识一个叫马诺的钟表匠，才得以被勇敢地搭救，秘密关押在监狱里，因而逃过一劫。黑夜、奥喀斯和蛇形闪闪发光的手进行的谋杀在黑暗中崛起！

从星期日下午（除了正常的休息间隔之外）直到星期四晚上，持续了整整一百个小时。这一百小时可以和圣巴特洛缪大屠杀、阿马尼亚克大屠杀、西西里晚祷或者世界编年史里的任何野蛮的大屠杀相提并论。非常可怕的是，人的灵魂在这时候达到癫狂的高潮，越过了所有的限度、规则，展示了人性的险恶和深渊的深度。因为黑夜和奥喀斯，正如我们所说和早就预言的那样，从地下的禁室回到巴黎爆发，恐怖、迷茫、混乱，让人无法直视、不能遗忘，也不

① 菲朗埃西：《关于1792年9月2日事件的作者的全部真相》，转载自《议会史》，第18卷，第156-181章，第167页。

应遗忘。

认真观察这个暗淡的深渊幻影的读者，看不到太多固定和确切的东西，不过还是有一些的。在神职人员突然被屠杀之后，在坦普尔这座监狱，可以观察到，一个奇怪的法庭（或称为复仇和野蛮正义法庭）围着桌子瞬间成立，桌子上是摊开的囚犯名册。法庭由巴士底英雄、妇女暴动的著名领导人斯坦尼斯拉斯·马亚尔主持。哦，斯坦尼斯拉斯，传达法令的迅疾执达员骑士，人们希望在别的地方而不是这里见到你。这是你必须做的工作，然后永远从我们的眼前消失。在拉福斯监狱、夏特莱、裁判所附属监狱，同样的法庭和机构接连成立，这项工作一个人能做，其他人也可以做。在巴黎的七所监狱里关押的都是贵族、阴谋分子。甚至比塞特尔和妇女救济院也有指券伪造犯。有几十万之多的爱国者处于癫狂状态。如果需要的话，地球上的歹徒要多少就有多少。在这种气氛支配下，他们无视法律，无论罪名如何，滥杀无辜是他们唯一要做的事情。

于是，野蛮的正义法院就这样仓促成立了，囚犯的名册摊在桌子上，围坐在桌边的是骚动不安、厉声尖叫的法官。囚犯们不敢设想等待他们的是什么。快速审判，是他们对此起的名字。顺着铁链的响声就可以找到囚犯。只需问几个问题，陪审团就可以做出判决：保王党的阴谋分子是不是？当然不是，那么，让囚犯喊一声“国家万岁”就可以释放。大概可以。但当囚犯真的被释放了，却没有喊“国家万岁”或者将囚犯转到拉福斯监狱。而到了拉福斯监狱，说辞可能再次变成“让囚徒去坦普尔监狱”。还是去拉福斯监狱吧！志愿者法警抓着囚犯等在外面的大门口，“释放”还是“遣送”呢？不去拉福斯，就得从沸腾的海洋、拱门下的长矛、长剑、利斧中穿过，然后一个接一个地消失。尸体堆积如山，连河水都染红了。可以想象，这些人的叫喊声是多么凄惨，他们脸上流着汗水和鲜血。更残忍的是还有妇女凄厉的喊叫，因为妇女也不能幸免。这些普通的同胞就这样赤身露体地被扔在那里！圣梅阿尔的儒尔尼亚克是这场战斗的目击者，他亲眼目睹一个国王近卫团准备发动兵变，但即使是最勇敢的士兵对此也心有余悸。10 月 10 日事件幸存的瑞士囚犯浑身发抖地互相拥抱，白发苍苍的老兵哭道："可怜可怜吧，先生们！啊，饶命啊！" 可这里毫无怜悯可言。然而，有个人突然走了出来，他三十多岁，穿着蓝色的工装外套，身材比普通人略高，外表高贵勇武。"我第一个走，"他说，"既然必须如此，那就告别了！" 然后潇洒地把帽子往后一扔。"走哪条路？" 他对匪徒们喊道，"给我带路。" 他们打开栅栏门，他被带到了人群中。他一动不动地站了一会儿，然后义无反顾地走进长矛阵，在遍体鳞伤中咽下最后一口气。[①]

人们一个接一个被砍倒。刀需要磨，杀手需要酒解渴。前进，再前进！杀光他们！尖厉的叫喊声逐渐减弱到低沉的咆哮。一个阴沉的面孔引起了人群的注意，看不出来他对此持赞同还是反对意见，有必要性知道这是什么人。以前见过这个穿宽大工作服的"英国人"，好像见过。如果他不是皮特派来的人，那他卖自酿酒是什么目的呢？撒旦！他自己最清楚！聪明的穆尔医生不愿上前观看，于是走进了另一条街。[②]陪审团法庭处理案件足够利落严谨。勇敢者不能幸免，美貌的和弱者也不行。大臣的兄弟老德·蒙莫兰先生被第十七法院宣告无罪，回来时在走廊里被尖叫的人群推推搡搡，在这里他并非无罪。德·朗巴尔公主正在床上休息，"夫人，我们得把你送到坦普尔监狱。""我不想换地方，我在这里很好。""必须把您送走。" 她去收拾衣服时，那个粗鲁的声音对她说，"您没有很长的路要走。" 作为王后的不二朋友，她被带到了地狱之门。她浑身颤抖，穿过血淋淋的长矛阵，再也没有回来。走吧！温柔、美丽的夫人被送上断头台，身首分离，碎尸万段，被淫贼肆意凌辱取乐。人性会觉得这太难以置信，只有通过特殊语言才能读懂。她漂亮，心肠好，却从未得到幸福。一代又一代年轻的心好好想想自己吧。哦，你令人崇拜！你，与生俱来的王室后裔，可

① 菲朗埃西：《关于1792年9月2日事件的作者的全部真相》，转载自《议会史》，第18卷，第156-181章，第173页。

② 穆尔著：《法国生活日记》，第1卷，第185-195页。

怜的女人！为什么我没有在那里？为什么我没有手握巴鲁姆克的圣剑*和雷神索尔**的铁锤？她的头被插在长矛尖上，在坦普尔监狱窗户下面的街道上游街。可恶的是，这样做的目的是为了让玛丽·安托瓦内特可以看到。当时在坦普尔监狱的一个市政府官员对她说："看外面。"另一位急切地低声对她说："不要看。"坦普尔监狱的通道这时由长长的三色丝带环绕。恐怖气息乘虚而入，喧哗和骚动不眠不休。迄今尚未弑君，但为期不远。

但是，如果能看到在破碎和激荡的人生中依然有情感的火花、强烈的道德碎片的话，还算令人欣慰，因为这些东西依然发挥作用。看看老侯爵卡佐特。他被判死刑后，他的年轻女儿倒在他的怀里，向他诉说依依不舍的骨肉之情，强烈的爱超越了对死亡的恐惧，也感动了刽子手，老人被免除死罪。然而，他是有罪的，为国王搞阴谋罪不可赦。过了十天左右，一家法庭仍然判他有罪，他不得不在别处被执行死刑，并给他女儿遗留了一缕灰白的头发。再来看看也有一个女儿的德·松布罗耶先生："哦，亲爱的先生们，我父亲不是贵族，我发誓可以用各种方法证明这一点。我们根本不是贵族，我们恨贵族！""那你愿意喝贵族的血吗？"那人把血拿给她（如果民间传说可信的话），姑娘拿起血一饮而尽。[①]"这松布罗耶真是无辜的！""当然了，确实如此！"我们现在先来看看听到这个消息时，不知有多少血腥的长矛敲击地面，如虎啸般的吼声庆祝兄弟得救。老人不顾胸前的血污和他的女儿紧紧拥抱在一起，留下滚烫的泪水，在"国家万岁"的口号声中被送回家，刽子手甚至拒绝拿钱！他们的秉性是不是很古怪？这个故事似乎是真实的，保王党人在其他场合的证言，也证实了这个故事的真实性。[②]

---

* 尼伯龙根故事里屠龙英雄齐格菲使用的宝剑。

** 北欧神话中负责掌管战争和农业的神。

① 德洛尔著：《法国大革命的主要事件的历史梗概》，第3卷，第205页。

② 《贝尔特朗·莫尔维尔回忆录》，第2卷，第213页等。

第五节　三部曲

如今，由于任何历史描述（即使不是史诗那样歌功颂德）或者以真实和可证实的事实为基础，或者根本没有事实依据（否则就像浮在空中的蜘蛛网那样无法生存），读者也许更愿意借用目击者的眼睛来一看究竟。勇敢的儒尔尼亚克、天真的西卡尔神甫、明智的律师马东这些人收敛很多，每个人都是点到为止。儒尔尼亚克三十八小时的痛苦经历散落在《超越一百部书》里，虽然本质上说这是一部平庸的著作，在没有更好办法的情况下，某些部分可能超过一百零一部。

“将近七点钟（星期日晚上在坦普尔监狱，儒尔尼亚克根据日期推定），我们看见狱卒拿着火把领进来两个手持血淋淋长刀的人，并为他们指认不幸的瑞士人雷丁的床。雷丁有气无力，几乎无法说话。其中一个人没动，另一个人喊了声：我们走，就把可怜的人架起来背到了街上。他在那里被杀。

“我们都默默地面面相觑，互相双手紧握，一动不动，眼睛盯着监狱里月光映射出窗口三根铁条影子的石子路面。

“凌晨三点，他们闯进一个监狱的大门。我们起初还以为他们要在房间杀死我们。我们在楼梯上听说是一些囚犯把自己关在了一个小屋里就放心了。后来听说他们被找到后，都被杀了。

“十点钟，国王的忏悔神甫朗方和德·查普特·拉斯蒂尼亚克神甫出现在充当我们监狱的小教堂的讲坛上。他们对我们说，我们的末日即将到来，我们必须调整好心态，接受他们最后的祝福。我们像触电一样，不知不觉跪了下来，双手合十，准备接受。两位白发苍苍的老人居高临下为我们祝福，死神在我们头顶盘旋，从四面八方包围我们，这一时刻令人永远难忘。半小时后，他们都被杀害。我们还听到了他们的呼救声。”①

这就是儒尔尼亚克在修道院监狱的痛苦经历。

现在，我们再来听听好人马东在相同时刻在拉福斯监狱的痛苦见证。他的幸存经历是小册子最好、最难得的素材：

“大约在星期日晚上七点钟，犯人频繁被点名之后就没有再出现。我们每个人都以自己的方式推测这种怪事。我们的思路慢慢平静下来，因为我们确信，我为国民议会撰写的备忘录正在产生效果。

“在凌晨一点，朝向我们这个区的栅栏门重新打开。四名穿制服的男子每人手持长刀和燃烧的火把在狱卒的引导下来到走廊，进入隔壁的牢房调查那里的一个盒子，我们听到他们把盒子砸开的声音。然后，他们回到走廊问一个叫库伊萨的人拉莫特（项链夫人的鳏夫）在什么地方。他们说，拉莫特在几个月前谎称知道一笔财宝的下落，在请吃饭时骗了他们中一个人三百镑。倒霉的库伊萨现在人在他们手中，唯恐当夜失去性命，哆哆嗦嗦地回答，他清楚记得这件事，但不知拉莫特现在何处。他们决心要找到拉莫特并让他与库伊萨对质，于是领着他在各个牢房仔细寻找无果。因为，我们听见他们嚷道：‘我们去查查尸体。哦，上帝！我们必须找到他在哪里。’

“这时，我听到有人叫路易·巴迪神甫的名字，后来我听说他被带出去直接杀掉了。他被指控五六年之前与情妇合谋杀害蒙彼利埃审计法庭的审计师、自己的弟弟并碎尸，他巧舌如簧，靠三寸不烂之舌，欺骗法官，洗脱了罪名，逃之夭夭。

“有人可能会认为‘我们去查查尸体’这些话恐怖到让我感觉进了地狱一样，但我却满不在乎，只想去死。我写下遗书，结尾以请愿的形式恳求这封信能送到通信地址。刚搁下笔，就看到两名身穿制服的人。其中一人的袖子卷到

---

① 儒尔尼亚克·圣梅阿尔著：《我的三十八小时的痛苦》，转载自《议会史》，第18卷，第103-135页。

了肩头，手里的刀滴着血。他说，他像抹了两天石膏的瓦匠那么累。

“有人叫到舍奈博丹的名字，六十年的美德也未能挽救他的性命。他们说：‘去坦普尔监狱。’他走出致命的外城大门，看到成堆的尸体，大叫一声，用手蒙住了眼睛，在受了无数刀之后咽下最后一口气。栅栏门每次打开，我都以为听到有人叫自己的名字，看到刽子手进来。

“我脱掉睡衣，摘下帽子，换上一件没有马甲的破烂粗布衬衫和旧圆帽，这些东西是几天前我让别人给我找来的，以便预防万一。

“走廊里的房间除了我们的都空了。我们一共四个人，似乎已经被他们忘了。我们一起向上帝祈祷，让我们脱险。

“浸礼会教徒的狱卒自己进来看我们。我握着他的手，我求他搭救我们，并向他允诺如果能领我回家，我会给他一百个金路易。有声音从小门传来，他不得不匆忙离去。

“发出声音的是十二到十五个武装到牙齿的人，我们正好躺在地上，可以从窗户看到他们。‘上楼，’他们说，‘一个也不留。’我拿出我的小刀，想着在什么地方自己动手，但是又顾忌刀片太短和宗教因素。

“然而，最后，在早上七八点之间，进来四个人，手持大棒和长刀。我的难友杰拉德急忙对另一个人耳语了几句。在他们说话的当口，我到处找鞋，好摆脱我穿来的‘宫廷拖鞋’，但没有找到。他们把外号是野人的贡斯当、杰拉德和另外一个我想不起名字的人都放走了。至于我，他们在我胸前搭了四把长刀，领我下楼。他们把我带到法庭一个系着三色围巾、坐在法官席的人面前。他瘦削、身材高大、瘸腿。他曾在街上认识了我，七个月后再次跟我说话。有人跟我说，他是一个退休律师的儿子，名字叫谢皮。穿过所谓的保姆法院时，我看到围着三色围巾的曼努埃尔在声嘶力竭地训话。正如人们看到的那样，审判的结果是无罪，犯人死而复生。”[①]

① 瓦莱纳的马东著：《我的复生》（《议会史》，第18卷，第135-156页）。

从修道院监狱来的可怜的西卡尔话不多，但谨慎的话语里都是实情：

“将近早上三点，在人都被杀光了之后，凶手才想起来监狱里还关着一些囚犯。于是他们过来敲朝院子的小门。因为怕对面门里威胁要闯进来的凶手听到，我轻轻地拍了拍连通委员会大厅的门，当时选区委员会的人正坐在里面，他们粗暴地回答，他们没有钥匙。这个监狱里关了我们三个人，我的同伴觉得我们可以躲到头顶上的阁楼里，但楼板过高，只能一个人踩着另外两个人的肩膀才能够到。其中一人对我说，我的生命比他们的更有价值。我拒绝了，他们坚持。无法拒绝！于是，我踩上了两个救命恩人的肩膀。我从未经历过如此感人肺腑的场面。我先踩着一个人的肩膀，然后是第二个人的肩膀，终于钻进了阁楼，同时对我的两个同伴报以痛苦、仁爱和感激交织在一起的难以表达的情谊。[①]后来我们欣喜地得知，这两位慷慨的同伴并没有死。

现在到了儒尔尼亚克·德·圣梅阿尔留下遗言，来结束这部独特的三部曲的时候了。日月经天，荏苒代谢。身心俱疲的儒尔尼亚克终于睡着了，他做了个好梦：在梦里，他不得不认识了一个义勇军法官，与他用普罗旺斯方言进行了交谈。星期二早上大约两点钟，他的痛苦达到临界点。

“在两个火把摇曳的微光下，我看到可怕的法院即将宣判我的生死。穿灰色外衣的法院院长在身边放了一把长刀，站在桌旁，两手拄在桌子上，桌子上有几张纸、一个墨水瓶和瓶子。大约有十几个人围在桌子旁，有的坐着，有的站着。其中有两个人穿着外套和围裙，其他人躺在长凳上睡觉。有两个人穿着血淋淋的衬衣，手里拿着长刀守着门。一个老狱卒的手放在门叉上。在院长面前，三个人架着一个六七十岁的囚犯（这是 8 月 10 日杜伊勒里宫的老元帅马耶）。他们把我放在门旁的一个角落里，看着我的警卫把他们的剑交叉放在我的胸前，并警告我，如果我动一动想逃走，他们就刺死我。我张望四周想找到我的普罗旺斯老乡，正好看见两个国民自卫军士兵向院长介绍红十字会分部对面前

① 西卡尔神甫著：《致一个朋友的关系》（《议会史》，第18卷，第98–103页）。

的这位囚犯提出的要求。灰衣人回答:'这些要求对于叛徒没用。'这时,囚犯惊呼:'这太可怕了,你的判决根本就是谋杀。'院长回答:'我洗完手了,把马耶先生送到……'这些话说完,人们七手八脚地把他推到街上杀了,我透过监狱打开的门看到了这一幕。

"院长坐下写了起来,我想,是在给刚刚送命的那个人登记吧,然后我听到说:'下一个!'

"我马上被推到简陋而血腥的法庭面前。在这里,最好的保护是没有保护,所有独创性资源如果不是建立在真理的基础上,都将化为乌有。我的警卫一人一只胳膊架着我,第三个人拽着我的脖领子。'你的名字和你的职业?'院长问。"哪怕最小的谎言也会毁了你。'一个法官这样说。'我的名字是儒尔尼亚克·圣梅阿尔,我在军队做了二十年军官,我保证作为一个无辜的人出现在您的法庭。因此,我不会说谎。''我们会看到的,'院长说,'你知道你为什么被逮捕吗?''是的,院长先生。我被指控是《宫廷与城市日报》的编辑。我希望能证明我的清白。'"

但是,不行。儒尔尼亚克自证清白?一般来说,虽然辩护的结果不错,但辩护词读起来索然无味,冗长耗时,没有打动人的戏剧性。虽然不致弄虚作假,但会惹上嫌疑。我们假设他在证明和反驳方面意外成功,但离灾难也就一步之遥。

"'但毕竟,'一位法官说,'无风不起浪嘛,必须说清楚人家为什么指控你。''这正是我要做的。'于是,儒尔尼亚克的辩护越来越成功。

"'不,'我继续说,'他们甚至指控我为移民募兵。'听到这话,大家纷纷开始交头接耳。'啊,先生们,先生们,'我提高了嗓音,'现在轮到我发言。我恳求院长先生为我保留一份善心,我从未像现在这么需要。''的确如此,的确如此!'几乎所有的法官都乐了,'静一静!'

"当他们检查我写的证词时,一个新的犯人被带了进来,取代了我,站在院长面前。抓他的人说，这又是在小教堂里抓到的一个神甫。经过短暂询问，就给送到拉福斯监狱了。他把他的祈祷书扔在桌子上后被拖到门外杀了。我又回到了法庭。

“‘你总是告诉我们，’一个法官不耐烦地说，‘你不是这个，不是那个的，那你到底是什么人？’‘我是一个坦率的保王党人。’又响起了纷纷议论，但被一个人制止了，他似乎对我说的话很感兴趣。‘我们在这里不是为了评判一个人的意见，’他说，‘而是为了判断这些意见产生的结果。即使卢梭和伏尔泰合二为一，就能辩护得更好吗？’‘是的，先生们，我一直是个坦率的保王党人，但是到 8 月 15 日为止，因为这一天我的事业结束了。我是法国人，忠于我的祖国。我始终是个有荣誉感的人。’

“‘我的士兵从未怀疑过我。不仅如此，南锡事件的前两天，在他们最不信任自己的军官时选择了我做指挥官，率领他们去吕纳维尔找回梅斯特团的囚犯，并抓获马尔塞涅将军。’这些事都是事实。幸运的是，在场的一个人能证实我所言非虚。

“交叉盘问结束后，院长摘下帽子说：‘我看不出这个人有什么可疑的地方，我赞成给予他自由。你们都赞成吗？’所有的法官都回答：‘是的，赞成！’”

于是，在门的里外、三人警卫都爆发出欢呼声，人们互相拥抱。于是，儒尔尼亚克逃过陪审团的判决，虎口逃生。[①]马东和西卡尔也同样逃过一劫，前者是因为缺乏证据，后者是在勇敢的钟表匠马东的慷慨相助下逃走了。他们相拥而泣，的确可喜可贺。

他们三个人正好组成了奇妙的三部曲或三重独白，透过黑夜的恐怖时刻同时表达出他们悲哀的想法，在我们的耳畔振聋发聩！人们听到了这三个人发出的声音，但其他的一千零八十九人中，有二百名神甫也有这样的悲哀的想法，却永远湮灭在死亡中，人们再也听不到了。你只能分辨出院长谢皮和灰色

① 儒尔尼亚克·圣梅阿尔著：《我的三十八小时的痛苦》，转载自《议会史》，第18卷，第128页。

人的声音而已!

第六节　通告

在这段时间里,制宪当局在做什么呢? 立法议会、六名部长、市政厅、桑泰尔与国民自卫军在做什么呢? 想一想这究竟是怎样的一座城市,还是令人挺好奇的。当各种奇葩怪事屡见不鲜,当一些人因滥杀无辜累到手软,甚至当西卡尔神甫爬上两个人的肩头躲进阁楼时,五十万人正在床上酣睡,全城的二十三家戏院每天晚上照常开放,另一些人却在弹奏悠扬的乐曲,好像什么事也没发生一样。

至于可怜的立法议会,权杖已经不在它的手中。立法议会确实派了代表团到监狱、街头法庭,可怜的杜索先生也在那里发表了长篇大论,却未引起共鸣。最后,当他还要继续啰唆时,街头法庭开始发出威胁警告,他不得不停下来,打道回府。这是一直用他那嘶哑的嗓音为我们讲述或几乎是吟唱攻克巴士底狱,让我们心满意足的同一个令人尊敬的、可怜的老杜索先生。他惯于在任何场合自称是尤维纳利斯*的诠释者。“勇敢的公民们,站在你们面前的这个人热爱自己的祖国,是尤维纳利斯的诠释者。”他先这样说。“尤维纳利斯?”无套裤汉打断他的话,“尤维纳利斯是什么鬼玩意儿? 是你们神圣的贵族吗? 送他上路灯杆吊死!”你不能期待这样的一个演说家具有什么说服力。立法议会费尽九牛二虎之力才保住自己议员或前议员儒尔诺的性命,后者碰巧由于在议会的轻微过失而被监禁。而可怜的老杜索和随从则回到骑术院大厅,他说:“当时天太黑,他们看不清楚是怎么回事。”①

罗兰以秩序、人类和法律的名义写了很多愤怒的文章,但他手中没有任何

---

* 尤维纳利斯式讽刺指文学作品中对同时代的人和事进行的挖苦和讽刺。

① 《箴言报》,1792年9月2日的辩论。

权力。桑泰尔的国民自卫军似乎懒得控制一切，虽然他发出了征兵命令，但部队依然像一盘散沙。我们不是透过马东的眼睛，看到过穿制服的人把血淋淋的袖子卷到肩头了吗？系着三色绶带的佩蒂翁出来说的是"严肃的法律语言"。他在场时凶手一声不吭，他一转身，他们重操旧业。我们还是通过马东的眼睛看到，系着三色绶带的曼努埃尔在保姆法庭心平气和地进行劝解。而同时，同样系着三色绶带、残忍的比约还穿着我们常见的小外套和黑色假发，站在坦普尔监狱的尸体堆里发表简短清楚但令人难忘的演讲。[①]虽然措辞不同，但目的始终如一："勇敢的公民们，你们正在铲除自由的敌人，你们是在尽自己的责任。市镇和国家都希望以恰当的方式报答你们，但他们做不到，因为你们知道现在资金缺乏。凡是去监狱工作的人都会得到一个金路易的奖赏，由我们负责给钱。你们继续工作。"[②]过去制宪当局各行其是，无法真正发挥作用，每个人都是自己的主人，其他人只是下属、敌人、同盟、中立的武装人员，他们之上没有主人。

"哦，永远声名狼藉的恶棍，"蒙加亚尔感叹，"巴黎只是张口结舌地在那里旁观了四天，没有干预！"事实上，他希望巴黎进行干预。然而，巴黎只是张口结舌地在那里旁观并不奇怪，因为敌人和绞刑架就在门外，把巴黎吓得魂飞魄散。那些在巴黎横下一条心对抗死神的人觉得，同普鲁士人战斗比对抗杀害贵族的凶手更加迫在眉睫。正如罗兰所感受到的深恶痛绝的愤怒也许依然存在，被马拉和救国委员会暗地里认可，无论预谋与否恐怕也依然存在。软弱的指责、无力的认可、对必要性和命运的从令如流，这是一般人秉性的底色。"两百左右"的黑暗之子从暗中崛起，依然去完成自己的使命。这是由爱国者的狂热和恐怖的疯狂推动的吗？是受贪婪和金路易的工资所诱惑的吗？不，不是贪图钱财，因为被杀者的金表、戒指和钱财，在屠杀后都准确无误地被一无所

① 转载自《议会史》，第18卷，第189页。
② 蒙加亚尔著：《法国史》，第3卷，第191页。

有的凶手送到市政厅，然后换回20先令的工资。（完全忘记如何解释）而把世所罕见的精美玛瑙戴在手上的塞尔让，则变成了“玛瑙塞尔让”。正如我们所说的，这是秉性对软弱的认可。当这项任务中狂热或悲哀的部分结束后，黑暗之子显然会因资源的匮乏而致力于追求钱财。他们将开始在光天化日之下武力攫取手表和钱包、女士的项链来“装备”义勇军。无论是怎样软弱的秉性都会变得激烈暴躁。巡查官将举起警棍，无情地砸下来（就像畜群里的牧牛人），让一切重上轨道。王室家具保管处在当月17日遭到秘密抢劫，使罗兰陷入深深的恐惧之中。西哀耶斯说：“这是流氓的否决权。”①

这就是九月大屠杀，或者称为“人民的严厉正义”。他们是“九月大屠杀参与者”。这是个需要一些注释和闪光的名字，但那是地狱之火的闪光，有别于我们巴士底狱英雄的闪光，因为这种闪光像天上光芒四射的星辰照亮大地，从那以后，我们的事业走到了如此先进的阶段！根据史书记载，被屠杀的估计有两三千人，甚至高达六千以上，因为贝尔齐埃（亲眼）看到比塞特疯人院的很多病人被霰弹射杀，最后死了一万两千零几百人，只多不少。②根据精明的律师马东提供的数字和名单，包括二百名神甫、三个陌生人和一个在伯纳迪恩被杀的厨师，总人数估计为一千零八十九人，不少于这个数字。

一千零八十九人死亡，二百六十具千疮百孔的尸体堆放在尚杰桥。罗伯斯庇尔几乎可以肯定，其中只有一个死者是无辜的。③只有一个，不是两个。哦，你这个不可腐蚀的海绿脸！如果是这样，无套裤汉忒弥斯*一定会高兴的，因为他手脚麻利！在市政厅阴暗的登记处，人们可以心潮澎湃地读到登记处依然保留的罕见通告和记录，“给负责保持监狱纯净空气的工人以及给监督这些危险作业的人员的通告”等及各种杂项近七百英镑。“给克拉玛、蒙鲁日和

① 海伦·玛丽亚·威廉姆斯著：《法国来信》，第3卷，第27页。
② 参见《议会史》，第18卷，第421、422页。
③ 11月6日的《箴言报》（1793年11月5日的辩论）。
* 忒弥斯是希腊神话里主持正义和秩序的女神，或称正义女神，宙斯的助手。

沃吉拉尔墓地车夫的通告”，不是每天，就是每车，还有入门费多少法郎、多少苏“购买必要的生石灰”！[1]装着横七竖八、四肢散乱的尸体的马车在街上行走。你看，那只从兄弟相拥的尸体中竖起来的冰冷的手，泛黄、苍白的肤色冷峻而严酷，朝天打开的手心仿佛在默默祈祷，悲痛的告诫：怜悯人类之子！莫尔西埃在大屠杀的第二天从蒙鲁日回来时，在圣·雅克街看见了这一幕。这不是一只手，而是一只脚，他说的话赋予了更多的意义，但没有人明白为什么。是因为死难者的脚唾弃上天吗？像冲向末世深渊的厌世、绝望、狂野的潜水员吗？即使他的手发现了你，他的右手抓住了你，也出于善意和正直，而非恶意和邪恶！“我看到了这只脚，”莫尔西埃说，“在审判日，当上帝以君主的姿态坐在雷霆之上审判国王和九月大屠杀参与者时，我会认出这只脚。”[2]

围绕着这幕悲剧不仅来自法国的贵族和温和派，而且来自整个欧洲的难以言喻的恐怖怒吼已经延续至今，理所当然，理据充分。这个事件不可撤销，将与其他悲剧一起赫然列在世界年鉴之上，永远不会删除。因为，正如我们注意到的那样，人本身具有顿悟的能力，以可怜的生物身份总是能够屹立在无限的交汇点，在原始的光芒和永恒的蒙昧的十字路口，在两个永恒、三个无限的中心，成为自己和他人的秘密！特别是当狂热的情绪变成了绝望时，惨痛的事情就会发生。在西西里晚祷中，两小时内有八千人被屠杀，是众所周知的事实。在圣巴特罗缪大屠杀中尚未绝望、只是举步维艰的国王本人，对成年累月（持续七年之久）的屠戮袖手旁观。然后，在恰当时，同样是秋日的星期日，圣·日耳曼·奥克斯罗瓦（他们说是同样金属的）的钟声再次敲响，并产生了效果。[3]巴黎监狱的这些黑色石头曾经见证了之前的监狱大屠杀：同胞相互残杀、勃艮第人屠杀被监禁的阿尔马尼亚克人。那时也像现在这样，街上到处堆放着成堆的尸体，也像今天这样血流成河。当时的市长佩蒂翁口口声声以法律的名义行

---

① 巴黎市镇的支付状况（《议会史》，第18卷，第231页）。
② 莫尔西埃著：《新巴黎》，第6卷，第21页。
③ 1572年9月9日至13日（德洛尔著：《巴黎的历史》，第4卷，第289页）。

事。但凶手(用四百多年前的古法语)回答:“先生,神诅咒您的正义、您的怜悯和您的权利。神诅咒那些虚伪的阿尔马尼亚克叛徒,叛徒是狗,他们掠夺我们,他们玷污了法兰西王国,把它出卖给了英国。”[①]于是,他们不眨眼地杀人,不断地杀人,抛尸,使死者的数量达到一千五百一十八人,其中有四位虚伪和有罪的评议会主教和两个议会议长。尽管我们所处的世界不是撒旦的世界,但不乏他的位置(主要在地下),他也不时现身。人类可以尽量发出尖叫和诅咒。有些过于激烈,以致盖过了所发出的声音。怒吼吧,他们已经行动了。

在法国、在立法议会、在巴黎市政厅都能听到的怒吼,并不是由十个人发出的。一份公安委员会在 1792 年 9 月 3 日发布的通告传播甚广。这份通告发到了所有市政府,作为国家文件引人注目,不能忽视。“一部分在监狱关押的阴谋分子,”通告说,“已经被人民处决,我们不能怀疑,被如此无止境的背叛逼到悬崖边的整个国家,将更快采取公共安全措施,所有法国人将与巴黎公民一起呐喊:我们去杀敌,我们不能把匪徒留在我们身后,让他们屠杀我们的妻子、儿女。”通告下面的签名清晰可见:帕尼斯、塞尔让、人民之友马拉,以及另外七人。[②]这种奇怪的方式使后来的考古学家印象深刻。然而,我们注意到,这份通告让他们受到伤害。市政府并没有物尽其用,甚至连蛮干的无套裤汉也没用上,他们只是大吵大嚷,并没有咬人。在兰斯,约有八人被杀,之后有两人因此而被吊死。在里昂和其他几个地方,有人也做了尝试,但几乎未引起什么反响就匆匆偃旗息鼓了。

未逃过此劫难的是奥尔良的囚犯和好人罗什福柯公爵。他与母亲和妻子大白天去福尔日和其他比较平静的地区旅行时在吉索尔被捕,在群情激奋的人群中游街时,被从车窗里飞进的石块砸死了。他是在先是自由派、现在是贵

① 德洛尔著:《巴黎的历史》,第3卷,第494页。
② 《议会史》,第17卷,第433页。

族和教士的保护者、道德高尚的佩蒂翁被罢免之后被杀的。更不幸的是，他的自由主义思想破灭，受到爱国者的痛恨。他的死让欧洲感到惋惜。他的血溅到了九十三岁老母亲的脸上。

奥尔良的囚犯则是奥尔良高等法院成立以来积累起来的国家级罪犯，有保王党的大臣、德·勒萨尔、蒙莫兰。现在看来将他们送转到我们新的巴黎第十七法院更好，那里审理得更快。因此，马提尼克的美国人福尔尼埃受命于制宪当局，带了不多的盘缠，在可靠的国民自卫军和波兰人拉左斯基的护送下启程了。他们必须克服困难，冒险穿过骚乱的地区，因为当局此时未必在当地具有权威。不过，他们仍然将五十或五十三名奥尔良囚犯成功带到巴黎，这里的第十七法院效率更高。[①]这时候在巴黎，比九月法庭更快捷的第二法庭已经成立，不来巴黎则已，来了就审判你！热情的福尔尼埃是干什么的？他的职务是志愿者巡警，他有完美的品德来保护非贵族的性命，即使牺牲自己非无套裤汉的宝贵性命而在所不辞，直到宪政法庭将他们处置完毕。不过，他是性情并不完美的巡警，或许是那些最不完美的人之一。

热情的福尔尼埃一会儿接到一个当局的命令，一会儿接到另一个当局的命令，在不同的命令之间左右为难，最终，他径直来到凡尔赛。他的囚犯坐在双轮运货马车或敞篷马车上，他和卫兵围着马车骑马或步行。在过最后一个村庄时，令人尊敬的凡尔赛市长前来见他，由于对他们的到来感到担心，于是在他们进来后就关闭了城门。这是当月9日星期天。看哪，当他们来到凡尔赛大道时，整座城市简直沸腾起来。9月暗淡的阳光中绿树掩映的大道上人山人海，寸步难行。双轮运货马车在茫茫人海中艰难穿行，卫兵和福尔尼埃想开辟一条通道从未如此困难。市长在人群的嘈杂声中用最有力的手势发表演讲，他越是提高声音，尖厉的嘈杂声越响。上帝开恩，让我们走出这个狭窄的通道吧！让风驱散这里快烧着的热度吧！

① 《议会史》，第17卷，第434页。

然而，如果宽阔的大道都显得如此狭窄，那么总监大街怎么办？街角的尖叫声变成了连续嚎叫，野蛮的面孔跳到运货马车的辕木上，第一波潮水喷涌而来！市长恳求大家，但被推来推去，处于半绝望状态，后来干脆被人推搡、架走了。汹涌的潮水势不可挡。在一片可怕的喧哗和狼嚎声中，囚犯中除了十一人逃到愿意发善心收留他们的人家外，其余都被屠杀。监狱和他们扣押的其他囚犯也并未轻易得救。脱掉的衣服被焚烧，支离破碎的尸体第二天早晨被扔到水沟里。[1]除了《十个通告》的作者之外，整个法国陷入悲痛、愤怒和含混的怒吼之中，令欧洲震撼不已。

但是，作为司法部长的丹东并未发声，因为他有其他的事情要做。粗壮的丹东正准备用8月10日横扫一切的炮火、排炮、普鲁士绞刑架、9月的刀光剑影，发动毁灭城市和国家的战斗。他给所到之处和整个世界都带来摧毁一切的力量。司法部长是他的名字，但绝望的泰坦、革命的迷失之子是他的品格，他的行为以此为指引。“我们必须让我们的敌人活在恐惧中。”这种与生俱来的深深的恐惧难道不会落在我们的敌人身上吗？但绝望的泰坦不是可以防止所有这一切蔓延的人。前进，迷失之子泰坦，你必须放开胆量，一直放开胆量，直到永远：这是你剩下的唯一东西！“让我的名字枯萎吧！”我是谁？只有事业是伟大的，将永存永续，不会消失。所以，就整体而言，丹东，这个无套裤汉中的米拉波也是一个规则吞噬者，但比米拉波的胃口还要大。而在9月的日子里，这位部长与严肃的罗兰并未行动一致，他正在其他地方对付布伦斯维克和市政厅。在被一个官方人士问到奥尔良囚犯和他们冒的风险时，他一脸阴郁地回答：“这些人是否有罪？”在催促之下他转过身，用可怕的声音回答：“有两千人在监狱被杀，你可以说这很可怕。但布伦斯维克离我们只有一天的路程，这是关系到两千五百万人生死攸关的问题。有些人需要完成自己的任务，这任

① 《凡尔赛囚犯大屠杀的官方文件》（《议会史》，第18卷，第236-249页）。

务比我们的更重要。”[①]似乎很奇怪,但并不奇怪的是,每当有人为朋友的性命有求于他时,人们发现这位摩洛克司法部长仍然具有人类的同情心,会予以满足,提供协助。在这些日子里,丹东自己的仇人没有一个被杀。[②]

可以说,无论发生任何事,鼓噪都会应时而生,不可避免。然而,清晰的发声,而非嚎叫,是人的能力。如果说话有困难,至少刻不容缓要做的是沉默。在这第四十四年和一千八百三十六年的基督时代的风风雨雨中,沉默相应成为我们所倡导和实践的东西。不仅如此,与其不住地嚎叫,或许不如在另一方面去关注风俗习惯都是什么咄咄怪事,究竟一个人应该具有什么正确的价值观和勇气,才可以被称为道德和惯例。残忍的杀戮可以称为深渊中最正宗的产品,只要赋予其习惯的力量,它就会在战争法的推波助澜下变成战争,从此就足以称为道德和惯例。随身携带工具的红衣人不无得意,而你不得以任何方式对此加以指责。然而,只要他只穿褐色粗布衣服,只要革命不像战争那么频繁,也未制定革命的法条,那么,身穿褐色粗布衣服的人都是不入流的。哦,亲爱的嚎叫者,蠢货,我的兄弟,让我们闭上大嘴巴,停止嚎叫,开始思考吧!

第七节　阿尔戈纳的9月

无论如何,有一件事确定无疑:那就是恐惧,无论这些敌对的贵族需要什么样的恐惧,这种恐惧已经产生。而且,这个问题越来越严重了!无套裤汉也已成为既成事实,并将矢志不渝地战斗到底。这个高大、懒散、摇摆晃晃的无套裤汉像小牛犊一样,并不甘心成为别人的笑柄。如果你刺它,它会暴跳如雷,用狰狞的鼻孔向你喷火!惶惶的贵族纷纷逃亡,寻找避难之所。对他们来说,有几件事情让他们看到了光明,虽然眼下依然一片黑暗,而且比以往更加黑暗。

---

① 《部长传记》,第97页。
② 《部长传记》,第103页。

但是，法国会变成什么样子？这是一个问题！法国像被风唤醒的撒哈拉，正在跳沙漠华尔兹，由两千五百万人卷起的华尔兹旋风席卷市政厅、贵族监狱和选举委员会、布伦斯维克和前线，以及世界历史的新篇章。事实上，这不就是这个篇章的终结和结论吗？

在选举委员会的大厅里，现在已经没有任何疑问，只有有条不紊的工作在有序进行。国民公会也以真正毅然决然的精神设立起来。在市政厅，我们已经确定了共和国元年的日期。约二百名我们最好的立法议员可能连任，包括全体山岳派、罗伯斯庇尔、市长佩蒂翁、布佐、格里瓜尔神甫、拉博、六十名前立宪议员，虽然我们过去只有三十票。所有这些人，以及他们的朋友、享有盛誉的知名革命者：口吃的卡米耶·德穆兰、曼努埃尔、塔里安和同僚、记者戈尔萨、卡拉、莫尔西埃、卢维·德·弗布拉斯、人类的捍卫者克鲁茨、用激情撕碎一切的科洛·代尔布瓦、投机小册子作者法布尔·代格朗丁、强壮的屠夫勒让德。法国农民几乎不相信有马拉这个人，甚至认为，除了报纸上的之外还有一个马拉。我们就不用提部长丹东了，因为他已辞去公职去竞选议员了。巴黎搞得热火朝天，各省也都在上诉。巴尔巴鲁、里贝基和狂热的爱国者正从马赛赶来。七百四十五人（或七百四十九人，因为现在阿维尼翁又送来四人）正在集合。因此，越来越多的人来了，却不见有人离开！

来自欧里亚克的律师卡利埃和来自阿拉斯的前神甫勒邦，将获得新的名字。奥弗涅山区重选了他们的人：先是强壮的农民，后来是数学教授。他无意中鼓捣出一个引人注目的新日历，上面有获月、雨月等，逐渐成为惯例，竟取代了罗马历。老制宪议会议员西哀耶斯来这里，是为了制订一部许多人期待的新宪法。此外，经过慎重思考，他在许多紧急情况下做了许多让步，认为保持沉默是最安全的做法。由埃纳省委派的代表、来自北部的年轻的圣茹斯特更像是一个学生，而不像一个参议员。虽然只有二十四岁，但他已经著书立说。他生性脆弱，嗓音温和、圆润，为人热情，有着橄榄色的皮肤，留了一头黑色长发。来自比利牛斯山区奥尔山谷的费罗是狂热的共和党人，命运注定要他青史留名，然后慷慨赴死。

各种各样的爱国者陆续到达：教师、农夫、神甫和前神甫、商人、医生，首要的是能言善辩的律师。像萨尔特的助产士莱维塞尔是不会缺席的。胖头肿脸的艺术家大块头大卫也不会缺席。他在抽搐状态中酝酿他的画已经很久了，他现在是立法议会议员。他硕大的脸庞让他生来无力说话，完全妨碍他成为优秀的演说家。但他的笔、他的头脑、他澎湃的心与他在抽搐中的天分有机结合起来。这个人身心残缺畸形、臃肿肥胖、抽搐虚弱、浮夸急躁，还是让他演好自己的角色吧。被归化入籍的那些恩人也没有被忘记，奥尔纳省提名的普里斯特利被否决。由加莱海峡提名的叛逆的裁缝潘恩被接受。

贵族来得很少，但也不是一个没有。保罗·弗朗索瓦·巴拉斯——“高贵如巴拉斯，古老如普罗旺斯的石头”，就是其中之一。他富有冒险精神，以前当水手和士兵与印度作战时曾在马尔代夫海岸遭遇海难，在海中漂泊多时才找到海岸。后来他在巴黎当半薪士兵，过着寻花问柳的生活，一时性起游历了很多岛屿，变得残忍和腐化。遥远的瓦尔省现在派他作为代表。他热血、性急，但笨嘴拙舌，总之，不是一个能说会道的人。然而，没有人能否认他目光敏锐，瞬间爆发的超群勇气，在这个适合大展宏图的时代，可以走得更远。他高大，英俊，“只是脸色有点发黄”。但在紫色的长袍、猩红色斗篷和三色羽毛的衬托下，在庄严场合，他显得很得体。[①]老制宪议会议员、贵族富豪勒贝尔齐埃·圣法尔乔也来了，他是为了废除死刑而来的吗？倒霉的前议员！不仅如此，还有六十九名前制宪议会议员，其中包括王室直系血亲的菲利普·德·奥尔良亲王！他已经不是过去的德·奥尔良了。封建主义已从世界铲除，他要求他的贵族朋友和巴黎的代表给他一个新的名字，律师曼努埃尔以对立作家的名义，建议用“平等”这个名字。于是，坐在那里的人成了天下所见到的“菲利普平等”。

① 《名人辞典：巴拉斯卷》。

这样一个国民公会正在抉择之中。这是真正愤怒的家禽换羽的季节。布伦斯维克的掷弹兵和炮兵并未马上发起攻击。但愿天气会有所改善！[①]

哦，贝尔特朗，这是徒劳的！天气是不会有所改善的。会发生那样的事吗？尽管贝尔特朗并不清楚，但波利梅蒂斯杜穆里埃已经在8月29日早上从短暂的睡眠中醒来，整装待发，这次行动隐蔽、大胆。三天之后，当布伦斯维克睁开眼睛时，看到阿尔戈纳通道已被占领、被砍伐的树木堵死，阵地也经过了加固。这是杜穆里埃动作神速的杰作。他被愚弄了！

这次行动白白让布伦斯维克“损失了三周时间”。而此时此刻这样的损失是非常致命的。他本来应该不费吹灰之力控制这座拦在他和巴黎之间的四十英里长的山墙，现在必须要武力夺取了。外加香槟地区每日大雨磅礴，道路肮脏泥泞，沼泽遍地。如何跨越阿尔戈纳这座山墙呢？能拿这样的地形怎么办呢？在陡峭的山路上行军，泥水溅满全身，引致阵阵小声咒骂和惊呼。他们可以强行突破阿尔戈纳通道，但不幸的是，森林却不会那么轻易通过。排枪声连续不断，仿佛激烈的乐曲或摩洛克的战鼓声在山谷回荡。汹涌的激流奔腾直下到山脚，泡得发白的尸体在水上漂浮。这一切都是徒劳的！有着尖顶教堂的伊斯莱特村宛如世外桃源，坐落于两座高地之间的山谷通道里，在这里勉强行军和攀爬不可避免会摔到山下。从山顶上看，只有阴森森的悬崖峭壁，潮湿的涛涛林海，克莱蒙奶牛（一种大型奶牛）不时出没其间，从层叠的云雾中脱颖而出，又很快重新披上云彩，湮灭在天际。[②]阿尔戈纳通道无法强行通过，只能绕行阿尔戈纳，在两侧通过。

然而，可以想象，不知道移民老爷们是否看到他们的辉煌已经褪色，“身穿红色条纹制服和棉布长裤的步兵团”在战斗之日是否能够准备就绪。代替信口开河、预示要发生的是一种绝望和源自于多水的恐水症。年轻的德·利涅

① 《贝尔特朗·莫尔维尔回忆录》，第2卷，第225页。
② 海伦·玛丽亚·威廉姆斯著：《法国来信》，第3卷，第79-81页。

亲王，就是那个斯文勇敢的雷神花花公子德·利涅之子，撤退时在通道北端的格朗普雷被打死。布伦斯维克目前处于边缘地带，正艰难地向南部推进。倾盆大雨像诺亚时代那样连续下了四天，无法生火，没有食物！为了生火，你们只能砍伐苍翠的林木，却只会产生烟雾。至于食物，你们只能吃绿葡萄，因而造成腹痛、痢疾和瘟疫。村民不仅不加入我们的行列，反而暗算我们。尖叫的妇女辱骂我们，还威胁用剪刀刺杀我们！哦，你们这些患有恐水症、裤子上满是泥浆的大人真是倒霉！但十倍倒霉的是你们这些操浓重喉音、仰面倒下的可恶又可怜的黑森人，你们根本没有理由因为冲动和每天三个半便士的报酬来这里送死！布拉多尔的勒布朗夫人，不是也在她闺房里的繁忙活动中度过一段美好的时光吗？搞暗算的村民被吊死了，尊敬的老制宪议会议员，虽然因高龄令人不忍，但仍然被反绑双手用马车拉走：这都是战争之恶。

经过在阿尔戈纳山谷通道和陡坡上崎岖山路的行军，布伦斯维克灾难性地损失了二十五天：蜿蜒行进、雨中挣扎、前进、后退，根据位置变动而前后调动，整个阿尔戈纳部分被包围，部分被攻占。但杜穆里埃依然牵制着他，可以说包围了他，像钉子一样把他结结实实地钉在那里动弹不得，钉子连接了很多铰链，带着他忽而到这里，忽而到那里，在最出乎意料的时刻连续开辟新的战场，在任何位置都毫不让步。新兵逐渐补充上来，他们满怀斗志，但依然是一盘散沙。例如，在阿尔戈纳对面，我们被强攻并包围的格兰普雷的背后，斗志昂扬的新兵在迂回包抄和前沿的抵抗已经被挫败，即使勇猛也是枉然。队伍里响起了“快逃命”的喊声，死亡的恐慌几乎毁掉一切！好在将军此时拍马赶到，用雷鸣般的声音和有力的手势，甚至挥舞起手中的剑，及时阻止了溃败，稳住了阵脚，让他们感受到了羞耻。[①]他抓起煽动者和首要分子，“刮掉了他们的头发和眉毛”，五花大绑送回老家，以儆效尤。这种做法险些酿成兵变（因为口粮短缺、大雨天饿着肚子影响心情）。于是，杜穆里埃在参谋和一百名轻骑兵的护送

① 《杜穆里埃回忆录》，第3卷，第29页。

下再次来到前沿。他在他们背后部署了若干个中队，由炮兵顶在前面，对他们说："你们看，因为我既不会叫你们公民，也不会叫你们军人，更不会叫你们我的孩子，你们面前是大炮，后面是骑兵。你们已经因为犯罪而蒙羞。如果你们改正，表现出你们有幸加入这支勇敢军队的风范，你们会在我这里看到一个好父亲。我这里既不会容忍凶手，也不会容忍刽子手。谁发动兵变，我定会将他碎尸万段。我知道你们当中有煽动你们犯罪的无赖，你们自己把他们赶走，或者向我揭发他们：我会为你们做主。"①

哦，杜穆里埃，有点耐心！这群可疑的煽动者和叛变分子一经训练并养成习惯，就会成为像迅疾如风或旋风般敢于短兵相接和包抄的战士：黝黑的面孔，长长的胡须，常常赤着双脚，没有口粮，意志坚强，只需要面包和火药。他们是真正的火之子，是自阿提拉以来最狂热、灵活和勇猛的战士。他们像同一个阿提拉一样进行征服和入侵，你如今看到的是在同一个土地上的阿提拉的军营和战场，在席卷世界之后，通常会困难重重，难以为继，在这里被罗马人埃提乌斯*和运气所终结。他们掀起的尘云再一次七零八落地散于东方。②

奇怪的是，我们以前在南锡或梅兹的街道上曾见过士兵这种以自杀的方式而告终的混乱和喧嚣，虽然那时勇敢的布耶手握出鞘的剑，但仍不免落得灰飞烟灭的下场。同样奇怪的是，这种混乱而非其他的混乱似乎是法国回归井然有序的第一个胚芽！可以说，围绕着这种萌芽，在纷纷碎片和混乱中几乎被自杀所埋葬的可怜的法国，会高兴地团结一致，开始崛起，重新塑造她的无机灰尘，缓慢地走过几个世纪，经过拿破仑、路易·菲利普和其他媒介和阶段，变成一个更新、更好的法国。这是我们的希望！

根据杜穆里埃本人的命令在阿尔戈纳地区进行这样的包抄和机动，要比看霍伊尔或菲利多尔最好的象棋棋局更有意思。但请读者完全忽略这些，来

① 《杜穆里埃回忆录》，第55页。
* 弗拉维斯·埃提乌斯（391—454），罗马护国公，曾统兵击败阿提拉率领的匈奴人。
② 海伦·玛丽亚·威廉姆斯著：《法国来信》，第3卷，第32页。

关注两件事情：第一件特别但不重要，第二件涉及公共利益。第一件是：在阿尔戈纳的战争游戏中，有一些人属于那种所谓的打不死的人，自那时以来，变得越来越明显，作为暂时的特性却消失得越来越多。人们注意到，当神出现在人类当中时，原形很难辨认。于是，牛倌阿德墨托斯'给了阿波罗一个羊皮大衣、一个奶罐（还好，他们没有用刺牛棒打他），当时并未臆想他是太阳神！这个凡人的名字是约翰·沃尔夫冈·冯·歌德。他是赫尔佐格·魏玛的大臣，率领魏玛的一个小型先遣队，前来履行意义不大、对所有人来说是不可理解的非军事使命。现在，他手握缰绳，不顾别人的劝说，站在圣梅内胡尔德附近的高地，进行"大炮热量试验"，执意奔赴炮弹飞舞的战场，希望了解这种热量的科学意义。"炮弹的声音"，他说，"令人好奇，仿佛由陀螺的嗡嗡声、小河的潺潺水声和麻雀的哨音组合而成。只有接近之后，才能一定程度上描述出这种不同寻常的感受。你好像处在一个令人窒息的地方，同时被产生的热量所攫住，你会觉得好像你自己和这个元素，已经完美地融合在一起。视线不会遗漏其任何力量和光芒，好像一切都变成了棕红色，使你周围的位置和物体变得更令人印象深刻。"①

这就是这位世界级大诗人感受到的大炮的热量，的确是独一无二的人！在他令人费解的大脑里，同时存在一个关于这个注定灭亡的世界的精神对应物（称之为补充），这个世界现在对外在阿尔戈纳以雷霆万钧之势大显身手；对内则体现在这个堪比雷霆万钧的费解头脑中！哦，读者，记住这个人，他是这场阿尔戈纳战役中所有非凡之人中最非比寻常的一个。我们对他的评价既不是痴人说梦，也不是夸张的修辞手法，而是科学的历史事实，正如很多人现在在这个距离看到或者开始看到的那样。

但我们认为，广大民众的关注焦点是：1792 年 9 月 20 日是一个雾气蒙蒙的阴郁日子，凌晨三点，在圣梅内胡尔德，我们熟悉的那些古老村庄和房子被

---

① 歌德著：《法国战役》（《作品》第30卷，第73页）。

炮兵辎重马车的隆隆声、马蹄声和士兵的脚步声所惊醒：士兵、爱国者和普鲁士人，前来抢占月亮高地和其他高地的有利地形，像下象棋那样不断转换位置，向前推进。但愿天气能转好！瓦尔米的磨坊主早就吓得逃之夭夭，尽管从来没有遇过这么大的风，他的磨坊今天也必须停业。在早上七点，云飞雾散。杜穆里埃手下的副手凯勒曼带领十八门大炮，排着密集的队形，凭借高地上的有利地形，围着静静的磨坊摆开战斗队形。布伦斯维克的队伍和大炮则覆盖了月亮高地，现在只有小溪和小小的山谷将他们隔开。

众所瞩目的时刻终于到了！我们将不顾饥饿和痢疾进行殊死战斗。神色坚毅的杜穆里埃从临近的高地上，俯看下面的动静，能助他一臂之力的只有祈愿和沉默。现在，十八门大炮齐声咆哮，月亮高地做出了回应，空气中刺耳的轰鸣声回荡在整个峡谷，甚至远到阿尔戈纳（现已人去城空）的密林深处都能听到。到处血肉横飞，尸横遍野。布伦斯维克能给他们点颜色看看吗？明智而悲伤的先生们咬着自己的拇指。无套裤汉似乎不会像家禽那样望风而逃！交火最激烈时，一发炮弹从下面击中了凯勒曼的马。有一个装弹药的马车被炸上了天，巨大的爆炸声盖过了所有声音，无数碎片从天空落下。布伦斯维克展开攻击！“同志们，”凯勒曼大喊，“祖国万岁！为了祖国，争取胜利！”回应他的是一浪高过一浪、响彻天空的“祖国万岁”的口号声。我们的队伍坚如磐石，布伦斯维克试图突破通道而未果，只得退回到原月亮高地的阵地，途中又遭受了损失。9 月的这一天就是这样在轰鸣声、口号声和回声中度过的。炮击一直持续到日落，战局胶着。直到日落后一个小时，所剩无几的时钟敲响了七点钟时，布伦斯维克再次尝试攻击，但仍然没有成功。他遇到了岩石阵和“祖国万岁”的吼声，损兵折将后撤退。于是，他停止攻击，撤回到“月亮的酒馆”并设置棱状碉堡作为防御。

的确，明智而悲伤的先生们，尽力而为吧。哦，法国不会群起团结在我们周围，农民不会加入我们，反而暗算我们，绞刑和煽动都无法说服他们。他们失去了对国王、王权标志的那份古老的热爱，令人恐惧的是，他们甚至为了摆脱这些而战斗，看来这是他们现在的心态。奥地利既不会成功，对蒂永维尔的围攻也难以为继。蒂永维尔的居民高喊讽刺的警句，在城墙上放了一个木马，还放了一捆干草和题词："等我准备好干草，你再占领蒂永维尔。"[①]可见人类的狂热已经达到了何等高度！

蒂永维尔的战壕可以填平了，但里尔的战壕必须挖开吗？大地不会向我们微笑。而上天不仅不会微笑，反而阴沉着脸下雨，倾盆大雨。甚至祝福我们的朋友也侮辱我们："下雨时，普鲁士国王陛下有大衣。（与已知的所有的法律相反），他穿上了大衣，而我们象征国家希望的两个法国亲王却什么都没有！"正如歌德所承认的那样，对此应该给出什么样的答案呢？[②]寒冷、饥饿和侮辱、腹痛、痢疾和死亡让我们围着月亮的酒馆，畏缩在月亮高地成捆的麦子和腐烂的秸秆里止步不前！

这就是瓦尔米炮击的过程，世界大诗人在这个过程中对炮火的热量进行了实验，其中法国无套裤汉没有像家禽那样逃跑。这对法国弥足珍贵！每个士兵都尽了自己的职责，（比被辞退的老吕克纳更加高尚的）阿尔萨斯人凯勒曼开始变得更加伟大！明智而勇敢的校级军官"平等之子"，因大无畏的精神脱颖而出。他与有平等字样的菲利普是同样勇敢的人，在困难时为法国而战，后来成为法国国王。

第八节　谢幕

即使从另外一个角度看，9 月 20 日也是一个伟大的日子，因为，当凯勒曼的马在瓦尔米的磨坊被炸飞时，我们那些即将组成国民公会的新代表，正在瑞

---

① 《议会史》，第19卷，第177页。
② 歌德著：《法国战役》（《作品》第30卷，第49页）。

士百人大厅集会做准备！

大约次日中午，档案保管员加缪正忙于“检查授权书”，其中数百份已经准备就绪。于是，前立法议员像凤凰一样以新的身体从骨灰中涅槃重生。随即，所有人郑重地返回骑术院大厅，坐在那里的是国民公会，总共有差不多七百四十九名议员，由佩蒂翁担任主席。他们将立即展开工作。请读者阅读一下这个下午的辩论报告，再也找不到比这更生动的辩论了，即使沉闷的《箴言报》都变得比莎士比亚更富有戏剧性。警句和格言不离口的曼努埃尔站了起来，讲了很多奇怪的话：“让主席配备仪仗队，住在杜伊勒里宫怎么样？”被否决。丹东站起来讲话，科洛·代尔布瓦、本堂神甫格里瓜尔和山岳派的瘸腿古东都站了起来，像只有几行的梅里贝抒情诗那样，提出了好几个议案：“我们新宪法的基石是主权在人民，我们的宪法必须被人民接受，否则一无是处。人民可以伸张正义并有自己的法官，关税在新的命令到达前必须继续存在。地产和其他财产永远神圣。最后，从今天起在法国废除王权。”在四点钟之前这一切都形成了法律，受到全世界的鼓掌欢迎！[①]树上的果实如此成熟，只需摇晃就可以得到黄灿灿的收获。

消息到达瓦尔米地区时，在泥泞的月亮高地引起了怎样的轰动？[②]对面高地上的法国人发出了震耳欲聋的欢呼声，帽子不是挑在刺刀上，就是被扔到了空中，“共和国！共和国万岁！”此起彼伏，随风飘荡。在第二天早上，可以这么说，布伦斯维克天不亮就收拾好行李背包，点亮所有的火把，没有敲鼓就出发了。杜穆里埃在营地里发现“茅坑里都是血污”。[③]具有骑士精神的普鲁士国王将会懊悔很久，因为我们看到他本人亲临战场。他以前所未有的神色，瞥了一眼这些明智而悲伤的先生们和法国的亲王（国家的希望），然后，不拘礼节地穿上了大衣，他很庆幸有一件。他们撤退了，所有人都尽快穿过大雨磅礴、

① 《议会史》，第19卷，第19页。
② 海伦·玛丽亚·威廉姆斯著：《法国来信》，第3卷，第71页。
③ 1792年10月1日。（《杜穆里埃回忆录》，第3卷，第73页）。

泥泞难行的香槟地区撤走了。杜穆里埃率领凯勒曼和迪雍在后面进行了追击，但规模不大。追了一会儿，又谈了一会儿：因为布伦斯维克睁大吃惊的眼睛，而普鲁士国王陛下正在懊悔。

奥地利没有成功：蒂永维尔的木马没有吃掉干草，里尔市也没有投降。在本月29日，里尔就遭遇了炮弹、炸弹和手榴弹的打击，战壕变成了维苏威火山坑和地狱深渊。非常可怕，目击者说，但效果不大。里尔人在听到阿尔戈纳和东部的消息之后群情激昂。没有一个居民愿意为了国王的赎金而投降。约六千发炽热的弹雨和装填了松节油的炸弹，不分昼夜地洒落在无套裤汉和穷人的屋顶，富人住的街道也未能幸免。但无套裤汉拿着水桶，组成了消防队进行灭火。"炸弹落进皮埃尔家了！""炸弹掉进约翰家了！"他们把家当、住处和食物放在一起，高呼"共和国万岁"，但内心在滴血。一发炮弹打穿了市政厅的主要大厅，当时市镇正在那里开会，"我们一直在开会"，一个议员冷冷地说，并照旧工作，那发炮弹可能也镶嵌在墙里直到今天。[①]

奥地利女大公（王后的妹妹）自己会看到发射的炮火。为了满足她的急迫心情，两门迫击炮发射的炮弹炸死了三十个人。但这是徒劳的，通常笼罩在里尔的大火总可以扑灭。里尔不会屈服。胆大心细的男孩巧妙地拔掉炸弹上的火绳。有个人用自己的帽子抓着还在滚动的冒着烟的炮弹，等它冷却时，用红帽子盖上。更令人惊叹的是，有个乐天的理发师，在炸弹在他身旁爆炸后，拿起一块弹片，放上肥皂泡，说："这就是我的新剃须刀。"并当场为十四个人剃了胡须。干得漂亮，乐天的理发师，配得上给红衣幽灵刮胡子，真是找到财宝！10月6日，在令人绝望的围城战进行到第八天时，奥地利发现攻势无果之后快快而退。杜穆里埃立即赶赴里尔。笼罩在黑色灰烬和令人窒息的烟雾中的里尔全城沸腾，大开城门。弹片剃须刀成了流行产品。"没有任何一个优雅的爱国者，"几年之后莫尔西埃说，"不是用弹片剃胡刀刮的胡子。"

① 轰炸里尔（《议会史》，第20卷，第63-71页）。

为什么说那么多的废话？侵略者正逃之夭夭，布伦斯维克的军队被消灭了三分之一，剩下的沿着香槟地区的大路落荒而逃，绵延陷入红色黏土里，像歌德所说的那样，“像陷入红海烂泥里的法老一样，因为他也抛弃了损坏的马车，不少士兵和车夫都陷入泥泞中动弹不得”[①]。10 月 11 日早上，世界诗人经过五个星期的跋涉，从南部进入，然后向北挣扎着走出凡尔登，他依次注意到了如下现象，并进行了描述：

“大约凌晨三点，由于整夜都没有合眼，于是我们要登上在门口等待的马车，但一个不可逾越的障碍出现了，因为不间断穿行的拉伤员的马车已经把街道两侧挤得水泄不通，像进入了泥潭一样。在我们等在那里想办法时，我们的主人圣路易骑士从我们身边跑过，甚至没有同我们打招呼。他是 1787 年卡罗纳时期的贵族之一，后来移民。他兴高采烈地与普鲁士人一起回来，现在不得不再次背井离乡，带着一个仆人，一个棍子挑着小包裹，继续在广阔的世界漂泊。

“这时，我们的利西厄利用灵活的警报让我们摆脱了困境。他在长蛇阵里瞅准机会挤进去，阻止了准备前行的马车，直到我们六人乘坐的四匹马拉的车完全插到队列中。在我的轻型小马车中，我才得以更自由地呼吸。我们现在上路了，尽管像参加葬礼那么缓慢，但毕竟上路了。天亮时我们发现已到达镇口，这里一片喧嚣和扰攘。各种各样的马车、几个骑兵、无数的步行者在城门前的空地上穿行。我们与我们的纵队一起转向右边的埃斯坦，这条路很窄，路两旁是沟。在如此可怕的人群中自保，是不能顾忌怜悯和对别人的尊重的。我们面前不远处有一匹拉载弹药车的马倒在地上，他们割断了牵引绳，把它扔在那里不管了。而现在剩下的其他三匹马拉不动这么重的车，他们又割断了牵引绳，把沉重的弹药车丢在沟里。于是，我们没有被耽搁太多时间，从那匹挣扎着要站起来的马的侧面通过。我清楚地看到，它的腿在车轮的重压下颤抖着，几乎折断。

① 歌德著：《法国战役》，第103页。

“骑兵和行人努力摆脱狭窄的马路进入草地，但也同样因为大雨而陷入水沟之中，无法动弹。行人可以通行的路段都已中断。绅士风度、英俊、衣冠楚楚的法国士兵涉水从我们的马车旁边经过，他们衣着极为整洁，训练有素，步伐具有艺术性，虽然这些勇敢的人在长途跋涉中穿的是高度不超过脚腕的鞋袜，但上边却没粘上一点泥泞痕迹。

“在这种情况下，在沟渠、草地，耕地和田庄，到处都有很多死马就不足为奇了。但是，也可以看到有些马被剥了皮，马肉被割走，这一幕让人伤感。

“因此，我们行进的每一刻都处于危险之中，哪怕稍微停一下也有把我们自己掀翻落水的风险。在这种情况下，我们的利西厄的悉心照顾使我们免除了后顾之忧。其表现出的同样的天赋让我们在中午顺利到达埃斯坦。在这座精心打造的美丽小城，在我们周围的街道和广场，以及我们身边，都呈现一派人仰马翻、乱成一团的景象：人人争相赶路，相互掣肘。没想到我们的马车在集市广场的一所精美的房子前停了下来。豪宅的男女主人大老远就和我们打招呼。了不起的利西厄，在我们不知情的情况下已说明我们是普鲁士国王的兄弟！

“但现在，从集市广场所在的一楼窗户，我们可以充分看到这种可怕的喧嚣：各种行人、穿制服的士兵、流动商贩、神情坚毅但悲伤的公民和农民、妇女和孩子，互相推挤、倾轧。路上各种车辆：弹药车、货车，行李车、单人马车、双人马车、多匹马拉车，不一而足。或被征用或合法拥有的几百辆车争相开辟一条路，因而相互碰撞、彼此掣肘，不分左右，抢道而行。牲畜也处于骚动之中，也许牛群也被征用了。人们看到的骑兵不多，倒是移民们早期制造的色彩斑斓、流光溢彩的典雅马车为数不少，引人注目。①

“狭窄的空间所引发的这种混乱局面，在集市广场变得更甚，因为它通往一条笔直漂亮的街道，但是过于狭窄。我平生都没见过类似的情景。这也许堪比泛滥的河水在草地和田野肆虐，现在又不得不收缩起来，在一个狭窄的拱桥

① 参见《赫尔曼和多萝西娅》（也由歌德所著），卡里奥普版。

下流进河漕。我们从窗口望出去，整个长长的街道一目了然，奇怪的浪潮在那里持续奔腾。其中有一辆高顶双座旅行马车在泛滥的车海中格外醒目。我们以为那是我们早上看到的妩媚法国女人所乘坐的车。但不是她们，而是霍格维茨伯爵的车。你可以看到他带着一脸恶意的嘲讽，摇摇摆摆，亦步亦趋地前行。"[1]

这是布伦斯维克宣言搞出来的失败游行吗？比这还糟，"他正在与异教徒进行谈判"。这个消息在移民中引起了如此强烈的反感，以致我们睿智的世界诗人"担忧某些人失去了理智"。但这样无助于解决问题：这些对所有人和事情感到愤怒、也让所有人对他们愤恨不已的可怜的移民，只能在无法自拔的泥潭中越陷越深。旅馆老板和老板娘在餐桌上讲起这些法国人如何不可忍受，如何即使在这种屈辱、贫困和可能是赤贫中，也会为了优先权而争吵不休，总是那么虚荣和装腔作势。你高高在上地在桌子一端用自己的眼睛看到的不是一位绅士，而是他的模型而已，其实已经老眼昏花，却仍然虔诚地受到崇拜和供养。在不同的座位上坐的是不同的人：有士兵、专员、冒险家，他们默默地吃着难以下咽的饭菜。"可以从他们的额头上看出残酷的命运留下的痕迹，所有人都保持沉默，都在忍受个人的痛苦，似乎都陷入了无边的苦难之中。"有一个流浪汉闯进来，毫无怨言地坐下有什么就吃什么，有多少钱就给多少钱，老板听之任之。"他是，"老板低声对我说，"第一个同意吃我们德国黑面包的无赖。"[2]

杜穆里埃现在回到巴黎，时无尽的褒奖和宴请应接不暇，在金碧辉煌的沙龙里身穿华丽吊带衣裙的金发女郎众星捧月般的簇拥下，受到顶礼膜拜。然而，一天晚上，正在开怀畅饮、推杯换盏时，他却突然受到一个脸色阴沉、浑身肮脏的家伙的质问。这个人不请自来，不顾仆人的阻拦，怒气冲冲地带来了"雅各宾派的明确指示"，尖锐地要求尽快厘清某些事实，比如："爱国义勇军为什

① 歌德著：《法国战役》，斯图加特，1829年，第30卷，第133-137页。
② 歌德著：《法国战役》，斯图加特，1829年，第30卷，第152、210-212页，

么被剃光了眉毛？还有为什么威胁把他们撕成碎片？为什么不努力追击布伦斯维克？”他这样粗声粗气地尖锐责问。“哦，您就是人称马拉的那个人吧！”将军一边冷冷地回答，一边急忙转过身去。[①]“马拉！”穿吊带衣裙的金发美女吓得浑身发抖，礼服卷成一团。演员塔尔马的脸色（因为这是在她的家里）几乎和烛光一样变成蓝色，直到放浪的幽灵或身影遁迹于原始的黑暗中。

几天后，杜穆里埃将军再次出发，奔赴荷兰。他将在凛冽的严冬攻击荷兰。蒙特斯吉约将军已在东南部入侵撒丁王国，而且几乎一枪未放就夺取了迫不及待加入共和国的萨伏瓦省。而德·古斯迪纳将军在东北部夺取了斯拜尔斯及其军火库和门茨地区。这并非不请自来，而是受到德国民主党人的欢迎，但里面没有选民的影子。于是，在10月份的最后几天，等在大门口的海涅的女儿、民主派的福斯特夫人，在看到法国士兵玩球形的炮弹时，高兴地跳上弹药车，高喊：“共和国万岁！”一个黑胡子国民自卫军士兵回答：“没有你，共和国会更好！”[②]

---

① 《杜穆里埃回忆录》，第3卷，第115页。
② 《福斯特书信集》，莱比锡，1829年，第1卷，第88页。

第十五章

弑君者

第一节　协商会议

法国至此完成了两件事：将西米里侵略者赶出了国境，将国内社会组织撕成碎片使其变成废墟并解体。一切都发生了改变：从被推翻的国王到警察、各级政府、行政官员、法官、体制内的所有人，都尽可能尽快改变自己，否则，就会突然遭到暴力摒弃。由爱国者组成的、以丹东为核心的部长执行委员会。然后是整个国家和国民公会将处理这类事情。甚至那些说"以国王的名义"的最边远村庄忠心耿耿的教区警察都必须辞职，让位于那些说"以共和国的名义"的教区警察。

变化如此之大，以至于历史学家都必须请求读者不要看他们的描述，而是自己去想象。政治灵魂的变化导致了整个政治实体瞬间发生变化，世界上很少有政治实体或其他实体经历过这样的变化。也许，像塞墨勒*这样的可怜仙女，感到自己需要看到自己的奥林匹亚朱庇特是真正的朱庇特时，会任性地经历一下。可怜的仙女塞墨勒此刻站在那里，但下一刻就不再是塞墨勒，而是火焰和炽热的灰烬支撑的雕像！法国正直面民主，西米里侵略者将以哀兵姿态和多少有点运气的成分集结起来。废墟与解体将尽可能重塑社会组织。而如果打理一切的国民公会，如议员潘恩和整个法国希望的那样，再过几个月就寿终正寝的话，我们将称之为最迅捷的公会。

事实上，看到善变的法国人突然从“国王万岁”换成“共和国万岁”，每天欢蹦乱跳地去撼动（可以这么说）和践踏古老的社会服饰、思维方式、生存规则，满怀希望，高唱着自由、平等和博爱，兴高采烈地跳着舞走向无规则、无知，令人感到十分诧异。距离整个法国同时向苍穹发出怒吼，在长矛节的喧嚣和烟雾中高喊“法国自由的恢复者万岁”有两个世纪，还是两年？“短短三年前还有凡尔赛和圆窗大厅，现在只有被市政府官员严密看守的坦普尔监狱，作为奄奄一息的王室一家最后的归宿。在1789年，制宪议会议员巴莱尔看到和解的国王路易时，在他的《黎明报》上痛哭流涕。而如今到了1792年，国民公会的议员巴莱尔不仅一滴眼泪没掉，反而考虑是否应该把和解的国王路易送上断头台。

古老的社会服饰（可以说）被迅速脱掉，原因是其本身破烂不堪而被国家之舞踩在脚下。而新的服饰、新的生活方式和规则在哪里？自由、平等、博爱不是服饰，而是想拥有服饰的欲望！形象地说，此时国家完全一丝不挂！既没有规则，也没有服饰，只是一个赤裸裸的无套裤汉国家。

到此，我们的爱国者布里索、噶代以这样的方式取得了重大胜利。艾泽基尔·维尔尼奥在春天关于王权和王冠的假设与预言，在秋天一下子都实现了。

* 希腊神话中众神之神爱上的美丽迷人的凡人。

我们在立法议会的雄辩爱国者像法术强悍的魔术师一样，用他们的语言，如秋风扫落叶般涤荡了君主主义旧的习惯和公式，现在治理的是一个不受习俗约束的法国。没有习俗！然而，人必须依靠习俗、习惯、生活方式才能延续下来！没有什么文章比这更真实，这种真实性将从茶桌或裁缝的工作台一直到参议院的辩论大厅或庄严的教堂贯彻始终，通过心灵和想象力的康庄大道一直延伸到口齿伶俐的人类的最后界限。有人的地方就有生活方式！这是人性最深刻的法则。根据这个法则，人即是工匠和“使用工具的动物”，不是本能、偶然和原始大自然的奴隶，反而在一定程度上是其主人。要管制两千五百万突然赤裸裸、以那种方式抛弃并践踏自己生活方式的人是一件可怕的事情！

立法议会里口若悬河的爱国者正需要解决这个问题，拥有各种名字和昵称的政治家、温和派、布里索派、罗兰派，最后是吉伦特派都将著称于世，因为两千五百万人也是沸腾的高卢人，他们心中充满黄金时代难以磨灭和普世博爱的希望，以及西米里欧洲反对我们的联盟所带来的恐惧。这样的问题并不多见。诚然，根据哲学家的定义，人们会问，如果人瞻前顾后的话，多数情况下会发生什么？而在这种特殊情况下，这七百四十九人会怎么样呢？如果国民公会瞻前顾后，就会瘫痪；如果有自知之明，就不会瘫痪。

国民公会对自己的本职工作和工作方法并未迟疑不决：制订宪法，捍卫直至确立共和国。正因如此才迅速成立了一个“宪法委员会”。前制宪议会议员、专职的宪法缔造者西哀耶斯，适时应务的孔多塞，红脸膛、黑眸子炯炯有神的外国恩人议员潘恩，法国最帅的男人之一、前议员埃洛·德·塞舍尔：这些人与其他不像他们那样知名的同僚一起，再次投入到制定宪法的工作中。希望这个宪法能比上一个更为持久。没有人怀疑这一点，否则让·雅克·卢梭的福音书岂不是白白来到世上吗？的确，自从我们上一部宪法轰然崩塌之后，发生了什么？只需拾起并利用残存的碎片和材料，盖一座更好的大厦。如有必要，先夯实基础，再扩大到普选。然后，扔掉君主主义之类的腐朽材料。无论如何，杰出的西哀耶斯和你的同僚们，加油，坚持就是胜利！即使危险的脚手架和砖石在你身边轰然坍塌，也不会使你气馁，只能使你越战越勇。重起炉灶，修复损失。即使断臂伤骨，也要用完整的心灵，以上天的名义添砖加瓦，直到大厦昂然耸立，或者被人类所抛弃，让宪法的缔造者在讥笑和泪水中黯然而退！《社会契约论》在永恒的进程中又一次经受考验。而宪法委员会也将带着信念和希望殚精竭虑。看到这里的读者恐怕对此不会有任何反对意见。

于是，为了制定宪法，然后，过几个月快乐地回家：这是我们的国民公会为自己做的预言。通过这个科学计划来推动其运行，能达到最佳效果。但在这种情况下，从最好的科学计划到完整的执行过程之间，存在超乎想象的距离！正如我们常说的，人与人的每次相聚不就是难以估量的影响的集合吗？这种集合的每个单位都是影响的缩影，科学将对此进行怎样的估计和预言呢？用微积分和变量都无法计算三个引力体的科学，在这里应该屏息静气，只说：在这个国民公会，有七百四十九个奇怪的物体正在进行引力运动和其他事情，也许会以惊人的方式完成上天赋予的使命。

至于那些冷静有余、热情不足、早就设立的国民会议、议会、代表大会，我们可以做一个评价和推测。然而，在他们的运作中有一种神秘的东西在滋长，而这正是报刊专栏作者的题材。他们有时甚至会疯狂地脱离常规。陷入法国狂热旋涡中的国民公会在缺乏规则、脱离常规、布满荆棘的道路上急速前行，每个成员都洋溢着可怕的澎湃激情！这是一个在世界其他地方从未有过的议会。这是新生事物，尽管组织混乱，但是陷入最疯狂的无序状态的法国的心脏和大脑。遍及法国所有城市、乡村、最边远地区的心潮激荡的两千五百万个灵魂，激发出的影响力以排山倒海之势，冲进这个心脏、骑术院大厅，然后再以同样的力量冲出来：这样疯狂的静脉、动脉循环就是那个心脏的功能所在。可以说，在地球上从未有过七百四十九个人类个体，以比这更不寻常方式坐在一起。他们中的大多数都是普通或近乎普通的人，只是由于担任职务的关系而变得引人注目。在这人类激情旋风的野蛮咆哮中，在笼罩着死亡、胜利、恐怖、勇气，所有高山和深渊激荡的回声中，依靠自我指引的这些人如何说话和行动呢？

读者很清楚，这个（与自身计划不符的）法国国民公会为人类带来的是惊讶和恐惧，这是一个世界末日公会，一个变成现实的惨淡梦想，历史对此的描述只是用感叹词一带而过：如何让法国笼罩在贫困、妄想和谵妄中；如何让惨白的马去拥抱死亡。憎恨这个可怜的国民公会很容易，赞美和热爱它也并非不可能。正如我们所说，这是一个处于最独特状况下的议会。对我们来说，从这些字里行间，我们看到了黑暗和可怕的秘密，在这里上界与下界相遇，暗黑和炫目的光影交替闪过，头晕目眩的可怜凡人并不知道何为上界，何为下界，只是在这种情况下莫名地感到愤怒和心烦意乱。这个公会将以自杀与自身的世界自行毁灭，化为灰烬！我们不应在无底的黑暗深渊的探索中迷失自己，而应以冷静的目光对其进行审视，观察其如何在深陷的重要阶段和事件中挣扎。

我们赞许地注意到一个普遍的表面现象：礼貌的力量。文明的意识如此之深地进入了人的生命，即使德鲁埃和勒让德也无法通过最疯狂的战斗而摆脱。外界很少得知参议院里唇枪舌剑的辩论内容，否则他们会吃惊不小。伟大的君主本人不也曾经挥舞着一对火钳在后面追逐鲁瓦吗？但阅读了公会冗长的辩论内容之后，人们会气得发狂，甚至会将生死置之度外去拼命，因为人们会再一次沮丧地看到，他们在演讲中依然高高在上到什么程度。但另一方面，无论多么野蛮和狂热，总还是有一种礼貌规则在掌控着辩论，社会生活的形式从未完全消失。虽然这些人紧握右拳相互威胁，但并未互拽领子。除非为了演讲的目的，否则他们从未亮过匕首，而这往往也并不常见。虽然报告口不择言，但绝无亵渎神灵，我们总共只发现马拉有一两句骂人话。

剩下就是人声鼎沸，而且有过之而无不及。今天以掌声通过的法令明天会以嘘声废除，议会总是火药味十足，阵营变幻莫测，行事轻率。“演讲者的声音被喧哗声所覆盖，一百多名令人尊敬的议员边咒骂，边朝大厅左侧冲去，议长连续打破了三只钟，使劲拍打帽子，这个信号标志着这个国家已被毁掉。古老高卢激烈、沸腾的议会！啊，这些抑扬顿挫的生命（生命不就是一场辩论吗？）和辩论怎么会一个接一个地陷入沉默，现在如此响亮，一小会儿就如此低落呢？布莱努斯和古代那些高卢人的队长，在满怀入侵的怒火进军罗马、迦拉西亚等地的路上，就进行过火爆的辩论。虽然没有任何一份《箴言报》报道过，但不要对此有什么怀疑。这些布莱努斯人用古老的凯尔特语争吵。他们不是无套裤汉，相反，他们的套裤、毡质或皮质长裤是他们仅有的衣服。根据莱维的研究，他们直到腰部都是裸露的。看，现在依然是同样的营生和同样的人，只不过他们现在穿上了衣服，说起了鼻音浓重的蹩脚拉丁语而已！总而言之，时间现在不就像对布莱努斯人和庄严的参议院那样，用皮质长裤把这个国民公会也包裹得严丝合缝吗？当然是时间，但也是永恒。时间暗淡的黎明或即将变成黄昏的中午，然后是夜晚和沉寂，时间与正在逝去的所有喧哗，都被平静的大海所吞没。哦，亚当之子，怜悯你的兄弟吧！出自泡沫四溅之口的愤怒术语，不也是无法说清哪儿疼的婴儿的啼哭吗？他显然内心痛苦，所以必须不断地吵闹、啼哭，直到母亲抱起他，摇起他，让他睡觉！

这个公会刚成立四天，震撼王室的墨利玻亚*悠扬的抒情诗还余音未了，就响起了新的音调，不幸的是，这一次是不和谐之音，因为这次谈论的是难以启齿的事情：九月大屠杀。如何处理巴黎市镇掌控大局时发生的九月大屠杀？在怒火难平的巴黎市镇面前，可怜无力的立法议会只好忍气吞声。现在，即使刚成立的全能公会不愿忍气吞声，又能怎样呢？吉伦特派和秩序之友的回答是：组建一支有薪省属自卫军！一支从事特别使命、听命于所有八十三或八十五个省的来自义勇军的国民自卫军，他们将负责使九月大屠杀参加者、骚动的市镇维持奉命惟谨的状态，使公会得以从容发号施令。坐镇委员会的秩序之友在报告里如是回答，甚至为此通过了一项法令。而且，有些省份，如瓦尔或

* 希腊神话中玛格涅西亚国王的妻子。

马赛，在法令的保障和期待下，已经派出了义勇军特遣队。勇敢的马赛人都赶早不赶晚，在8月10日，“父亲就给儿子一把火枪和二十五个路易，”巴尔巴鲁说，“并吩咐他们上路了。”

有什么更为合法的做法吗？如果以司法为基础建立的共和国必须对九月大屠杀进行调查，那么自称国民的公会难道不应该有国家的力量来保卫吗？唉，读者朋友，乍一看似乎不无道理，但有很多事需要讨论和辩论。在这里你看到的是一场小争议的开端，纯粹的逻辑无法解决。两个小小的水源，九月大屠杀、省国民自卫军，或归根结底可以合二为一，变成苦涩的水源，膨胀、溢出。无数支流和苦涩的涓涓细流从各处汇入其中，直到成为苦涩、愤怒和争议的宽阔大河，不进坟墓是不会消失的。由压倒性多数赞同的省国民自卫军法令，由于和平的缘故后被废除，但为了不惹恼巴黎，又再次表决通过。这个法令甚至部分得到执行，这部分国民自卫军还在巴黎街头进行了游行，并在酒精的作用下高喊：“打倒马拉！”[①]然而，尽管颁布和废除法令从来没有现在这么频繁，并在七个月里只继续作为一个愤怒而嘈杂的假设存在，但奋力实现现实公平的可能性，永远不止一个。在无尽无休的挣扎之后，它于第二年2月份与许多其他议题一起黯然沉寂。这些人和令人尊敬的议员的行事作风的确令人称奇。

然而，在公会成立的第四天，即1792年9月25日，出现了一份关于省国民自卫军法令的委员会报告和呼吁废除它的演讲，还有对无政府主义和专制独裁的谴责之声，对此我们可以让不可腐蚀的罗伯斯庇尔去思考。还出现了对过去的《人民之友》、现在的《共和国日报》的谴责，还可以看到亦步亦趋、站在讲坛上准备演讲的幽灵本人、人民之友马拉！叫喊吧，七百四十九名议员，这是马拉真人，不是别人。马拉不是大脑的幻影，不是只存在于纸上的印刷术的发明，而是由关节和肌腱、矮小身材组成的真材实料。看，他穿着油腻肮脏的

① 《议会史》，第20卷，第184页。

黑衣服，活像披着人形的混沌与古老暗夜的活化石，正要求演讲。“看来，”马拉在议会的喊叫声中说，“这里有许多人是我的敌人。”“所有人！所有人！”数百人一起发出尖叫，足以淹没人民之友的声音。但马拉不会被淹没，他侃侃而谈，鞭辟入里，理智、诚恳的态度让同情和懊悔逐渐平息了愤怒，嘘声也平息下来，甚至转变为掌声。因为不幸的是，这个公会是最机动的机器，此时，它正以不可阻挡之势向东移动。只不过巧妙地碰几下弹簧，整个机器就会轰然而动，发出地动山摇般的巨大撞击声，接下来转向西面！于是，马拉得到宽恕和掌声，取得第一回合的胜利。在接下来的辩论中，他又受到一些敏捷的吉伦特派的攻击。于是，嘘声再起，控告法令通过在即。但脸色阴沉的人民之友重振旗鼓，再次以更有说服力的冷静侃侃而谈，使控告法令搁浅。此时，他掏出一把手枪，对准自己蕴含了无数思想和预言的脑门说：“如果通过控告法令，他，人民之友，就崩了自己的脑袋。”人民之友真能说到做到。此外，马拉还不客气地对这二十六万名贵族说：“这是我的观点。”运用超群的心灵独创性，“地球上没有任何力量可以阻止我看穿内奸并揭穿他们。”[①]地球上很少有议会有像这位人民之友一样尊贵的议员。

然而，我们观察到，秩序之友的首次攻击尽管迅猛，依然被挫败，因为，尽管罗伯斯庇尔由于谈论独裁并被奉为独裁者而备受指责，但既不能把他投入监狱，也不能对他提起控告，尽管巴尔巴鲁公开作证指控他，并在控诉书上签了名。不可腐蚀的人用一种神圣的温和神情向对手扬起海绿色的脸，提高细弱的嗓音，以必胜的信念进行辩护，他狡黠灵活、信心满满地问：“谁是支持巴尔巴鲁公民控告的证人？“是我！”暴躁的里贝基站了起来，他用双手拍着自己的胸脯回答：“是我！”[②]不过，海绿脸再次进行了辩护，这一次表现得同样成功。个人间的争吵最后在当天议事日程中结束，而那么多关于公共利益的相关

① 《箴言报》第271、280、294期；《第一年，摩尔日记》，第2卷，第21、157页等。
② 《箴言报》，9月25日的会议。

事项却无人触及。哦，吉伦特派的朋友们，你们为什么把庄严的会议用于个人间的攻讦，而让偌大的国家处于这种境地？这一天，吉伦特派触及了公平的公会领域中肮脏的污点，将其踩在脚下，痕迹还没有擦去。唉，正如我们所说，这个污点是水源，不会被践踏！

第二节　执行委员会

那么，我们难道不能也推测一下，在宪法制定这个伟大事业中，是否也会出现稀奇古怪的障碍、问题和错综复杂的利益纠葛，即使数月之后，国民公会依旧一事无成？唉，汹涌如潮的问题滚滚而来，越滚越大，势如破竹，不可阻挡！其中，除了九月大屠杀和无政府状态之外，我们注意到有三个最为突出的问题：军队、物资供应和被废黜的国王。

关于军队，国家防务显然要确保采取适当的措施，因为欧洲似乎再次联合起来。人们担心英国也将加入联盟。好在杜穆里埃在北部大获全胜。如果他过于功成名就而成为自由的扼杀者怎么办？杜穆里埃即使在冬季仍然一战成名，但并非没有人说三道四。性情平和、在小巷子里节俭生活的瑞士学校校长帕什，出乎邻居的意料，当上了战争部长！读者们认为如何呢？被他的君子风度所打动的罗兰夫人，曾推荐他担任她丈夫的秘书。这位性情平和的秘书具有真正爱国者的情怀，并不要求工资。他上班时会在口袋里装一点面包，以便节省晚餐的费用和时间。他准时、沉默、不讲究吃喝，每天一个人干三个人的工作，偶尔嚼上几口面包而已，他是真正圆滑的答尔丢夫！*正因为如此，罗兰才在最后关头建议他担任战争部长。现在，他似乎受张狂的雅各宾派和九月大屠杀参与者的支配，暗中与罗兰对着干，不能像严肃的罗兰那样阻止暴徒。①

没人知道性情平和的帕什是如何捣乱和破坏的。然而，人们知道他的战争

*　莫里哀名著《伪君子》的主人公。

①　《罗兰夫人回忆录》，第2卷，第237页。

部办公室里充斥小偷，秩序混乱，以致目睹此情此景的人莫不胆战心惊。首席书记官是贪婪粗暴、戴着红帽的公民哈森弗拉茨，对数学和计算一窍不通，却是戴红帽的人中最蛮横无理之辈。帕什这边在首席书记官和下属职员中津津有味地嚼着口袋里的面包，那边却大手大脚地花光所有的战争经费：家具商人在法国各地招徕生意，忙得不亦乐乎，军队却连栖身的家具都不齐全。即使在冬天，士兵都没有鞋和衣服可穿，有些甚至没有武器。“南方的军队，”一位受人尊敬的议员抱怨，“需要三万条套裤。”说出来令人难以启齿。

看到形势如此每况愈下，罗兰一颗正直的心在流血，但是他又能怎么样呢？只能让自己的省保持秩序井然，尽可能掌控大局，顶多抱怨一下而已。他可以一封接一封地上书给国民公会、法国、后代、全世界，变得越来越愤怒，满腹牢骚，但最后他不也会疲惫不堪吗？因为这终究是一张白纸，而不是一篇可以连续不断写下去的文章。在法律废弛、无法无天大行其道、大炮就是法律的叛乱时代，还有什么令人吃惊的吗？针对无赖，他不屈不挠地行使否决权，是一个抱诚守真、令人敬佩、做事严谨的人。既然这是你的本性，那就坚持下去，继续努力，也许现在不会成功，但有朝一日一定会有所收获！法国女人中最大无畏的罗兰夫人开始心存疑虑：在罗兰的共和派的餐桌上，丹东的身影代表了太多萨丹纳帕勒斯的特点。人类的代言人克卢茨，忧伤地讴歌并号召共和大同，或所有人民和种族团结在同一个博爱纽带中，但如何彼此捆绑在一起，却没人有幸看到。

无论有没有人解释，谷物变得越来越稀少是不争的事实。尽管动荡的议会要求对谷物限价，但谷物骚乱在各地依然有增无减。巴黎市长和其他可怜的市长们对此束手无策。佩蒂翁再次当选巴黎市长，但他拒绝赴任，现在担任国民公会的立法议员。拒绝赴任是明智的决定，因为除了谷物和其他问题之外，此时还面临随时发生叛乱的市镇变成合法选举的市镇，并在激烈的讨价还价中解决账目的问题。佩蒂翁虽然拒绝，然而许多人却跃跃欲试，窥觎非望。经过几个月的审查、投票和辩论，尚蓬医生最后得到了这个荣誉职位。但正如我们看到的那样，他在这个位置上还没有坐多久就被赶走了。[①]

再想想，无套裤汉在饥荒时代是否无忧无虑就够了！人民之友认为，面包应该“每磅六个苏，每天的工资大约十五个苏”，但这可是严冬，穷人是怎么生活的呢？为什么饿死的人那么少？堪称奇迹！幸运的是，那时候可以参军被奥地利人杀死，或者以更不寻常的满意方式：为人权而死。但是，在市场面粉短缺，及倡导平等和自由状态下，指挥官桑泰尔在报纸上提出两种补救办法，或至少是权宜之计。第一，各阶层公民每周两天只吃马铃薯。第二，有狗的吊死自己的狗。根据自己的计算，指挥官深信通过这种的办法，可以节省好几麻袋粮食，加在一起会非常可观。人类大脑的任何发明再怎么愚蠢，都比不上指挥官桑泰尔这种妙趣横生的发明。这种愚蠢的发明即使加入了健康、勇气和善意的元素也不会受到赞扬。“我的全部力量，”他有一次告诉国民公会，“是日夜为我的同胞服务。如果他们发现我没有价值，他们会辞退我，我就回家酿啤酒去。”[②]

或者设想一下，对于单一的谷物问题，可怜的内政部长罗兰应该有什么应对之策呢？一方面，只能让粮食自由贸易，不可能对粮食限价。另一方面，民怨沸腾，有限价的必要性：内政部从政治经济学角度，通过比《圣经》还明了的配图尽力做了宣讲，但饥肠辘辘的民众要求的是其他东西。害怕自己被人吃掉的沙特尔市长高声求助于国民公会。后者派出了资深议员组成的代表团，企图通过神奇的精神方法喂饱民众，但未能如愿。无论怎么使出浑身解数进行说服，民众始终要求对粮食限价并合理定价，要不就把体面的议员们当场吊死！体面的议员诚惶诚恐地带回消息，在可怕的死亡边缘，他们不得不限价或假装限价。我们也注意到，国民公会——一个不想成为笑柄的国民公会，正在考虑

① 《名人辞典：尚蓬》。
② 《议会史》，第20卷，第431–440页。

针对他们进行谴责。[1]

但是，这些谷物暴动难道不是保王党秘密煽动的结果吗？沙特尔事件中也有一些教士参与，至少有爱国者亲眼所见。或者，事实上，所有这些罪行不都有可能来自坦普尔监狱里我们严密看守的背信弃义国王的意愿吗？[2]背信弃义、可怜的国王！然而，面包店门前的长队却变得比以往更加鼓噪。每个面包店的门上都拴上了铁环和绳圈，四面都进行了加固。在我们站成排时，是狡猾的无赖剪断了绳子，队列才开始变得一片混乱，这才用铁链取代了绳子。[3]虽然对粮食价格做了限制，但以这个价格不可能买到粮食，而只能凭市政府的食品券，在铁链和紧锁的大门前排着长队，根据人头每天买到几盎司面包。在饥饿悄然而至时，决堤般超越自然认知的愤怒和怀疑必然如影随形。当人们看到这些幽灵般的"愤怒之神"穿越火焰之海的光芒和暗影呼啸而至时，特洛伊城即刻轰然倒塌！

第三节　废黜国王

在立法者面临的所有问题中，最紧迫的莫过于第三个：拿国王路易怎么办？

国王路易现在只是自己家人的国王和陛下，而对其他法国人来说，他只是路易·卡佩和有否决权的叛徒。他被幽禁在坦普尔监狱的深处，听得见、看得到世事的动荡、九月大屠杀哀号、在灾难和溃败中销声匿迹的布伦斯维克的战争喧嚣。他只是等待时来运转的被动的看客。周边好奇的邻居可以从窗户不无同情地看到，他每天在固定的时间与王后及其妹妹和两个孩子到监狱的花园散

① 《议会史》，第20卷，第431-440页。
② 《议会史》，第20卷，第431-440页，第409页。
③ 莫尔西埃著：《新巴黎》。

步，这就是在这个星球上属于他的一切。[1]他静静地走路，等待，不再有什么事情让他怦然心动，只是保持一颗虔诚的心就够了。他优柔寡断、身心疲惫，当然，他现在也无须做出什么决断。一日三餐、儿子的课程、每天在花园散步、每日牌桌上的游戏，排得满满的。而明天自有安排。

的确如此，但明天会怎样呢？路易自问，明天会怎么样呢？法国也在自问，处置一个被暴动废黜的国王确实不易。囚禁他，他将成为心怀不满者没完没了的阴谋、尝试和希望的秘密中心。流放他，他将成为他们公开的中心人物，他的王室战旗将以神圣的名义展开，将世界无数人招致麾下。处死他，同样是危险和残酷的极端手段，但是这些极端情况下的首选，因为暴动民众自己也性命难保。因此，可以说，从王座的最后一个阶梯到绞刑架的第一个台阶只有一步之遥。

但是，总的来说，在四十四年之后，与当时笼罩在动荡、混乱中的法国相比，在海外的我们注意到，路易的事情看起来与以往完全不同，因为，说过去总是那么美丽哀伤、几乎是“记忆月光下神圣的爱丽舍”是彻头彻尾的谎言，不过似乎、只是似乎如此。因为，你可以观察到，一个最重要的元素是悄然（我们没有注意到）摆脱过去：这是对恐惧难以驾驭的元素！那时的恐惧、不确定性和焦虑，现在都在这里，困扰和追踪我们，像正在奔跑的被诅咒的不和谐音符，穿过我们生命的音乐之声，使时间成为实实在在的现实。这正好是路易的现状。为什么要痛打落水狗呢？生命无虞的高尚之人会这样问。过去高高在上的人如今落得如此悲惨的下场，而他既不是罪犯，也不是叛徒，远非如此，而是蛮横无理的人类中最不幸的牺牲品。如果抽象的正义必须为他发声的话，可能会变成具体的同情，只发出呜咽，但不予理睬！

怀旧而高尚之人是这样下结论的，不过，心存胆怯的人只能往前看。不可想象吗？读者朋友，因为你从未在几个月的时间里都在普鲁士绞刑架沉闷的

① 穆尔著：《法国生活日记》，第1卷，第123页；第2卷，第224页等。

绳索下生活过，从未参加过两千五百万人举国同跳的撒哈拉沙漠华尔兹，从未像疯子一样跑去与布伦斯维克战斗！流浪的骑士在征服巨人时，通常会杀死巨人，用武之地只留给了解格斗礼仪和法则的其他流浪骑士。动荡、绝望、困兽犹斗的法兰西国家已经击败最恐怖的巨人歌利亚*，这是经过十个世纪才长大的巨人。虽然这个巨人身躯庞大、遮空蔽日，尽管被打倒在地，被绳子绑在木桩上，无法重新站起来再吃人，很难想象取得的部分胜利不是梦想。恐怖自有其怀疑论的内涵，神奇的胜利起因于愤怒的复仇。那么，既然吃人的巨人已倒下，如果他能重新站起来，就是一个无辜的巨人吗？现在成了"宪法主教格里瓜尔"的本堂神甫格里瓜尔曾热血沸腾地断言，国王本质上就是匪首，王宫就是犯罪分子的窝点。①最后，考虑一下查理一世的判决书吧。现在，印刷好的查理一世审判书可以很容易地买到。②这种表演令人刮目相看！英国人正是为此而审判了他们的暴君，并首次成为自由的人民。法国在命运的眷顾下能不能仿效这个壮举呢？怀疑论的恐怖内涵、神奇胜利的愤怒、献给全世界的崇高表演：这一切都是为了走向唯一致命的道路。

诸如此类的问题和无数其他的特别问题纠缠不清：九月大屠杀的无政府主义者和各省义勇军、谷物暴动、内政部长的满腹牢骚、哈森弗拉茨的破烂军队、亟待决断的路易的命运等问题，都让只愿意制定宪法的国民公会头疼不已。因此，正如在这种情况下我们经常注意到的那样，所有这些问题不断滋长，在每个法国人头脑中滋长。我们还可以看到，这些问题以一种奇怪的方式，在国民公会关于公共事务的强大而叹为观止的议会辩论中滋长。一个问题刚出现时并不起眼，因而被搁置、撤销，再次出现时就会比以前更加重大。但总是重新出现比以前更大。这是这类事情常有的一种奇怪、难以形容的滋长。

然而，我们以其出现的频率和滋长快速的特性判断，国王路易问题的严重

* 《圣经》中传说的巨人。
① 《箴言报》，共和1年（1792年）9月21日会议。
② 穆尔著：《法国生活日记》，第2卷，第165页。

性高于其他问题。因而，其意义也比其他问题更为深刻。正如吞噬所有其他蛇的亚伦权杖一样，首要问题同样可以吸收掉所有其他的重要性和利益。可以说，一切都将从中和从其决定中孕育或重生、成形、成长并接受相应的命运。这是命运的安排，在国民公会这怪异、野蛮、混乱滋生的乱局面临的所有问题中，在所有争议、措施和议题中，首要的、最重大的、最有争议的、演变成让全世界为之惊叹的，可能就是如何处置国王路易的问题。

第四节　失败者必须付出代价

1792 年 11 月 6 日，是共和国的一个伟大日子：外部在边界，内部在骑术院大厅。

在外部，这天杜穆里埃入侵荷兰，与萨克森－特森人和奥地利人交火。杜穆里埃和他们都向蒙斯附近的耶马普村方向飞驰。大大小小的火炮齐鸣，冰雹一样的炮火从各个方向飞来，许多绿色高地被染成火红的流苏和鬃毛的颜色。杜穆里埃的防线一会儿在这边被突破，一会儿在那边被突破，整个防线眼看就要完全崩溃时，他自己冲了上来。敏捷的波利梅提斯只说了一两句话，然后，用高亢的嗓音“唱起了《马赛曲》”[①]。一万个或高或低的嗓音加入，或者说总共有四万人加入，因为每个心脏都在为这首歌跳动，每个人都根据这首歌的节奏和旋律行军，情绪变得从未有过的激昂，加倍或三倍的激昂。他们集结起来，向前推进，猛扑过去，藐视死亡，消灭敌人，缴获大炮和一切可以携带的东西，如风卷残云般横扫奥地利人占据的所有地方。可以形象地说，是鲁日·德·李尔借杜穆里埃的手，像另一个俄耳甫斯般通过马赛曲的动人琴弦，奇迹般地赢得胜利并征服了荷兰。

青年将军平等在视死如归的勇士中似乎表现出了非凡的勇气。他无疑是

① 《杜穆里埃回忆录》，第3卷，第174页。

个勇敢的平等。然而杜穆里埃对他的评价却寥寥数语，一带而过。母亲社团有自己的想法。至于长辈的平等目前还非常低调，每天只在国民公会露面半小时，红润的面孔表现出忧心忡忡或无动于衷，几乎是轻蔑的表情之后扬长而去。[①]荷兰被征服、至少被入侵之后，雅各宾传教士普罗利斯和佩雷拉跟随大队人马，与国民公会的专员一道融化了教堂的银器，进行了革命和重组，其中丹东短时间就处理了大量公务，据说他同时也没忽略自己的工资和盈利的生意。哈森弗拉茨在国内奢侈浪费，杜穆里埃尽管满腹牢骚，但他们在国外同样铺张，墙里是堕落，墙外一样是堕落。

但是，在国民公会的大厅里，在取得耶马普胜利的同一时刻，另一件事在同时进行：为此而特别成立的委员会正在对路易的犯罪行为做冗长的报告。旁听席正屏息静气地听。仔细听好，旁听席！此刻的报告人、议员瓦拉泽记者认为路易有罪，如果可以的话，应该受到审判。可怜的吉伦特派的瓦拉泽并不知道有一天自己也会受审！到目前为止还算顺利。委员会的第二个报告人是议员马耶。他的发言有法律依据，现在听起来晦涩难懂，但当时听起来令人耳目一新。他认为，根据国家法律，路易·卡佩只是从字眼上被视为神圣不可侵犯，但归根结底完全可以剥夺这种特权，接受审判，甚至应该尝试。作为一种愤怒和混乱的可能性反复出现和消失的这个路易的问题，现在以一种具体的形式重新出现。

这些声音在愤怒的爱国者中引发一片欢腾。所谓的实行平等不只是说说而已，而是看得见的事实！审判路易·卡佩！爱国者以一副不屑的神情高喊：偷钱包的罪犯都被判处上断头台，而这罪大恶极的首犯——用克洛索剪刀和内战把法国撕成碎片，让无数受害者（仅8月10日就有一千二百人）躺在地下墓穴，使阿尔戈纳、瓦尔米和遥远大地的峡谷变得肥沃，却可以逍遥法外吗？哦，爱国者！俗话说：失败者必须付出代价！无论是谁欠下的债都必须偿

① 穆尔著：《法国生活日记》，第2卷，第148页。

还,无论多么大的负担和损失都必须承担。8 月 10 日的一千二百人不是反叛的叛徒,而是受害者和烈士:这是争吵的焦点所在。

无疑,爱国者正在密切关注审判问题,好在这个问题现在正以一种具体的形式再次出现,如果神允许的话,他们会看到审判日臻成熟。吉伦特派和虚伪的兄弟故意拖延,使得密切关注审判的爱国者每次遇到新的障碍就会变得更加忐忑不安,直到使不安变成一个思维定式:如果平等不是一句空话,他们唯一的要求就是审判。热爱平等、恐怖怀疑论、胜利的愤怒、给全世界的崇高形象:所有这一切都变得非常强大。

但实际上,对于所有人来说,审判问题难道不是充斥在立法者头脑中最严重的问题之一!弑君?令人尊敬的吉伦特派自问:杀死国王,使令人尊敬的国家和人物成为恐怖的象征?但另一方面,拯救国王,就失去了决心已定的爱国者这个立足点。而二心不定的爱国者,虽然令人尊敬,难道只是毫无立足点的假设泡沫?真是进退维谷,左右为难。除了母亲协会及其子系协会之外,没人能做出决定。他们心意已决,勇往直前;其他人则在困境中挣扎,裹足不前。

第五节　延伸的公式

但是,审判的问题是如何只经过几个星期的酝酿,就变得如此非同小可的呢?现在既然已经成为既成事实,那么在这里做任何讨论都是多余的。这个问题在浩如烟海的问题和困难中出现又消失。无赖由于对否决权不满而写了很多信,最后酿成无政府的状态。“秘密的保王党”在饥饿的帮助下煽动了谷物暴动。唉,就在一个星期前,这些吉伦特派还对九月大屠杀发动了一拨新的攻势!

因为,在 10 月末的一天,罗伯斯庇尔在讲坛上对过去某些独裁指控的最新暗示进行发言和辩护，他对自己感到越来越自信，一时意气用事，勇敢地高喊："这里有谁敢明目张胆指控我？""我！"有人回答。大厅顿时鸦雀无声，一个瘦削、愤怒、额头宽大、眉毛稀疏的矮个子快步跑向讲坛，从口袋里拿出几页纸："我，让·巴蒂斯特·卢维控告你，罗伯斯庇尔！"罗伯斯庇尔的脸从海绿色变成了牛脂绿色，退到了论坛的一角。丹东大喊："说话，罗伯斯庇尔！这里有无数好公民愿意听你讲话。"但他竟一时语塞。于是，卢维用带有穿透力的语气一桩桩地历数他的罪行，独裁的秉性、唯我独尊的名望、恐吓选民、拉帮结伙的暴徒行径、九月大屠杀等，以致整个国民公会再次群情激奋，几乎要当场指控不可腐蚀的人，他可从来都没经历过如此险境。卢维到死都在遗憾吉伦特派没有采取更大胆的态度，当时没有将他赶尽杀绝。

然而，当时的情况并非如此。尽管不可腐蚀的人突然遭到指控，但不能拒绝给他一个星期的喘息时间。在这一个星期的时间里他并没闲着，母亲协会也没有袖手旁观，对自己选择的儿子胆战心惊。他在当天就准备好了书面自辩书，像耶稣会神学家般巧言令色地说服了一些人。现在，为什么懒惰、大嗓门的维尔尼奥没有拍案而起呢？可怜的卢维猝不及防，不知如何是好。巴莱尔建议把这些卑鄙小人的发言从当天的议事日程中取消！于是，宣布了当天的议事日程。尽管巴尔巴鲁冲向讲坛，要求作为请愿人发言，但他的话被淹没在沸沸扬扬的喧哗声中。[①]为公共事业殚精竭虑的国民公会（忙于刚刚上演的审判大戏），严正驳斥了相关的卑鄙小人。沮丧的卢维不得不忍气吞声，抱恨终身。爱国者珍视的罗伯斯庇尔由于奋不顾身的冒险生涯更为他们所不舍。

这是我们的秩序之友吉伦特派的第二次伟大尝试，希望清除自己家地盘里的黑点。可我们看到的是，他们却使这个黑点比以前更黑、更大！无政府状态、九月大屠杀，在一般人的想象中令人发指，让二心不定、令人尊敬的爱国者

① 《卢维回忆录》，巴黎，1823年，第52页。《箴言报》1792年11月5日。穆尔著：《法国生活日记》，第2卷，第178页。

心生憎恶，这件事值得尽可能经常地拿出来说说。你们吉伦特派的爱国者们，谴责他们，把他们踩在脚下。但黑点并没有消失，正如我们所说的那样，不但没有消失，反而更黑、更大。真是笨蛋，这根本不是表面上的黑点，而是无底深渊！仔细看看，这个黑点是永恒深渊的顶端，下面的水似乎正穿过薄冰。是的，这只是黑暗区域中，规范和体面之上的一层薄膜，哦，吉伦特派！不要将其踩在脚下，免得薄膜破碎，后患无穷！

然而，不管我们的吉伦特派朋友有什么想法，法国的爱国者此时已经发出雄辩的声音，如果从未有过 8 月 10 日的民众狂热、愤怒和疯狂的深渊该有多好？法国爱国者是能说会道的怀旧者，他们对普鲁士人的绞刑架仍然耿耿于怀。如果不出几个月这个无底的地狱深渊被填满的话，爱国者还会安然无恙吗？正如报纸读者声称还记得的那样，九月大屠杀的这种仇恨本身，部分是一种不可告人的想法的结果：他们可以引用发生九月大屠杀时，戈尔萨和各个布里索派人物说过的赞同的话，这些人曾称之为必要的报复！[①]以至于他们真正的悲伤竟然不是暴行带来的恐怖，而是失去了权力。可怜的吉伦特派！

有鉴于此，雅各宾社团里激进的爱国者抨击有些人出于个人野心和敌意，诋毁自由、平等和博爱三大价值观，他们设置障碍伤害爱国主义精神；他们不是用肩膀全力推动车轮，而是不声不响地站在那里，恶狠狠地叫嚣他们处境悲惨，我们是粗暴的推手！雅各宾社团用愤怒、狂暴和尖厉的吼声对此进行了反驳，因为旁听席挤满了女公民，她们带着针线活在那里编织、缝补衣服，根据需要发出叫喊或闷头干活。她们是著名的女爱国编织者。基调由公爵夫人之母或类似的德博拉和郊区之母来定。这是改头换面的雅各宾社团，而且一直在改变。现在公爵夫人之母坐的地方都是过去真正的公爵夫人的座位。过去贵妇人都是珠光宝气，抹着口红闪亮登场，现在则没有穿金戴银，也扔掉了口红，带的是针线活。口红逐渐让位于洗过或没洗过的天然棕色。戴洛瓦涅小姐甚至丢脸

① 参见《议会史》，第17卷，第401页。戈尔萨克和其他人的报纸（摘自同上428页）。

地受到鞭打。奇怪的是，高高在上的米拉波、巴纳夫和贵族拉梅特，都曾在这同一个建在半空的讲坛发出过怒吼，随后他们逐渐被布里索派、噶代、维尔尼奥、戴红帽子的更激烈的爱国者取代。可以说，是灼热的红色取代了日光。现在该轮到你们的布里索了。布里索派、罗兰派、吉伦特派正变成编外人员，他们必须放弃职位，否则会被驱逐出去。强大的母亲之光燃烧的不是红色，而是蓝色的火焰！省级女儿协会高调反对这一切，强烈要求迅速恢复雄辩的吉伦特派的地位，迅速“将马拉除名”。以自然原因来预测，母亲协会似乎正在毁灭自己，然而，在危机中诞生的协会具有超自然的生命力，是不会轻易被毁灭的。

关于重大的审判问题，虽然特别委员会正在努力工作，却依然没有结果。但是，再过两个星期，这个问题将受到意想不到的刺激。我们的读者还记得可怜的路易曾全身心投入制锁的爱好，在那些幸福的日子里，曾有一位从凡尔赛来的噶曼先生来指导他如何制锁，并因为愚笨而经常责骂他。然而，当学徒的国王却也学到了一些技艺。不幸的学徒，背信弃义的师傅！因为，1792 年 11 月 20 日的今天，面色阴沉的噶曼师傅来到巴黎市政府罗兰部长的办公室声明，他，制锁匠噶曼了解一件事情。在 5 月份叛徒们通信最频繁时，他和学徒的国王制作了一个铁柜子。他们把柜子巧妙地嵌入到了杜伊勒里宫国王内宫的墙壁壁板下面，外面无法发现。柜子现在无疑仍在原地！背信弃义的噶曼在有关人员的陪同下找到没人能发现的壁板，撬开柜子，里面全是信件和文件！罗兰抄出所有文件，用毛巾包好，送到了附近的特别委员会。我们认为，文件包在毛巾里，没有通过公证清点，错在罗兰。

然而，这里有足够的信证明：背信弃义的宫廷的通信都是出于自保的目的。他们不仅与叛徒通信，而且与所谓的爱国者通信！自从瓦莱纳事件之后，叛徒巴纳夫就与王后通信，并提出友好建议的事终于大白于天下。自从去年 9 月以后，我们就把巴纳夫安全地关在格勒诺布尔的监狱实在是一件幸事，因为他一直以来都是可疑人物！叛国的塔列朗劣迹斑斑，即使不是显而易见，也是相差无几。米拉波也有叛国行为：他在国民公会大厅里的半身像已被用纱布盖住，直到确定事实再行处置。唉，此事确定无疑！设在雅各宾大厅、被罗伯斯庇尔在半空中的讲坛上谴责的半身像，还没有被蒙上面纱，而是在一片掌声和欢呼声中被一个爱国者爬上梯子，扔到地上，摔成了碎片。[①]这就是他们在这一天根据供需原则获得的报酬和工资！锁匠噶曼当时并未受到恰当的奖赏，而在大约十五个月后，他以谦卑的请愿形式说明，当时他刚做完那个重要的铁柜子，路易就给了他一大杯葡萄酒。那一大杯葡萄酒对噶曼先生的胃产生了最可怕的作用，要不是吃了催吐药倒空了肚子，他早就死了。但是，尽管如此，这杯酒完全毁了噶曼先生的身体，使他不再能养家糊口，这就是他回忆起的事实。他要求的补偿是“一千二百法郎的养老金”和“诚实的评语”。不同时期的开价和要求的比例是不同的。

审判问题就是在这些障碍和令人烦恼的拖延中缓慢前行。在忧心忡忡的爱国者的推动下，有时向前，有时后退。关于这个议题的辩论、艰难采取的各种形式的程序、为了证明合法性所使用的法律依据，以及为此而不惜采用的浩如烟海的法律辞藻和聪明才智，在这段历史上已找不到只言片语。律师的聪明才智当然不错，但在这里有什么用呢？如果真理必须娓娓道来，那么，庄严的参议员们！在这种情况下唯一的法律就是：失败者必须付出代价！罗伯斯庇尔只是在演讲中暗示法律无用论、只有这里而不是其他地方我们的权利就是力量时，才会讲出具有智慧的话语。这样的演讲受到雅各宾爱国者狂热的欢迎。谁会说，罗比斯庇尔是没有洞察力、逻辑混乱的人呢？一头黑发、语调柔和、年轻的圣茹斯特也深以为然，甚至说得更为直白。这项工作刚开始时，丹东正在荷兰公干。其余的人，正如我们下面就要读到的，都浸淫在国家法律、社会契约、法律原则、三段论中不能自拔。对我们来说，像劲吹的东风一样没有价值。事实上，这七百四十九名聪明人为了完成这项任务，花费了长达数星期的时

① 雅各宾派辩论日报，见《议会史》，第22卷，第296页。

间，殚精竭虑地扩展老旧的符号和法律辞藻，以便完善新的、自相矛盾的、漏洞百出的文件，还有什么事情比这更没有价值吗？因此，可怜的符号只是与人的诚实一起裂了一个口子！明显发热、燃烧的东西，你却要用三段论来证明是冰盐混合剂？特别是在日新月异的时代，将符号延伸直到破裂是人类需要完成的最悲惨的任务之一。

第六节　被告席

同时，在五个星期的时间里，我们有了另一种前所未有的、更加实用的审判。

12 月 11 日星期二，对国王的审判明确无误地发布了：行驶在巴黎街道上的市长尚蓬的绿色马车里，坐着国王本人和仆人，他们正在前往国民公会大厅的路上！陪同市长尚蓬这辆绿色马车的有检察官肖梅特，外面护卫的是指挥官桑泰尔，还带着大炮、骑兵和双排步兵。所有选区都荷枪实弹在所有街道上巡逻。他就是这样在雾气蒙蒙的阴郁天气里，坐在车里缓慢地在街上行驶。大约两点钟，我们看到国王穿着浅褐色的礼服在旺多姆广场下车，前往骑术院大厅受审。神秘的坦普尔监狱将秘密大白于天下，现在，人们可以亲眼目睹这个穿着浅褐色礼服的人。同样身材、日后被称为“被拥戴者路易”的那个路易也来到这里。不幸的国王！他现在正向码头走去，他可悲的人生冒险旅程即将画上句号。他今后的职责就是平静地逆来顺受，这是他与生俱来的本事。

有奇怪的队伍在默默地或者唱着《马赛曲》在游行，布鲁多姆说。桑泰尔一言不发，拉着路易的胳膊进入了国民公会的大厅。路易平静地扫视了一下周围，看了看这是什么样的国民公会和议会。确实发生了很大变化：两年前的 2 月份制宪议会还铺着百合花天鹅绒地毯迎接我们，我们还可以过来美言几句，他们都起立宣誓效忠，整个法国都宣誓，庆祝长矛节。现在都结束了！曾经热泪盈眶、从书桌上仰望的巴莱尔现在从主席台向下俯视。他看着有五十七个问题的清单，瞪着干燥的眼睛问："路易，您可以坐下。" 路易坐了下来。据说，椅子是同样材料制成的，与他去年秋天在舞蹈和灯光中接受宪法时坐的那把椅子一样。是的，确实是同一把椅子，但其他的一切都变了。路易平心静气地坐在那里听。

我们不必对这五十七个问题加以重述，因为这些问题涉及 8 月 10 日缴获的，或最近在铁柜子里发现的所有主要文件，包括革命史的所有主要事件。他们实际上在问这个问题：路易，你身为国王，在某种程度上，根据证书和书面文件妄图继续担任国王是否有罪？在回答中也没有什么值得注意的内容，大部分只是平静的否定。这个被告人为自己辩护的唯一武器就是：不！我不承认那份文件，我没有做过那件事，或者，我是根据当时的法律那样做的。于是，那五十七个问题和一百六十二份文件就这样被耗尽了。经过三个小时的询问后，巴莱尔这样做了结语："路易，我请您退出。"

路易在市政府人员的护送下退入隔壁委员会的大厅里。他先是离开了被告席，之后被告知可以征询法律顾问的意见，但在委员会的房间里，他一口回绝。然后，在看到肖梅特正忙着和一个掷弹兵分着吃一小块面包时，他说，他也想要一点。已经五点钟了，他才在早晨喧闹的鼓声和警钟声中略微吃了一点东西。肖梅特把手中的半条面包掰了一半，国王边吃外皮，边登上绿色的马车，同时问这些面包屑怎么办？肖梅特的下属从他手中接过面包屑扔到街上。路易说："在饥荒时节扔掉面包非常可惜。" "我的祖母，" 肖梅特说，"以前常对我说：孩子，永远不要浪费哪怕一个面包屑，你自己做不出来。" "肖梅特先生，" 路易回答说，"您的祖母好像是个明智的女人。"[①]这是个无辜的可怜人，他在平静地等待命运的裁决，至少他尽了自己的本分，而且不用费什么力气，只要被动接受就够了！他谈到不久前有一次在法国旅行，作为资深地理爱好者看了各地的地理和地形。坦普尔监狱的围墙接受了他，再次在他身后关上了大

① 普鲁多姆的报纸（《议会史》，第21卷，第314页）。

门。看热闹的巴黎人又回到自己的家和咖啡馆、俱乐部和剧院。引人注目的这一天潮湿的夜晚终于降临，同时到来的还有鼓声和巡逻队。

路易现在已经与王后和家人分开，可以专心投入到自己的思绪和对策上了。周边的围墙令人压抑，身边没有一个亲近的人。在这种不确定性的状态下，他做了最坏的打算，他写下了遗嘱。人们至今仍然可以从中感受到字里行间充满了平和、简约、悲天悯人的情感。经过辩论，国民公会同意给予他自由寻求律师的权利。年已五十四岁的律师塔尔吉感觉自己太老了，不肯接手。他曾经在项链事件中为红衣主教罗昂担任辩护律师而获得很高的荣誉，但这个案子未必能捡到什么便宜。年龄还要大十岁的律师特隆歇没有回绝。看，老好人马勒塞布自告奋勇站好最后一班岗，不改老当益壮的英雄本色！他已年过七十，头发花白，他说："我两次被召到他任会长的理事会，那时候全世界都羡慕可以得此殊荣。在他处境危险时，我必须感恩戴德。"这两位律师，另外选了年轻的德塞兹帮忙。他们负责应付这五十七项罪名和一百六十二份文件的指控。路易尽量为他们提供帮助。

有一件惊天动地的事情正在公开上演，所有国家的人都在密切关注。国民公会将采用何种形式和方法完成这项使命，使自己摆脱任何怀疑和责备呢？这将非常困难！国民公会实际上已经因为无尽无休的讨论和商议耽误了很多时间。讲坛上关于这一议题的辩论从早到晚，日复一日地持续不休，并拉出旧的准则掩盖新事物。山岳派的爱国者表现得比以往更加激奋，他们希望速战速决，这是应该采取的唯一最好的形式。然而，国民公会仍然议而不决，讲坛上真正的男高音依然声浪喧天，有时甚至震耳欲聋。整个大厅发出愤怒的吼声，挑衅的叫声不绝于耳，整夜不停，一直持续了两个星期才最后做出决定。在喧嚣声愈演愈烈时，12 月 26 日星期三，路易出庭辩护。他的辩护人抱怨说，尽管时间仓促得过于离谱，但作为律师这样说无可厚非：却什么也改变不了。不过对爱国者来说，这似乎已经够旷日持久了。

于是，在星期三早上八点寒冷的黑暗时刻，所有参议员各就各位。实际上，可以说他们以暴力的狂热驱散了寒冷，现在这是平常之事。卢维或布佐攻击塔里安、夏博。整个山岳派对整个吉伦特派恶语相向。这一幕刚刚结束，在九点钟，路易和他的三名律师在桑泰尔全副武装的国民自卫军的护卫下，在一片沸沸扬扬的喧闹声中进入大厅。

德塞兹展开他那些没有价值的文件，荣誉感十足地履行他的危险使命，他的辩护用了三个小时，几乎花了一夜时间拟就的辩护词光明磊落、勇气十足、谨慎有加，不乏技巧娴熟、温和而令人同情的口才。出来时，路易抱住他的脖子，眼含热泪说："我可怜的德塞兹。" 路易在离开之前还亲自说了一些话，"这也许是他要对他们说的最后几句话"。他说他最痛心的事情莫过于为 8 月 10 日的流血事件负责、有意或无意地让法国人流血而被宣布有罪，说完就离开了大厅，从而完成了他在那里该做的一切。他在那里有过很多稀奇古怪的经历，但这是最后一次了。

国民公会现在为什么要无故拖延呢？已经根据证据起诉，程序合理，接下来不是理所当然吗？山岳派和一般爱国者更大声地要求加速进程，召开常会，直到任务达成为止。然而，让人疑惑的问题是，国民公会仍然决定必须首先审议，参与审议的所有成员必须发言。那么，议员们，该你们施展口才了！不要提你们自己的想法，也不要散布你们的想法。现在是时候做你们自己了，法国和全世界都在听！议员争先恐后发表演讲，小册子一个接一个发表，高谈阔论，一展口才。要求议长允许发言的名单越来越长。日复一日，每时每刻，讲坛上的演讲从不间断。山呼海啸的旁听席高音和中音不断变换，构成另外一种沉闷阴郁的音调。

山岳派和旁听席的爱国者在选区和母亲协会的大厅，向做针线活儿的那些扰攘的妇女征求了意见，她们必须像猞猁那样密切关注，必要时发出自己的声音，有时还需发出高音。议员杜里奥，或杜里奥律师或杜里奥代表，从巴士底狱的最高处看到圣安托万那边像海啸般浪涛汹涌，于是像大多数勇敢的人一样发出了信号。如果受到煽动，残忍的比约也不会保持沉默。同为耶稣会教士的残忍的让琼也不会保持沉默。不要写下来，因为这个名字和火腿谐音。

但是，首先不应该让人设想路易可能是无罪的。对于明智的人来说，无论过去还是现在，唯一的问题是：国民公会是否有权审判路易？还是必须由全体人民经过代表大会延迟审判？吉伦特派，你们这些虚假的政治家总是在拖延！几乎失去耐心的爱国者发出了怒吼。但实际上，如果由我们来考虑这些的话，这些可怜的吉伦特派能做什么呢？他们不是说坚信路易是战俘，不能不分青红皂白地处死吗？有这样的信念在坚定的爱国者中就会完全丧失立场！恰当地说，这甚至不是信念，而是猜想和谜语。有多少可怜的吉伦特派只坚信一件事：那就是一个人、一个吉伦特派应该坚定地站稳自己的立场，与体面阶层保持良好关系！这就是他们的信念和信心。他们在困境中痛苦地挣扎。[①]

法国和欧洲现在都无法淡定了。正如我们所说的那样，这个国民公会成了众所瞩目的中心，向外施加影响并接受反馈信息。处决国王，称其为烈士，谓之惩罚，这就是影响！这个国民公会已经向所有国家施加了两个重大影响，但对自身不利。11 月 19 日，它颁布了一项法令，并在随后确认、公布了细节：任何摆脱专制束缚的国家，可以说都是法国的姐妹，并将获得法国的帮助和救助。这项法令在外交官、记者、国际律师中引起巨大反响，但任何当政的专制独裁者都无法接受！这是尚蓬、吉伦特派提出的法令，也许只是个冠冕堂皇的说辞而已。

我们所说的第二个影响的根源更加不堪，其源自卢瓦尔河地区躁动不安、嗓门洪亮、运气不佳的雅各布·杜邦。国民公会正在考虑制订一个国家教育计划，议员杜邦在演讲中说，“我可以声明，议长先生，我是一个无神论者”[②]，并

① 参见他们的报纸摘要，《议会史》，第21卷，第1–38页等。
② 《箴言报》，1792年12月14日的会议。

认为全世界可能会乐于知道这一点。法国人对此声明没什么评论,或没有耸人听闻的评论,即使这是如此扰攘的法国。外国人却对此报以驳斥、愤慨和惊诧的回应。[①]这是多么不堪的影响！现在如果再加上传遍世界所有国家的第三个影响:弑君的影响会怎么样?

外国宫廷干预了这次对路易的审判,包括西班牙、英国,但无人加以理会,虽然至少西班牙一手拿着橄榄枝,另一只手拿着出鞘的剑。但在巴黎市内和法国国内,这些影响来势凶猛！要求所谓平等原则下一视同仁的正义的请愿纷至沓来。活着的爱国者在请愿,哦,你们这些国民代表,死去的爱国者不也可以请愿吗？躺在冰冷水沟里的那一千二百人,不是也在请愿吗？来自狭窄栖身之所的死者的沉默请愿,不是比演讲更有说服力吗？跛脚的爱国者拄着拐杖围着骑术院大厅请愿,要求伸张正义。8月10日的受伤者、受害者的孤儿寡母聚在一起请愿,他们发出暴动般的喊声,穿过大厅游行,队伍中还有一个无法走路的受伤爱国者,是平躺在床上被人用肩膀扛着来的。[②]面对此情此景,休会的国民公会讲坛只得再次开始司法辩论。但在大门之外,巴黎的呼号声比以往更高。可以听到圣于吕日公牛般的怒吼和公爵夫人之母歇斯底里的尖叫。戴着红帽、拿着长矛的“自由使者”瓦尔莱,带着他的演讲折叠凳匆匆跑来。“正义战胜叛徒！”所有的爱国者都在这样高喊。请注意街上还有其他的口号:“给我们面包,要不杀了我们！面包和平等！正义战胜叛徒！让我们有面包吃！”

冷漠或温和的爱国者与激进的爱国者出现了对立。市长尚蓬听说在国家剧院发生了可怕的骚乱:两派爱国者之间因为一个新的剧目《法律之友》而发生争吵,甚至拳脚相加。尽管这是有史以来最糟糕的戏剧之一,但颇有教育意义。这就是为什么假发上扑着粉的“秩序之友”和黑头发的雅各宾派在议

① 汉娜·穆尔夫人:《给雅各布·杜邦的信》,伦敦,1793年等。
② 《议会史》,第22卷,第131页;穆尔等。

会大厅里大发雷霆的原因。市长尚蓬会同桑泰尔立即赶到现场,希望能够平息事态。报告说,我们可怜的市长不仅远不能平息事态,反而受到"推挤"。我们认为,他受到如此严厉的谴责和欺侮,因而抱恨辞去了转瞬即逝的市长职务,"他的肺部受到感染"。在国民公会内部,可悲的"法律之友"也引发了温和与激进的爱国者之间的暴力和愤怒的激烈辩论。[①]

会不会有很多贵族或隐姓埋名的贵族掺杂在这两派当中呢?有些自称是游客的间谍携带重要信息从伦敦来了!其中一个人的名字叫维亚尔,他口口声声地指控罗兰甚至罗兰的妻子,让夏博和山岳派喜出望外。但受到传讯后,罗兰的妻子立即赶到国民议会的会议厅,她以清晰的思路,寥寥数语就把卑鄙的维亚尔散布的谎言化解于无形,赢得了"秩序之友"的阵阵欢呼。[②]野性的巴黎就是这样在剧院骚乱、"面包或杀死我们!"的口号、愤怒、饥饿和虚构的怀疑中变得沸腾。罗兰发出的消息和信件里尤为愤愤不平,几乎到了歇斯底里的程度。地球上没有任何力量可以阻止调查叛徒和罗兰派的马拉,倒在床上睡了三天,几乎死了过去。无价之宝的人民之友伤心欲绝,备受高烧和偏头痛的困扰:"哦,絮絮叨叨的人民,如果你们能行动起来就好了!"

为了让这一切水到渠成,志得意满的杜穆里埃在 1 月初回到巴黎。人们担心这不是什么好兆头。他对战争部长帕什和哈森弗拉茨的铺张浪费极为不满,并协调春季战役的措施。人们经常看到是吉伦特派的人在陪他。他在与他们策划阴谋反对雅各宾派、平等和惩罚路易吗!我们有他自己写给国民议会的信。这位战功彪炳的新将军会扮演拉法耶特以前的角色吗?希望他能再次全身而退。[③]

然而,在国民公会的讲坛上,连篇累牍的演讲都是法律和假设,却毫无作为,议长的名单上还有五十多人等着发言。这些吉伦特派的议长偏爱其支持

① 《议会史》,第23卷,第31、48页等。
② 《箴言报》,1972年12月7日的会议。
③ 《杜穆里埃回忆录》,第3卷,第4章。

者，我们怀疑他们在名单上做了手脚：根本没有人能听到山岳派的发言。这样辩论下去会一直拖到 12 月、1 月和新年都不会结束！而包围巴黎的人群发出的怒吼也越发高涨，直到形成惊天动地的龙卷风。巴黎将从圣丹尼斯带来大炮。人们都在谈论让罗兰感到恐惧的“关闭城门”的话题。

对此，国民公会突然停止辩论：我们收工了，无论谁愿意上名单，我们的辩论都结束了。下周二，1793 年 1 月 15 日将举行记名投票。无论如何，这场大游戏终于结束了！

第七节　三轮投票

路易·卡佩犯有阴谋反对自由的罪行吗？我们的审判是终审判决，还是需要通过上诉到人民那里批准？如果有罪，判处什么刑罚？这是经过“好几个小时议而不决的动荡和喧嚣”之后采取的措施。这就是国民公会现在连续宣布的三个问题。巴黎的国民议会大厅被洪水般汹涌鼎沸的人群所包围。欧洲和所有国家正在等待他们的回答。议员们唱名回答：有罪或者无罪！

至于犯罪行为，如上所示，无疑存在于爱国者的头脑中，他们中绝大多数人认为有罪。国民公会一致投票有罪，只有区区二十八人认为无罪而投了弃权票。无论吉伦特派如何算计，第二个问题都毫无疑问。上诉到人民那里不就是内战的另一个借口吗？大多数决意无须上诉，这个问题就这样决定了。喧哗的爱国者在晚上十点钟可以怀着希望回家，上床睡个安稳觉了。这个星期二就这样顺利过去了。明天还不知有什么麻烦呢？明天又是一场肉搏战。

那么，我们可以看看星期三上午是否会有大批爱国者蜂拥而至，是否巴黎会跷足以待，是否所有议员都会坚守岗位！在七百四十九名体面的议员中，只有二十名缺席。杜沙特尔和另外七人因病缺席。急不可耐的爱国者和跷足以待的巴黎都需要耐心，因为这个星期三将再次以辩论和狂热结束。吉伦特派提出需要“四分之三多数”通过，爱国者表示强烈反对。刚刚完成使命从荷兰返回的丹东得知了吉伦特派提出的议事日程，他还了解到我们决定召开常设会议，直到完成所有工作。

最后，在晚上八点，重要的第三次唱名投票开始。是什么惩罚？三心二意的吉伦特派、毅然决然的爱国者、害怕王室的人、害怕无政府状态的人，此时此地必须做出回答。无数爱国者在昏暗的灯光下洪水般淹没了所有走廊，把旁听席挤得水泄不通，神色严峻地等待最终结果。嗓音洪亮的执达员根据省别叫到您的名字时，您必须走上讲坛发言。

有目击者描述了第三轮投票和后续投票的场景。这个场景似乎旷日持久、没完没了，从星期三一直持续到星期天早上只有短暂的间隔，在大革命中成了最奇怪的现象之一。长夜变成白昼，清晨的灰白洒在每个人的脸上。冬日的乌云再次笼罩大地，昏暗的灯光重新点亮。但是无论日夜如何交替变化，议员依然会在屋顶聚焦的光芒中不间断地走上台阶，驻足讲坛，说出命运攸关的那个字，然后像地狱幻影中的午夜幽灵，重新潜入下面昏暗的人群中！无论是维尔尼奥还是地球上的任何议长都从未监督过这样一群人。一个国王的性命，以及其他依赖于此的一切都在天平上摇摆。在议员轮番登上讲坛表态之后，喧哗的人群方慢慢安静下来：处死、流放、监禁，直到和平。有很多人要处死。他们想出了无数谨慎、讲究的短语和段落，表达解释、辩护和虚情假意的同情。也有很多人要流放，只要不处死就行。天平在摇摆，没有人能猜到会倒向哪一边。焦急的爱国者发出了震天的咆哮，执达员根本无法制止。

可怜的吉伦特派！在爱国者狂热咆哮的影响下，他们中的许多人投票赞成死刑，用狡辩和虚伪为这个最可悲的词汇辩护。维尔尼奥本人也赞成死刑，虚伪地为正义做了辩护。前贵族、制宪议会左派爱国者、富有的勒贝尔齐埃·圣·法尔热在议会和其他地方做过长篇报告，理据充分地反对死刑，现在却投票赞成死刑，这个词让他付出了沉重的代价。曼努埃尔在 8 月份时与决心已定的爱国者站在一起，但在 9 月和九月大屠杀之后就沉沦、倒退了，更重要的是，在国民公会里，从他嘴里已经听不到任何进步的话了。他现在投票赞成流放，并在沉默的愤怒中通过拥挤的走廊永远离开了这个地方。菲利普平等凭灵魂和良心投票赞成死刑。甚至爱国者都对这个表态摇头不已，令人战栗的沉闷气氛笼罩着审判大厅。罗伯斯庇尔的投票不容置疑，他的演讲拖沓冗长。人们看到瘦高的西哀耶斯登上讲坛，几乎毫不停顿，径直说道："赞成死刑。" 然后像地狱幻影般走下讲坛！

然而，如果读者想象这是个令人伤心欲绝甚至凝重的场景，那就大错特错了。"山岳派的执达员，" 莫尔西埃说，"已经成了歌剧院的看门人。" 专门负责为特权人物、"奥尔良平等的情妇" 或其他衣着光鲜、戴闪亮的三色饰品的贵妇人开关包厢门。殷勤的议员在那边往来穿梭，用冰块、茶点款待她们，并陪她们谈天。神态高傲、打扮入时的女人打手势回应。有些人手里拿着纸牌和别针，像在玩红与黑纸牌游戏那样指指点点碰运气。盘踞在远处高台上的，是公爵夫人之母和没有涂口红的女英雄们。当有人不赞成死刑时，她们就情不自禁地喝倒彩。旁听席还像露天酒馆一样供应便餐、葡萄酒和白兰地。附近所有的咖啡馆都在进行赌博。但大厅里所有人的脸上都露出了疲惫、急躁和郁闷的表情，只是不时被赌博波澜起伏的结果暂时驱散。有些睡着的议员被执达员叫醒去投票，其他的议员在盘算是否来得及用晚餐。随着幻影般的数字在苍白昏暗的灯光下节节攀升，讲坛上发出的只有一个词：死刑。"这是一个光怪陆离的世界！" 莫尔西埃说。[①]在星期四深夜投票完成、秘书正在总结时，比别人更加诡异的杜沙特尔一下子病倒了，被人抬到椅子上，裹上毯子、睡袍和睡帽。这是为了宽恕的投票：这是可以扭转局面的一票。

啊不！在一片深深的沉默中，议长维尔尼奥以充满了悲伤的语调说："我以国民公会的名义宣布，对路易·卡佩的惩罚是死刑。" 赞成死刑的是五十三

① 莫尔西埃著：《新巴黎》，第6卷，第156-59页。蒙加亚尔，第3卷，第348-87页。穆尔等。

票的微弱多数。不，如果我们扣除一边，将大约二十六票赞同死刑，但愿意宽大的微弱无效票数加到另一边，多数派只多出一票。

死刑判决就是法令，但如何执行呢？还没有到执行那一步！票数还没有公布，路易的三个律师就以他的名义粉墨登场，要求延期，以便向人民上诉。为此，德塞兹和特隆歇的辩护简短而有力。勇敢的老马勒塞布以雄辩的口才大声辩护。虽然由于局促不安和啜泣，他的话条理不清，但这个正直诚实、头发灰白、饱经沧桑的令人尊敬的人，由于激动而不禁老泪纵横。[①]向人民上诉已被驳回，并已作为法令公布。至于延期执行，即他们所谓的缓期执行则应予考虑，在第二天投票表决。现在休会。对此，山岳派一侧的爱国者报以嘘声，但"暴政多数"已经决定休会。

肯定还会有第四次投票，爱国者愤怒地咆哮：这个投票，谁知道还有什么其他的投票和休会的投票，整个事情都悬而未决！在每一次新投票时，那些阴险的吉伦特派，甚至那些投票赞成死刑的人都会找到漏洞！爱国者必须提高警惕，表达愤怒。暴君的临时休会已经发生，午夜还会因为疲劳再次休会。整个星期五都浪费在犹豫和对准确票数的重新清点的争吵之中，爱国者的怒吼变得前所未有的高涨，长期的观察让他们红了眼，几乎变得狂暴。

最终，星期六整天人们都在为"是否推迟"而投票。人们的神经已濒临崩溃，情绪已经绝望，这次必须一了百了。尽管抗议之声山呼海啸，维尔尼奥依然冒险对推迟投了赞成票，尽管他对死刑也投了赞成票。菲利普平等凭灵魂和良心投了反对票。接下来一位议员登上讲坛说："既然菲利普投了反对派，我就投赞成票。"天平仍在左右摇摆，直到星期天早上三点钟，我们听到："七十票多数否决推迟，死刑在二十四小时内执行！"

司法部长加拉负责去坦普尔监狱传达这个残忍的信息，他不断叹息："这

---

① 《箴言报》（《议会史》，第23卷，第210页）。参见布瓦西·当格拉著：《马勒塞布生平》，第2卷，第139页。

个委员会糟透了！”[1]路易要求派一个忏悔神父和三天的时间准备赴死。忏悔神父得到批准，三天的喘息时间被拒绝。

难道没有什么解救办法了吗？厚厚的石墙回答：没有。那么，在此性命攸关的时刻，国王路易没有朋友、由于绝望而拍案而起的勇敢义士呢？国王路易的朋友软弱，又遥不可及。甚至连咖啡馆里都没有一个人为他说话。现在，当普马丁也不在梅奥餐馆吃饭了，再也见不到那些休假的大胡子勇士们展示做工精细的短刀了！在梅奥休假的那些勇敢的保王党人都已远走边境之外，蹉跎于世界各地，或者只有他们的骨头埋在阿尔戈纳的森林里。那天夜里，只有一些瘦弱的教士将小册子放在石桩上，要求帮助，呼吁虔诚的妇女起义，或者在分发小册子时被抓住，送往监狱。[2]

有一个常去梅奥的杀手不仅没帮上忙，反而弄巧成拙。他杀了一个议员，因而捅了巴黎爱国者的马蜂窝！那是星期六晚上五点，勒贝尔齐埃·圣·法尔热在投票反对推迟之后，跑到王宫附近的菲弗里埃饭馆吃便餐。他吃完饭正在付钱时，一个穿着宽松长袍、黑头发、蓝胡子的矮胖男人向他走来。正如菲弗里埃和旁观者猜想的那样，这是一个叫帕里斯的老御林军士兵。“您是勒贝尔齐埃吗？”他问。“是的。”“您为国王的案子投票了吗？”“我投了死刑赞成票。”“卑鄙的家伙，看刀！”帕里斯喊道，说罢从长袍里抽出一把刀，深深地刺入勒贝尔齐埃的肋部。菲弗里埃抓住了他，但被他挣脱，跑掉了。

勒贝尔齐埃议员死了，他经受了很大的痛苦早上一点钟才咽气。在拒绝推迟的投票最终点算完成之前两个小时，前王家卫队的帕里斯已经逃离法国，无法抓住，几个月后才被发现在一个遥远的客栈举枪自尽。[3]罗伯斯庇尔有理由相信，德·阿图瓦亲王本人正在城里活动，国民公会将很快被搅得四分五裂。爱

---

① 《部长传记》，第157页。

② 参见布鲁多姆的报纸《巴黎的革命》（《议会史》，第23卷，第318页）。

③ 《议会史》，第23卷，第275、318页。菲利克斯·勒贝尔齐埃著：《米歇尔·勒贝尔齐埃、他的兄弟的生平》，第61页。不过，喜欢探究奇迹的菲利克斯认为，在客栈自杀的那个人并不是帕里斯，而是他的某个替身。

国者发出悲戚和复仇的呼声。桑泰尔把巡逻队的人数增加了三到四倍。怜悯消失在愤怒和恐惧之中，国民公会否决了三天的喘息时间。

第八节　革命广场

哦，不幸的路易，这就是你的结局！六十个国王的儿子就这样以法律的名义死在断头台上。在六十国王的统治下，同样形式的法律和社会形态几千年来一直在自我塑造，并通过不同的方式成为最奇怪的机器。当然，如果有必要的话，这台无脑盲目的可怕机器转眼之间，就可以通过冷酷、缓慢的刑罚摧毁无数人的生命和灵魂。现在的国王本人，或者不如说他本人代表的王室，将在这里残酷的刑罚中灰飞烟灭，像被关在自己烧红的铜牛肚子的法拉里斯*一样！哦，傲慢无礼的暴君，世事总是如此，你很清楚！不公正产生不公正，诅咒和谎言无论走了多远，最终"总是回家"。无辜的路易承担了许多世代的罪责，他也终于凭经验知道，人的法庭在地球上并不存在，如果没有更高级别的法庭，只能算他倒霉了。

一个即将死于这种暴力的国王激发了人们强烈的想象力，这是必然的。归根结底，要死的不是国王，而是人！王位只是一件外衣，而最受伤害的是皮肤。对于被你夺走性命的那个人来说，整个联合起来的世界能为他做得更多吗？拉里是被堵着嘴用柳条筐拖走的。命里注定做小偷的可怜人在上断头台时，用深重的痛苦演出了完整的五幕悲剧，但无人关注，他们干掉了整杯子的恐怖之酒，直到只剩下酒渣。对于国王和乞丐，以及受到公正和不公正审判的人来说，死亡是困难的。真为他们所有人感到遗憾。所有对王冠和绞刑架的怜悯、仁慈与同情，离你所抱怨的不幸遥不可及。

---

* 古希腊僭主法拉里斯让人制造了一种铜牛刑具，将反对他的人放到里面。传说最后他自己也被施用了这种刑罚。

忏悔神父埃奇沃斯来了。他是爱尔兰人，国王是通过报告的良好评价认识他的，他是为了这个庄严使命特意赶来的。不幸的国王，离开这个地球吧，它继续迈出自己凶残的脚步，你继续走你自己的路。还剩下一个心碎的场景：与所爱的人分离。与我们同样被可怕的危险笼罩的善良人将继续留在这里！让读者通过仆人特莱里的眼睛，透过玻璃门，看看市政府严密监视下的痛心场景吧：

"八点半，前厅的门被打开了：王后首先现身，她用手牵着她的儿子，然后是王室的罗亚尔夫人和伊丽莎白夫人。她们一起快步拥国王入怀。沉默好几分钟之后被啜泣打断。王后做了一个手势，把国王陛下领到里面埃奇沃思先生正在等待的房间，对他们来说，他是个陌生人。'不，'国王说，'我们还是去餐厅吧，我只能在那儿见您。'他们来到餐厅，我关上了玻璃门。国王坐了下来，王后在左面，伊丽莎白夫人在右面，罗亚尔夫人差不多在对面。年幼的王子站在父亲的面前。她们都朝他倾过身去，不时抱着他。这个悲伤的场景持续了一小时三刻钟，在此期间我们什么也听不到，只能看到只要国王开口说话，夫人们的啜泣就会加剧并持续好几分钟，然后国王再开始说话。"[①]我们的重逢和团聚现在就这样结束了！我们给予彼此的哀痛、我们忠实分享的可悲的快乐、我们所有的爱和痛苦、天地之间迷乱的苦难都结束了。温柔的灵魂，我再不会看到你，永远不会！哦，读者，你了解什么叫残忍吗？

痛苦的会面持续了近两个小时，然后他们彼此分开。"答应明天还来看我们。"他一再答应：好的，好的。现在回去吧，我的爱人，为你们自己和我向上帝祈祷！这是痛心的场景，但终于结束了。第二天他不会再见到他们。王后穿过前厅时看了一眼市政府凶恶的看守，难以抑制女人特有的狂怒，泪眼婆娑地说："你们都是恶棍。"

国王路易一直熟睡到早上五点，克莱里按照吩咐准时叫醒了他，为他梳理了

① 《特莱里的叙述》，伦敦，1798年，韦伯引述，第3卷，第312页。

头发。这时，路易从他的手表上取下一枚戒指，不断尝试戴在手指上。这是他的结婚戒指，他现在想还给王后，作为无言的诀别。六点半，他领了圣体，继续祈祷，并向埃奇沃斯神父忏悔。他再也看不到自己的家人了，这太让人难以承受了。

八点钟，市政府官员来了。国王把遗嘱、个人物品和衣物交给他们。起初他们粗暴地拒绝接受。然后他又给了他们一卷金币、一百二十五个金路易，要他们交给马勒赛博，这是后者借给他的。九点钟时，桑泰尔说时候到了。国王要求独处三分钟。三分钟过后，桑泰尔再次说时间到了。路易用右脚在地上跺了一下说："我们走吧。"滚动的鼓声透过堡垒和高墙传进坦普尔监狱，重重敲打在作为妻子的王后心上，她很快就成为寡妇了！他走了，我们再也见不到他了吗？王后失声痛哭，国王的妹妹和孩子们也哭了起来。死亡也同时徘徊在这四个人的头上，除了昂古莱姆公爵夫人（国王的女儿）之外，其他人都悲惨地死去，但她的生活并不幸福。

从坦普尔监狱的门口传来女人微弱的哭声，也许是善心大发的女人在喊："发发慈悲！发发慈悲！"其他街道都是一片死寂，任何非武装人员都不准停留。武装人员即使心存同情也不敢表达，人人都害怕被邻居告发。所有的窗口都被关闭，没有人看热闹。所有商店都关门了。这天早上，除了一辆马车之外没有任何马车在路上行驶。八万名武装人员像武装的雕像一样列好队伍，大炮准备停当，炮手手持燃烧的火绳。所有人都沉默不语，一动不动。这是一座被魔法迷惑的城市，像石头城一样沉默不语，只有一辆车在卫兵的护送下缓慢地隆隆驶过，这是唯一能听见的声音。路易在他的"献身之书"中读到了"濒死祈祷"。虽然死亡之行的哗然之声，在万籁俱寂中在耳畔显得格外犀利，但他的思绪早已进入云霄，忘记了苍茫大地。

当十点的钟声敲响时，人们来到革命广场，即过去的路易十五广场：断头台就竖立在过去路易雕像基座附近，周边到处都是大炮和武装人员，后面是拥挤的观众。德·奥尔良平等坐在敞篷马车上。快递信使每三分钟穿梭一趟市政厅，附近就是正在开会的国民公会，它正在商议如何为勒贝尔齐埃报仇。对这一切无动于衷的路易正在读他的濒死祈祷。他读了五分钟之后，车门打开。他的心情是怎样的呢？十个不同的目击者对此会给出十个不同的版本。他的内心一定五味杂陈，正刮起狂暴的黑色旋风，坠落到死亡的恐怖深渊：悲伤、愤怒、听天由命。"照顾好埃奇沃斯先生。"他对与他们坐在一起的中尉说，然后，两个人下了车。

鼓声敲了起来。"肃静！"他厉声嚷道，随后有些犹豫地登上断头台。他穿的是棕色外套，灰色马裤，白色袜子。他脱下外套，露出里面白色法兰绒的白色马甲。行刑人走到他面前要把他绑起来，他轻蔑地拒绝了。埃奇沃斯神甫不得不提醒他，人们信赖的救世主是如何被绑起来的。人们把他的手绑住，蒙上了他的头，慨然赴死的时刻终于到了。他走到斩首台边，"涨红着脸"说："法国人，我无辜而死。我在断头台和快要出现的神的面前告诉你们这些。我宽恕我的敌人。我希望法国……"一个骑马的将军，桑泰尔或另外一个人，恼怒地举起手："击鼓！"鼓声盖住了国王的声音。"行刑人，履行你们的职责！"害怕自己被杀的刽子手们（因为如果他们不服从命令，桑泰尔和他的武装人员就会殴打他们）抓住可怜的路易。他们六个绝望的人和另外一个绝望的人纠缠在一起，最后把他绑在木板上。埃奇沃斯神甫低头对他说："圣路易之子，升天吧。"铡刀落下，国王的生命戛然而止。这是 1793 年 1 月 21 日星期一。他年仅三十八岁四个月零二十八天。[①]

行刑人桑松指着国王的头：四周响起"共和国万岁"的喊声。人们用刺刀尖挑起帽子挥舞。四国学院的学生抓起头颅在码头游街，向全巴黎展示。德·奥尔良赶紧坐上敞篷车离去。市政厅议员搓着手说："完事儿了，完事儿了。"有些手帕和长矛尖头沾满了血。主行刑人桑松卖了几缕头发，尽管他后来对此加

① 报纸，市政记录等（《议会史》，第23卷，第298–349页）。两个自由的朋友，第9卷，第369–373页。莫尔西埃：《新巴黎》，第3卷，第3–8页。

以否认。[1]棕色外套经过长时间的磨损变得破碎不堪。[2]在半小时的时间里，一切都结束了，众人相继离去。糕点铺、咖啡馆、牛奶店员和往常一样继续吆喝生意，世界重拾前进的步伐，仿佛这只是普通的一天。那天晚上，在咖啡馆，普鲁多姆说，爱国者们彼此握手时比平时更加友善。莫尔西埃说，只是过了几天以后，人们才意识到这件事的分量很重。

这件事无疑造成了非常严重的后果。在第二天早上，深陷于嫌恶和懊恼之中的罗兰递交了辞呈。他的账目都准备得一丝不苟，精细到最后一个里亚尔，他要求对他进行审计，以便他可以默默无闻地隐居到农村著书立说。不过，这些账户永远都不会被审计，他也永远无法隐居。

罗兰是星期二递交的辞呈。星期四举行了勒贝尔齐埃·圣·法尔热的葬礼，灵柩被送往伟人先贤祠。这天的仪式与冬日里悲戚的美感交相辉映。裹尸布只覆盖了遗体的一半，露出了致命的伤口。凶器和血淋淋的衣服在盛大的仪式中展示，悲凉的音乐拨动着丧礼的琴弦。以橡树叶编织的花环，从窗口纷纷落下。议长维尔尼奥与国民公会、雅各宾协会和五颜六色的爱国者，一起哀悼自己的兄弟。

值得注意的另一件事是，勒贝尔齐埃的葬礼是这些人的最后一次共同行动！让法国焦头烂额、把国民公会搅得天翻地覆的所有各方和各种意见，现在开始面对面，刀对刀地对垒，而围绕着国王性命的争斗已无人问津。征服荷兰的杜穆里埃作为军队指挥官对此深表不满。杜穆里埃说，法国人需要一位国王：年轻的奥尔良平等将成为他们的国王。议员富歇那天在《朋友日报》上对他的诅咒比约伯更尖酸刻薄，借用弑君者、"蛇蝎阿拉斯"或罗伯斯庇尔、"普鲁托丹东"、可怖的屠夫勒让德和幻影德尔布瓦的短刀这样的字眼，尽快送他从自己的世界到另一个世界。[3]这是社会俱乐部、高唱赞美诗的巴士底狱胜利

---

① 致报纸的信（《议会史》，第23卷，第298-349页）。
② 《佛斯特通信集》，第1卷，第473页。
③ 《议会史》，第23卷，第298-349页。

者富歇。这个在巴士底日挥舞议会旗帜的瘦弱凶手非常阴险毒辣，但是同他参与破坏的希望相比，这简直不值一提：一个新的黄金时代变成了炉渣和永恒黑夜里散发着硫黄气味的黑暗！

国王之死在国内使所有朋友分道扬镳，在国外使所有敌人同仇敌忾。人民的博爱、革命宣传、弑君、无神论，社会秩序大崩溃，在这个世界上都绝无仅有！所有的国王和王室的拥护者、无政府主义的敌人都结成联盟，进行生存之战。英国通知大使或名义大使、公民肖弗兰必须在八天之内离开这个国家。名义大使或大使肖弗兰和塔列朗各自离开彼此的国家。[①]牵涉进杜伊勒里宫铁柜子案件的塔列朗认为去美国更加保险。

英国驱逐了大使，主要似乎是对斯凯尔特河的状况感到震惊而宣战。西班牙主要是因为某些其他事情而宣战，这无疑是宣言中所指出的。[②]然而，我们认为既不是英国，也不是西班牙首先宣战，而是法国自己首先对他们宣战。[③]这是当时的议会和报纸的兴趣之所在，而我们对此就不再有丝毫兴趣了。他们所有人要的是宣战。剑已出鞘，鞘被远远扔掉。就像丹东以惯用的耸人听闻的比喻说的那样："国王联盟正在威胁我们。作为挑战，我们在他们的脚下抛下国王的头。"

---

① 《1793年度汇编》，第114–128页。
② 《3月23日年度汇编》，第161页。
③ 2月1日、3月7日的《箴言报》。

第十六章

吉伦特派

第一节　前因后果

这种堪比坠入深渊和托菲特*河决堤的巨大的暴乱运动已将王室、贵族和国王的性命一扫而光。现在的问题是:接下来要做什么? 如何重塑自己? 根据习俗、信仰,高贵、富有、体面阶层的努力而成为法治和自由的国度? 也就是说:以所描述的方式泛滥的火山熔岩,将根据吉伦特派的套话和哲学预先设定的规则爆发和流动吗? 果真如此的话,对于我们的吉伦特派朋友不啻为一件好事。

然而,既然现在没有任何残留王室或其他外部力量可以领导这一运动,就可以预言该运动将遵循自己原始

* 圣经中古希伯来人举行人祭的地方,意为灼热的地狱。

的路线前进吗？此外，谁能够完美解释运动的内在趋势、为其发声、在其中扮演一个角色，就可以获得其领导权吗？至于其他，在这种法外之地的混乱无序状态下，是不是整顿秩序还不如摧毁一切并自我毁灭，直到出现真正强大的秩序、重建国家？我们可以进一步设想，这不是哲学命题和演讲的套话，而是一个现实，可能是一剑在手的现实！

至于中产阶级崇敬的共和国之类的吉伦特派的套话，现在既然各式各样的贵族已经覆灭，似乎没有多少理由预期这项事业会举步不前。自由、平等、博爱，这三个词即是宣言，也是预言。被清洗的体面中产阶级的共和国怎么可能是其必然成就呢？饥寒交迫、衣衫褴褛、被噩梦般的压迫折磨的两千五百万人才是法国大革命的首要动力，而不是那些无病呻吟的虚荣文人或自相矛盾的哲学家和律师、富有的店主、乡绅老爷。这是未来在所有国家发生的所有类似革命的基本规律。封建的百合花已经成了一面前进中令人无法容忍的沉重旗帜，必须撕碎踩在脚下。但只要玛门的钱袋（因为在我们这个时代，对于中产阶级来说，这才是尊贵的共和国的意义所在）还在，结果只会更糟。实际上，这是人类最差和最邪恶的旗帜与统治符号，只有在无神论盛行和人只信奉暴力与感情用事的时代才有可能存在。出身的傲慢、地位的傲慢、任何已知类型的傲慢都比钱包的傲慢更好。无套裤汉找寻的自由、平等、博爱并不装在钱包里，而是远在其他地方。

因此，我们说，一个外部失控、内部缺乏最高秩序的暴乱法国，将会形成迄今地球难得一见的骚动，这不是吉伦特派的套话可以支配的。这种由多元、异质、兼容和不兼容的合力组成的力量难以估量。用更简单的话来说，这个法国需要分成不同的党派，每个党派在自我扩张的过程中会产生矛盾、愤怒。彼此间会发现他们无法共事、共存。

关于党派的数量，严格计算应与意见一样多。根据这个规则，仅仅在这个国民公会，而不是整个法国，党派的数量应该是七百四十九个，因为每个人都有自己的意见。但现在的状况是每个人都个性迥异，都需要走自己的路，每个人都有盲从的天性，都需要与别人结伴同行。如果不是分解、沉淀、杂乱无休的吸引和排斥运动，直到主元素脱颖而出，狂野的炼金术再次重组，还会有什么结果呢？

但是，就这七百四十九个党派而言，也从没有任何国家曾经达到过这个数字，即使同时存在两个党派时也没有过。尽管分裂的倾向无法遏制，但人们寻求统一的倾向也无可匹敌！我们说，一个时代有两个党派是普通的数目，让这两个党派通过斗争解决纷争，其他小党可以在与他们最相似的党派的阴影下联合起来。当一方推翻另一方，失败的党派可能会分裂，自毁。只要有需要，这个过程就会继续下去。当所谓的社会联系被粉碎，所有非自然法则的法律被推翻、变成无用的套话时，革命就会以这种方式进行，如同法国革命的进程一样。

但还是先放下这些抽象的思考，让历史来记录巴黎街道在 1793 年 2 月 25 日星期一所展示的具体现实吧。那天早上天还没亮，巴黎街道就传来了嘈杂声和愤怒的叫喊声。请愿活动从未中断，国民公会早已习以为常。但昨天来了一个洗衣女工请愿代表团，抱怨买不到足够的肥皂，更不要说面包和调味品了。这些女人围着骑术院大厅愤愤不平地高喊："要面包！要肥皂！"[①]

现在从星期一早上六点钟开始，就可以看到情绪激动的人群，愤怒地在面包店门前排起长队。不仅面包师傅忙得不可开交，而且两个选区专员在帮他解决日常面包供应难题。这些专员和面包师傅借着清晨暗淡的灯光，柔声细语地做着解释。2 月的太阳已在春寒料峭的冷风中升起，预示这是不祥的一天。部分得到供应面包的愤怒的爱国妇女，现在闯进商店嚷着她们还要其他货品。别的货品有足够的供应：食糖的大桶就摆放在街头，爱国妇女准确地以十一便士一磅的价格称重，同样还有咖啡箱、肥皂箱，甚至肉桂和丁香，以及烧酒和其他酒类，价格公道，有些甚至不要钱。脸色苍白的杂货店主默默地搓着手！有什

① 《箴言报》等（《议会史》，第24卷，第332–348页）。

么法子呢？分发货物的女公民语气蛮横，动作粗暴，欧墨尼得斯式的卷曲长发在风中飘舞。她们的腰带上挂着手枪，据说有些人还长着胡子，可能是穿着衬裙和软帽的男性爱国者。在伦巴第街、五钻石街、普利街，在巴黎的大多数街道一整天都是这样的沸腾景象，而市政府、市长帕什（虽然他最近担任了战争部长）都没有派任何军队维持秩序，只是派了人做说服工作，直到晚上七点或更晚些时候才平息。

五个星期前的1月21日星期一，我们看到巴黎将自己的国王斩首之后，像一个被魔鬼附身的城市一样一直保持沉默，但在这个星期一却因为食糖销售而出现骚动！城市，特别是处于革命中的城市，更易被波谲云诡左右。人们那些不为人知的日常生活，是以公开的具体现象体现出来的。当不为人知的内容变得在大街上尽人皆知之后，哲学家想找出其中的因果关系并非易事。例如，食糖销售准确的哲学意义是什么？这些东西在普利大街和整个巴黎随处可见，我们不禁要问，这些东西从何而来？向何处去？

皮特在其中插了一脚，皮特的金子：在所有理性的爱国者眼里，这似乎显而易见。但是，他是通过皮特的哪个代理人呢？自由的信徒瓦尔莱以他的长矛和红色睡帽很快引起人们的注意。议员马拉当天在他的报纸上发表文章，抱怨商品奇缺，人民受苦，最后气愤地指出："如果你们的人权不是一张废纸，那么抢劫几家商店，在门梁上吊死一两个囤积居奇者就可以结束这种状态。"[①]吉伦特派说，这些话难道不是有所指吗？皮特腐化了无政府主义者，马拉是皮特的代理人：这才是食糖销售的由头。而对母亲协会来说，商品奇缺是事实，是吉伦特派和他们那伙人一手造成的。这些人部分卖身投靠皮特，全身心出卖给了自己的野心和无良学问。他们不去限制粮食价格，反而自以为是地奢谈自由贸易，企图以饥饿使巴黎诉诸暴力，使其与其他省形成对立：这才是食糖销售的由头。

---

① 《议会史》，第24卷，第353-356页。

唉，在这两件昭然若揭的事情，即这种现象和这种现象的理论之外，还有第三件事：几年以来，法兰西国家一直相信即将到来的普世千禧年的可能性甚至确定性，即普世的自由、平等、博爱之下，人人皆兄弟，痛苦和罪恶行将远去，而不是没有面包吃，也不是没有肥皂洗衣服；是完美的幸福时代即将来临，攻克巴士底狱之后就一直这样宣传的！在长矛节我们兄弟之间彼此拥抱时，我们的心就在熊熊燃烧，在光辉灿烂的千禧年到来之际，两千五百万人将在隆隆的炮声中欢呼雀跃！我们的希望与明媚的阳光一样辉煌闪亮。鲜红色是烈火，也是我们的希望。但是，天哪，到底是什么魔法或是恶魔附身，让唾手可得的完美幸福一直不能实现，反而陷入不断的纷争和匮乏？原来都是叛徒搞的鬼！颤抖吧，你们这些叛徒，敬畏自诩有耐心和坚忍的人民吧，他们不会永远这样忍受自己的荷包被以千禧年的名义掠夺！

是的，读者，这简直是个奇迹。从这些怀疑主义、感性主义、伤感主义和虚伪的马基雅维利主义的陈腐垃圾中，产生了真正的信仰，并在人民的心中熊熊燃烧。全体人民在意识上从深深的苦难中觉醒，相信在地球上能够实现博爱的天堂。他们用渴望的手臂努力拥抱不可言说的梦想，却由于某种原因而无法达成心愿。全体人民有这样的信仰世所罕见，除非他们有可以吃、可以碰的东西。当他们有一种信念，他们的历史就会变得激动人心，值得缅怀。但自从铜墙铁壁的欧洲被隐士彼得的话所动摇，冲向神的圣体安置所之后，就再也没有任何信仰的普遍冲动值得注意了。自从新教走入沉默，自从路德*不再发声，基斯卡的鼓声再也不能宣布神的真理不是魔鬼的谎言，自从最后的卡梅隆人（克伦威克是他的名字，向勇敢者的名字致敬！）在弹雨中跌落爱丁堡的城堡山，国家之间就不再有可怜的信仰冲动了。而现在，法兰西这个国家却再一次相信！可以说，在他们那惊人的信仰中存在奇迹。即使在信仰之中，这个信仰也无疑堪称奇迹，并成为真正的奇迹。这是奇迹世界的灵魂，被称为法国大革命，

* 即马丁·路德（1483—1546），16世纪欧洲宗教改革的倡导者，基督教新教路德宗创始人。

整个世界正颤抖不已地注视着。

但是，除此之外，无须要求历史以因果关系的方式，解释未来的事情将如何发展。山岳派和吉伦特派之间的斗争和接下来的发展，是狂热和奇迹之间的斗争，不适用于因果关系。产生的噪声是让心灵混乱的喧嚣，要经过不断地倾听和学习才明白：这只是战斗的喧嚣、胜利的欢呼、绝望的尖叫。山岳派没有留下任何回忆录，吉伦特派留下了回忆录，但通常也只是"我太倒霉了！诅咒你们！"这一类的感叹句。只要历史可以通过哲学描绘熊熊燃烧的纵火船*的火势，就可以尝试另外一项任务。这里是沥青层，那是硫黄层，那里是火药、硝酸、松节油和油污。不管如何刨根问底，这也就是历史可能知道的部分。但是无论他们在甲板下如何搅动和挣扎，火势都会按照自身的规律和人的安排，从一层进入另一层，当所有的手都愤怒地摆动起来，火焰在桅杆和桅索猛烈燃烧时，最好别让历史尝试记载。

这个纵火船就是旧法国及其生活形态，全体船员就是整整一代人。他们的喊声和怒火如此野蛮，就好像是在火焰中备受折磨的神灵。但是，哦，亲爱的读者，总的来说，他们还没有消失吧？他们的纵火船和他们本人在恐吓世界之后已经扬帆远航，他们的火焰和雷声完全消失在深邃的时空之中。因此，历史只会做一件事：怜悯他们所有人，因为，他们都非常辛苦。而不可腐蚀的海绿脸本人也获得了一些同情，人们对他表达了人间温暖，虽然这样做要花费些力气。现在，一旦得到这些，其余的将变得更加容易。在博爱同情者的眼里，所有对事实的歪曲都已烟消云散，夸张和憎恨都自行尘埃落定。我们安全地站在岸边，看着并将看到我们感兴趣的、适合我们观看的东西。

* 古代欧洲的一种海上作战方式。

第二节　套裤汉和无套裤汉

吉伦特派和山岳派现在吵得不可开交。图隆永说，他们相互的仇视正在变成“苍白的愤怒”。既可悲又令人好奇的是，所有这些人都“共和国”这个词不离口，每个人的心都热切期盼某种称为共和国的东西。看看他们吵得要死就会明白！他们就是为此而生的。处于混乱生活中的生物一旦被放在一起，就会陷入混乱至极的争斗中，只是因为他们的混乱彼此不同，更多是因为他们似乎本性不同！人的话语是他们思想的可怜诠释，甚至他们无可名状的思想也是神秘内心的可悲诠释，而思想和行动皆来源于此。没有人能把这件事解释清楚，也没有人能把自己解释清楚。人看不清彼此，当他们以为看清彼此时，他们看到的只是彼此称谓的扭曲幻觉，他们因而不共戴天，并不惜诉诸武力，因为所有的战争据说都是由于误解而起的。

但是，将我们那些在火热的环境下工作、生性热情的可怜的法国兄弟，比作纵火船实际上并非没有意义。试想迷雾之中有真理存在。人如果一头扎进共和主义或其他超验主义，并在其喜欢的国度里狂热地战斗，笼罩在超验主义和妄想的环境中，他的个性就会迷失在自我之外、与其无法分离怪异的环境中。想来倒也奇怪，人的斗篷似乎总是裹在同一个人的身上，但那个人却不在那里，他的意志也不在那里，也不知他打算做什么，取而代之的是以其形式而化身的狂热主义和宿命论。这种不幸的狂热主义化身走的是自己的路，没有人能帮助他，他本身就更不用说了。这是一个奇妙而悲哀的困境，正如为了方便日常生活而发明、还未习惯于表达同样事情的人类语言一样，总是努力通过修辞来掩饰平庸。纵火易燃材料的环境因素不比狂热主义猛烈，虽然肉眼可见，却不真实。意志的力量不由自主地释放出来，迅猛爆发，不自愿的爆发，人类自由的思想运动变成宿命论肆虐的龙卷风、盲目的疾风骤雨。山岳派和吉伦特派在回过神来后却惊讶地发现，他们已经被推翻和抛弃。人对人的驾驭已经到了奇迹的高度。这是意识和无意识在我们不可思议的生活中不可思议的混合，是围绕自由意志的无限必要性！

吉伦特派的武器是政治哲学、尊贵的出身和口才。口才或称为修辞是真正高层次的东西。例如，维尔尼奥就可以与那个时代的任何人一样，驾轻就熟地翻过时代的篇章。山岳派的武器仅仅是本性，但胆量和冲动可能让人变得凶残，这些人踌躇满志，同仇敌忾，在某些情况下，作为九月大屠杀的参与者，他们视死如归。为之而战的战场就是名望，但你或者与自由和秩序之友，或者只与自由之友去追求名望，而根本无法做到与两者同行。与前者、各省的当局、阅读议会辩论的人、懂得尊重、生性热爱和平的人同行，吉伦特派就会占据上风。再次与极端爱国者、数百万穷人特别是不读书看报、孤陋寡闻的巴黎人同行，吉伦特派将完全失败，山岳派将占据上风。

各方都不缺乏自私自利、两面三刀的手段。当然吉伦特派并非如此。事实上，在风云突变的时代背景下，明哲保身的本能几乎塑造了他们中每个黯然的人物。某种精巧玲珑演化成了狡猾的诡计，不时作为护身法宝应运而生。他们是口齿伶俐的律师，一直被称为“革命的耶稣会会士”[①]。这是很苛刻的称呼。必须承认，骚动、粗暴的山岳派充满革命的激情，而这正是这些口齿伶俐的吉伦特派所缺乏的。在这蹉跎的四年里，为了反对这个世界而进行的这场革命，就是为了实现这套说辞，为了使这个社会变得井井有条，逻辑上无懈可击，老贵族与他们的傲慢自大会一起烟消云散吗？或者不应该同时也为在黑暗中坐困愁城的两千五百万人带来一丝光明和安慰，非要等到他们揭竿而起，拿起长矛吗？难道不能想一想至少应该带给他们足够的面包让他们生活下去吗？山岳派、马拉的人民之友、不可腐蚀的海绿脸本人那里的说辞尽管空洞无味，却也对后面的事实感同身受。没有这种信念，所有的天赋都不值一提，律师席雄辩的口才也只是铜钹敲出来的噪音而已。另一方面，吉伦特派对“我们穷苦的

① 《杜穆里埃回忆录》，第3卷，第314页。

兄弟”的态度却十分冷淡、居高临下、充满敌视。这些通常被集体称为“群众”的兄弟好像完全不是人，而是一堆用来炸掉巴士底狱的火药！实际上，这样脱离自然与艺术、使人误入歧途的革命者只配遭到唾弃！当然，我们穷苦的巴黎兄弟听到的都是吉伦特派鼓噪的死亡和杀戮。如果他们说的没有漏洞，逻辑上无懈可击，那么事实就更为虚假，更让人痛恨。

无疑，在追求名望的过程中，在我们贫穷的巴黎兄弟中，吉伦特派的游戏并不好玩。如果他们能让远处的体面人静心聆听，就必须强调九月大屠杀等诸如此类的事件，这势必损害巴黎这个可以施展口才的大本营。在这些听众中演讲并不容易！那么，问题来了：我们干吗不能去巴黎以外的地方呢？他们也做了两次或更多次这样的尝试。噶代想，如果我们自己不做，至少我们的替代者可以做，因为每个议员都有替代者，必要时可以取代他。这些人难道不可以在离巴黎四十里、平静的贝里的安静主教镇布尔日开会吗？在这种情况下，我们可以跑到安静地在布尔日开会的替代者那里，即使巴黎无套裤汉羞辱我们又能得到什么好处呢？而且，噶代认为初选大会可以重新开会，通过新委任的主权人民设立一个新的国民公会。只是外省城市的里昂、波尔多、鲁昂、马赛将很高兴轮流欢迎我们，并成为某种程度的首都，教这些巴黎人如何讲道理。

美好的计划，却都因为流产而化为乌有！如果今天在雄辩的逻辑中通过法令，明天就会在狂热的鼓噪中经过激情的思考而被废除。[①]吉伦特派，你们是想要我们分享像瑞士人、像你们美国人那样的独立共和国吗？这样就不会有大都会，也不会有不可分割的法兰西国家了吗？你们各省的自卫军似乎指出了这条路！联邦共和国？联邦党人？男人和织毛衣的女人一直在重复，而联邦党人却未必了解其确切含义。但在这种情况下不断重复通常会使这个字具有某种魔力，适合指出任何神秘的罪恶。“联邦党人”已经成为一个驱魔词汇，类似于“离开我，撒旦”！但是，进一步想一想，公共舆论被布里索、戈尔萨、

① 1793年第140期《箴言报》等。

加利塔－孔多塞的报纸毒害得多深！再想想杜塞斯纳·德·艾伯特神父在地球上出版的最粗暴的报纸、鲁吉夫·德·古弗罗伊和马拉的烈火燃烧的反毒害报纸，流传更广、更加犀利、更加有害！在接到投诉表达的不满之后，议会不止一次立法禁止任何人同时担任立法议员和记者，二者必居其一。[①]但这项助益不大的法令随即被撤销或废除，成了虔诚的愿望。

同时，哦，国家代表，作为这场争执的悲哀结果，在法律之友和自由之友之间产生了多少仇恨和嫉妒，使整个共和国陷入狂热之中！外省、外省城市与大都市对立，富人与穷人对立，套裤汉与无套裤汉对立，人与人对立。从南方城市发来的公函都含有指控的标签，因为巴黎一直遭受报纸的诽谤。波尔多强烈要求实施法治和尊重规范，意味着由吉伦特派掌权。马赛发来的两个公函强烈提出了同样的要求：一个是吉伦特派发的，另一个是雅各宾派无套裤汉发的。情绪激动的里贝基厌倦了国民公会，把工作交给了他的替代者回家了。即使在家，他也受不了类似的争吵。

资本家和贵族的大本营里昂处境险恶，几乎处在暴动的边缘。雅各宾派的市政议员夏里埃就抽出了匕首，反对可能是保王党或联邦党的温和派之一的贵族市长尼艾弗尔·绍尔！朝圣来巴黎、希望“看看马拉和山岳派”的夏里埃，果真在他们的神圣祭坛自焚了。历史或传言说，在2月6日，有人看到他向里昂的雅各宾派以超然的方式发表演讲：他手中拿着一把明晃晃的匕首，提出（据说如此）在失去耐心时采用纯粹的九月方式，并且说雅各宾兄弟必须警醒起来，发挥断头台的作用！还有人在版画中看到了他：他站在桌子上，一只脚在前，身体扭曲，紧皱粗犷的眉头，面相酷似狂犬，眼珠瞪得几乎从眼眶掉出来，有力的右手挥舞着匕首或马枪，其他的狗脸在下面为他鼓噪。这样的人不会善终！然而，断头台那天没有在“圣克莱尔桥”抑或是其他地方一挥而就，而是继续搁在谷仓里生锈。尼艾弗尔·绍尔带着军人和机动大炮浩浩荡荡

① 《议会史》，第25卷，第25页。

抵达，“九百囚犯”没有受伤。整个里昂在隆隆的炮声中乱成一团。应该尽快派去国民公会议员，但他们能平息局面，让断头台搁在阁楼里不动吗？

最后，还需要考虑一下，在所有这些疯狂的南方城市和整个法国，叛逆的秘密保王党阶层是否会视而不见，准备在合适的时机动手！虽然没有面包，也没有肥皂，但是，看，爱国妇女的食糖只卖每磅二十二苏！公民代表们，最好还是停下你们的争吵，开始完美的幸福生活吧。

第三节　刺耳的尖叫

总的来说，没人能说吉伦特派不知足，他们的善意已经走得够远了。他们以原则，同时也以阴险手段不断戳在山岳派的痛处。

9 月除了疯狂，别无其他。此外，我们注意到经常折磨山岳派的还有两个痛处：马拉和奥尔良平等。邋遢的马拉由于自己和山岳派的利益无时无刻不受到攻击，被法国视为一个肮脏的嗜血流氓，抢劫商店的煽动者，对此山岳派必须承担责任！山岳派也不自在地表示不满：如何承认或否认这种“最大限度的爱国主义”呢？而马拉本人则以其无懈可击的既定想法回应这些攻击：随着爱戴他的朋友的崛起，人民之友的重要性明显上升。现在他演讲时没有人起哄，反而偶有掌声，这种支持使他信心百倍。那天，当吉伦特派为 2 月那段“把一两个囤积居奇者吊死在门梁上”而提议“依法起诉他”时，马拉建议“判他们发疯”。当他走下讲坛台阶时，人们听到他用非议会语言大骂：“蠢猪！蠢货！”他通常冷嘲热讽，话中带刺，恶言恶语，对外界的敏感神经怀有深深的蔑视。有一两次，他嘲笑这些吉伦特派政治家的善意和一本正经的神态，对他们的书生气、义正词严和懦弱甚至笑得前仰后合。“在这两年里，”他说，“你们一直抱怨受到攻击，受到来自巴黎的阴谋威胁，但你们却一个伤痕都亮不出来。”[①]丹东还不时粗暴地斥责他们，因为他是爱国主义的集大成者，任何人都既不能承认，也不能否认！

山岳派的第二个痛处是矛盾人物亲王大人奥尔良平等。这些人当中竟然有过去的波旁亲王，吉伦特派说，他们是奥尔良派系的人，他们想立菲利普做国王。一个国王刚被斩首，他们就想再立一个取而代之！吉伦特派提出了这个动议，布佐很久以前就以原则和阴险手段提出过这个动议，即整个波旁王室必须离开法国，这个平等亲王负责殿后。这项动议可能对公众产生影响，山岳派虽然感到不安，但也无计可施。

可怜的奥尔良平等怎么和这些人共事呢？人们现在反倒有些同情他了。所有各派都对他嗤之以鼻，像皮球一样踢来踢去，如今何处才是他的安身立命之所呢？他坐等不来理性的希望，而闪烁着苍白疑虑光芒的非理性希望，仍可能从杜穆里埃的总部不期而来。我说的不是虚度光阴的老奥尔良平等，而是年轻有为的沙特尔平等，否则他怎么能异军突起成为国王呢？如果可以在山岳派的夹缝里受到庇护，如果那是庇护的话，可怜的平等会继续等待。一个避难所在雅各宾派，一个在杜穆里埃和反革命那边，这不是有两个机会吗？然而，他的表情，德·根利斯夫人说，看上去很黯然，让人不忍一看。德·根利斯的丈夫、同样在山岳派里走钢丝的西耶利，并非走在山路之上，而是走在一条错误的道路上。平等要德·根利斯在这几天带着她年幼的平等小姐，离开英国和伯里圣埃德蒙兹来到兰西，以免小姐受到移民的待遇。但事实证明这是个错误的决定。根利斯和她的学生发现，她们必须撤到荷兰，在边境待上一两个星期，才能等到大人在雅各宾派的帮助下前来会合。“第二天早上，”德·根利斯夫人说，“大人以前所未有的阴郁神情扶着我上了马车。我满腹疑惑，小姐一直在流眼泪。她的父亲脸色苍白，浑身颤抖。在我坐下后，他站在车门口一动不动，眼睛盯着我。他的眼神悲伤、痛苦，似乎是在恳求：‘永别了，夫人！’他说。他

---

① 《箴言报》，1793年5月20日的会议。

的嗓音都变了，让我惊讶得一句话也说不出来。我伸出手，他用力握了一下，然后转过头去，径直朝马车夫走过去，给了他们一个手势，于是我们就出发了。”[①]

和平缔造者也并不少见，我们可以提两个人：一个很快成为山岳派的首脑，另一个还没有站好队列：丹东和巴莱尔。前制宪议会议员和记者、来自比利牛斯山的机敏的巴莱尔，是这个国民公会中最有用的议员之一。他按自己的想法行事。真理可能在两边、在一边、既不在这边也不在那边。我的朋友，你们必须亦给亦取。此外，祝成功之人好运气！这是巴莱尔的座右铭。他机敏、开朗、目光锐利、灵活、巧妙、优雅，一定会成功。贝利亚尔虽然在人群的喧嚣声中无法用演讲来打动大家，但在伟大的绘画艺术方面，可以说他的同胞中没人能与他相提并论。即使发生以前那样此起彼伏的爆炸、兵戈扰攘、纲纪废弛，即使人们置若罔闻，视而不见，都可以交给巴莱尔。他将成为委员会的记者，你会看到这个委员会走上正轨，展现魅力，取得如愿以偿的改善。没有这样的人，我们可以说，国民公会如何能应付裕如？不要像夸张的莫尔西埃那样称他为“法国最大的骗子”。也许不能说他利用真理而说出真实的谎言，应该像伯克那样称他为断头台的阿那克里翁[*]和对国民公会有益的人。

我们称为和平缔造者的另一个人是丹东。和平，和平就在我们中间！丹东经常这样高呼：难道我们这一小撮兄弟不是在独自对抗这个世界吗？大块头丹东受到所有山岳派的热爱，但他们同时也觉得他态度过于温和，缺乏怀疑精神：他夹在杜穆里埃和很多批评者之间，他们希望不要激怒唯一的一位将军。在鼓噪和骚动之中，丹东铿锵的声音都是为了维护和平和安宁。他们与吉伦特派一起开会，吃晚餐：当务之急是大家必须团结一致。但是，吉伦特派傲慢、令人尊敬。而泰坦丹东却不是循规蹈矩之人，他一直存有九月悲剧的阴影。“你们吉伦特派不信任我。”这是调解人梅扬从他那里得到的答案。无论调解人梅

① 《根利斯回忆录》，伦敦，1825年，第4卷，第118页。

* 阿那克里翁（约公元前570—约公元前480），古希腊亚洲部分最后一个伟大的抒情诗人。

扬带来多少论据和理由，答案总是："他们不相信我。"[①]喧嚣还会变得更加激烈，愤怒变得苍白。

事实上，在吉伦特派的心中，最糟糕、最痛心的可能性是：受人鄙视、不学无术的山岳派无政府主义者将大获全胜！残忍的九月大屠杀参与者、五楼的塔利安、"胸无大志、心无怜悯的罗伯斯庇尔"（孔多塞语）！然而，作为法国之花，我们却不能反对他们。看，权杖已离我们远去，从我们手中落到他们手中！口才、哲学、荣誉都百无一用。"诸神为反对愚昧而徒劳地战斗。"卢维的抱怨之声震耳欲聋，他可悲的人生由于愤怒和极端怀疑论的想法而扭曲。年轻的巴尔巴鲁愤怒而不屑。坐在那里的罗兰的妻子，像怀里抱着蝰蛇的王后一样沉默不语。罗兰的账户从未经过审计，他的名字成了一个绰号。这是战争、特别是革命的财富。8 月 10 日，托菲特巨大的深渊由于你雄辩的声音魔力而开启，现在也不会由于你的声音而关闭！这样的魔力非常危险。魔术师的助手拿着禁书，叫来一个妖精。"我没听清楚，你想要什么？"妖精说。魔术师的助手有些激动，叫妖精拿点水来，轻盈的妖精一只手拿来一桶水。但不料，水源源不断而来！绝望的魔术师的助手向他叫喊，打他，将他切成两段。可是这两个妖精依然不断地把水取来，变成杜卡里昂大洪水把房子淹没了。

第四节　祖国处于危急关头

或者我们不如说，参议院的这场争斗可能会持续很久，各个党派短兵相接，扼住对方的咽喉，结果可能是毁灭自己，或者让彼此窒息。这是不流一滴血的议会斗争方式，条件是：法国至少可以在这段时间继续存在。但主权人民具备消化能力，没有面包什么也做不到。我们仍然处于战争时期，在与命运和饥荒搏斗，在与欧洲的战争中，必须赢得胜利。但在这年的春天，所有的胜利都抛

① 《梅扬回忆录：人民代表》，巴黎，1823年，第51页。

弃了我们。

杜穆里埃的前哨一直延伸到艾克斯·拉·夏贝尔。他略施小计，用平底船、快速机动和无懈可击的计划准备一举拿下荷兰。开始时进展顺利，随后，进攻不幸受阻。艾克斯·拉·夏贝尔丢失，马斯特里赫特不会单凭烟雾和噪音而投降：必须再次启用平底船，并由原路返回。镇定，你们这些敏捷强悍的勇士，现在必须像帕提亚*人那样坚定地边打边撤！唉，这是米兰达将军的过错？还是战争部长的过错？杜穆里埃自己的过错还是命运的过错？够了，没有什么好埋怨的，只要撤退就行，如果不变成溃败就谢天谢地了，因为闻风丧胆的溃兵已经作鸟兽散，无人再束手听命。撤退变成一场灾难。兵败如山倒，其中有一万人一刻不停地一直逃回法国边境才停下脚步。[①]更糟糕的是：杜穆里埃自己可能暗中叛变了吧？因为他写给我们委员会的信里措辞十分尖锐，特派员和雅各宾掠夺者恶行累累，哈森弗拉茨既不发运弹药，也不发送军服，现有的鞋也只是加了纸板的木头底。一言以蔽之：出师不利。丹东和拉克鲁瓦当年做特派员时就认为，需要将比利时纳入法国版图，杜穆里埃可能以一己之私将其变成自己美丽的小公国！将军因此才对出现的所有这些事情大发雷霆，在给我们的信里才用了如此尖锐的措辞。谁知道这位炙手可热的小将军到底在盘算什么呢？比利时或布拉邦公爵杜穆里埃，以及年轻的法兰西国王平等意味着终结我们的革命！观察着这一切的国防委员会不禁摇头陷入沉思：除了轻信别人的丹东以外，还能指望谁呢。

古斯丁将军正从莱茵河地区返回，被征服的门茨将再次被征服，普鲁士人正在周边集结准备对其狂轰滥炸。门茨可能会抵抗。特派员提昂维尔人梅林正“率领被围困的部队突围”，终因寡不敌众，抵抗至死。门茨的逆转多令人难过！在雪花飞舞的去年冬天，勇敢的福斯特、神勇的吕克斯在《一切会好的》

---

* 伊朗古代奴隶制国家。

① 《杜穆里埃回忆录》，第4卷，第16–73页。

的歌声中种下了自由之树，组织了雅各宾协会，将领土纳入了法国的版图，然后来到巴黎担任议员或代表，每日领取十八法郎。可是，在自由之树长满叶子之前，门茨已变成喷发的火山口，不断喷吐火舌！

这些人中的任何人都不会再见到门茨，因为他们只是为了赴死而来到这里。福斯特做了环球旅行，他曾见到库克死在奥怀希俱乐部，但像这样的巴黎，他还前所未见或遭遇什么苦难。贫困与他形影不离，家里除了传来雅各宾派的消息之外别无其他。作为议员或代表的每天十八法郎我们也难以"触摸"，因为那只是指券，每天都在快速贬值。贫穷、失望、无为、漫骂、勇敢的心在慢慢撕裂！这就是福斯特的那份报酬。此外，美丽的戴洛瓦涅小姐在晚上向您微笑，她气质高贵，努力保住自己的马车。可怜的地下男爵、普鲁士人特伦克用不流畅的行话在争吵。托马斯·潘恩满脸是红红的疙瘩，"但眼神却出奇的明亮"。国民公会的议员礼貌地邀请你吃饭，然后"我们大家一起玩结帕游戏"。[①]"这是一个世界爆炸后的重生，"福斯特说，"其中的演员无论多么微不足道都像几只苍蝇一样围在边上嗡嗡叫。"

与西班牙的战争也在同时进行。波旁王朝旗帜下的西班牙人携带辎重，杀气腾腾地穿过比利牛斯山脉的峡谷向前推进。英格兰人也穿上了红色外衣，在约克殿下的率领下进军。据说他曾被邀请做我们的国王。人们自那以后就改变了看法，并且改变了很多，直到变成对我们来说地球上最可恶的人莫过于那个暴君统治的岛屿上的公民，皮特被宣布和法定为"人类的敌人"。蹊跷的是，即使你命令自由战士对英国人格杀勿论，他们也不会完全执行这个命令。自由战士说，我们不会抓俘虏，抓住的一律是"逃兵"。[②]这种命令残忍无道，执行起来不易把握，因为事实上，如果你命令格杀勿论，结果显然会一无所获，形势必将更加不可收拾。那么，"今年法定征召的三十万人"而压在肩上的负担可能

---

① 《福斯特书信集》，第2卷，第514、460、631页。
② 参见当普马丁著：《事件》，第2卷，第213-230页。

会更重了。

数不胜数的敌人通过山地峡谷和大海包围我们，他们带着叮当作响的枷锁蜂拥占领我们领土的各个制高点。不仅如此，更糟糕的是，在我们自己领土的心脏还有一个敌人。在 3 月初，南特的邮政马车已经停运，取而代之的是猜测、不安和风言风语的预兆。而所有这些预兆也都被证明成真！那些狂热的旺代人将无法遏制，过去艰难扑灭的暴动之火在国王去世后重新点燃，并呈现蔓延之势。这已经不是阴谋活动，而是一场内战。你们的卡特里诺、斯托弗莱、夏莱特不是人们想象的平凡之人。看看他们这些农民：身穿仅有的黄褐色粗布衣服，手握粗糙的武器，排列着散乱的队形，凭借高卢人生性狂野的劲头，呼喊着“神和国王”的战斗口号，如黑暗的旋风般向我们冲来，把精锐的国民自卫军冲得七零八落，惶惶不可终日！他们连战皆捷，没人知道何处可以罢战息兵。指挥官桑泰尔被派到那里，但毫无用处，还不如回来酿啤酒更有用。

国民公会必须停止争吵，开始行动，整合党派，令行禁止。不要再做那些模糊的前景预测，因为毁灭、千真万确的毁灭迫在眉睫，重在当下才是正道。

3 月 8 日星期五，杜穆里埃的可怕信息与其他同样可怕的信息一起在严密护卫下终于到达国民公会。大多数议员的脸都变得惨白。在皮特和科布尔一路高歌猛进来惩罚我们所有人时，我们是否让九月大屠杀参与者逍遥法外至关重要。如今在巴黎本身和暴君之间只隔着一个可疑的杜穆里埃和全线溃败的军队！泰坦丹东这时一如既往地在需要他时拍案而起。他铿锵的声音在拱顶回荡：公民代表们，我们难道不应该在这命运攸关时搁置分歧吗？哦，名声：这个人和那个人都有什么名声？“让我的名声扫地，让法国自由！”法国有必要再次崛起，百万人同仇敌忾，报仇雪恨。立即在巴黎招募人手，让巴黎和全国的每个选区都提供几千人！我们可以派九十六名专员，为四十八个选区中的每个派两名专员。他们必须立即出发，告诉巴黎国家需要它做什么。尽快把剩下的八十名议员派往法国各地散发火十字架，集聚全国的力量。让这八十人在开会之前就立即出发，让他们认真思考自己的使命。在巴黎和北部边境之间有一个可以容纳五万人的机动部队营地，巴黎希望向那里派出义勇军！让四面八方肩并肩共同挑战死亡的威胁，我们将再次击退黑暗之子，而法国将面对世界再次获得自由！[①]泰坦的声音回荡在所有的选区和所有法国人的心中。在各选区招募义勇军的工作当晚彻夜进行。国民公会的专员由快速滚动的车轮带到各地，他们逐个城市分发火十字架，直到整个法国燃起熊熊大火。

市政厅仍然飘扬着“祖国处于危急关头”的旗帜，巴黎圣母院大教堂的尖顶则飘扬着黑旗。发布了公告，组织了演讲，巴黎再次出手狙击敌人。可以预期，巴黎在这种情况下不会心慈手软。街上的人们情绪激动，围在骑术院大厅周围的人更是群情激奋！站在斐扬派露台的男公民义愤填膺，女公民更是怒不可遏。瓦尔莱带着便携椅子散步时，听到人群对那些背信弃义、花言巧语的政客，杜穆里埃的朋友以及皮特和科布尔的秘密支持者，发出了各种口无遮拦的谩骂。与敌人战斗吗？是的，甚至“用恐怖冻死他们”。不过要先惩罚国内的叛徒！这些人只知道以最阴险的温和方式吹毛求疵、争吵不休，试图束缚爱国运动？这些人分裂法国，反对巴黎，并在各省曲解民意。当我们要面包和冻结粮食价格时，他们就用粮食自由贸易的演讲敷衍我们。难道人的胃要用自由贸易的演讲来满足吗？我们应该用温和还是用愤怒的方式打败奥地利人？必须清洗这个国民公会。

“建立一个审判叛徒的快捷法庭，冻结粮食价格”，这是坚定的爱国义勇军奔赴边境之前，在国民议会大厅游行时提出的要求，他们以大无畏的勇气和特有的冈比西斯气魄，在旁听席和山岳派的欢呼声、右派和平原派的窃窃私语中进行演讲。这个时代不缺天才：看，当普瓦索尼埃选区的队长激烈地谈论杜穆里埃、粮食价格冻结和秘密保王党叛徒时，他的队伍与他齐声附和，在头上挥舞着他们的旗帜。这位眼尖的议员发现，在这同一面长条旗上竟然有王室的百

① 《箴言报》（《议会史》，第25卷，第6页）。

合花图案！受到恐怖袭击的选区队长发出了吼叫，他的队伍也叫了起来，并把旗“扔到脚下践踏”。这似乎是秘密保王党策划的阴谋？这种可能性最高。①或许归根结底，这只是一面制造于8月10日之前的旧旗，这类旗帜当时符合规定。②

纵观急于发掘歇斯底里真相的吉伦特派回忆录，可以从历史的角度发现，整个3月，尤其是3月10日星期天，发挥了重要作用。谋杀吉伦特派议员的阴谋在一个接一个地上演。无政府主义者和秘密保王党人正在策划一场地狱音乐会来达到这个目的！所有这一切大部分是歇斯底里的想象。我们所发现的不争事实是，卢维和某些吉伦特派议员担心他们可能在星期六被谋杀，因而没有去参加晚上的会议，而是商议由个人去煽动各自的支持者，做出终结无政府主义者的行动。然而，佩蒂翁打开窗户，看着细雨蒙蒙的夜色，对此反驳道，“他们什么都不会做的”，然后“镇定地继续拉他的小提琴。”卢维说。③他就是以这样吕底亚*的温和方式处理来势汹汹的威胁的。卢维也深感有可能被杀，有几个吉伦特派议员甚至另觅他处居住。他们害怕被杀，但事实并非如此。不过此后不久，各省最讨厌的记者议员戈尔萨和他的出版人的家在骚动的雨夜，被一群鼓噪的爱国者闯入，其中就有戴红色软帽的瓦尔莱和美国人富尔尼埃。他们的妻子吓得惊魂魄散，印刷机、铅字和相关设备都被捣毁。没有任何市长及时出手干预。戈尔萨本人拿着手枪，“翻过后墙逃脱”。即使星期天不是什么工作日，街上也比平时骚动。这是这些无政府主义者正在策划的新的九月事件吗？最终九月事件并未发生，所有这一切都是他们歇斯底里大发作所做的臆断。④

维尔尼奥表示谴责并哀叹生不逢时。邦公塞尔选区（意为好顾问，以取代

① 《报告选》，第11卷，第277页。
② 《议会史》，第25卷，第72页。
③ 《卢维回忆录》，第72页。
* 《圣经》中谦卑、诚信的女商人。
④ 《梅扬回忆录》，第23、24页。《卢维回忆录》，第71-80页。

过去的坏顾问的名字）做了一件让人惊诧的事情：他们要求逮捕二十二名包括维尔尼奥、布里索、噶代和其他花言巧语的吉伦特派议员！8月10日以后命名的邦公塞尔选区立即被作为“坏顾问”而受到严厉斥责。[1]但话已出口，覆水难收。

事实上，吉伦特派有一件事让我们感受至深：他们目光短浅，这是他们软弱的性格造成的。他们全心全意致力于统治人民，但人民却视他们为陌路人。公式般的套话、哲学、尊重、写入书籍并被受过教育的阶层采用的东西、对大自然运行的拙劣模仿，无论如何毕竟也都是大自然对这些人的启示。当不涉及法律与不平等，而是生与死的问题时，他们就开始长篇大论地演讲，向法律界的朋友发出呼吁。他们如果不是耶稣会士，就是革命的书呆子！他们的繁文缛节数不胜数，利己主义也不遑多让。奋起反抗奥地利的法国只是因为3月10日的阴谋才发动起义，并屠杀了他们当中的二十二人！这种革命奇观不是根据公式化的法律，而是以自身和自然法则发展成了可怕的规模，变成不可能发生的事情，像“梦呓”一样，令人难以置信。他们想要的只是一个建立在他们所谓的美德和我们所说的礼仪与尊重基础上的共和国，别无其他。自然与现实下产生的任何其他类型的共和国都将被视为无物、一种幻影、噩梦，自然规律和繁文缛节不承认、不存在的东西。唉！在心明眼亮人士的眼里，这个现实晦暗无光，但这些人不想用自己的眼睛，只想通过老学究的有色眼镜和受伤的虚荣心来看，而他们这样看到的画面只是自命不凡的谬误。他们抱怨、指控阴谋和无政府主义，从而以示范的方式证明，现实不会转化成他们那套繁文缛节，他们和他们那一套与现实不符：在其黑暗的愤怒中，现实将把他们及其教条完全摧毁！其他人能做到的，他们都可以做到。可以说，失去洞察力，看不清真正的现实而只看到虚幻现实的人是不可救药的，因为他将加快脚步追随这个幻影进入黑暗，直至暗无天日的深渊和废墟，这是黑暗的海洋，所有的谬误在这里

① 《箴言报》，3月12、15日的会议。

迟早都会遁于无形!

我们应该将这个3月10日标记为吉伦特命运攸关的时刻。愤怒越是激化,盲目越是加深。许多人已经不来开会,很多人来时带着武器。[1]现在,一个令人尊敬的议员吃完早餐后,在记笔记的同时必须检查一下手枪的击发器是否好用。

与此同时,杜穆里埃在比利时的境遇却每况愈下。无论是米兰达将军还是别人的过错,毫无疑问,3月18日的奈尔温德战役已经一败涂地,而我们的快速撤退已变成超快速撤退。大获全胜的科布尔率领奥地利骑兵,在后面像悬挂在我们后卫部队的乌云紧追不舍。杜穆里埃昼夜不离马背,每隔三小时就会发生一次战斗。我们满腔怒火、疑心重重、吓破了胆的部队已作鸟兽散,只求快速逃回国境。那么,杜穆里埃自己是怎么想的呢?他似乎是罪魁祸首,心怀歹意!他给委员会送来的急件公开谴责争论不休的国民公会是造成法国和他自己不幸的根源。在演讲中(因为将军不懂含蓄为何物),这个杜穆里埃称处决暴君是谋杀国王。丹东和拉克鲁瓦作为专员再次被派到那里,回来时变得忧心忡忡。丹东直到现在仍然心存疑虑。

受警醒的母亲协会的派遣,三名雅各宾派特派员:普罗利、杜布松和佩雷拉立即出发。他们听到将军的演讲都惊呆了。根据将军的说法,国民公会由三百名无赖和四百名笨蛋组成,法国不能没有国王。“但我们却处决了我们的国王。”“对我来说意味着什么?”口无遮拦的杜穆里埃将军喊道,“国王的名字是路德维希还是雅各布斯?”“或者是菲利普。”普罗利附和道。他立即就进展情况起草报告。在边境一带还算有些希望。

① 《梅扬回忆录》,第24、85页。

第五节　穿上裤子的无套裤汉

然而，还是让我们来看看，无套裤汉和革命的奇观是如何鼓噪和形成的吧，也许他们这里和其他地方依然存有法国的希望。随着山岳派的法令一个接一个地出台，革命的巨兽像自然法则公式和有创意的法令一样快速成长，如今已长出了饱满的身材和灵活的四肢。在 1792 年 3 月，我们曾经目睹整个法国陷入盲目的恐怖之中：城门关闭，盗贼遍地。好在今年的 3 月恐怖显而易见，有创意的山岳派依然存在，并且可以发布法令！兵员的招募进行得热烈、迅速。不过，我们的义勇军却不愿出门，直到留在家被以叛国罪论处才勉强出发，但他们不是奔赴前线，而只是忽东忽西，漫天要价，满腹牢骚。山岳派必须对此发布新的法令。

首先，以革命委员会为例，难道逮捕可疑人物不是他们的本职工作吗？在法国的所有市镇，由挑选出的十二名爱国者组成的革命委员会是常设机构，他们审查嫌疑人、搜查武器、上门抓人，确保共和国免受任何损害。他们由普选产生，每个选区选送一人，是雅各宾派的一种不老仙丹。整个法国大约由四万四千名这样的人在清醒地守护！在巴黎和所有的城镇，家家户户的门牌上必须清楚地写明居住人的姓名，“高度离地面不超过五英尺”。每个公民都必须出示由选区区长签署的公民证。每个人必须随时准备好汇报自己的信仰。犯罪嫌疑人最好离开这片自由的土地！离开法国出走的人面临危险：因为所有移民都被宣布为叛徒，他们的财产被收归国有，“法律上已经死亡”。唯一的局限是，就我们的利益而言，法律上他们还能“继续活五十年”，如果在此期间有遗产归属他们，也必须收归国有！雅各宾派四万四千个活动中心散发出的疯狂活力，循环在整个法国的机体中。

山岳派下令成立的特别法庭也非常引人注目，却受到一些吉伦特派议员的批评，因为这样的法院无疑与公式化的陈词滥调相矛盾。[①]而其他的吉伦特派议员则表示赞同，甚至与其合作，因为，哦，你们这些巴黎人，我们大家不是都恨叛徒吗？第十七法庭去年秋天动作迅速，不过这个法庭动作更快。巴黎和周边地区当即任命了五名法官、常设陪审团。他们不接受任何上诉，几乎摒弃了任何法律形式，但必须以最适当的方式"说服自己"。出于安全原因，他们还必须对着巴黎公众的耳朵"大声投票"。这个特别法庭只热火朝天地存在了短短几个月时间，就按照设立初衷的原则改成了革命法庭，由赫尔曼或仲马担任大法官，富齐埃·丁维尔为总检察长，陪审团里有公民勒鲁瓦，他把名字改为8月10日，即"8月10日勒鲁瓦"，成了世界的一道风景。无套裤汉为自己打造了一把锋利的宝剑：这是一件魔法武器，在黑暗的地狱汪洋中经过千锤百炼而锋利无比，没有任何护甲、力量或强大的防御手段能够抗拒，可以摧毁生命和厚重的城门，它的寒光将恐怖播撒在人的灵魂之中。

但说到无形的无套裤汉成形的，我们不应该首先解释一下这个无形的巨兽是如何获得自己的头的吗？无须隐喻，迄今为止这个革命政府依然在这种无政府状态下继续前行。部长执行理事会的六名成员，特别是在罗兰隐退之后，几乎不知道自己是否还是部长。国民公会委员会凌驾于他们之上，随后五花八门的委员会都对他们指手画脚：二十一人委员会、国防委员会、综合安全委员会出于各自目的相继成立。国民公会在与市镇结盟时一家独大，但对于一个行政机构来说未免过于庞大。因此，在3月底之前，在共和国处于生死攸关的时刻，我们又得到了我们的小型公共救国委员会。[②]表面上看，这个委员会必须对无数复杂的局面做出决策，实际上却起到了综合监督、全面控制的作用。他们每周必须提交报告，但内部的讨论并不公开。他们共有九名成员，都是坚定的爱国者，每个月进行轮换，丹东是其中之一。可是，既然他们运作良好，

① 《箴言报》，3月11日第70期、第76期等。
② 《箴言报》，1793年3月24日第83期、第86、98、99、100期。

为什么不连选连任呢？这里面的蹊跷在于他们只有九个人，决策神秘莫测。这个委员会起初微不足道，却具有成长壮大的萌芽！在机缘、雅各宾派的内部能量推动下，它使所有其他委员会和国民公会本身变得噤若寒蝉、服服帖帖，六名部长成了百依百顺的小职员，并在一段时间里独霸天下，唯我独尊。“公共救国委员会”给人们留下的记忆，依然让世界发出尖叫、不寒而栗。

如果我们把革命法庭称为无套裤汉配备的宝剑，那么我们就可以把《最高法》称为在其中好歹可以找到几片面包的褡裢或背囊。吉伦特派的政治经济学、自由贸易及所有法律都因此而七颠八倒，但如何是好呢？爱国者必须活下去，“农民的贪婪”似乎是铁石心肠。因此，《最高法》在付出巨大努力稳定粮食价格之后最终得以通过，并逐步延伸到各类食品和商品，这其中引发的斗争和动荡不可想象！[①]但现在，假设农民不卖粮食怎么办？那就强迫他们卖。每个农民准确的粮食账户必须交到立法当局。如果申报的数量过少，租金、税收和上缴额将按比例增加。如果在某个固定日期或之前申报的数量过多，假设在 4 月份，少于申报额的三分之一必须留在谷仓，超过三分之二必须脱粒、销售。他将受到谴责，并交付罚金。

只有借助于这种颠覆式的商业关系，无套裤汉才有望生存下来，别无他法。从整体来看，正如卡米耶·德穆兰所说的，“一旦无套裤汉揭竿而起，这些先生们必须付出代价”，由此出现了“渐进税”，以迅雷不及掩耳之势贪婪地搜刮了公民们“多余的收益”：每年超过 50 英镑（1250 法郎）你是躲不过去的，超过 100 英镑(2500 法郎)你会吐血，成千上万的话，你会流血不止。还有徭役、五千万、“十亿英镑强迫贷款”，富翁理所当然得借出这笔款项。真是无可比拟的奇才！这是穷人扬眉吐气的国家，富人已无法立足！假如逃走，会发生什么呢？那样的话，虽然法律上宣布死亡，但还要为这些受诅咒之人再活五十年！整个国家就是在这种动荡和《一切会好的》的歌声中运转的。此外，无数没收

① 《箴言报》，1793年4月20日至5月20日。

自移民的国家财产在出售,还有装满指券丰饶角的康邦。无套裤汉的贸易和金融、粮食限价最高法、面包店的长队、贪婪、饥饿、谴责和纸币,这一切从生到死贯穿了跌宕起伏的一生,构成了政治经济学中最有趣的篇章,至今仍值得大书特书。

所有这些难道不是很明显与公式化的陈词滥调背道而驰吗?哦,吉伦特派的朋友,我们得到的不是一个厚德载物的共和国,而只是一个力量强大但未必道德高尚的共和国!

第六节　叛徒

但是,杜穆里埃和他溃败的军队、与路德维希国王或者菲利普国王的关系如何评价?这里隐含着危机和问题:是革命奇才,还是反革命?东北地区是铺天盖地的尖叫声。士兵们满腔怒火、疑心重重,吓破了胆的部队已作鸟兽散。一直没离开马背、众多参谋前呼后拥的杜穆里埃,现在只剩下这些聊胜于无的参谋了,他们出的馊主意包括:与科布尔会合、踏平巴黎、将雅各宾派一网打尽、与路德维希或者菲利普国王合作重建 1791 年宪法![1]

智慧抛弃杜穆里埃了吗?命运的使者离他而去了吗?除了兵营的某种信念和军官的荣誉之外,原则、政治信仰或其他都不需要离开他。无论如何,他都住在圣阿芒的镇子里,他设在离此不远的圣阿芒德布的总部,已经成了一座疯人院。国家代表、雅各宾派的传教士骑马来回穿梭。在里尔、瓦朗谢纳甚至孔泰这三座杜穆里埃想拿下来的城市中,没有一座可以顺利得手。您的队长可以进门,但城门随后关闭。那是监狱的大门,"是他的士兵在城墙上徜徉"。信使气喘吁吁地传递消息,人们在等待或者似乎在等待杀人或被杀的时刻,几乎被这种怀疑和不确定性逼疯的各营,高呼"共和国万岁"和"逃命啊"四散奔逃,

① 《杜穆里埃回忆录》,第4卷,第7-10章。

整个营地被崩溃和绝望气氛所笼罩，而科布尔的战壕就在附近。

根利斯夫人和她美丽的奥尔良公主都觉得，圣阿芒镇并不适合她们居住。让杜穆里埃保护她们是最糟糕的选择。强硬的女中豪杰根利斯好像有九条命，是任何人都无法击垮的。她收拾好行李，准备私下逃走。她将把她心爱的公主和她的哥哥、沙特尔平等亲王留在这里。在 4 月的一个灰蒙蒙的寒冷早晨，我们发现她在圣阿芒镇的街上坐上租来的马车，车夫甩开鞭子正准备出发时，年轻的亲王哥哥抱着公主跑过来叫住了马车！他匆忙抓住只穿着睡衣、除了枕头下面的表之外什么都没带的可怜的根利斯小姐。出于绝望的兄弟之情，他抱着公主穿过行李箱，送到座位上，又送到根利斯的怀里：看在上天的份上，发发慈悲，不要离开她！虽然场面短暂，但令人动容。车夫扬鞭出发。他们去哪里呢？他们必须穿越偏僻的小路、崎岖的山谷，夜幕降临后需用灯笼寻找道路，还要冒险穿过科布尔的奥地利人和疑心的法国人的地盘。虽然身无分文，但他们最终平安到达瑞士。[①]勇敢、年轻的平等必须期待第二天的严峻局面了，但至少现在还性命无虞。

实际上，在圣阿芒德布镇的那个叫马德巴瑟的村子里，情况越来越糟。1793 年 4 月 2 日星期二四点左右，两名信使拍马赶来，似乎事关重大：将军！战争部长率领四名议会代表从瓦朗谢纳的指挥所赶来，已经近在咫尺。完全可以猜到他们此行的目的！信使正说话时，战争部长和国家代表，包括作为首席发言人的档案保管员老加缪已经到了。将军还没来得及集合贝尔西尼轻骑兵团，于是命令列队在附近等待，以防万一。这时，战争部长博尔农维尔走了进来，作为老朋友与他友好地拥抱。随后进来的是档案保管员加缪，其他三个人紧随其后。

他们展开公文，邀请将军去国民公会作证，只是给一两个解释而已。将军觉得这种做法并不合适，但为了避免僵持局面，只是说“公务在身，恕难从命”。

① 《根利斯回忆录》，第4卷，第139页。

于是发生了争执。老档案保管员的声音越来越高，但与杜穆里埃喊叫是徒劳的，只会让他出言不逊。这些可怜的国家代表，在这些气宇轩昂、脸色阴沉的参谋部军官面前争吵，未免觉得胆怯和心虚，于是，经过商议，他们离开了总部，打道回府。整个过程持续两个小时，徒费唇舌。对此，档案保管员加缪以国民公会的名义（经过授权）提高声音宣布，杜穆里埃将军被逮捕："您愿意服从国家命令吗，将军？""此时此刻不行。"将军也同样大声回答，然后扭头看了一眼旁边，以看似难懂的德语词汇下达了命令。[①]轻骑兵抓住四名国家代表和战争部长博尔农维尔，将他们带出房间和村子，作为人质和囚犯，当晚用两个指挥所的椅子拖着，越过了科布尔战线，让他们去马斯特里赫特和奥地利人的城堡休息了！[②]一不做，二不休 (Jactaestalea)。

杜穆里埃让人连夜打印他的"宣言"。当夜和次日早上，陷入黑暗和不确定状态的杜穆里埃的军队，愤怒和半绝望地开始反省将军的所作所为，以及在这种情况下自己应该怎么办。可以想象，这个星期三对任何人都不轻松！但是，在星期四早上，我们看到杜穆里埃带着一队护卫，与沙特尔平等和几个参谋一起，沿着孔泰的大路闲逛。也许他们是去孔泰的驻军尝试说服工作。无论如何，他们将与按照约定在离驻军不远的树林里等待的科布尔会面。在多迈村附近，有三个营一直以雅各宾分子为主的国民自卫军快速向我们这个方向移动。也许是走错了路，他们走的不是我们指定的路线。将军下了马，走进路边的一座茅屋，想向他们下达书面命令。听！有奇怪的喊声：可以听到"叛徒"、"逮捕他们"的喊叫声。国民自卫军已经顺着原路回来了，并沿途一直在放枪！上马，杜穆里埃！赶紧逃命！杜穆里埃和参谋们催马越过沟壑、田野、沼泽地，不顾耳畔的诅咒和飞过的铅弹，拼命逃出生天。在好几个护卫被杀，有的骑马，有的奔跑，最后总算逃出了对方火力范围，进入了附近马克将军的奥地利人的阵

① 《杜穆里埃回忆录》，第4卷，第159页等。
② 《图隆永回忆录》中加缪的叙述，第3卷，第60–87页。

地。但是，他们次日又返回了圣阿芒附近忠心的外国人贝尔西尼的驻地。但这有什么用呢？整个炮兵已经暴动，乱哄哄地向瓦朗谢纳进发。除了外国人贝尔西尼和可怜巴巴的一千五百人，都已经或正在暴动。没有人会追随杜穆里埃反对法国和不可分割的共和国。杜穆里埃的使命结束了。[①]

这些人的心中有一种法国爱国者和无套裤汉的本能，使他们既不会追随杜穆里埃、拉法耶特，也不会追随任何有同样观点的人。他们可以一边高喊"逃命"，一边高喊"共和国万岁"。新的国家代表来了，新来的将军当皮埃尔很快在战斗中丧生，然后又来了一个将军库斯丁纳。动荡不安的军队撤退到法马尔斯营地，尽量与科布尔对峙。

现在，杜穆里埃留在奥地利人的大本营。他的戏剧以这种遗憾的方式落幕了。他如此机智灵活，是个一心只求工作的天赐的瑞士人。五十年的辛劳和勇气被视若无睹，一年的所作所为则被所有国家和所有世纪铭记，然后他另外三十年同样被忽视。领着英国养老金，写作回忆录，漫无边际地制订不切实际的计划。再见了，天赐的瑞士人，愿你得到好运眷顾！

他的参谋也都以不同方式离去。勇敢、年轻的平等怀着坚定的信念，拄着一根苹果树木棍子抵达瑞士，找到了根利斯小屋。他的领地如今沦落到这种地步。而在同年 4 月 6 日，父亲平等正坐在他在巴黎的平等宫里打惠斯特牌，一个执达员进来：国民公会委员会召见平等公民！[②]先是要求审查、逮捕、最后是监禁，并转移到马赛的伊芙堡！奥尔良家族已经沉没在黑暗的水底，昔日的王宫、今日的平等宫已变成国家宫。

① 《杜穆里埃回忆录》，第4卷，第162-180页。
② 参见蒙加亚尔，第4卷，第144页。

第七节　短兵相接

我们通过一纸法令而建立的共和国，必须是"一个不可分割的共和国"。但如果参议员里还有联邦党人、军队里有变节者，叛徒无处不在的话，一纸法令又算得了什么！在3月10日以来在法国招募的人员都没有奔赴边境，只是像无头苍蝇一样四处乱窜。轻蔑而手腕高明的杜穆里埃的叛逃，对过去拥护他的那些花言巧语、巧言令色的政客是个沉重的打击，构成了他们命运的第二个时期。

或许我们可以更加理性地说，尽管这一点很少有人注意到，但吉伦特派的第二个时期从他们在叛逃的议题上与丹东决裂的那天起就已经开始了。这是4月1日。杜穆里埃还没有闯进沼泽地去找科布尔，但显然有这么做的打算，而我们的特派员正动身去逮捕他。这时，吉伦特派的拉索尔斯拍案而起，他认为现在应该做的是问一个问题：杜穆里埃的主要同谋有没有可能是丹东？这是个心怀叵测、指桑骂槐的问题。吉伦特派以嘲讽的冷笑表示同意。山岳派则紧张地屏住呼吸。丹东的脸色，莱维塞尔说，在整个演讲中值得关注。他挺直身子，拼命让战栗的内心平静下来，眼里不时闪出野性的寒光，嘴角流露出巨人泰坦的轻蔑。[①]拉索尔斯像辩护律师一样继续发表精彩的演讲：他看到各种各样的可能性痛苦地压在他的心上，让爱国者丹东处于痛苦的阴影之中，他希望丹东会觉得可能消除这个阴影。

"卑鄙小人！"拉索尔斯演讲刚一结束，丹东就挥起右拳，大喝一声。他像奔流的岩浆一样从山岳派的座位冲下来，他早已准备好了答案。虽然拉索尔斯的可能性像飞散的尘埃消失不见，但已经造成了后果。"你们是对的，我的山岳派朋友，"丹东说，"我错了：与这些人不可能建立和平。那就开战吧！他们不会跟我们一起拯救共和国。没有他们，照样可以拯救共和国。他们的阻挠是

① 《勒内·莱维塞尔回忆录》，布鲁塞尔，1830年，第1卷，第164页。

徒劳的。”这些话在议会雄辩、深刻，掷地有声，在旧的《箴言报》上仍然值得一读！粗暴的泰坦用火一般的话语沉重打击了吉伦特派，每句话都让山岳派爆发出一片喝彩。马拉还像副歌一样重复着每句话。[①]拉索尔斯的可能性都消失不见了，但丹东发起的挑衅仍然落在地上，无人敢拾起。

吉伦特派这出剧的第三个时期或者场景，或者更确切地说第二个时期的补充部分，在道德高尚的佩蒂翁的耐心变成愤怒、吉伦特派接受丹东的挑战、立法指控马拉的那天起就已经开始了。这是同年 4 月 11 日，与往常一样，骚动在逐渐恶化，议长已经躲了起来，议会变成了疯人院。山岳派和吉伦特派已经水火不相容，彼此紧握拳头，甚至拿起了手枪。看，吉伦特派的杜珀莱手里拿着一把剑！在这剑拔弩张、险象环生的形势下，恐怖的叫嚣更加一浪高过一浪。杜珀莱只得把剑收回皮鞘，承认他之所以这样做是受到“神圣的疯狂”驱使，被指向他的手枪所激怒。但如果他碰巧用剑划伤了国家代表的皮肤，他也会拿起手枪，当场轰掉自己的脑袋。[②]

就是在这种情况下，在事件发生的第二天早上，道德高尚的佩蒂翁发言，为此次事件、无休止的无政府状态入侵立法议会的殿堂表示遗憾。但他的话很快就被山岳派的咆哮和吼声所淹没，他瞬间失去了经过长期考验的耐心，嗓门变高了，语气更加强硬，嘴角冒着白沫。“我由此而得出结论，”马拉说，“他感染了愤怒。”而愤怒之人会把愤怒传染给别人。于是，要求消灭无政府主义的提议开始唾液四溅地一个接一下，并对马拉提出特别指控。向革命法庭派出代表？违反代表的不可侵犯性？哦，朋友，小心点！这个可怜的马拉是犯过不少错，但指控他反对自由或平等？这是他毕生钟爱并为之奋斗的事业，不是理性地热爱，而是过分地热爱。即使不屈不挠的战斗让他不得不栖身地牢、地窖，在人们的诅咒声中变得穷困潦倒、肮脏盲目，但他的头脑与修行者别无

① 1793年4月1日的会议（参见《议会史》第25卷，第24–35页）。
② 《议会史》，第25卷，第397页。

二致。在科布尔和皮特端着吐着火舌的枪向我们推进时，你们却将锋利的剑指向他吗？

山岳派吼声响亮，吉伦特派同样响亮，而且装聋作哑。所有人都唾液四溅，不依不饶。经过“二十四小时的连续会议”、个人投票和殊死搏斗，吉伦特派取得胜利：马拉被责令去革命法庭受审，解答贴在门梁上的那些关于垄断者的2月文章与其他罪行。尽管有点犹豫，最后他还是服从了。[①]

丹东的挑战就这样被接受了。正如他所说的那样：这是“一场没有休战或不妥协的战争”。现在无论是公式化的陈词滥调还是现实已经是短兵相接的殊死搏斗，再也不能彼此共存，只有一个可以幸存！

第八节　殊死搏斗

这证明已有的公式化的陈词滥调中存在某种力量（尽管只是惯性），层出不穷的现实中存在弱点，为很多事情做了注解，而且这种殊死搏斗应该还将持续六个多星期。国家事务、宪法条款的讨论（因为我们的宪法应该准备就绪）会同时进行。我们甚至还将改变我们的开会地点，我们将在5月10日从旧的骑术院大厅搬进杜伊勒里宫的新大厅。那里曾经归国王所有，但现在归共和国所有。希望和怜悯反对绝望和愤怒的斗争仍然在人们的心中持续。

这六个星期的殊死搏斗杀得暗淡无光，难解难分。愤怒的形式主义反对狂热的现实主义：爱国主义、自私自利、傲慢、愤怒、虚荣、希望和绝望，都膨胀到了疯狂的程度，疯狂与疯狂相遇，酷似黑暗、狂暴的旋风，彼此不理解对方，但弱者明白，有朝一日他将被一扫而光！吉伦特派作为现存的体制和体面阶层的代表是强大的：七十二个省，或者说各省的许多体面人物不是都宣布支持我们吗？推崇布佐的卡尔瓦多斯将发起暴动，以发出自己的声音。爱国主义的摇

① 1793年4月16日的《箴言报》等。

篮马赛也将奋起反抗。波尔多与吉伦特省团结一致,即将进入起义状态。总之,当我们的国家代表被侮辱,或者胆敢碰议员头上的一根毫毛时,谁都会奋起造反!而山岳派方面则在现实和胆量上强大无比。对于山岳派的现实来说,还有什么是不可能的吗?如果需要,他们可以制造一个新的8月10日,外加一个新的9月2日。

但是,1793年4月24日星期三下午,为什么会有这种惊天动地的庆祝活动?这是为了庆贺马拉从革命法庭回来!经过一周的审讯和死亡威胁,他得到了胜利的无罪判决。革命法庭找不到任何证据指控这个人。可以用历史的目光来审视爱国者在这个星期做了什么不可思议的事情:欢天喜地、拥抱马拉、把他举到一张胜利椅子上、肩上扛着他在街上游行。人们可以看到被扛在肩头的受伤害的人民之友,头戴橡树枝叶编织的头冠,穿过红色软帽、卡马尼奥拉短上衣、掷弹兵帽子、头巾和软帽的海洋,像真正的海洋一样隆隆作响。受伤的人民之友在这里达到了他人生最辉煌的顶点,他也用自己高贵的头颅击中了星辰。

但读者可以判断,拉索尔斯议长、那个提出"痛苦的可能性"、在这个大厅主持国民公会并立法指控马拉的人,会以什么眼光来看待到来的这个洪流和欢乐的海洋!当时的发言人、一个国民自卫军工兵说,人民知道谁是朋友,并像珍爱自己的生命一样热爱他。"如果谁想要马拉的头必须先取工兵的头。"[①]拉索尔斯尴尬地嘟囔一些话,引发了哄堂大笑,勒瓦瑟尔说。[②]爱国选区、尚未向边境进发的义勇军来要求国民公会把叛徒从自己的地盘驱逐出去,将二十二名叛乱分子除名,甚至审判和判刑。

然而,吉伦特派有自己的十二人委员会,这是个为了调查立法圣地麻烦而专门设立的委员会:让无套裤汉讲出他们想要什么,法律必将胜利。老制宪议

① 共和历第1年4月26日的会议,《箴言报》第116期。
② 《勒瓦瑟尔回忆录》,第1卷,第6章。

员拉博·圣·艾蒂安主持这个委员会:“也许这是被倾覆的共和国能够拯救自己的最后一块木板。”拉博与他们坐在一起聚精会神地审查证人,颁发逮捕令,进入一片麻烦的汪洋大海、繁文缛节的摇篮或者坟墓!哦,读者,不要进入这个大海!那里只有暗无天日的浩劫和混乱、狂暴的妇女和愤怒的男人。某些选区前来要求二十二人,因为邦公塞尔选区最先提出的人数依然有效,虽然名称可能会有所变化。其他由富裕阶层组成的选区进行了干预,他们谴责这样的要求。根据穷人和富人组成的不同,刚刚提出这样要求的选区,现在则转而谴责这样的要求。因此,吉伦特派颁布法令,要求所有选区“在晚上十点”工人到来之前必须结束。但这个法令没有起效。每到夜晚,虽然爱国之母协会的人都痛心疾首、黯然神伤,但眼睛里却放射出愤怒的光芒!美国人福尔尼埃正忙得不可开交,两个银行家弗雷和自由使徒瓦尔莱同样如此。人们还可以听到圣·于吕日侯爵斗牛犬般的声音。妇女们尖厉的声音回荡在国民公会的旁听席和穹顶之下。由所有四十八个选区组成的“中央委员会”开始在黑暗中显露出巨大能量,它躲在总主教教区接送决议:这是所有选区的中心,似乎一直在酝酿一个新的8月10日事件!

我们可以用一件事来说明这些观点:就是这十二名吉伦特派,甚或每个人都通过自己的角度看待妇女爱国者。有些妇女爱国者被吉伦特派称为泼妇,人数估计有八千。她们有着像蛇一样随风飘扬、没有一丝卷曲的头发,把卷线杆做成了匕首。她们是雅各宾俱乐部麾下的“博爱协会”的成员。差不多“两千把匕首”无疑就是为她们订购的。她们赶到凡尔赛就是为了煽动更多的妇女参与暴动,但凡尔赛的妇女不愿参与。[①]

然而,在杜伊勒里宫国家花园,酷似棕色卷发的戴安娜(非常有可能)的戴洛瓦涅小姐,遭到了自家的公狗更有可能是母狗的攻击!这位保留了自己

① 《布佐回忆录》,第69、84页;《梅扬回忆录》,第192、195、196页;参见《十二人委员会》(《报告选》,第12卷,第69—131页)。

马车的小姐一贯无限崇尚自由，但为了自由却与体面阶层为伍。于是，这些蛇型头发的极端爱国妇女抓住她，无耻地撕碎她的衣服，恶毒地殴打她，如果不是有人来营救，早就把她扔进池塘了。唉，即使营救也无济于事。可怜的小姐不那么灵光的脑袋和神经系统，受到如此重创和摧残，以致再也无法恢复到正常状态。更糟糕的是，她的健康每况愈下，最后彻底崩溃。在后来的几年里，我们听说她一直待在疯人院，穿着约束衣，再也无法出门了！在十八世纪尾声的某段时间里，这位曾经叱咤风云、口才出众、留着棕色卷发的小姐变得浑身颤抖，甚至无法表达最简单的想法。至此，她彻底从大革命和公共历史中永远消失了。①

另一件事我们不会详细叙述，而是留给读者自己去想象：那就是确立博爱和完美的统治地位。哦，读者，可以想见，千禧年近在咫尺，我们依然饱受日常食品短缺之苦，这都是由于叛徒在搞鬼。在这种情况下，我们需要用什么来打击叛徒呢？啊，你简直不能想象：充满希望的千禧年即将到来，而你在商店里却找不到任何吃的东西！之所以到处充斥着脾气暴躁的男男女女，难道这个事实不足以说明一切吗？他们怎么会不疑神疑鬼呢？我们经常说超越自然这个词，似乎听起来很夸张，但证人的冰冷证词可以佐证：没有哪个爱国音乐家可以坐在屋顶，气定神闲地吹上一段优美的法国号，但莫尔西埃可以分辨出哪个信号说明，哪个委员会正在对另外的委员会搞阴谋。分歧已经取代了和谐本身并侵蚀到《马赛曲》和《一切会好的》的歌声之中。②与大多数人看得同样透彻的卢维预计，我们将应一个代表团的邀请，回到旧的骑术院大厅，这时无政府主义者会在我们进去时屠杀其中的二十二人。这是皮特和科布尔在搞鬼，是皮特的金子在作祟！可怜的皮特！人们不知道他与自己的《人民之友》

① 两个自由的朋友，第3卷，第77-80页；福斯特，第1卷，第514页；穆尔，第1卷，第70页。她于1817年因极度疯癫死于萨尔佩特里尔（参见埃斯基洛尔著：《精神病》，巴黎，1838年，第1卷，第445-450页）。

② 莫尔西埃著：《新巴黎》，第6卷，第63页。

正在从事什么工作，他在使他们遭到亵渎、斩首、取消人身保护令，以维护自己的社会秩序和保险箱不受损害。可以想象他在人群中会掀起多大的波澜！

但与法国人的疑虑，或者不如说与人类的疑虑密切相关的最奇怪的事实是卡米耶·德穆兰。拥有法国最清醒的头脑之一的卡米耶，自己的每个毛孔都浸透了超自然的疑虑。回首 1789 年 7 月 12 日，当几千人戴着三色徽章，围在他的身边，在王宫花园高喊口号时，他发现，只有假设他们都是被外国人和其他阴谋家雇来的才能解释得通整件事。"在我说话时，"卡米耶深刻地说，"我周围跟着我喊口号的人并非一无所求！"不，绝非一无所求。前后左右正在上演的是阴谋家一手导演的超自然的木偶戏，拉线的人就是皮特。[①]我几乎可以肯定，我，卡米耶自己就是木头和线的剧情中的一部分。这种深刻的洞察力简直无以复加。

无论如何，历史已经注意到，十二人委员会正如自己所说的那样，现在对阴谋已经足够清楚，并且"幸运地将所有的线掌控在自己手中"，于是在 5 月份的几天内迅速发出了逮捕令，他们决心控制局势，阻止麻烦的浪潮蔓延。爱国领袖甚至选区区长都安全吗？他们可以因为他发出了错误的逮捕令而把他从温暖的床上扯下来逮捕！他们逮捕了自由使徒瓦尔莱、代理检察官艾贝尔、正在市政厅工作的人民治安法官杜歇斯纳老爹，他以烈士般崇高的尊严向同事告别。他矢志尊重法律，无怨无悔地从监狱消失。

各选区急忙派人强烈要求放人，不要再逮捕人民治安法官，而是二十二名叛徒。他们一个接一个到来，精力充沛地鱼贯而入，用（古波斯国王）冈比西斯的口才抗争。以市长帕什为首的市镇也来了，他们带来的问题不单纯是艾贝尔和二十二人，而是变成新问题的那个不祥的老问题："你们是否能拯救共和国，否则由我们来做？"议长马克斯·伊斯纳对此毫不客气地回答："如果在 3 月 10 日以来不断重现的暴乱中，巴黎受厄运的驱使举起了亵渎的手反对国家

① 参见卡米耶·德穆兰：《布里索派的故事》（卡米耶的小册子，巴黎，1793年）。

代表，法国将团结成一个人，奋起实施不可想象的报复。旅行者很快会问，巴黎到底站在塞纳河的哪一边？[①]山岳派和所有的旁听席对此都发出了更加响亮的怒吼，巴黎四面八方的爱国者都沸腾了。

吉伦特派的瓦拉泽晚上在家里召集了会议，他送来的纸条上写着："带好武器，准时到达，有活儿要干。"此时，街上挤满了狂热的妇女，她们在街上挥舞着各种旗帜，喊着悲壮的"哈利路亚！"[②]国民公会的大门被扰攘的人群堵住。这些花言巧语的政客们走过时都受到了推撞和粗暴对待。面临这样的死亡威胁，马拉会对你说，你也有今天！如果罗兰要求离开巴黎，命令会当天下达。怎么办？代理检察官艾贝尔、使徒瓦尔莱已被释放，人们给他们戴上了橡树花环。在一个各选区掌握实权的国民公会，十二人委员会支离破碎。而在第二天吉伦特派联盟掌权的国民公会，十二人委员会又恢复常态。每前行一步都在充满扭曲的混乱和难以逾越的泥潭中挣扎，也许这正是某种重生的预兆。

第九节　亡国灭种

因此，1793 年 5 月 31 日星期五，夏日的阳光下出现了一道最奇特的风景。市长帕什在市政府官员的陪同下来到杜伊勒里宫的国民公会大厅。他是被派来打探消息的，因为此时巴黎明显沸腾，他将发布最奇怪的消息。

他讲述了在那个灰蒙蒙的早上，准确地说是在 8 月 10 日，当我们坐在永恒的市政厅里为共和国操劳时，进来九十六名陌生人，他们宣布作为四十八个选区、主权人民的选区或成员的全权代表，现在发动起义，所有这些选区都发动了起义，并进而以起义的主权人民的名义宣布，我们被解除了职务。随后我们被除去腰带，退到邻近的自由大厅。几分钟以后，我们又被召回恢复了职务，

① 《箴言报》1793年5月25日的会议。
② 《梅扬回忆录》，第195页；《布佐回忆录》，第69、84页。

因为主权人民认为我们仍然值得信赖。于是，经过重新宣誓，我们突然发现自己与九十六位陌生人组成的委员会坐在一起成了起义行政官。被指控为九月大屠杀参与者的公民恩里奥被任命为国民警卫队的司令官。六点以后，警钟和鼓声再次响起。在这种特殊情况下，庄严的国民公会能指导我们做什么呢？①

是的，问题就在这里！“粉碎起义当局，”一些人愤怒地回答。至少维尔尼奥将会看到的是“国家代表都将死在自己的岗位上”。大家高声赞同，并准备宣誓。正当我们还在辩论如何粉碎起义当局时，有什么声音传来？那是新桥上的报警炮声，这是以法律的名义、未经我们的允许而发出的死亡警告！

然而，隆隆的炮声不禁让所有人的心为之战栗，警钟声听起来像是凄厉的音乐。恩里奥的武装部队已经把我们包围了！整整一天，各选区都在以康比西斯的雄辩口才和鸣枪轮番要求惩罚以上二十二名叛徒，并永久性解散十二人委员会。吉伦特派心如死灰，他们与七十二个令人尊敬的选区渐行渐远，而与狂热的市政府越来越近！正值中期任期的巴莱尔必须做出让步。十二人委员会宣布不会坐以待毙，而是先行自己了断，不再抗争。记者拉博希望以自己以及委员会的名义最后说几句话，但嘈杂声淹没了他的话。最值得高兴的是，二十二人竟然得到了赦免！将法律精神发挥到极致的维尔尼奥出人意料地宣布，“巴黎的选区配得上自己的国家”。对此，各选区在晚上提前一小时撤回到各自的街区。巴莱尔为此写了一份报告。他坐在僻静的角落奋笔疾书，对他来说，今晚又是一个不眠之夜。5 月的最后一个星期五就这样结束了。

各选区实至名归，但他们不应该做得更好吗？吉伦特派现在一败涂地，已经变成可有可无的派系。但时机成熟时会不会愤而东山再起呢？有这些人的存在，共和国会得救吗？这是清醒的爱国者一直在思考的问题。马拉第二天在市镇集会上也是这样说的，饱含着人类的信念！在星期六晚上，当巴莱尔用了

① 《国民公会的辩论比较》，巴黎，1828年，第4卷，第187–223页；《箴言报》共和历第1年第152、153、154期。

一天时间刚刚完成了巧言虚饰的报告，正将这份报告用晚邮袋发出时，警钟再次响了起来！这是紧急集合号。武装人员大半夜在旺多姆广场和其他地方集结，还配发了弹药和烈酒。他们在夏日的星空下等待夜晚行动的命令，恩里奥和市政厅必须给予应有的信号。

国民公会听到集合号就匆忙赶回大厅，但回来的只有一百人，而且没有什么要务可做，于是把工作推迟到第二天。吉伦特派小心翼翼地避免露面，并在外面留宿。可怜的拉博在第二天早上与卢维和一些其他人穿过扰攘的街道回到自己的岗位时，扭绞着双手，高喊："荣誉已死！"[①]综合旧历和新历，今天是1793年6月2日星期日，即自由、平等、博爱元年。我们终于到了结束吉伦特派掌控议会历史的最后一幕。

不知道世界上是否有哪个国民公会也有过如今的境遇。警钟长鸣，城门关闭，整个巴黎处于监控和武力之下。武装人员多达十万。本来国民自卫军和武装的义勇军应该"开往边境和旺代"，但出发者寥寥无几，因为叛徒还没受到惩罚。于是，很多人扛着武器在杜伊勒里宫及其花园周围四处闲逛。其中有骑兵、步兵、炮兵和大胡子工兵。可以看到炮兵在这个国家花园里用火绳和红色的弹药生火、点炉子。戴着羽毛帽子装饰的恩里奥骑着马在同样有羽毛装饰的参谋部驻地巡视，以确保所有岗位和出口都有人把守。预备役军人在夜里巡逻，一直延伸到布洛涅森林。只有挑选出来的爱国者才可以接近中心地带。我们还注意到另一个情况：慷慨提供火炉的细心的市政府并没有忘记给养马车。现在，人民主权的成员无须回家吃饭，食物充沛，不用担心吃不饱，只要依次排队就行。这些人民不明白起义为何物？你自己可以想象！

因此，还是让"主权人民委托"的国家代表去考虑这些事吧。我们留在这里就是为了能看到你们那二十二个人和十二人委员会被驱逐出去！代表团连续不断，说话的语气越来越强硬，都包含了这样的信息。巴莱尔提出了一个折

① 《卢维回忆录》，第89页。

中方案：也许被指控的议员会同意自愿离开，慷慨地提出辞呈，甘愿为了国家而做出自我牺牲？为说过有朝一日去塞纳河哪个河岸寻找巴黎这话而后悔的伊斯纳尔，宣布准备递交辞呈，还有唱赞美诗的富歇、马拉称之为巴士底狱“老疯子”的杜索，都已准备好了。然而，布列塔尼人兰瑞奈却声明绝不会自愿辞职，会抗争到最后一刻，直到断气。为此，他继续在愤怒的吼声中抗议。最后，勒让德喊道：“兰瑞奈，从讲坛上滚下来，否则我把你扔下来！”因为，局面已经难以收拾。而且，有些脾气暴躁的山岳派议员甚至抓住兰瑞奈，但怎么也不能把他拽下来，因为他“死死抓住栏杆不松手”，“他的衣服都被撕破了”。勇敢的参议员值得同情！巴尔巴鲁也不会退出，因为他“誓要死在自己的岗位上，绝不食言”。听到这里，整个旁听席一下炸开了，一些人挥舞武器，冲过来高喊：“那么，我们必须拯救我们的国家！”这是6月2日星期日的会议经过。

那天在欧洲基督教堂里人头攒动，然后又空无一人。但是国民公会绝非如此。经过一天扰攘的辩论、痛苦、羞辱和撕衣服的过程，“荣誉已死！”四周遍布恩里奥和他的十万民众，丰盛的托盘和篮子提供的东西让他们恢复了活力；“每人发五法郎硬币”这是我们吉伦特派亲眼看到的：五法郎让他们保持勇气！这些武装暴徒大声鼓噪，制造混乱，阻塞通道，占据讲坛。我们成了我们自己大厅里的囚犯。格雷瓜儿主教只能在四个宪兵的陪同和监视下才得以出去方便！国家代表变得如此斯文扫地！现在，虽然西边窗户洒进的阳光变得更加暗淡，烟囱的阴影逐渐变长，但这活力四射的十万人和他们的影子并未远离而去。如何破局？也许整个国民公会可以徒劳地尝试集体离开，看看是否还有人身自由。看，垂头丧气的公会议员们出现在杜伊勒里宫的东门。领头的是英俊的艾洛·德·塞舍尔，他戴着帽子，一副灾难降临的模样。其余的人都光着头，径直向卡鲁塞尔门走去。那里是恩里奥和他那用羽毛装饰的参谋部。好戏登场！“以国民公会的名义，请让路！”恩里奥寸步不让：“我没有收到任何让主权人民、你的人和我的人必须服从的命令。”在国民公会一再坚持、恳求下，恩里奥和他的参谋后退了十五步。“枪上膛！炮兵，预备！”他从皮鞘中抽出剑，他的参谋和轻骑兵都如法炮制。炮兵挥舞着点燃的火绳，步兵卧倒端着枪，随时准备射击！一直戴着帽子的艾洛只得领着痛苦的羊群穿过杜伊勒里宫的公园和花园，来到侧门。这里是斐扬派的露台，唉，那里是我们的老骑术院大厅。但是，在图尔南桥的这个门也没有找到出口。我们尝试了一个又一个大门都没有找到出口！我们惆怅地行走在荷枪实弹、高呼“共和国万岁”和“吉伦特派去死”的行列中。在自由元年，夕阳下从未出现过这样的景象。

现在，马拉加入到我们的队伍中，因为他远远看到了我们狼狈的队伍。在数百名爱国者簇拥下，他以人民主权的名义命令我们回到自己的岗位，做好应该和不应该做的事情。议员们返回大厅，“国民公会，”库东嘲讽地说，“难道没有看到自己是自由的吗？”周围只有朋友吗？被朋友和市镇武装分子包围的国民公会是按照别人的旨意来投票的。但很多人没有投票，只是保持沉默，其中一两个人大声抗议。山岳派明确一致。十二人委员会和被谴责的二十二人，外加前部长克拉维埃尔和勒布兰，以及轻微变动了一些名字（某些演说者提议，但被马拉否决），被投票宣布“在自己的家里被逮捕”，包括布里索、布佐、维尔尼奥、嘎代、卢维、根索纳、巴尔巴鲁、拉索尔斯、兰祖依奈、拉博等共三十二人，以及所有我们认识的和不认识的吉伦特派。他们“受到法国人民的看管”，随后在两名宪兵的保护下，不再作为参议员平静地留在家里，等待进一步的命令。这就是 1793 年 6 月 2 日星期日的会议经过。

在十点钟，在璀璨的星空下，这十万人的工作圆满完成，陆续回家。同一天，起义中央委员会逮捕了罗兰夫人，把她拘押在坦普尔监狱。罗兰逃亡，下落不明。

吉伦特派由此在起义中落幕，他们作为一个政党而消亡，让大多数历史学家唏嘘不已。他们是有哲学思想、有担当、行为端正的一群人，不应指责他们学究气十足、缺乏智慧。他们不应受到指责，因为他们只是生不逢时。他们想统治一个道德高尚的共和国，最后只得到一个由别人而不是他们统治的穷兵黩武的共和国。

巴莱尔在报告中对其他事情也有提及。晚上以“民众在火炬的微光下散步”而结束。[①]显然，真正博爱的光辉已经不远。

---

① 《布佐回忆录》第310页，参见布佐、卢维、梅扬的证词、评论、叙述等。补充文件：《议会史》第28卷，第1-78页。

第十七章

大恐怖

第一节　夏绿蒂·科黛

在 6 月和 7 月枝繁叶茂的月份，法国有好几个省份铺天盖地般发行了众多刊物，《公告》《决议》《日报》或者《反抗压迫联盟》等。特别是在卡尔瓦多的卡昂市，一份叫做《卡昂公报》的刊物突然问世，摇身一变成为吉伦特派的国家代表领导的日报。

这是因为在这些被监禁的吉伦特派中，有些人感到绝望。有些人，像“软禁在家”的维尔尼奥、瓦拉泽、根索纳，淡然辞去职务，等待发生不测事件。有些人，如布里索、拉博，则落荒而逃，躲了起来，好在当时巴黎城门又开放了一两天，逃走并不困难。但其他人与布佐一起逃到卡尔瓦多,或法国更远的地方,如里昂、土伦、南特和其他地方,然后在卡昂会合。他们想用战争的号角唤醒有体面阶层的省份,击败山岳派的无政府主义阵营,至少不能未战先却。他们一共有二十多人,其中有被逮捕的,另一些人未被逮捕,包括布佐、巴尔巴鲁、卢维、嘎代、佩蒂翁。他们都离开了家,违反了逮捕令。萨勒斯、毕达哥拉斯信徒瓦拉迪,裹着毯子、戴着睡帽来为路易的性命投票的杜沙特尔,都避开危险和逮捕令逃走了。他们一度有二十七人之多,住在卡昂市相应的"行政部门或省属旅馆",并受到当地政府人员的礼遇、欢迎和经济支助,因为他们身无分文。《卡昂公报》上发表的文章令人鼓舞,人们可以从中看到波尔多和里昂,以及轮番表态的各个省份的态度。有六十或六十九,或七十二个有体面阶层的省份已经或准备发表声明。[①]另外,如果需要,马赛似乎将自行进军巴黎。是的,马赛市是说将进军巴黎。但是另一方面,蒙特利马尔市对此说不予通行,甚至不惜愿意在炮火中与城市"玉石俱焚",但在《卡昂公报》中并没有提及。

这就是我们在这份报纸上读到的令人激动的文章、辛辣雄辩的讽刺段落、针对山岳派的长篇大论。萨勒斯的辛辣笔墨,朋友们说,堪比帕斯卡尔的《外省人》。更重要的是,这些吉伦特派有一位前杜穆里埃麾下的指挥官温普芬将军,以及三心二意的副指挥官普伊萨耶将军和其他人。他们正全力以赴为战争集聚力量。你们这些有正义感的国民义勇军,团结起来!来自卡尔瓦多、厄尔、布列塔尼、无论远方和附近的国民义勇军、自由之友,向巴黎进军,荡平无政府主义!于是,在7月初,经过演讲和讨论在卡昂成立了参谋部和军队,敲起了战鼓,进行了游行。委员会、卡拉博无套裤汉俱乐部、反雅各宾派自由之友群起谴责马拉的暴行。所有这一切,外加出版的刊物,让国家代表们忙得不可开交。

卡昂全城情绪高昂。正如人们所希望的那样,在"加入到我们行列的七十二个省"也差不多同样热情澎湃。面对外部西米里族人联盟的入侵和包

① 《梅扬回忆录》,第72、73页;《卢维回忆录》,第129页。

围、内部被旺代所撕裂的法国，我们得到的结论是：通过内战结束无政府状态！正如谚语所说：严厉措施不能保证安全。旺代正燃起燎原大火，桑泰尔却无能为力，让他回家酿啤酒吧。西米里安人的炮弹正在整个北方肆虐。被围困的门茨成了名城，风景爱好者（歌德可以证明）、当地的男男女女星期天散步就是去观看双方的炮击场面："炮弹呼啸而过时，你只需低头就行。"[①]孔泰已经投降奥地利人。约克亲王殿下这几个星期一直在猛烈炮击瓦朗谢纳。由于我们坚固的法玛斯军营已被占领，当皮埃尔将军被杀，古斯丁将军因而受到谴责，现在正前往巴黎进行"说明"。

山岳派和残暴的马拉对这一切必须尽力迎头痛击。他们那个无法无天的国民公会颁布法令，煞有介事地进行辩论、解释，同时向各地派遣的一两名特派员一只手拿着橄榄枝，另一只手端着剑。甚至有特派员来到卡昂，但没什么效果。手持橄榄枝和剑冒险而来的数学家罗姆、黄金海岸的修道院长被投入监狱，罗姆被锁在监狱里待了五十天。他在牢里仔细斟酌了他的新日历，并对成果非常满意。蜂拥而至的野蛮人、旺代和内战使不容分割的共和国，处于从未有过的萎靡不振之中。

在晦暗不明的卡昂和愁云惨淡的世界里，历史特别关注到一件事：在忙碌的议员们往来穿梭的行政大厅里，一位由年迈仆人陪同的小姐正优雅、郑重地向巴尔巴鲁告别。[②]她有着一张诺曼底人的优雅脸庞，二十五岁年纪，面容娇美。她的名字叫夏绿蒂·科黛，以前的名字在贵族还在时是德·阿尔芒。巴尔巴鲁让她给议员杜普莱带去一封信，后者在国民公会的紧要关头曾拔剑出鞘。她去巴黎也许有什么公干？"大革命前她是共和派，有使不完的干劲。"她那妩媚的女性面容上铭刻着义无反顾："她的干劲意味着使人义无反顾地为祖国献身的精神。"如果说年轻美丽的夏绿蒂，突然像残忍可爱的星星，以一半是天

---

① 围困美因茨，《歌德文集》，第30卷，第278-334页。
② 《梅扬回忆录》，第75页；《卢维回忆录》，第114页。

使、一半是魔鬼的形象从隐居中一鸣惊人，瞬间闪烁，瞬间熄灭，穿越世纪的长河，以完美的形象永远闪耀在人们的记忆中，你会怎么想？现在让历史的目光离开外部的西米利安联盟和内部两千五百万人的沉闷骚动，来关注美丽的夏绿蒂·科黛华丽登场、前往何处、如此辉煌短暂的一生如何香消玉殒、被黑暗的夜色所吞噬的吧。

我们看到夏绿蒂带着轻便的行李和巴尔巴鲁的信，于7月9日星期二坐上了卡昂至巴黎的公共马车。没有人与她告别，祝她旅途顺利。她给父亲留下一张便条，告诉他自己去了英国，请他原谅并忘了她。笨重的公共马车人满为患，一路上谈的都是让人昏昏欲睡的政治话题和对山岳派的赞颂。她对此一语不发。整个旅途持续了两夜一天。星期四中午前马车到达诺伊桥。这就是有成千黑色屋顶的巴黎：你的目的地！夏绿蒂来到老奥古斯丁大街的普罗维登斯旅馆，要了一个房间，睡了一下午和一整夜，直到第二天早上才醒来。

第二天早晨，她把信交给杜普莱。这封信涉及内政部长手中掌握的某些家庭文件。这份文件是夏绿蒂在卡昂修女院的一位修女老朋友所需要的，杜普莱务必帮她弄到。这就是夏绿蒂到巴黎要办的事吗？她在星期五做完这件事之后并没有说要回家，而是暗中观察并调查了一些事情。她亲眼见到了国民公会和山岳派的真面目，但未能见到马拉真人，他生病了，在家闭门养病。

星期六大约早上八点，她在王宫买了一把大鞘刀，然后直奔胜利广场，叫了一辆出租马车："去医学院大街44号。"这是公民马拉的住所！公民马拉病了，不见客。这似乎让她非常失望。她与马拉有什么交集吗？孤寂、美丽的夏绿蒂和不幸、肮脏的马拉！两个人彼此从最遥远的西部卡昂和最东部的诺伊夏特尔走到一起。命运为他们准备了一次奇特的会面。夏绿蒂回到旅馆，寄给马拉一个便条，说明她来自叛乱的大本营卡昂，她渴望见到他，并且"会助他一臂之力为法国雪中送炭"。没有回音。夏绿蒂以更为急迫的语气又写了一封信。约晚上七点，她自己带着这封信，坐上了马车。此时，疲惫的工人已完成了一周的工作，偌大的巴黎像往常一样熙熙攘攘，人喊马叫。在这一片乱糟糟中，这个妩媚的女人毅然决然地驶向终点，不达目的，决不罢休。

这是 7 月 13 日夕阳映照的傍晚，也是巴士底纪念日的前一天。回想四年前的这一天，新桥人群中的“马拉先生”精明地要求贝森瓦尔那些态度友善的轻骑兵“下马，放下武器”，进而成为著名的爱国公民！这四年来他是怎么过来的？今天晚上七点半，他泡在浴缸里忍受着革命热病或者历史没有命名的什么其他疾病所带来的痛苦。他病情严重，疲惫不堪。可怜的人纸币和硬币加起来只有十一便士，还有浴缸、写字用的三尺高大凳子和一个肮脏的洗衣妇（可以这样称呼她）。这就是他在医学院大街住所里的全部家当。他所走的路引领他走到那里，而不是其他地方，更不是一统天下的博爱和完美幸福，而一定是通往这里的那条路吗？嘭，有人敲门！是一个有悦耳嗓音、不愿被拒绝的女人，她想为法国尽一臂之力。马拉在屋里认出了她，喊道：让她进来。夏绿蒂进入屋内。

公民马拉，我来自叛乱大本营卡昂，希望和您谈一谈。请坐，我的孩子。现在叛徒在卡昂做什么？哪些议员在卡昂？夏绿蒂点了一些议员的名字。“在两星期之内他们将人头落地。”殷切的人民之友掷地有声。他抓起写字板写道：“巴尔巴鲁、佩蒂翁，”他写字时露出瘦弱的手臂，转身侧面靠着浴缸，“佩蒂翁、卢维，还有？”这时，夏绿蒂从护套抽出刀，挥手用力刺向作家的心脏。“亲爱的朋友，救我！”这致命一击让他陷入窒息，再也说不出一句话。等洗衣妇闻讯赶到房间，人民之友或洗衣妇之友已气若游丝，生命之光只剩下呻吟和愤懑，随着地下的阴影消逝而去。[1]

这就是人民之友马拉的结局。孤独的修行者从擎天柱上突然跌下来，只有创造他的人才知道他落到何处。巴黎的爱国者可以在法国和国民公会的鼓噪

---

① 《箴言报》，第197、198、199期；《议会史》，第28卷，第301–305页；两个自由的朋友，第10卷，第368–374页。

下，把悲伤和哀号放大三倍到十倍，“脸色吓得苍白的夏博甚至宣称，他们所有人都会被暗杀”。可以颁布法令将他送进先贤祠，举行公共葬礼，把他的骨灰安葬在米拉波先前的位置。雅各宾协会在悼词中赞颂了他的人格，把他比喻成一个不愧为“优秀无套裤汉”荣誉称号的人。但我们在这里不这样称呼。[①]甚至可以在卡鲁塞尔广场设立一个小教堂，存放装有他的心脏的罐子，给新生儿命名为马拉，科莫湖的商贩可以用火山灰烧制他那丑陋的半身像，大卫为他或他的死亡场景画像，其他人也可以在这些情况下充分发挥人类的想象力把他神化。尽管如此，马拉再也无法沐浴阳光。我们无比同情地在旧的《箴言报》上发现一件事：马拉的哥哥从诺伊夏特尔赶来，要求国民公会“把已故的让·保罗·马拉的火枪送给他”，马拉也有兄弟和与生俱来的兄弟之情。[②]他也曾有过舐犊情深的慈爱，和我们一样曾经作为孩子在摇篮里安睡！据说他有一个妹妹仍然在巴黎生活。

而夏绿蒂·科黛已经完成自己的工作，代价也随之迫近。“亲爱的朋友”和邻居向她冲去。她“推翻一些家具”保护自己，直到宪兵到达，然后放弃抵抗，平静地去了坦普尔监狱。只有她一个人安静自如，而她周围的整个巴黎都笼罩在震惊、愤怒或钦佩的气氛之中。杜普莱因她而被捕，他的文件也被封存，这可能会导致严重后果。富歇也是一样，虽然他从未听说过她这个人。面对这两个议员时，夏绿蒂称赞严肃而坚定的杜普莱，谴责懦弱的富歇。

星期三上午，美丽而平静的夏绿蒂在法院的革命法庭露面。她把这一天称为“为和平做准备的第四天”。她甫一露面，大厅里就传来了一阵低语声，听不清大家在嘀咕什么。[③]丁维尔备好了起诉书和证明文件，刀剪商证明卖给她一把鞘刀。“所有这些细节毫无必要，”夏绿蒂插言道，“是我杀死了马拉。”受

① 参见《巴尔巴鲁回忆录》，第125—131页，在斯特拉斯堡发表的让·保罗·马拉的悼词；莫尔西埃等。

② 1793年9月16日的会议。

③ 夏绿蒂·科黛的审判等（《议会史》，第25卷，第3章，第311—338页）。

谁指使？“没人指使。”那么，是什么诱惑你这样做呢？“我杀了一个人，”在他们继续提问时，她把嗓音提到最高补充说，“我杀了一个人是为了拯救十万人，杀一个恶人以拯救无辜的人，杀一个野蛮的畜生为我的国家带来安宁。我在革命前是共和党人，我从不缺乏革命热情。”这之后就没有什么可说的了。公众看着她面面相觑。画家匆忙为她画像时，夏绿蒂并不觉得受到冒犯。司法人员继续履行法律程序。判决是以谋杀罪判处死刑。她用饱含高尚古典精神的温柔话语为律师送上感激之词，也感谢了他们派给她的神父，但她不需要忏悔、领圣体或他的任何帮助。

于是，在同一天晚上大约七点半，死囚马车从巴黎裁判所监狱大门驶出，穿过踮起脚尖、翘首以待的整个城市。车上坐的是穿着深红色囚服、迷人的女凶手，她是如此美丽、平静、容光焕发，却在这个世界孤寂地走向死亡。许多人脱下帽子致敬，谁会不为此而感动呢？也有人大喊大叫。门茨的亚当·吕克斯声称，她比布鲁图斯更伟大，愿意和她一起赴死。这个年轻人似乎昏头了。在革命广场，夏绿蒂的脸上始终挂着微笑。刽子手想绑住她的双脚，她拒绝了，认为这是一种侮辱。经过解释，她欣喜地表示接受和道歉。最后一切就绪，当他们把颈巾从颈部拿掉时，少女由于害羞美丽的面庞和颈部涨得通红。当刽子手切断头颅、将其示人时，她的脸颊依旧是红润的。“千真万确，”福斯特说，“他侮辱性地打了她的脸颊，因为我是亲眼看到的。因此警察把他关了起来。”①

最美丽又最肮脏的人，就是这样经过碰撞而先后死于非命。让·保罗·马拉和玛丽·安娜·夏绿蒂·科黛两个人突然从人间消失。“为和平做准备的日子？”唉，当天真可爱的少女在静谧的修道院，不是憧憬爱情的天堂和生命之光，而是科德鲁斯*式的牺牲和如何死得其所时，和平怎么可能实现或准备妥当呢？在两千五百万人心怀暴戾之气时，无政府状态必然无可挽回，和平又如

① 《书信集》，第1卷，第508页。

* 约公元前1089年至公元前1068年在位的古希腊雅典君主之一，为爱国主义与自我牺牲精神之代表人物。

何能应运而生！马拉之死使新仇旧恨增加十倍，比他活着更糟。哎，你们两个没完没了的冤家、美丽而肮脏的人，在拥抱你们的大地母亲怀抱里好好睡吧！

这就是天使与魔鬼兼有、流星般飞逝而过的夏绿蒂·科黛的完整故事！亚当·吕克斯亦幻亦真地回到家，为他的女神洒下生花妙笔，付诸报刊，建议在她的雕像上题字："比布鲁图斯更伟大。"朋友提醒他这样有危险，吕克斯却鲁莽地认为甘愿和他美丽的女神一起赴死。

第二节　内战

几乎与此同时，另外一个遇难者则死在另外一个断头台上：夏绿蒂今天在巴黎是为了吉伦特派而死，夏里埃则在第二天被吉伦特派在里昂处死。

随着这座城市街道上的大炮隆隆作响，相互炮击，狂热地搏杀在所难免。尼埃弗尔·乔尔和吉伦特派取得胜利。背后无处不在的保王党派别也伺机而动。里昂出了大麻烦，而主导党派继续实施高压政策！实际上，整个南方都在暴动，雅各宾派被监禁，人们拿起武器保卫吉伦特派。我们为此而成立了"里昂代表大会"和"里昂革命法庭"，无政府主义者将会吓得浑身颤抖。雅各宾派的夏里埃很快因涉嫌蓄意谋杀被判有罪："他在 2 月 6 日手持明晃晃的匕首发表演说，并在第二天还与一位教士热烈地边走边谈，在里昂的大街上走过最后一段路。"现在，高悬的铡刀寒光闪闪。他可能会为往昔的岁月洒下一掬悔恨之泪，这个人在看到联盟方案或类似的东西之后会"跪在石子路上"，祝福上天，然后去巴黎朝圣，拜谒马拉和山岳派。现在，他们两人都离开了人世。我们早就说过，他不会有好下场。雅各宾派正在里昂低声呻吟，因为他们不敢大声。当法庭公布判决时，夏里埃回答："我的死将使这座城市付出沉重代价。"

蒙特利马尔镇并没有被掩埋在废墟中，但马赛确实按照"里昂代表大会"的命令向巴黎进军。爱国者被监禁，甚至连保王党现在也粉墨登场了。对此，卡尔多将军尽管势单力薄，但仍然与名为拿破仑·波拿巴的炮兵少校独力支撑。这个拿破仑最终将证明，马赛人没有任何取胜的机会。他不仅指挥战斗，而且写出了让人颇为好奇的对话集《博凯尔的晚餐》。[①]不幸的城市用自己的行动引发了如此激烈的反应！暴力被几何级数的暴力回报。君主主义与无政府主义彼此厮杀的几何级数的净值最后等于多少呢？

在马赛港从来看不到有铁丝浮起来，但里贝基的尸体却被人发现浮在海面上，他是自己投海自尽的。热情澎湃的里贝基看到形势如此混乱、体面阶层受到君主主义的毒害如此之深，感到共和派无法找到避风港，只有死路一条。一天早上，里贝基离开住所消失，没有人知道他去了哪里，直到有人发现他的尸体漂浮在海上。[②]里贝基永久隐退了。土伦也同样监禁了爱国者，派遣了代表参加大会，在必要的情况下，与保王党和英国人策划阴谋。蒙彼利埃、波尔多、南特和未被奥地利和西米里族人魔爪染指的整个法国，都陷入疯狂和自杀的狂潮中。山岳派像遍地喷涌的火山一样孜孜不倦。国民公会的公安委员会和救国委员会日夜奔忙，特派员同时手持橄榄枝和剑在马路上往来穿梭，现在也许只剩下了剑。肖梅特和市政府官员每天都去杜伊勒里宫，要求制定宪法。几个星期前，他在市政厅决定“每天派一个代表团”要求制定宪法，直到目的达到为止。[③]濒临自杀的法国可以围绕这宪法团结起来，实现和平。这是人们难以言喻、梦寐以求的事情。

这便是你们反无政府主义的吉伦特派，在卡尔瓦多揭竿而起而得到的成果吗？我们可以说，只得到了这个成果，别无其他，因为在夏绿蒂或夏里埃人头落地之前，卡尔瓦多战争就如梦如幻般在一片尖叫声中结束了！因为有“七十二个省”站在我们一边，本来可以期待更好的结果，却因为体面阶层要投票、不要打仗而错失良机。在法律方面，财产权总是占到百分之九十，但在这

---

① 参见黑兹利特，第2卷，第529—541页。
② 《巴尔巴鲁回忆录》，第29页。
③ 两个自由的朋友，第235页。

类诉讼中可以说占到百分之九十九。人们根据习惯做事，遇事优柔寡断，耽于惯性，对发号施令者言听计从。考虑一下，在现代社会中，考虑一下现代社会中这个事实的意义所在：大都市与敌人共存！大都会是城市之母，这样命名恰如其分。所有其他城市都是它的孩子和养子。携带着大包小包的皮制公共马车笨重地奔赴各地，同时带去的是脉搏的生命乐章，因为它是主宰一切的心脏。如果截停了一辆车，不知同时中断了多少事情！正在实地研判形势的温普芬将军别无他法，只能回归保王党，与皮特取得联系！他为此而含沙射影地发出威胁，让我们吉伦特派乱了阵脚。他任命了一个贵族普伊萨耶伯爵做自己的副官。卢维并不认识这个人，对其充满疑虑。

很少有战争像卡尔瓦多战争这样在兵员上如此准备不足。对此好奇的读者，可以在贵族普伊萨耶的回忆录中读到更多的细节，他是久经考验的保王党人。他们将会看到：我们吉伦特派的国民义勇军，是如何踏着进行曲的有力节奏，从古老的布勒古尔城堡出发，在维尔农附近的林地迎战来自巴黎的山岳派国民义勇军的。在 7 月 15 日下午，双方部队在尖叫声中相遇，还未交火即作鸟兽散。然后，普伊萨耶从布勒古尔城堡温暖的被窝里匆忙爬起来，没穿靴子就骑上马逃命去了。由于山岳派的部队率先溃逃，所以我们认为自己是胜利者，我们的国民义勇军是在夜间意外被“逃命”的喊声裹挟进去的。总之，卡尔瓦多战争是一场持久战，迫在眉睫的唯一问题是逃到哪里，在哪个地洞里藏起来！①

国民义勇军争先恐后地往家跑，比来时快多了。“令人尊敬的七十二个省，”梅扬说，“在二十四小时内转头就跑，抛弃了我们。”不幸的是那些走得太远的部队，如里昂的队伍，由于过于孤军深入而撤不回来了！“一天早上，我们市政府大厅发现一张公告，这是国民公会发布的法令，宣布我们不受法律保护。公告是由我们卡昂的法官张贴的，意思非常清楚：我们也必须消失。”

① 《普伊萨耶回忆录》，伦敦，1830年，第2卷，第142-167页。

消失的是肯定，但消失到哪里呢？戈尔萨在雷恩有朋友，他想躲到那里。不幸的是，他不会默默无闻终了一生。嘎代、兰瑞奈走上去波尔多的大路！去波尔多！是这些勇敢而绝望的人们众口一致的声音。体面阶层的旗帜仍然或似乎还在那里飘扬。

每个人都尽力而为去那里吧。这些不幸的议员共十一人（还有一个人是文学家里乌夫），做了一件前所未有的事情：他们穿上了国民义勇军的制服，作为普通士兵与布列塔尼营一起撤到了南方。这些勇敢的布列塔尼人对我们要比其他任何人更加忠实。然而，在一两天之后，他们就产生了怀疑，彼此发生了分歧。我们必须离开他们。于是，我们带着六个人作为陪同或向导组成一支孤单的小分队，向荒芜的西部地区自行撤退。①

第三节　撤退的十一人

这十一人的撤退是历史上少有的最精彩的撤退之一。一小队肩上扛着枪、配备了弹药盒的绝望的立法者，在金秋时节不停地向后撤退。在他们和波尔多之间有长达几百英里的路程。整个国家各部分势同水火，对真相疑虑重重，四面八方都越来越处于沸腾和鼓噪的状态。卢维保留了他们的行程，这是他从未写过的非常有价值的文字。

哦，道德高尚、少白头的佩蒂翁；哦，勇敢的年轻人巴尔巴鲁，你们真到这种地步了吗？艰难的旅程、破烂的鞋子、羞涩的荷包、危机四伏的形势！各主要城市都建立了雅各宾派的革命委员会，我们所有的朋友们都吓得六神无主，我们的事业已经失败。更倒霉的是，今天是蒙康图尔镇的集市日：在众目睽睽之下，这样一支孤军深入的小分队在此过境会引起怀疑的。我们需要能量、速度和运气才能在此脱身。加快脚步，你们这些疲惫的朝圣者！天已经大亮，关

① 《卢维回忆录》，第101－137页；《梅扬回忆录》，第81、241－270页。

于一支孤单的小分队以这种神秘方式撤退的传言日复一日地传播，每天都有新消息，好事者掀起的一股追寻他们踪迹的浪潮，甚至让整个西部骚动起来。“库西被痛风折磨得苦不堪言，布佐太胖都走不动了。”里乌夫脚上的水泡都破了，只能用脚尖走路。巴尔巴鲁虽然扭伤了脚踝，但比以往任何时候都愉快，心中充满了希望和勇气。敏捷的卢维虽然有着野兔般的眼睛，但不像野兔那样胆怯。道德高尚的佩蒂翁的平静只有一次被搅动。[①]他们在谷仓、森林里的草地上休息，如果能在秘密朋友家地板上粗糙的草甸子上睡觉简直是奢侈。他们曾在夜深人静时被雅各宾派的市长在鼓声中抓住，又凭借坚定的意志、噼啪的火枪和机智奋力逃脱。

至于穿越火爆的旺代去波尔多，以及走完剩下的漫漫长路，简直是疯狂的想法。不过，可以先到坎佩尔的海岸，然后走海路，那样就会快得多！在3月底之前，各地风声鹤唳，大家认为夜间行军为妙。他们这样做了，在寂静的夜色下翻山越岭。然而，消息还是比他们先走一步。在名不见经传的卡莱村（其秸秆搭建的茅草屋、泥炭灰车辙印长期以来为游客所熟知），人们惊讶地发现有若隐若现的亮光，村民还没有睡觉，烛光依然在地球的这个角落里闪烁。正当他们快速穿过村里唯一的一条破烂街道时，有个声音说：“他们就在那儿里！”[②]快走，你们这帮老弱病残的罪人，在他们拿起武器之前，赶快离开这个地方，在天亮前赶到坎佩尔的森林，在那里躲起来！

十二个罪犯不顾艰难、迷路、重重危险和差错终于到达坎佩尔。那里的吉伦特派朋友也许愿意收留这些可怜的无家可归者，直到有去波尔多的船起航。旅途劳累，心情沮丧，不确定性的煎熬，直到友善的坎佩尔让他们重拾信心。他们躺在厚厚、潮湿的草丛中，对外人很提防。真为这些不幸的勇敢者感到惋惜。他们是最不幸的立法议员！大约二十个月之前，当你们收拾好行李，坐上这样

① 《梅扬回忆录》，第118-137页。
② 《卢维回忆录》，第138-164页。

或那样的皮制马车，成为被征召的法国复兴之父，戴上不朽的桂冠时，你们可曾想过那段旅程会将你们带到这里吗？坎佩尔的撒玛利亚人*找到蹲在那里的他们，为他们提供帮助和安慰，让他们藏在安全的地方。他们就是从那里渐渐分散，或者尽可能平静地住在那里，写写回忆录，直到去波尔多的船扬帆起航。

卡尔瓦多的战事就这样烟消云散了。罗姆出狱后继续思考新日历，他的牢房用来关押各派别的领袖。在卡昂，科黛家族低调哀悼。布佐家的房子已变成断垣残壁，在一片废墟中竖立的一根柱子上写着这样一句话："这里居住的是背叛共和国的叛徒布佐。" 正如我们看到的那样，布佐和其他消失的议员不受法律保护，他们四海为家，随遇而安。最倒霉的是留在巴黎而被捕的议员，"软禁在家" 可能变成 "在卢森堡监狱监禁" 而告终。在哪里告终？例如，这个身材瘦削、面色苍白、前往瑞士、而在穆兰被捕的诺伊夏特尔商人是谁？在革命委员会看来，他是可疑人物。革命委员会经过深入挖掘，确认他就是议员布里索！可怜的布里索，还是回家软禁吧，否则送你进狭窄的牢房监禁，那里会有其他人继续追随你。拉博在一个朋友家为自己搭建了一个隔离区，在夹墙之间过起暗无天日的日子。只有进监狱和上革命法庭，才能结束这种软禁生活。

我们也不能忘记杜普莱，他的文件因夏绿蒂被封存了。有一份文件足够招惹麻烦，这是一份针对 6 月 2 日的 "荣誉已死！" 的严正的秘密抗议信！我们可怜的杜普莱在同一个星期，用朴素的语言对这封信重新做了编辑，等候时机发表。这封抗议信上有他和其他不少议员的签名，清晰可见。而现在，如果封存的文件被启封，山岳派会大获全胜吗？所有抗议人士，包括莫尔西埃、巴约尔和其他仍然在国民议会的可敬的吉伦特派议员，想起来可能会不寒而栗！这些都是发动内战的成果。

我们还发现，在 7 月快要结束的几天里，对门茨的围攻解除了，驻军带着战争的荣誉重获自由，作为交换，一年之内不得攻击联军。站在门茨马路上的

---

* 圣经中位于以色列帝国北部的古老民族，被誉为见义勇为者。

风景爱好者和歌德饶有兴致地观看了兴高采烈的游行队伍。

“在普鲁士骑兵的陪同下，首先过来的是法国驻军。后面过来的队伍就让人看不懂了：一队瘦小枯干、皮肤黝黑、衣衫褴褛的马赛人快步走过，好似埃德温国王打开矮人山，派出了他的灵活的矮人军团。随后出现的是表情严肃而忧郁的正规部队，但既不沮丧，也不惭愧。而最引人注目和打动每个人的是骑马出来的猎人，他们不声不响地走到我们站立的位置，这时他们的乐队奏响了《马赛曲》。这首革命赞美诗本身具有某种悲切和预言的成分，即使是用欢快的方式演奏。但现在他们用一种缓慢的节奏来配合队伍的脚步。当这些神情严肃、高矮不等、身材瘦弱、上了年纪的骑兵，踏着适合他们脸色的音乐经过时，让人觉得感动和恐惧。只看个别人，他们身上有堂吉诃德的影子，整体来看，他们却具有崇高的道德风范。”

“然而，现在有一支小部队引人注目，他们是特派员或国家代表的队伍。穿着轻骑兵制服的蒂永维尔的梅林，身材高大、胡须浓密，他的左面还有另外一个人穿着同样的制服，这是当地居民中最活跃的雅各宾俱乐部成员。人群一看到后者立即发出怒吼，有人冲过去要抓他。梅林拽住他的马缰绳，告诉人们作为法国国家代表的尊严，以及任何对他的伤害都将受到惩罚的道理，告诫他们做事要三思，因为在这里不会是最后一次见到他。”[①]这之后，梅林骑着马，一副虽败犹荣的样子，继续行进。现在谁能阻止普鲁士人如潮的大军开进开阔的东北地区呢？幸运的是，坚固的维桑堡和难以通行的孚日山区防线，能把他们限制在法国的阿尔萨斯，阻止其进入祖国的心脏！

恰巧在同一天，对西北部的瓦朗谢纳的围攻也解除了：不过却是在约克的狂轰滥炸下陷落了！孔泰是在两个星期之前陷落的。西米里安联盟大军压境。似乎更引人注目的是，在这些陷落的法国城市里，并未以新路易、王位继承者的名义插上有百合花的王室旗帜，而是奥地利国旗，似乎奥地利有意借机为自

① 围困门茨，《歌德文集》，第30卷，第315页。

己捞取好处！也许一直在巴黎的古斯丁将军，可以为这些坚固城池的陷落做一些解释？讲坛上和旁听席的母亲协会成员大声喝令他这样做。然而，他们也苦涩地注意到，“王宫的先生们”却为这位将军叫好。

现在，受到各吉伦特派“持续审查或整肃”清洗的母亲协会，已经成为一个强大的机构：我们可以称之为国民公会的持盾侍从、持瓶者、示范者。雅各宾派的辩论都像议会辩论一样在《箴言报》上报道。

第四节　哦，自然女神

但我们特别要看看巴黎市在 8 月 10 日发生了什么？历史在自由元年，即“旧历 1793 年”看到了什么呢？感谢上帝，是新的长矛节！

这是因为肖梅特的“每日代表团”有了成果：一部宪法。这是有史以来赶制最快的宪法之一，据说艾罗·德·塞舍尔他们用了八天时间，这也许是一部实用、行得通的宪法。但是，基于某些原因，我们对此无法做出判断。无论是否实用，法国四万四千个市镇以压倒性多数，迅速接受并很高兴拥有这部宪法，无论好坏。各省的代表、负责接受庄严信息的最受人尊敬的共和派陆续到达，现在只剩下宣告新宪法诞生并在长矛节宣誓的仪式了。各省的代表已经来了一段时间了，肖梅特为他们忧心忡忡，他担心吉伦特派的先生们、投机商甚或吉伦特派的妓女腐蚀他们的道德。8 月 10 日就是不朽的周年纪念日，几乎比巴士底日更伟大。

画家大卫并未无所事事。感谢大卫和法国的天才们，这一天前所未有、如梦如幻的景色，才得以展现在明媚的阳光下，而以记录梦幻见长的历史却很少谈及。

历史可以满意地注意到一件事：在巴士底狱的废墟上，竖立着一尊自然女神的巨大雕像，两道水柱从两个乳房里喷射而出。这不是梦境，而是不折不扣的事实。大自然天亮前就在那里喷射出水柱。但随着红彤彤的太阳从东方蓬勃而出，无数排着队或零散的群众、外省的代表、母亲协会和女儿协会的会员，以及由相貌堂堂的埃洛率领的国民公会都到了，柔和的音乐表达了无限的期待。当刺眼的太阳放射出第一把火，金色的阳光照亮山峦和烟囱顶时，埃洛站在（由巴黎石膏板制成的）大自然的脚下，用一个铁质的碟子从圣洁的乳房取了一点水喝掉，然后像异教徒那样开始雄辩地祈祷："啊，自然女神！"各省的所有代表都喝了水，字正腔圆地做了祈祷或在暴风雨节奏般的音乐、隆隆的炮声和嘈杂的喊叫声中做了预言，于是圆满地结束了庄严仪式的第一幕。

接下来沿着林荫大道进行了游行：代表们或官员们被一根长长的、剪不断的三色丝带绑在一起。一般的"人民主权成员"，即老百姓，配备着长矛、锤子、各种工具及自己职业的徽章，乱七八糟地走在队伍中。其中我们注意到有一副犁，上面坐着博西和菲利蒙两位老人，由他们的孩子拉着。空气里既有一团和气，也有不和谐的声音。还有数目可观的凯旋门，其中在第一个凯旋门脚下，我们可以看到起义女英雄。她们是奥尔大市场的强悍妇女（戴洛瓦涅由于病重而不在其中），手里拿着橡木树枝，三色装饰，昂然坐在大炮上。相貌堂堂的埃洛向她们表示衷心的敬意，并以三寸不烂之舌说了一番恭维话。她们也跟着站了起来，加入到游行队伍中。

现在，请注意：在革命广场，另外一尊蒙着帆布的雕像是什么呢？用滑轮和绳索拉来她才露出真面目：原来是自由女神像！塑像由石膏制成，有望变成金属像，现在坐落在过去的暴君路易十五塑像的位置。接着放飞了脖子上戴着项圈的"三千只鸽子"，上面写着："我们是自由的，模仿我们！"象征屠杀保王党的假面具和尽可能找来的过去贵族的旧衣服被付之一炬，英俊的埃洛以罗马教皇的口才、像异教徒那样发表了演讲。

然后，跨过河向前还可以看到一尊巨大的新雕像：一座巨大的石膏山，上面站着一个举着无坚不摧的大头棒的人民大力神，“吉伦特联盟派的多头龙从散发着臭气的沼泽中探出头来”。这是埃洛要讲的新话题，而不必谈论什么战神广场、那里的祖国祭坛、被杀的捍卫者的骨灰罐和法律工匠的标尺，因为到处人声鼎沸、指手画脚、夸夸其谈，埃洛说得嘴皮子发白、舌头钉在上颚都无济于事。①

六点左右，当议长筋疲力尽时，巴黎的爱国者开始坐下聚餐，喝起用罐子或杯子盛着的光鲜美酒，来庆祝新时代的开始。罗姆的新历不是准备好了吗？所有的房顶都飘扬着小小的三色旗，顶端是挑着自由软帽的长矛。家家户户的墙壁上（无论爱国者，还是可疑者都不愿落后），都有这样的标语：共和国不可分割；自由、平等、博爱或死亡。

至于新历，我们必须在这里，而不是在别处提及。学者一直对旧历的错误和不完善感到震惊，决心制订一个更好的新历。无神论者马勒夏尔大约十年前就提出了新历，至少从迷信的藩篱跳了出来。因此，在没有更好的情况下，巴黎市政府现在正在采用。无论如何，我们都必须采用马勒夏尔的或更好的，因为新时代正在到来。为此，无数请愿书雪片般纷至沓来。实际上，在过去的一年多时间里，所有的公共机构、记者和一般爱国者，都已经把“共和国元年”作为纪年的开始。无论有多大的争议，国民公会已经下定决心，正如我们所说的，罗姆在对此冥思苦想。我们将要采用的不是马勒夏尔的新历，而是罗姆搞出来的更好的新历。罗姆在拉格朗日人蒙日和其他人的帮助下进行了数学计算，法布尔·代戈朗丁配上了诗意的名字。于是，1793 年 10 月 5 日，在克服了重重困难之后，推出了新共和历。这部新历面面俱到，经过法律程序后付诸实施。

四个均分的季节、十二个月，每个月三十天：共 360 天。多出来的五天有待处理。我们将把这五天变成节日，就称为五个无套裤汉日：细分为天才节、劳动

① 《报告选》，第12卷，第432—442页。

节、行动节、奖励节、意见节五个无套裤汉节。

由此正好构成一个大循环或完整的一年。只是每四年的一个闰年，我们引入第六个无套裤汉日，称为革命节。现在，随着这一让人无所适从的日期的开启，共和国的诞生日定为正好是秋分的 9 月 21 日，这难道不是最幸运的巧合吗？基督时代的 1792 年午夜按巴黎子午线划出的秋分将作为计算新时代的起始点。葡月、雾月、霜月是我们的三个秋天月份。雪月、雨月、风月是我们的冬季。芽月、花月、牧月是我们的春季。获月、热月、果月（希腊语中礼物的意思）是共和国的夏季。这十二个月份用奇怪的方式将共和国的一年分割开来。如果再加以细分的话，我们就必须冒险做一次大胆尝试：采用十进制的细分法，不是世界古老的星期，而是十天。那样的话，就变成了正规的每月三十天，第十天将始终是“休息日”。基督教的安息日怎么办呢？这也应该与时俱进！

简而言之，这就是罗姆和国民公会根据巴黎子午线和让·雅克的福音书而计算出的新历。对于今天阅读法国历史的英国读者来说，这是个不小的困惑，脑子会被这些获月什么的搞崩溃，到最后不得不自己制订一套方便查阅的新、旧历对应表。这张表虽然经过大量使用而过度磨损，但字迹仍然可以辨认和打印，我们可以在这里呈现给读者。罗姆的新历在当时的各种报纸、回忆录、公共条例中发挥了重要作用，一个存续了十二年以上的新时代不应被鄙视。让读者自己也借助于这张图（如有需要）新旧对照一下。有人也将其称为“奴隶风格”。而我们在这几页中会尽可能地只使用后者。

1792 年 9 月 22 日是元年的葡月第一天，新的月份都是每月 30 天，因此：

新历		旧历	
名称	加入天数	名称	已有天数
葡月	21	9月	30
雾月	21	10月	31
霜月	20	11月	30
雪月	20	12月	31
雨月	19	1月	31
风月	18	2月	28
芽月	20	3月	31
花月	19	4月	30
牧月	19	5月	31
获月	18	6月	30
热月	18	7月	31
果月	17	8月	31

有五个无套裤汉日，在闰年有六个需要加入到在果月末。

新历于 1806 年 1 月 1 日停止使用。[①]

随着新的长矛节的盛典和新时代或新历开启，法国接受了新宪法：这是付诸纸上的最民主的宪法。在实践中将如何运行呢？爱国者不时派代表团要求付诸实施，取得相应的成果。但眼下似乎时机不成熟。几个星期之后，圣茹斯特领导的救国委员会发表报告说，法国处于革命状态，“其政府必须革命到和平的建立！”因此，宪法只是一纸空文。但作为希望，可怜的新宪法必须继续存在。在这种形势下，我们可以将其视为有无限潜力但暂时在月球旁的地狱边境蛰伏的精灵。它从未存在过，即使存在也只是在纸上。

① 参见《报告选》，第13卷，第83–99页、第14卷，第199页。

第五节　锋利的剑

事实上，法国现在需要的不是纸上的定理，而是铁拳和胆量。

旺代现在不是仍然烽火燎原吗？严格地说，是这样，因为无法无天的罗西尼奥尔烧掉了磨坊，而桑泰尔将军有心无力。喜怒无常、醉醺醺的罗西尼奥尔将军得过且过，致使叛乱蔓延，并形成如火如荼之势。令人高兴的是，我们看到的那些从门茨撤退、“发誓一年之内不会攻击联军”的堂吉诃德般面黄肌瘦的家伙已经到达巴黎。国民公会匆忙把他们装进驿车送往旺代！让他们在无法无天的罗西尼奥尔麾下，在暗无天日的战斗中英勇作战，保卫共和国，直到“剩下最后一个人”。[1]

普鲁士在洞开的东北门户，奥地利和英国在西北，如火如荼的联军会不会乘胜前进呢？胡沙尔将军不比古斯丁将军做得更好，让他多加小心吧！西班牙在比利牛斯山的东部和西部做好了部署，他们展开波旁王朝的旗帜，洪水般漫过南部地区。焦头烂额的吉伦特派的灰烬和废墟早已覆盖整个这片地区。马赛已经偃旗息鼓，虽然没有陷落，但将很快陷入血雨腥风之中。土伦受到恐怖袭击，尽管尚未倒戈，但即将投入英国人的怀抱！在土伦军火库的屋顶飘扬着一面旗帜，但不是王位继承人路易的百合花，而是让人诅咒的英国海军上将胡德的圣乔治十字旗！法国海军所剩无几的装备、弹药、缆绳、战舰全部被“人类的敌人”缴获。围攻他们！轰炸他们！特派员巴拉斯、弗雷隆、小罗伯斯庇尔！还有你，卡尔多将军，杜戈米埃将军！尤其是你、非凡的炮兵少校拿破仑·波拿巴！胡德正在巩固阵地，补充给养，好像是要使这里变成一个新的直布罗陀。

但不料在8月末的一个秋夜，一团红彤彤的火球从里昂市的上空升起，还伴随震耳欲聋的巨响。这是里昂的火药库，而且连带四个弹药库被炮火击中炸

① 两个自由的朋友，第11卷，第147页，第13卷，第160-192页等。

上了天，被波及而遭殃的还有“一百一十五所房屋”。可以想象，爆炸产生的火光堪比正午的太阳，巨响与最后审判的号角相比不遑多让！沉浸在梦乡里的人都被震醒了。历史之眼在眩晕的午夜阳光中看到的是怎样的景象！不幸的里昂的屋顶、所有的圆顶、钟楼瞬间被照得通明，罗纳河和索恩河流淌的河水突然闪烁可见，同时高地、峡谷、村庄和茵茵的草地，以及周边所有区域民被照亮了。高地上布满壕沟、护墙、战壕、掩体、碉堡。穿蓝色制服的炮兵像蓝精灵一样，在这个阴暗的夜晚往来穿梭运送弹药！让黑暗再次笼罩这一切吧，因为看清这一切让人痛苦。夏里埃说得对，他的死让这个城市付出了沉重代价。国民公会和里昂代表大会的特派员走马灯似的来来往往，即使采取了各种行动，形势依然每况愈下。最后的结果是：由特派员杜布瓦·克兰斯带“七万人以及各省的火炮昼夜轰击里昂”。

然而，祸不单行。里昂发生了饥荒，同时还有没完没了的火灾和破坏。突围是绝望中的唯一出路。他们国民自卫军的指挥官普雷西上校尽到了他的职责，但他的绝望之举并未奏效。给养已被切断，进入我们城市的只有炮弹！军火库发生了大爆炸，医院被摧毁，病人被活埋。黑旗悬挂在这崇高的大楼上，向围困者呼吁宽恕，因为他们虽然发狂，但不也是我们的兄弟吗？他们把盲目的愤怒作为挑战的旗帜，但针对的目标更多。厄运连续不断，不到最后的极限就不会结束吗？特派员杜布瓦既不听哀求，也不要劝说，只要一句话：“我们无条件投降。”里昂关押了很多温和雅各宾派、吉伦特派高层、秘密保王党人。而现在，随着震耳欲聋的炮弹倾泻而下，他们会不会因绝望而投入保王党的怀抱呢？撒丁岛国王企图提供帮助，但失败了。移民奥蒂尚，以两个王室继承人的名义即将通过瑞士赶来提供帮助，但在路上还没有到时，普雷西就已经举起了百合花旗！

看到了这面旗，所有真正的吉伦特派都悲伤地放下了武器：让我们的三色兄弟在怒火中摧毁我们、屠杀我们吧！我们不愿意再和你们斗下去。为了避免饥荒，妇女、儿童都被送出城，冷酷无情的杜布瓦却又把他们送了回来。他在散布烈火和疯狂。我们的“棉袋碉堡”几经易手。百合花下的普雷西以大无畏的精神拼到绝望。里昂会怎么样？毕竟被围困了七十天。[①]

同样在这几周的时间里，远在西部海域的比斯开湾，一艘苏格兰人又黑又脏的小商船的舱口下，坐着来自坎佩尔的吉伦特派最后的惆怅、绝望的议员！其中一些已经散落在各地，尽可能躲了起来。可怜的里乌夫陷入革命委员会和巴黎监狱的魔爪，其余的人都坐在这里的舱口下，有头发花白的可敬的佩蒂翁、愤怒的布佐、疑虑重重的卢维、勇敢而年轻的巴尔巴鲁等。他们从坎佩尔逃了出来，在这艘破烂颠簸的小船上避难，时刻面对碰到海难、英国人特别是法国人的危险。他们被天地抛弃在这个满是油污的苏格兰商船里，任凭大西洋肆意摆布。它们的目的地是波尔多，想看看那里是否希望尚存。哦，朋友们，千万不要去波尔多！嗜血成性的国民公会代表、塔利安和他们的人已经带着法令、断头台先期到达那里。体面阶层已被踩在脚下，雅各宾派正在行使主权统治。从登陆的莱贝尔码头或昂贝海角起，苍白的死神就挥舞着锋利的革命之剑，为你们布下了天罗地网！

在昂贝海角岸边，苏格兰船长艰难地寻找靠岸地点。最后，这个灵巧而油滋滋的人终于把船停在岸边，让吉伦特派的人踏上陆地。上路后，他们都必须迅速转入地下，藏在地道、朋友家的密室、酒窖、谷仓、圣爱美隆和利布尔纳的洞穴，以避开残酷的死亡威胁。[②]参议员们从未有过如此落魄的境遇！

第六节　奋起反抗暴君

雅各宾派的国民公会能把什么同所有这些难以估量的障碍、恐怖和灾难

① 两个自由的朋友，第11卷，第80-143页。
② 《卢维回忆录》，第180-199页。

对立起来？是雅各宾派的鲁莽精神，是无套裤汉非理性的疯狂！我们的敌人想骑在我们的头上，丹东说，但他们无法征服我们，“我们宁愿把法国烧成灰烬！”

公安委员会和救国委员会都“提高了自己的地位”。让所有的普通人都提高自己的地位吧！让四万四千个市镇及其革命委员会、让共和国的每一根纤维都为之震撼吧！让每个法国人都感觉到行动或者死亡吧！这些市镇和委员会是雅各宾派的生命线。丹东通过巴莱尔和救国委员会发布法令，每周依法在巴黎召开两次会议，参加的贫困公民可以得到报酬，日工资四十个苏。[①]这就是著名的《四十苏法令》。这一举措极大刺激了无套裤汉，激活了雅各宾派主义的生命线。

在8月23日，公共救国委员会和往常一样以令人难忘的耸动文字，通过巴莱尔发布了一份报告，并很多成为大众征兵法令，“整个法国，无论是人还是任何种类的资源，都处于随时征用状态”，巴莱尔以提尔特的口吻说。通过他的话，我们才了解这项法令的真谛。“共和国是一座庞大的围城”，这几天会在卢森堡公园、杜伊勒里宫的外墙，搭建二百五十个铁匠铺起来，在天地见证下制造大炮和枪支！从所有的村落到首府，从所有城镇到驻军的营地和战场，自由之子都在行军，他们的旗帜上写着：“法国人民奋起反抗暴君”，“年轻人将去战斗”。“征战是他们的任务。已婚男人必须制造武器，运送行李和火炮，供应给养。女人要为士兵做衣服、帐篷，在医院照顾伤员。孩子拆解旧布头做成旧布纱团。老人必须去公共广场激发年轻人的勇气，宣传对国王的仇恨和共和国的团结。”[②]提尔特的话震撼了所有法国人的心。

在这种重压的气氛之下，法国不计代价和后果，无视法律和规则，再次仓促向敌人冲去，因为眼下的最高法律就是拯救人民！造武器的钢铁都在法国

① 《箴言报》，1793年9月17日的会议。
② 辩论，1793年8月23日的会议。

制造，所有的男人、妇女和儿童所展现的力量遍布整个法国。在卢森堡宫或杜伊勒里宫花园的铁匠铺，让他们在天地的见证下锻造武器吧。

然而，在同仇敌忾、英勇抗击外敌的同时，对国内敌人会心慈手软吗？革命委员会的生命线被《四十苏法令》所激活。（不是我们看到从门茨出来的、提永维尔的那个、来自杜埃、后来被称为嫌疑人的）议员莫尔林大约一个星期后提交了他那世界闻名的“嫌疑人法案”，命令所有市镇通过下属委员会立即逮捕任何嫌疑人，同时对什么样的人可以视为嫌疑人进行逮捕做了解释。“任何人，”他说，“只要其言行和文字可疑，简而言之都是嫌疑人。”[①]不仅如此，肖梅特甚至在市政府标语和公告上说，如果几乎可以确认是嫌疑人的话，可以在街上抓住嫌疑人并扭送到委员会和监狱。注意管好自己的言论、表情。即使不是因为其他事情变成嫌疑人，也可能因为人们所说的“因为可疑”而变成嫌疑人！谁让我们正在闹革命呢？

从没有一个人类国家的法律实践如此让人恐惧。法国境内所有的监狱和拘留所人满为患，四万四千个委员会，像无数收割或拾穗公司把法国大地横扫一遍，然后把收获聚在一起，统一存放在这些房子里。这些收获物就是贵族稗子！不仅如此，唯恐四万四千个委员会在各自的地面做得不够，我们还有一支六千多人的流动“革命大军”，由优秀的队长率领。这支部队出没于国家需要收割的各个角落。这是市政府和母亲协会在请愿书上所要求的，也是国民公会所下的法令。[②]让我们铲除这些贵族、联盟党人、官老爷们，让他们颤抖吧：通过复仇，“自由的土壤将被清洗干净”！

迄今为止，革命法庭还没有休息一天。丢掉圣多明各的布朗歇·兰德、刺杀攻击神圣的议员莱奥纳多·布尔东的“奥尔良阴谋家”以及许多没留下名字、生活甜蜜的人都死了。巨大的断头台白天张开血盆大口吞噬生灵，晚上像黑色

① 《箴言报》，1793年9月17日的会议。
② 《箴言报》，9月5、9、11日的会议。

的幽灵用双轮运货马车穿过各式各样的人群运走。人声鼎沸的街道一时为之震撼，然后就忘得一干二净。对共和国来说，贵族是罪人！他们的死，或只是没收财产，对共和国都是有益的。共和国万岁！

在8月最后几天里，有一个贵族的人头落地：是古斯丁将军。他被指控残忍、无能、背信弃义以及其他罪名。但我们必须指出，他被判有罪的原因是他搞砸了。听到对他的意外判决后，“古斯丁俯伏在十字架前，沉默了两小时：他含着眼泪来到革命广场，边祈祷，边看了一眼闪闪发光的铡刀，然后快步走到断头台上。他立即被从活着的人员名单中划掉”①。他曾参加过美洲的战争，是个豪迈、勇敢的人，是命运使他沦落至此。

同月2日的早晨三点，一辆挂着帘子的马车从修道院监狱驶向裁判所附属监狱。车里坐的是市政府的两名官员和曾经的法国王后玛丽·安托瓦内特！她被迫离开孩子、朋友和所有的希望，关进附属监狱破烂不堪的牢房，离最后的时刻还有几周时间。②

我们发现，断头台与其他事物一样总是运行得越来越快。断头台以其行之有效的速度为共和国的普通活动提供了一个思路。其巨大铡刀铿锵作响的上升和下降，堪比可怕的收缩与舒张，是无套裤汉系统整个巨大的生命运动和脉动的组成部分。“奥尔良阴谋家”和议员攻击者必须殉葬，尽管有很多人哭泣求情，但议员神圣不可侵犯。然而，今天神圣明天就可能受到亵渎：因为你的议员不比断头台伟大。在卡尔瓦多战争打响时，我们看到可怜的议员戈尔萨就躲在雷恩。随后他在8月份偷偷溜进了巴黎，就在王宫附近秘密生活了好几个星期。有一天他被人认出而被抓获，身份确凿无疑、“不受法律保护”之后，没有经过任何程序，就被送到了革命广场。他死前还告诫妻子儿女不要怨恨共和国。这是1793年10月9日。戈尔萨是死在断头台上的第一位议员，但他不会

---

① 两个自由的朋友，第11卷，第148–188页。

② 昂古莱姆公爵夫人著：《修道院监狱囚禁的特别回忆》，巴黎，1817年1月21日出版。

是最后一个。

前市长巴伊也被关进了监狱,前检察官曼努埃尔也是一样。布里索和我们被捕的可怜的吉伦特派,已变成被指控和监禁的吉伦特派。雅各宾派在叫嚣惩罚他们。杜普莱的那些密封文件被启封!七十三名秘密抗议者突然有一天成为报道对象,受到指控。国民公会的大门被"预先关闭",以防任何有关联者逃脱。那天晚上,他们被粗暴地押送到监狱。那些碰巧缺席的人值得庆幸!孔多塞已经消失在黑暗中,他也许像拉博一样躲在朋友家的墙壁之间。

第七节　玛丽·安托瓦内特

1793年10月14日星期一,法院新的革命法庭正在审理一桩久而未决的案件。古老的高墙内从未审理过类似的案件:审判玛丽·安托瓦内特。曾经明艳照人,如今被玷污、毁容、唾弃的王后,站在富齐埃·丁维尔的审判台前,为自己的性命辩护!起诉书已经在前一晚送达王后。[①]要多么有力的辩护词,才足以回答人的命运中世事炎凉的谜题呢?只有沉默最为恰当。

《革命法庭公告》的题目为"审判卡佩寡妇",很难找到比这干巴巴的几页纸更悲惨、更骇人听闻的文件了。暗无天日到仿佛发生了灾难性的日食,仿佛进入了苍白的冥王国度!冥王法官是被冥河和遗忘河、地狱火河和悲叹之河包围九次的阎王丁维尔!传唤来的证人貌似鬼神,或推脱罪责,或负罪在身,连他们自己都徘徊在死亡和毁灭的边缘。在我们的想象中,他们已经对断头台的猎物做了标记。身材高大的贵族德斯坦伯爵,为了急于表现自己是个爱国者没有逃跑。巴伊也是一样,当被问到是否认识被告时,他恭敬地回答:"嗯,是的,我认识夫人。"还有一些前爱国者也在这里受到粗暴对待,如检察官曼努埃尔和丧失之前辉煌的前部长们。这里有无动于衷的冷漠贵族,即使在地狱

① 审判王后(两个自由的朋友,第11卷,第251-381页)。

里也会忠于自己的理想。还有爱国士兵、愚蠢狂热的洗衣妇，他们对于阴谋、背叛、8 月 10 日事件、曾经的妇女暴动都有说不完的话，因为现在是成王败寇时。

作为女皇的女儿，玛丽·安托瓦内特，即使在极度需要帮助却被无情抛弃的情况下，也没有忘记自己的尊严。据说在宣读卑鄙的起诉书的整个过程中，她的表情一直从容自若。“人们注意到，她只是像弹钢琴那样不时动一下手指。”让人觉得有趣的是，在这份阴森恐怖的革命公告里，你分明可以感觉到她的举止更像个王后。她的回答快速、清晰、简洁明了。平静的语言，轻蔑、端庄的神态，彰显出她的坚定。“那么，你坚持否认了？”“我无意否认。我说的都是实话，所以我坚持。”卑鄙的艾贝尔拿到许多事情的证词，尤其是涉及玛丽·安托瓦内特和她小儿子的事情，在此我们最好不要玷污人类的语言。她对艾贝尔进行了驳斥。一名陪审员要求她注意还没有回答这个问题。“我还没有回答，”她情绪激动地说，“是因为任何人都会很自然地拒绝回答针对一个母亲的这种指控。我对所有在座的母亲发出呼吁。”罗伯斯庇尔听到这里不禁暴跳如雷，几乎要对艾贝尔这头蠢猪破口大骂，这简直是搬起石头砸自己的脚。[①]星期三早上四点，经过两天两夜的询问、陪审团的指控和律师的答辩，终于做出了判决：判处死刑。“你有什么要说的吗？”被告摇了摇头，没有说话。晚上的蜡烛已经燃尽，天已大亮。对她来说，时间的任务已经完成，永恒的一天升起。除了她站的地方以外，丁维尔的整个大厅暗淡无光。她默默地退出，慨然赴死。

相隔二十三年的两项游行活动或皇家巡游，经常以奇特而强烈的对比打动我们。先是美丽的女大公或王太子妃，十五岁时带着任何夏娃的女儿都没有的希望，离开了自己出生的城市。“第二天，”目击者韦伯说，“王太子妃离开了维也纳。人们倾巢而出，起初的气氛是伤感和沉默。她出现了，你可以看到她深坐在马车里，脸上挂着泪花，她交替用手和手绢试着眼睛。好几次她探出头想再看一眼父亲的这座宫殿，因为她再也回不来了。她向站在街道两旁为她送

---

① 维拉特著：《热月革命的秘密审判》，巴黎，1825年，第179页。

行的善意的人民，表达了遗憾和感激之情。人们不禁哭泣起来，四面八方传来撕心裂肺的呼喊声。所有的男男女女都陷入深深的悲哀之中。在维也纳的街头巷尾，到处是肝肠寸断的哀叹。随着跟从她的最后一个信使的消失，人群才慢慢散去。”①

十五岁的年轻王太子妃，如今已变成一个被罢黜王位、筋疲力尽、头发过早花白的三十八岁寡妇。这是最后一次游行："在做出判决的几分钟之后，所有的市镇就敲起了鼓，日出时武装的队伍已经集合完毕，从法院到革命广场的所有大桥两侧、公共广场和十字路口都部署了大炮。十点，三万多步兵和骑兵组成的巡逻队开始在大街小巷巡视。十一点，玛丽·安托瓦内特被带出来。她穿了一件白色的提花便服，被带到刑场的方式与普通罪犯无异，双手被捆绑，站在车上，由穿着世俗服装的宪政神父陪同，由众多步兵和骑兵分队护送。一路上，她对这些军人和排成双排的部队投去冷漠的目光，她的脸上表情沮丧，但并不傲慢。伴随着整个路程的都是"共和国万岁"和"打倒暴政"的口号声，她似乎视而不见。她几乎没有同忏悔神父说什么话，但在卢尔和圣奥诺雷大街屋顶上飘扬的三色旗引起了她的注意。她还注意到了房子正面墙上的标语。到达革命广场后，她的目光扫视了过去的杜伊勒里宫、现在的国家花园，那一刻她的脸上表现出了一丝激动，然后勇气十足地登上断头台。正午一刻，她的人头落地，在一遍又一遍"共和国万岁"的口号声中，刽子手抓起人头给人们展示。②

第八节　二十二人

哦，丁维尔，接下来该轮到谁了？接下来的颜色将大为不同，是我们已经

① 韦伯，第1卷，第6页。
② 两个自由的朋友，第11卷，第301页。

被捕的可怜的吉伦特派议员。他们过去都是法国的爱国主义之花，包括维尔尼奥、布里索、富歇、瓦拉泽、根索纳，共有二十二人。他们现在齐聚在丁维尔的审判台前受审。这些曾经的“法国人民的捍卫者”一开始被监禁在卢森堡监狱，后来被转移到裁判所附属监狱，现在辗转来到这里。富齐埃·丁维尔必须使出浑身解数进行狡辩了。

毫无疑问，这场对吉伦特派的审判是，富齐埃尚未经历过的最大挑战。所有二十二名共和派领袖一字排开站在那里，他们中有法国口才最好的人，还有律师，旁听席不乏朋友。丁维尔将如何证明这些人犯了保王党、联邦党和阴谋反对共和国的罪行呢？维尔尼奥的口才再一次爆发，据说“催人泪下”。根据记者报道，审判延长一天又一天，很多人嘀咕“看样子要没完没了”。雅各宾派和市政府开始助阵富齐埃。在当月28日，艾贝尔等人带着代表团通知爱国的国民公会说，革命法庭完全被“法律的繁文缛节所束缚”，爱国者陪审团“在深信不疑时，有权当机立断结束辩论”。这个寓意深刻的当机立断的建议，立即获得通过变成了法令。

因此，在10月30日晚十点钟，这二十二人又一次被召唤回来听候消息，即陪审团感觉深信可以当机立断做出判决。全体被告被判有罪，没有例外，全部是死刑，外加没收财产。

判决顿时在可怜的吉伦特派中掀起一片喧嚣和骚动，只有宪兵才能弹压。瓦拉泽自刎，当场倒地而亡。其余的人在喧嚣和混乱中，重新被送回附属监狱。拉索尔斯感叹道：“我死于人民失去理性的那一天，你们将死于他们恢复理性那一天。”* 但于事无补！死刑犯们只能无奈屈服于暴力，高唱着《马赛曲》回到监狱。

在最后的日子里与他们一起关押的里乌夫，详细记录了他们慨然赴死的

---

* 模仿福基翁回答德摩斯梯尼的话：“雅典人将处死你，是的，如果他们失去理性的话，但你将死于他们恢复理性时。”

过程。我们认为，处死他们并非各得其所，而更像迪科斯的欢乐讽刺剧集锦。在悲剧的场景里，他们让巴莱尔和罗伯斯庇尔与撒旦对话。赴死的前夜是在“歌唱”、“快乐的解脱”以及谈论“人民的福祉”之类的话题中度过的：我们必须将这些视为合理的东西而接受。吉伦特派最后的晚餐就是这样度过的。胸前流着血、在死神的怀抱里睡觉的瓦拉泽，是听不到这些歌声的。维尔尼奥的毒药剂量只够自己用，不够分给他的朋友。于是他将其甩到一边，以雄辩高亢的歌声和欢笑，为吉伦特派主持了这最后的晚餐。人类可怜的意志总是以这样或那样的方式，为维护自己的主张而斗争。[①]

但在第二天早晨，整个巴黎倾巢而出，街上从未涌出这么多人。瓦拉泽冰冷的尸体躺在二十一个活人中间，死囚马车沿着大街隆隆驶过。他们光着头，手被捆绑，穿着长袖衬衣，外套松松垮垮地绕在脖子上：法国最雄辩的喉舌就是被这样对待的。有的对他们低声咒骂，有的给他们喝倒彩。在“共和国万岁”的口号声中，他们中有的也回敬“共和国万岁”；其他人，如布里索，则坐在那里沉默不语。在断头台的脚下，他们还不时以变换的音调高唱《马赛曲》。用音乐鼓舞斗志是个好办法！还活着的继续唱歌。合唱很快衰弱下来，因为桑松的铡刀动作麻利，差不多每分钟一个头颅。合唱越来越弱，最后戛然而止。永别了，吉伦特派！唱赞美诗的富歇已经沉默，毫无生息的瓦拉泽也被斩首。断头台这把铡刀，将吉伦特派连根除掉。“伶牙俐齿的、年轻的、美丽的和勇敢的被一网打尽！”里乌夫感叹道。死神啊，在你阴森的大厅里是怎样的一场盛筵？

唉，即使在遥远的波尔多地区，吉伦特派也并没得到更好的对待。在圣爱美隆的酒窖、阁楼和地下室里，他们依旧度日如年。他们衣衫褴褛，身无分文，而寒冷的 11 月就要到了。在塔利安和断头台的高压下，所有的希望如今都已破灭。危险步步逼近，难度越来越大，他们决定分头行事。告别的情景感人至深，勇士当中最乐观高大的巴尔巴鲁停下脚步，紧紧拥抱卢维。“无论在什么

① 《里乌夫回忆录》，回忆狱中的日子，巴黎，1823年，第48-55页。

地方看到我母亲，"他哭道，"代我尽一个儿子的孝心。——如果命运引领我到她的身边，我会付出一切和你的妻子侍奉她。"①

卢维与噶代、塞勒斯和瓦拉迪、巴尔巴鲁与布佐和佩蒂翁同行。瓦拉迪不久自己南下。1793年11月14日，噶代、塞勒斯和卢维度过了悲惨的一天。他们浑身潮湿，筋疲力尽，饥肠辘辘。第二天，他们敲了一个朋友在乡间的家门寻求帮助，这个胆小的朋友却拒绝接待他们。于是，他们不得不在瓢泼大雨中躲在树下避雨。绝望之下，卢维径直返回巴黎。他不顾四周溅起的泥浆，义无反顾踏步向前，愤怒和狂热为他提供了无穷的力量。他穿过村庄，"在大雨中躲过岗亭里睡觉的哨兵"，在被发现之前溜之大吉。他蒙骗革命委员会，蜷缩在运货马车、敞篷或封闭的马车里。在奥尔良的街道上，当人们抓捕他时，他却把自己藏在女人和士兵的背包与大衣里。这些奇迹般的逃脱经历可以写三部小说。他终于到达巴黎，来到他美丽的伴侣身边，最后到达瑞士，过上了美好的生活。

可怜的噶代和塞勒斯两个人都被抓住。他们死在波尔多的断头台上，鼓声淹没了他们的声音。瓦拉迪同样被捕，并被送上断头台。巴尔巴鲁和另两位同行在很长的时间里逍遥法外，直到1794年夏天，时间不算长。7月的一个早晨，在如往常一样改变藏身之地时，"在离圣爱美隆差不多有一里路的地方，他们注意到有一大群农民"，这无疑是雅各宾派来抓他们的人。情急之下，巴尔巴鲁用手枪自尽。唉，他们实际上并不是雅各宾派的人，而是去参加一个农村节日的村民。两天之后，布佐和佩蒂翁在麦田中被发现，他们的尸体被狗啃食了一半。②

吉伦特派就这样尘埃落定了。他们这些人的奋起是为了复兴法国，却落到这样的下场。唉，不管我们对他们有何不满，残酷的命运不是已经宽恕他们了吗？只有怜悯依然存在。这么多英雄的大无畏的灵魂被送到地狱，成为各种犬

① 《卢维回忆录》，第213页。
② 关于吉伦特派的历史研究，《布佐回忆录》，第107页。

类和鸟类的猎物！但是，在这里，最高权力的意志也同样得到实现。正如维尔尼奥所说：“革命像农神一样正在吞噬自己的孩子。”

第十八章

恐怖盛行

第一节　形势危殆

因此,我们现在来到黑暗陡峭的深渊,长久以来这里的一切均临渊而危,现在则到了目眩的边缘,他们在混乱的崩塌中急速下坠,一落千丈,直到无套裤汉自我毁灭。在这个奇妙如末日般的法国大革命中,世界不是重生,而是正迅速毁灭或坠入深渊。长久以来,恐怖一直让人心惊胆战。但现在,演员本人也清楚意识到,他们指定的行动方向就是恐怖。于是,他们说,那好吧,"就让恐怖变成家常便饭吧"。

因此,即使只上溯到休·卡佩时代,多少个世纪过去了,经过彼此叠加,每个世纪都为下个世纪传递了与日俱增的邪恶、谬误、人压迫人的总和。国王、祭司与人民都是罪人。明火执仗的歹徒戴着荣耀加冕的王冠和主教冠，马到成功，大获全胜。而更恶毒的隐秘歹徒，则以似是而非的动听套话、徒有其表的高尚、内心的虚伪施展骗术，让骗子之间的竞赛如海滩沙子一样数不胜数。终于，骗子的总数也达到了天地难以容纳的地步。在朝臣的咆哮和虚张声势、征服者的英雄主义、基督教的君主制、可爱的蓬巴杜们的温柔乡里，清算的日子似乎漫长到难以觉察，但一直在接近，终于神不知鬼不觉地突然到来。长达几个世纪的果实终于成熟，迅速变得洁白美丽。现在已经完全成熟，一天之内必须迅速收割。在腥风血雨的恐怖中收割后送到冥王和地狱的谷仓！一如既往不幸的亚当之子！他们不仅从不认识他，而且永远也不会认识他。他们神情平静、愉快，日复一日，一代又一代地彼此祝愿好运，努力播撒风的种子。然而，上帝作证，如果上帝真实存在，如果他的世界真实存在，他们收获的是暴风，而不可能是别的结果。

然而，历史在面对这个恐怖制度时也不免有自己的局限性。当这种现象以其最初的形态持续出现，并以描绘"法国大革命的恐怖"为目的时，存在很多需要讨论和呐喊的内容。这样做有利有弊。天知道，丑恶和恐怖无处不在。然而，这并非全部现象之所在。确切地说，这并非现象的全部，而只是它的影子和负面部分。而现在，在其运行的新阶段，当历史停止呐喊，而尝试在其旧式的风格和惯用的手法中涵盖如此新鲜奇怪的事物，以至于必须致力于在意外的自然产品上实施某种自然认可的科学法则时，以冷静的态度推导出结论和教训才成为可能。我们必须说，历史仍然以痛苦的方式，在这个新阶段喋喋不休，大放厥词。以最新的演讲形式为例，这是几个月前我们可敬的卢先生在他的《议会史》中，对这些事件的准确描述。这是他最新、最奇怪的说法：法国大革命是经过一千八百年的准备，为了实现基督教理想的一场殊死搏斗！[①]也许"统一、不可分割、博爱或死亡"这些词，写在所有活人的房屋和墓地的墙上，因此，根

① 《议会史》，前言，第1卷，第1页等。

据检察官肖梅特的命令，在死人的家里需要写上：在此长眠。[1]但对我来说，正如罗伯斯庇尔习惯说的那样，由断头台和永恒的死亡实现的基督教理想“是可疑的”。

不，卢先生！那不是博爱的福音书。不，它与过去四个福音传道者中的任何一个都不相符，既没有呼吁人们要悔改，也没有要任何人涤荡自己生命中的污点而自救。与此相反，正如我们经常暗示的那样，根据让·雅克的最新第五福音书，它呼吁人们修正整个世界的每个邪恶可以通过制定宪法而得到自救。正如他们所说，这风马牛不相及；如果可能，离的比天堂还遥远！但是，历史甚或所有人类的言论和理性，就是这样做了父亲亚当在生命之初就做的事情：努力为自然产生的新事物命名，无奈这样做非常困难。

但是，历史至少也会承认一次迄今所有已知的名称和定理是不够的吧？这个自然产品无论多么伟大和新鲜，都不会对旧的自然法则俯首帖耳，而会展露新的法则吗？如果是那样，历史现在会放弃将其命名的抱负，诚实地正视它，尽可能为其命名吧！任何近似的正确名称都有价值。正确的名称一旦采用，产品就会人所共知，并为我们所掌握和处理。

现在，肯定无法实现基督教的理想，更遑论我们在大地上的恐怖统治和正在完结的法国大革命中了解的任何事情。我们所了解的只有破坏，所有可以破坏的东西都被破坏了。似乎两千五百万人受狂热的预言所驱使，站起来用穿越大地和世代的声音说，人生的谬误已经让人无法忍受。啊，你们这些虚伪和徒有其表的人、服饰光鲜的贵族和红衣主教，你们这些满嘴信仰、套话、尊贵、其实不过是累累白骨和尸体的伪君子们，在我们眼里，你们只是虚假的谎言。然而，我们的生活并不虚假，我们的饥饿和苦难不是谎言！看，我们两千五百万人像一个人一样站了起来，共同举起右手，让天地和深渊见证，我们将把你们所有人摧毁，否则我们将毁灭自己！

① 两个自由的朋友，第2卷，第78页。

同样的誓言并非无关紧要：正如我们常说的那样，它构成了最近几千年最引人注目的事实，产生或即将产生结果。履行誓言也就是人们与自己的生存状况和环境，进行的暗淡和绝望的战斗，同时还要与自己和别人内心的罪恶与黑暗战斗：这是恐怖统治。先验的绝望是其主旨，尽管是潜意识里的主旨。博爱的虚假希望、政治千年是我们永远无法看到的幻影。但无法看到的灵魂、先验的绝望却根本不是什么幻影，也不是没有任何影响。可以说，远离尘世的绝望已经完成了循环，再次成为一种真正的勃勃希望。

脱胎于旧天主教并在让·雅克福音书中找到表达方式的博爱教义，突然脱离云雾缭绕的苍穹而坠落，从高高在上的理论而付诸实践。于是，所有的信仰、意旨、习惯、知识、思想和法国人拥有的东西均从天而降。天主教、古典主义、情感主义、同类相食：由各种主义组成的法国人轰然坠入深渊，理论顿时变成了实践，无法漂浮的东西全沉入水底。让·雅克不再是唯一的福音传道者，每个乡村教师都贡献了自己的配额：我们不是像古代自由民一样以你相称了吗？戴着自由弗里吉亚红色软帽的法国爱国者，把自己可怜的小红孩命名为卡托、检察官卡托或尤蒂卡。格拉索斯变成了巴博夫和报纸编辑。纯鞋匠穆提乌斯·斯凯沃拉主持了穆提乌斯·斯凯沃拉市镇的工作。总之，整个世界都沉入水中，会游泳的人才能生存！

无论如何，这就是我们将恐怖统治称为怪异统治的原因。起主导作用的无套裤汉横扫一切，成为人类亘古未见的最奇怪等级之一。这是一个充满欲望和空洞风俗的国度！过去的习俗由于过于老旧而遭到破坏，受到预言的狂热而产生的欲望和愤怒驱使，人们必然幻想满足自己的手段。按惯例行事的做法已经崩溃，通过模仿、发明而建立的非惯例做法开始大行其道。凡是从法兰西人民的头脑中冒出来的，如果不是惊天动地的东西，注定是一种怪异的东西。

不应该让读者觉得在恐怖统治下一片漆黑，远非如此。在法兰西大地上，有多少铁匠和木匠、面包师和酿酒师、洗衣妇和晾晒工，每天依然继续从事以前的工作，让政府成为恐怖或快乐的政府者吧！每天晚上，巴黎有二十三个剧院在演出，有人估计有六十家舞厅在营业。所有剧目都具有强烈的共和色彩，没有片刻清闲的小说家向公众奉献与时俱进的精神食粮。[①]当时被称为“贴水粪坑”的纸币投机活动，前所未有地风靡一时，令人无法想象，就像神奇的法塔摩根娜的阿拉丁神殿一样“一夜暴富”，你完全可以借此逍遥一阵子。恐怖像一片沙地，上面的场景无时无刻不在变化。在惊人的转变和千变万化的颜色下，崇高、可笑、可怕的场景轮番登场，或者说在震耳欲聋的喧嚣声中彼此陪伴。

因此，无论是现在，还是任何时候，老诗人一直推崇的“百家争鸣”已成为至高无上的境界！既然我们没有这方面的天赋，那么还是让读者发挥自己的想象力吧。而我们会从混乱的场景中取出精彩的细节，使其在黑暗中发出耀眼的光芒。

第二节　玉石俱焚

在 11 月初，有一束光芒一闪而过，这是需要记录的事件：菲利普·奥尔良平等最后一次的回家旅程。令他和他的人始料不及的是，他与吉伦特派同时“被法令指控”，但并未同时受到审判。在吉伦特派被宣判和执行死刑后三天，菲利普在马赛住了长达六个月后回到巴黎。根据我们的计算，这是 1793 年 11 月 3 日。

在这同一天，两名显赫的女犯同时被监禁：杜巴丽夫人和约瑟芬·博阿尔内！不幸的女人、贵族杜巴丽伯爵夫人从伦敦返回后被逮捕，罪名不仅是前国王陛下的情妇（因而是犯罪嫌疑人），而且涉嫌为“移民提供金钱”。与她同时被捕的是很快成为寡妇的博阿尔内的妻子。就是这个约瑟芬·博阿尔内后来变

① 《莫尔西埃回忆录》，第11-124页，以及当时的《箴言报》。

成了波拿巴的皇后约瑟芬，因为热带的黑人女巫早就预言她会成为女王。与此同时，据福斯特说，近乎发疯的可怜的亚当·吕克斯“已经三个星期没有吃东西了”。他因为评论夏绿蒂·科黛的小册子而被送上断头台，他“跑上断头台大喊很高兴为她而死”。菲利普就是与这些同路人一起来的。这个月叫作自由元年雾月，或奴隶制的1793年11月，断头台一如既往地忙碌。

菲利普的诉讼案很快审理结束，陪审团对判决胸有成竹。他被指控的罪行包括从事保王党的阴谋活动等，甚至投票赞成处死国王。他对此回答说：“我凭我的灵魂和良心投票。”判决是死刑，立即执行。痛苦的11月6日是菲利普在人世的最后一天。蒙加亚尔说，菲利普要了早餐，他吃了“几个牡蛎、两块排骨，喝了大半瓶波尔多红葡萄酒”，津津有味地把早餐一扫而光。一个革命法官或国民公会的官方特使赶来，要他为了国家利益揭发一两个阴谋的真相。菲利普回答，对他来说，一切都结束了。他认为，国家不必再要求他做什么了。然而，从自由的利益出发，而且他也乐于如此，他愿意对某些合理的问题给予合理的回答。“于是，”蒙加亚尔说，他把胳膊肘靠在壁炉上，从容不迫、若无其事地侃侃而谈，直到休息时间转瞬即逝，特使满意而去。

在裁判所附属监狱的大门口，菲利普的态度几乎像指挥官一样威严而随和。当年菲利普站在同一面石墙里，站起来彬彬有礼地问国王路易：“这到底是王室会议还是正义的床？”如今还有几天就五年了。哦，天哪！另外还有三个可怜鬼与他一起赴死，据说，他不愿意这些人陪他同去，人们不得不抬着他的头和脚把他扔到马车上。[①]但实际情况似乎并非如此。无论反对与否，断头台都已准备就绪。菲利普的礼服与他的高雅相得益彰：绿色的礼服、白色凸纹布料的背心和黄色的鹿皮靴子。他的神态与往常一样，如果说不是轻松、花花公子式的彬彬有礼，就是一本正经、冷漠。他们在咒骂声中缓缓走过街道。刚通过过去的王宫、现在的平等宫，冷酷的平民拦住了他们，耽搁了几分钟。据说，梳

① 《福斯特回忆录》，第2卷，第628页；《蒙加亚尔回忆录》，第4卷，第141-157页。

着妓女发型的德·布冯夫人也从窗户探出头看他。墙上写着三色大字:“一个共和国不可分割;自由,平等,博爱或死亡;国家财产。” 菲利普的眼中瞬间闪过地狱之火,但接下来瞬间消失,重新恢复冷漠、花花公子式的彬彬有礼。在断头台上,桑松脱掉他的靴子,“呸！” 菲利普啐了一口,“靴子完事更好脱,咱们快点！”

这就是并非才疏德薄的菲利普吗？上帝不允许任何活人的生活脱离道德！他在四十五年的时间里保持了这种美德。至于其他的德行也许我们并不清楚,大概也没有什么人对此记录过任何事实或谎言,因为他是 “雅各宾派的血亲亲王”。其中的复杂性不言而喻！他之所以不同于尼禄、波吉亚,是因为他生活在小册子的时代。这已经足够了:乱世吞没了他。但愿不要再重生一个！勇敢、年轻的奥尔良平等被剥夺了一切,但他没有自暴自弃,而是改名为科尔比,去了格劳宾登州的库尔教数学。平等家族坠入天下最黑暗的深渊。

随后的受害者要高贵得多,人们在后来的几个世纪都会怀念她:那就是让娜·玛丽·菲利庞,罗兰的妻子。在同狱难友里乌夫的眼里,她如女王般仪态万方,对崇高的悲伤无怨无悔。“在普通女性的表情中所看不到的东西,” 里乌夫说,“可以从她那黑眸中体现出来,充满表现力和温柔。她经常隔着栏杆同我说话,我们都聚精会神地围着她,心中充满敬仰和惊奇。她的话语中包含着纯洁、和谐和分寸,变成了耳朵永远也听不够的动听音符。她谈的话题虽然严肃,但并不冷漠。她坦诚、勇敢,像一个伟大的男人,很难想象这些话出自一个美丽的女人。”①可是她的侍女说:“在你们面前,她竭尽全力,但在自己的房间,她时常在窗口一坐就是三个小时,在那里哭泣。” 她从 6 月 1 日以来就一直被关在监狱,曾经被释放一次,但旋即又被关押。在动荡不定的气氛中,她的命运渐渐悲惨地尘埃落定:判处死刑。在修道院监狱,她住在夏绿蒂·科黛的牢房。而在裁判所附属监狱,她曾与里乌夫、前部长克拉维埃谈话,称二十二名领袖

① 里乌夫:《狱中回忆录》,第55–57页。

为“我们的朋友”,我们应该会很快随他们而去。在五个月的时间里,她写的回忆录仍然被全世界的读者阅读。

但今天,11 月 8 日,“她银装素裹,”里乌夫说,“乌黑的长发垂到腰际”,看起来像去法院出庭的律师,然后又轻盈地返回,举起手指向我们示意她已经被宣判。她似乎哭过。富齐埃·丁维尔问的问题“野蛮粗暴”,被冒犯的女性荣誉让她对其予以轻蔑的回击,有时不免泪眼婆娑。现在,经过简单的准备,她即将走完最后一段路。与她同去的是个叫拉马什的“指券印刷主任”,她竭力使他振作起来。来到断头台下,她要求拿笔和纸,“想记录下内心油然而生的奇怪想法”[①]。这一非比寻常的请求遭到拒绝。看着立在那里的自由女神像,她苦涩地说:“啊,自由,有多少罪恶假汝之名!”看在拉马什的份上,她希望第一个赴死,以便让他看看,死其实很容易。“这不合顺序,”桑松说,“算了吧,你不能拒绝一位夫人的最后要求。”桑松让步了。

白色高贵的形象,女王般端庄的神态,骄傲而柔和的眼神,垂到腰际的黑色长发,无所畏惧的心灵,从未有如此勇敢的心在一个女人的胸中跳动!她像一尊完美、安详的白色希腊雕像,闪耀在黑色的废墟之中,令人长久难忘。必须向大自然致以崇高的敬意,因为尽管逻辑、百科全书和让·雅克的福音书盛行,但它依然在高尚的情操和蓬巴杜时代,在巴黎孕育了让娜·菲利庞,使她成为永恒女性的化身!传记将长久铭记她要求笔和纸“想记录下内心油然而生的奇怪想法”这一事实,因为这是贯穿她人格的一缕阳光、一丝温柔情感的宣泄、一种神圣的精神。因此,她也有着难以言喻的内心。她也是永恒的女儿,她的内心有着哲学所想象不到的奥秘!她给自己的小女儿留下了很长的遗言,她说,没有她,她的丈夫无法活下去。

第一届国民议会议长、第一任巴黎市长、可怜的巴伊命运更加悲惨,他由于涉嫌保王党、拉法耶特、战神广场的红旗事件而受审。也可以说他是由于天

① 《罗兰夫人回忆录》,前言,第1卷,第68页。

文学研究和参与了革命而被审判。这是 1793 年 11 月 10 日，雾气蒙蒙，寒风刺骨，可怜的巴伊被拖行通过街道，咆哮的民众用劈头盖脸的诅咒和泥巴迎接他，为了嘲弄他，人们在他的脸上挥舞着一面燃烧、冒烟的红旗。这位无人怜悯的无辜老人坐在那里一声不吭。队伍在这雾气中缓慢行进，目的地是战神广场。不，不是那里！民众在一旁咒骂：他肮脏的血不得玷污祖国祭坛。不行，不能去那里！在河边垃圾堆上解决吧。在民众的咒骂声中，他们只能让步。虽然双手在刺骨寒风中冻得有些麻木，断头台仍被卸了下来，运到河边，在因麻木而变慢的动作下重新被立在河边。在长达几个小时咒骂和刺骨的风雨中，老人疲惫的心在不时悸动！“巴伊，”有人对他说，“你打哆嗦了。”“我的朋友，这是因为冻的。”巴伊回答。普通人从未有过如此悲惨的结局。[①]

几天之后，听说了 8 日发生的事情，罗兰拥抱了鲁昂的好朋友，离开友善的庇护所，踏上令人潸然泪下的永别之旅。次日，当月 16 日上午，“在巴黎方向离鲁昂约有四里的博杜安镇附近的诺曼大道”，人们发现一个坐在树旁、满脸是皱纹、因死去多时刚毅的面容已经僵硬的人，一把剑刺穿了他的心脏，他脚边的纸上写着：“无论你是谁，发现我躺在这里时，请尊重我的遗骸。这是一个毕生致力于于民润国之士的遗骸。他正直、诚实，虽死犹生。在得知妻子被谋杀之后，我不是出于恐惧，而是出于愤怒而离开隐居地。我不想在一块被罪恶玷污的土地上苟且生活。”[②]

巴纳夫在革命法庭的表现最勇敢无畏，但这不能救他的命。他们派人把他从格勒诺布尔找来履行责任。对于装聋作哑、掌握生杀大权的命运之神丁维尔来说，修辞和口才无济于事。这个巴纳夫只有三十二岁，就已经经历了这样的世事变迁。曾几何时，我们看到他站在高高的命运之轮顶端，对于所有爱国者来说，他的话就是法律。而现在，他肯定处于车轮之下，与判处他死刑的丁维尔

---

① 巴伊的生平，《回忆录》，第1卷，第29页。
② 《罗兰夫人回忆录》，前言，第1卷，第88页。

的法庭进行殊死搏斗！[1]曾被称为“道德高尚的佩蒂翁”，“极左”分子佩蒂翁如今在哪里？民事上已死亡，他躲在圣爱美隆的石洞里，被狗所吞噬。此时，被人们扛在肩膀上的罗伯斯庇尔，正在公安委员会里忙碌。民事上他还活着，但命不久矣。这头革命的巨兽以旋风般的狂热，把一切搅得天翻地覆，火爆程度让人眼花缭乱。在断头台上，巴纳夫跺了一下脚，仰头咆哮：“这就是我的下场！”

前检察官曼努埃尔议员已经逃走。在8月和9月间还有人看到的奥斯林议员也即将逃离。因兄弟告密，躲在夹墙中的拉博被抓获。国民议会的议员不在少数！也有很多将军。古斯丁将军的回忆无法为儿子辩护，他儿子已经被斩首。前贵族古斯丁被平民胡沙尔取代，他在北方也没有打好，因此受到无情的对待，在监狱自杀未遂后在革命广场殒命。毕隆、博阿尔内、布吕内这些失败的将军无一幸免。有眼屎的倔强的老吕克纳、在旺代英勇战斗的阿尔萨斯人维斯特曼，都像赞美诗所唱的那样，无一能从死神那里赎回自己的灵魂。

每天拿四十一个半便士的市镇革命委员会忙得不可开交！无情的逮捕令一个接一个，紧接着就是斩首。前部长克拉维埃在监狱自杀。伪装成工人的前部长勒布伦在一个谷仓被捕，被立即处死。[2]这不就是巴莱尔所说的“在革命广场印钱吗”？因为如果“罪犯有财产，必然会被没收”。为了避免发生差池，我们甚至颁布法律：自杀不得剥夺我们这项权利，自杀的罪犯无法避免财产被没收。让罪犯、嫌疑犯、有钱人，一句话让所有穿套裤的人颤抖吧！过去属于国王的卢森堡宫已经变成一所巨大、可恶的监狱。过去属于孔代亲王的尚蒂伊宫也是如此，其主人如今在莱茵河另一边的布兰肯堡。巴黎现在有十二座监狱，在法国共有约四万四千座监狱。那里关押的嫌疑人如从各处飘来的秋天的落叶，不可胜数，他们将在那里被革命委员会震撼并横扫，堆积在仓库，被桑松和

① 《福斯特回忆录》，第2卷，第629页
② 1793年12月11日、30日的《箴言报》；《卢维回忆录》，第287页。

丁维尔消灭。“断头台迎刃而解。”

第三节　万劫不复

嫌疑人很可能会发抖，但有多少公开的叛军，南方又有多少吉伦特派的城市！多达六千人的革命军在剧作家隆辛的率领下，戴着红色软帽，着三色背心、黑色粗毛长裤、黑色粗毛上衣，留着浓密的胡须，挎着巨大的军刀，外面是卡马尼奥拉套服。[①]还有便携式断头台。卡里耶代表沿着叛乱的旺代边缘来到南特，而叛乱这把火就是罗西尼奥尔放的。卡里耶将审判你们抓到的囚犯、同伙、保王党或吉伦特派：他的断头台将勇往直前，“马拉戴着软帽的同志们也将如此”。小孩子和老人一样被送上断头台斩首。无论机器的动作多么迅速，数量远远不够。刽子手和仆人都人手不足。他们已经忙得筋疲力尽，于是声明再也没有力气了。[②]在这种情况下必须尝试枪决，或者下一步考虑更骇人的成功做法。

在布雷斯特，让·邦·圣安德烈也为了同样的宗旨统率了一支红色软帽大军。在波尔多，是塔利安与他的伊萨博和心腹。嘎代、古西、萨勒斯已经倒台。滴血的长矛和红色软帽正在行使至高无上的权力：断头台在印钱。一头狐狸短发的塔利安曾当过记者，正值青春年华，如今变成凶残、不可一世之人。作为冥王，他掌握地狱的钥匙。但是，人们注意到，出现了一位西班牙商人的女儿卡巴鲁斯小姐或女士，因为她嫁给了封特奈先生，那时她还不是寡妇。这是位有着棕色头发的美丽女人，是她使这个凶残的恶魔心肠变软。她为自己和朋友辩护，并取得成功。无论如何，地狱的钥匙和强权都是由女人掌握的东西。阴沉的冥王自己对爱情并非无动于衷。她像第二个普罗瑟派恩，被阴森可怕的红头发冥王掳走。据说，她软化了铁石心肠。

---

① 参见《卢维回忆录》，第301页。
② 两个自由的朋友，第12卷，第249–251页。

马尼埃在南方的奥朗吉、勒庞在北方的阿拉斯让世界惊叹。雅各宾派的人民法院与其国民代表，同样出现在有需要的各个地方，即使也许有吉伦特派人民法院在同一地点。富歇、马尼埃、巴拉斯、弗雷隆用断头台的铡刀像收割机一样清洗南方各省。收获物很多是工人。成百上千人的生命戛然而止，像木材一样被抛到火中烧成灰烬。

马赛被攻克并实施了戒严令。看，他们要在马赛收割的一个有红胡子和一头乱发的人是谁？我们这里说的是一个大块头、满脸是红砖颜色胡须的人。承蒙涅墨西斯*和复仇三姐妹**的恩典，这是刽子手儒尔当！他们靠戒严令把他抓获，他也将被“国家剃刀”严厉地刮掉。现在该儒尔当引颈就戮了。他曾在妇女暴动时将德斯布特和瓦里尼斩首，把他们的头挑在长矛尖上。人们不会再见到这个铜像般的怪兽招摇在南方的各个城市，嘴里叼着烟斗，手里端着白兰地酒杯，在阿维尼翁的冰塔里发布逮捕令了。埋葬一切的大地接收了这个红胡子大块头，但愿我们永远不会再见到这样的人。我们只提到了儒尔当一个名字，还有几百人的名字没有提到。唉，他们像捆扎在一起的柴薪躺在我们面前，以车计算，但每捆柴薪都是有生命和故事的人，每个人被斩首时都心存恐惧，与恺撒死时一样！

与其他城市相比，里昂的损失更为惨重。在弹药库发生爆炸的那个秋夜，我们看到陷入火海的里昂注定结局悲惨。这个结局势所必然：绝望的勇气和普雷西又能做什么呢？像命运之神一样装聋作哑、像末日审判一样可怕的杜布瓦·克兰斯，夺取了他们的“棉袋碉堡”，越来越近地将其纳入炮火覆盖区？这位奥蒂尚的贵族从未到达，也从未得到来自布兰肯堡的任何帮助。里昂的雅各宾派都藏在地窖里，吉伦特派的市政府内外交困，处在饥荒、背叛和火海之中。普雷西抽出剑，和另外一千五百人一起，跳上马鞍，希望向瑞士冲开一条血路。

---

* 希腊神话中人格化为冷酷无情的复仇女神。

** 源于希腊神话，在大地上追逐杀人凶手（特别是血亲相杀者），使他们发疯发狂，她们是希腊人最惧怕的神祇。

他们狂暴地冲杀，遭到激烈反击，最后全军覆没，没有人抵达瑞士。[①]10月9日，里昂自行决定投降，成为一座受诅咒的城市。曾经的拉姆莱特神甫、现在的拉姆莱特主教，过去的立法议会议员、"拉姆莱特之吻"或"大利拉之吻"，被抓获，送到巴黎斩首。据说，当丁维尔宣判他死刑时，"他边在胸前画十字"，边施展宪法主教的雄辩口才。现在，在里昂的所有主教、神甫、贵族和联邦党人都惨遭不幸！夏里埃已经鬃毛倒竖。沸腾的共和国已经赤膊上阵。看哪！这是来自南特、即将闻名遐迩的富歇代表。他与一支爱国者组成的队伍，举着夏里埃的尸体，招摇过市。他们把驴的头蒙上头巾，盖上僧侣的斗篷，尾巴上拖着祈祷用的书籍，据说是圣经，在众多爱国者的护送下，在一片怒吼声中穿过里昂的街道，向烈士夏里埃的坟墓走去。他的尸体被焚烧后埋葬，骨灰收进一个罐子，接受巴黎爱国者的膜拜。圣书被投入柴堆，骨灰在"复仇！复仇！"的喊声中随风飘荡。富歇写道，这应该令人满意。[②]

实际上，里昂城即将消失，以后的里昂将不再是里昂，而是"被踏平的市镇"：甚至名字也要消失。如果雅各宾派的预言成真，这座古老、伟大的城市将被夷为平地。一根柱子将在废墟中竖起，上面写着："里昂由于反对共和国而不再存在。"富歇、库东、科洛、国民公会的代表轮番上阵，刽子手忙得不可开交，泥瓦匠也是如此，但不是为了建房子。甚至贵族的房子也被判处了死刑。瘫痪的库东坐在椅子上被人抬着，用象征性的锤子边敲着墙边说："法律正在打击你。"泥瓦匠们开始用撬棍拆房子。无数房屋轰然倒塌，寒风中的尘土在昏暗的废墟和断垣残壁上飞扬。如果里昂的建筑不是坚固无比，在那几个星期里早就不复存在，雅各宾派就预言成真了。但城市不是用肥皂泡建造的，里昂是由石头建成的。里昂尽管反对共和国，但今天依旧巍然屹立。

里昂的吉伦特派并非只有一颗头，砍掉就一劳永逸。当地的革命法庭和军

---

① 两个自由的朋友，第11卷，第145页。
② 1793年12月11日、17日的《箴言报》。

事委员会已经尽全力地在砍头和枪决了。流经沃土广场的河水都染红了，残缺不全的尸体被丢弃在罗纳河。据说，人们向里昂舞台上的科洛·代尔布瓦发出嘘声，但是现在用什么嘘声和鞑靼人的嘶哑号角，来为国民公会代表的新角色喝倒彩呢？二百零九人被直接送到河边的布洛托大道，用火枪和大炮集体屠杀。这样的场景已经是第二次出现了，第一次是七十人。第一次屠杀的尸体被扔进了罗纳河，但河水又把一些尸体冲到岸上。因此，今天的和第二次的尸体都将土葬，已经挖好了一个大坑。他们沿着大坑站成一排，最年轻的唱起《马赛曲》，雅各宾派的国民自卫军朝他们射击。不过他们不得不反复好几次，还使用了刺刀和铁锹，因为倒下的死刑犯并未当场毙命。这场屠杀描述起来太可怕了，以至于国民自卫军的士兵射击时都转过脸不敢看。科洛从一个士兵手里抢过一把枪，无动于衷地边瞄准边说："共和党人应该这样射击才行。"

这是第二次枪决，好在也是最后一次。人们觉得这样过于残忍，也不方便。出发时总共两百零九人，有一人在桥头逃脱。但点算尸体时却是两百一十一人。哦，科洛，跟我们解释一下这个谜吧。经过长时间的猜测，大家才想起，有两个人在沃土广场绝望地抗议，他们不是罪犯，而是警察，因而试图离开队伍。但人们不相信，并把他们推了回去，把这两个人连同其他人一起杀掉了。[①]这就是共和国愤怒的复仇。当然，根据巴雷尔的说法，这是"粗糙形式"下的正义。但是富歇说，共和国必须"踏着尸体走向自由"，或者再如巴莱尔所说，"只有死人无法回来"。恐怖气氛笼罩各地："断头台无懈可击。"

但在离开历史只从宏观上俯视南方地区之前，还需将目光转向正在对土伦的围攻。铺天盖地的炮击和轰炸，通红的弹丸把农庄烤得像火炉一样灼热，无论炮火的作用如何，对奥利乌尔峡谷和马尔博斯盖堡垒的攻击，迄今为止用处不大。我们在那里的指挥官是卡尔多将军，他以前是画家，崛起于马赛的叛乱。多拜将军过去是医生，通过皮埃蒙特叛乱成长起来，他在克兰塞麾下拿下

① 两个自由的朋友，第12卷，第251-262页。

里昂，但对土伦无能为力。我们还有华盛顿的学生、杜戈米埃将军。国民议会代表方面，我们有巴拉斯、萨里切蒂、小罗伯斯庇尔。最后是炮兵队长：一个有着橄榄色面容、极为勤奋的年轻人，他身材矮小、不苟言笑，困了就在大炮之间打个盹，我们已经知道他的名字是波拿巴。他是我们见过的最好的炮兵军官之一。到奴隶制的12月份，或者新历的霜月，已经过去四个月了，土伦依然没有攻克，他们的令人诅咒的红蓝旗仍在那里飘扬。他们通过海上进行补给，控制了所有制高点，砍伐树木加强防御，像兔子一样在岩石中修筑阵地。

与此同时，在霜月还没有变成雪月时，战争委员会召开会议。政府和救国委员会刚刚传来指示。救国委员会的卡诺为我们制订了一个围攻计划。该计划遭到杜戈米埃将军和萨里切蒂专员的批评。批评和计划让事情变得莫衷一是。这时，那个时常在大炮中间睡觉的年轻的炮兵官员说话了，他好几次出现在这段历史中，他的名字是拿破仑·波拿巴。通过望远镜的观察和思考，他谦卑地建议，应该像狮子扑食那样先出其不意地拿下埃基莱特堡垒，拿下之后再攻打土伦的心脏地带，这样可以颠覆整个英国防线，胡德和我们天然的敌人第二天只能亡命大海或被活活烧死。专员们皱着眉头，深吸一口气，表示反对。这个比我们还聪明的年轻人是谁？然而，勇敢的老将杜戈米埃认为，这个建议值得考虑。于是，他问年轻的军官几个问题，对此深信不疑，下令尝试。

现在，一切准备就绪。古铜色脸上的神情变得比以往严峻和沉重，内心的焦虑比以往更加剧烈。看，那边就是埃基莱特堡垒，今天可能就要尝试绝望的狮子扑食了！尝试取得了成功。他大胆设计在峡谷设伏，在猛烈的炮火中偷袭，出其不意地攻克了埃基莱特堡垒。硝烟散尽之后，我们看到了飘扬的三色旗。古铜脸色的年轻人是对的。第二天早上，胡德看到暴露在炮火之下的防线已无法守住，于是登船准备撤退，并带走了愿意登船的保王党，起锚出发了。1793年12月19日，土伦终于回归共和国！

土伦的炮击已经停止，现在，断头台和枪决开始大显身手了。虽然这是恐怖的内战，但至少恶名昭彰的英国统治被一扫而光。现在让法国普天同庆吧，巴莱尔和画家大卫得出了结论。国民公会也在全力协助。[①]据说这些臭名昭著的英国人（更关注的是他们自己的利益，而不是我们的）在起锚前放火烧了我们的仓库、弹武库，焚毁了我们在土伦港的战舰。二十多艘无畏的战舰可是我们仅存的军舰啊！然而，他们没有成功。虽然火焰蔓延得又远又高，也只有两艘船着火，划桨的苦役犯用水桶取水灭火。同样，这些骄傲的军舰，包括东方号和其他的军舰，将装载所有这些年轻人远征埃及，现在还不到变成灰烬、海神或者爆炸时。哦，东方号，还不到成为英国猎物时，远远不到！

于是，普天同庆像潮水一样弥漫在整个法国大地。但在土伦也发生了里昂那种集体枪决和屠杀事件，"如弥漫的洪水一样泛滥的死亡"，从邻国紧急征用了一万两千名泥瓦匠，以便把土伦从地球上抹去，因为，根据巴莱尔的报告，一切都必须夷为平地，只留下国家航运局，以后的名称不再是土伦，而是山岳港。而现在，我们必须把它用死亡的黑云遮住。我们现在唯一的希望就是土伦是由石头建成的城市，即使一万两千名泥瓦匠也无法拆除，直到疯狂烟消云散。

人们开始对"如弥漫的洪水一样泛滥的死亡"感到厌恶。哦，读者（因为声音穿越了几个世纪之久），在 12 月和 1 月的死亡之夜，南特市的上空传来了排枪和喧嚣、愤怒和悲伤，与卢瓦尔河永恒的潺潺流水混杂在一起。南特市已经沉入梦乡，但卡里耶代表并没有睡觉，戴着羊毛软帽的马拉的伙伴没有睡觉。为什么要在晚上十一点开动平底船和驳船，并把九十名神父放在舱盖下面呢？他们要去贝尔岛吗？驳船在卢瓦尔河的中央发出漏水信号，并与所有货物一起沉没。"驱逐的判决，"卡里耶写道，"得到坚决执行。"九十名神父与他们的棺材驳船一起沉入河底！这是第一批溺毙者，我们可以称之为"卡里耶溺毙者"，而载入史册。

---

① 1793年12月12日、31日101期，以及95，96，98期的《箴言报》等。

在南特的断头台让刽子手忙得难以继续之际，“在圣莫罗平原”开始进行枪决。人们枪决儿童以及为婴儿哺乳的母亲，惨遭枪决的有一百二十名儿童和五百名妇女。这种做法激怒了旺代，即使雅各宾派也感到不齿。除了马拉的伙伴之外，所有人都大喊：“住手！”这就是出现溺毙者的原因。而在共和元年霜月24日晚，即1793年12月14日，出现了第二批溺毙者，共有“一百三十八人”。[①]

可是，为什么要浪费一艘驳船与他们一起沉没呢？把他们双手捆绑扔到水里，再用冰雹大的铅坨雨点般把他们砸到水里淹死不是更好吗？南特市内和海边村庄睡眠轻的人可以在夜风中听到枪声，不由得嘀咕发生了什么事情。驳船上的妇女苦苦央求戴红色软帽的家伙留下罩衫，不要把她们剥光。尽管母亲痛苦哀求，年幼的孩子仍被抛到水里。“他们是狼崽子，”马拉的伙伴说，“将来还会变成狼！”

白天逐渐也可以见证溺毙者了：妇女和男人的手脚被绑在一起溺毙，被称为“共和婚姻”。树林里的豹子生性残忍，母熊也会吃掉自己的幼崽，但人类中仇恨的本能比这还要残忍。现在这些受害者摆脱了痛苦，苍白、肿胀的尸体顺着卢瓦尔河水默默流向大海。潮水将他们反复翻滚，乌鸦使河水变暗，狼在浅滩上徘徊。卡里耶写道：“多么伟大的革命洪流！”这个人已经疯了，这个时代也疯了。这就是“卡里耶的溺毙者”，有记录的二十五人，因为在暗中所做的事情将在阳光下调查之后才会真相大白，经过几个世纪都不会被遗忘。[②]我们现在放下无套裤汉们最黑暗的一页，看看他们有什么其他成就。

实际上，那个时代的人都疯了。阿拉斯的代表勒庞用剑插入断头台流出的血液，大喊：“我就是喜欢这样！”据说，他勒令母亲站在断头台下观看自己的孩子被斩首。旁边还有一个乐队在每个人头落地时都演唱一曲《一切会好

① 两个自由的朋友，第12卷，第266–272页；1793年1月2日的《箴言报》。
② 《审判卡里耶》，第4卷，巴黎，1795年。

的》。[1]在奥兰奇地区附近的贝都因镇，自由之树夜里被砍倒。奥兰奇地区的马尼埃议员听到消息后，一把火烧光了整个贝都因镇，连狗窝都没留，将居民送上了断头台，或迫使他们躲进洞穴和山里。[2]一个共和国，不可分割！这是没有生命的大自然的黑色深渊孕育的新生儿，人们称其为混沌、原始之夜，它的唯一法则就是自我保护。这是国家母老虎：不要摆弄她的胡须！它的攻击力迅速而致命，看看它伸出的爪子：它的心不知什么是怜悯。

活跃的雅各宾派记者、忧郁敢言的出版商普鲁多姆变成了叛徒，他发表了大量文章，谴责革命的罪行和无数的谎言，似乎真相不够似的。对我们来说，更有启发的是，这是一个好时机，可以了解这个共和国和国家母老虎是新生儿、符号时代所有符号中自然的事实，在尽可能少的干预中研究这一真正的自然事实将如何在符号中行事，因为这些符号部分是真实的，部分是幻想和虚假的，我们用隐喻的说法称其为“规则模板里的形状”，其中一些有活生生的身体，根据德国作家的说法，大多数只是徒有其表。“其玻璃球般的眼睛阴险地盯着你，而在他们内心，你只会感到无数蜘蛛和肮脏的虫子在爬！”但每个人都应该注意到，事实是自然和真诚的。而最真诚的事实，也是事实的最真诚之处，就是死亡。任何像其一样真诚的东西，都可以直面挑战，但是非真诚的呢？

第四节　卡马尼奥拉套服

与黑色地狱运动同时展开的是另一场运动，可称之为“红色地狱运动”：摧毁天主教，进而在现实情况下摧毁宗教本身。我们看到罗姆的新历确立了第十天休息日，但我们要问的是：基督教安息日怎么办？新历几乎运行了一个

① 《阿拉斯的监狱恐怖》，巴黎，1823年。
② 蒙加亚尔，第4卷，第200页。

月，这一切才得到解决。但根据莫尔西埃的观察，事情却远非尘埃落定。在1792年的最后一个圣体节，所有人和主权当局都一秉虔诚地参加了宗教盛会。被指控不敬神的刽子手勒让德差点在马车里被杀掉。高卢等级制度、教会和教会的符号似乎得到蓬勃发展。这一切的确都有些过时，不过仍然比前几年，甚至十几年前更加红火，而且在绝不腐败、挑战哲学、立法机构和百科全书的人民同情和推波助澜下，似乎在各个方面都更加繁荣昌盛。然而，像瓦隆布罗萨的枯枝败叶一样，只等11月的寒风一到，用不了一个小时就会被一扫而光！在圣体节之后，经过十八个月的布伦斯维克战争、移民、旺代，所有的繁荣，尤其是枯枝败叶，都逐渐凋零消失。

11月7日，布瓦西斯·勒贝特朗的本堂神甫、一个叫巴朗的公民给国民公会写信说，他的一生都在宣扬谎言，已经感到厌倦。因此，他想放弃本堂神甫的职务和津贴，要求庄严的国民公会为他提供什么赖以糊口的营生。我们应该给他"荣誉评语"还是送他到"财政委员会任职"？还没等对此做出决定，巴黎的宪法主教傻瓜戈贝尔就和他的教士团，在戴红色软帽的省市政府官员的护送下，登门要求做巴朗已经做的同样的事情。傻瓜戈贝尔现在"不承认其他宗教，只承认自由"。因此，他要抛弃神父的一切用具，而接受博爱的亲吻。这一举动让省政府的莫莫罗、市政府的肖梅特和艾贝尔、文森特和革命军队喜出望外！肖梅特问，在这种情况下，是否应该在无套裤汉日举办理智节？[①]聪明的建议！这让无神论者马雷夏尔、拉朗德和小无神论者奈容无比欢欣鼓舞。人类的代言人克卢茨在国民公会介绍了他的《伊斯兰教的证据》，"一部证明所有宗教虚假性的著作"，人们用掌声对他表达了感激之情。现在应当建立一个全球性的共和国，克卢茨认为，唯一的上帝就是"人民"。

法兰西民族具有爱交际和模仿的本性，他们需要一个领头人。而傻瓜戈贝尔在市政府和时势的推动下做了这个领头人。哪个本堂神甫会落在布瓦西斯

① （1793年11月7日）雾月17日会议的《箴言报》。

的本堂神甫后面呢？哪个主教会不在巴黎主教后面亦步亦趋呢？格雷瓜尔主教勇敢地对此严词拒绝，因而引起所有人的喊声："我们不强迫任何人，让格雷瓜尔扪心自问吧。"但数以百计的新教和罗马天主教人员志愿追随戈贝尔。整个11月到12月，直到工作完成，各地的叛教信件如雪片飞来，前来"学做木匠"的神父、带着新婚修女的本堂神甫络绎不绝。理智节不是在黎明出现吗？现在已经到中午了。有些市镇发来声明，用土语明确表示，他们不想与这些"称为本堂神甫的黑衣禽兽"有任何干系。①

爱国者先送来的是教会的财产、礼拜用品。所有的钟，除了警钟以外，都从钟楼拆下来送到国家大熔炉里做成了大炮。香炉和所有圣器都被打碎了，银器做成了短缺的银元，锡做成了轰击"人类的敌人"用的弹丸。主教的长毛绒祭袍给没裤子穿的人做成了套裤。亚麻布圣带为国家捍卫者做成了衬衫。旧衣服商，无论是犹太人还是异教徒，都赚得盆满钵满。在里昂为夏里埃的葬礼用驴举办的游行，只是当时所有城市举办的此类活动的一个缩影。断头台以与刀斧手同样快的速度挺进所有的城市和市镇：法衣圣器储藏室、唱诗台、祭坛的栏杆都被拆除，祈祷的书籍做成了纸筒，人们围着篝火跳卡马尼奥拉舞。叮叮咣咣的金属敲打声响彻所有的马路，这是人们正在把教堂的战利品送往国民公会，以便制成钱币。善良的圣·吉纳维夫的圣龛被推翻在地，这一次是要送到格雷夫广场烧毁。圣·路易的上衣被烧毁，怎么就不能把它送给国家的捍卫者呢？在过去的圣·丹尼镇，现在的法兰西亚德，爱国者跑到墓地去挖坟掘墓，革命军队四处抢夺赃物。这就是巴黎街头的一幕幕景象。

"这些人中的大多数仍然醉醺醺的，他们用圣餐杯一边猛灌白兰地，一边吃着圣盘里的鲭鱼！他们跳上蒙着僧侣袍子的驴身上，用圣带充当缰绳，手里拿着圣杯和圣餐饼。他们停在咖啡馆的门口，伸出圣杯，让老板拿着酒罐倒了三次。然后来的是骡子，这些牲口驮着沉重的十字架、烛台、香炉、圣杯、圣水

① 《箴言报》分析，巴黎，1801年，第2卷，第280页。

缸、熏香，这些对西布莉的神父具有警示作用，他们装满了崇拜用具的篮子，可以同时充当储藏室、圣器和寺庙。由这些大逆不道之徒组成的队伍向国民公会走去，他们排成两行长长的队伍，所有人蒙着哑剧面具，穿着奇幻色彩的圣袍，抬着他们掠夺的战利品：圣杯、圣体、烛台，金器和银器。”[①]

我们是不会发出声明的，因为这些声明是用诗文写的，需要一起高声吟唱。脸色阴沉的丹东要求未来采用散文和体面的方式。[②]然而，这些丰富战利品的征服者，醉醺醺地在现场要求允许他们跳卡马尼奥拉舞，但兴奋的国民公会没有同意。于是，“一些人，”夸张的莫尔西埃——当时并不在现场，因为他那时被作为杜普莱的七十三名成员之一关在监狱里——接着说，“离开了象牙椅子，拉着穿滑稽的僧侣服装的女孩的手，和她们跳起卡马尼奥拉舞。”这就是1793年基督纪元举行的庆祝节日。

在这些奇怪的神祇符号狼狈不堪跌下神坛、被爱国舞蹈踩在脚下时，看到新的符号产生，不是很奇怪吗？因为人类的语言无法描述人本能的“疯狂的卑鄙行为”。人们可能明白树林里黑色的“满伯强波”和大多数印度人的叫好声，但是检察官阿那克萨哥拉和让·皮埃尔·肖梅特的发明是什么意思呢？我们只能说：人是天生的偶像崇拜者、视觉崇拜者，因为人的想象力凭的是感觉，与猴子的天性相像。

同一天，当勇敢的卡马尼奥拉舞跳得正起劲时，检察官肖梅特和省市政府的官员们来了，他们带来了一种奇怪的新宗教：歌剧院的康黛耶小姐！经过涂脂抹粉、坐在抬椅上被人扛着的她看起来明艳照人。她戴着红色软帽，披着紫色的披风和橡木花环，手里拿着朱庇特的长矛，在系着三色腰带的白衣女郎的护送下隆重登场。让世界都来观看吧！哦，国民公会，宇宙的奇迹，这是我们新的神祇：唯一当之无愧受到膜拜的“理智女神”。要求庄严的国家代表与我们

---

① 莫尔西埃，第4卷，第134页。参见《箴言报》，11月10日的会议。
② 《箴言报》，11月26日的会议。

一起去贵族的巴黎圣母院大教堂，唱几首崇拜她的歌很过分吗？

人们把女神康黛耶放到与平台同高，好让议长和秘书依次为她送上博爱之吻。然后，根据法令，她来到议长的右侧从椅子上下来。休息一会儿和七嘴八舌的演讲之后，国民议会的所有议员集合起来，一起朝圣母院方向游行。正如人们想象的那样，理智女神重新登上抬椅，由身穿罗马服饰、戴红色软帽的人护送，合着音乐和世界的狂热再次启程。到达之后，理智女神径直在圣母院的主祭坛就座。根据报道，在崇拜仪式上，国民公会同声高唱了舍尼埃作词、戈塞克作曲的《自由赞歌》。这是第一届理智女神节，也是肖梅特新宗教的第一次圣餐服务。

"在圣厄斯塔什教堂举办的相应庆典，"莫尔西埃说，"呈现了巨大的酒馆奇观。祭坛内部装饰成茅屋和树林景观，四周是放着瓶子、香肠、猪肉布丁、糕点和其他肉类的桌子。宾客由各个门自由进出，凡是参加的人都品尝了这些好东西，八岁的孩子，无论女孩和男孩，都可以用自由的手势在盘子里蘸一下或用瓶子喝一点，他们的醉态引来阵阵笑声。理智女神披着蓝色的斗篷，表情含蓄地坐在高高的座位上。嘴里叼着烟斗的炮手充当她的助手。"在门外，"夸张的作家接着说，"一群人发疯似的围着教堂栅栏、神父和炮位的篝火跳舞。我毫不夸张地说，舞者差不多都没有穿套裤，颈部和胸部赤裸，长袜都褪到了小腿下面。他们疯狂地旋转，像狂风和灾难降临之前飞舞的灰尘。"[①]在圣热尔韦教堂有一股难闻的"鲱鱼的腥味"，但市镇或市政府并没有提供食物和调味品，而是让他们自己解决。关于其他貌似卡比里克甚至帕福斯城的秘密，我们还是拉下面纱，让其适当地"沿着过道的支柱"自我延伸，而不是用历史之手抬起来吧。

但有一件事我们比任何其他人都想了解，那就是理智女神本人对这一切的看法。比如，可怜的莫莫罗夫人在脱下圣服变回平民，和书商安静地坐在家

① 莫尔西埃，第4卷，第127-146页。

里吃晚餐时会说什么呢？书商莫莫罗是个严肃的人，对土地法有独到的见解。据说，莫莫罗夫人尽管牙齿不太整齐，但仍然是最美丽的女神之一。而现在，如果读者认为，这样大张旗鼓的理智女神崇拜，在 11 月到 12 月的几个星期里可以一直扩到整个共和国，直到最后木结构的教堂全被烧毁，仓促建立的事业一举完成的话，他终究会明白共和国崇拜到底是怎么回事，并会欣然放弃。

对教堂的劫掠主要是我们提到的、不久前成立的革命军队的杰作。这是一支配备便携式断头台的军队，由大胡子剧作家隆辛和深藏若虚的执达员马亚尔指挥。后者是巴士底老英雄、妇女暴动的领袖、九月大屠杀的参与者！帕什过去的职员之一、战争部秘书文森特，“在过去的演说家煽动下头脑发热”，参与了主要的人事安排，至少参与了高级军官的任命。

但这六千人无论前进还是后退，都没有色诺芬的存在。别无其他，只有难以描述的咒骂和黑暗的狂暴，在未来世纪的记忆中挥之不去！他们在巴黎周边地区四处搜索囚犯、发起征兵、监督法令执行、农民是否打谷、推倒钟楼或圣母金属雕像。分遣队在枪声中冲向法国的偏远地区，像卡里埃的马拉的部下、塔里安的波尔多部队这样的革命军，如雨后春笋般出现在各省，翻滚的乌云在雷电交加的大气里发展壮大。据说，隆辛曾坦率地承认，他的部队是地球上最声名狼藉的部队。人们看到他们浑身是泥巴的大胡子士兵，穿着卡马尼奥拉套服在集市广场集合。他们的主要成就是所有王室和宗教纪念碑、十字架或其他类似的东西，用大炮瞄准一座大钟，把大钟和钟楼一起轰塌，免得去攀登钟楼。但是，这一定程度上取决于城镇的大小：如果城市人口众多、当地人可疑好斗的话，革命军队会避免采取暴力手段，而用梯子和撬杠，甚至只要求居民提供住宿，别的什么也不做，只满足于喝点酒，睡一觉，然后叼着烟斗，挎着剑，穿着卡马尼奥拉套服，继续前往下一站了。①

曾经发生过的事，可能再次发生。理查二世曾派出他的山岳部队攻击苏格

① 两个自由的朋友，第12卷，第62–65页。

兰西部的辉格党，牙买加庄园主用西班牙种狗追踪逃亡黑奴。法国仍然受到魔鬼猎犬的劫掠。即使半个世纪过去了，它们的吠叫仍然让人心有余悸。

第五节　恰似电闪雷鸣

但我们仍需考虑大规模、实质性的恐怖的完善程度。近视眼的历史尽管大部分面面俱到，却忽略了这个方面：所有人的灵魂，它让法国的敌人对恐怖闻之丧胆。让专制和西米里安联盟好好想想吧。在法国，包括人和物，一切都被国家征用，组建了十四支军队，爱国者利用了一切可以利用的资源，包括身心、钱物，开往边境，不胜利，毋宁死！坐在公共救国委员会里的卡诺正忙于“组织胜利”。为了将西米里安人赶回自己的边境，将他们驱逐出圣地，革命广场上令人恐惧地做着收缩和舒张动作的断头台，并不比爱国者之剑更凌厉。

事实上，政府就是我们所谓的革命政府，一些人有“能力”应付形势，另一些人并非如此，指望他们是没用的。但是可以说，无政府状态是自己形成的，社会已经完全颠倒，旧势力以相反的方向疯狂地牵涉其中，兼具毁灭和自我毁灭的双重性。

看到一切服从于一种思想不免令人好奇，甚至无政府状态也需要一个革命中心。救国委员会到现在已经成立六个月了，离丹东建议人们授予其全权，并给予五千万人和革命政府称号也有三个月了。而他自己从这一天起就不再是其中的成员，尽管被多次请求，但他甘愿坐在山岳派的位置，做一个普通议员。在这天之后，这九个人（后来上升为十二人）一直连选连任，直到任期中止。救国委员会和公安委员会一直履行了其终极职责和行动模式。

公共救国委员会至高无上，公安委员会屈居其次，有大小理事会之分，迄今和谐共处，已成为一切权力的中心。在飓风的裹挟之下，他们迫于形势，不由自主地以奇怪的方式站到了这个高度，于是只能因势利导，或者看似在掌握大局。世界从未见过如此多的乌云播撒者荟萃一堂：罗伯斯庇尔、比约、科洛、库东、圣茹斯特，更不要说救国委员会里更残忍的阿马尔、瓦迪尔了，他们都是乌云播撒者。小知识分子确有必要，但他们中间除了忙碌的胜利组织者卡诺之外，还能找到其他人吗？天赋是人的本能之一。能猜到巨大而沉闷的旋风刮到哪里是一种天赋，比其他人更狂热地获取人人想要的东西也是一种天赋。不要在任何障碍前停下脚步。不要关注人类或神考虑的事情，要清楚地知道，共和国的胜利、摧毁共和国的敌人，才是唯一要紧的事！令人奇怪的是，看到沉默而强大的飓风如何以一和或几种高超的禀赋，把缰绳掌握在手里，同时邀请并迫使你成为其领导者。

救国委员会附近就是巴黎市政府，自从去年 11 月 4 日以来，所有官员就戴起了红色软帽，都完全“有能力”或超能力应付形势，包括一心想保持安全稳定的圆滑市长帕什、肖梅特、艾贝尔、瓦尔莱和伟大统帅恩里奥，还不算战争部秘书文森特、莫莫罗、多布伦以及同样类型的其他人。所有这些人都拥护掠夺教堂、崇拜理智女神、屠杀嫌疑人和革命胜利。或许他们走得太远了吧？有人听到丹东对大众诗词颇有微词，并提出了散文和礼仪的建议。罗伯斯庇尔也在抱怨，在推翻迷信的同时，我们没有特意创建一种无神论的宗教。事实上，你们的肖梅特和协会成立了一种夸张的雅各宾主义或“狂热派别”，在最近几个月里让正统的爱国者有些不快。“在街道上认出嫌疑人”，不是让嫌疑人本身的法律变味了吗？人们都成了过分热心的半个疯子。他们戴着红色软帽，在没完没了的运动中辛苦地度过余生。

在四万四千个市镇中都设有革命委员会，他们仰赖雅各宾女儿协会，受雅各宾主义精神的启迪，靠四十个苏生活！法国宪法始终唾弃上下两院制，但你看，事实上两院不是实实在在地存在吗？选出的国民公会是一个，爱国者的母亲协会是另一个。可以在《箴言报》上看到爱国者母亲协会内的辩论，这是国家大事的重要程序，无可争议。除非母亲协会更像被称为苏格兰“章程领主”

的古老团体，所谓的议会无须主动制订法案、处理任何事件的话，我们就可以称其为第二个立法院。不可腐败的罗伯斯庇尔经常在雅各宾大厅发表讲话，他的话就是法律。在救国委员会举行小型会议、公安委员会举行大型会议时，所有活跃的团体都会前来参加讨论，提前决定应该做出什么决策和期待什么命运。但如果出现问题，那么两院中的哪一个，国民议会还是“章程领主”更为强大呢？令人高兴的是，他们会携手并进。

国民公会如今已经成为组织最好的机构，它平息了过去的狂热，七十三人已经被锁进牢房，吉伦特派扰攘的朋友都在平原派沉默的人群中沉沦，甚至被称为“沼泽里的癞蛤蟆”！各地的声明接踵而来，教堂的战利品纷纷涌来，散文或诗文团体代表不断登门，国民公会一一接待。但不管怎样，国民公会主要做的一件事就是听取救国委员会的建议，然后同意。

一天上午，后面跟着夏博的巴齐尔有些急躁地宣布，这种做法不配自由议会的准则。“必须有“右侧”反对党。夏博嚷道：‘如果没有人愿意组建反对党，我来做。’有人对我说，你们所有人都将一个接一个地被送上断头台，首先是你和巴齐尔，然后是丹东、罗伯斯庇尔自己。”[①]被撤销圣职的人这样大声说。过了一个星期，巴齐尔和他就被送到了坦普尔监狱，人们担心会从那里送到丁维尔和断头台。“有人对我说”的话似乎被证明是真实的！巴齐尔的血由于革命的狂热、咖啡和痉挛的梦想而沸腾。[②]夏博曾经与他富有的犹太妻子、后来的弗莱小姐生活幸福。但他现在却同他的两个犹太大舅子（银行家弗莱）一起被关在监狱里，等待厄运到来。因此，还是让国民公会引以为戒，行使自己的职能吧。让国民公会像一个人一样承担起职责吧。人们要求他们的不是议会式的唇枪舌剑，而是更加善意的服务！

我们应该称之为“任务代表”的国民公会特派员像墨丘利信使一样穿梭

---

① 1723年11月10日的辩论。

② 《名人辞典》，第1卷，第115页。

于领土的每个点，将你们的命令带到各个角落。他们“戴着装饰了三色羽毛的帽子，帽边是三色塔夫绸流苏，佩戴三色绶带、长剑，还有马靴”，他们比国王和恺撒的权力更大。他们告诉所有遇到的人，必须行动起来。公民的所有财产都任凭他们处置，因为整个法国只是一个被包围的巨大城市。他们以征税和强迫贷款为武器，他们有生杀大权。圣茹斯特和勒巴责令斯特拉斯堡的富人阶级“脱掉鞋子”送给军队，他们需要多达“上万双鞋”。在二十四小时内，还需要准备好“一千张床”，并立即发送，因为时间紧急。[①]这些人接到救国委员会的命令，如接到奥林巴斯诸神发出的闪电惊雷一样，立即十万火急地两人一组，将如雷贯耳的命令传播到法国的大街小巷，使其成为巨大的革命暴风雨。

第六节　履行你的职责

因此，在用教堂栏杆点成的篝火旁，在炮声和溺毙声中，人们还看到另一种篝火和声响：武器制造作坊制造大炮的轰鸣声。

尽管与瑞典和世界隔绝，共和国仍必须学习钢制品的制作为己所用，而且在化学家的帮助下学到了这些。只知道铁的城镇现在也知道钢了。贵族从他们尚蒂伊的新地牢里可以听到新的制钢炉沉闷的声音。大钟不是变成了大炮，铁柱子不是变成了兵刃和长剑吗？朗格勒砂轮发出尖叫，飞溅出耀眼的光环，磨出更多的长剑。沙勒维尔的铁砧在制作枪支时发出震耳的叮当声。我们说的是沙勒维尔吗？在巴黎，露天建了二百五十八个锻造作坊，其中一百四十个在荣军院的空地，五十四个在卢森堡花园。面色冷峻的工匠叮叮当当地将钢材制造成枪支的钢管。钟表匠也被征用来处理点火孔、硬焊和火药方面的活儿。五艘大型平底驳船摇摇晃晃地停靠在塞纳河上，巨大的钻孔机发出雷鸣般的隆隆响声，让耳朵和心脏为之震撼。每个人都各尽所能，竭尽全力地努力工作。根据

① 1793年11月27日的《箴言报》。

信心满满的说法，估计“每天可以交付一千支火枪”[①]。共和国的化学家教会了我们迅速制革的技艺。[②]制绳工钻孔、缝纫，但他不能使用“木头和纸板”，否则必须向丁维尔报告！妇女缝制帐篷和外套，孩子们制作旧的布纱团，老人坐在集市广场，身强力壮的男子上前线，所有人都被征用。在各个城镇都有一面旗迎风飘扬，上面写着：“法国人民奋起反抗暴君。”

这一切都不错，但现在有一个问题：硝石怎么办？海外贸易被封锁，英国海军不允许我们进口硝石。没有硝石就没有火药。共和国的科学家再次坐下来，开始冥思苦想对策。他们发现，到处都有硝石的存在，虽然数量极少：墙壁的旧石膏里面有，巴黎酒窖里与普通垃圾混在一起的土壤里有，挖出来经过清洗就可以获得硝石。说做就做，看！公民们有的戴着红色软帽，有的光着头，不顾顺着脖子流下的汗水，为了硝石用镐刨自家的酒窖。每家每户的门前都有一堆土。女公民拿起背篓和桶挑土，男公民伸展每一块肌肉挖土：一切都是为了生存和硝石。用力挖，我们的勇士，时间不等人！共和国一定会得到所需要的硝石。

无套裤汉的成就体现在众多方面，且有缤纷色彩，其中如阳光般最为靓丽的是军队赋予的色彩。这种与雅各宾主义相同的热情，在内部为法国注入了仇恨、猜疑，断头台与理智女神崇拜，在边境则表现出光荣地为国家而死的精神。自从杜穆里埃背叛以来，每个将军都有三名国民公会议员跟随在侧。救国委员会委派他们时只向他们发出一个简洁的命令：“履行你的职责。”奇怪的是，尽管存在某些障碍，雅各宾之火依然像其他的大火一样在熊熊燃烧。在这样寒冷的冬季，这些士兵只有木靴、纸板或草绳做的鞋，肩上只有一个草席披肩，可谓山穷水尽。那又怎么样呢？这是为了法国人和人类的权利而战：无论在什么地方，亘古不灭的精神将会创造奇迹。“有了钢铁和面包，”国民公会代表说，

① 《报告选》，第13卷，第189页。
② 《报告选》，第15卷，第360页。

“甚至可以去中国。” 将军被送上断头台，公正与不公正兼有。可以从中得出什么结论呢？其中的结论包括：不成功就是死亡，只有胜利才能生存！征服或死亡在这里根本不是玩笑话，而是一种必要性和实实在在的真理。所有的吉伦特派、中庸之道和妥协已被一扫而空。前进，共和国的捍卫者，军官和士兵们！用高卢人的狂热击溃奥地利、英国、普鲁士、西班牙、撒丁岛、皮科布尔、约克、魔鬼和世界！我们后面只有断头台，我们面前是胜利、神灵和永不结束的千禧年！

因此，在整个边境前线都可看到：黑夜之子如何在短暂的胜利后被冲昏头脑，兵败如山倒，像山猫和恶魔化身般愤怒的共和国之子，如何在他们后面唱着《一切会好的》和《马赛曲》“拿起武器” 猛冲过来，任何黑夜之子都无法阻挡。挥舞着波旁旗帜、越过比利牛斯山脉的西班牙，在各个季节在各地都取得了进展，对山猫的到来也颇为忌惮，因而一再后退，庆幸比利牛斯山脉不可逾越。土伦征服者杜戈米埃不仅击退西班牙，而且入侵西班牙。杜戈米埃将军由比利牛斯山脉东侧入侵西班牙，穆勒将军由西侧入侵。救国委员会曾说过要入侵西班牙。执行任务的卡弗尼雅克代表要求必须执行命令。这不可能！穆勒喊道。必须这样！卡弗尼雅克回答。困难不是障碍。“委员会的那只耳朵听不见。” 卡弗尼雅克回答。无论你需要多少人、马匹和大炮，都会得到。无论征服、被征服或被吊死，都必须前进。[①]正如代表所言，这项命令也正是这样被执行的。在新一年的春天，西班牙被入侵，堡垒被攻克，最陡峭的峡谷和高地被冲破，西班牙参谋部被野猫的狂热打得晕头转向，连大炮都忘了开火。[②]比利牛斯山脉被横扫之后，各个城市被迫接二连三地在恐慌和炸药的威慑下门户大开。又过了一年，渴望和平的西班牙承认自己有罪于共和国，而且马德里很高兴把和平当作胜利。

---

① 普鲁多姆曾在《世界传记：名人辞典》等著作中，记录过卡弗尼雅克队长式的暴行，不仅毫无真实性可言，而且更为奇怪的是，后来被证明根本是无中生有。

② 两个自由的朋友，第13卷，第205–230页；图隆永等。

我们必须再次重申，很少有什么国民公会的代表更引人注目了，因为他们的权力比国王更大。但归根结底，某种程度上看，他们不也是国王吗？他们不也是从七百四十九名法国国王中选出来被命令“履行你的职责”的吗？身材矮小、性情温和的产科医生莱瓦瑟尔代表有不少兵变需要平息，因为各地愤怒的军队（对处死古斯丁表示愤怒）都在发出怒吼。只有他一个代表被派到军队。尽管身材矮小，但意志却坚硬如内藏火星的燧石！就是他于午后时分在翁斯科特宣布，没有输掉就必须取胜，他将用自己产科医生的手去战斗。即使坐骑倒下，他仍然会徒步“蹚着齐腰深的潮水”，以多血质的矮小身材挑战水、土、气，火！因此，皇家约克殿下不得不立即撤退，还险些被潮水所吞噬。他对敦刻尔克的围攻，在损失了大量攻城火炮和勇敢的士兵生命之后，像黄粱美梦般烟消云散。①

在整个翁斯科特战事期间，胡沙尔将军一直站在一个树篱后面，为此而被送上断头台。取代他的新将军是以前的中士儒尔当。他在瓦蒂尼的漫长战斗中将“革命歌曲同杀气腾腾的炮火相与为一”，迫使奥地利人退到桑布尔，他希望清洗自由的土地。运用炮火和《一切会好的》的歌声，经过激烈的战斗，他们达到了目的。在整个春天，瓦朗谢纳也陷入困境，孔泰也如此。所有奥地利控制区都被围困和轰炸。根据国民公会的法令，我们甚至勒令他们“在 24 小时内投降，否则以剑论处”。这些傲慢无礼的话尽管从未付诸实施，但仍然表达了我们的感情。

老龙骑兵德鲁埃代表是天生的斗士，但命运不济。10 月份在莫伯日的一次突袭时，他被奥地利人抓住。他说，他们几乎把他剥得精光作为在瓦莱纳逮捕国王的罪魁祸首游街，然后把他扔进马车，送到西米里族人的腹地、多瑙河畔一百五十尺高的“斯比茨堡的城堡”，让他在那里自我反省。但他却利用这段时间为应急的工具做了自我反省：不可征服的老龙骑兵制作了一个类似纸

① 《莱瓦瑟尔回忆录》，第2卷，第2-7页。

风筝的飞翔机器，锯掉了窗户的铁条，决心从上面飞下来，抓住一条船，顺流而下，在黑海或君士坦丁堡地区的鞑靼克里米亚的某个地方上岸，活脱脱做一个现代辛巴达！将目光转向西米里安腹地的真实历史，因而隐约地看到了一个现象。在夜深人静时斯比茨堡的哨兵差点吓死：难道是什么怪物从天而降？这是巨大的国家代表老龙骑兵坐着风筝从天而降，不过降得太快了，因为德鲁埃随身携带了二十磅重的食物。他因超重快速下滑而摔断了腿，躺在那里呻吟。直到天亮，人们才得以看清这不是怪物，而是代表本人！[①]

再看天生羸弱胆小的圣茹斯特。在维森堡前线，他力主“将阿尔萨斯农民立即武装起来”。他神情庄重，两眼发光，留着一头黑发，帽子上的三色飘带随风飞扬。维森堡的防线已被攻克，普鲁士人和移民通过缺口蜂拥而入，但经过加固，普鲁士人和移民在我们的刺刀和《一切会好的》的歌声中正蜂拥而逃。

从前的中士皮什格鲁和奥什现已被擢升为将军，他们在这里创造了奇迹。身材高大的皮什格鲁从小矢志为教会服务，先在布里恩纳军校做数学老师，最出色的学生是年轻的拿破仑·波拿巴。然后，由于脾气暴躁的关系，他应征入伍，把教鞭换成了火枪。他曾获得过长戟的荣誉，此外并没什么可以期待的。攻克巴士底狱的城墙为他敞开了康庄大道，现在的他如愿以偿。奥什也曾参与攻克巴士底狱，正如我们所看到的，他曾经做过法国王家卫队的中士，用菲薄的津贴购买蜡烛和便宜书籍。多少山岳派土崩瓦解？多少反叛众神的巨人恩克拉多斯给释放？多少炫耀贵族证书的队长被扫地出门，被迫携带证书越过莱茵河，走入月亮炼狱！

这十四支军队取得了什么丰功伟绩吗？平民的价值观如何出于对自由的热爱和对晋升的渴望，而找出一条成为将军的道路？从坐镇救国委员会的卡诺直到边境前线的最后一面鼓，所有人是如何为了自己的共和国而战的？读者自己可以想象！冬日的雪、夏日的花继续染上战士的鲜血，高卢人的急躁随

① 他的叙述（两个自由的朋友，第14卷，第177-186页）。

着胜利与日俱增。雅各宾派的狂热与国民的虚荣一拍即合，共和国的士兵，正如我们预言的那样，正在成为烈火之子。即使赤脚、赤膊，只靠面包和武器，你也可以走到中国！这是一个国家对抗整个世界的战斗，但这个国家具有整个世界无法征服的东西。目瞪口呆的西米里族人知难而退，围绕着共和国编织成了一道烈火和《一切会好的》歌声的网络。普鲁士国王陛下、西班牙国王陛下将逐个承认自己的罪恶，和共和国在巴塞尔讲和。

对外贸易、殖民地、在东部和西部的工厂，已经或正在落入“人类的敌人”、海上霸主皮特的手中。然而，在 1794 年 6 月 1 日，有什么声音传入我们的耳中：是来自海洋刺耳的战争雷鸣吗？雷鸣般的炮声来自布雷斯特水域的维亚莱·茹瓦约斯号和英国人的豪维号。他们经过长时间的对峙和演习，现已排好阵势，相互开火。“人类的敌人”本性不改，不可能被征服，但也不能避免被征服。经过十二个小时的激烈炮击，夕阳逐渐在炮火和硝烟中西下。六艘法国战舰被俘获，海战失利。仍然可以航行的战舰均四散而逃！但“复仇号”怎么既不投降、也不逃跑呢？因为他们惊慌失措，既不知道逃跑，也没有投降。胜券在握的敌人的炮火击中了船首和船尾。“复仇号”被海浪所吞噬。哦，海上霸主，你们是很强大！但我们衰弱吗？看，所有的海军旗、长条旗和三色旗依然在缆绳上迎风飘扬。全体船员蜂拥来到上层甲板，撕心裂肺地大喊：“共和国万岁！”战舰不断下沉，旋转，下沉，最后一次旋转。大海张开深渊的血盆大口，“复仇号”沉没，带走了“共和国万岁！”的喊声。他们虽然沉没，但他们在永恒中是不可战胜的！[①]但愿外国暴君自己去回忆吧！一个人以人权做后盾就会变得不可战胜。但愿暴君和奴隶、所有人都知道这一点，只有那些以邪恶做后盾的人，知道这些后才会发抖。

① 《报告选》，第14卷，第416–421页。豪维（《1794年年度汇编》第86页）。

第七节　燎原烈火

无套裤汉的丰功伟绩就是以这种方式，从烧得通红的地狱到闪烁的星云，迸发出人的想象力所能达到的疯狂和斑斓的色彩。

但是，即使是百分之一已经完成的事情和千分之一计划与立法的事情，也足以让历史的语言疲惫不堪了。在画家大卫的头脑中，高大堪比斯特拉斯堡钟楼的“人民主权”雕像的阴影，从新桥一直洒向国家花园和国民公会大厅。其他众多类似的巨大雕像已经立法通过。因为，事实上，革命广场上的自由女神像现在还只是石膏像而已！随后度量衡的均等化、小数除法相继出台，音乐和其他的很多研究机构、艺术学院、军事学院、祖国学生、师范院校，在炮声、燃香的祭坛、挖硝和制革技术的神奇进步中相继诞生！

比如，工程师沙普正在万赛纳公园做什么？在万赛纳公园和远处的勒贝尔齐埃·圣法尔热公园，据说有个议员被暗杀了。在更远的埃库昂高地和前面，他先后竖起了脚手架和在空中快速而神秘摇摆的、有木制支臂和绞合链的柱子！这些都无不吸引了满腹疑惑的公民。哦，是的，公民们，我们发出了信号：这是值得共和国自豪的发明，我们称之为长距离写作的艺术，而无须邮局的帮助。希腊语称之为“电报”。可恶的电报！爱国者回答：难道是为了和叛徒、奥地利联系吗？于是将其砸了个稀巴烂。沙普别无他法，只得逃之夭夭，去争取新的法令。然而，不知疲倦的沙普毕竟完成了他的发明。这个“远距离作家”凭借木制支臂和绞合链可以让人彼此远距离沟通，并将命令送达北部前线以及各个地方。在共和2年秋天的一个晚上，“远距离作家”写道，孔泰镇已向我们投降。我们将以法令的形式从杜伊勒里宫发出：“孔泰已改名为自由北方，北方军队不断值得国家如此为之。”多么出人意料的发明！看，只用了半小时，在国民议会仍在辩论时，新的回复就来了：“我谨通知你，议长公民，关于国民公会将孔泰改名为自由北方，以及北方军队不断值得国家如此为之的法令，已经通过电报传送并接收。我已命令在里尔的职员以特快方式送至自由北方。”签名:沙普。[①]

再来看,在荷兰的弗勒吕斯湖上,横扫自由国度、勇往直前的儒尔当将军正准备战斗,横扫一切或被横扫。奥地利人在亲眼或用间谍眼镜发现,天际之下悬挂着一个巨大的奇怪东西,像一个巨大的风袋,下面吊着一个网和巨大的盘子。这是朱庇特的天平吗?哦,这是奥地利人的间谍眼镜吗?你们这些可怜的奥地利人,早就把朱庇特天平的盘子踢到天上看不见了吧?看在上天的份上,间谍眼镜可以看出这是一个蒙哥费埃热气球正在发出信号!奥地利人的大炮随后向热气球开炮,但那就像狗追月亮一样无济于事。蒙哥费埃热气球继续发出信号,侦测奥地利人的伏击部署,然后轻松自如地下降。[②]无论这些魔鬼的化身策划什么,都逃不过我们的眼睛?

哦,读者,就整体而言,以断头台为黑色背景、描述大火的画作,难道不是从未有人画过的、最怪异的画吗?而每天夜里,人们都能在二十三家剧院、六十家舞厅里找到平等、博爱和卡马尼奥拉舞。散发着浓重的烟草和白兰地味道的四十八个委员会和市镇大厅,在每天二十便士的鼓励下强制约束嫌疑人。巴黎的十二个拘留所已人满为患。无论出门还是回家,无时无刻不需要公民身份证明,没有它,即使你有钱,也买不到每天的定量面包。戴着红色软帽的人们在面包店门前排着队,不满地大声嚷嚷,因为我们仍然生活在食品供应体制下的两个灾难之中:稀缺和无政府状态。人们的脸色由于怀疑和被人怀疑而变得暗淡无光。街道无人打扫,道路年久失修。法律之书已经合上,除了丁维尔即兴发挥之外无法一展所长。除非反对革命,否则所有犯罪均逍遥法外。有人计算,“弃儿人数增加了一倍”。[③]

保王党现在是多么老实,所有的贵族和保留自己马车的体面阶层也是如

---

① 《报告选》,第15卷,第378–384页。
② 1794年6月26日(共和2年风月6日)的《箴言报》,参见基顿·莫尔沃关于空中气球的报告。
③ 莫尔西埃,第5卷;两个自由的朋友,第12卷,第142–199页。

此！现在的荣誉和安全感属于穷人，而不属于富人。想赶时髦的公民可以戴红色软帽，穿粗毛短上衣和卡马尼奥拉套服，挽着妻子的手臂散步。贵族蜷缩着身子躲藏在仅存的避难所，对任何要求和欺侮逆来顺受，庆幸保住了一条命。路边缺少屋顶和窗户的阴森森的城堡注视着你，国家拆迁者在里面挑拣铅和方石。难以释怀的老住户早已和孔代一起渡过莱茵河。这一景象情何以堪！精致城堡里昔日的领主，已变成汉堡餐馆里的顶尖厨子，往昔梳妆精致、服饰讲究的夫人，如今在伦敦成功做起了时装生意。在新门街，你会碰到肩上扛着木板、腋下夹着锛子和刨子的侯爵先生，他已经做木匠了。人毕竟得生活下去。[①]在这个纸币的时代，投机商一夜暴富，比所有法国人都有钱。农民同样如此。"农庄，"莫尔西埃说，"已经变成典当经纪人的店铺。"各式家具、服装、金银器皿都集中在那里。面包价格昂贵。农民的租金是纸币，只有他们才有面包。农民比地主的日子过得好，逐渐自己也变成了地主。

可以说，革命的战车像黑色的幽灵，每天悄无声息地通过生命的喧嚣，在墙壁上写下："过来称重，你的体重下降了！"人们与这个幽灵已经相当熟悉，对其百依百顺，对死亡之车毫无怨言。弱不禁风的妇女和从前的贵族，戴着破旧的羽毛和暗淡无光的首饰，悄无声息地坐在那里，目光仿佛消失在无边的黑暗之中。昔日微笑的嘴唇如今已卷曲成嘲讽，一言不发。死亡之车疾驰而过。他们在上天面前可能有罪，也可能无罪。但我们可以假设，在革命面前，他们是有罪的。那么，共和国不是用其巨斧从他们身上"砸出钱"了吗？红色软帽们可怕地认同了。巴黎的其他地区冷眼旁观，顶多叹口气。但愿叹气可以拯救丁维尔为了可怕的必要性而判处死刑的人。

我们还需要提及一件事或者另外两件事，别无更多：金色的假发和默东的制革厂。人们对此众说纷纭，哦，读者，这些金色假发来自断头台被斩首的女人的头！公爵夫人的一缕头发可能会覆盖一个鞋匠的头皮，她那法德混血的金

① 两个自由的朋友，第15卷，第189-192页；《根利斯回忆录》、《法兰西共和国的缔造者》等。

发会盖在谢顶的高卢女人头上。也许可以将其收藏为珍贵的纪念品，不过这样会被视为嫌疑人。[①]市民像食人族般使用这些东西，颇具嘲讽意味。

更加深入人心的是默东的制革厂，这是制革史上没有提及的另一个奇迹。“在默东，”蒙加亚尔平静地说，“有一家人皮制革厂，取材自断头台被斩首之后有价值的人皮，用来制作套裤或其他用途。”他评论道，男人皮肤的质地具有优越的韧性，好于羚羊皮。女人的皮肤过于柔软，几乎没有什么用处！[②]即使回眸食人族、珀切斯*朝圣者和所有早期及晚期的记录，也许都不会找到如此令人深恶痛绝的历史。这是一种工业化、有条不紊、几乎是优雅而凶恶的残忍行为！唉，人类文明只是一层包装纸，人的野蛮本性像地狱之火可以轻易地爆裂而出。人依然是大自然的产物，同时具有天堂和地狱的双重性。

① 莫尔西埃，第2卷，第134页。
② 蒙加亚尔，第4卷，第290页。
* 珀切斯（1575—1626），英国牧师、旅行作家。

第十九章

热　月

第一节　诸神渴了

那么，像死亡天使般笼罩着法国大地，充斥溺毙、枪击、凄厉的炮声和人皮制革的法国大革命，究竟所为何物？大革命只是一套字母组合、难以企及、无法关门上锁的东西，到哪里去找呢？位于何处？它是人们心中与生俱来的疯狂。这个人有，那个人也有，作为一种愤怒或恐怖存在于所有人的心中。虽然看不见，摸不着，但黑暗的翅膀蔓延半个大陆、越洋跨海用剑横扫一切的死神，却是再真实不过的现实。

对革命政府的运作给出令人满意的解释，不是我们的任务。没有人能对此加以解释。残疾人库东在雅各宾大厅高喊:“如果反革命来了,你会因做了什么而被绞死?”脸色阴森、年龄还不到二十六岁的圣茹斯特宣布:“对于革命者来说,只有坟墓才是归宿。”勃然作色的海绿脸罗伯斯庇尔,还有阿玛尔、瓦迪埃、科洛和比约:可以问问这些人脑中有什么思想、打算或预期!其实没有什么思想的痕迹,因为死亡和黑暗已经将思想彻底清除。即使我们有他们的思想和他们想清楚表达的一切,那也只是像信号一样发出、已经实现并成为法令的微不足道的部分!正如我们多次强调的那样,这个革命政府并不具备自我意识,而是一个盲目、可怕的政府。深陷在疯狂气氛之中的每个人,在狂热和革命的浪涛裹挟下前行或后退,变成一股盲目而残忍的力量,只有进了坟墓才会偃旗息鼓!暴戾恣睢的黑暗和神秘力量像在自然界做的那样,为我们掩盖了历史的一切。雷电交加的乌云,在电光火石的世界里发出震耳欲聋的轰鸣,喷吐出令人眼花缭乱的火舌。你不想知道这一切是如何酝酿成熟,深不可测的秘密是什么,来源如何,有什么诀窍,闪电如何划破天际,突然迸发出恐怖的光芒,以雷霆之势无情地毁灭一切,然后自我毁灭,直到一切归于平静,像黑暗的幽冥神厄瑞玻斯*根据上帝的意志登上苍穹之巅?实际上,这不正是无套裤汉的表演的完美谢幕吗?但愿这些已足够让我们在厄瑞玻斯的黑暗中看到,这和那令人眼花缭乱的炮火、耀目的火焰,是在微弱的意志和强烈必要性的驱使下突然爆发,以这样或那样的顺序毁灭一切,然后自我毁灭,直到一切归于平静。

保王党已经灭绝,正如他们所说,“沉没于卢瓦尔河底的泥土中”。共和派在内外都大获全胜。在1794年3月15日这天我们看到了什么?突然从天而降的逮捕行动让一些受害者始料不及:包括《杜塞斯纳老爹》的艾贝尔、书商莫莫罗、秘书文森特、隆辛将军、爱国的科尔德利埃俱乐部的领袖、戴红色软帽的巴黎法官、理智女神的崇拜者、革命军队的指挥官!八天前,他们的科尔德利埃俱乐部还前所未有地响彻爱国的谴责之声。《杜塞斯纳老爹》的艾贝尔

* 古希腊神话的幽冥神,永久黑暗的化身,组成宇宙的基本元素之一。

看到温和派、隐匿的贵族、卡米耶和歹徒们把持国民公会之后，"在两个月时间里一直屏住呼吸，一言不发，但他们不可能永远如此。如果没有其他补救办法，他们就会行使神圣的暴动权利"。艾贝尔在科尔德利埃选区如是说，获得的掌声几乎掀翻屋顶。[1]这是短短的八天前发生的事，而今天就有了天壤之别。他们揉着眼睛：这不是做梦吧，他们发现自己已经身处卢森堡监狱。愚笨的戈贝尔和那些焚烧教堂的家伙！"只凭借脸就可以认出嫌疑犯"、被称为国家代理人的强大检察官肖梅特，自己才用了三天。第三天时，他也被关进了监狱。阴森可怖的国家代理人，也被送进了这个他自己不知送了多少人的地狱。囚犯们将他团团围住，挖苦取笑他。"好个崇高的国家代理人，"一个人说，"以你不朽宣言的名义，送你来这里！我是嫌疑犯，你是嫌疑犯，他是嫌疑犯，我们是嫌疑犯，你们是嫌疑犯，他们是嫌疑犯！"

这一切的意义是什么？意义在于这是个阴谋！一个网络分布广泛的阴谋，幕后操控者就是巴莱尔。所有焚烧教堂、无神论者丑恶的屠杀暴行，只会使大革命令人憎恶。除了皮特的金币之外，还会有谁资助他们？毫无疑问，正如超自然的洞察力教会我们的那样，是皮特雇佣了这个狂热的派系、玩弄花招、在科尔德利埃俱乐部咆哮中伤温和派、印刷《杜塞斯纳老爹》、崇拜戴红色软帽和穿天蓝服饰的理智女神、抢劫所有的祭坛、把战利品带给我们！

更加毫无疑问的是，用身体上的眼睛就可以看到：科尔德利埃俱乐部的人满怀愤怒和恐怖，脸色苍白地坐在那里，试图"抹杀人的权利"，但没有得逞。雅各宾派同样手忙脚乱地忙于"清理自己"，正如他们在阴谋和公共灾难时期不得不一再做的那样。甚至连卡米耶·德穆兰也犯了错，反对丹东的声音日渐高涨，虽然他用怒吼对此进行了回击。罗伯斯庇尔"在讲坛上拥抱了他"，从而结束了辩论。

在这样蛊惑人心和超自然洞察力的时代，共和国和嫉妒的母亲协会信任

① 1794年3月7日（风月17日）的《箴言报》。

谁呢？因为有外国派别、温和派、狂热派等各种各样的派别。我们生活在一个玩弄阴谋的世界里，到处布满根据皮特的金币而设下诱饵的死亡陷阱！所谓的人类代言人克卢茨，带着他的伊斯兰教证据和普世共和国的胡言乱语，被不可腐蚀的罗伯斯庇尔驱逐。克卢茨男爵和叛逆的裁缝潘恩，在两个月内被作为外国人的爪牙关进了卢森堡监狱。菲力博代表遭到清洗，因为他从旺代带回一份对流氓罗西尼奥不利和当地战况的报告。哦，菲力博代表，我们恳求你把报告收回吧！菲力博因为不收回报告而遭到清洗。法布尔·代格朗丁代表、罗姆日历著名的命名者，也被清洗，甚至被指控诈骗"印度公司的资金"而投入卢森堡监狱。他与同一监狱的夏博、巴齐尔被指控同一罪名，在等待自己的命运。丹东的朋友威斯特曼曾在马赛领导了8月10日起义，旺代一仗也打得不错，但因为没有为流氓罗西尼奥尔说好话而被清洗。幸运的是，他没有被送进卢森堡监狱。外国人派别的普罗利、古兹曼却被送到那里。佩雷拉虽然扮成小酒馆厨师逃走，但仍被抓了回来。我是嫌疑犯，你是嫌疑犯，他是嫌疑犯！

伟大的丹东心力交悴，他回到家乡阿西斯，想平静地呼吸一些新鲜空气。走开吧，黑色的阿拉克尼*之网，你就是愤怒、恐怖和怀疑世界的化身。欢迎你，永恒的母亲，绿意盎然的春天，这是对亲切家庭的爱和眷恋。当一切都是虚假时，你是真实的！伟大的泰坦巨人沉默地走在流水潺潺的奥伯河畔，走过他还是孩童时就已认识的小路，不禁思忖这一切将如何收场。

但最奇怪的是，卡米耶·德穆兰遭到清洗。针对雅各宾派的清洗，库东给出一道测试题："如果反革命来了，你会因做了什么而被绞死？"卡米耶对此无法给出满意的回答，因而被清洗！而真相是，在去年12月初，卡米耶尔开始出版一份新的报纸或系列小册子，标题是《老科尔德利埃》。过去并不惧怕"在一堆死尸上拥抱自由"的卡米耶现在开始问，在这么多逮捕和惩罚委员会中是否应该有一个"宽恕委员会"？他指出，圣茹斯特是个极为严谨的年轻共

* 希腊神话中的蜘蛛女神。

和党人，“像圣体一样昂首挺胸”，是言辞犀利的老科尔德利埃。丹东和他是最早的科尔德利埃俱乐部的主要成员。他将闪闪发光的箭射向新科尔德利埃成员：艾贝尔、莫莫罗，用野蛮和卑劣的话语与他们争吵，像太阳神（因为我们可怜的卡米耶是个诗人）那样把箭射入出没于污泥的蟒蛇。

因此，蟒蛇艾贝尔自然会卷曲起来，发出嘶嘶的叫声，威胁行使“神圣的暴动权利”，但正如我们看到的那样，却被投入监狱。机智、灵活、不羁的卡米耶“摘录了塔西陀对提比略统治”的描述，甚至对“嫌疑犯法”进行了攻击，使其更加声名狼藉。在十年内，他两次写出了充满机智、幽默、优雅和有洞见的大胆文章，这是这个暗淡时代最奇怪的现象之一。作为记者，他任性大胆地抨击所有庞然大物、圣体头像、巨人偶像，显得满不在乎。希望的曙光即将来临！这让约瑟芬·博阿尔内及五千多名稀奇古怪的嫌疑犯大喜过望，这些嫌疑犯塞满了十二个拘留所。罗伯斯庇尔起先表示赞同，然后不知道如何是好，最后与其他雅各宾派共同认为：必须驱逐卡米耶。他这个人具有真正的革命精神，但意气用事，容易被贵族和温和派腐蚀。雅各宾派正处于可怕的危机和苦战中，完全陷入阴谋、腐败和“人类的敌人”皮特所设计的陷阱之中。卡米耶的第一个数字这样开始：“哦，皮特！”最后一个数字是共和 2 年雨月 15 日（1794 年 2 月 3 日），并以蒙特苏马的话结尾：“诸神渴了。”

无论如何，艾贝尔在监狱里只待了九天。3 月 24 日，革命的货车在一路嘈杂声中载了一车新货：艾贝尔、文森特、莫罗罗、隆辛，共十九人。令人奇怪的是，其中还有人类的代言人克卢茨。他们迅速受到集体审判。今天，这些五花八门的各色人等终于踏上了不归路。没有人为他们喊冤。他们也必须“透过小窗户向外看”，也必须“打掉牙往肚子里咽”：他们就是这样对待别人的，现在别人同样这样对待他们。似乎神圣的断头台比迷信的老圣徒更糟糕，这是个食人圣徒吗？即使死到临头，克卢茨仍然彬彬有礼地开着有讽刺意味的玩笑话，送上快乐的物质主义论据。他要求最后执行，“以便确立某些原则”，迄今为止，哲学并未从这些原则中受益。隆辛将军同样昂首挺胸，睥睨一切，目光深远。其他人都面色如土，陷入深深的绝望之中。可怜的书商莫莫罗还没有制订好任何土地法，其实，二十个月前，当吉伦特派的布佐妨碍他们时，他们在埃弗勒就可以把你吊死。《杜塞斯纳老爹》的艾贝尔，永远也无法凭借神圣的暴动权在这个世界上崛起了。他坐在那里，头耷拉到了胸前。戴着红色软帽的人围着他大喊大叫，模仿他的报纸文章："杜塞斯纳老爹生气了！"他们就这样死于非命，所有人头都被装进袋子。在历史的某个角落，漂浮着十九个谈笑风生、幽默风趣的幽灵怪兽，最终被遗忘所吞噬。

在一个星期的时间里，革命军队就被解散，其将军变成了幽灵。这个狂热的派别也因此从共和国的土地上被清除。皮特在这里设下的陷阱徒劳无功，人们很高兴再次拆穿了他们的阴谋诡计。事实上，革命吞噬了自己的孩子。整个革命性质的无政府状态不仅具备破坏性，而且有自我毁灭性。

第二节　丹东不是孬种

与此同时，丹东从阿西斯被紧急召回：卡米耶、菲力博和他们的朋友嗅到了空气中的危险，要求他立即回来。危险迫在眉睫！革命胜利的主要产物：丹东、罗伯斯庇尔，现在彼此在台前聚首，他们必须决定如何和平共处和共同统治。人们自然会想到使两位领袖意见相左的巨大分歧。有着海绿脸符号的他以仇视女性的恐怖想法，来看待怪兽般的恐怖现实，在这一过程中，脸变得越来越绿。而现实也再次努力不对革命的主要产物有任何怀疑。但是，归根结底仍然认为，这样的主要产物不过是一个被大众吹大的风囊，不是一个心地善良的人，而是一个抽风、不可腐蚀的可怜的书呆子，以逻辑符号代替灵魂、天生的耶稣会或卫理会牧师，充满真诚、不可腐蚀、恶毒和怯懦的黑话，却如东风般苍白无物！对于一场革命来说，有两个这样的主要产物已经太多了。

对他们的争吵结果心惊胆战的朋友们带他们见面。“镇压保王党，”丹东强忍怒火说，“是正确的，但我们应该在对共和国有益时这样做。我们不应该混淆无辜和有罪。”“是谁告诉你的，”罗伯斯庇尔用恶毒的眼神回答，“有无辜的人死了？”“什么？”丹东说，转身回到革命法庭陪审员朋友帕里斯（又名法布里西乌斯）一边，“什么？没有死一个无辜的人？你怎么看，法布里西乌斯！”[①]朋友们、韦斯特曼、帕里斯和其他人都敦促他站出来，走上讲坛，付诸行动。丹东不善于表现自己，付诸行动，或者只是考虑到自己的安全而不愿这样做。他生性粗率、自信、胸怀宽广，知道什么时候应该休息。据说，有人看见他会坐好几个小时听卡米耶演讲，这是他最大的乐趣。朋友们劝他逃走，他的妻子也要他逃走。“逃到哪里？”他回答说，“如果自由法国驱逐我，其他任何地方对我来说都是地牢。一个人不能把他的国家从他的鞋底带走！”因此，丹东心安理得，毫不担心。甚至救国委员会的成员、他的朋友埃洛被救国委员会逮捕，也没有使他警醒。3 月 30 日夜里，陪审员帕里斯眼神惊恐地匆匆赶来。救国委员会的一个秘书告诉他，已经起草逮捕命令，今天夜里逮捕丹东！他可怜的妻子、帕里斯和朋友们都在祈祷和劝他，丹东坐下沉吟半晌，随后回答说：“他们不敢。”他不愿采取任何措施，只是默默地念叨“他们不敢”，然后像往常一样去睡觉了。

然而，在第二天早晨，奇怪的谣言传遍了巴黎：丹东、卡米耶、菲力博、拉克鲁瓦已经在夜里被捕！消息属实：卢森堡监狱的走廊里挤满了人，囚犯们挤在那里，为了一睹在他们中间就座的大革命的巨擘。“先生们，”丹东礼貌地说，“我本来希望很快在外面见到你们，但我自己却先到这儿了，谁也不知道结局如何。”当谣言传遍巴黎时，国民公会的议员三五成群地瞪大眼睛，议论纷纷：“丹东被捕了！”谁还有安全感呢？勒让德冒着生命危险登上讲坛，简单为自己美言几句，建议在审判他之前先听一下他的辩护词。但罗伯斯庇尔皱起了眉

① 《部长传记：丹东》。

头："你听到夏博、巴齐尔为自己辩护了吗？你想要双重标准吗？"勒让德不吭声了。丹东和其他人将接受命运的裁决。

人们会很想知道丹东在监狱里的想法，但我们所知不多。很少有像他这样的大革命巨擘，在我们眼里的形象如此模糊。有人听他说过："我建议创立同一个革命法庭到现在已经十二个月了。我渴望神和人原谅我。他们都是该隐兄弟。布里索应该将我斩首，就像罗伯斯庇尔现在要做的一样。我留下的是个烂摊子，他们中没有一个人明白政府该做什么。罗伯斯庇尔将重蹈我的覆辙，我会拖罗伯斯庇尔下水。哦，与其参与统治人民，还不如当个可怜的渔夫。"卡米耶那不仅在金钱上使他富有的年轻漂亮的妻子，像隐身的幽灵日夜盘旋在卢森堡监狱。卡米耶写给她的那些被盗信件至今还在，上面还有泪水打湿的痕迹。[①]"我有圣体一样的头！"有人听到圣茹斯特嘀咕，"也许他有一个圣丹尼斯的头。"

不幸的丹东，更不幸的是快活的卡米耶、过去快活的路灯杆检察官，你们也来到了创世纪的最后边界，在这里，像到达最遥远的旅行目的地边缘的尤利西斯·波利特拉斯一样，人又一次看到自己母亲苍白、虚幻的影子和母亲抱着他喂奶的那些日子，与这一天形成强烈而奇怪的对比！丹东、卡米耶、埃洛、维斯特曼和其他人，非常奇怪地与巴齐尔、骗子夏博、法布尔·代戈朗丁、银行家弗雷组成最复杂的混合体，站在丁维尔的法庭前。这是 1794 年 4 月 2 日。丹东在监狱只待了三天，因为时间紧急。

你的名字、住址，等等，富齐埃例行公事地问。"我叫丹东，"他回答，"这个名字在革命中还算知名，我的住址即将化为乌有，但我将住在历史的万神殿。"无论这是否是他的天性，他依然会努力说些咄咄逼人的话语！埃洛讥讽他"虽然坐在这个大厅，但被所有议员所厌恶"。卡米耶回答："我的年龄和无套裤好汉耶稣一样大，对革命家来说是个致命的年龄。"哦，卡米耶，卡米耶！

① 《卡米耶·德穆兰简介》（见《老科尔德利埃》，巴黎，1825年，第129页）。

然而，我们觉得，神圣的牺牲精神在这里的确是对权利世界荣誉的致命一击。正如虔诚的诺瓦利斯所说的那样，“最高事实仰赖于人的权利”。卡米耶的真实年龄似乎是三十四岁。丹东比他大一岁。

大约五个月前对二十二名吉伦特派议员的审判，是富齐埃做过的最重要的审判。但今天的审判更为重要，需要他施展全部才华，这不由得使他心绪不定，因为现在是丹东的声音在穹顶回荡，他的话激情四溢，富有野性而真诚的穿透力，闪耀着愤怒的火花。无论你有多好的证词，他只需一击就能让最好的证人狼狈不堪。他要求委员会成员作为证人和原告出席庭审。他“会让他们丑态毕露”。他挺起高大的身躯，摇动着一头黑发，眼睛里迸射出火一样犀利的目光，穿透所有共和党人的心。虽然旁听席位都通过我们发票入场，但也不乏同情之声，并且有可能爆发反叛，释放丹东。他高声抗议他们与夏博和骗子、投机商狼狈为奸，指责这种审判是一系列庸俗的恐怖行为。“丹东 8 月 10 日躲藏起来了？”他像一只被网罩住的狮子那样怒吼，“那天让丹东现身的人在哪里？那些使人能量旺盛的天赋超群的灵魂在哪里？让指控我的那些原告们站出来，我保证诘问他们时保持冷静。我会揭露圣茹斯特、库东、勒巴这三个浅薄恶棍的真面目。罗伯斯庇尔的这些阿谀之徒会使他走向毁灭。让他们站在这里，我会把他们打入乌有的世界，让他们永远不能从那里爬出来。情绪激动的议长用力摇铃，强烈要求保持平静。“无论我用什么方式为自己辩护，”他接着说，“判我有罪的权力始终是你的。一个人为自己的荣誉和生命辩护的声音，将盖过你的铃声！”丹东的铿锵的声音越来越高亢，一直到“狮吼从他喉咙里消失”。言语无法表达这个人的内心。旁听席的低语声并非什么好兆头。第一天的会议结束了。

哦，丁维尔，艾尔曼议长，你们怎么办？根据最严格的革命法，他们还有两天时间。旁听席已经议论纷纷。如果这个丹东逃脱法网该如何是好。那就有好戏看了！这是千钧一发的时刻，万一法官和被告调换角色，整个法国历史从此改变面貌，那将多么震撼人心！因为在法国只剩下丹东这样一个野性犹在的怪兽巨擘，还可以尝试治理法国，或许还有另外一个，有着橄榄脸色的那个土伦炮兵军官，我们还是先让他去南方为自己积攒点资本吧？

在第二天晚上，事情看起来没有好转，反而越来越糟。富齐埃和艾尔曼慌慌张张地来到救国委员会。该怎么办呢？救国委员会匆忙公布了一条新法令，规定任何“藐视司法”的人将“不能参与辩论”，因为“在卢森堡监狱的确有人在策划阴谋”。昔日的将军迪翁和其他嫌疑犯，以及卡米耶的妻子阴谋散发指券、劫狱，推翻共和国！身为嫌疑犯的公民拉弗洛特由于希望获释，而向我们揭发了这个阴谋。他的报告产生了效果！这已经足够了。在第二天早上，恭顺的国民公会通过了这项法令。救国委员会以此做武器紧急驰援几乎无计可施的丁维尔。于是，你们“不能参与辩论”，傲慢无礼的家伙！警官们，行使你们的职责！救国委员会、丁维尔、艾尔曼、8 月 10 日勒鲁瓦和所有忠实的陪审员们，就是这样通过绝望的努力，齐心协力继续审理。陪审团得到“足够的提示”，通过了判决，由官员送达被告，但被扯得粉碎，踩在脚下。“今天执行死刑。”这是 1794 年 4 月 5 日。卡米耶可怜的妻子可能不会再来这所监狱徘徊了。让她吻别可怜的孩子，准备进监狱，步她丈夫的后尘，随他而去！

丹东在死囚车里高傲地昂着头。这与卡米耶完全不同，一个星期以来，他一直惊魂未定。他丢下以泪洗面的天使般的妻子，抛弃了爱情、财富、革命声誉。所有这一切都被隔在监狱的大门之外。现在，一个无比凶残的恶棍就在他身边嚎叫。这才是触手可及的现实，不可思议，像疯子的梦呓！卡米耶扭动身子，奋力挣扎。由于双手被捆绑，他用肩膀把缠在身上的外套抖落。“冷静！我的朋友，”丹东说，“放过那个卑鄙的恶棍吧。”来到断头台脚下，人们听到丹东说：“我的妻子，我亲爱的人，我再也见不到你了！”但是，他又接着说：“丹东不是孬种！”他对上前拥抱他的埃洛塞舍尔说：“我们的头将在那里见面。”他指的是刽子手装头的袋子。他最后的话是说给刽子手的：“你要把我的头给人民看,值得这样做。”

组合了勇气、炫耀、狂热、感情、狂野革命力量的巨擘丹东将前往未知的家园。他出生于奥伯河畔一个殷实的农民家庭。他犯了很多罪,但没有犯过最严重的罪行之一:虚伪。他既不是空洞的形式主义者,也不是自欺欺人之辈、厌恶自然的野性,是一个真正的男人。人无完人,他也来自于火热的大自然怀抱的狂热现实。但他毕竟从布伦斯维克手中拯救了法国,他径直走在自己的野性之路上,无论这条路通向哪里。未来几代人将会记住这个人。

第三节　双轮运货马车

又过了一周,不过仍然是 4 月 10 日,又新来了十九人,有肖梅特、戈贝尔、艾贝尔的遗孀、卡米耶的遗孀,他们将走完自己的命运之旅,黑暗的死亡将吞噬他们。艾贝尔的遗孀在哭泣,卡米耶的遗孀试图安慰她。哦,善良的天堂、美丽永恒的蓝天,在风暴和飞逝的云朵背后,没有为他们保留一丝怜悯吗?戈贝尔似乎有所悔改,他要求一个神父给她赦罪,他已经尽力了。阿纳科萨格拉·肖梅特的光头已被剥去红色软帽,除了让死亡变成永恒的睡眠之外,还有什么希望呢?可怜的阿纳科萨格拉,上帝将审判你,不是我。

艾贝尔就这样与抢劫教堂、崇拜穿蓝色服饰和戴红色软帽的理智女神的艾贝尔一起离开了人世。伟大的丹东和丹东派也走了,沉入地下墓穴,成为沉默的人!不要让巴黎市政府、各种各样的教派或党派去抵抗罗伯斯庇尔和救国委员会的意志。没有及时揭露皮特阴谋的市长帕什,现在可以祝贺这些揭露者了。这样做也是枉然,毫无作用!他也被送到卢森堡监狱。我们任命了比利时建筑师弗勒里奥·莱斯科取代他做代理市长。据说,这个弗勒里奥是个可靠的人。我们新的国家代理人是帕扬人,最近担任了陪审员,他是罗伯斯庇尔的崇拜者。

因此，我们认为，革命政府的厄瑞玻斯混乱激烈之云，已经发生了某些变化。依附它的有两个团体或侧翼：一个是过于激烈的狂暴兔子科尔德利埃，一个是不那么激烈的丹东温和宽容派。这两个派别彼此攻讦，必欲置对方于死地而后快，因为，正如我们经常说的那样，厄瑞玻斯之云具有自杀的天性，并在盲目的发射中把闪电射到自己身上。但现在这两个敌对的团体已经相互毁灭，就好像厄瑞玻斯之云已经达到内部的平衡，只把地狱闪电向下面的世界倾泻。简言之，对断头台的恐惧从来没有像今天这样。收缩、舒张，桑松的屠刀使用频率越来越快。起诉逐渐丧失了合理性。富齐埃从十二个拘留所每次选择二十个或更多的被告，作为他所谓的批次，他的陪审团负责纵列连续射击，直到地面清洗干净。公民拉夫洛特关于卢森堡监狱的报告的确发挥了作用！如果富齐埃没有真凭实据起诉一个或一个批次的被告，他总是利用监狱阴谋做借口。桑松的动作越来越快，最后，每个批次可以达到六十多人！成为死亡的节日。只有死人无法回到人间。

哦，不幸的德·埃斯普雷梅尼尔，4月22日是什么日子，是你的最后一天！宫殿大厅还是同一个石头大厅，五年前你曾经与悲愤的反叛议会在这里发表演讲，在那个灰蒙蒙的早上，你被迫与德·阿古斯特一道步行前往伊埃尔岛。石头是同样的石头，但其他的，包括人、反叛、悲愤、演讲，看看吧！像一队颠三倒四的鬼魂，像死亡的幽灵，已经全部逃离！德·埃斯普雷梅尼尔所在的这一列运货马车上，人员最为庞杂也最令人悲伤。上面有大名鼎鼎的前制宪议会议长沙普里埃。暴动的妇女和马亚尔就是在坐马车去凡尔赛的路上遇见他的。图莱也担任过议长，是宪法条文之父。很久以前，我们听到他大声说："制宪议会已经完成了自己的使命！"曾经为路易辩护的高贵的老马尔塞伯已经说不出话了。他像一个突然融化在水中的老旧灰色岩石，与自己的全家，包括女儿、儿子和孙子、他的拉莫瓦尼翁、夏多布里昂，默默地走向死亡。只有年轻的夏多布里昂独自一人，在尼亚加拉瀑布的喧嚣、无尽森林的涛声中漫游纳奇兹，祝福你，伟大的自然，狂野而不虚假、友善而不恶毒。你不是一个符号、尖厉刺耳的假设，议会里雄辩的口才、宪法和断头台工厂。告诉我，母亲！为我受伤的心唱一首你神秘、永恒的摇篮曲，让其他一切离我远去。

我们必须注意的另一列运货马车里有路易的妹妹伊丽莎白。她的审判与别人一样，罪名是策划阴谋。她是最善良、最无辜的女人。与她坐在一起的二十四个人中，有过去害羞、现在勇敢、对她表现出最温柔和高尚忠诚的德·克鲁索尔侯爵夫人。在断头台脚下，眼里饱含泪水的伊丽莎白感谢侯爵夫人，对不能回报她深感遗憾。“啊，夫人，如果殿下愿意屈尊拥抱我，我的愿望就实现了！”“当然愿意，德·克鲁索尔侯爵夫人，我衷心愿意。”①于是，她们在断头台下拥抱。王室全家现在只剩下两个人：一个女孩和一个男孩。男孩是以前的王太子，在她母亲还活着时被从她身边抢走，交给一个叫西蒙的职业鞋匠，他当时正为坦普尔监狱服务。人们要他负责根据无套裤汉原则抚养这个孩子。西蒙教他喝酒、骂人、唱卡马尼奥拉歌曲。西蒙现在去了市政府后，可怜的男孩就被关进坦普尔监狱，由于惊吓、困惑和早衰，他不愿意从这里出去，他的健康每况愈下。他生活在肮脏和阴暗的环境，“衬衫已经六个月没换了”，令人悲伤。②他与工人和穷人家的孩子一样自生自灭，没人可怜。

春天带来郁郁葱葱的满园春色和明朗的天气。但 5 月比以往更加明朗的是：死亡没有停下脚步。著名化学家拉瓦锡死期已到。化学家拉瓦锡是农民将军拉瓦锡，现在“所有农民将军都被逮捕”，没有例外。他们必须说明他们的资金和收入情况，并且由于在售卖的“烟草里加水”而被处死。③拉瓦锡要求暂缓执行两个星期以便完成一些实验，但“共和国不愿意给予这十五天”。铡刀必须继续工作。玩世不恭的尚福尔读了“博爱或死亡”的铭文之后说：“这是该隐藏的博爱。”他被逮捕，然后被释放。后来再次被逮捕，尚福尔疯狂、盲目

---

① 蒙加亚尔，第4卷，第200页。
② 昂古莱姆公爵夫人著：《坦普尔监狱的囚禁生活》，第37-71页。
③ 1794年5月8日的《革命法庭》（《箴言报》，第231期）。

地用刀自残，才勉强获得死缓。孔多塞已经匿迹潜形了好几个月，阿格斯眼睛一直在密切留意和搜索他的踪迹。他的隐蔽所无论对别人还是对自己都变得危险，他必须再次逃亡，在巴黎周边灌木丛和采石场躲起来。5 月一个阴沉的上午，在克拉马尔村，人们看到来了一个衣衫褴褛、满脸胡须、饥肠辘辘的人。他来到小酒馆要求吃早餐。他的外貌引起了怀疑！“你是说仆人不得在此用餐吗？”四十个苏的委员会主席在身上找到一个拉丁语的贺拉斯：“你不是那些习惯仆人伺候的贵族嫌疑犯吧？“他还没有吃完饭，就立即被步行送到拉雷纳镇政府。他累得走不动了，被放到一个农民的马背上，随后被扔进监狱的潮湿牢房里。第二天，准备审问他时，人们看到孔多塞死在地板上。法国贵族大批死亡，像剧院里此起彼伏的灯光一样，接二连三地很快消失。

在这种情况下，看到巴黎市在幽静的 5 月夜晚，全身心投入到人们称之为“永恒晚餐”的公民仪式中，不是很奇怪、几乎让人感动吗？这些自发的或部分自发的庆典，在 5 月 12 日、13 日和 14 日晚上连续登场。沿着圣奥诺雷大街等主要街道，每个公民都为晚餐尽其所能，把大自然最吝啬的馈赠带到露天空地，与邻居的晚饭一起放到大桌子上。烛光摇曳，欢声笑语，人们斗胆亮出仅有的奢侈闪亮的水晶餐具，在温柔的星光下，分享这一顿粗茶淡饭。[①]哦，夜晚！看哪，端起酒杯，为享有自由、平等、博爱干杯。坐在旁边的是穿戴最美饰品的妻子和围着圆圈跳舞的小孩子。公民们都参加了节俭的聚餐。在黑暗的王国里永远看不到这样的场景。哦，我的兄弟，为什么博爱的世界没有到来？已经来了，一定会到来的，推杯换盏的公民们说。啊，这些永恒的星辰不会像“闪耀着不朽的怜悯光辉的眼睛”，俯视着芸芸众生吧？

然而，可悲的事情是，有人试图暗杀人民代表。救国委员会成员科洛代表在“早上一点钟”回家时，也许像往常一样有点喝多了，在楼梯上听到有人高喊“无赖”，同时听到手枪卡壳的声响。但瞬间的光亮，让他看清一双凶恶的

① 莫尔西著：《革命的画卷：永恒的晚餐》，第2卷，第150页。

眼睛、一张棕色愤怒的脸，他认出这是住在隔壁的小房客公民阿米拉尔，他原来是奖券办公室的职员！科洛用尽全力大喊："有刺客！" 喊声足以惊醒整个法瓦尔街的邻居。阿米拉尔又开了第二枪，又卡壳了。然后，他飞奔回自己的房间，继续对着自己和抓捕他的人连续开了两枪，均没有奏效。于是，他被抓住，锁进了监狱。[①]这个叫阿米拉尔的愤怒的小家伙有着南方人的脾气和肤色，"肌肉发达，孔武有力"。他不否认此举是"为了法国清除暴君"。他还声称盯住了不可腐蚀的那个人，但是对科洛下手更方便！

由此，无数传闻、热情的祝贺纷纷送给了科洛，各地的雅各宾派的兄弟互相拥抱，互相祝贺。然而，这种暗杀方式似乎开始传染开来。两天之后，只不过5月23日晚九点左右，纸张经销商的女儿塞西尔·雷诺——一个神色温柔纯真的年轻女人，出现在圣奥诺雷大街的木匠家，希望见到罗伯斯庇尔。罗伯斯庇尔不在，她就开始出言不逊。人们把她扣留。她曾把一个篮子放在附近的一家商店，篮子里有一件女人的换洗衣服和两把刀！可怜的塞西尔受到委员会审查，她声称"想看看暴君的下场"。换洗衣服"是为了我在肯定要去的地方自己用的"。"什么地方？""监狱，然后是断头台。"她回答。这样的说法来自夏绿蒂·科黛，人们只是在模仿她剑走偏锋的风格。皮肤黝黑、愤怒的男人尝试了夏洛特的壮举，手枪却卡了壳，花样年华的年轻妇女也犹疑不决地做了尝试，却把刀留在了商店。

哦，皮特，你们这些外国别动队，共和国难道永远不得安生了吗？难道要永远被你们的诱饵弹簧陷阱、弹簧枪炸弹折磨吗？皮肤黝黑的阿米拉尔、年轻貌美的塞西尔和所有认识他们，以及许多不认识他们的人，都身陷囹圄，等待丁维尔的审查。

---

① 里乌夫，第73页；两个自由的朋友，第12卷，第298–302页。

第四节　怪诞的偶像

但在共和历“休息日”，即牧月20日（旧历的6月8日）的新安息日，在过去的杜伊勒里宫花园、新的国家花园，发生了什么事？

人人身着节日盛装，寒酸的亚麻布与艾贝尔一起消失了。[①]永远不会衣着随便的罗伯斯庇尔依然举止优雅、头发卷曲，不能说没有一丝虚荣作怪，他的房间四周的墙上挂满了海绿色的肖像画和半身像。可以说，无数男女公民们都身着节日盛装，天气晴朗，欢快的期待洋溢在每个人脸上。陪审员维拉特正在他的前花神会馆的公寓里，招待好几个代表吃早餐，在吉祥的休息日或新安息日，他很享受印在人们脸上的快乐表情，以及枝繁叶茂、风和日丽的6月。这一天，如果上天高兴的话，根据改进的反肖梅特原则，我们应该拥有一种新宗教。

天主教已被焚毁，理智女神被斩首，是不是需要一个新的宗教？与古人一样，不可腐蚀的罗伯斯庇尔作为自由人民的立法者，将成为教士和先知。他穿了一套为此而做的天蓝色外套，银色刺绣的白色丝绸背心，黑色的丝绸套裤，白色袜子，金色鞋扣。作为国民公会的主席，他通过国民公会立法，即所谓的为“至高无上的人类的存在”而立法，亦即“灵魂不朽的抚慰原则”。这些抚慰原则、理性共和的宗教基础正在立法。在上天和画家大卫的帮助下，这个神圣的休息日将成为我们第一次崇拜活动。

因此，在这个法令通过后，就是人称“人类发表过的最烂的先知演说”。穆罕默德罗伯斯庇尔穿着天蓝色的外套和黑色的套裤，头发卷曲，扑粉的脸堪称极致。他手里抱着一束鲜花和麦穗，自豪地走出国民公会的大厅，后面跟着国民公会的议员。但正如人们注意到的，他们之间有一段时间的间隔。人们为此还建了一个露天剧场，或至少是一个小山丘或小高地。感谢上天和画家大卫，丑陋的无神论、无政府主义之类的雕像，打动了恐怖的心灵。美中不足的是，我

① 维拉特著：《热月9日革命的真正原因》。

们的小山丘太小了。山顶连我们一半人都站不下，于是发生了不当的推搡，甚至不礼貌的叫骂声。安静，瓦兹省的雄蜂，安静，否则让你好看！

海绿脸的教皇拿起画家大卫递过来的火炬，说了一段不知所云的颂辞，好在没有人听得见。他在法国期待的目光下坚定地前进，将火炬凑近浸满松节油、象征无神论之类的纸板。纸板立即从里面燃烧起来。随后，在“机器”的作用下升起一个不可燃烧的智慧雕像。尽管也不慎燎黑了一点，不过还是尽可能泰然自若地矗立在那里。

然后呢？然后会举办另一次游行，还有比上一次更加枯燥的演讲。这是我们“至高无上的人类”的节日！无论好坏，我们有了新宗教！哦，读者，看看这个。这是人类年鉴中最卑鄙的一页，在哪里还能找到比这更卑鄙的呢？在罗伯斯庇尔这个新的圣人旁边的非洲森林的怪诞偶像，对我来说似乎也是可以崇拜的，因为这是一个有意识的怪诞偶像，它知道自己是机器。哦，海绿脸的先知，被风吹得鼓起来的风囊就要爆裂，在这个现实的世界里，你憧憬的是什么样的疯狂怪物？那么是这个，是点燃涂满松节油的纸板和烟花的沥青火炬，是你伸到法国大地的亚伦的奇迹权杖。这个法国正在被愤怒和地狱所吞噬，你是要她的瘟疫停止施虐吗？滚吧，你和火炬！“你那至高无上的人类，”比约说，“开始让我头疼。”①

另一方面，“过去的女仆、七十九岁”的凯瑟琳·泰奥，已在预言科学和巴士底狱的秘密中浸淫多年，她端坐在康特斯卡普大街的楼上房间，凝视着启示录，从中看到了罗伯斯庇尔，她发现这个强大到令人惊奇的马克西米利安，的确就是先知所说的人，他将使地球重新焕发生机。与她坐在一起的是虔诚的老侯爵夫人、身份体面的女人，其中少不了昏聩糊涂的老制宪议会的杰尔阁下。他们坐在康特斯卡普大街的房间里，鼓捣神秘的崇拜仪式。满伯就是满伯，罗

① 参见维拉特著：《热月9日革命的真正原因》。虽然奇怪，但是并非经过筛选的虚假陈述。无论标题如何，归根结底并非一种叙述，而是辩护。

伯斯庇尔是其先知。这个罗伯斯庇尔是杰出的人。他有自己的志愿者保镖、打手、手拿棍棒的凶猛爱国者，雅各宾派亲吻他的衣服下摆。他喜欢接受许多人的敬仰，一些人的崇拜，实至名归。

不过，最大的问题和希望是：杜伊勒里宫的这次满波强伯的盛大节日，不会是断头台倒塌的信号吧？远远不是！就在这之后的第二天，“三个肤浅恶棍”之一的库东晋升议员，起草了一大堆法案。库东提出，鉴于阴谋愈演愈烈，嫌疑犯的法律应当延期，应加强和简化逮捕措施。此外，在这种工作更加繁重的情况下，革命法庭也要延期，并一分为四，每个都有自己的庭长，每个都有自己的富齐埃或代理富齐埃，平行工作。废除任何其他的障碍或拖延的手续。这样也许会达到目的。这就是当时颇为著名的库东的牧月22日法令。这个法令让山岳派不禁倒吸一口凉气。有一个叫鲁昂的议员壮着胆子说，如果没有休会和讨论就通过这项法令，作为一名代表，宁愿“脑袋开花”。这么说也是枉然！不可腐蚀的人皱着眉头，说了一两句预言和命运之类的话：“牧月的法律就是法律。”鲁昂很高兴把他鲁莽的脑袋留在肩上。于是，除了死亡，还是死亡！即使是这样，富齐埃继续扩大他的行动范围，把每个批次一下增加到一百五十人。他让人在附近一个秘密公寓里竖起一个经过改进的断头台，以至于救国委员会不得不进行干预，禁止他这样做。“你想要断头台蒙羞吗？”科洛这样责备他。

实际上，这样做也令人担心，如果共和信念没那么深入人心，这一切早就完成了。比如，6月17日的一个批次就达五十四人！有手枪卡壳、脸色黝黑的阿米拉尔、年轻的塞西尔·雷诺以及她父亲、全家和所有亲属、德·埃斯普雷梅尼尔的遗孀、荣军院的老德·松布勒耶先生和他的儿子。可怜的老德·松布勒耶先生已经七十三岁了，他的女儿在9月份曾救了他一命，不过也就仅此而已。有四十四人属于外国别动队。作为外国人豢养的凶手，他们穿着红色长衫和工作服，像阴森森的红色幻影走向幽灵之地。

然而，革命广场的人群、圣奥诺雷大街沿途的居民，在连续不断的两轮运货马车通过时，不会开始看起来一脸阴沉吗？共和党也有心肠好的。断头台被移走了，然后再次移动，最后被移到城市的东南部。[①]如果圣安托万和圣玛索郊区也有好心肠的话，是不会无动于衷的。应该保持希望。

第五节　监狱

现在，该来看一眼监狱了。当德穆兰建议他的委员会宽容时，这十二个拘留所正关押着五千人。随着被捕的人日渐增多，这个数字现在已达到一万两千人。他们是贵族、保王党人，但绝大多数是非雅各宾派的吉伦特派和斐扬派的共和党人。也许从没有人类的居住地或监狱，像这十二个拘留所那样肮脏、恐怖、令人作呕。有人根据个人经历撰写的报告取名为《监狱回忆录》，成为人类传记中最惊心动魄的篇章之一。

有一种现象非常奇怪：我们注意到在人类生存的各种条件下，秩序会逐步建立起来。无论在何处，两三个人聚集在一起就会形成某种模式的人际关系、习惯、规则，甚至是兴趣和快乐！公民科尔当将充分说明，我们是如何以礼貌和尊重妇女的方式吃掉由草和腐肉组成的简陋晚餐，老爷和仆人、公爵夫人和交际花如何混杂在一起，以某种顺序排成一列，女公民什么时候开始做针线活，而我们不仅要向她们提供椅子，还需要努力礼貌地站着与她们说话，甚至为她们唱歌、弹竖琴。嫉妒、敌意一个不少，调情也没有失去活力。

唉，针线活也逐渐停了下来。通过公民拉夫罗特的举报和超自然的怀疑灵感，发现了监狱的阴谋。多疑的市政府把我们抢劫一空：金钱、金属工具，戴红帽的特派员闯进每间牢房，无情地搜查口袋、枕头和草垫子，进行抢劫。连针线活用的顶针也被抢走使那些最顺从的人产生了愤怒、瞬间的绝望。老修女发

① 蒙加亚尔，第4卷，第237页。

出尖叫，要他们立即杀了她们。尖叫也没有用！有两个精明的公民为了保留一两件物品，采取了更好的办法对付这些人。为了保留一个剔烟垢器或缝袜子用的针，他们决定用烟草来捍卫自己。一听到红帽子们在走廊里发出开门或关门的喧哗声，就立刻发出警报。两名公民马上点燃烟斗，开始吸烟。他们顿时被浓烟包围。红帽子们打开牢房，才吸了一口气就呛得咳嗽起来。“怎么了，先生们？”两个公民问，“你们不抽烟吗？”红帽子们简单搜查了一下就退了出去。“你们不喜欢烟斗吗？”门被使劲关上时他们再次这样问。[①]可怜的公民，可怜的兄弟，哦，当然了，在博爱一统天下时，我还不想送你们两个上断头台！

苛政在滋长，变成可怕的暴政。监狱里的阴谋越来越厉害。正如我们所说，监狱里的阴谋正成为丁维尔的家常便饭。对他而言，无论被告是否有罪，这都是一个现成的罪名。他的审判台已经变得不可理喻，成了一个公然的嘲弄，一个走向死亡的必经窗口。起诉书都是空白的，你只需签名就行。他有自己的密探和可恶的叛徒告密并充当证人，他们可以在一段时间内保住自己的性命。颇有怨言的科洛说，他的批次“在任何情况下都不可超过六十人”，那是最高限度。他的双轮运货马车每天夜里都带着可怕的第二天点名名单来到卢森堡监狱。人们冲向格栅门，竖起耳朵听其中是否有自己的名字。如果名字不再其上，就会深深地呼出一口长气：我们还能活一天！而这二十或几十个名字上了名单的人，则会立即流泪或不流泪地与亲人最后一次拥抱，简短地告别之后登上两轮运货马车离开。当晚去裁判所监狱，第二天穿过名不副实的法院前往断头台。

鲁莽、目中无人的轻率、不是力量就是弱点的斯多葛主义，已经支配了所有人的心。头发还没有变成金色假发、皮肤还未被制成套裤的柔弱妇女和贵族，为了打发时间，已经习惯于“消遣”断头台了。在怪诞的哑剧表演中，他们用毛巾代替头巾和貂皮毯子，假装最高法院法官和丁维尔坐在那里，审理案

① 古瓦当著：《自由港拘留所》等。《监狱回忆录》，第2卷。

子。一个罪犯被判死刑，被两把椅子之间的刽子手斩首。有时候我们走得更远：丁维尔自己也被判处死刑，但不只是上断头台。一个黑脸、多刺、粗毛、有角的恶魔抓住他，不顾他的叫喊，伸出胳膊，用夸张的声音，指给他看永不熄灭的火、永不死的蠕虫、地狱无尽无休的痛苦，有人问，现在几点了？人们回答：永恒！①

监狱依旧人满为患，断头台的动作更加快捷。所有的马路上都有各式各样的囚犯向巴黎行进。现在的这些人已不是贵族，他们中胆敢挑事儿的会被当场打倒在地。现在的这些人是共和党人，他们两个一组被拴在一起，边走边激愤地哼唱《马赛曲》。例如，这几天南特就有一百三十二名公民前往巴黎，他们是共和党人，甚至是骨子里的雅各宾派，但是绝不会同意淹死人的雅各宾派。②所有城市的街道都响彻他们“共和国万岁”的口号声。晚上休息时，他们拥挤在令人窒息的肮脏山洞里，第二天早上总有一两个人死在那里。他们疲惫不堪，心灰意冷，只有喊“共和国万岁”的力气。我们似乎受到妖术的蛊惑，只能这样为其而死！

还有一个四百位教士的故事。他们在长达数月的时间里徜徉于“艾克斯岛的路上”，眼里只有苦难、空虚、孤寂的奥莱隆岛的沙子和狂暴的大海。这些人衣衫褴褛、肮脏不堪、饥饿难耐，形销骨立，十几个人一组围坐在甲板上，吃着自己手里那份肮脏的定量口粮，在两块石头之间抖落气味难闻的衣服，被可怕的瘴气呛得窒息，被关在货舱底部，其中有七十人被关在中舱。“一个年纪大的教士第二天早晨就死了，还保持着祈祷的姿势。”③主啊，这样的日子还要忍受多久！

不会永远这样。一切与龙牙同样性质的无政府状态、邪恶、不公正都将自

① 蒙加亚尔，第4卷，第218页。里乌夫，第273页。
② 一百三十二名南特人的旅行：《监狱回忆录》，第2卷，第288-335页。
③ 1794年为了宗教而被流放的教士在艾克斯岛的路上所遭受的苦难：《监狱回忆录》，第2卷，第387-485页。

取灭亡，不会长久。

第六节　结束大恐怖

事实上，很明显，自从比约开始厌烦至高无上的人类庆典和没完没了的崇高演讲以来，罗伯斯庇尔已经很少在委员会露面，他刻意保持距离，好像在表达一种不满。有人已经就那位老凯瑟琳·泰奥和先知所宣布的再生人写了一份报告，对她很不客气，并打算把这个神秘的老太太看作一个阴谋。这里显然颇具讽刺和不恰当的开玩笑意味，针对的不仅是这个老女人，而是间接针对她的再生人！也许是巴莱尔灵巧的笔在背后作怪。在救国委员会鼻音浓重的老瓦迪埃读过之后，泰奥报告产生了效果，在一般共和党人的脸上产生了灿烂笑容。应该发生这样的事吗？

我们进一步注意到，在十二所拘留所的囚犯中，有一个人我们以前见过。卡巴鲁斯人塞诺拉·封特奈，她是冥王塔利安在波尔多捕获的美丽的冥后普罗塞尔皮娜，对他影响不小！塔利安早已从这座城市的最敏感职位被召回家。他用比以往任何时候都更响亮的声音洗白雅各宾派的印记，掩盖过去的缺点，因而被雅各宾派清洗，罗伯斯庇尔曾两次在国民公会的讲坛用激烈的言辞抨击他。而如今，尽管他尽全力搭救，他美丽的卡巴鲁斯女人被指控为嫌疑犯而遭到逮捕！关在骇人死牢里的塞诺拉托人给他悲伤的塔利安带去最紧迫的祈祷和恳求：救救我！救救你自己！你没有看到你自己也性命不保吗？你这个胆大包天的前丹东派，不知道人们对他恨之入骨吗？你们不是像洞穴里的独眼巨人波立菲莫斯*一样都被判处死刑了吗？你们中最顺从的奴隶将被最后一个吃掉！塔利安感到颤抖：这是真的。塔利安已经听到咄咄逼人的话语，布尔东同样如此，弗雷隆被人厌恶，巴拉斯说：每个人“摸摸自己的脑袋，看看是否

* 希腊神话中食人的独眼巨人，后被奥德修斯刺瞎了独眼。

还在肩上”。

与此同时，我们还注意到，罗伯斯庇尔很少来国民议会，委员会就更不用说了。他只在保镖和打手的前呼后拥下，在雅各宾派上议院发号施令。在这“四十天”时间里，因为我们现在早已进入7月份，他并没有在委员会露面，而只是通过“三个肤浅的恶棍”搅局，煽动恐怖。不可腐蚀者坐在一边冷眼旁观，可以看到他一个人孤独地在田野上徘徊，一副若有所思的样子，也有人说，“眼睛布满血丝”[①]。这是胆汁过剩的结果：一个可怕的海绿色幽灵走在7月的大地上！哦，不幸的幽灵！因为你也支配着一个生命和一颗人的心脏。那么，似乎一直冲你微笑的这些严肃神灵会带你去哪里？把你放到哪里呢？你不就是几年前那个前途无量、宁愿放弃阿拉斯的法官职位，也不愿判处一个人死刑的年轻律师吗？

他有什么想法和计划可以结束大恐怖吗？无人知晓。土地法的模糊概念、胜利的无套裤汉成为地主、老兵成了国宾馆及尚博尔和尚蒂伊宫廷医院的座上客，胜利买来了和平，伤口被至高无上的人类庆典所治愈。于是，穿过尸山血海，人们得到了具有平等、节俭、工作、祝福、博爱和美德的共和国！但如何登上被祝福的贵族血海之岸呢？通过最后一波腐败的无套裤汉的血、背叛或半背叛的国民公会议员、反叛的塔利安和比约，这些人我用至高无上的人类庆典让他们头痛不已，让我的启示录老妇人变成他们的笑柄。这就是可怜的罗伯斯庇尔在鲜花盛开的7月，像一个海绿色的幽灵对自己说的话。计划的雏形模糊地浮现在他的脑海，但他的计划或思绪到底是什么，他永远不会知道。

据说，正在挖掘新的地下墓穴，以便应付同时发生的大屠杀。恩里奥将军和他的人马将要把国民公会杀得片甲不留。雅各宾上议院大权独揽，罗伯斯庇尔将成为独裁者。[②]实际上，现在有一份人们不知道的名单，这是理发师在为

---

① 两个自由的朋友，第2卷，第347-373页。

② 两个自由的朋友，第2卷，第350-358页。

不可腐蚀的人卷发时看到的。每个人都在心里嘀咕:是我吗?

正如传统和轶事传言所说的那样,在一个炎热的晚上,巴莱尔家举办了一个富丽堂皇的单身汉晚宴。哦,读者,要知道:这个巴莱尔和其他人经常举办晚宴,因为他们在科利西享有奢华的乡间别墅[①]。但是,在我们提到的这个晚宴上,由于天气炎热,据说,客人们都脱下衣服,放在了客厅里。卡诺潜入房间,在罗伯斯庇尔的口袋里找到了一份四十人名单,上面有他的名字。那天他觉得很窝火。哦,我的朋友们,你们必须行动起来,你们这些沉闷的沼泽青蛙,自从吉伦特派垮台,你们就一声不吭。你们现在必须发出呐喊,否则就得去死! 有人召开秘密会议交换看法。这些会议都在夜里召开,神秘非常。马克西米利安难道不会像猫一样,瞪着布满血丝的绿色眼睛、弓着腰、竖起头发、一声不响地潜伏在那里吗? 脾气暴躁、说话大胆的塔利安会把猫惊醒。尽快选定一天,否则就永远来不及了!

1794 年 7 月 26 日,即热月 8 日,就在选定日期之前,罗伯斯庇尔再次出现在国民公会,登上讲坛! 这张胆汁过剩的脸似乎笼罩着新的阴云。可以判断,你的塔利安、布尔东会有兴趣听你的演讲吗? 这是预示生与死的声音:拖着长音、听起来像猫头鹰的尖叫,回荡着预言之声。他指控共和精神蜕化变质、温和派的腐败,公安委员会和救国委员会受到感染、背信弃义滋生。我,马克西米利安,只有我一个人不可腐蚀,已准备好在任何时候献身。对于这一切有什么妙方吗? 断头台! 让我们给予断头台新的活力来治愈所有这一切。送各式各样的叛徒去死! 预言的声音在国民公会喧嚷的大厅这样唱到。这是他的保留曲目。不过,今天,哦,天呐! 在国民公会再也没有响起共鸣。可以说,只有沉默的喘息声、一种不确定的期待! 在这些疑虑重重的情况下,凡尔赛的老呢绒商人勒古安特,无论是否出于阴险的心理,看出最保险的做法是挺身而出,提议:根据惯例,需要把罗伯斯庇尔的演讲“印发给各省”。听:下面响起了低声议论,

① 参见《维拉特回忆录》。

而且是反对的议论！体面的议员唱起了对台戏，被指控的委员会成员表示反对，要求“延迟印刷”。反对之声越来越强。记者弗雷隆甚至提出这样的问题：“在这个国民公会，言论自由变成了什么？”于是，早先通过的印发演讲的命令被取消。罗伯斯庇尔的脸色比以往任何时候都绿，只能怏怏而退。遭到挫败后，他明白这是一场叛乱，恶魔已经逼近。

在任何一项事业中，叛乱是最致命的事情之一，后果难以估量、迅速而可怕，无法用恐怖的办法去应对。但是，要命的是，在罗伯斯庇尔的国民公会里发生的叛乱，就像火星溅到了船上的火药库！这一刻，你必须挑战死亡，立即行动还可以扑灭，稍微犹豫，船和船长、船员和货物将会轰然而去，船的航程将在天地之间戛然而止。如果罗伯斯庇尔今晚能提前部署好恩里奥和他的人马，在他的帮助下做好工作，他和无套裤汉仍有可能存在一段时间。否则，他们注定失败。当叛乱的中士奥利弗·克伦威尔走出队伍，表达不满，并开始指手画脚地发表演讲时，作为那里充满期待的数千人的喉舌，他锐利的目光一下子就看出形势的要害所在，从皮套里拔出手枪，瞬间平息叛军和叛乱。老诺尔*天生适合做这样的事情。

但罗伯斯庇尔做了什么呢？他在晚上潜入雅各宾上议院，不仅没有采取恰当的行动，反而在那里表白他的困境、不平凡的美德、不可腐蚀的品质，然后，再一次用猫头鹰的尖叫读了一遍被拒绝的演讲，再次宣布他已经准备好献身。“你不会死！”上千雅各宾派齐声高喊。“罗伯斯庇尔，我会和你一起喝掉毒药。”画家大卫喊道。没必要做这件事，但在情绪失控的那一刻是可以那样说的。

在雅各宾大厅里是肯定有共鸣的！铺天盖地的掌声覆盖了被拒绝的演讲，怒火让所有雅各宾派同仇敌忾。暴动是神圣的责任，国民公会必须清除，人民主权听从恩里奥和市政府的命令，我们6月2日重新开始。到你们的帐篷去，

---

* 保王党对奥利弗·克伦威尔的称呼。

哦,以色列啊,这就是雅各宾派的调门,暴动的喧嚣在沸腾,塔利安和所有反对派要倒霉了。虽然科洛·代尔布瓦是最高救国委员会的成员,最近也差点被暗杀,被嘲笑和欺侮是家常便饭,能保住一条命就已经很高兴了。来到救国委员会乱七八糟的房间时,他看到优雅、阴沉着脸的圣茹斯特和其他人坐那里。圣茹斯特问他:"雅各宾派出什么事了?""出什么事了?"科洛以坎比斯式前所未有的一本正经重复,"出什么事了?没有发生什么,只是反抗和恐怖。你想要我们的命,但你做不到。"科洛以坎比斯的方式说完就拿起帽子走了。可以说,他一直谈论的关于共和国事务的总体报告,本来第二天应该在国民公会宣读,但已经无法做到了。这份报告现在在一个朋友手里,他对圣茹斯特说回家后再发给他们。回家后,他没有发,而是答复他不会发了,他们将在第二天从论坛上听到。

因此,还是让每个人都根据好心人的劝告,"祈祷上天,保持炸药干燥吧"!巴黎第二天会发生大事。整个晚上,从公安委员会到救国委员会,从一个会议到另一个会议,从母亲协会到市政厅,在黑夜的暗影里间谍四处活动。塔利安、弗雷隆、科洛能安稳地睡觉吗?强大的恩里奥、市长弗洛里奥、法官科菲纳尔、检察官帕严、罗伯斯庇尔和所有的雅各宾派正严阵以待。

第七节　乾坤颠倒

第二天,热月9日九时许,塔利安明亮的眼睛看到国民公会正在开会。巴黎现在谣言满天飞,但至少我们还可以合法地坐在国民公会里开会,没有被一个接一个地绑走,在门口被刺倒在地。"喂,平原派勇敢的公民们(过去只是沼泽的青蛙)。"塔利安进来时边喊边同他们握手。现在,在讲坛上也可以听到圣茹斯特讲话了,游戏开始了。

圣茹斯特其实读了自己的报告。作为报复,海绿脸的罗伯斯庇尔近距离进行监视。然而，圣茹斯特还没有读几句话，很快就被越来越高的喧闹声打断。于是，塔利安站了起来，比约也站了起来，人们接二连三地站了起来。塔利安是第二次说："公民们，昨晚在雅各宾俱乐部，我为共和国而颤抖。我对自己说，如果国民公会不敢打击暴君，我自己敢！如果需要的话，我会这样做。"他说着，从刀鞘里抽出一把银光闪闪的匕首，挥舞起来。我们暂且称之为普鲁图斯之钢刃。我们大家都狂热地发出了怒吼："三巨头是暴政！独裁！"救国委员会的成员也群起而攻之，所有人都发出指责，举座哗然。圣茹斯特脸色苍白，一动不动站在那里。库东看了眼自己残废的腿，高喊："三巨头！"罗伯斯庇尔努力想发言，但议长杜里奥敲了敲钟，阻止了他。整个大厅像风神堂一样都在反对他。罗伯斯庇尔登上讲坛的台阶后又走了下来。他走来走去，被愤怒、恐惧、绝望压得喘不过气。反叛成了当天的议事日程！①

哦，杜里奥议长，昔日的选民杜里奥，你可以从巴士底狱城垛看到圣安托万上升的潮水，然后又看到很多事情，却从未看到类似现在的事情吗？没人听得见你敲响的反对罗伯斯庇尔的钟声，他们之所以发出愤怒的吼声是为了拯救自己的性命。"凶手议长！"罗伯斯庇尔发出尖叫，"我最后一次要求发言！"已经不可能了。"该你们发言了，道德高尚的平原派！"他一边喊，一边找他的听众。"我说的是你们！"道德高尚的平原派像石头一样依然沉默不语。杜里奥使劲摇着他的钟，整个大厅变得像风神堂。罗伯斯庇尔嘴唇的泡沫变得"发青"，舌头干得贴到上颚，说不出话。"是丹东的血呛得他出不来气。"他们喊道。"指控！指控法令！"杜里奥立即提出了这个问题。指控法令通过，不可腐蚀的马克西米利安依法成为被告。

"我要求分担我哥哥的命运，就像我一直努力分享他的美德一样。"小奥古斯丁·罗伯斯庇尔说道。奥古斯丁也同样受到指控。接着，库东、圣茹斯特和

① 《箴言报》第311、312期；《辩论》，第4卷，421、422页；两个自由的朋友，第12卷，第390-411页。

勒巴都受到指控，并被关押起来。过程并非一帆风顺，执达员几乎是哆哆嗦嗦地服从了命令。三巨头和手下人被扔进救国委员会的会议室里，他们的舌头干得贴到上颚，说不出话。你们现在只需对市政府最后通牒，将指挥官恩里奥免职，并向他发出逮捕令，履行手续，向丁维尔交出人犯即可。现在是中午。风神堂的人民已经炸碎了锁链，吹起了胜利、和谐、不可抗拒的风。

工作结束了吗？可以这样认为，但实际上，远非如此。唉，这只是第一幕，另外三四幕还没上演，是否发生灾难不好说！巨大的城市内如此混乱不堪，七十万居民没有一个人知道自己的邻居在做什么，也不知道自己在做什么。下午三点，指挥官恩里奥不仅没有被免职、被捕，反而在市政府宪兵的护卫下沿着码头骑马疾驰，还踩伤了好几个人！市政厅正在开会，已经公开叛变。城门即将关闭。今天，任何狱卒都不得接纳囚犯。恩里奥这时正在向杜伊勒里宫飞奔，试图解救罗伯斯庇尔。在铁工厂码头，一个与妻子散步的年轻公民高喊："宪兵们，那个人不是你们的指挥官，他被捕了。"宪兵用刀背把这个年轻公民打倒在地。①

凡是遇到代表本人（比如梅林·德·提永维尔），强大的恩里奥都把他们扔进警卫室。他闯进杜伊勒里宫委员会的大厅，"要与罗伯斯庇尔说话"。执达员和杜伊勒里宫的宪兵一边劝说，一边挥舞着剑，费了好大劲才抓住恩里奥，说服他的宪兵放弃抵抗，将罗伯斯庇尔和他的手下装进出租四轮马车，护送到卢森堡监狱和其他监狱。一切都结束了吗？筋疲力尽的国民公会，现在可以在"五点钟"休会休息一下，吃点东西吗？

筋疲力尽的国民公会这样做了，并为此而懊恼不已。结束仍无穷期，因为这只是第二幕的结束。听，在夏日的晚上，当这些疲惫的代表坐下来吃饭时，所有尖塔警钟长鸣，鼓声阵阵：法官科菲纳尔正在与新的宪兵一起骑马疾驰，前往杜伊勒里宫委员会会议室解救恩里奥，并把他救了出来！强壮的恩里奥骑上马

① 前宪兵C.A.梅达著：《热月9日事件的详细过程》，巴黎，1825年。

背，给杜伊勒里宫的宪兵讲话，腐蚀他们，与他们一起去市政厅。唉，罗伯斯庇尔不在监狱。狱卒根据市政府的命令不敢接纳任何囚犯，否则有性命之忧。罗伯斯庇尔的四轮出租马车，在混乱刺耳的喧闹声和宪兵摇摆不定的旋风中，已经安全到达市政厅了！罗伯斯庇尔和他的手下接受市政府官员和雅各宾派的拥抱，正在行使神圣的暴动权。他们草拟公告，敲响警钟，联络各市镇和母亲协会。这不正是彻头彻尾的希腊悲剧第三幕吗？是否发生灾难更加难以确定。

夜幕降临时，忙碌的国民公会在不祥的气氛中再次开会。坐上议长椅子的科洛，脸色苍白，大踏步走进来，拍着帽子，以庄严的口气说："公民们，武装的无赖攻击并占领了委员会会议室。我们死在岗位上的时候到了！""是的，"所有人回答，"我们发誓！"现在不是吹牛的时候，而只是悲伤的事实和必要，而是必须在岗位上出生入死！因此，罗伯斯庇尔、恩里奥、市政府被宣布为叛乱分子、"不受法律保护"。我们已经任命巴拉斯为我们可以组织的武装部队的指挥官，并将派议员代表去所有选区和街道宣讲、招募队伍，至少我们死时身上还有一个护甲。

真是一个让人晕头转向的城市！人们或骑马，或徒步，四散奔逃，报道传闻四起，时间明显在起决定性作用，但孩子只有出生后才能取名字！卢森堡监狱里可怜的囚犯听到了谣言，他们害怕发生新的九月大屠杀。他们看到外面天窗和屋顶上有人向他们发出的信号，显然是某种希望的信号，但弄不清楚究竟是什么意思。[①]然而，我们在晚上观察到，死亡马车依然像往常一样穿过圣安托万，向东南方向的王座城门驶去。圣安托万坚韧的心开始软化，他们围住四轮出租马车说，不应该这样。哦，天呐，为什么要这样！恩里奥和宪兵在街道上四处搜索，挥舞着军刀，高声叫嚣：必须这样。放弃所有希望吧，你们这些可恶的罪犯！四轮出租马车继续行进。

但是，在这些四轮出租马车中，还有另外两件事值得注意：里面有一个值

---

① 《监狱回忆录》，第2卷，第277页。

得注意的人，还缺一个值得注意的人。前者是天生的贵族罗瓦兹罗尔中将，在这里为自己的儿子而死。前一天晚上，在圣拉扎尔监狱，他跑到大栅栏门去听死刑犯名单时听到了自己儿子的名字，而此时此刻，他儿子正沉浸在梦乡。“我是罗瓦兹罗尔。”老人在丁维尔的审判台前喊道，基督徒的名字很少搞错，对此没有太多分歧。缺的那个值得注意的人是议员潘恩！潘恩自从1月份以来就关押在卢森堡监狱，似乎已被遗忘，但是，富齐埃最终还是盯上了他。监狱看守手里拿着名单，正在用粉笔在外面大门上标记第二天批次的人名。潘恩的外门碰巧打开转过去靠上墙壁。看守标示一个后，赶紧标示另一个。另一个看守过来关门。这样潘恩的门上就没有粉笔痕迹，躲过了这个批次。潘恩因此保住了一条命。

具有典型规律的典型希腊悲剧第五幕只能粗线条描述，这有点像绝望中画大海泡沫的古代画家！因为在这美丽的7月的晚上，有行军部队的混乱喧嚣、四面八方市镇的活动，还有派到各地肩负任务的代表，借着火把的亮光阅读公告的声音。在外地招募了一些人的勒让德代表，清空了雅各宾派的会议厅，把他们的钥匙扔在国民公会的桌子上：“我给他们的门上了锁，只有美德才能重新把门打开。”可以说，巴黎像混乱中奔腾的洋流一样正在和自己作战，在黑暗的夜色中变成巨大的深渊。一方面，国民公会是常设机构，另一方面，市政府也是常设机构。可怜的囚犯一听到警钟和喧嚣声就合计是不是什么希望的信号。柔和、绵长的黄昏徐徐降临，黎明和明天即将孕育而出，为北部的夜晚披上银色，这一丝柔和的光亮像沉默的预言，沿着天空巨大的圆圈徘徊，是那么恬静、悠远！而大地上只有密布的乌云、冲突、争斗、不和，动荡的喧嚣和阴暗的微光。而命运仍然疑虑重重地在那里抽签。

将近早上三点钟，敌对双方的武装部队相遇。恩里奥的武装部队在格雷夫广场列队，巴拉斯带着招募的队伍也来到这里。他们彼此对峙，炮口对着炮口。公民们！有个谨慎的声音高喊：在发生流血事件和开始无休止的内战之前，请听好国民公会发布的法令:“罗伯斯庇尔和所有反叛分子不受法律保护!”不受法律保护?这声音让人不寒而栗:手无寸铁的公民迅速分散回家。市政府的炮兵在喊声中纷纷站在国民公会一边。听到喊声,据说喝得醉醺醺的恩里奥来到格雷夫广场,看到炮口都对准了他,才明白发生了灾难!

喝得摇摇晃晃的醉鬼恩里奥回来宣布:“大势已去!”“卑鄙的小人!你才大势已去!”人们高喊,然后把他扔出(也可能自己跳出)窗外。窗户很高,下面不是垃圾就是烂泥的深坑,他没有死在这里,可能在别的地方死得更惨。奥古斯丁·罗伯斯庇尔紧随其后,遭遇同样的命运。据说,圣茹斯特请求勒巴杀了他,但勒巴不愿这样做。库东躲在一张桌子下企图自杀,但没有成功。一走进暴动法庭,我们就会发现所有人不是死了,就是颓唐地坐以待毙。罗伯斯庇尔坐在椅子上,拿着手枪不是对准头,而是对准了下巴,凶手的手却怎么也不听使唤。经过一番混乱和波折,我们以无限的勇气将这些卑鄙的阴谋分子纷纷逮捕归案,甚至包括浑身血污、落魄的恩里奥和奥古斯丁。[①]我们粗暴地把他们全扔到马车上,在日出之前,在一片欢呼声和拥抱中,安全地锁进牢房里。

罗伯斯庇尔躺在会议的前厅,监狱护送队正准备送他去监狱。被打碎的下巴用血淋淋的亚麻布暂时固定。场面令人胆战心惊。他躺在桌子上,用一个杉木盒子做枕头,枪柄仍然紧握在他痉挛的手中。人们嘲笑他、侮辱他。他的眼睛仍然闪耀着智慧的光芒,却一句话也不说。他身上穿着为“至高无上的人类”特意定制的天蓝色外套。哦,读者,即使你是铁石心肠,对这个场景还无动于衷吗?他的裤子是米黄色的,袜子已经褪到脚踝。他没什么多余的话要对这个世界说了。

于是,早上六点,大获全胜的国民公会宣布休会。一份报告拍动金色的翅膀,飞过巴黎上空,进入监狱,照亮那些准备好赴死的人的脸。丧失权力的监狱看守和密探一言不发,面无血色。这是1794年7月28日,即热月10日。

---

① 梅达著:《热月9日事件的详细过程》,第384页。梅达断言,是他以极大的勇气用左手开枪击中了罗伯斯庇尔,并因今晚的英勇行为获得晋升,他死时是将军和男爵。由于他的话不可信,很少有人相信他的故事。

既然囚犯已不受法律保护，富齐埃只需验明正身即可。下午四点，人们前所未有地把巴黎的街道挤得水泄不通。从法院到革命广场（因为这一次四轮出租马车仍然驶向那里），到处是里三层外三层的密集人群，所有的窗户都挤满了围观者，屋顶和山脊瓦也坐满了快乐而好奇的人们。死亡马车载着二十三个不受法律保护的各色人等的"批次"，从马克西米利安到市长弗勒里奥和鞋匠西蒙，在石子路上隆隆驶过。所有人的目光都盯着罗伯斯庇尔的四轮出租马车，他的下巴绑着肮脏的亚麻布，车上还有他心如死灰、半死不活的弟弟和恩里奥。他们"十七个小时"的痛苦即将结束。宪兵们用剑指着他，告诉人民他是谁。有个女人跳到四轮出租马车上，像预言家西比尔那样一只手抓住他，另一只手在空中挥舞，高呼："你死了可让我乐坏了！"罗伯斯庇尔睁开眼睛："泼妇，下地狱吧，让所有女人和母亲都诅咒你！"在断头台脚下，人们把他放到地上，等待轮到他。他被抬上去时，又睁开了眼睛，看了看血腥的屠刀。桑松脱掉他的外套，扯下下巴上肮脏的亚麻布，他的下巴无力地垂了下来，他疼得发出一声惨叫，让人不忍直视。桑松，你不能动作快点吗？

桑松的工作一经完成，无边无际的欢呼声开始高涨起来。欢呼声不仅回荡在巴黎，而且延伸到整个法国、欧洲，以及整整这一代人。这其中合理性和不合理性兼而有之。哦，最倒霉的阿拉斯律师，你比其他律师更糟糕吗？根据他关于正直、仁慈、快乐、美德的准则、信条和黑话等，严于律己的人在那个时代无法生存。如果在幸福的时代，这个人会成为两袖清风、不可腐蚀的典范，配得上大理石桌和悼词！他可怜的房东、圣奥诺雷大街的木匠爱戴他，他的弟弟为他而死。愿上帝怜悯他和我们。

大恐怖统治时期就这样结束了。新的光荣革命被命名为热月革命，即共和2年热月9日，换算为旧时代奴隶制的历法是1794年7月27日。恐怖结束了，既然"罗伯斯庇尔的残渣余孽"被铲除，在革命广场上富齐埃大批量快速提供的死刑，同时停止执行。

第二十章

葡　月

第一节　衰落

就此而认为这不仅是罗伯斯庇尔的最终结局，而且是革命体系本身的结束，那就大错特错了！那些反叛委员会的成员并不抱持这一观点，他们只想继续推进国家的复兴，同时保住自己的脑袋。事实如此。他们打碎的微不足道的石头，虽然在其他任何地方都无关紧要，却被证明是拱心石。无套裤汉的整座大厦开始弯曲、破裂、出现裂缝、瞬间轰然倒塌，直到被深渊完全吞没。在这个世界上，无套裤汉不复存在。

无论罗伯斯庇尔本人多么令人鄙视，他的死发出一个信号：无数过去对恐怖饮泣吞声的人，得以从躲藏地重见天日，重逢时看到人数众多，就开始夸夸其谈，表达不满。他们的数量以数千甚至数百万计，受尽不公正的残酷折磨。这一群体的不满之声越来越大，最后变成一个共同的声音和普遍的吼声：他们称为“公众舆论”。卡米耶曾要求成立“宽恕委员会”，没有成功，但如今全国各地都自行成立了宽恕委员会。国家对无套裤汉做了尝试，但很快对其厌倦。这就是舆论的力量！哪个国王或国民公会可以抗拒？即使抗争也是枉然：今天受污蔑而让人避之唯恐不及的事情，第二天可能因为清白而大获全胜。神和人已经宣布：无套裤汉寿终正寝。在热月9日晚，“无套裤汉打碎了自己的下巴而自杀”，扭曲着身体躺在那里，永远也起不来了。

接下来的十五个月是我们所说的无套裤汉的死亡之路。受到严重削弱的无套裤汉和让·雅克福音的无政府主义，将在套裤汉和新秩序的奇怪制度中灰飞烟灭。因为，对人类来说，秩序不可或缺，即使其源于原始的福音力量和锤子形的权杖。所有人都在高喊：我们要办法！我们要秩序！即使是那个下士*的办法也行！毕竟守纪律的刺刀要比不守纪律、像风一样难以预测的断头台更容易让人忍受。在扭曲中死亡的无套裤汉，尝试了两次甚至三次重新崛起，但总是功亏一篑，终于咽下最后一口气，再也不动了。我们现在将以适当的距离和简洁的方式看看这些事件。哦，读者，加油！我看到陆地了！

热月事件之后在国民公会自然发生的头两件事，在此加以记录：第一件是更新了政府委员会。救国委员会和公安委员会这两个委员会被断头台瘦身之后需要补充人手。我们自然补充了塔利安、弗雷隆和大获全胜的热月党人。为此目的，我们规定，他们将不仅名义上而且是事实上依法定期轮换：每月进出四分之一的成员。国民公会不再受各委员会的奴役和死亡的恐吓，而是自由的国民公会，自由地遵守自己的判决和公众舆论的力量。法律规定：被指控的囚犯有权要求“起诉书”并看清楚他们被指控的是什么罪名，是非常自然的做法。

---

* 指拿破仑。

这个应运而生的自然法令，不过是数百个自然法令的预兆而已。

由于受到书面起诉书和法律证据的束缚，现在，富齐埃的营生已经难以为继，只能对付罗伯斯庇尔的残渣余孽。监狱释放了嫌疑犯，而且进度越来越快。被囚犯的朋友包围得水泄不通的委员会抱怨无法正常工作，就好像争先恐后从人满为患的地方出来的人彼此妨碍一样。桌子被推翻，囚犯像洪水一样喷薄而出，而看守、密探和罗伯斯庇尔的残渣余孽，则纷纷被关进原来他们关人的地方！我们看到的、身缚铁链在路上艰难行进的一百三十二名南特共和党人已经到达，但他们只剩下九十四人，其中五分之一的人死在路上。他们来了以后突然发现，自己已不是生命辩护者，而成了死亡的谴责者。对他们的审判是无罪释放。他们的证词像号角声一样将恐怖的暴行传遍了各地。在十九天的时间里，他们向大众庄严陈述了证词。卡里埃代表、马拉的手下、溺毙、卢瓦尔婚礼、在黑暗中做的见不得人的事情，全部大白于天下。这些复活的、可怜的南特人的声音，在报刊、演讲和各宽恕委员会推波助澜下传播进所有人的耳朵和心里。来自阿拉斯的代表也来了，他们谴责勒邦代表的暴行。一个温和的国民公会的存在至关重要，但该怎么办呢？勒邦代表、卡里埃代表需要在革命法庭出庭。无论我们怎样抗拒和拖延都是枉然，因为是国家发出的越来越响亮的声音在追究他们。丁维尔也必须审判他们，如果他不想自己被审判的话。

我们还要注意母亲协会陷入衰败的状况。勒让德在热月的那个夜晚把协会的钥匙扔在了国民公会的桌子上，其会长也与罗伯斯庇尔一起被送上了断头台。曾经无比强大的母亲过了一段时间来了，恭顺地恳求归还钥匙。钥匙虽然归还了，但是权力无法恢复，实力已经永远化为云烟。唉，一个人的好日子说完就完了。无论像过去一样高高在上的讲坛，发出多么洪亮的声音都是枉然，因为对人们来说，这已经变成了令人厌恶的恐怖之声。入会逐渐遭到禁止，强大的母亲突然断子绝孙了，像嗓音嘶哑（圣经中不能生育的）拉结在呻吟。

没有嫌疑犯可折磨的革命委员会很快饥肠辘辘地寿终正寝。巴黎总数四十八个委员会减少到十二个,四十个苏的津贴被取消。又过了一段时间,革命委员会不复存在,最高刑也被废除,无套裤汉只能自谋生路了。[①]现在也没有市政府,市政厅的中心不复存在。市长弗勒里奥和手下人都已销声匿迹。我们并不急于取代他们。市政厅已经垮台,唯命是从,吉凶未卜,唯一确定的是软弱无力,必须逆来顺受。即使巴黎被分裂成十几个独立的城市,它也无能为力!因此,趁各选区对付起来安全无虞,不是可以借机把选区废除吗?那样,你们就可以拥有十二个可以轻松管理的平静市镇,没有中心或分支机构,暴动的神圣权利将陷入无力的泥潭之中![②]

无数东西都被摧毁并迅速化为乌有,因为报纸在评论,人们也在议论。无论是严肃还是轻浮的报纸语气都犀利而滑稽,变节者弗雷隆、普鲁多姆一如既往,只不过立场相反。贵族们也像从长眠中苏醒过来,亲自上阵,粉墨登场,像大声鸣叫的沼泽青蛙一样诉说遭遇的非人待遇。你们经过抗争而出狱的七十三名抗议者将重新夺回自己的席位,包括卢维、伊斯纳尔、朗居奈以及被从瑞士谷仓和地窖里召回的受难的吉伦特派,都将恢复在国民公会的席位。[③]他们是恐怖的天敌!

热月党人塔利安和恐怖的敌人在国民公会内外占据主导地位。被挤压得式微的山岳派变得越来越沉默。温和派的声音越来越大,但这不是风暴和威胁,而是像一个巨大的管风琴发出的巨响,公共舆论发出的震耳欲聋的和弦,这种力量来自国家组成宽恕委员会的二千五百万只风管。形只影单的个人如何能抗拒呢?

① 1794年12月24日的《箴言报》,第97号。
② 1795年10月(德洛尔著:《巴黎的历史》,第8卷,第454-456页)。
③ 两个自由的朋友,第8卷,第3-39页。

第二节　卡巴鲁斯

至关重要的是，一个可怜的国民公会如何能承受这些呢？这个被长期的恐怖、骚动、处决折磨得支离破碎、失去控制的可怜的国民公会，失去了一言九鼎的人物，甚至没有能够在痛苦中引导你们的丹东那样的人。这个失控的国民公会能做的，就是见风使舵，保持平稳，避开狂风巨浪。搏斗、逆风而上都是徒劳的！一个失控的国民公会无法对抗狂风，否则只会再次翻船。可以说，在东北方向灾难性的风暴和恐怖的龙卷风平息之后，温和的西南风开始劲吹，越来越清新，但变幻莫测！无套裤汉不复存在，都变成了套裤汉的天下。

只需看看衣服的剪裁式样就会看出，这种轻微但明显的变化是无数不明显事物的重要体现。在 1793 年冬天，人们出门戴红帽子，市政府官员穿木靴，女公民则发起请愿反对这种帽子。而现在到了 1794 年冬天，哪儿还有人戴红色软帽？早被洪水冲得一干二净。富裕的男公民挖空心思寻找最优雅的服装，合计穿得像不像古代的自由民。更有冒险精神的女公民已经做到了。看着这些美丽而大胆、穿着古希腊服装的女公民，宛如画家大卫再现的希腊人：长长的发辫包在古式闪闪发光的发网内，古希腊妇女样式五颜六色的长裙，赤裸着小脚，像古典雕像一样，只穿着用丝带系着的凉鞋挑战寒冷的天气！

人们对奢侈品趋之若鹜。因为你们移民的贵族无法把宅邸和家具一起带到国外，而只能留在原地。随着产权的迅速变化，借助于创造财富的革命广场、军队装备的丰富收益、移民领地、教会和国王土地的拍卖，以及纸币时代阿拉丁神灯的贴水，这样的宅邸有了新的主人。来自贵族瓶子里的老酒被倒进了新人的喉咙。巴黎已经清洁一新，明亮照人。非博爱性质的沙龙、晚宴依旧歌舞升平，绚丽多彩。美丽的卡巴鲁斯已经出狱与她阴森森的冥王结婚，据说她待他相当苛刻。美丽的卡巴鲁斯举办了最奢华的晚宴。簇拥她的是穿着拖鞋的女公民、贵族等新的共和大军，所有过去的时尚阶层都来附庸风雅。她右手边是为这个事业工作是博阿尔内的寡妇、美丽的约瑟芬。尽管处于捉襟见肘的窘境，但两个人依然希望平息共和国紧张的严峻局面，重新为人类带来文明。

通过（希腊音乐之神）俄耳甫斯琴弓的巫术、（希腊抒情诗女神）欧忒耳珀的节奏、优雅、微笑，为共和国带去过去的文明！热月党代表参加了这些晚会：有人民的代言者记者弗雷隆、其他舞比卡马尼奥拉舞跳得更好的巴拉斯。共和国表情严峻的将军也在那里，脖子缩进巨大毛领，适合晃过马刀，头发拧成一个马尾，“用梳子固定，飘在后面”。在后者当中，我们还没有认出脸色黝黑、从意大利战场回来的土伦炮兵军官！他脸色严肃，外表粗鲁，近乎残忍。他不仅因为健康的缘故身心俱疲，而且由于受到恐怖分子和小罗伯斯庇尔的提携（无论是否实至名归）而仕途受阻。但巴拉斯不认识他吗？巴拉斯没有为他说话吗？是的，如果在任何时候对巴拉斯有利的话，他会这样做的。但现在命运没有眷顾这位炮兵军官。他正在用深远的目光认真审视暗淡的未来。虽然不苟言笑，但如果被唤醒，他会冲口说出很多奇谈怪论，如雷贯耳，闪电流星。总之，危险人物？“不善交际？”的确不善交际，但对所有的幽灵来说，他是天然的恐怖和恐怖的化身，代表了现实。他站在这里，一副若无其事的超然表情，然而，他似乎很在意约瑟芬·博阿尔内那柔和的面容。除此之外，他表情严肃地睁大眼睛，嘴唇紧闭，静观其变。

然而，在这个冬天的舞会上，我们可以看到一种新形式。不再有卡马尼奥拉舞，以及莫尔西埃所称之为“风暴和毁灭前兆”的粗鲁的“破布旋转”。取而代之的是适合轻型凉鞋和古典希腊长裙的艾奥尼亚节奏！人们对奢华趋之若鹜，因为现在人们有钱了，这是新获得的财富。在大恐怖时期，你们只敢跳破布舞。在各种各样的舞会中，性急的读者只需记住一种即可：他们称为受害者舞会。所有衣着考究的舞者左臂必须戴着黑纱才可入内。你必须是受害者，或者在大恐怖时期失去过亲属。让死者安息，让我们跳舞纪念他们！总而言之，跳舞是必需的。

根据莫尔西埃的说法，最引人注目的是，这个伟大的舞会事业形式多样。“这些女人，”他说，“都像苏丹的后妃一样美若天仙，有时像密涅瓦，有时像朱诺甚至戴安娜*。她们一本正经，在轻盈的旋转中从不弄错节拍，沉浸在完美的寂静中。”“奇怪的是，”他接着说，“观众与舞者混在了一起，在各种四组舞外围又组成了外围的舞圈，而且互不干扰。事实上，即使这样，苏丹的后妃也一点都不抵触。她漂亮的脚在离我的脚一英寸的地方点一下，然后像一束光一样离开，最后又回到原点，像闪亮的彗星，划过消失的轨迹，通过引力和吸引力的双重效应，以自己为轴心旋转。”[①]再把时间向前推移，同一个莫尔西埃还见过带金环的“肉色”短裤奇观。她们是人造天堂里真正的跳舞女神。目光忧郁的蒙加亚尔注意到一件同样奇怪的事情：你所见到的每个时髦的女公民都有孕在身。天呐，每一个都是吗？不过，也有人刻薄地说，这只是枕头和棉花，在人口由于战争和断头台而减少时，这是时尚，不必加以深究。[②]

我们还是先放下罗伯斯庇尔那些粗鲁的打手，来看看街上有什么新花样吧。年轻人现在不穿黑长绒卡马尼奥拉套服，而穿精细、有棱角的外套或燕尾服，搭配优雅的防铡刀高领，头发在太阳穴扎上辫子，然后打结，像军人那样飘在后面。这些年轻人被称为慕斯卡丁，意为花花公子！弗雷隆热情地称他们是金色或镀金青年。这些镀金青年像一种复兴运动应运而生，他们左臂带着黑纱，很多人是受害者。他们携带铅头短棒，神情愤怒。他们遇见的任何雅各宾派的打手或残余挨一顿暴打是免不了的。他们遭受了很多苦难，他们的朋友被斩首，他们的快乐、狂欢、精细的项圈都被无情压制。现在该制止这些坏事做绝的戴红色软帽的无赖了！美丽的卡巴鲁斯和希腊凉鞋军团微笑着为他们鼓掌。在费多剧院，穿燕尾服的年轻人大胆地紧盯这些穿希腊凉鞋的美人，被她们的目光所迷住。打倒雅各宾主义派！再也没有雅各宾派的赞歌和宣传，只允许赞

---

* 密涅瓦，智慧和技术及工匠之神；朱诺，主神朱庇特的妻子；戴安娜，月亮和狩猎女神。

① 莫尔西埃著：《新巴黎》，第3卷，第138-153页。

② 蒙加亚尔，第四卷，第436-442页。

颂和宣传热月党人,我们用铅头棒打倒了雅各宾派。

但是,让任何一个审视花花公子性质的人(特别是在群众中,是一件令人高兴的事情)想一想在暴动的神圣权利中镀金青年会起到什么作用。争吵与战斗,无休止、无底线的战争!无套裤汉像死亡和黑夜一样令人憎恶。因为,根据生存法则,花花公子事实上不也是优雅、穿套裤之人,一种由衣服包裹起来生活、活动和存在的穿衣服的动物吗?

于是,人们一边行进,一边跳舞、争吵。美丽的卡巴鲁斯用俄耳甫斯巫术努力为人类启蒙。我们听说很有成效。哪个共和党人能强大到可以抵制希腊凉鞋、艾奥尼亚旋律的旋转、脚趾上的金指环呢?[①]由此逐渐诞生了最没有争议的礼节,并快速成熟起来。然而,时至今日,我们不禁仍在追问,我们是否恢复了旧国王时代具有支配地位、众所周知又难以言喻的社会基调呢?那时候罪恶已经失去所有的丑恶(对我们来说好坏参半),虚无大获全胜而具有前所未有的意义。[②]无论怎样,世界都必须努力前行。

第三节 基伯隆

但是,镀金青年飘在后背的长长的马尾、半军事化的服装不是不知不觉地预示着另一种更重要的趋势吗?厌恶断头台的共和国热爱自己的军队。

这是有原因的。因为,可以肯定地说,如果在正确的时代,勇敢的战斗是一种荣耀,甚至普通人也能获得的最高荣耀,那么在同样正确的时代,在任何地方,都会有勇敢的热情。这些共和国之子从愤怒变得疯狂崛起,将共和国从奴隶制和西米里安的统治中解救出来。他们不是成功了吗?穿越滨海阿尔卑斯区、比利牛斯峡谷、荷兰、向北沿着莱茵河谷,西米里安联盟已经撤退,远远离

① 蒙加亚尔、莫尔西埃等。
② 德·斯塔尔夫人著:《关于法国大革命的思考》,第3卷,第10章等。

开神圣的祖国。他们怒火冲天，把三色旗带到所有敌人的面前。无论是在陡峭的高地，还是在大炮上，他们都愤怒地挥舞着胜利的三色旗，愤怒让他们如虎添翼。共和国现在有“十一万战士”，在某个特殊时刻，曾经有过，或者可能有过“十七万人”。[①]他们像闪电一样横贯国土、四面出击，倾泻弹雨，高唱《一切会好的》。西米里安联盟吓得胆战心惊、惊慌失措，无奈后撤。

这就是燃烧在共和党人心中的熊熊火焰，势不可挡，任何联盟都无法抗拒！不再有贵族的四级盾形纹章，而只有皮什格鲁、儒尔当、奥什麾下，经过炮火的洗礼而赢得将军官阶的贵族中士。他们有面包，他们有钢铁，“有了面包和钢铁，你可以到中国去”。看看皮什格鲁的士兵，在这么寒冷的冬季，他们饥寒交迫，穿着“草鞋和椴树枝编织的斗篷”，像一支魔鬼大军入侵荷兰，在冰天雪地里搭桥过河，在快乐的呼喊中取得一个又一个胜利！特克塞尔的船只被龙骑兵俘获，约克逃脱，总督逃跑，很庆幸能逃到英国，让荷兰变成博爱的国度。[②]可以说，这把高卢之火，就像草地和干燥的灌木丛的燎原大火一样在人民的心中燃烧，现在，没有谁能够抗拒。

于是，这把大火燃烧、蔓延，将沿途的一切付之一炬。从卡迪斯到阿尔汉格尔，已被训练成军人的疯狂的无套裤汉在“民主武装士兵”（例如那个满嘴单音节词的炮兵军官）的领导下，将残酷地把敌人的脖子踩在脚下，让怒吼声传遍世界！鲁莽的联盟国王们，是你们点燃了这把火。你们自己并没有火，你们的士兵只是受到军士教练、参谋部的说教和鼓声的煽动而已。但是，既然开始，就不会轻易结束，不，至少需要二十年。这把高卢之火经过无数颜色和形式的变化，在整个欧洲大地燃烧了二十年，使所有人备受烧灼之苦而冒犯了所有人，以至于点燃了另一把火，例如条顿之火，但在一天之内就被扑灭了！因为有一种火堪比草地和干燥的灌木丛的燎原大火，最突然，烧得最旺。还有一种

---

① 图隆永，第3卷，第7章；第5卷，第10章，第194页。

② 1795年1月19日（蒙加亚尔，第4卷，第287页）。

堪比煤炭或焦炭之火,虽然很难点燃,但也很难扑灭。这把高卢之火不仅在皮什格鲁的人中,而且在无数伏尔泰、拉辛、拉普拉斯们那里,我们都注意到,只多不少。因为对于一个人来说,无论他是否战斗、唱歌,或者思想,仍然会保持一个人的统一体。无论如何,这把火煮鸡蛋绰绰有余。正如我们在路德、莱布尼茨、莎士比亚们那里看到的那样,条顿焦炭之火更适合冶炼金属。拥有这两种火的欧洲是多么幸运!

但是,无论如何,共和国显然取得了胜利。在今年春天,门茨城再次被围困并易手。"胡子竖起、目光如炬的"梅林·德·提永维尔不是说过,这不会是最后一次看到他吗?门茨的选民向他的君主兄弟问了这个恰当的问题:和平谈判是不是更为明智?是的!不止一个选民在心里这样回答。但另一方面,犹豫不决的奥地利在皮特的鼓励下最终还是拒绝了。至于皮特,无论谁在犹豫,他仍然取消了人身保护令、暂停支付现金,不为所动,尽管国外屡遭败绩,国内障碍重重,不得不控告苏格兰国民公会和英国人民之友,送他们上绞刑架,甚至看到他们在演讲中被无罪释放。他的确是个不妥协的人。正如我们预测的那样,西班牙国王陛下愿意实现和平,普鲁士国王陛下也是如此,于是在巴塞尔缔结了条约。[①]竟然与卑鄙的无政府主义者和弑君者缔结条约!唉,有什么办法呢?你不能把无政府主义者吊死,那样和吊死自己没有两样,你必须与他们打交道。

奥什将军同样成功地平息了旺代的叛乱。无赖罗西尼奥尔及其"地狱纵队"已经消失。奥什将军以其坚定、公正、远见和灵活做到了这一点。他派出非地狱的"机动纵队",在当地设下包围圈,赦免降兵,镇压抵抗,平息了接二连三的暴乱。我们最后的贵族拉罗什亚克林战死沙场,斯托夫莱达成协议,乔治·卡杜达尔回到布列塔尼的舒昂党人之中。旺代可怕的坏疽似乎真的被拔掉了。据估计,付出的代价是十万人的生命。再加上溺毙的、地狱纵队放火烧死

① 1795年4月5日(蒙加亚尔,第4卷,第319页)。

的，简直无法算清楚。这就是旺代战争。[①]

几个月之后，战争再次爆发，但这是最后一次了。战事由皮特煽动，由我们卡尔瓦多斯的贵族普伊萨耶等人实施。在1795年7月，英国船只在基伯隆海域靠岸，他们把一些骑士贵族、准备开小差的志愿者战俘、武器、保王党宣传品、衣箱等物品送上岸。共和党人立即拿起武器，在基伯隆海滩秘密集结，并设下伏击圈。午夜时分，庞蒂埃福尔城堡被攻克，炮声和夜晚大海的吼声交织在一起，曙光初照时构成一幅难得一见的景色。上岸的人被迫退到船上，或被波涛所吞噬，发出惨叫。总之，贵族普伊萨耶无论在这里，还是在卡尔瓦多斯，都遭到惨败。当他离开弗农城堡时，连靴子都丢了。[②]

这次战斗也使很多勇士付出了生命的代价，其中全世界都对失去松布勒耶勇敢的儿子而表示哀悼痛惜。不幸的家庭！父亲和小儿子都被送上了断头台，英雄的女儿悲伤过度，陷入穷困潦倒，从历史中消失。大儿子被军事法庭视为移民在这里被打死，即使奥什都不能救他。如果所有内战或其他战争都是误会，那么，正确的理解应该是什么呢？

第四节　雄狮没有死

国民公会正迅疾前进，在命运的大潮推动下走向胜利、在公共舆论的劲风推动下走向宽恕和奢华。指引方向的技艺，在这样的速度中是必不可少的。

看到我们转来转去，然后又不得不转回来，在疾风骤雨中逃之夭夭，非常奇怪。我们一方面再次接受七十三名抗议者，另一方面同意神化马拉，把他的遗体从科尔德利埃教堂迁入先贤祠，把米拉波扔出去为他腾出位置。这样做毫无意义，因为公共舆论掀起了风暴！垂着辫子的镀金青年把费多剧院里他的

① 沃邦伯爵著：《旺代战争史》；《德·拉罗什亚克林夫人回忆录》。
② 两个自由的朋友，第14卷，第94-106页；《普伊萨耶回忆录》，第3卷，第7页。

半身像摔得粉碎，在脚下践踏，然后在呼喊声中扔到蒙马特的垃圾坑。[①]人们还拆毁了他在卡鲁塞尔广场的小教堂，瓦砾都扔到了蒙马特的垃圾坑。任何一个神的地位都没像他这么短暂。他只在所有伟大人物的先贤祠待了约有四个月，然后被扔到巴黎和世界的垃圾场！“他的半身像一度达到四千座。”可怜的人类如何辗转于世界先贤祠和垃圾场之间呢？

还有另外一个问题：何时实施1793年宪法？一些有头脑的人私下推测，这部宪法永远不会实施。让他们准备一个更好的吧。

然而，雅各宾派现在何处？正如我们所看到的那样，他们无儿无女，像个老态龙钟的老太太坐在那里，将没牙的牙床咬得吱嘎作响，表达对背叛的热月党国民公会和当前潮流的愤怒。比约、科洛和他们的手下人两次在国民公会被勒古安特、勒让德所指控，第二次是没有经过投票的恶意中伤。比约在雅各宾讲坛上说：“狮子没有死，他只是在睡觉。”人们在国民公会问他醒来的狮子是什么意思？于是，打手和镀金青年在平等宫激烈争吵和对抗，“打倒雅各宾派！打倒雅各宾派恶棍！”的声音此起彼伏：高高在上的讲坛成了唇枪舌剑的战场，但得到的回应只有捉摸不定、屏息静气的沉默。政府委员会开始讨论“暂停”雅各宾的活动。不仅如此，1794年11月1日、旧历圣恩年的万圣节，对雅各宾派是悲惨的一天。一连串的石头在咒骂声中叮叮当当地从窗户向我们砸过来！雅各宾派女人，即织毛衣的女人望风而逃，在门口碰到镀金青年和“四千群众暴徒”，她们被屈辱地推搡、嘲笑、辱骂、棒打，衬裙被撩了起来，在一片哄笑中落荒而逃。雅各宾派男人，出来！雅各宾派男人出来只是为了打架，现场陷入灾难和混乱。于是，武装当局不得不进行干预，第二天再次干预，并永久性停止了雅各宾派的活动。[②]雅各宾派已经消失，在笑声和嚎叫的风暴中消失于无形。他们的俱乐部先是变成了第一所师范学校，然后变成“热月9日市

① 1794年9月25日和1795年2月4日的《箴言报》。
② 1794年11月10-12日的《箴言报》；两个自由的朋友，第13卷，第43-49页。

场”和圣奥诺雷市场，现在依然是一个平和的家禽和蔬菜交易市场。庄严的寺院、巨大的会议厅、浮而不实的材料！而我们和我们的这个世界不也都是梦想构成的材料吗？

既然最高刑被废除，贸易应该插上自由腾飞的翅膀了。唉，正如我们看到的那样，被套上枷锁的混乱贸易，即使可以自由交易，现在依然无法腾飞，依然萎靡不振、步履维艰。可以这么说，现在并不存在任何所谓的贸易。长期以来，滥发的指券币值每况愈下，下跌的速度前所未有。“多少钱？”如果问一个出租马车车夫的话，他会这样回答：“六千利弗尔。”差不多相当于纸币三百多英镑。[①]最高刑的压力消失后，受其压制的东西也随之消失。“每天两盎司面包”是分配的份额。面包店门前的长队依然嘈杂、令人沮丧。农场已经变成了典当商店。

在这种情况下，可以想象，无套裤汉对“卡巴鲁斯”、返回跳舞的贵族、热月党人的文明火花、肉色短裤的舞会看在眼里，恨在心里。还有希腊长袍和凉鞋、招摇过市、用铅头棒武装的“慕斯卡丁”队伍，而我们却遭到驱逐、憎恶，靠街头拾荒为生。[②]为了两盎司面包我们不得不在面包店门前排队摇尾乞怜！他们所说的戴着红色软帽和上膛手枪、在总主教教区秘密开会的雅各宾雄狮，会觉醒吗？似乎不会。在 1795 年 3 月的最后几天里，我们的科洛、比约、巴莱尔、瓦迪埃被判处流放海外，但暂时收监于汉姆城堡。雄狮死了，或者还在垂死挣扎！

因此，在芽月 12 日（也称为 4 月 1 日，不幸的一天），巴黎的街道再次骚动起来！洪水般饥饿的妇女、肮脏的男人，高喊：“面包、面包和 93 年宪法！”巴黎再次像海潮一样发生起义，队伍向杜伊勒里宫进发，他们要面包和宪法。杜伊勒里宫的哨兵尽力阻拦，但无济于事。海潮把他们席卷而去，淹没了国民

---

① 莫尔西埃，第2卷，第94页（1796年2月1日在巴黎交易所，二十法郎的金路易等于五千法郎的指券。蒙加亚尔，第4卷，第419页）。

② 方丁·德索多阿兹著：《法国革命史》，第7卷，第4章。

公会大厅，怒吼："面包和宪法！"

不幸的参议员，不幸的人民，经过所有这些痛苦和骚动，你们仍然没有面包和宪法。"要面包，不要没完没了的演讲！"五年以前，马亚尔的暴动妇女就这样痛苦地高呼，至今未变。国民公会以其一贯深藏不露的韬略，对混乱和嚎叫不为所动，只是从团结宫打响警铃。投机商和镀金青年众多的勒贝尔齐埃选区，也就是旧的圣托马斯女儿协会，立即前往救援，再次用刺刀扫平动乱。巴黎被宣布"处于围困状态"。碰巧在巴黎的荷兰征服者皮什格鲁被任命为平叛指挥官，直到动乱结束。可以说，他用了一天时间就完成了任务。他转移了比约、科洛和他们的手下，用两发空弹和自己恐怖的名字驱散了示威者，然后言简意赅地（值得后人效仿）宣布："代表们，你们的法令已经被执行。"[①]最后卸下了指挥权。

芽月暴动就这样徒劳无功地结束了。等待船只的汉姆城堡的囚犯安全无虞。巴黎约九百名首要恐怖分子被解除武装。被刺刀扫荡的无套裤汉带着自己的苦难，逃到圣安托万和圣玛索郊区深处。曾几何时，执达员马亚尔和他的暴动妇女改变了立法进程，但时过境迁，立法机构现在似乎有了刺刀做保证。勒贝尔齐埃选区拿起了火枪，但不是为我们！我们撤回到我们黑暗的窝里，我们的饥饿之声被称为皮特的阴谋。而沙龙依然灯火通明，肉色短裤和以前一样在旋转。难道我们是为了"卡巴鲁斯"、"慕斯卡丁"和投机商而战的吗？我们敢于像流水一样流血，公开对抗，推翻了封建主义，就是为了肉色短裤的舞会吗？意味深长的沉默，赞美他们！

第五节　雄狮最后的叹息

富齐埃代表去年12月上断头台时抗议说，他做的一切都是根据命令行

① 1795年（4月2日）芽月13日的《箴言报》。

事。已经吞噬一切的革命法庭，按照无政府主义的惯常做法，现在开始吞噬自己了。5月初，人们目睹了一件非比寻常的事情：富齐埃·丁维尔和他的主要陪审员勒卢瓦8月10日、维拉特等十六人终于在法庭为自己辩护了。他们激烈争辩说，一切按命令行事，但未能奏效。于是，人们砸碎了他们那做了无数野蛮事的屠刀，因为屠刀本身也变得恶名昭彰。富齐埃死时威武不屈。“你的同伙在哪里？”人们向他吼叫。“挨饿的无赖，”富齐埃反驳道，“你们有便宜面包卖他们吗？”

奇特的富齐埃，过去曾是人类特定历史阶段的普通检察官，天下的捕猎能手。即使现在，你的技艺仍然不愧是天下最著名的检察官和捕猎能手！因为在大地的时间进程中，会出现一个幽灵检察官，因为上天曾经说过，不可避免地会出现非神性的判案幽灵检察官。看，这就是幽灵，这回是和检察官打交道了。消失吧，贼眉鼠眼的幽灵检察官，归根结底也只是普通检察官、饿肚子的亚当之子！陪审员维拉特为了活命而费尽心思，他在监狱发表了一部构思独特的书，我们也有所闻。不过都是枉然，他也不见了踪影。而他那世上难觅、真话不多、谎话不少的《热月秘事》，成了他在世上仅存的东西。

革命法庭已经消失，但报复远未消失。勒邦代表经过长期挣扎依然被交给普通法院受审，并被判处斩首。在里昂和其他地方，温和派重新复活，进行复仇，他们不想等待冗长的司法程序，而是自行冲进监狱对监狱放火，将六十多名雅各宾囚犯活活烧死或者“把稻草点着把他们活活呛死”。到处活跃着复仇心切、心狠手辣的“耶稣会、太阳会”，雅各宾派只要被碰到就会被杀，扔到罗纳河中。河水再一次向大海带去可怕的货物。[①]对此，土伦的雅各宾派奋起反抗，准备吊死国家代表。面对这样的骚动和混乱，可怜的国民公会有能力对付吗？这就像平息龙卷风搅动的风生水起的大海一样，只会引发进一步的愤怒和混乱。你们那艘一会儿被抛到风口浪尖、一会儿被甩到浪底的共和国的航船

① 1795年6月27日和8月31日的《箴言报》；两个自由的朋友，第13卷，第121–129页。

需要的是领航艺术。

天下是否曾有过像法国国民公会同样命运的议会？他们聚在一起的目的本该是制定宪法，但他们却反其道而行之，极尽破坏和颠覆之能事：点燃天主教教堂、贵族城堡、崇拜理智女神、挖掘盐土、支持巨人泰坦与自己、整个世界作对。国民公会已经被断头台所消灭，其中十分之一议员被斩首。它曾经见证过卡马尼奥拉舞蹈；听到过抢劫教堂时所唱的爱国赞美诗；见证过8月10日的伤者坐着手推车鱼贯而过；在那个地狱之夜，平等家的夫人们穿着三色服装，喝着柠檬水，以及幽灵一样的西哀耶斯登上讲坛说："一死百了，毋庸讳言。"这个国民公会被烧得通红，然后冷却。愤怒让脸色变得鲜红惨白，口袋里带着手枪就座，得意忘形时抽出剑（冲动时的一念之差）。有时通过丹东高呼："哦，法国，醒一醒，痛击暴君！"有时冷若冰霜地倒在罗伯斯庇尔脚下，以悲戚的叹息回答他阴森森的声音。它在浴室、街道、楼梯上被暗杀、屠杀、刺杀、枪决，都因为它是混乱的核心。它没有听见午夜的钟声吗？它曾经在被配备大炮和给养的十万名武装人员包围下开会，曾被警钟震得什么也听不见，被无套裤汉的黑色洪流所淹没，曾听到"要面包和肥皂"刺耳的尖叫：因为正如我们所说，它是混乱的核心。它坐在无套裤汉的中心，在深渊中安营扎寨，而这里既没有道路、边界，也没有底部或岸边。在内在的勇气、聪明才智、忠诚、力量和男子气概方面，它也许还没有超过议会的平均水平，但坦率地说，在某些特质方面，无出其右。再有一次，或至多两次，国民公会这艘疲惫的大船将会靠岸。

芽月12日的暴动在徒劳的喊声中灰飞烟灭，垂死挣扎的无套裤汉被横扫于无形。在这六个星期里，他们一面发出哀鸣，一面制定对策。雅各宾派被解除了武装，从高高的讲坛被扔到地上，他们需要自救，并召开地下秘密会议。因此，1795年5月20日，即牧月1日，再次响起紧急集合号和尖厉的鼓声：拿起武器！拿起武器！

像漫无边际的大海一样的无套裤汉再次从死亡巢穴和惊涛骇浪中崛起。

圣安托万已经动员起来:“要面包和93年宪法”的喊声震天。这些话用粉笔写在人们的帽子上。他们拿起了长矛、火枪、书面申诉书、旗帜、官方标准印刷的书面宣言。这个宣言综合考虑了各方意见,即长期遭受苦难的人民主权现在发动起义的原因是要求面包和93年宪法。于是,城门被攻占,并吹响了紧急集合号,警钟齐鸣。黑压压洪水般的人群淹没了杜伊勒里宫,尽管有哨兵阻拦,圣殿仍然遭到入侵。成群蓬头垢面的女人进入我们议事大厅高喊:“面包!面包!”议长吓得藏了起来,我们也敲响了“团结宫”的警钟。国家的航船再次起航时就漏水,海浪加速其进水,搁浅,在一团死水中沉没。

一天的混战再次开始!妇女被赶走,男人对宫殿发起攻击,把走廊挤得水泄不通,敲击所有的大门。代表们抬起头,求他们高抬贵手。圣安托万人愤怒地高呼:“要面包!要宪法!”有传言说,“国民公会正在杀害妇女”。人们在一片愤怒的喊声中互相拥挤、推搡。橡木门变成了橡木鼓,在圣安托万人的斧下发出爆裂声。石膏被砸碎,木头被劈得噼啪作响,门瞬间被砸飞。圣安托万人疯狂地一拥而入。喊叫声、破烂帽子、印刷的宣言、鼓声、音乐声不绝于耳。宪兵、忠实的选区官员从另一扇门突入,结果被打了出来,于是他们开了火。圣安托万人坚决不离开。议员们百般央求未果:请你们尊重议长,不要碰议长!议员费罗双手扯开衣服,露出西班牙战争时结下的疤痕,恳求、威胁和抗争,都是枉然。背叛的议员对抗主权人民,你们能动手,为什么我们不能动手?而且,我们没有面包,也没有宪法!他们抓住费罗,把他打倒在地,踩在脚下。愤怒的情绪在升温:他们将奄奄一息的他拖入走廊斩首,把头挂在长矛的尖头。啊,独一无二的国民公会难道必须得承受这样的命运吗?非得把费罗血淋淋的头挂在长矛上吗?游戏已经开始,巴黎和世界对结局正拭目以待。该如何收场呢?

黑色的洪流在所有走廊自由奔腾。里里外外,目力所及,都像狂暴的疯人院和无边无际的深渊。议长布瓦西·邓格拉坚如磐石般坐在那里,国民公会的其他人都被驱赶到了上层台阶的座位,排成一列的选区官员和宪兵为他们组成了一堵墙。愤怒的闹事者不断地敲着鼓，宣读他们的陈情书，一会儿要这个立法，一会儿要发布那个命令。不屈不挠的议长布瓦西坐在那里，像海浪吹打的岩石般岿然不动。他们用枪抵住他的头进行威胁，他不屈服。他们把费罗血淋淋的头给他看，他只是严肃而庄重地向他致敬，仍然不屈服。

在巨大的喧嚣声、叫喊声和鼓声中，陈情书无法宣读。像合唱般的暴动在喧嚷声中根本没人听得见：这个得为我们立法，那个得为我们立法。我们看到一个人在一个小时的时间里一直在高呼："我要求逮捕无赖和懦夫！"这的确是我们所见过的最全面的请愿书之一。实际上，请愿书包含了你们向共和元年宪法、腐败的城镇、投票箱或直到世界尽头可以发明的其他神奇的政治约柜合理要求的一切内容！我也"要求逮捕无赖和懦夫"！别无他求。被黑色无套裤汉所吞没的国家代表机构已经解散，代表们纷纷到其他地方寻求帮助和安全地点，留下无济于事。

下午四点左右，还剩下大约六十名议员：只是朋友甚至是秘密领袖、山岳派的残余，他们被热月党压制得悄无声息。现在他们大显身手的时候到了。现在到他们下山说话时了！应无套裤汉邀请的六十人下山了：新历的罗姆、神圣之瓶卢尔、古容、杜盖斯诺伊、苏布拉尼等。高兴的无套裤汉把他们围成一圈，罗姆坐在议长的椅子上。他们开始通过决议，颁布法令。现在法令一个接一个地快速出台，像希腊悲剧合唱两段之间连接和呼应一样。这样会使面包更便宜，并唤醒沉睡的狮子。每通过一个新的法令，无套裤汉就会呼喊："法令通过！法令通过！"然后鼓声大作。

效率够快的。数月的工作几个小时就完成了。这时，在微光下进来了一个人，我们认出这是勒让德。他讲话时，人们报以嘘声。然后进来的是勒贝尔齐埃选区和另一个选区的镀金青年。他们平端着刺刀，表情坚毅，随时准备开战！他们向前，一直向前，刺刀在微光下闪闪发光。被长时间的暴动搞得筋疲力尽、饥饿不堪的人还能怎么办？不撤退还能怎么办？赶紧逃命吧！无套裤汉把窗户打碎，这样可能逃得更快。投机商选区和镀金青年用钢扫帚将他们一扫而光，一直打回圣安托万郊区的深处，又一次取得胜利！六十人的法令当即废除，被宣布为没有法律效力，就像根本不存在一样。罗姆、卢尔、古容等总共十三名首要人物遭到指控。常务会议在早上三点结束。[①]无套裤汉再一次被击溃，大伤元气，咽下最后一口气。

这是牧月1日，1795年5月20日。牧月2日和3日，无套裤汉仍然不甘心失败，他们出人意料地敲响警钟，武装集合，但这对他们并没有什么帮助。尽管我们的罗姆和卢尔受到指控（未被逮捕），但我们依然在东部自己支持者的帮助下创建了一个新的"真正的国民公会"，宣布其他的不受法律保护。但这也是枉然。虽然我们拿起武器进军，也是枉然。武装部队和慕斯卡丁选区约三万人包围了这个老旧的假国民公会，除了让我们彼此争吵，骂他们"嗜血者慕斯卡丁"之外，别无他法。杀害费罗的凶手被反剪带血的双手判刑，在格雷夫广场就要上断头台时，重被带回圣安托万，最终也是枉然。国民公会和镀金青年来了，根据法令追捕凶手，而且解除了圣安托万的武装！他们的确凭借大炮、缴获敌人的大炮、军人的胆量和法律的恐怖解除了武装。圣安托万交出了武器，桑泰尔担心自己的性命和酒厂甚至建议这样做。杀害费罗的凶手从很高的屋顶跌落下来。一切都结束了。[②]

看到这种局面，老卢尔朝自己老迈、花白的头开了一枪，打碎了颅骨，就像他在兰斯打碎圣油瓶那样。罗姆、古容和其他人在迅速成立的军事法庭排成一列受审。听到判决后，古容抽出一把刀，刺向自己的胸膛，然后把刀交给旁边的罗姆就死了。后者和其他人如法炮制。这种罗马式的死法在卫兵未来得及干预前像电流一样传播！断头台可以休息了。

他们是最后的罗马人。比约、科洛和他们的手下现在被命令受审，但他们

---

① 两个自由的朋友，第13卷，第129-146页。
② 图隆永，第5卷，第297页。《箴言报》，第244、245、246期。

已经远走高飞，乘船到了西纳马里和酷热的苏里南。现在围着比约的是一群温驯的鹦鹉，科洛染上了黄热病，喝下一整瓶白兰地，把肠子烧坏了。[①]无套裤汉不再鼓噪。沉睡的狮子已经死了。我们可以看到，现在谁都可以用脚踢它。

第六节　烤鲱鱼

无套裤汉就这样寿终正寝了，或者他们只是改变了身体而已。他们破烂的（希腊）达尔菲卡马尼奥拉舞，已经变成了出征舞和卡巴鲁斯舞。无套裤汉已死，被其新型天然后代的学说灭绝，在令人喜悦、震耳欲聋的爆炸声和不和谐的丧钟声中被他们埋葬，只是在半个世纪以后，人们才开始清楚地理解他们为什么曾经存在。

然而，他们自然有其存在的意义。无套裤汉作为时间新生儿真实存在过，不仅没有死，而且依然存在，只是发生了改变。它的灵魂依然存在，并通过变成另外一种狡黠的时间新生儿的固定形象，仍然产生深远的影响。有朝一日，在形成完美形状时，它仍将卷土重来，夺取全世界！因为聪明人如今可以随处看到，他们必须找到自己的勇气，而不是这种勇气的装饰品。在欧洲的这个时代，无论依靠何种装饰品、符号和套裤，找到的只能是老旧的破布、羊皮，而无法生存下去。至于死后被埋葬的无套裤汉的尸体，希望不会以最初的形态再次出现一千年！

这是时间所产生的最可怕的事情吗？是最可怕的事情之一。现在越来越反雅各宾派的国民公会为了证明和强化自己，公布了大恐怖时期的犯罪人员名单和被斩首人员名单。激愤的蒙加亚尔神甫大声疾呼：这些名单不完整。读者可以想一想：名单包含了多少人？总共两千人。蒙加亚尔说，有四千人以上。

① 《名人辞典：比约、科洛》。

这么多人被斩首、枪决、溺毙、惨遭毒手，其中九百人是女人。[①]这可是人命关天的可怕数字，神甫先生，是十倍于战场上丧生的人数，那本来是唱赞美诗的光荣胜利。而且这差不多是整个七年战争中死亡人数的二百分之一。在七年战争期间，腓特烈大帝没有从伟大的特蕾西娅手里夺走西里西亚，备受讽刺诗伤害的蓬巴杜，不是也证明了自己不是阿格尼斯·索莱尔吗？人头是一个奇怪的空壳，神甫先生，计算得再出色也无济于事。

但是，在这个星球上的某个地方，如果历史记载一个国家里有三分之一的人每年有三十个星期只能用三分之一定量的土豆维生，我们会说什么呢？[②]在这种情况下，历史必须承认，饥荒就是饥荒，一个世纪到另一个世纪的饥饿令人深思。历史大胆断言，1893 年从长期的垂死沉睡中醒来就立刻赶到边界，为了自己和他人的不朽希望、救国信念战死的法国无套裤汉不是最不幸的人！没有土豆的爱尔兰人既没有感觉，也没有灵魂！在寒冷的黑夜饿死是痛苦的，看着自己的孩子饿死更是痛苦。但最痛苦的是变成乞丐、撒谎者和骗子。如果寒冷的格陵兰蒙昧的欲望之风世代相传，把他冻成了麻木僵硬的一坨胼胝，使他失去视觉和感觉，那么对于一个有灵魂的生物，这是对他痛苦的解脱呢，还是最残酷的痛苦呢？

这样的事情过去存在，现在存在，还将沉默、安静地继续存在下去，无套裤汉如影随形。回溯过去的法国，比如杜尔哥的时代，当面黄肌瘦、衣衫褴褛、沉默不语的农奴战栗着接近国王的宫殿，呈上用象形文字写成的请愿书，表达不满，而得到的回应只是四十英尺高的新型绞刑架时，历史痛苦地承认，没有哪个时期二千五百万法国人遭的罪比不上大恐怖时期！只不过遭罪的不是这些数以百万计沉默的人，而是成百上千或以单位计算的那些发出声音的人，他们怒吼、出版书籍、尽他们的可能和本分让世界听到他们的不满，这才是这个时

---

① 蒙加亚尔，第4卷，第241页。
② 1836年爱尔兰穷人法委员会的报告。

期最大的特点。一个时代最可怕的产品永远不会是声音最大的那个,因为他们死得最快,反而是那些沉默寡言的可以世代传承! 与死亡一样可恶的无政府状态受全人类厌恶,注定很快就会灰飞烟灭。

因此,应该让所有人都了解人性中所能揭示的深度和高度,以敬畏和钦佩、仅有的同情和反感、清晰的眼光和开放的心态对其进行审视和适应,并从中得出无数推论。比如,第一个推论:“如果地狱之神像懒惰的伊壁鸠鲁神那样,坐在他们闪亮的宝座上,而无知和饥饿引发的混乱就在他们脚下肆虐,得不到一丝关注,圆滑的寄生虫却在无法实现的和平中鼓吹和平”,那么黑暗的混乱似乎将会崛起。哦,天呐,混乱已经崛起,他们没有将自己的皮肤染成褐色,制成套裤吗? 为了避免千年之内大地再次出现无套裤汉,我们必须了解第一个推论,并让我们的富人和穷人行动起来,换一种方式生活。但还是先看看我们的故事吧。

慕斯卡丁选区沉浸在欢乐的气氛中,卡巴鲁斯的沙龙更是衣袂飘飘,舞姿曼妙。杜绝无政府主义的共和国这个老大难问题,我们不是已经解决了吗? 博爱或死亡法已经消灭,按需而获的幻影,已经变成掌握者拥有的现实。尽可能持续下去的奢华共和国,已经有序地取代无政府主义的贫穷共和国。

在这夏日的晚上,莫尔西埃在格雷夫广场的尚奇桥上,看到下面长长的棚屋里工人们正吃饭。每日定量的面包已经下降到一点五盎司。“菜式包括每人三个烤鲱鱼,配剥皮洋葱,再浇上一点醋,外加定量的煮梅子和清汤扁豆。简易餐桌旁是噼啪作响的厨师烤架,两个石头之间的篝火上放着一个慢炖锅,我看到他们上百人聚在一起,在没有面包的情况下简单凑合一顿饭,对于他们强大的胃口和空空的肚子来说,这是远远不够的。不过,附近川流不息的塞纳河水倒是供应充足。

哦,勤劳的人,在这六年的暴动和苦难中,你的斗争、你的勇敢,对你来说没有任何帮助吗? 你是在被神祝福的金色夜晚吞下你的鲱鱼和水的。哦,如果人与人之间的交往就是要使其变得贫乏、流泪，甚至是无情的泪水，为什么被黎明和黄昏染成红色的地球如此美丽？攻克巴士底狱、挫败布伦斯维克、挑战世界和地狱的公国与强权所展示的大无畏精神和胆识，难道都是为了拥有卡巴鲁斯沙龙曼妙舞姿的共和国吗？有点耐心，必须有耐心：事情还未结束。

第七节　排炮齐射

实际上，还有什么比后无套裤汉过渡状态更自然甚至更不可避免的呢？穷人的共和国由于恐怖统治而终结从而惨败之后，正在尽可能休养生息。变得令人难以置信的让·雅克和大多数其他人的福音书，如果不是为了回归旧式的财富福音，还有什么用呢？无论《社会契约论》是否是真理，博爱到底是博爱还是死亡，金钱总是有金钱的价值。在人类信仰的残骸中，快乐令人愉悦是毋庸置疑的。封建的羊皮纸贵族已经被强大的潮流冲得七零八落，如今在自然的进程之后，我们理所当然拿到了贵族的钱包。这是所有欧洲社会在这个时期必然经过的过程。这似乎是虚弱的贵族阶层吗？是无限虚弱、前所未有的虚弱！

然而，其中有一个好处是，像无政府主义一样，它无法持续。你考虑过思想怎么会比大炮更强大，（无论烈士殉难五十年，还是两千年）都会制订或废除议会的法令，搅得天翻地覆，用柔软的黏土塑造世界？为什么配得上这个名字的所有思想都以爱为开端？为什么没有慷慨之心从来就没有聪明的头脑？上天并不吝啬自己的善良，送给每一代人慷慨之心。现在，哪一种慷慨之心可以假设或者盲目相信对钱包的忠诚，是一种崇高忠诚？各个时代和各个国家的慷慨之心都大声疾呼，财神是已知神明和魔鬼中最低下的。他有什么伟大之处值得你顶礼膜拜呢？看不到什么荣耀甚至没有恐怖，只有令人厌恶、低下和卑劣。当慷慨之心一边看到无止境的苦难、内外的黑暗、被眼泪打湿的一个半盎司的面包，另一边看到肉色短裤的舞会和同样轻佻或者可恶的晚会时，不禁大喊：哦，财神，这太过分了！这有点太过分了！然而，一旦听到这些声音，对下面所有事情就意味着“伸张正义，即使世界灭亡”。

与此同时，我们仍将厌恶作死的无政府主义，因为它是死亡的代名词，与无政府主义遭人痛恨相比，这些事情更糟糕！诚然，只有和平才更富有成效，无政府主义是毁灭，是烧毁虚假和难以容忍之事的大火，但之后却留下真空。有一点需要清楚，在愚人的世界只能收获愚蠢。处理好无政府状态，制定宪法，让投票箱取而代之。但无论怎样，愚蠢现在和将来都不会改变，而是新的骗子和不洁之物的新猎物，其结局不会比开始时更好。谁能从蠢人那里获得聪明的东西呢？谁也不能。在真空和大毁灭降临法国时，无政府主义可以做什么呢？下命令吧，即使非得用士兵的剑！让和平降临吧，不要浪费上天的仁慈！让他的智慧带给我们应季的果实吧！有待观察的是无套裤汉的镇压者自己如何被镇压，神圣的暴动权利如何被火药炸得七零八落，于是，这段事件频出、被称为法国大革命的独特历史才得以结束。

在这一过程中备受野蛮之风和潮流所驱使、时有时无舵手的国民公会，在这三年中已经厌倦了自己的存在，并看到所有人都厌倦了自己，希望自己寿终正寝。直到最后一刻，它都在矛盾中挣扎。而现在，它正在加速制定宪法，还不知道和平已经到来。西哀耶斯正再次制定宪法，并几乎完成。伟大的建筑师吸取了经验，删节和增加了很多内容。主动和被动公民的区别，即选民的财富资格；两院制，即“元老院”和“五百人院”。这就是我们得到的结论！在同一个精神指导下，避免了老制宪议会议员致命的自我否认，我们不但规定，现国民公会的议员可以连任，而且其中的三分之二必须连任。主动公民选民此时可以自由选择国民议会的三分之一议员。三分之二连任的条款是我们追加到宪法的内容，我们将宪法提交给法国市议会，告诉他们：必须两者一起接受或拒绝。无论加入这个附录多么令人厌恶，市议会仍然以压倒多数接受和批准了宪法。这样，我们有了五名成员的督政府和两院，其中三分之二多数的议员由我们自已提名。人们希望这个是永久性的宪法，可以昂首阔步，因为它的两条腿、三分之二连任的议员已经跃跃欲试，准备前进。西哀耶斯豪迈地看着他在纸上画出的建筑。

但现在，我们来看看以勒贝尔齐埃选区为首的反叛选区是如何以下犯上的。这个三分之二连任难道不是明显违反选举权、人权和人民主权吗？贪婪暴君，你们想要永续江山吧！事实上，圣安托万的胜利，以及对暴动权利的长期使用宠坏了这些人，也宠坏了所有人。人们必须考虑每个人如何才能实现自己的希望，但现在已经失去希望，只剩下其中的愉悦和快乐。

在长期被暴动权利宠坏的人中，一旦开始口无遮拦，混乱和骚动即无法遏制！记者在大声抗议，你们的拉克莱代尔、拉阿尔普、演讲者都在齐声痛骂。在这种爆炸局面下，还有保王党和雅各宾派参与其中。在西部边界，不知道是否应该相信自己军队的皮什格鲁，正极秘密地与孔代谈判。在这些选区中发言的有披着羊皮的狼、蒙面的移民和保王党！[①]正如我们所说，所有人都曾希望选举能对自己有益。但现在没有了选举，或只剩三分之一的议员可选。黑色阵营与白色阵营联合起来反对三分之二条款。所有不羁的法国人都觉得自己的希望接近破灭。

觉得这样的条款明显违法的勒贝尔齐埃选区在发表足够的声明后，宣布不认可这个条款，并号召所有其他选区自由加入反对阵营，“组成中央委员会”，抵制压迫。[②]差不多所有选区都加入到了反对阵营，强大到可以组织起四万名战士。因此，国民公会应该保持警惕。在风月12日（1795年10月4日），勒贝尔齐埃选区在维维安大街的圣托马斯女儿修道院公然违法分发枪支。国民公会可以调动大约五千多正规军、一些将军和一千五百名受迫害的各种雅各宾派首要人员，他们是在这场危机中以“89爱国者”的名义匆忙分发武器

① 拉斯卡斯著：《拿破仑》（《报告选》，第398-411页）。
② 两个自由的朋友，第13卷，第375-406页。

后召集起来的。国民公会以强大的法律做后盾，派出了莫努将军去解除勒贝尔齐埃选区的武装。

莫努将军做了催告和劝说，但没有结果。于是在晚上八点左右莫努将军在维维安大街部署好部队，再次发出催告，仍然无效，反而从所有窗口伸出了枪口对准了他。看来他无法解除勒贝尔齐埃选区的武装。他不得不怏怏而回，虽然毫发无伤，但因为一无所获而被作为“叛徒”被捕。于是，整个四万人都加入到了不可战胜的勒贝尔齐埃阵营。那么，现在，战栗的国民公会将站在哪一边呢？我们可怜的国民公会，经过漫长的航行，刚刚进入港口就触礁，惊恐地挣扎。将其围在中间的是四万咆哮的礁石，意欲把它和西哀耶斯的货物，以及法国的整个未来一起扫进深渊！这是它临终前的最后一次挣扎。

一些人呼吁巴拉斯执掌军权，他曾在热月大获成功。另一些人出于不同目的瞩目失业的炮兵军官、公民波拿巴，他曾攻克土伦。这是个头脑敏捷、行动果敢的人。巴拉斯被任命为名义指挥官，而这位年轻的炮兵军官被任命为实际指挥官。听到任命时，他正在旁听席，他出去用了半个小时时间考虑。经过半小时“生存还是毁灭”的慎重考虑，他才表示同意。

现在，有了主心骨在中心坐镇，形势变得乐观起来。快去萨布隆营地保护大炮，那里守卫大炮的还不到二十人！一个身手矫健、名叫缪拉的副官立即骑马及时赶到那里，只早到了几分钟，因为勒贝尔齐埃的人也很快赶到。大炮归我们所有了。现在，全力迅速抢占这个据点，然后那个据点，在卢浮宫的边门、在多芬的死胡同、在圣奥诺雷大街，沿着北侧的码头，一直向南，直到以前的罗亚尔桥。在杜伊勒里宫的祭台周围组成环形炮火覆盖圈，让每个炮手手持燃烧的火绳，让所有人都拿起武器！

经过整夜的会议之后，在第二天拂晓，人们看到神圣的暴动再次爆发。国家的航船触礁，滔天的大浪将其围困，人们吹响集合号，拿起武器，大声呐喊，但没有敲响警钟，因为除了我们的警钟、团结的大旗之外，别人没有警钟。这艘沉船迫切需要全世界的关注。这艘被一根缆绳从码头固定的可怜的沉船在惊恐地挣扎，处于巨大的危险之中。不过，有一个人为其掌舵。叛乱的消息有的收到，有的被拒收，信使被蒙住眼睛送进来。会议一个接一个召开。可怜的船摇摆不定！现在是共和 4 年风月 13 日。奇怪的是，这天正好是 10 月 5 日，即妇女暴动游行的 6 周年纪念日。我们是通过神圣的暴动权利才走了这么远。

勒贝尔齐埃抢占了圣罗什教堂和新桥，我们的哨所没放一枪就撤退了。勒贝尔齐埃选区的人发射的榴弹纷纷落在杜伊勒里宫的楼梯上。另一方面，有披头散发的女人边走边喊：要和平！在她们身后的勒贝尔齐埃人挥舞着帽子以示兄弟情谊。稳住！炮兵军官像铜像般沉稳，像闪电般敏捷。他发给国民公会八百支火枪和弹药，以备尊贵的议员在极端情况下使用，这让他们的脸色变得严肃起来。到了下午四点[①]，通过信使、兄弟情谊和挥舞帽子什么也没得到的勒贝尔齐埃人，以迅雷不及掩耳之势穿过大街小巷，沿着南伏尔泰码头，蜂拥展开攻势。该你了，炮兵军官！“开火！”青铜像的嘴唇发出一声大喝。在多芬死胡同，他的大炮对准圣罗什教堂持续不间断地像火山爆发般开始咆哮，他的大炮再对准新桥一个齐射，将二百多人一扫而光。但他的主要目标依然是圣罗什教堂！勒贝尔齐埃如何能抵抗这样的炮火，没有哪个选区的人能抵抗。四万人从四面八方纷纷投降，逃走，寻找避难所，其中有几百人聚集在共和国剧场附近，但他却说：“几发炮弹就可以送他们回老家，六点解决问题。”

那艘船越过暗礁，在叫喊声和欢呼声中自由地驶到岸边！波拿巴公民“在喝彩声中被任命为内政部的将军”。被制服的选区无论是否愿意都必须解除武装，从而永远失去了神圣的暴动权利！西哀耶斯宪法已经登陆，开始前进。神奇的国民公会航船已经靠岸，用比喻的说法是像史诗般的航船在那里变成海神，不再航行，而是像历史奇迹般漫游空旷的蔚蓝色大海！

“这是假的，”拿破仑说，“我们先放的是空炮，否则会造成无谓的牺牲。”

---

① 《箴言报》，1795年10月5日的会议。

的确，虚假莫过于此，炮火非常密集，是最密集的一次。所有人都看到这不是游戏，圣罗什教堂裂开的凹槽和柱石现在可以证明。奇怪的是，在六年前的老布罗利时期，曾威胁使用这样的排炮齐射，但从未付诸实施，因为那个时期没什么好处。然而，现在是时候了，人也有了。看哪，我们特别称之为法国大革命的东西被排炮一扫而光，不复存在！

人们注意到，荷马史诗像浮雕一样，虽然没有完成，但也不再继续。事实上，这就是通史的本质。督政府、执政府、帝国、复辟时期、君主立宪，你方唱罢我登场。然而，所有这一切的始作俑者可以说已经以我们所看到的方式灰飞烟灭了。接下来第二年的巴贝夫暴动则在军队的遏制下胎死腹中。参议院如果染上一点保王党的色彩都会被军队清洗。果月 18 日事变就被刺刀轻而易举地制服。[①]士兵的刺刀可以后验用于参议院，并使其从窗户跳出逃生，从而兵不血刃地发动雾月 18 日政变。[②]这种变化必然发生，只不过先是由阴谋诡计、后是由指挥官命令，几乎与部门变换如出一辙。一般来说，今后，法国的历史事件不再通过神圣的暴动权利，而是通过越来越温和的方式发生。

应该承认，督政府起初只有三件东西——“一张旧桌子、一张纸和一个墨水瓶”，它在既没有钱也没人支持的情况下创造了奇迹。[③]自从大恐怖结束以来，法国变成了一个崭新的法国，像一个巨人从昏睡中醒来，以内在的生存轨迹前行，并持续取得进步。至于外在形式和生活方式，除了吃饱了就有劲、除了疯狂就是愚蠢之外，我们还能说什么呢？虚假已经消失，更奇怪的是，他们的语言在法国也同样消失了。但新的现实仍然没有到来。啊，不！现在还只是幻影、图纸、草图和规划而已。暂时是这样的预兆！法国现在有四百万地主，可以说怪兽般的土地法已经付诸实施。更奇怪的是，我们知道所有法国人都有“决斗的权利”，即使出租马车车夫被法国贵族侮辱也是一样。这是公共舆论的法

① 1797年9月5日的《箴言报》。
② 1799年11月9日（《报告选》，第17卷，第1-96页）。
③ 巴约尔著：《关于斯塔尔夫人的思考的研究和批判》，第2卷，第275页。

律。至少在死亡面前人人平等！政府的形式是公民君主，虽然经常被枪杀，但尚未被杀死。

总的来说，江湖骗子和其他人所做的预言难道不是已经成真了吗？他曾以先知一样迷乱、穿透一切的眼神看着这一切说：“哈！这是什么？天使、乌里埃尔、阿那切尔和你们其他五个，复活的五角星，摧毁原罪的力量，大地，上天，还有你们称之为地狱的外部模糊地带！像黑暗的地基喷发出的光束和星星的闪光般的骗子帝国动摇了吗？那不是分娩痛苦，而是死亡痛苦所造成的骚动和颤抖吗？是的，明亮、有穿透力的光线在向上天敬礼，是他们点亮了光线，使其成为红彤彤的地狱之火！”[①]

“骗子着火了，骗子被烧死了：红彤彤的火海咆哮着吞噬世界，用其滚烫的火舌舔舐所有的星星。王冠、迪布瓦的主教法冠和经过瘦身的受俸者的马厩都被投入其中，哈！我看到了什么？世界所有的四轮马车，所有，所有！我太不幸了！从法老的战车出现在红海以来，还从来没有一辆像火海中的这个一样被吞噬，变成荒芜的灰烬和气体随风而去。火海喷出的火焰越来越高，横七竖八的新木头噼啪作响，皮革和丝绸烧得嘶嘶作响。金属画像都已熔化，大理石雕像变成了砂浆和石灰。石山爆发发出沉闷的隆隆声响。收集来的所有马车被扔到柴堆上付之一炬的体面阶层哀号着离开地球，只有在化身新的神之后才会回来。骗子一直被烧了几代人，只是现在才被烧毁。世界变成了黑色的灰烬，那么，什么时候会长出绿色？所有塑像都熔化成无形的科林斯式青铜像，所有人的房屋都被烧毁，山峦变得光秃、皲裂，山谷黑暗、死寂：这是一个虚空的世界！这时候出生的人是不幸的！（不幸的）国王和女王已经被投入进去，他们一度闪耀出光芒，像纸卷一样燃烧着漂浮在上面。犹大平等也被投入进去，你也一样，阴沉的德洛内，带着你阴森的巴士底狱、全家人和所有人。五百万人相互毁灭，因为这是（黑暗、不透明和可燃的）骗子当权时代的终结。这是地

① 《钻石项链》，第35页。

球上所有马车被付之一炬的大火。”告诉我，这个预言到底有没有实现？

哦，读者！现在到了我们分别的时间了！虽然我们一起经历的旅程艰辛而痛苦，但也终于到达终点。对我来说，你就像是一个可爱的树荫和脱离肉体或还未具像化的兄弟的幽灵。对你来说，我只是一个声音而已。然而，某种程度上来说，我们的关系是神圣的，毋庸置疑！尽管过去神圣的事情经常流于空话，但在人与人之间交谈时，你没有感受到那神圣的东西从生命的源泉喷涌而出或即将喷涌而出吗？人可以根据人性定义为“一个人格化的单词”。如果我说错了，那是我的不幸：你只要真诚地听就够了。就此道别。

图书在版编目（CIP）数据

法国大革命：一部历史/(英)托马斯·卡莱尔著；刘毅译. —长春：吉林出版集团有限责任公司，2017.6（2021.9重印）
书名原文：The French Revolution
ISBN 978-7-5581-2230-9

Ⅰ. ①法… Ⅱ. ①托… ②刘… Ⅲ. ①法国大革命
Ⅳ. ①K565.41

中国版本图书馆CIP数据核字（2017）第115369号

法国大革命：一部历史

作　　者　[英]托马斯·卡莱尔
译　　者　刘　毅
创　　意　吉林出版集团·北京汉阅传播
总 策 划　崔文辉
策划编辑　齐　琳
责任编辑　齐　琳
封面设计　今亮後聲 HOPESOUND 2580590616@qq.com·张今亮 郭维维
开　　本　720mm×980mm　1/16
字　　数　650千
印　　张　50
版　　次　2017年1月第1版
印　　次　2021年9月第3次印刷

出　　版　吉林出版集团股份有限公司
发　　行　北京吉版图书有限责任公司
地　　址　北京市西城区椿树园15-18号底商A222
　　　　　邮编：100052
电　　话　总编办：010-63109269
　　　　　发行部：010-63104979
官方微信　Han-read
邮　　箱　beijingjiban@126.com
印　　刷　慧聚印刷（天津）有限公司

ISBN 978-7-5581-2230-9　　　　**定价：168.00元（上下册）**